INSTITUIÇÕES DE DIREITO ELEITORAL

ADRIANO SOARES DA COSTA

INSTITUIÇÕES DE DIREITO ELEITORAL

TEORIA DA INELEGIBILIDADE – DIREITO PROCESSUAL ELEITORAL

10ª edição revista, ampliada e atualizada

Atualizada de acordo com a LC nº 135, de 2010, com a Lei nº 13.165, de 2015 e com o Novo Código de Processo Civil (Lei Federal nº 13.105, de 2015)

Belo Horizonte
EDITORA Fórum

2016

© Adriano Soares da Costa
1996 1ª edição Ciência Jurídica
1998 2ª edição Del Rey
2000 3ª edição Del Rey
2000 4ª edição Del Rey
2002 5ª edição Del Rey
2006 6ª edição Del Rey
2008 7ª edição Lumen Juris
2009 8ª edição Lumen Juris
© 2013 9ª edição Editora Fórum Ltda.
2016 10ª edição

É proibida a reprodução total ou parcial desta obra, por qualquer meio eletrônico, inclusive por processos xerográficos, sem autorização expressa do Editor.

Conselho Editorial

Adilson Abreu Dallari
Alécia Paolucci Nogueira Bicalho
Alexandre Coutinho Pagliarini
André Ramos Tavares
Carlos Ayres Britto
Carlos Mário da Silva Velloso
Cármen Lúcia Antunes Rocha
Cesar Augusto Guimarães Pereira
Clovis Beznos
Cristiana Fortini
Dinorá Adelaide Musetti Grotti
Diogo de Figueiredo Moreira Neto
Egon Bockmann Moreira
Emerson Gabardo
Fabrício Motta
Fernando Rossi

Flávio Henrique Unes Pereira
Floriano de Azevedo Marques Neto
Gustavo Justino de Oliveira
Inês Virgínia Prado Soares
Jorge Ulisses Jacoby Fernandes
Juarez Freitas
Luciano Ferraz
Lúcio Delfino
Marcia Carla Pereira Ribeiro
Márcio Cammarosano
Marcos Ehrhardt Jr.
Maria Sylvia Zanella Di Pietro
Ney José de Freitas
Oswaldo Othon de Pontes Saraiva Filho
Paulo Modesto
Romeu Felipe Bacellar Filho
Sérgio Guerra

EDITORA Fórum

Luís Cláudio Rodrigues Ferreira
Presidente e Editor

Coordenação editorial: Leonardo Eustáquio Siqueira Araújo

Av. Afonso Pena, 2770 – 15º andar – Savassi – CEP 30130-012
Belo Horizonte – Minas Gerais – Tel.: (31) 2121.4900 / 2121.4949
www.editoraforum.com.br – editoraforum@editoraforum.com.br

C837i Costa, Adriano Soares da

Instituições de direito eleitoral / Adriano Soares da Costa. 10. ed. rev. ampl. e atualizada de acordo com a LC nº 135, de 2010, com a Lei nº 13.165, de 2015 e com o Novo Código de Processo Civil (Lei Federal nº 13.105, de 2015) – Belo Horizonte : Fórum, 2016.

487 p.
Teoria da Inelegibilidade – Direito Processual Eleitoral
ISBN 978-85-450-0147-8

1. Direito eleitoral. 2. Justiça eleitoral. 3. Elegibilidade. 4. Inelegibilidade. I. Título.

CDD: 342.07
CDU: 342.8

Informação bibliográfica deste livro, conforme a NBR 6023:2002 da Associação Brasileira de Normas Técnicas (ABNT):

COSTA, Adriano Soares da. *Instituições de direito eleitoral*. 10. ed. rev. ampl. e atualizada de acordo com a LC nº 135, de 2010, com a Lei nº 13.165, de 2015 e com o Novo Código de Processo Civil (Lei Federal nº 13.105, de 2015). Belo Horizonte: Fórum, 2016. 487 p. Teoria da Inelegibilidade – Direito Processual Eleitoral. ISBN 978-85-450-0147-8.

*Para Ana Paula e Maria Eduarda,
que formam a minha família e
são o meu lar e razão de todos os meus esforços.*

*Para meus pais,
Lourival e Tereza (in memoriam),
meus irmãos,
Henrique, Clara e Ricardo,
e meus sobrinhos,
Lucas, João Pedro e Rafaela,
que são comigo Igreja,
no amor e na verdade.
Por tudo o que sou.*

São João Paulo II, rogai por nós.

Da mais alta janela da minha casa
Com um lenço branco digo adeus
Aos meus versos que partem para a humanidade.

E não estou alegre nem triste.
Esse é o destino dos versos.
Escrevi-os e devo mostrá-los a todos
Porque não posso fazer o contrário
Como a flor não pode esconder a cor,
Nem o rio esconder que corre,
Nem a árvore esconder que dá frutos.

Ei-los que vão já longe como que na diligência
E eu sem querer sinto pena
Como uma dor no corpo.

Quem sabe quem os lerá?
Quem sabe a que mãos irão?
Flor, colheu-me o meu destino para os olhos.
Árvore, arrancaram-me os frutos para as bocas.
Rio, o destino da minha água era não ficar em mim.
Submeto-me e sinto-me quasi alegre,
Quasi alegre como quem se cansa de estar triste.

Ide, ide de mim!
Passa a árvore e fica dispersa pela Natureza.
Murcha a flor e o seu pó dura sempre.
Corre o rio e entra no mar e a sua água é sempre a que foi sua.

Passo e fico, como o Universo.

(CAEIRO, Alberto. De "O Guardador de Rebanhos", XLVIII. *In*: PESSOA, Fernando. *Ficções do Interlúdio*. São Paulo: Companhia das Letras, 1999. p. 235).

SUMÁRIO

NOTA À 10ª EDIÇÃO 15

NOTA À 9ª EDIÇÃO 17

Discurso na solenidade de instituição da Medalha de Honra ao Mérito "Adriano Soares da Costa", criada pela Academia Catarinense de Direito Eleitoral (ACADE)..............................21

CAPÍTULO 1
NOÇÕES FUNDAMENTAIS...27

§1 Notas sobre a teoria do fato jurídico 27
1.1 Conceito de incidência da norma jurídica 32
1.2 Distinção entre incidência e aplicação da norma jurídica.................................35
1.3 Os fatos jurídicos e seus efeitos..41
§2 Da elegibilidade e inelegibilidade como efeitos jurídicos................................44
2.1 Soberania popular: direito de votar e direito de ser votado.............................44
2.2 Distinção entre direito de sufrágio, elegibilidade e inelegibilidade................46
§3 Notas sobre o fato jurídico do registro de candidatura....................................51
3.1 Registro de candidatura e efeitos do pedido de registro de candidatura......51
3.2 Registro de candidatura e registro da chapa: *a candidatura plurissubjetiva* 53
§4 Do conceito de matéria constitucional para a teoria das inelegibilidades.....58
4.1 Natureza das normas sobre elegibilidade e inelegibilidade.............................58
4.2 Conceito de matéria constitucional para efeito de preclusão eleitoral...........61
4.3 Casuística...70

CAPÍTULO 2
DA ELEGIBILIDADE E SUAS CONDIÇÕES 73

§1 Elegibilidade e condições de elegibilidade: precisão dos conceitos 73
§2 Das condições de elegibilidade próprias 92
2.1 Nacionalidade...92
2.2 Pleno exercício dos direitos políticos 97
2.2.1 Perda dos direitos políticos...97
2.2.2 Suspensão do exercício dos direitos políticos 98
2.2.2.1 Incapacidade civil absoluta...99
2.2.2.2 Condenação criminal...101
2.2.2.3 Improbidade administrativa...111

2.3	Alistamento eleitoral	114
2.4	Domicílio eleitoral na circunscrição	117
2.5	Filiação partidária e fidelidade partidária	120
2.5.1	A coligação e a sua natureza jurídica. Proclamação dos eleitos e diplomação	124
2.5.2	Fidelidade partidária, criação de novo partido e perda do mandato eletivo	127
2.6	Idade mínima exigível	133
§3	Das condições de elegibilidade impróprias	135
3.1	Não ser analfabeto	135
3.2	Condições especiais para militares	137
3.3	Indicação em convenção partidária	139
3.4	Desincompatibilização	140
§4	Condições de elegibilidade e vida pregressa	144

CAPÍTULO 3
DA REELEGIBILIDADE 157

§1	Da inovação constitucional	157
§2	Conceito de reelegibilidade	157
§3	O problema da desincompatibilização	160
3.1	Conceito de incompatibilidade	160
3.2	A lacuna legal propiciada pela Emenda Constitucional nº 16/97	160
3.3	Impossibilidade de colmatação infraconstitucional	162
3.4	A desnecessidade de desincompatibilização para a reelegibilidade	165
3.5	A posição do Tribunal Superior Eleitoral	169
§4	Casuística	172
§5	Reeleição e candidatura itinerante ou profissional	177

CAPÍTULO 4
INELEGIBILIDADE..183

§1	A inelegibilidade como conceito negativo	183
§2	A inelegibilidade como ausência de elegibilidade (inelegibilidade inata)	193
§3	A inelegibilidade como obstáculo ou perda de elegibilidade (inelegibilidade cominada)	196
3.1	Inelegibilidade cominada simples (*nessa* eleição)	198
3.2	Inelegibilidade cominada potenciada (eleição futura)	199
3.3	Inelegibilidade e outras classificações	203
3.4	Retroatividade da sanção de inelegibilidade: possibilidades e limites	204
3.3	Casuística	214
3.3.1	Art. 1º, inc. I, alínea "d", da LC nº 64/90	215
3.3.2	Art. 1º, inc. I, alínea "g", da LC nº 64/90	218
3.3.3	Art. 1º, inc. I, alínea "j", da LC nº 64/90	222
3.3.4	Art. 1º, inc. I, alínea "l", da LC nº 64/90	223

CAPÍTULO 5
INABILITAÇÃO PARA MANDATO ELETIVO.......................................227

§1	Inabilitação para mandato eletivo	227
§2	Conceito de inabilitação	228
2.1	Noções gerais	228
2.2	Normas jurídicas pertinentes	229
2.3	Sobre as normas jurídicas prescritoras de inabilitação	230
§3	Inabilitação e função pública	235
3.1	Conceito de função pública	235

3.2	Agente político e função pública	237
3.3	Função pública e direito penal	239
3.4	Inabilitação e função pública	241
§4	Inabilitação e inelegibilidade	243
4.1	Natureza jurídica da inabilitação	243
4.2	A inabilitação como inelegibilidade cominada potenciada	244
4.3	Aspectos processuais no Direito Eleitoral	252

CAPÍTULO 6
CAPTAÇÃO ILÍCITA DE SUFRÁGIO 257

§1	Conceito de captação de sufrágio (art. 41-A da Lei nº 9.504/97)	257
§2	A sanção para a captação de sufrágio: multa, e cassação do registro ou diploma. Repensando a significação do prescritor do art. 41-A	263
§3	Captação de sufrágio e abuso de poder econômico: a evolução pretoriana	268
§4	Cassação de registro *vs.* inelegibilidade	270
§5	Ação de investigação judicial eleitoral e captação de sufrágio	279

CAPÍTULO 7
A JUSTIÇA ELEITORAL E A NATUREZA DE SUA ATIVIDADE 283

§1	Introdução	283
§2	Organização da justiça eleitoral	283
2.1	Do Tribunal Superior Eleitoral	286
2.1.1	Composição e *quorum*	286
2.1.2	Competência. O problema da ação rescisória	288
2.2	Tribunais regionais eleitorais	292
2.3	Dos juízes eleitorais	294
2.4	Das juntas eleitorais	294
§3	Distinção entre atividade administrativo-judicial e atividade jurisdicional (voluntária e contenciosa)	295
§4	Tipos de impugnação	300
§5	Distinção entre impugnação e recurso	301
§6	Conclusão	302

CAPÍTULO 8
DIREITO PROCESSUAL ELEITORAL 305

§1	Inaplicabilidade das técnicas da tutela coletiva ao direito processual eleitoral	305
§2	Reunião das ações eleitorais	307
2.1	Natureza jurídica da reunião de ações	308
2.2	A extinção da mandamentalidade antecipada das ações eleitorais de cassação	309
2.3	Quais os fatos que ensejam a reunião das ações?	310
2.4	Fatos brutos, sucessos históricos e causa de pedir	311
2.5	Ações com idênticos fatos e momentos da sua reunião	313
2.6	Conexão e continência das ações eleitorais?	314
§3	Aplicação do novo Código de Processo Civil	315
3.1	Negócios jurídicos processuais	315
3.2	Contagem de prazos processuais	317
3.3	Distribuição do ônus da prova e fundamentação das decisões judiciais	318
§4	As cargas das eficácias das sentenças de procedência nas ações eleitorais de cassação de mandato eletivo e a realização de novas eleições	318

CAPÍTULO 9
AÇÃO DE IMPUGNAÇÃO DE REGISTRO DE CANDIDATO 321
§1 Do pedido de registro de candidato 321
§2 Pedido de registro, notícia de inelegibilidade e impugnação ao pedido de registro 324
§3 Da ação de impugnação de registro de candidato 327
§4 Petição inicial da AIRC: o problema da causa de pedir 332
4.1 Ausência de limites probatórios: comparação com a AIJE 332
4.2 A AIRC e o problema da cognição sumária 338
4.3 Sobre a causa de pedir 339
4.4 AIRC e abuso de poder econômico: a posição do TSE 340
§5 Legitimados para agir 342
§6 Litisconsórcio facultativo ativo e reunião de ações 344
§7 Da tutela de urgência 344
§8 Resposta do réu 345
§9 Do julgamento conforme o estado do processo 348
§10 Da audiência de instrução 349
§11 Sentença e motivos de indeferimento do registro de candidatura 350
§12 Breve notícia sobre a fase recursal 351
§13 Da AIRC proposta originariamente nos tribunais 352

CAPÍTULO 10
DO RECURSO (AÇÃO) CONTRA DIPLOMAÇÃO 355
§1 Recurso ou ação contra diplomação? 355
§2 A ação processada como recurso: consequências 358
§3 Natureza da ação (recurso) contra diplomação 361
§4 Hipóteses ensejadoras do recurso contra diplomação 364
§5 Legitimados *ad causam* e litisconsórcio necessário passivo 366
§6 Rito processual 371

CAPÍTULO 11
AÇÃO DE INVESTIGAÇÃO JUDICIAL ELEITORAL 373
§1 A investigação judicial como ação 373
§2 Efeitos da ação de investigação 377
2.1 Decretação de inelegibilidade do representado, para *essa* eleição, e de quantos hajam contribuído para a prática do ato 378
2.2 Cominação de sanção de inelegibilidade 379
2.3 Cassação do registro de candidato 380
§3 Hipóteses de cabimento 382
3.1 Transgressões quanto à origem de valores pecuniários 382
3.2 Abuso de poder econômico ou político 384
3.3 Uso indevido dos veículos e meios de comunicação social 385
3.4 Captação ilícita de sufrágio 386
3.5 Captação ilícita de recursos e gastos indevidos de campanha 386
§4 Legitimados para agir (ativa e passivamente) 387
§5 De quando se pode interpor a AIJE 394
§6 Rito processual 400
6.1 Juízo competente 400
6.2 Petição inicial 400
6.3 Tutela de urgência ou medida acautelatória? 404
6.4 Despacho inicial e indeferimento liminar da petição 405

6.5	Contestação e dilação probatória	406
6.6	Alegações finais	406
6.7	Da valoração probatória e do julgamento	407
6.7.1	O princípio da demanda e da adstrição do juiz ao pedido das partes	407
6.7.2	Princípio dispositivo e princípio inquisitório	409
6.7.3	O conteúdo jurídico do art. 23 da LC nº 64/90	410
6.7.4	Da sentença em caso de abuso de poder econômico ou político e do recurso ordinário	411

CAPÍTULO 12
AÇÃO DE IMPUGNAÇÃO DE MANDATO ELETIVO 413

§1	Existe no mundo jurídico a AIME?	413
1.1	Da competência da Justiça Eleitoral para conhecer e julgar a AIME	415
1.2	Da legitimidade *ad causam*	417
§2	Natureza da ação e seus efeitos	421
2.1	Conceito de relação jurídica	422
2.2	Relação jurídica da qual o diplomado é polo (termo)	423
2.3	A impugnação de mandato eletivo como afronta à relação jurídica básica da votação	424
2.4	AIME e inelegibilidade	425
2.4.1	A inelegibilidade para *essa* eleição	425
2.4.2	A inelegibilidade para as eleições futuras (inelegibilidade potenciada)	426
§3	Cabimento	430
3.1	Fraude	432
3.2	Corrupção	436
§4	Das partes	437
4.1	Litisconsórcio passivo	437
4.2	Benefício, pelo candidato eleito, de ato ilícito por ele não realizado	443
§5	Prazo para ser ajuizada	444
§6	Rito processual e execução imediata da decisão	445
§7	Segredo de justiça	447
§8	Ação temerária	447

CAPÍTULO 13
RECURSOS ELEITORAIS 449

§1	Do conceito de recurso eleitoral	449
§2	Das normas gerais sobre recursos eleitorais	453
2.1	Da irrecorribilidade em separado das interlocutórias	453
2.2	Do efeito suspensivo (art. 216 do CE, art. 257, §2º, do CE e *imunidade processual* do art. 16-A da Lei nº 9.504/97). Suspensão da decisão que decreta a inelegibilidade (art. 26-C da LC nº 64/90)	454
2.2.1	O art. 216 do Código Eleitoral	455
2.2.2	Art. 16-A da Lei nº 9.504/97	457
2.2.3	Suspensão da decisão que decreta a inelegibilidade (art. 26-C da LC nº 64/90)	458
2.2.4	Efeito suspensivo dos recursos ordinários em casos de cassação do registro ou diploma (art. 257, §2º, do CE)	459
2.3	Da preclusão e dos prazos processuais	460
2.4	Da prevenção	463
§3	Dos recursos em espécie	464
3.1	Recursos contra decisão dos juízes eleitorais. Cabimento do agravo contra decisão interlocutória	464
3.2	Recursos contra decisão das juntas eleitorais	464

3.2.1	Dos recursos parciais	465
3.2.2	Recurso ordinário	466
3.3	Dos recursos contra decisões dos tribunais regionais eleitorais	466
3.3.1	Agravo regimental	466
3.3.2	Embargos de declaração	466
3.3.4	Recurso especial	468
3.3.4	Recurso ordinário	470
3.3.5	Agravo	472
3.4	Recursos contra decisões do Tribunal Superior e Eleitoral	472
3.4.1	Agravo regimental, embargos de declaração e agravo de instrumento	472
3.4.2	Recurso ordinário	472
3.4.3	Recurso extraordinário	473

REFERÊNCIAS 475

NOTA À 10ª EDIÇÃO

Uma obra que chega à 10ª edição atingiu a sua maturidade. A primeira edição é de 1996, quando o seu autor tinha 26 anos de idade, juiz de Direito em Alagoas. Lá se vão vinte anos. Durante esse trato de tempo, sempre resisti a publicar apressadamente as edições, para tê-la disponível todos os anos a uma demanda sempre exigente. Porque desde o início tinha a consciência de que o Direito Eleitoral carecia de uma obra que levasse a ciência a sério, que o tratasse dogmaticamente e com rigor metodológico, expondo com seriedade os institutos fundamentais através de sólidas premissas extraídas da teoria geral do Direito.

Quando foi escrita inicialmente, grassavam confusões teóricas, ausência de preocupação sistemática, desapego aos conceitos fundamentais do direito material e do direito processual. Para dar um tratamento adequado ao Direito Eleitoral, necessitei reconstruir a teoria da inelegibilidade a partir da teoria do fato jurídico, fazendo uma inversão copernicana na exposição dos conceitos dos institutos fundamentais. Coloquei no centro das reflexões o ato jurídico do registro de candidatura, então negligenciado, demonstrando o seu papel de fato gerador do direito de ser votado, a elegibilidade, demarcando as espécies de inelegibilidade inata e cominada. A classificação passou a ser objeto de estudo e adoção pelos que foram além da repetição monocórdia das formulações vetustas e sem densidade científica.

Novas expressões aqui criadas passaram a fazer parte do discurso teórico corrente, como *inelegibilidade cominada, inelegibilidade simples, inelegibilidade potenciada, condições de registrabilidade, heterodesincompatibilização, autodesincompatibilização, condições de elegibilidade nominadas ou próprias* e *inominada ou impróprias, moralismo eleitoral, fichalimpismo, praxismo eleitoral,* a separação entre a *atividade administrativa da Justiça Eleitoral e a atividade de jurisdição voluntária,* a demonstração teórica da natureza de ação do recurso contra a expedição de diploma, o desenvolvimento teórico do direito processual eleitoral, etc. Conceitos que, por estarem no uso corrente da comunidade jurídica, muitos não se dão conta da sua origem: esta obra.

É certo que o Direito Eleitoral, embora padecendo da ausência de número relevante de obras de valor doutrinário e científico, ganhou renovado interesse e o surgimento de textos doutrinários, alguns monográficos, de valor induvidoso, sobretudo na área processual civil eleitoral. Essa preocupação dogmática que vem ganhando corpo nos possibilita crer que aos poucos sairemos em definitivo do praxismo, em que a preocupação expositiva é meramente voltada a citar ementas jurisprudenciais e dispositivos legais, para um período de florescimento doutrinário, com ganhos para a vivência prática mais rica do Direito Eleitoral, para que deixemos de pensá-lo como "direito do caso", ou seja, do irracionalismo decisório e da imprevisibilidade e insegurança jurídica.

Entrego essa nova edição à comunidade jurídica em dia com o novo Código de Processo Civil e com a minirreforma eleitoral de 2015. Aqui, buscou-se mais uma vez dar um tratamento sistemático e coerente aos retalhos feitos no direito positivo, muitas vezes com evidentes antinomias. Foi escrito um capítulo sobre aspectos do direito processual eleitoral que mereciam um tratamento em separado. Foram fundamentais para essa edição os Fóruns Permanentes de Direito Eleitoral, realizados pela Instituição Brasileira de Direito Público (IBDPub), cuja concepção e organização são da lavra da Prof. Patrícia Henriques Ribeiro, da Faculdade de Direito Mílton Campos de Belo Horizonte/MG. A ela os meus agradecimentos.

Queria dar uma última palavra sobre um aspecto que me é caro: atualizar uma obra é tarefa mais difícil do que escrever uma nova. É possível que tenha passado desapercebida alguma contradição interna, porém tenho certeza que o leitor logo perceberá o sentido prevalente em face da exposição cuidadosa que procuramos fazer e, sempre que possível, chamando a atenção para mudanças de posição em razão das mudanças legislativas.

Essa é a primeira edição após o falecimento da minha mãe, Tereza Soares. Há tanta saudade em mim que não poderia deixar de homenageá-la aqui e pedir que Nossa Senhora de Fátima interceda por ela junto ao Pai.

Finalizo enfatizando que essa edição especial, a 10ª, é sobretudo dedicada à Ana Paula e à Maria Eduarda, porque só me compreendo diante do mundo a partir do amor que nos une e me ilumina.

Espero que a obra seja útil a todos os seus leitores. É para isso que foi escrita.

O Autor.
<asc@adrianosoares.com.br>.

NOTA À 9ª EDIÇÃO

O Direito Eleitoral, como ramo das ciências jurídicas, tem por objeto os estudos das normas jurídicas constitucionais e infraconstitucionais que disciplinam as eleições. O objeto do Direito Eleitoral são as regras e princípios jurídicos. Os seus enunciados são descritivos, visam compreender o fenômeno jurídico eleitoral. Não se nega que as proposições jurídicas científicas tenham, também, como toda a proposição descritiva das ciências sociais, uma natureza criptonormativa, nada obstante sejam metalinguagem que visa sobretudo a compreender. Quando passam a desejar prescrever já não são mais enunciados científicos, mas um simulacro perigoso de ciência.

O Direito Eleitoral reclama que se faça ciência. Que os seus institutos sejam levados a sério. Necessita que os seus conceitos jurídicos fundamentais, como elegibilidade e inelegibilidade, não sejam (mal)tratados como se fossem vazios, sem conteúdo, apenas como artefatos retóricos para sustentar qualquer tese casuística, qualquer bandeira política de momento. Por isso, fazer ciência jurídica no Direito Eleitoral tornou-se uma postura revolucionária: significa tratar a Constituição e os direitos fundamentais com seriedade, com respeito, com metódica preocupação científica, estudando um objeto que se põe para ser compreendido dentro do discurso intersubjetivo público e partilhado.

O papel da doutrina, portanto, não é o de tentar sobrepor-se ao ordenamento jurídico, tentando criar conceitos que adulterem o seu conteúdo, os seus institutos e as suas proposições prescritivas. A doutrina que busca criar conceitos casuísticos para sustentar a sua ideologia não tem estatura científica; é exercício disfarçado de política ideológica, visando antidemocraticamente reformar o sistema jurídico por meio de subversão das fontes do direito. Ou, ainda pior, visando justificar normas jurídicas que afrontam a Constituição Federal e derretem lentamente os direitos e garantias individuais, sempre em nome de bons propósitos, sempre em nome de boas causas (nada obstante, ao fim e ao cabo, tragam consequências jurídicas gravíssimas).

Em um universo de conceitos jurídicos vazios, em que a doutrina se despede de fazer o seu mister, fica a jurisprudência livre para usar os conceitos normativos de qualquer modo, como se fossem destituídos de conteúdo. Com isso, até mesmo a inelegibilidade deixa de ser sanção para ser um "sabe-se-lá-o-quê". É ainda onde mais nitidamente se percebe o terrível vazio normativo decorrente do vazio teórico: os institutos jurídicos passam a ser usados de qualquer modo e jeito para atender a quaisquer fins e bandeiras. Há apenas, como consectário disso, a irracionalidade jurídica, o decisionismo voluntarista e uma crise de segurança jurídica.

Este livro será e continuará sendo um espaço de diálogo jurídico, buscando construir um discurso doutrinário sério e seguro, que se entende como dogmática jurídica. Mas continuará sendo, também, um espaço de resistência democrática contra o decisionismo, o voluntarismo jurídico e, sobretudo, em favor da ciência. Aqui se faz doutrina séria, honesta, querendo conhecer e meditar sobre o Direito Eleitoral. Ao mesmo tempo em que se discute sobre problemas práticos, busca-se criar uma comunidade de eleitoralistas formada por gente que quer pensar, aprender e resolver os seus casos concretos, as suas dúvidas, mas sem perder de vista que a democracia é um regime construído pela liberdade de expressão, não nascendo da tutela do Estado ou da destruição dos direitos e garantias individuais.

Já há algum tempo tenho chamado a atenção para o que denominei de "moralismo eleitoral", um fenômeno perigoso que tem invadido a cidadela da jurisprudência eleitoral. O moralismo eleitoral transforma todos os debates jurídicos eleitorais em debates morais e — o que é tanto pior! — sempre no compromisso de interditar o mais que possível que os políticos sejam... políticos. Há sempre um sentimento embutido nessa lógica: entrou na política, bandido é. E, na ânsia de higienização da política, deseja-se acabar com os políticos, o que nada mais é do que selar o fim da própria democracia. E, nessa concepção de mundo, esqueceram de um pequeno detalhe: o expurgo a ser feito deveria ser através do voto, salvo em casos extremos de crimes adrede positivados. Mais, em uma era da entronização acrítica do "fichalimpismo", o moralismo eleitoral reina absoluto, sem compromisso nenhum com o direito positivo vigente. É a justiça de mão própria togada, armada do direito achado na rua.

Trata-se de uma marcha insana de muitos em defesa do moralismo eleitoral, para a instauração de uma democracia sem votos, sem eleitor. Uma visão ingênua, casuística, em certo sentido reacionária. É a tentativa de construção de uma democracia tutelada, ao fim e ao cabo, de uma democracia sem previsibilidade, em que a segurança jurídica é um mal a ser combatido, em que as garantias individuais não passam de um estorvo pequeno-burguês.

É isso, afinal, do que se trata: o moralismo eleitoral não respeita a Constituição Federal nem o ordenamento jurídico. Em nome da ética na política, às favas com os escrúpulos. Trata-se, pois, de uma adulteração da interpretação das normas jurídicas eleitorais pela aplicação de critérios acentuadamente morais, muitas vezes em aberta divergência com o próprio ordenamento jurídico posto. Em nome de princípios defendidos por determinadas minorias (ou mesmo maiorias, pouco importa), afasta-se a aplicação de determinada norma jurídica positivada, recriando antidemocraticamente o próprio ordenamento jurídico, sem se observarem os meios próprios para tanto. Esse fenômeno crescente de, a partir de uma leitura principiológica da Constituição, enfraquecimento da própria positividade das normas infraconstitucionais ao ponto limite de deixarem elas de ser vinculativas para o aplicador, passou a ser sentido de modo alarmante na leitura que vem se fazendo de relevantes questões eleitorais.

O moralismo eleitoral parte normalmente de uma compreensão equivocada da teoria da inelegibilidade, que se põe a serviço de um certo justiçamento antidemocrático, ainda que movido pelas melhores intenções. Não há dúvidas que é necessário depurarmos as nossas instituições, porém essa é uma tarefa complexa, que não se esgota em medidas irrefletidas, movidas por um certo voluntarismo, que de tanto simplificar os problemas apenas cria novos problemas.

Ora, em uma democracia, quem deve afastar o mau político é o eleitor pelo voto. O critério de definição? Cabe ao eleitor definir. Porém, essa minoria não acredita na democracia, não acredita no eleitor: prefere, então, criar aos borbotões e sem pejo critérios de exclusão previamente. Antidemocraticamente. Ah, mas o eleitor é analfabeto, dirão alguns. Ah, mas o eleitor vende o voto, dirão outros. Certo, então proibamos o pobre e o analfabeto de votarem. Quem terá coragem de abertamente defender essa tese absurda? Ninguém, por evidente. Então, fingem defender a democracia, quando na verdade pretendem é criar, às avessas, uma espécie de sufrágio censitário. O eleitor vai votar, é certo, mas em uma lista antes já submetida a um processo de higienização ideológica. A isso chamo de moralismo eleitoral, essa forma fundamentalista de aplicação de uma certa moral ao processo eletivo.

Mas o hipermoralismo eleitoral não quer saber o que é juridicamente sustentável ou não; interessa a sua sanha macartista, ainda que a Constituição seja desrespeitada. Este é o ponto: estamos sempre criando atalhos para sustentar essas normas inconstitucionais, mas com apelo popular, conferindo, assim, ao ordenamento jurídico um tratamento bizarro, sem pé nem cabeça, alimentando a insegurança jurídica. É disso que se trata. A mim me parece que não podemos negociar a aplicação adequada da Constituição; devem-se evitar soluções casuísticas que, ao final, se voltarão contra a própria sociedade.

***

Desdobramos o livro em dois volumes. O volume 1 trata do direito material e processual; o volume 2 trata dos comentários à Lei nº 9.504/97, com as suas modificações. Pensamos que o desdobramento da obra facilitará as futuras atualizações e ajudará o leitor a localizar melhor as matérias de interesse. Esta 9ª edição está em dia com a jurisprudência e a doutrina mais recente, analisando os temas mais importantes da Lei dos Fichas Limpas (LC nº 135).

Analisamos todos os institutos eleitorais a partir da inovação profunda no ordenamento jurídico, o que implicou uma nova interpretação para o art. 41-A, consentânea com as novidades trazidas pela LC nº 135, bem como propusemos uma interpretação mais adequada da fraude, que enseja o manejo da ação de impugnação de mandato eletivo, além de termos tratado da denominada *objeção de inelegibilidade* (a notícia de inelegibilidade que enseja dilação probatória ofertada pelos não legitimados da AIRC).

Todos os capítulos foram analisados, revisados e postos em dia com o ordenamento jurídico em vigor. Não faltou a análise crítica, por vezes ácida, do que se produziu doutrinariamente desde 2010. Esperamos, assim, que a obra seja útil aos práticos e aos estudiosos.

***

A obra que entrego à comunidade jurídica vem publicada pela Editora Fórum. Agradeço ao editor a confiança e o desejo de emprestar o seu selo às *Instituições de Direito Eleitoral*. Trata-se de uma casa editorial que cresce em quantidade e qualidade de obras, razão pela qual muito nos honra fazer parte dessa família, atendendo ao convite do amigo Gabriel Ciríaco.

Agradeço à impaciência dos meus leitores, que tanto insistiram para que fosse publicada essa nova edição. Se houve demora, é porque as mudanças jurídicas introduzidas pela LC 135 pediam maior meditação e distanciamento, para que aqui se fizesse apenas ciência e não discurso político, mais afeito aos palanques e não à doutrina ou às decisões judiciais.

O Autor.

Discurso na solenidade de instituição da Medalha de Honra ao Mérito "Adriano Soares da Costa", criada pela Academia Catarinense de Direito Eleitoral (ACADE)

Ilustrados colegas da Academia Catarinense de Direito Eleitoral, que os saúdo a todos na pessoa de nosso Presidente, Dr. Marcelo Ramos Pellegrino,

Minhas senhoras, meus senhores,

Fui incumbido, pelos meus generosos pares da Academia Catarinense de Direito Eleitoral, da honrosa tarefa de proferir discurso de homenagem ao eminente eleitoralista, nacionalmente renomado advogado, conferencista festejado em todos os seminários de direito eleitoral que foram realizados nos últimos 15 anos no Brasil, Adriano Soares da Costa.

O Mestre Adriano Soares é uma voz de luz e resistência em uma terra árida, seca, sem solo propício para profundas reflexões, a terra que tem constituído nosso Direito Eleitoral, que precisa de verdadeira ciência e cuidado metódico de reflexão e pesquisa.

O Direito Eleitoral, como nos ensina o Mestre, está ainda a reboque do que chamamos de "infantilismo teórico da doutrina eleitoral", que se propõe a abordar o Direito Eleitoral a partir da jurisprudência casuística, movediça e insegura do Tribunal Superior Eleitoral, tudo sem lastro científico e adequadas raízes constitucionais. Essa afirmação dá substância apenas a uma de suas proposições a constituir potente feixe de luz a iluminar o solo árido e desafiador do Direito Eleitoral brasileiro.

Também ele é voz de resistência porque crítica fundada, corajosa e acertadamente desajustes de nossa jurisprudência eleitoral, exageros de nossa legislação e afrouxamentos de nossa doutrina.

E por esta postura independente, como deve caber a um homem livre e defensor da razão, ele foi provado. Como registrou recentemente em *post* no seu perfil, no Facebook, quando iniciou seu périplo de crítica e reflexões no Direito Eleitoral, forças contrárias ao seu pensamento quiseram calar sua voz, ao tentarem, dentro de determinadas instituições, vetá-lo para que fosse ouvido em seminários, em tribunais, em universidades, em locais de reflexão pública sobre Direito Eleitoral.

Mas a voz de um amante da reflexão, da verdade e da razão, apenas se alimenta no embate de ideias, e torna-se ainda mais forte na medida em que o espírito se aquece na luta, no combate contra o que entende deva merecer o fio cortante de suas concepções ou a voz libertadora de seu pensamento.

Sua persistência crítica, Mestre Adriano, seu constante estudo e reflexão, renderam merecido reconhecimento da classe jurídica nacional, notadamente dos núcleos de reflexão de Direito Eleitoral em todo o País.

Podemos dizer, sem medo de errar, que temos diante de nós, a maior autoridade da ciência juseleitoral brasileira. Não só na atualidade, mas de todos os tempos em que estamos a tentar fazer ciência com essa disciplina entre nós. Há um Direito Eleitoral antes de Adriano Soares da Costa e há um Direito Eleitoral depois de sua obra escrita e falada. Seus ensinamentos e seus exemplos fazem escola. Esse que vos fala é apenas um dos discípulos desse Mestre, assim como muitos que aqui nos ouvem.

A Academia Catarinense de Direito Eleitoral foi constituída para institucionalizar, em solo catarinense, um espaço acadêmico próprio ao sério e aprofundado estudo e debate do Direito Eleitoral. Debate e estudo fiéis à Ciência Jurídica, como propugna o nosso homenageado, em sua obra prima, *Instituições de Direito Eleitoral* — ouçam, pela minha voz, suas ideias, suas palavras, como foram grafadas nas páginas emolduradas desse livro inspirador:

> O Direito Eleitoral reclama que se faça ciência. Que os seus institutos sejam levados a sério. Necessita que os seus conceitos jurídicos fundamentais, como elegibilidade e inelegibilidade, não sejam (mal)tratados como se fossem vazios, sem conteúdo, apenas como artefatos de retóricos para sustentar qualquer tese casuística, qualquer bandeira política de momento. Por isso, fazer ciência no Direito Eleitoral tornou-se uma postura revolucionária: significa tratar a Constituição e os direitos fundamentais com seriedade, com respeito, com metódica preocupação científica, estudando um objeto que se põe para ser compreendido dentro do discurso intersubjetivo público e partilhado. (p. 16)

E diz ainda nosso Mestre Adriano:

> O papel da doutrina, não é de tentar sobrepor-se ao ordenamento jurídico, tentando criar conceitos que adulterem o seu conteúdo, os seus institutos e as suas proposições prescritivas. (p. 16)

E além, pontua:

> Em um universo de conceitos jurídicos vazios, em que a doutrina se despede de fazer o seu mister, fica a jurisprudência livre para usar os conceitos normativos de qualquer modo (...). Com isso, até mesmo a inelegibilidade deixa de ser sanção para ser um "sabe-se-lá-o-quê". É ainda [na jurisprudência] onde mais nitidamente se percebe o terrível vazio normativo decorrente do vazio teórico: os institutos jurídicos passam a ser usados de qualquer modo e jeito para atender a quaisquer fins e bandeiras. Há apenas, como consectário disso, a irracionalidade jurídica, o decisionismo voluntarista e uma crise da segurança jurídica. (p. 16)

Nosso homenageado é da culturalmente rica região do Brasil, o Nordeste, que já tantos valores intelectuais deu ao País, como Raquel de Queiroz e Gilberto Freire, e no Direito, Clóvis Bevilacqua e Ruy Barbosa, para ficarmos em pequena cifra da grande safra de talentos que o Nordeste nos deu. É do mesmo estado em que nasceu seu mestre (também nosso mestre), Francisco Cavalcanti Pontes de Miranda, Alagoas.

Advogado militante em todos os foros e graus da justiça eleitoral brasileira e da justiça comum, foi juiz de direito, procurador-geral do Município de Maceió, três vezes Secretário de Estado em Alagoas. É sócio de Motta e Soares Advogados Associados e Presidente do Instituto de Direito Público e Político. É autor de importantes obras jurídicas, merecendo destaque, sobretudo, sua obra já referida, *Instituições de Direito Eleitoral*, já em 9ª edição, Editora Fórum e seu *blog* "Direito Eleitoral – Adriano Soares da Costa" – *blog* esse citado, inclusive, em julgamentos sobre a aplicação e constitucionalidade da lei da ficha limpa, notadamente em votos do Ministro Celso de Mello, do STF.

Ao meu sentir, penso que entre tantas reflexões e luzes de nosso homenageado, há uma que sublinha a natureza crítica de seu pensamento; o viés precípuo de sua preocupação com a cientificidade do direito eleitoral; com o ânimo feliz de escoimá-lo de inúmeras ideologias (in)jurídicas que tem-no feito prisioneiro da falta de ciência, da falta de fundada teoria e da falta de metódica adequada à compreensão e aplicação do Direito Eleitoral Positivo e dos seus basilares e cardeais institutos de dogmática jurídica.

Entre essas luzes destaco, como já fiz em texto de minha lavra, as suas reflexões sobre o que chama Mestre Adriano de "moralismo eleitoral". Sua voz crítica sobre esse tema é demais esclarecedora, e, com meu timbre, vou aqui reproduzi-la, para aquilatarmos do acerto, felicidade e justiça que faz a ACADE ao instituir, em sua homenagem à medalha honorífica Adriano Soares da Costa, para distinguir, em solo barriga-verde, as autoridades e estudiosos do Direito Eleitoral que representem o progresso das ideias e a fieldade à Constituição, à Democracia Constitucional e aos direitos políticos fundamentais de candidatura e voto.

As palavras que lerei ao auditório, muito significativas e muito apropriadas para esse ambiente institucional, dentro dessa Assembleia Legislativa, casa da representação popular, mostram o vigor de um homem empenhado em defender a República, a Constituição, a Democracia e as Liberdades Políticas, como poucos, em nossa história, conseguiram fazer — disse nosso Mestre:

> Já há algum tempo tenho chamado a atenção para o que denominei de "moralismo eleitoral", um fenômeno perigoso que tem invadido a cidadela da jurisprudência eleitoral. (...). O moralismo eleitoral transforma todos os debates jurídicos eleitorais em debates morais e — o que é tanto pior! — sempre no compromisso de interditar o mais que possível que os políticos sejam... políticos. Há sempre um sentimento embutido nessa lógica: entrou na política, bandido é. E, na ânsia de higienização da política, deseja-se acabar com os políticos, o que nada mais é do que selar o fim da própria democracia. E, nessa concepção de mundo, esqueceram de um pequeno detalhe: o expurgo a ser feito deveria ser através do voto, salvo em casos extremos de crimes adrede positivados. Mais, em uma era da entronização acrítica do "fichalimpismo", o moralismo eleitoral reina absoluto, sem compromisso nenhum com o direito positivo vigente. É a justiça de mão própria togada, armada do direito achado na rua.
>
> Trata-se de uma marcha insana de muitos em defesa do moralismo eleitoral, para a instauração de uma democracia sem votos, sem eleitor. Uma visão ingênua, casuística, em certo sentido reacionária. É a tentativa de construção de uma democracia tutelada, ao fim e ao cabo, de uma democracia sem previsibilidade, em que a segurança jurídica é um mal a ser combatido, em que as garantias individuais não passam de um estorvo pequeno burguês.
>
> É isso, afinal, do que se trata: o moralismo eleitoral não respeita a Constituição Federal nem o ordenamento jurídico. Trata-se, pois, de uma adulteração da interpretação das normas jurídicas eleitorais pela aplicação de critérios acentuadamente morais, muitas vezes em aberta divergência com o próprio ordenamento jurídico posto. Em nome de princípios defendidos por determinadas minorias (ou mesmo maiorias, pouco importa) afasta-se a aplicação de determinada norma jurídica positivada, recriando antidemocraticamente o próprio ordenamento jurídico, sem observar os meios próprios para tanto. Esse fenômeno crescente de, a partir de uma leitura principiológica da Constituição, enfraquecer a própria positividade das normas infraconstitucionais ao ponto limite de deixarem elas de ser vinculativas para o aplicador, passou a ser sentido de modo alarmante na leitura que vem se fazendo de relevantes questões eleitorais.

O moralismo eleitoral parte normalmente de uma compreensão equivocada da teoria da inelegibilidade, que se põe a serviço de um certo justiçamento antidemocrático, ainda que movido pelas melhores intenções. Não há dúvidas que é necessário depurarmos as nossas instituições, porém essa é uma tarefa complexa, que não se esgota em medidas irrefletidas, movidas por um certo voluntarismo, que de tanto simplificar os problemas apenas cria novos problemas.

Ora, em uma democracia, quem deve afastar o mau político é o eleitor pelo voto. O critério de definição? Cabe ao eleitor definir. Porém, essa minoria não acredita na democracia, não acredita no eleitor: prefere, então, criar critérios de exclusão previamente. Antidemocraticamente. (...). Ah, mas o eleitor é analfabeto, dirão alguns. Ah, mas o eleitor vende o voto, dirão outros. Certo, então proibamos o pobre e o analfabeto de votar. Quem terá coragem de abertamente defender essa tese absurda? Ninguém, por evidente. Então, fingem defender a democracia, quando na verdade pretendem é criar, às avessas, uma espécie de sufrágio censitário. O eleitor vai votar, é certo, mas em uma lista antes já submetida a um processo de higienização ideológica. A isso chamo de moralismo eleitoral, essa forma fundamentalista de aplicação de uma certa moral ao processo eletivo.

Mas o hipermoralismo eleitoral não quer saber o que é juridicamente sustentável ou não; interessa a sua sanha macartista, ainda que a Constituição seja desrespeitada. Este é o ponto: estamos sempre criando atalhos para sustentar essas normas inconstitucionais, mas com apelo popular, conferindo, assim, ao ordenamento jurídico um tratamento bizarro, sem pé nem cabeça, alimentando a insegurança jurídica. É disso que se trata. A mim me parece que não podemos negociar a aplicação adequada da Constituição; devem-se evitar soluções casuísticas que, ao final, se voltarão contra a própria sociedade. (*Instituições de Direito Eleitoral*, 9. ed., Fórum, p. 16-17)

Por certo que teríamos muito mais a destacar, na vida e obra de nosso homenageado, que ainda em sua jovem vida não alcançou 9 lustros, perfazendo-os apenas em 17.11.2014. Jovem e rica vida. Jovem e modelar vida, como foi a vida jovem e precoce de seu Mestre Pontes de Miranda, esse, aos dezesseis e aos dezenove anos, já produzira dois livros elogiados por Ruy Barbosa.

A medalha honorífica cunhada com o nome de Adriano Soares da Costa ousa e revoluciona, em um só movimento.

Ousa por que toma o nome de ilustrada e honrada pessoa viva, com muito produzido e muito ainda a produzir, para servir de símbolo honorífico a figuras que serão mais velhas — em tempo de vida terrena — ou mais jovens do que nosso homenageado. O lugar comum é honrar com tal medalha o nome de pessoas há muito falecidas, cujos feitos foram conhecidos e consolidados, como é a medalha "Ruy Barbosa", conferida pela OAB Nacional às autoridades da Advocacia, ou a medalha de nossa seccional de SC, com o mesmo fim, medalha "João Batista Bonassis".

Revoluciona por que toma uma fundada e autorizadíssima voz crítica, um teórico de escol, um advogado experimentado e respeitado em todo o País, cujo pensamento próprio é disseminado em letras de forma ou de viva voz por toda a Nação; uma personalidade referencial; um caráter modelar e um espírito reluzente de verbos e ação.

Com a "medalha Adriano Soares da Costa", quer a ACADE fazer uma homenagem e uma meta-homenagem.

A homenagem é pessoal, datada e concreta a nosso inexcedível e único Adriano Soares da Costa, por todos os predicados que salientei e pelo pensamento que sublinhei.

A meta-homenagem é que, elegendo Adriano Soares da Costa como o modelo, o paradigma de estudioso, de jurista, de pensador do Direito Eleitoral, para ser "o símbolo medular" das futuras homenagens às personalidades que serão honradas com tão enobrecente medalha, a ACADE presta uma homenagem ao Direito Eleitoral, e um preito de esperança de que, com o seu esforço intelectual de Academia e o de homens imbuídos com o espírito de Adriano, edificaremos um Direito Eleitoral que prestará homenagem e continência à Constituição da República, ao seu sistema de direitos fundamentais, notadamente aos direitos fundamentais de voto e de candidatura, pedras angulares da democracia representativa, bifaces indissociáveis de uma verdadeira soberania popular.

Essas eram as palavras que gostaríamos de registrar, nos anais da história, neste momento, em representação de voz da ACADE, com o beneplácito de meus generosos pares.

Ruy Samuel Espíndola
Florianópolis, SC, ALESC, 26 de junho de 2014.

NOÇÕES FUNDAMENTAIS

§1 Notas sobre a teoria do fato jurídico[1]

O ser humano vive, desenvolve e percebe sua humanidade na *outridade* de ser-social. Sou, e me percebo como tal, através de minhas múltiplas relações com os outros, no ir e vir da vida, em que a minha subjetividade se impõe e se amolda aos parâmetros das relações com múltiplas subjetividades. Há o meu horizonte; há o horizonte do outro; há o nosso horizonte comum. Há comunidade.

O Direito é processo de adaptação social. Por ele, e através dele, o ser humano normatiza condutas, permitindo a vida em sociedade, contendo as subjetividades em sua *ipseidade*, em proveito para a *alteridade* social. Não visa a ele suprimir o *eu*, mas a tornar possível a *polaridade do eu-tu*, de modo que o Direito só cumpre a sua finalidade se transcender a subjetividade do eu para alcançar a intersubjetividade do nós, tornando possível a existência saudável da relação eu-tu.

Como processo de adaptação social, o Direito busca interferir na zona material das condutas humanas, através de sua coercibilidade, solidificando o tecido social e impedindo, o mais que possível, que nele surjam conflitos, que quebrem a paz social. O Direito, portanto, é fato social, e como tal há de ser analisado e estudado, como objeto do conhecimento.

A norma jurídica é das mais importantes criações do homem. Por ela se fixam as condutas relevantes para o Direito e se atribuem efeitos jurídicos que devem ser atendidos, posto por bastas vezes não sejam. Mas é preciso deixar assente, desde já, que *as normas jurídicas mais são atendidas que desatendidas, ou do contrário não cumpriria o Direito a sua função de meio de adaptação social*. Aqui reside fundamental afirmação, que algumas teorias gasosas confundem e empanam: o Direito visa a influir sobre a conduta humana, conformando-a. Se a norma jurídica é desatendida, há patologia, que deve ser reprimida pelos meios de coerção previstos pelo sistema jurídico.

---

[1] *Vide* o aprofundamento desse tema no meu livro *Teoria da incidência da norma jurídica*: crítica ao realismo lingüístico de Paulo de Barros Carvalho (2. ed. São Paulo: Malheiros, 2009).

As normas jurídicas ingressam no sistema jurídico através de *fontes de direito*, previstas pelo próprio sistema, que são criadas validamente se atenderem o processo de produção previamente determinado. Utilizo aqui a expressão *fonte de direito* no sentido preciso de veículos introdutores de normas jurídicas, vale dizer, como *estrutura normativa que processa e formaliza, conferindo-lhes validade objetiva, determinadas diretrizes de conduta ou determinadas esferas de competência*.[2] As fontes de direito, de conseguinte, são sempre resultado de um processo formal de ponência de normas jurídicas, que constituem o seu conteúdo. Constituição, leis, decretos, resoluções, portarias são fontes de direito, no sentido de que são instrumentos formais de criação de normas jurídicas; as normas jurídicas, ao revés, não se confundem com as fontes de direito, sendo seu conteúdo. A lei, enquanto suporte físico, enquanto instrumento introdutor de normas jurídicas, é fonte de direito, vale dizer, é o texto que contém (note-se bem: contém) a norma jurídica posta pelos produtores legitimados pelo ordenamento jurídico. Em que sentido e de que modo é que podemos afirmar que as fontes de direito introduzem e *contêm* as normas jurídicas, isso é o que adiante abordaremos. Para o momento, concentremo-nos ainda um pouco mais nesses pontos aqui tratados.

As fontes de direito põem normas jurídicas. A norma jurídica é, pois, conteúdo da fonte de direito por ela enunciada, a fim de determinar que seja obrigatória, proibida ou permitida alguma conduta, ou serem especificados certos âmbitos de competência, em dada conjuntura histórica.[3] Tomo o signo *modelo jurídico* como sinônimo de norma jurídica, para expressar uma linguagem expressiva do conteúdo das fontes de direito; nesse sentido, *modelo jurídico* é a significação prescritiva do texto positivo, formando um todo significativo, com todas as notas necessárias para consumar o processo de juridicização.[4] Assim, há a fonte de direito e o modelo jurídico: a fonte de direito, entendida como totalidade de textos jurídicos que forma uma estrutura expressional; e o modelo jurídico (ou norma jurídica), compreendido como uma totalidade significativa que forma uma unidade completa de sentido conativo ou prescritivo. Nem o texto isolado de seu todo (ainda que seu todo implique a soma de textos sintaticamente de diversos escalões hierárquicos), nem a significação incompleta, reivindicando complemento, formam fontes de direito e modelos jurídicos.

Há, porém, ponto de supina importância, que não pode ser olvidado. O processo de apreensão da significação dos textos jurídicos só tem sentido, para o Direito, como processo de apreensão da norma jurídica sacada da fonte de direito, no sentido antes

---

[2] REALE. *Fontes e modelos do direito*, p. 2, *passim*.
[3] *Fontes e modelos do direito*, cit., p. 23.
[4] É fundamental anotar aqui que Miguel Reale, diferentemente de nós, faz a distinção entre norma jurídica e modelo jurídico. A norma jurídica, para Reale, seria a significação de um texto legal específico, enquanto o modelo jurídico seria a significação total de diversos textos, vale dizer, a soma de diversas normas, que constituiria um todo significativo. Diz ele: "o modelo jurídico resulta de uma pluralidade de normas entre si articuladas compondo um todo irredutível às suas partes componentes" (p. 30). Aqui, nesse particular, há semelhança com a distinção que, posteriormente, fez Paulo de Barros Carvalho (*Direito tributário*: fundamentos jurídicos da incidência, p. 59, *passim*) sobre os três planos: o da literalidade textual (fonte de direito, em Reale), o das significações enquanto enunciado prescritivo (norma jurídica, em Reale) e o das normas jurídicas, como unidades de sentido obtidas mediante agrupamento de significações que obedecem a determinado esquema formal (modelo jurídico, em Reale). Abolimos a figura intercalar do "enunciado prescritivo" (ou "norma jurídica", em Reale) por não guardar relevância para a Ciência Jurídica, vez que não forma uma *unidade mínima de significação deôntica, dotada de eficácia*.

precisado. O modelo jurídico, a norma, é apreendido da fonte de direito através de um processo interpretativo.

Embora não seja o processo hermenêutico objeto de nossa preocupação imediata, convém desde já deixar assentados alguns aspectos sem os quais fracassará a nossa abordagem seguinte. Há os que apreendem a interpretação como o processo de *atribuição* de significado aos enunciados, ou seja, como um processo individual, pessoal, de outorga de significação aos sinais gráficos estampados no papel. Assim, a norma jurídica seria construída pelo intérprete, a partir da literalidade do texto positivo, em um processo de construção de sentido. O sentido é construído ao longo de um processo iniciado pela percepção visual das letras, dos vocábulos, organizando formações mais amplas.

O processo hermenêutico, todavia, não pode ser visto como um processo arbitrário, em que o intérprete atribui, como queira, significação ao texto analisado. Dizer que o signo não possui, ele próprio, uma significação é fácil dito, mas com isso se emascula o processo comunicacional, que apenas pode ser realizado dentro de um código comum ao emissor e ao destinatário. Quem expressa alguma mensagem, buscando ser compreendido, expressa dentro de uma gramática comum à comunidade do discurso. Sem isso não há possibilidade de comunicação. Existe, pois, entre o emissor e o destinatário um código comum, e, por isso, uma série de regras que atribui ao signo um significado.[5] Desde o segundo Wittgenstein já não mais se pode admitir uma linguagem privada. A linguisticidade do mundo é fato social, dá-se como constituinte da relação eu-tu, da intersubjetividade.[6] Ninguém melhor do que Castoriadis,[7] estribado em Lacan, soube afirmá-lo: "O simbolismo não pode ser nem neutro, nem totalmente adequado, primeiro porque não pode tomar seus signos em qualquer lugar, nem pode tomar quaisquer signos. Isso é evidente para o indivíduo que encontra sempre diante de si uma linguagem já constituída, e que se atribui um sentido 'privado' e especial a tal palavra, tal expressão, não o faz dentro de uma liberdade ilimitada mas deve apoiar-se em alguma coisa que 'aí se encontra'".

A significação se contém no texto, mas não apenas nele. Há texto e há contexto. Contexto do texto e contexto do intérprete. Cada texto tem sua historicidade, os valores que o impregnam, os fins a que visam. Cada intérprete tem os condicionamentos históricos, psicológicos, culturais, axiológicos. Tem uma carga de valores a condicioná-lo como sujeito cognoscente.[8]

---

[5] Por todos, ECO. *O signo*, p. 22.

[6] Ensina GRAU. *Direito, conceitos e normas jurídicas*, p. 62: "O 'objeto' do conceito jurídico não existe 'em si', dele não há representação concreta, nem mesmo gráfica. Tal objeto só existe 'para mim', de modo tal, porém, que sua existência abstrata apenas tem validade, no mundo jurídico, quando este 'para mim', por força da convenção normativa, corresponde um — seja-me permitida a expressão — 'para nós'".

[7] CASTORIADIS. *A instituição imaginária da sociedade*, p. 146. O texto de Jacques Lacan, citado por Castoriadis, é o seguinte: "Há uma eficácia do significante que escapa a toda explicação psicogenética, pois essa ordem significante, simbólica, o sujeito não a introduz e sim a encontra".

[8] Impressiona que João Maurício Adeodato (*A retórica constitucional*, p. 229) tenha, valendo-se do pensamento de Friedrich Müller, afirmado sem maiores discussões, que "o legislador só faz o texto, um dado de entrada para a construção objetiva da norma no caso concreto: o texto da norma não tem ainda qualquer significado (prévio), mas apenas validade, está validamente posto". Se o legislador só põe o texto e se o texto não possui significado prévio relevante algum, como pode o comum do povo, que vive submetido às normas postas pelo legislador, guiar-se por elas? Sendo o texto apenas um conjunto de marcas gráficas destituídas de significação, o seu vazio de sentido já o tornaria um sem sentido, o resultado de uma atividade fátua. O irracionalismo a que se chega com esse tipo de assertiva é patente, deixando o aplicador do significado do texto na condição de seu exclusivo demiurgo. Assim, o aplicador não aplicaria; criaria *ex novo*, tornando o papel dos legisladores eleitos uma aborrecida perda de tempo institucionalizada.

A norma jurídica, enquanto significação dos textos prescritivos postos pelo ordenamento jurídico, há de ser entendida e analisada como fato cultural, vale dizer, em sua dimensão social, intersubjetiva. A norma jurídica não é, e nunca será, a significação que um intérprete individualizado, psicologizado, saque das fontes de direito. Como fato sociocultural, a norma jurídica é significação prescritiva, que visa a disciplinar e influenciar a zona material da conduta humana. Logo, para cumprir o seu fim, a norma há de ser vista e compreendida como significação socialmente aceita, ou seja, como *vivência intencional*.[9]

Essa concepção fustiga, como se pode ver, o idealismo kantiano de um poder *nomotético* absoluto do espírito. Aqui ganha em sentido o processo hermenêutico, como processo de conhecimento de *algo* (objeto, texto) que nos é dado, enquanto sujeitos cognoscentes. Consoante nos ensina o jusfilósofo Miguel Reale,[10] "Admitido, com efeito, que a consciência se volve necessariamente para *algo*, que também é pressuposto *a priori* do ato de conhecer, não se pode mais apresentar o sujeito como constitutivo de per si do objeto, uma vez que este somente o é enquanto *algo* se lhe oferece para ser interpretado". E segue: "Por outras palavras, não mais se admite que o sujeito possa, em si e de per si, *pôr os objetos* como criação exclusivamente sua, porquanto suas faculdades cognoscitivas dependem de *algo objetivo* que se oferece à percepção subjetiva, mas representa um *processo de interpretação* da coisa que se lhe apresenta, havendo, pois, um *ato hermenêutico* da coisa para a qual a consciência intencional se dirige". E no que mais de perto nos interessa, ensina Reale:[11] "Parece-nos da maior relevância essa nova compreensão da Teoria do Conhecimento, da qual não tomam ciência os que se mantêm apegados ao logicismo abstrato de Kant, sem perceber que — na linha de meu pensamento, coincidente com o acima exposto — somente se pode falar em 'possibilidade do conhecimento' como problema inserido em um processo histórico-cultural, uma vez que a densidade histórico-cultural do sujeito abre intencionalmente a inteligibilidade dos objetos do conhecimento e é condição de suas possibilidades na ordem do tempo".

A afirmação de que *a norma jurídica é produto da interpretação individual de um sujeito psicologizado* conduz a um beco sem saída da finalidade social do Direito. A interpretação, consoante pensamos, é processo de revelação do conteúdo do texto positivado, vale dizer, é processo de construção da significação expressa no suporte físico que é o grafema adscrito em uma folha de papel. Mas esses signos são *dados*, no sentido de que estão ali para expressar algo, através de um código convencionado pela comunidade do discurso. Não fosse assim, os signos nada significariam, sendo a significação algo exterior a eles, atribuída pelo intérprete de forma arbitrária. A comunicação, desse modo, seria de impossível realização, uma vez que não haveria critérios objetivos e convencionados para a emissão da mensagem e para o seu recebimento.

O processo de revelação da norma jurídica, através das fontes de direito, é processo de construção de sentido partindo de um *dado*, do que *aí se encontra*. Mais

---

[9] Utilizo a expressão "vivência" (*Erlebnis*) próxima ao sentido gadameriano. Vide GADAMER. *Verdade e método*, p. 117, *passim*.

[10] Teoria do conhecimento e teoria da cultura. *In*: REALE. *Cinco temas do culturalismo*, p. 30-31, grifos originais. *Vide*, ainda, sobre a historicidade da criação dos modelos jurídicos, *Fontes e modelos do direito*, cit., p. 49 *et seq*.

[11] Teoria do conhecimento e teoria da cultura. *In*: REALE. *Cinco temas do culturalismo*, p. 32.

ainda: a norma é a significação construída a partir do texto positivado, na medida em que essa significação seja socialmente aceita, ou ao menos cumpra o seu papel de incidir na zona material da conduta humana, conformando-a. Não basta, portanto, para que estejamos diante de uma norma, que haja uma interpretação individual da fonte de direito: sem que haja *vivência* social dessa significação, a interpretação não cumpre o seu papel de interferir na atividade humana, condicionando as relações intersubjetivas.

Como se pode observar, o fenômeno jurídico é heterogêneo, multidimensional e global. Em uma palavra: é complexo. A complexidade implica tomar o Direito como objeto do conhecimento, como um todo constituído por diversas partes relacionadas, as quais não se confundem com a sua soma nem sozinhas contêm todas as propriedades do todo objetal. *Complexo* é o que está tecido junto (Morin), ou seja, é a síntese das partes no todo, de tal modo que as partes não se dissolvem, não perdem a sua singularidade constitutiva, sem embargo de se conjugarem no todo.

Tem sido comum entre nós a orientação metodológica da mutilação do objeto de estudo. O Direito é reduzido à linguagem das normas jurídicas, de modo que o campo de estudo do jurista fica reduzido ao conteúdo dos diplomas normativos postos pelo aparelho estatal. Ainda quando as normas jurídicas tomam de empréstimo conceitos das ciências contábeis, da economia, ou de outra área do conhecimento humano, incansavelmente se afirma que tais conceitos passaram a ser juridicizados, razão pela qual não seria mister do contador, do economista ou do especialista de outros segmentos o esclarecimento de sua extensão, de seus possíveis usos, mas exclusivamente do jurista. O pensamento mutilante necessita demarcar fronteiras, vincando com marcas fundas a separação do mundo jurídico do mundo da economia, da sociologia, da psicologia etc., como se o fenômeno jurídico não se inter-relacionasse com essas outras organizações conceptuais.

A redução de complexidade é método de simplificação pela qual se separa a parte homogênea do todo heterogêneo, parcializando o conhecimento humano. A parte, assim separada, é tomada como um todo objetal, sendo o fragmentário elevado à condição de objeto do conhecimento, excluído o resto como algo sem importância. O que interessa é a homogeneidade formal e quantificável, como construção do sujeito que pensa.

Como nos mostra candentemente Edgar Morin, o erro do pensamento formalizante quantificante que dominou as ciências não é o de colocar entre parêntesis o que não é quantificável e formalizável: "O erro é terminar acreditando que aquilo que não é quantificável e formalizável não existe ou só é a escória do real. É um sonho delirante porque nada é mais louco do que a coerência abstrata".[12] De fato, a abstração universalista buscou eliminar da ciência toda a singularidade, a localidade e a temporalidade, tentando construir a uniformidade e a homogeneidade, ao custo da perda de vista do todo. Tudo o que não pudesse ser reduzido aos limites previamente fixados pela abstração conceptual quedava fora da preocupação cognoscitiva, porque o acaso, a desordem e a singularidade sempre foram vistos como obstáculos para o conhecimento.[13] Os ideais das ciências matemáticas foram impostos às ciências humanas,

---

[12] *Ciência como consciência*, p. 188-189.
[13] O estudo caso por caso sempre foi criticado pelos juristas, que viam na singularidade obstáculo para se construir um sistema científico coerente. Basta, como exemplo, relembrar a crítica feita por Enrico Tullio Liebman a

com grande perda para estas, que, por longo tempo, ficaram estagnadas pelos métodos que não lhes eram próprios.

A complexidade busca conceber a articulação, a identidade e a diferença das partes constitutivas do todo, enquanto o pensamento simplificante separa e reduz. O pensamento complexo não perde de vista a multidimensionalidade do real, respeitando as suas diversas dimensões: em seu interior, há lugar fundante para o princípio da incompletude e da incerteza. Aliás, mesmo nas ciências físicas já não mais se pode pensar o real sem refletir sobre o acaso e sobre a desordem. Logo, a organização, qualquer que seja ela, deve ser vista como um sistema a partir de elementos diferentes; ela constitui ao mesmo tempo uma unidade e uma multiplicidade.[14]

Quando dizemos que o Direito é linguagem, não estamos afirmando que o Direito seja apenas linguagem. Norma, fato e valor dialeticamente se implicam no fenômeno jurídico. Posso estudar a norma enquanto norma, em sua estática, na estruturação formal do sistema jurídico, porém não posso afirmar, sem que essa afirmação implique uma incisão mutilante, que todo o Direito seja apenas norma. Seria perder de vista que as normas, como linguagem prescritiva, visam a incidir nas condutas humanas, conformando-as segundo valores, buscando realizar fins almejados pela comunidade jurídica. Fosse o Direito apenas linguagem, seu *status* seria o mesmo da poesia, da literatura, ou dos cânticos religiosos.

Com essas ponderações iniciais, deixamos assente que estudamos o Direito como objeto complexo, global e multidimensional. Vemo-lo como um sistema de normas jurídicas e princípios, dialogicamente construído e vivido intersubjetivamente, com a função de regrar a conduta humana, segundo os valores historicamente vivenciados no mundo da vida.

1.1 Conceito de incidência da norma jurídica

Por *incidência da norma jurídica* se tem entendido o seu efeito de transformar em fato jurídico o suporte fáctico que o Direito considerou relevante para ingressar no mundo jurídico.[15] Sendo a norma jurídica formada logicamente por uma proposição descritiva ligada à outra prescritiva pelo conectivo dever-ser, toda vez que ocorrem no mundo os fatos previstos em seu descritor, ela incide, qualificando-os de jurídicos: criam-se assim os fatos jurídicos. A incidência, como causalidade jurídica, ocorre no plano do pensamento, consoante lição de Pontes de Miranda: "A incidência da regra jurídica ocorre como fato que cria ou continua a criar o mundo jurídico; é fato dentro do mundo dos nossos pensamentos, — perceptível, porém, em conseqüências que acontecem dentro do mundo total".[16] Noutra oportunidade afirma: "A incidência da lei, pois *que se passa no mundo dos pensamentos* e nele tem de ser atendida, opera-se no

---

Kuttner por sua *"pazientissima indagne* caso per caso" que este pretendeu fazer da eficácia da sentença, que resultou em profícuo método levado a efeito por Pontes de Miranda, em sua classificação quinária das cargas eficaciais (Cf. SILVA. Sentença mandamental. *In*: SILVA. *Sentença e coisa julgada (ensaios e pareceres)*, p. 65).

[14] Vide MORIN, *op. cit.*, p. 179-181.

[15] SANTI. *Lançamento tributário*, p. 55; MELLO. *Teoria do fato jurídico*, p. 58; BECKER. *Teoria geral do direito tributário*, p. 307.

[16] *Tratado de direito privado*, t. I, p. 53 (§2, 3), grifei.

lugar, tempo e outros 'pontos' do mundo, em que tenha de ocorrer, segundo as regras jurídicas. É, portanto, *infalível*".[17]

Para que compreendamos o que Pontes de Miranda denomina de *mundo do pensamento*, é necessário ter presente que ele não desconhecia a lógica moderna, tampouco lhe eram estranhos os problemas da filosofia da linguagem, sobretudo aqueles enfrentados pelo primeiro Wittgenstein do *Tractatus logico-philosophicus*, obra inclusive citada no *Tratado de direito privado*. O Direito existe para submeter o mundo social a uma certa ordem e previsibilidade. Sendo assim, o conteúdo dos sinais ópticos dos textos positivados, apreendido pelo intérprete, não esgota o processo de revelação da norma jurídica. A interpretação individual não cria norma: a norma é fato do mundo social: "Deve o intérprete (jurisconsulto, juiz) procurar, na aplicação da regra, não o conteúdo dos sinais ópticos, ou sonoros (ordens verbais), mas, com o auxílio deles, o que se neles contém, mais ou menos o que se perdeu ou se argumentou no trabalho de expressão. Em vez de início em si, apenas é a lei a forma intermédia. Durável, mas dúctil, para conservar o dado, ainda que isto o deforme". E prossegue: "Não seria social a aplicação da lei, se não houvesse entre a norma viva (o dado) e a aplicada (o julgado) o veículo social (costume, jurisprudência), ainda que, após a permanência individual (ditame do legislador), se comunique, se socialize pela linguagem, fenômeno caracteristicamente social".[18]

Para Pontes de Miranda a palavra é sinal, notação; por trás dela está o conceito. Mas à ciência interessa o estudo do real, que não é de todo exprimido pelo conceito. Entre a palavra e o real está o conceito. Ficar na interpretação de palavras apenas seria subordinar às designações as coisas que se designam. Seria branco o amarelo pelo simples fato de lhe chamar de branco.[19] O real do Direito é o real-social. "O legislador cria a forma das normas jurídicas, raramente a substância delas; não só por se achar no direito costumeiro ou na doutrina, ou por lhe ser sugerido, espontaneamente pela própria vida dos grupos ou sociedades, como porque, feitas e impostas, ainda a investigação doutrinária e a jurisprudência lhe vão descobrir, pela analogia (argumento *a pari* ou *a fortiori*) ou pela exclusão (argumento *a contrario*), quer por outros meios não lógicos (arbitrários ou científicos), o verdadeiro conteúdo delas".[20]

Como se pode perceber, para Pontes de Miranda a incidência das normas jurídicas não prescinde da interpretação, porque a norma que incide é a norma que ganhou em densidade simbólica para a comunidade do discurso: "se o legislador, pela expressão, inicia a socialização, é ao doutrinador e principalmente ao juiz que incumbe ultimá-la. Em vez de se limitar a induzir da lei, o que não satisfaria, induzirá das realidades, e a regra escrita apenas lhe serve de guia. (...) Não é o dado conceptual que se quer, mas — o que é bem diferente — o dado concreto e imediato".[21] A norma jurídica, pois, é a significação socialmente aceita, vivida e aplicada: é socialmente um *dado*, um "estar aí", uma *vivência intencional*. Mas esse *dado* é proposição vertida em linguagem prescritiva, como objeto cultural que é. Insista-se: a norma jurídica que incide

---

[17] *Tratado de direito privado*, t. I, p. 62 (§5, 1), grifei a expressão sob análise.
[18] *Sistema da ciência positiva do direito*, t. II, p. 91.
[19] *Sistema da ciência positiva do direito*, t. II, p. 101.
[20] *Sistema da ciência positiva do direito*, t. II, p. 192.
[21] *Sistema da ciência positiva do direito*, t. II, p. 91.

infalivelmente é a norma que ganhou em densidade simbólica, como fato do mundo social, no seu subconjunto, o mundo do pensamento. O pensamento aqui é visto como algo comunicável e vivido de modo público, como processo social, que vai além de uma ideia privada do sujeito cognoscente. Frege estabeleceu uma distinção entre *ideias privadas* (*Vorstllungen*) e *pensamentos*, que são realidades abstratas habitantes de um terceiro domínio platônico. Ter-se-ia baseado nos seguintes pontos: (a) um pensamento, isto é, aquilo que alguém pensa, é verdadeiro ou falso independentemente de alguém pensá-lo; (b) duas pessoas podem ter o mesmo pensamento; e (c) os pensamentos podem ser comunicados. Em seu uso mais fundamental, fregiano, o pensamento significa proposição (*Satz*). Um pensamento é uma "figuração lógica dos fatos", isto é, uma figuração idealmente abstrata, cuja única forma pictorial é sua forma lógica e cuja representação prescinde de qualquer meio específico.[22] Esse terceiro domínio platônico fregiano é justamente o mundo do pensamento, que não é o meu ou o seu mundo, mas o nosso mundo formado pela relação eu-tu. E o segundo Wittgenstein veio a negar, nesse particular, o solipsismo da linguagem, vale dizer, a possibilidade de uma linguagem privada, como sustentada pelo primeiro Wittgenstein.[23] Afinal de contas, a linguagem deseja ser comunicada, e não prescinde da alteridade. É pelo *outro* que me descubro como *eu* na vivência do discurso.[24] É nesse sentido que podemos, então, compreender o papel do *simbólico* como representação social de *algo que está aí*. O Direito, como instituição social, não se esgota no simbólico de suas normas *instituintes*, mas está nele entrelaçado para cumprir o seu papel no jogo de linguagem social.

O simbólico (a norma), de conseguinte, é *objetivação conceptual* que qualifica o fáctico, através da causalidade da incidência; e, cumprindo a sua função de processo de adaptação social, adquire forma de *objetivação social* pelos múltiplos processos de aplicação pelos seus destinatários, ou, na sua inobservância, pelos órgãos legitimados. É pela incidência, *no mundo do pensamento*, que se dá a objetivação conceptual, simbólica, do processo de juridicização; é pela *aplicação* da norma jurídica que incidiu que se dá a sua objetivação social na concretude da vida. Como diz Lourival Vilanova, "A norma, que é uma *objetivação conceptual*, passando para o campo dos fatos adquire a forma de *objetivação social*. Adquire algo de *coisidade* do social, no sentido durkheimiano. (...) O fato jurídico, pois, é uma concreção que se dá num ponto do tempo e num ponto do espaço. Mas o fato é jurídico porque alguma norma sobre ele incidiu, ligando-lhe efeitos (pela *relação de causalidade normativa*)".[25]

---

[22] *Vide* GLOCK. *Dicionário Wittgenstein*, p. 272-277, 287-291. *Vide*, outrossim, FREGE. Sobre o sentido e a referência. *In*: FREGE. *Lógica e filosofia da linguagem*, p. 65, grifei: "A representação, por tal razão, difere essencialmente do sentido de um sinal, o qual pode ser a propriedade comum de muitos, e portanto, não é uma parte ou modo da mente individual; pois dificilmente se poderá negar que *a humanidade possui um tesouro comum de pensamentos*, que é transmitido de uma geração para a outra".

[23] Sobre o solipsismo, de modo didático, *vide* FAUSTINO. *Wittgenstein*: o eu e sua gramática, p. 82 *et seq*.

[24] Sobre os aspectos social e histórico como elementos constitutivos da linguagem, indicamos como fontes úteis e didáticas de pesquisa: BRANDÃO. *Introdução à análise do discurso*; e ORLANDI. *A linguagem e seu funcionamento*.

[25] *Causalidade e relação no direito*, p. 90; COUTINHO. *Invalidade processual*: um estudo para o processo do trabalho, p. 33, percebeu esse aspecto do pensamento ponteano, sem aprofundá-lo, contudo, nas seguintes observações: "Enquanto objeto cultural, a incidência ocorre na ordem do 'dever ser' e não no campo do 'ser', da causalidade natural. Portanto, a incidência da norma jurídica, que torna o fato 'jurídico', ocorre por vezes somente no mundo dos nossos pensamentos, não impondo necessariamente transformações na ordem do 'ser'. No entanto, poderá implicar ainda alteração no mundo naturalístico". E adiante: "Algumas normas jurídicas prevêem hipóteses normativas que jamais existiram no mundo dos fatos, mas permanecem no plano da idéia, da abstração".

A norma jurídica, nesse sentido, não é "incidida"; ela *incide pela causalidade normativa*. À pergunta sobre qual o sujeito da oração "a norma jurídica incide", só pode haver uma resposta, gramatical e jurídica: a norma. É ela que incide, no *mundo do pensamento*. Incide independentemente da vontade psicológica do sujeito cognoscente: incide como processo histórico-social do simbolismo jurídico.[26] Ou, como preferia Pontes de Miranda:[27] "Se bem meditarmos, teremos de admitir que a incidência é no mundo social, mundo feito de pensamentos e outros fatos psíquicos, porém nada tem com o que se passa dentro de cada um, no tocante à adesão à regra jurídica, nem se identifica com a eventual intervenção da coerção estatal. A incidência da lei independe da sua aplicação; sem aqui trazermos à baila que os homens mais respeitam do que desrespeitam as leis, ou que as sanções são menos freqüentes que as observâncias, porque, então, estaríamos no plano fáctico (físico) da sociologia do direito, em vez de nos mantermos no plano lógico da teoria geral do direito".

Com essas observações, podemos agora proceder à distinção entre incidência e aplicação da norma jurídica, buscando retirar dela as suas consequências teóricas fundamentais.

1.2 Distinção entre incidência e aplicação da norma jurídica

O realismo jurídico, seja de que vertente for, limita o fenômeno jurídico ao ato de autoridade (administrativa, judicial ou de outra espécie). *Grosso modo*, apenas seria direito o que as autoridades dizem que é, no ato de aplicação da norma. Essa amputação do mundo fora dos tribunais e das repartições públicas do fenômeno jurídico é um reducionismo injustificado, que retira do direito a sua função de processo de adaptação social. Observemos esses fatos cotidianos: uma pessoa deposita um papel em uma urna ou digita números em uma máquina, escolhendo uma pessoa para administrar sua comunidade; um adolescente apanha um ônibus, dá ao cobrador um passe-estudantil, passa pela roleta e segue viagem até sua escola; um jovem bebe um refrigerante e paga o valor devido ao garçom; uma mulher, em seu veículo, para quando o sinal fica vermelho e segue seu percurso com a luz verde; uma loja de calçados anuncia uma promoção, pelos jornais, na venda de um determinado modelo de sapato. Todos esses fatos são conhecidos nossos, vividos por uma infinidade de pessoas. E eles ocorrem com naturalidade, sem muitos percalços, porque todos nós, como sujeitos situados numa realidade histórica, em tempo e espaço delimitados, participamos de uma mesma realidade simbólica, um *tesouro comum de pensamentos* (Frege). Se a mulher para o carro quando o sinal está vermelho, atende à norma jurídica que determina ser essa a conduta devida; se o ultrapassa, sua conduta é ilícita. Há uma significação social, metaindividual, no comportamento dessa mulher: pouco importa saibamos que tenha ocorrido, ou que tenha sido na calada da noite. A significação é objetiva, e adjetiva esse fato como jurídico pela causalidade da incidência normativa. Se houve testemunhas, se o radar eletrônico fotografou o veículo no momento do descumprimento da norma, isso é outra questão: é matéria afeta à aplicação autoritativa da norma. Mas, toda vez

---

[26] Vide: *Tratado de direito privado*, cit., p. 53.
[27] *Tratado de direito privado*, cit., p. 57.

que essa mulher parar diante de um sinal vermelho, ela estará aplicando a norma que incidiu: ela estará cumprindo a norma.

Quando a pessoa aperta os botões da urna eletrônica está manifestando sua vontade, escolhendo, dentre os candidatos habilitados, uma pessoa que irá administrar a sua cidade. Juridicamente, ao votar, declarou vontade, praticando um ato jurídico *stricto sensu*. Quando o estudante, do exemplo acima, entrega um passe-estudantil ao cobrador do ônibus, está querendo ser levado a algum lugar e paga para isso: juridicamente, celebrou um contrato de transporte. A norma incide nesse complexo de fatos, qualifica-o de jurídico e irradia efeitos: direito a ser transportado e dever de transportar. Se o transporte for corretamente feito, houve o exercício do direito e o seu atendimento. Houve fato de significação jurídica. Quando o jovem tomou o refrigerante e pagou, celebrou um contrato de compra e venda, consumindo o seu objeto. Quando uma loja de calçados fez anúncio ao público, manifestando vontade, obrigou-se perante todos: celebrou negócio jurídico unilateral de oferta ao público. Se houver aceitação da proposta por alguém, houve outro negócio jurídico unilateral. A oferta e a aceitação, juntas, formam o negócio jurídico bilateral de compra e venda.

Não se toma o conceito de incidência da norma jurídica, consoante se observa, de uma forma ingênua. Sendo as normas jurídicas significação do texto jurídico positivo, ingressam na vivência intersubjetiva através da interpretação, que ultrapassa os marcos limitados da subjetividade. Todavia, o fenômeno linguístico introduz dificuldades na construção do sentido que é a norma jurídica.

De fato, nos referimos às coisas através das palavras. A par de outras funções relevantes, tem a linguagem a finalidade de nomear, fazendo referência a algo do mundo (estados, acontecimentos, sensações etc). Como não podemos etiquetar todos os objetos com nomes próprios, utilizamo-nos de *palavras gerais* para aludir não a um objeto isoladamente, porém a uma classe ou família de objetos, através de uma classificação a que procedemos arbitrariamente. Nomear é já classificar, levando em conta propriedades, ainda que nem sempre sob um mesmo rótulo encontremos objetos semelhantes. Pensemos na palavra "manga" para nos advertir sobre a complexidade do tema: pode se referir à manga de camisa, à fruta manga, ao verbo "mangar" etc.

As palavras gerais rotulam objetos distintos mediante critérios predeterminados estipulativamente ou por meio do uso. Nem sempre há um consenso tematizado para a utilização de uma expressão verbal: a ação comunicativa ocorre no mundo da vida, muitas vezes como consenso pré-reflexivo e pré-categorial. Cumprem as palavras a dupla função de *denotar* um conjunto de objetos, que possuem as características comuns ou próximas que justificam o seu emprego, e *conotar* as propriedades que se encontram presentes nos objetos enfeixados sob um mesmo rótulo. No dizer de Genaro Carrió, "A pertinência de um objeto a um grupo de objetos denotados por uma palavra queda determinada pelo fato de que o primeiro exibe as propriedades conotadas pela segunda".[28] Assim, subsumir um determinado objeto a uma palavra nada mais é do que classificá-lo de acordo com propriedades conotadas por ela.

Não há, todavia, uma relação biunívoca entre as palavras e as propriedades por elas conotadas. Por vezes, uma mesma palavra é utilizada para se aplicar a distintos

---

[28] *Notas sobre derecho y lenguaje*, p. 27-28 *passim*. Cf., outrossim, HOSPERS. *Introducción al análisis filosófico*, p. 12-133.

critérios (homônimos); outras tantas, são utilizadas as mesmas palavras em razão de se anexar ao seu sentido originário um outro figurativo (*e.g.*, pé e pé da mesa); outras vezes ainda, as propriedades são tão elásticas que nelas cabem os mais diversos objetos (*e.g.*, a palavra "esporte", que alcança o xadrez, o automobilismo, o futebol, o boxe etc.). Em tais casos nos encontramos diante da *polissemia*, que se resolve apenas no contexto em que o signo é utilizado pelos falantes.

Outro aspecto da incerteza da aplicação de uma palavra ocorre quando não temos dúvida sobre o objeto, mas sim sobre as propriedades que ela abarca ou no enquadramento de um determinando objeto àquelas mesmas propriedades. No dizer de Claudio Luzzati, "Um'espressione linguistica si dice vaga allorché i confini della sua área di applicazione, attuale o meramente possibile (a seconda che si tratti di vaghezza estensionale oppure di vaghezza intensionale), non sono delinearti in modo netto".[29] É dizer, enquanto no fenômeno da *polissemia* tanto a conotação como a denotação da palavra são conhecidas, resolvendo-se a dúvida pelo contexto da sua aplicação, no fenômeno da *vagueza* não ocorre o mesmo: aqui há uma zona de penumbra que pode alcançar quer apenas a conotação, quer apenas a denotação. Afinal, diferentemente da polissemia, a vagueza é uma característica do significado e não da expressão linguística.

Segundo Enrico Diciotti, a vagueza intencional (*vaghezza intensionale*) consiste na incerteza sobre a propriedade conotada de uma expressão. Essa incerteza não é total, mas parcial, enquanto é possível aproximativamente individuar um enxame de propriedade, mas não é possível definir entre elas com precisão a propriedade aplicável, nem distinguir com certeza entre a propriedade mais ou menos relevante. Já a vagueza extensional (*vaghezza extensionale*) consiste na incerteza sobre a aplicabilidade de uma expressão a determinado caso marginal ou caso limite.[30] Assim, uma expressão possui um significado vago quando tem aplicação certa em casos paradigmáticos, não sendo certo que se aplique com a mesma comodidade em casos de fronteira.

Dissemos que a ambiguidade se resolve pelo contexto da aplicação da palavra. Havendo dúvidas, basta que estipulativamente se defina o sentido da expressão, sendo aplicada ao caso concreto sem dificuldades. O mesmo não ocorre com os significados vagos. É que, ainda que redefinamos o significado do termo, ainda assim haverá margem para a vagueza, porque os termos que usamos para definir o sentido em que o empregamos poderão, eles também, adoecer da mesma moléstia. Desse modo, os novos termos empregados na definição precisarão, à sua vez, também ser redefinidos, assim ao infinito. Noutras falas, a vagueza é conatural à linguagem, mudando apenas o grau de intensidade. Não por outra razão, Luzzati adverte que a vagueza "si configura come um problema quantitativo, e non come um problema qualitativo, perché *tutti i termini sono piú o meno vaghi*".[31]

A linguagem das normas jurídicas é construída a partir da linguagem natural, razão pela qual sofre dessas mesmas intempéries de ambiguidade e vagueza. Como linguagem prescritiva, cuja finalidade é conformar a conduta humana, as normas jurídicas adotam a formulação de padrões gerais de conduta que possam ser observados

---

[29] La metafore della vaghezza. *In*: CAMANDUCCI; GUASTINI. (Org.). *Analisi e diritto 1999*, p. 117 *et seq.*
[30] Vaguezza del diritto e controversie giuridiche sul significato. *In*: CAMANDUCCI; GUASTINI. (Org.). *Analisi e diritto 1992*, p. 100 *et seq.*
[31] LUZZATI, *op. cit.*, p. 118.

socialmente, na intersubjetividade do simbolismo jurídico. Embora deva buscar o legislador ser o mais preciso possível na elaboração das normas jurídicas, visando a uma crescente observância coercitiva do ordenamento, o certo é que a legislação é palmilhada de atecnias, sem-sentidos e contra-sentidos, a par de ter a sua tessitura construída com termos jurídicos indeterminados e palavras de classe, visando a abarcar o maior número possível de situações a serem submetidas.

A existência de termos jurídicos indeterminados e a porosidade da linguagem das normas jurídicas criam um sério problema para a sua aplicação, porque deixam para o intérprete, no mais da vez, a possibilidade de escolher entre opções hermeneuticamente possíveis e aceitáveis (discricionariedade). É preciso gizar que a existência de polissemia e vagueza não é uma opção que possa ser descartada por inteiro pelo legislador ao elaborar um texto legal: são características da linguagem que não podem ser totalmente eliminadas, consoante já o demonstramos. Todavia, não raro opta o legislador por utilizar palavras de classe ou cláusulas gerais, cuja função é justamente dar às normas jurídicas um maior elastério semântico, alcançando o maior número possível de casos. Com essa postura, outorga o legislador ao aplicador uma maior liberdade de escolha, que, não sendo arbitrária ou irracional, é induvidosamente discricionária. Como adverte Herbert Hart, "A textura aberta do direito significa que há, na verdade, áreas de conduta em que muitas coisas devem ser deixadas para serem desenvolvidas pelos tribunais ou pelos funcionários, os quais determinam o equilíbrio, à luz das circunstâncias, entre interesses conflitantes que variam em peso, de caso para caso".[32]

O problema da textura aberta da linguagem jurídica, destarte, nos leva necessariamente para o problema da discricionariedade. Por primeiro, necessário deixar assente que a Constituição, como fundamento de validade do ordenamento jurídico positivo, veicula normas jurídicas, cuja linguagem padece de vagueza e ambiguidade. Essa constatação, que não passa de um truísmo, adverte para o fato relevante de que os conceitos empregados pela Carta podem deixar uma margem de discricionariedade não apenas para o seu intérprete como também para aquele responsável pela sua concretização: o legislador.

A abertura da linguagem das normas constitucionais dá-se em dois níveis: (a) na criação de uma ordem constitucional incompleta (abertura horizontal); e (b) na necessidade de regulação das matérias predispostas de modo incompleto, carecendo da atividade concretizadora infraconstitucional (abertura vertical). Enquanto ali o poder constituinte se queda diante de suas limitações de regrar exaustivamente o substrato social, aqui ele se abre para distribuição de tarefas para o poder concretizador da Constituição: o legislador ordinário.[33] Essa distribuição de tarefas impele o legislador não apenas a cumprir as normas constitucionais, como mero executor, mas a atuar no branco deixado pela Constituição, concretizando-a. Os limites da atuação do legislador podem ser previamente fixados pelas normas constitucionais: delimitando competências, impondo critérios objetivos de disposição da matéria (*v.g.*, as imunidades), prefigurando valores e fins a serem observados etc. Pode ocorrer, e não raro ocorre, que a Constituição fixe apenas limites externos para a atuação do legislador, deixando um espaço livre para

---

[32] *O conceito de direito*. Trad. A. Ribeiro Mendes. Lisboa: Fundação Calouste Gulbenkian, 1986. p. 148.
[33] *Vide* CANOTILHO. *Constituição dirigente e vinculação do legislador*: contribuição para a compreensão das normas constitucionais programáticas, p. 190-196 *et seq*.

as ponderações de interesses. A esses pontos-limite que servem de base para o exercício criativo do legislador dá-se o nome de *determinantes heterônomas*: vinculam positivamente o exercício discricionário do poder legiferante (direção positiva) e estabelecem os limites externos desse mesmo exercício (função negativa).[34]

A função legislativa, logo se vê, não se reduz a produzir textos positivos sem conteúdo. Não é o legislador o ajudante do oleiro, que apenas fornece o barro: ele é o próprio oleiro, editando normas jurídicas através das fontes do direito constitucionalmente postas à sua disposição. Justamente por produzir normas heterônomas, vinculativas para todos, é que se pode falar em princípio da legalidade como um dos princípios sobre os quais se ergue o Estado Democrático de Direito. A lei, como fonte do direito, predispõe normas jurídicas prescritivas, concretizando a Constituição.

Um dos problemas que tem desafiado a doutrina especializada diz respeito aos limites da atividade legislativa em relação à regulamentação dos termos jurídicos empregados pela Constituição. É dizer, poderia o legislador emprestar aos signos constitucionais significados novos, para o fim de regrar determinada matéria que lhe tenha sido afeta pelas normas de competência entranhadas no texto constitucional?

Humberto Ávila entende que a Constituição utiliza determinadas expressões cujo significado mínimo não pode ser desprezado pelo intérprete. Haveremos de entender também, e com muito maior razão, que o legislador não poderia desprezar esse *significado mínimo*, em atenção ao princípio da supremacia da Constituição, "que reserva conteúdos para si, afastando sua manipulação pelo legislador infraconstitucional".[35] Todavia, o entendimento segundo o qual há um significado de base para as expressões utilizadas pela Constituição, que vincula o legislador e o seu intérprete, revela já aí a rejeição ao ceticismo hermenêutico que compreende a interpretação como ato subjetivo criador do sentido, ou seja, da norma jurídica. Se a norma é criada intrassubjetivamente pelo intérprete (euidade), a partir das marcas gráficas do texto, resta clara a total discricionariedade na escolha do seu sentido entre infinitos sentidos possíveis.[36] Como então, diante da subjetividade da construção das normas, se poderia sustentar alguma vinculação, mínima que fosse, para o legislador? Sendo a Constituição um texto aguardando a construção de sentido, que ficaria a cargo do legislador, como se poderia imaginar de modo consequente limitações à atividade legislativa infraconstitucional?

---

[34] *Constituição dirigente e vinculação do legislador*: contribuição para a compreensão das normas constitucionais programáticas, p. 226.

[35] ÁVILA. O imposto sobre serviços e a Lei Complementar nº 116/03. *In*: ROCHA (Coord.). *O ISS e a LC 116*, p. 165-166. Outrossim, do mesmo autor, vide *Teoria dos princípios*: da definição à aplicação dos princípios jurídicos, p. 24-25.

[36] No Brasil, a corrente mais radical do ceticismo hermenêutico é liderada por Paulo de Barros Carvalho, que sustenta: "Sobre o sentido dos enunciados, é preciso dizer que ele é construído, produzido, elaborado, a contar das marcas gráficas percebidas pelo agente do conhecimento. Desde que se mostre como manchas de tinta sobre o papel, no caso do direito escrito, insisto, assumindo a natureza de um ente físico, materialmente tangível, não se poderia imaginar, em sã consciência, que essa base empírica contivesse, dentro dela, como uma jóia, o conteúdo significativo, algo abstrato, de estrutura eminentemente ideal" (CARVALHO. *Direito tributário*: fundamentos jurídicos da incidência, p. 68-69, *passim*). Outrossim, cf. SANTI. *Decadência e prescrição no direito tributário*, p. 47-48, *passim*. Em sentido diverso: COSTA. *Teoria da incidência da norma jurídica*: crítica ao realismo-linguístico de Paulo de Barros Carvalho, *passim*; e TÔRRES. *Direito tributário e direito privado*: autonomia privada, simulação, elusão tributária, p. 74 ("os conteúdos dos enunciados não serão preenchidos segundo uma tomada de posição arbitrária por parte do intérprete. Todos os significados atribuídos hão de guardar compatibilidade com as regras do sistema que orientam na construção dos valores que a sociedade quer ver realizados, seja pelos princípios constitucionais, pelos limites atribuídos ou pelas regras procedimentais de estrutura").

Essas questões são fundamentais para o princípio republicano e para a construção de um Estado Democrático de Direito.

Pois bem, para que se cumpra o programa constitucional, não pode o legislador sobejar das funções que lhe foram atribuídas pela Carta (aspecto formal), tampouco poderá também manipular as expressões utilizadas pela Constituição ao seu sabor, redefinindo conceitos ou violando aquele significado mínimo reconhecido pela tradição (aspecto material).

Não se diga, porém, que a rejeição da subjetividade absoluta na construção do sentido do texto constitucional implica, apenas por si, a admissão da objetividade plena da significação dos enunciados predispostos na Constituição. Se a primeira concepção peca pelo ceticismo e autoritarismo hermenêutico do sujeito, peca a segunda pela cega objetividade do sentido textual, comprometida *ab initio* pela própria textura aberta da linguagem, a reivindicar possíveis sentidos múltiplos.

A crítica de Friedrich Müller à visão clássica do processo comunicacional aplicado à interpretação constitucional é demolidora. De fato, a concepção de um monopólio de doação de sentido atribuído ao legislador se funda em uma certa visão da relação de comunicação existente entre a autoridade legislativa e o jurista prático que decide. Segundo essa concepção, o legislador transmite suas intenções à autoridade a quem compete aplicar o direito por meio do texto da norma. Destarte, "Le texte de norme agit ici comme um instrument de communication avec cette mission d'etendre le domaine d'une communication orale directe du législateur à celui qui est charge d'appliquer le droit".[37] A extensão do *medium* do texto é então apresentada como sendo homogênea e contínua, de maneira que haveria uma reprodução do modelo simplificado: emissor – *medium* – receptor. Todavia, como anota Müller, "le langage n'est pas un simple médium qui recevrait passivement les intentions de l'emetteur et permettrait au récepteur un décodage non problématique".[38] Não sendo a norma jurídica uma significação pronta e acabada produzida pelo legislador, não significa dizer, doutra banda, que seria produto exclusivo do intérprete, no ato intrassubjetivo de interpretação. A construção de sentido normativo, pela própria finalidade do direito de regrar a zona material da conduta humana, não pode ser obra individual do poder nomotético do espírito do intérprete.

A norma jurídica é a significação construída dialogicamente pela comunidade do discurso a partir do texto positivo. Não é obra de um sujeito psicologizado apenas, mas do partilhamento público dos múltiplos sentidos possíveis no *medium* do diálogo. A ação comunicativa ocorre entre sujeitos livres e conscientes, que participam de um simbolismo comum institucionalizado, em que o sentido não é obra de um só, mas produto de um processo vivido para além da subjetividade, no contexto da relação eu-tu. Como acentua Peter Häberle, "existe um círculo muito amplo de participantes do processo de interpretação pluralista, processo este que se mostra muitas vezes difuso".[39] De fato, o amadurecimento republicano implica a percepção de que a construção normativa não está afeta apenas aos órgãos estatais, sendo processo resultante da sociedade aberta

---

[37] *Discours de la méthode juridique (Juristische methodik)*, p. 178.
[38] *Discours de la méthode juridique (Juristische methodik)*, p. 179.
[39] *Hermenêutica constitucional*: a sociedade aberta dos intérpretes da Constituição: contribuição para a interpretação pluralista e 'procedimental' da Constituição, p. 11. *Vide*, outrossim, NOGUEIRA. *Direito financeiro e justiça tributária, passim*.

e, ao mesmo tempo, um elemento formador ou constitutivo dessa mesma sociedade, funcionando como eixo de calibração do tecido social. *O texto normativo não se interpreta: se cointerpreta.* É na vivência intersubjetiva do simbolismo jurídico que encontramos em dialético processo de construção a significação que é a norma jurídica.[40]

Todo texto jurídico positivo, sobremodo a Constituição, apenas pode ser compreendido em sua historicidade. O texto se deixa compreender no processo de construção de sentido a partir do contexto, linguístico e extralinguístico. Quando afirmamos linhas atrás que há um significado mínimo dos termos utilizados pela Constituição, que é reconhecido pela tradição e que não pode ser violado pelo legislador ou pelo intérprete, estávamos enfatizando justamente a historicidade e intersubjetividade das normas jurídicas e dos sentidos vividos pela sociedade aberta dos intérpretes. Diante de uma linguagem, a primeira certeza que temos é que ela se põe diante de nós como um dado anterior à nossa presença, como "o que aí se encontra" com um *caráter disposicional de ser compreendida* (Popper). A tradição significa a vivência histórica do texto, diacronicamente, como fusão dialética de horizontes. Como assere Hans-Georg Gadamer, "En realidad el horizonte del presente está en un proceso de constante formación en la medida en que estamos obligados a poner a prueba constantemente todos nuestros prejuicios. Parte de esta prueba es el encuentro con el pasado y la comprensión de la tradición de la que nosotros mismos procedemos. El horizonte del presente no se forma pues al margen del pasado. Ni existe un horizonte del presente en sí mismo ni hay horizontes históricos que hubiera que ganar. *Comprender es siempre el proceso de fusión de estos presuntos 'horizontes para sí mismo'*".[41] Desse modo, a construção de sentido passa por um processo dialético em que não nos encontramos nunca sós: há sempre a nossa historicidade, as tradições em que nos inserimos, as nossas próprias pré-compreensões.

Quando o legislador se propõe a concretizar o texto da Constituição, está necessariamente premido pelas determinantes heterônimas e autônomas, é dizer, por aquilo que está além do próprio texto: a *normatividade*. Consoante Müller, a normatividade pertencente à norma segundo o entendimento veiculado pela tradição, não sendo produzida pelo próprio texto, resultando de elementos extralinguísticos, decorrentes de um funcionamento e um reconhecimento efetivo do ordenamento jurídico.[42] A normatividade implica a efetividade da norma jurídica.

1.3 Os fatos jurídicos e seus efeitos

Os fatos que ocorrem no mundo, e são importantes para a convivência do homem em sociedade, podem ser valorados pelo organismo social responsável pela atividade reguladora das condutas humanas, de modo a serem previstos em uma norma jurídica, que explicita seus aspectos mais importantes, prescrevendo efeitos concebidos para serem abstratamente deflagrados quando de sua ocorrência. Assim, como acontece nos ordenamentos regrados por normas escritas, postas pelo órgão legislativo, são jurídicos

---

[40] Vide o meu livro *Teoria da incidência da norma jurídica*: crítica ao realismo lingüístico de Paulo de Barros Carvalho, *passim*.
[41] *Verdad y método*, v. 1, p. 376-377, grifos originais.
[42] MÜLLER. *Discours de la méthode juridique (Juristische methodik)*, p. 186-189; *Método de trabalho do direito constitucional*, p. 53-56; HESSE. *Elementos de direito constitucional da República Federal da Alemanha*, p. 63 *et seq*.

os fatos descritos pela norma jurídica, imputando-lhes efeitos. Logo, a juridicidade de um fato nada mais é do que uma, entre tantas significações que ele possa vir a ter, dependendo do ângulo sob o qual seja ele analisado: religioso, moral, filosófico, sociológico, físico, econômico etc. Por conseguinte, bem poderíamos dizer que a norma atribui aos fatos por ela descritos uma significação nova, que convive com outras tantas significações, nada obstante, sob o ponto de vista dogmático, apenas esta interesse: a significação jurídica.[43]

Admitindo a utilidade teórica desta assertiva, obrigamo-nos a fazer um corte epistemológico fundamental: o discurso jurídico há de se prender aos fatos com significação jurídica, tendo o ordenamento como base empírica de pesquisa e reflexão. Se os fatos são jurídicos em virtude de normas que lhes imputem esta significação, haveremos de nos deter, na explicação dos institutos jurídicos, na análise e interpretação dessas mesmas normas, buscando sistematizá-las e empregar-lhes um sentido lógico.

Dissemos serem jurídicos os fatos previstos em normas positivas, as quais lhes emprestam esta significação. *Os efeitos jurídicos, quaisquer que sejam*, são efeitos de fatos jurídicos; vale dizer, efeitos que se espraiam em virtude da ocorrência de fatos previstos na norma como seus produtores.[44] É preciso compreender que os efeitos jurídicos são construídos, criados pelas normas jurídicas. Por serem objetos do mundo cultural, há ampla margem de liberdade para o legislador criá-los, pois o mundo jurídico atua no plano do pensamento, nada obstante possamos ver acontecimentos físicos decorrentes dos efeitos jurídicos. Se uma pessoa tem direito de propriedade sobre uma determinada casa, pode proceder a sua demolição, não havendo norma proibitiva (*e.g.*, tombamento do imóvel por seu valor histórico). A demolição, que é fato físico, deveu-se ao exercício da faculdade de disposição do bem, que enche o conteúdo do direito de propriedade. O direito subjetivo é conceito cultural; o seu exercício, fato sensível. Logo, deve-se evitar argumentar juridicamente com espeque na *natureza das coisas*, pois a natureza dos institutos jurídicos é construção normativa, tão variável como o tratamento que venha a ser dado pelo legislador. E tal observação já põe a nu o quão andam mal os que constroem aprioristicamente conceitos jurídicos, como se fossem despregados do seu suporte de validade: a norma, o ordenamento.

Conquanto haja ampla liberdade do legislador quanto à prescrição dos efeitos jurídicos, o mesmo não ocorre quanto à descrição do fato ou complexo de fatos relevantes, os quais serão juridicizados. Deveras, os fatos descritos no suporte fáctico da norma são fatos de possível ocorrência no mundo, cuja importância para o regramento da vida social fazem-nos ser adjetivados de jurídicos. Não aproveitaria ao Direito a descrição de fatos irrelevantes (*e.g.*, as fases da Lua; o nascer do Sol etc.), para lhes

---

[43] *Vide* Hans Kelsen (*Teoria pura do Direito*, p. 4), que assim se expressa: "O que transforma este fato num ato jurídico (lícito ou ilícito) não é a sua facticidade, não é o seu ser natural, isto é, o seu ser tal como determinado pela lei da causalidade e encerrado no sistema da natureza, mas o sentido objetivo que está ligado a esse ato, a significação que ele possui. O sentido jurídico específico, a sua particular significação jurídica, recebe-a o fato em questão por intermédio de uma norma que a ele se refere como o seu conteúdo, que lhe empresta a significação jurídica, por forma que o ato pode ser interpretado segundo essa norma. A norma funciona como esquema de interpretação. Por outras palavras: o juízo em que se enuncia que um ato de conduta humana constitui um ato jurídico (ou antijurídico) é o resultado de uma interpretação específica, a saber, de uma interpretação normativa".

[44] Di-lo Pontes de Miranda (*Tratado de direito privado*, t. I, p. 78, grifos originais): "É tanto erro enunciar-se que a lei é *causa* da eficácia quanto enunciar-se que é *causa* da eficácia o suporte fáctico. A eficácia é *do* fato jurídico".

atribuir efeitos jurídicos. Ao revés, interessa ao legislador fatos que possuam algum relevo social, os quais são tomados em suas notas essenciais e descritos no descritor da norma. Afinal, como adscreve Lourival Vilanova,[45] o descritor é qualificador normativo do fáctico, ou seja, o fato não é tomado em estado bruto, mas apreendido através de notas individualizadoras, mondadas de elementos ocasionais e irrelevantes, ou mesmo de circunstâncias tópicas postas ao largo.

As normas jurídicas são proposições linguísticas, estruturadas em forma lógica de implicação: o descritor (suporte fáctico, hipótese de incidência) implica o prescritor (preceito), ambos ligados pelo conectivo dever-ser. Aos fatos descritos pela proposição antecedente, imputam-se os efeitos prescritos na proposição consequente. Logo, ocorrendo no mundo físico os fatos configurados na norma jurídica, com as notas individualizadoras que os tipificam, dá-se a sua juridicização pela incidência da norma, com o nascimento do fato jurídico. Os efeitos jurídicos prescritos passam a se irradiar, tudo em conformidade com as disposições legais pertinentes. É curial observar, portanto, que os efeitos jurídicos devem ser examinados à luz do fato jurídico que os produziu.[46]

Dos fatos jurídicos dimanam efeitos, entre eles a constituição da relação jurídica entre dois sujeitos de direito. Escusado dizer que toda relação jurídica é relação entre pessoas, pois o ordenamento jurídico tem por escopo regular a vida em sociedade, distribuindo os bens da vida. Seria abominável imaginar normas dirigidas a regrar a relação da pessoa com a coisa, abstraída aí qualquer referência a outros sujeitos de direito. Se a norma jurídica põe na esfera jurídica de alguém uma vantagem perante outrem, dá-lhe direito subjetivo, que importa limitação da esfera jurídica alheia. A relação jurídica é relação entre pessoas, sendo o direito subjetivo a limitação da esfera jurídica de um, em proveito da esfera jurídica do outro.

Sempre que se utiliza a expressão "direito subjetivo", deve-se ter presente a necessária existência de seu correlato: o *dever* do sujeito passivo da relação jurídica. Só há direito subjetivo ante alguém, que tem o dever de satisfazê-lo ou praticando algum ato ou se abstendo. Se o sujeito passivo tem de suportar a prática do ato, não podendo agir para satisfazer o direito subjetivo, há direito subjetivo, chamado potestativo, inobstante não haja dever, mas sujeição.[47] Todo direito subjetivo é efeito de fato jurídico, fruto da incidência da norma sobre seu suporte fáctico. A mesma norma que concede um direito impõe um dever, pois um não existe sem o outro.

---

[45] *As estruturas lógicas e o sistema do direito positivo*, p. 46.
[46] "É a norma mesma, é o Direito positivo que institui o relacionamento entre o *descritor* (hipótese) e o *prescritor* (tese). Agora, uma vez posta a relação, uma vez normativamente constituída, a relação de implicação, *como relação lógico-formal*, obedece às leis lógicas. Assim, se se dá a hipótese, segue-se a conseqüência; se não se dá a conseqüência, necessariamente não se dá a hipótese" (VILANOVA, *op. cit.*, p. 53, grifos originais).
[47] Averba Giuseppe Chiovenda (*La acción en el sistema de los derechos*, Editorial Temis, p. 31), sobre os direitos potestativos: "En todos estos casos nos encontramos frente a un poder del titular del derecho, de producir, mediante una manifestación de voluntad, un efecto jurídico en el cual tiene interés, o la cesación de un estado jurídico desventajoso; y esto frente a una persona, o varias, que non están obligadas a ninguna prestación respecto de él, sino que están solamente sujetas, de manera que no pueden sustraerse a él, al efecto jurídico producido."

§2 Da elegibilidade e inelegibilidade como efeitos jurídicos

2.1 Soberania popular: direito de votar e direito de ser votado

A cidadania é apanágio dos povos civilizados, que após lutas históricas conseguiram entronizar a soberania popular como fonte de todo o poder, invertendo fórmulas e concepções antigas, que viam no soberano a fonte exclusiva e única do poder, como reflexo e unção do poder divino. O Iluminismo, e com ele a ascensão da burguesia, iniciou por reivindicar a igualdade entre todos os homens, a ser consumada pelo amplo acesso de todos ao exercício da participação política. De conseguinte, como corolário desta concepção que vicejou entre nós, deve-se compreender o conceito de *cidadania*, no Direito Constitucional brasilciro, como a soberania popular na livre escolha dos destinos da nação, exercitada por todos e por cada um individualmente.[48] Ou, como prefere Cármen Lúcia Antunes Rocha,[49] "Nessa Lei Fundamental de 1988, a cidadania significa o *status* constitucionalmente assegurado ao indivíduo de ser titular do direito à participação ativa na formação da vontade nacional, na concretização dessa vontade transformada em Direito definidor, tanto na institucionalização do Poder quanto da limitação das liberdades públicas, e no controle das ações do poder".

Nada obstante, é preciso não desbordar, na definição do signo *cidadania*, para aspectos demasiado largos, de coloração eminentemente política, como fez o saudoso jurista mineiro José Alfredo de Oliveira Baracho.[50] No contexto da Constituição brasileira, deve-se entender os termos *cidadania* e *soberania popular* como sinônimos, como vínculo jurídico-político do cidadão com o Estado, pelo qual exsurge o direito à participação política (direito de votar e ser votado), bem como deveres políticos para com o Estado (fidelidade à Pátria, prestação do serviço militar, obrigatoriedade do voto etc.).[51]

Desvestido do conteúdo meramente político que tal signo desperta, podemos compreender a cidadania como o *direito público subjetivo à participação política*, vale dizer, ao exercício do direito de sufrágio e da elegibilidade, tal qual previsto no art. 14, *caput*, da CF/88. Vista e compreendida como direito público subjetivo, a cidadania possui contornos estipulados pelo ordenamento jurídico, que determina seu conteúdo, seus pressupostos e seus limites, naquela compreensão de que o legislador é livre para determinar os efeitos jurídicos, sem embargo dos condicionamentos políticos e axiológicos, que operam no momento nomogenético.

---

[48] No Direito Constitucional português, o signo cidadania é utilizado mais para expressar a realidade por nós denominada nacionalidade. Como expõe Jorge Miranda (*Manual de direito constitucional*, t. III, p. 88): "Cidadania é a qualidade de cidadão. E por este motivo, a palavra *nacionalidade* — embora mais corrente e não sem conexão com o fundo do Estado nacional — deve ser afastada, porquanto menos precisa. *Nacionalidade* liga-se a nação, revela a pertença a uma nação, não a um Estado. Ou, se se atender a outras utilizações consagradas, trata-se de termo com extensão maior do que cidadania: nacionalidade têm as pessoas colectivas e nacionalidade pode ser atribuída a coisas (navios, aeronaves), mas cidadania só possuem as pessoas singulares". Nada obstante, o emérito constitucionalista lusitano adverte que o signo *cidadania* pode significar a chamada cidadania ativa, correspondente à capacidade eleitoral (*op. cit.*, p. 89).

[49] *República e Federação no Brasil*: traços constitucionais da organização política brasileira, p. 131.

[50] *Teoria geral da cidadania*: a plenitude da cidadania e as garantias constitucionais e processuais, cap. 1.

[51] Paulo Bonavides (*Ciência política*, p. 77) também questiona a utilidade de aplicação muito larga do termo cidadania, procurando impor limites jurídicos ao seu uso. Leciona o constitucionalista cearense: "O *status civitatis* ou estado de cidadania define basicamente a capacidade pública do indivíduo, a soma dos direitos políticos e deveres que ele tem perante o Estado... Da cidadania, que é uma esfera de capacidade, derivam direitos, quais o direito de votar e ser votado (*status activae civitatis*) ou deveres, como os de fidelidade à Pátria, prestação de serviço militar e observância das leis do Estado".

CAPÍTULO 1
NOÇÕES FUNDAMENTAIS | 45

A cidadania é o direito de sufrágio político, é dizer, o direito de votar nas eleições, escolhendo seus representantes; bem assim, é o direito de candidatar-se a cargos públicos (direito de ser votado). Se é ponderável afirmar que a participação popular, no exercício da sua soberania, se dá de outras maneiras, como aquelas previstas no art. 14 da Constituição, não é escusado dizer que as formas mais importantes do seu exercício são o ato de votar, pelo qual, nas democracias indiretas, o povo escolhe os seus representantes entre aqueles que concorrem nas eleições; e o ato de candidatar-se a cargo eletivo. Há quem afirme, por descurar do direito positivo, que o sufrágio abrange tanto o direito de eleger, quanto o direito de ser eleito.[52] Mas sem razão. Em verdade, o *direito de sufrágio* (= direito de votar; *ius singulii*) e a *elegibilidade* (= direito de ser votado; *ius honorum*) são espécies do gênero soberania popular (ou cidadania), como o explicita o próprio art. 14 da CF/88, ao tratar conjuntamente dos dois institutos, quando da regulação sobre o modo de exercício da soberania popular: pelo sufrágio (*caput*) e pela elegibilidade (§3º).[53]

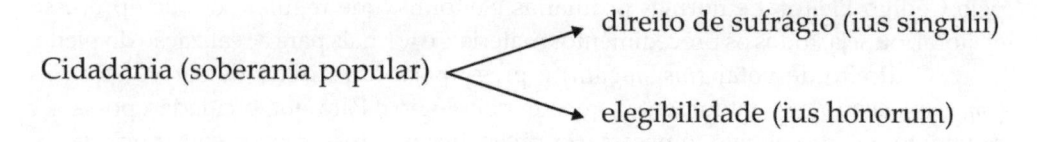

Cidadania (soberania popular) → direito de sufrágio (ius singulii)
→ elegibilidade (ius honorum)

Estremadas essas duas espécies de direitos públicos subjetivos, convém precisar o seu conteúdo, bem como detectar quais os fatos jurídicos que são os seus produtores. Com essa opção metodológica, haveremos de avançar um pouco mais na compreensão do fenômeno por nós estudado.

---

[52] Cármen Lúcia Antunes Rocha (*op. cit.*, p. 135). Pinto Ferreira (*Princípios gerais do direito constitucional moderno*, v. 1, p. 313), obtempera que seria mais ajuizado (*sic*) se operar uma distinção entre o direito de eleger e o direito de ser eleito, discriminando-se o direito de sufrágio político e a elegibilidade. Malgrado a exatidão da assertiva, omitiu as razões do seu convencimento. José Afonso da Silva (*Curso de direito constitucional positivo*, p. 306-307, grifos do autor) adverte que a cidadania se adquire mediante o alistamento eleitoral, concluindo que: "Pode-se dizer, então, que a cidadania se adquire com a obtenção da qualidade de eleitor, que documentalmente se manifesta na posse do *título de eleitor* válido. O *eleitor* é cidadão, é titular da cidadania, embora nem sempre possa exercer todos os direitos políticos. É que o gozo integral destes depende do preenchimento de condições que só gradativamente se incorporam no cidadão". Como se observa, ao brilhante constitucionalista não passou despercebido que o conceito de cidadania, como conceito jurídico, deve ser limitado ao direito de votar. Sem embargo, o direito de ser votado pode ser entendido como desdobramento — não necessário — da cidadania, desde que preenchidas as condições legais. Logo, votar e ser votado são espécies de exercício da cidadania.

[53] A soberania popular é o direito político por excelência, dele se irradiando outros tantos. É justamente através da concessão, pelo ordenamento jurídico, do direito à soberania popular, que se possibilita ao cidadão o exercício de direitos políticos de vários matizes, como a participação popular na administração da res pública. Assim, se fôssemos dar um conceito mais abrangente, sem fugir ao que averbamos anteriormente, poderíamos dizer que a soberania popular pode ser exercida pelo direito de sufrágio (direito de votar, *referendum* e plebiscito) e pelo direito de ser votado (elegibilidade). Quando aludimos ao direito de sufrágio apenas como direito de votar, deixando entre parênteses os outros dois institutos (referendo e plebiscito), assim procedemos pela limitação temática de nossa abordagem, parecendo-nos desnecessário grifar aqui, para deixar clara essa ideia, a expressão "direito de sufrágio *stricto sensu*". Nada obstante, aproveitamos para advertir ao leitor que, no decorrer da exposição, sempre que falarmos em *direito de sufrágio*, estamos nos referindo a esse conceito estrito.

2.2 Distinção entre direito de sufrágio, elegibilidade e inelegibilidade

O direito de sufrágio é o direito público subjetivo de votar em candidatos a cargos eletivos. Nasce do ato jurídico de alistamento, pelo qual o seu titular se insere no corpo de eleitores. Portanto, *o alistamento é o ato jurídico do qual dimana o direito de votar* (*ius singulii*), de exercer a cidadania pela escolha livre e soberana dos seus representantes, nas democracias indiretas. Como veremos com mais vagar, o alistamento é ato jurídico obrigatório, praticado pelos que cumprem os requisitos fixados no ordenamento jurídico. Para o momento, basta ficar alinhavado que antes do alistamento não existe, para o brasileiro nato ou naturalizado, o direito a participar da vida política do País, sendo-lhe negada, por isso mesmo, a qualidade jurídica de cidadão.[54] O ato jurídico de alistamento apenas pode ser exercido quando o brasileiro nato ou naturalizado completa 16 anos de idade — facultativamente —, ou 18 anos de idade — obrigatoriamente. Bastará comprovar o domicílio eleitoral, que não será idêntico necessariamente ao domicílio civil. O alistamento, destarte, será feito perante a Justiça Eleitoral, na forma prevista pelo Código Eleitoral e normas ordinárias eleitorais, que regulem o macroprocesso eleitoral, ou seja, todos os procedimentos materiais e formais para a realização do pleito.

O direito de votar (*ius singulii*) é pressuposto do direito de ser votado (*ius honorum*), sendo seu antecedente lógico e cronológico. Para que o cidadão possa ser candidato a cargo eletivo, é necessário preencher os pressupostos constitucionais e infraconstitucionais, denominados de *condições de elegibilidade*. Os primeiros são previstos no §3º do art. 14 da Constituição Federal: a nacionalidade brasileira, o pleno exercício dos direitos políticos, o alistamento eleitoral, o domicílio eleitoral na circunscrição, a filiação partidária e a idade mínima exigível. Além dessas condições, há ainda o ser alfabetizado (art. 14, §4º da CF/88) e o estar desincompatibilizado (§§6º e 7º do art. 14 da CF). Os últimos pressupostos são aqueles exigidos em lei ordinária: indicação em convenção partidária, *exempli gratia*.

Rigorosamente falando, portanto, o direito de ser votado (elegibilidade) nasce da ocorrência de determinado fato jurídico, que condiciona a sua compostura eficacial.

---

[54] Há palavras que possuem carga emotiva, causando em seus usuários e destinatários reações por vezes instintivas, pela paixão que despertam. Quando bem manejadas, as palavras com carga emotiva podem gerar no ouvinte determinadas reações graves, quer de concordância e simpatia, quer de ódio e desagrado. Como nos diz Luis Alberto Warat (*El derecho y su lenguaje*: elementos para una teoría de la comunicación jurídica, p. 104, grifos originais), "*Una misma palabra o frase puede tener simultáneamente una significación literal y un impacto emotivo. Se acostumbra referirse al último como* significación emotiva *o* significado emotivo. *Entre los significados literal y emotivo de una palabra existe gran independencia*". Sobre a emotividade das palavras, lembra Alf Ross (*Sobre el derecho y la justicia*, p. 304): "Hay palabras de temperatura muy diversas y que exhiben sutiles diferencias en matices de valor, cuando se trata de elogiar y de censurar, de expressar respecto y desprecio, aprobación y desaprobación, admiración y desdén, amor y odio. Ellas se adecuan muy bien para servir de medios de persuasión, y a menudo son particularmente útiles precisamente porque la función de persuasión va unida a la función descriptiva. Tales palabras se aceptan con más facilidad, sin que el oyente llegue a descubrir que ha sido objeto de persuasión". Dessa forma, não podemos deixar de gizar que a palavra *cidadania* desperta enorme carga emotiva, principalmente quando manejada por grupos minoritários em luta para exercitar maior participação política. Mas tal expressão, no plano político, mais da vez não terá o mesmo campo de referência semântica quando utilizada no plano jurídico. Talvez por isso possa causar certo desconforto ou má impressão a assertiva segundo a qual apenas é cidadão o brasileiro nato ou naturalizado alistado. E o não alistado seria o quê? Brasileiro de segunda classe? Ora, é preciso deixar claro que estamos utilizando aqui o signo *cidadania* como termo técnico, sem conteúdo ideológico ou político, pelo que já afastamos *a priori* a validade de tal indagação. Talvez para se evitar este risco de má compreensão política é que Pimenta Bueno (*Direito público brasileiro e análise da Constituição do Império apud* SILVA, *op. cit.*, p. 305) tenha falado em *cidadania*, referindo-se à nacionalidade, e em *cidadania ativa*, já aí no sentido preciso de direito de votar.

Sabemos que os alistados (brasileiros natos ou naturalizados, com pleno exercício dos direitos políticos e domicílio eleitoral) têm de ser alfabetizados e filiados a partidos políticos para serem elegíveis. Mas o direito de ser votado depende ainda das gradações de idade do seu titular, em relação ao cargo para o qual deseja concorrer, para sua obtenção: aos 18 anos há direito de ser votado para vereador; aos 21 anos, para prefeito, vice-prefeito, deputado federal, deputado distrital e deputado estadual; aos 30 anos, para governador e vice-governador do Estado e Distrito Federal; e, aos 35 anos, para presidente e vice-presidente da República (neste caso, apenas os brasileiros natos).[55]

Analisando o que se passa no mundo jurídico, através das normas fixadas pela legislação eleitoral, haveremos de compreender que *o direito de ser votado (ius honorum) apenas surge a partir do registro de candidatura do cidadão perante a Justiça Eleitoral*. De fato, antes do registro de candidato, o nacional pode até pleitear partidariamente a possibilidade de concorrer a cargo público eletivo, mas apenas assume a condição de candidato, para todos os efeitos jurídicos, após obter o registro de sua candidatura, da qual dimana o direito de ser votado, ou seja, o direito de participar do prélio eleitoral.

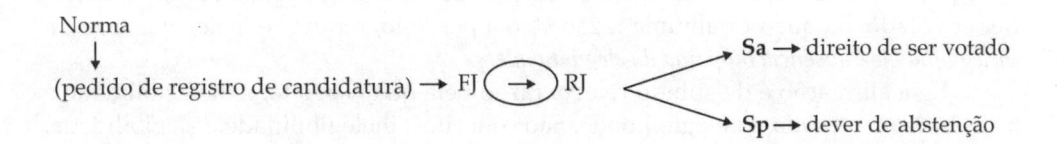

Norma
↓
(pedido de registro de candidatura) → FJ (→) RJ
　　　　　　　　　　　　　　　　　　　　　　　↗ Sa → direito de ser votado
　　　　　　　　　　　　　　　　　　　　　　　↘ Sp → dever de abstenção

Como se vê no gráfico, o direito de ser votado é efeito do fato jurídico do registro (FJ), nascido da incidência (•) da norma sobre o seu suporte fáctico (pedido de registro). Deste fato jurídico surge uma relação jurídica (RJ) entre o sujeito ativo (SA), que é o titular da elegibilidade, e o sujeito passivo total (SP), que são todos os outros cidadãos. Ao sujeito ativo é concedido o direito subjetivo de ser votado (elegibilidade), consistindo na faculdade de concorrer a cargos eletivos, que tem de ser suportado por toda a coletividade, não podendo ela opor qualquer tipo de embaraço ao seu exercício (dever de abstenção).

Tal explicação, com base na teoria do fato jurídico, já serve para por a nu que *o fato jurídico originante do direito de ser votado é o registro de candidatura*. Sem o registro não há elegibilidade, posto que não há candidatura. Só pode concorrer a cargos eletivos quem obtém o registro de sua candidatura.[56] Destarte, o alistado alfabetizado, que se filia a partido político, possuindo idade mínima, poderá se registrar, após indicação

---

[55] É impróprio asseverar, consoante por vezes se faz, que a elegibilidade comporta gradações. A elegibilidade é o direito de ser votado *para um determinado cargo*, definido no ato de registro de candidatura. Logo, apenas existe elegibilidade para um determinado cargo específico, para cuja obtenção do *ius honorum* todos os pressupostos exigíveis devem estar presentes. O que pode ter gradação é algum pressuposto exigível, sem qualquer implicação em relação ao *conteúdo* do conceito de elegibilidade.

[56] Disse-o também Sérgio Sérvulo da Cunha (*Manual das eleições*: comentários à Lei nº 9.504/97 e à Lei Complementar nº 64/90, p. 227, grifos originais), nada obstante tomando-o como um pressuposto da elegibilidade, e não, como aqui fazemos, como o fato jurídico que faz nascer o direito de ser votado: "O *registro de candidatura* — embora não mencionado na Constituição — é um desses *pressupostos formais de elegibilidade*. Não há eleição sem candidatura — apresentação do candidato perante o colégio eleitoral — e o registro é o ato formal que confere existência jurídica à candidatura".

da convenção do partido ao qual está filiado, obtendo o direito subjetivo público de ser votado.[57] Sem o registro da candidatura não pode o cidadão pleitear os votos dos nacionais, nem fazer propaganda eleitoral em seu nome, nem constar o seu nome das cédulas eleitorais (em eleição para o Executivo).

Mesmo que o nacional possua todas as condições de elegibilidade constitucionais, não poderá ainda ser reputado elegível, porque se possuir todas elas, mas não obtiver o registro de candidatura, não poderá *postular a designação pelos eleitores a um mandato*. Pense-se no caso de o nacional não ser indicado pela convenção do partido político ao qual é filiado. Em tal situação, não poderá obter o registro, sendo impedido de concorrer às eleições, de pleitear os votos dos eleitores. Assim também se seu domicílio eleitoral for noutra circunscrição, que não aquela obrigatória na qual está pleiteando concorrer. Embora venha a obter a indicação nas convenções, à falta de um requisito legal, findará por não ser registrado, não podendo se candidatar.

O conteúdo da elegibilidade é o direito de ser votado, de se candidatar. Quem não pode se candidatar não é elegível, não tem o direito de oferecer o seu nome ao crivo do eleitorado para o fim de pleitear um cargo eletivo. *Sem o registro da candidatura não nasce o direito de ser votado*. Pois bem, o nacional que ainda não tenha obtido o direito de ser votado, ou que por alguma razão veio a perdê-lo, reputa-se inelegível. Logo, *a inelegibilidade é ausência ou perda da elegibilidade*.

Essa afirmação é de subido relevo, razão pela qual a repito: a inelegibilidade é a ausência ou a perda da elegibilidade. São conceitos, inelegibilidade e elegibilidade, que só podem ser compreendidos um em face do outro. *Inelegível é aquele que não possui elegibilidade*, ou porque nunca a teve (inelegibilidade inata) ou porque veio a perdê-la ou ficou impedido de obtê-la como efeito de algum fato jurídico ilícito (inelegibilidade cominada simples ou potenciada).

Todo eleitor que não atenda aos pressupostos legais de elegibilidade, deixando de obter o registro de candidato, é inelegível, vale dizer, não possui *o ius honorum*. A inelegibilidade, de conseguinte, não é perda de direitos políticos, posto que direitos políticos (*ius sufragii*) se têm. *A inelegibilidade é a ausência do direito a ser votado (ius honorum), ou porque não se obteve o registro de candidato, ou porque a elegibilidade (direito de ser votado), que se tinha, foi retirada*. Dessarte, há a *inelegibilidade inata* (original), natural aos que não providenciaram os meios para adquirir a elegibilidade; e a *inelegibilidade cominada* (ocasional) provocada pela ocorrência de algum fato ilícito sob a óptica eleitoral.[58]

Pode ocorrer que a perda ou a suspensão dos direitos políticos sejam causas de inelegibilidade. Quem perde os direitos políticos perde o *ius sufragii*, deixando de ser eleitor.[59] Não sendo eleitor, o núcleo conceptual da elegibilidade se esvazia,

---

[57] Em rigor, as condições de elegibilidade, se preenchidas, são o suporte fáctico de um fato jurídico complexo, que terá por efeito o *direito ao registro de candidatura*, após prévia aprovação do pré-candidato em convenção do partido (alistamento + filiação partidária + indicação em convenção + alfabetização + idade mínima). Do exercício deste direito, através do ato jurídico do registro, solicitado à Justiça Eleitoral, é que nasce o direito de ser votado. É da manifestação de vontade do pré-candidato em concorrer às eleições, com a homologação judicial (registro de candidato), que nasce o direito subjetivo público de ser votado.

[58] No mesmo sentido, Mário José Gisi (As inelegibilidades. *Paraná Eleitoral – Revista Brasileira de Direito Eleitoral e Ciência Política*, p. 50) já o dizia: "As condições de elegibilidade, *a contrario sensu*, também são hipóteses de inelegibilidades".

[59] São causas de cancelamento da inscrição eleitoral, e da exclusão do eleitor, a suspensão ou perda dos direitos políticos (art. 71, inc. II do CE).

ficando inelegível o nacional (inelegibilidade cominada). Para alguém se lançar como candidato a cargo eletivo necessário ser elegível, vale dizer, ter adquirido o *ius honorum*. Se não adquiriu esse direito subjetivo, ou se posteriormente o perdeu, não há como ser candidato: logo, é inelegível. A inelegibilidade, destarte, configura a proibição que impossibilita a candidatura do interessado. Noutros termos, são, elegibilidade e inelegibilidade, verso e reverso de uma mesma moeda.

Pedro Henrique Távora Niess[60] obtempera que a inelegibilidade consiste no obstáculo posto pela Constituição ou por lei complementar ao exercício da cidadania passiva, por certas pessoas, em razão de sua condição ou em face de certas circunstâncias. Segundo ainda ele, "se a elegibilidade é pressuposto do exercício regular do mandato político, a inelegibilidade é a barreira intransponível que desautoriza essa prática, com relação a um, alguns ou todos os cargos cujos preenchimentos dependam de eleição". Elaborando seu pensamento, conclui: "quando há óbice à própria candidatura decorrente da Constituição Federal ou da lei complementar, estamos diante de um caso de inelegibilidade. Se tal obstáculo não existe, conquanto a própria Constituição estabeleça o preenchimento de certos requisitos, na forma da lei (ordinária), para o exercício do direito de ser votado contemplamos as *condições de elegibilidade*".

Um ponto relevante para nossa reflexão, entretanto, é a situação do eleitor antes da obtenção da elegibilidade: ficaria ele em um vácuo jurídico, não sendo nem elegível nem inelegível? Em verdade, quem tem o direito de votar (*ius sufragii*) poderá ter o direito de ser votado (*ius honorum*), se possuir as condições de elegibilidade, além de ser voluntariamente registrado, ou seja, se promover a ocorrência de todos os pressupostos do nascimento deste direito subjetivo. Enquanto ele não nascer, não pode o eleitor pleitear candidatura a cargo político, não sendo ainda elegível. Tal inelegibilidade inata é ínsita a todos os cidadãos que não se filiaram a partido político, não possuem idade mínima para determinado cargo eletivo etc. Se o cidadão preenche todas as condições de elegibilidade, é elegível apenas para o cargo para o qual registrou a sua candidatura.[61] Malgrado isso, ocorrendo algum fato reputado ilícito pela legislação eleitoral, quem lhe deu causa, ou dele se beneficiou, poderá ter sua inelegibilidade cominada decretada, apenas para "*essa* eleição" (cominação simples) ou para a eleição que ocorre dentro de certo período de tempo (cominação potenciada).

Por conseguinte, o direito de votar (*ius sufragii*) é efeito do fato jurídico do alistamento, pelo qual o nacional passa à condição de cidadão, ou seja, de eleitor. A inscrição eleitoral faz nascer o direito subjetivo político de participar da vida política da nação, escolhendo os seus representantes, que exercerão o múnus público consistente na administração da *res* pública. Diferentemente, o direito de ser votado (*ius honorum*) é mais restrito, nascendo do fato jurídico do registro de candidatura. *Só pode ter direito*

---

[60] *Direitos políticos*: condições de elegibilidade e inelegibilidades, p. 5-9.
[61] De fato, a análise das condições de elegibilidade, feita pela Justiça Eleitoral quando do pedido de registro de candidatura, refere-se apenas àquelas exigidas para o cargo cujo registro se pleiteia. A elegibilidade, como direito subjetivo público, possui conteúdo certo, limitado pelo ordenamento jurídico. Quem obtém o registro para concorrer ao cargo de vereador, *v.g.*, é elegível apenas para concorrer a esse cargo eletivo. Se desejar substituir o candidato a prefeito municipal, não será elegível, a não ser que renuncie ao primeiro registro e peça o registro de sua candidatura ao cargo majoritário. Obtendo este, cumpridas as condições de elegibilidade, será elegível para o cargo de prefeito. A desatenção a esse fenômeno tem levado a doutrina e a jurisprudência a afirmações equivocadas sobre o conceito de elegibilidade.

de ser votado quem tiver o direito de votar, sendo falsa a recíproca. O direito de votar é, destarte, a expressão maior do direito político, e com ele se confunde. Perda de direito político é perda da condição de cidadão, de eleitor. Como diz acertadamente Antônio Carlos Mendes,[62] "A perda dos direitos políticos consiste na *privação definitiva* do *ius sufragii* e, consequentemente, do *ius honorum*. A rigor, a perda do sufrágio acarreta a supressão da elegibilidade porque aquele é pressuposto inafastável desta". Assim, também, se há suspensão dos direitos políticos, que consiste na privação temporária de votar e ser votado.[63] Logo, a inelegibilidade deve ser compreendida sob dois aspectos: (a) como posse do direito de votar, sem a presença do direito de ser votado (ausência de elegibilidade, ou inelegibilidade inata); e (b) como perda do direito de ser votado, como cominação para *"essa* eleição" (cominação simples) ou para a que se realizar dentro de um certo período (cominação potenciada). *O estado de inelegibilidade é a regra; a elegibilidade, a exceção.*[64]

O pensamento comum aos juristas tem sido o de que as condições de elegibilidade seriam pressupostos positivos para o nacional obter o direito de votar, enquanto as inelegibilidades seriam situações negativas, que impediriam o exercício daquele direito, funcionando como uma barreira intransponível a desautorizar o seu exercício. Por essa razão, obtemperam que a inelegibilidade é *posterius* à elegibilidade, tendo em vista que a regra, como dito, seria aquela segundo a qual todos os nacionais seriam elegíveis.

Já advertimos para o perigo em utilizar aqui palavras na sua carga emotiva, com conteúdo político apenas. *Quando se diz que a elegibilidade é a regra, nega-se a verdade de que todos os brasileiros não possuem o direito de serem votados enquanto não preenchem os pressupostos objetivamente exigidos.* Partimos todos de um estado de impossibilidade de ser candidatos, para, cumprindo voluntariamente os pressupostos legais, obtermos o direito a sermos votados, através do ato jurídico do registro de candidatura. Quando Antônio Carlos Mendes afirma que a *inelegibilidade* e a *ausência originária de elegibilidade* possuem consequência material idêntica, com a impossibilidade da apresentação da candidatura ao eleitorado, fere precisamente o núcleo do problema, embora não tenha retirado dele todas as consequências. Um passo a mais deu Tupinambá Miguel Castro do Nascimento,[65] embora não tivesse percorrido todo o caminho que apontou em suas preciosas lições: "Inconfundíveis, portanto, a *não-elegibilidade* e a *inelegibilidade.* Embora, laicamente, tenham aparência de sinonímia pelo menos em compreensão lexicológica, na área técnico-jurídica, distinguem-se. Contudo, mesmo os técnicos estão sujeitos à *gramaticalização* dos conceitos, usando genericamente o termo inelegível para as duas situações. Equívoco menor onde se lê, inclusive, o §4º do artigo 14 da CF". E concluiu: "Na verdade, porém — e aqui, usamos intencionalmente o equívoco —, a inelegibilidade referida no §3º do art. 14 seria qualificável como *inata* ou de primeiro grau. Sempre leva à inexistência do direito de ser votado, à inaptidão jurídica para receber voto. A inelegibilidade de segundo grau seria qualificada como *ocasional.* Inatamente, há

---

[62] *Introdução à teoria das inelegibilidades,* p. 81, grifos originais.
[63] *Idem,* p. 82.
[64] Dessarte, invertemos a fórmula utilizada por Tito Costa (*Recursos em matéria eleitoral.* 5. ed., p. 129, grifei), para quem: "A regra geral é a elegibilidade. Qualquer cidadão, em princípio, desde que esteja no pleno exercício de seus direitos políticos, é elegível para qualquer cargo público, *atendidas as exigências ou restrições legais".*
[65] *Lineamentos de direito eleitoral,* p. 66.

elegibilidade, mas causas outras, tipificadas no direito positivo, servem de suporte fáctico para obstacularizarem, circunstancialmente, o direito de ser votado. Esta seria uma diferença didática para solução do problema ditado pela semântica gramatical".

A situação jurídica daqueles que não possuem o registro de candidatura é, em aparência, símile à daqueles que são reputados inelegíveis: não podem se candidatar validamente. Mas há entre elas uma diferença profunda de natureza: a ausência de elegibilidade está no plano da licitude, enquanto a perda ou o impedimento à obtenção da elegibilidade está no plano da ilicitude. E não podemos, sob pena de baralhar o lícito e o ilícito, borrar conceitualmente a diferença entre *inelegibilidade inata* e *inelegibilidade cominada*. Joel Cândido,[66] como de resto a grande parte da doutrina eleitoralista, percebeu com clareza o que há de comum entre a ausência das condições de elegibilidade e a inelegibilidade, porém não avançou para o aspecto decisivo, tão molestado pela jurisprudência: a separação abissal entre ambas, sendo lícita, uma, e ilícita, a outra: "Para o pleito em que foi indeferido o registro, no entanto, o candidato estará inelegível. Neste aspecto, as condições de elegibilidade se aproximam das inelegibilidades, embora com essas não se confundam, como já se disse. As condições de elegibilidade não são inelegibilidades, nem constitucionais, nem legais; inelegibilidade (pelo menos para concorrer a uma eleição) é a consequência do não atendimento dessas condições. Na prática, porém, o resultado é o mesmo. *Tanto faz um juiz ou tribunal declarar uma inelegibilidade existente na vida de um candidato, impedindo-o de concorrer, como indeferir seu pedido de registro de candidatura por falta de cumprimento de uma condição de elegibilidade qualquer: para aquele pleito, esse candidato está inelegível, em qualquer dos dois casos*".

Esse tem sido um dos grandes problemas do que denomino de teoria clássica da inelegibilidade, que tanto mal tem feito à jurisprudência e à edição de leis moralistas, ambas sem um estrado dogmático a lhes validar racionalmente. Sobre esses conceitos fundamentais, aqui inicialmente expostos, trataremos com vagar adiante.

§3 Notas sobre o fato jurídico do registro de candidatura

3.1 Registro de candidatura e efeitos do pedido de registro de candidatura

O registro de candidatura é o fato jurídico do qual dimana a elegibilidade. Quando do seu pedido, o candidato deve estar com todas as condições de elegibilidade preenchidas para o cargo ao qual deseja concorrer, não estando submetido a nenhuma sanção de inelegibilidade. Ademais, deve o pedido de registro estar acompanhado de todos os documentos catalogados pela legislação, como condição de procedibilidade da ação. Assim, *o registro de candidato não é apenas mais um pressuposto legal para a candidatura, entre os outros exigidos, senão que, em substância, é o ato jurídico que faz nascer a elegibilidade.* Por isso, a falta do registro não é a falta de um requisito legal para o nascimento da elegibilidade, da mesma maneira que a falta do registro da escritura pública não é a ausência de um pressuposto formal para o nascimento do direito de propriedade:

---

[66] *Inelegibilidades no direito brasileiro*, p. 82, grifos apostos.

ambos os registros são, ao revés, os próprios atos jurídicos que dão existência ao direito subjetivo (de ser votado e de propriedade, respectivamente). Sem o ato jurídico do registro não há direito subjetivo de ser votado, ainda que compostos todos os elementos da *facttispecie*. Destarte, tem-se que estudar o registro de candidatura com a importância que ele possui, como o demiurgo da elegibilidade.

Quem não possui o registro de candidatura é inelegível, sendo nulos os votos obtidos. É que nem todos os brasileiros podem concorrer a um mandato eletivo, sendo necessário que previamente se habilitem para esse fim. Para tanto, deverão atender a todos os pressupostos exigidos pelo ordenamento jurídico, a fim de pleitearem o registro da sua candidatura. Não obtido o registro, o nacional fica impedido de concorrer a um cargo, não sendo computados como válidos os votos que lhe sejam destinados. Também não podem obter o registro de candidatura aqueles que, embora cumprindo os requisitos legais, estejam sancionados com inelegibilidade, causada pela prática de algum ato ilícito. Logo, o registro de candidato é o ato jurídico que autoriza a candidatura, habilitando o nacional e tornando-o elegível.

O voto do eleitor apenas pode ser dado ao candidato habilitado, ou seja, àquele reconhecido como tal pelo registro da sua candidatura na Justiça Eleitoral. Quem não tem registro não pode ser votado, porque não obteve o título jurídico que lhe habilitaria para ser oficialmente candidato, praticando atos válidos de campanha. Claro que existem inelegibilidades que não decorrem apenas da ausência de registro (inelegibilidade inata), havendo aquelas impostas como sanção ao nacional, implicando a impossibilidade de obtenção do registro (ainda que presentes todas as condições de elegibilidade), ou a necessidade de seu cancelamento — acaso obtido o registro antes da sua aplicação (inelegibilidade cominada). Sobre essa questão, é importante ter em mente o disposto nos §§3º e 4º do art. 175 do Código Eleitoral.

De acordo com tais normas jurídicas, são nulos os votos dados aos candidatos inelegíveis ou não registrados, nada obstante sejam reputados válidos, em benefício dos partidos políticos aos quais estejam eles filiados (contados como votos para a legenda, em proveito para o cálculo do quociente partidário), se a decisão (com ou sem trânsito em julgado) que cancelar o registro ou impuser a inelegibilidade for posterior ao dia da eleição. Tal norma tem demonstra que o registro de candidatura é o ato incoador e mantenedor da elegibilidade do nacional.

É certo que antes do ato do registro de candidatura já se autoriza a que seja tratado como candidato o nacional que pediu ou em nome de quem se pediu o registro. Em que pese não seja ainda candidato, é tratado *como se* fosse, para todos os fins eleitorais, até o dia da votação. O candidato cujo registro esteja *sub judice* poderá efetuar todos os atos relativos à campanha eleitoral, inclusive utilizar o horário eleitoral gratuito no rádio e na televisão e ter seu nome mantido na urna eletrônica enquanto estiver sob essa condição, ficando a validade dos votos a ele atribuídos condicionada ao deferimento de seu registro por instância superior, conforme prescreve o art.16-A da Lei nº 9.504/97. É dizer, o cômputo, para o respectivo partido ou coligação, dos votos atribuídos ao candidato cujo registro esteja sub judice no dia da eleição, fica condicionado ao deferimento do registro do candidato.

Note-se: quem não possui registro de candidatura não é candidato; pedido o registro de candidatura, agirá ele *como se* fosse candidato, mas apenas em aparência, razão pela qual os seus votos não podem ser utilizados para o cômputo do resultado final até que haja o julgamento definitivo; indeferido o pedido de registro, os votos são nulos e não poderá ser ele diplomado.

Antes da concessão do registro, após as convenções partidárias, o pré-candidato pratica alguns atos típicos de campanha, fazendo propaganda eleitoral, recebendo doações, fazendo gastos de campanha etc. Tais atos, destarte, são praticados validamente condicionados pela possibilidade de vir a ser registrada a candidatura do nacional, como exercício do *direito expectado* nascido do pedido de registro de candidatura e da indicação, em ata oficial, na convenção partidária. Mas sem a sobrevinda do direito expectativo, vale dizer, sem a incoação da elegibilidade através do ato registral, tais atos perdem o viço, razão pela qual deveria o pré-candidato ficar impedido de continuar a exercê-los.

Decididas a ação de pedido de registro de candidatura e a ação de impugnação do pedido de registro de candidatura (AIRC), *sempre* em uma mesma sentença formal, ficará o pré-candidato sem registro, acaso seja decretada ou declarada a sua inelegibilidade. *Não se pode julgar procedente a AIRC, decretando a inelegibilidade do candidato, e conceder provisoriamente o registro*. A decisão que declara ou constitui a inelegibilidade do pré-candidato deve negar o pedido de registro, cuja consequência seria a obstrução ao exercício de quaisquer das faculdades que enchem o conceito de elegibilidade (*e.g.*, aparecer no guia eleitoral gratuito). Todavia, o Tribunal Superior Eleitoral concedeu àquele que requerer o registro de candidatura a possibilidade de concorrer no prélio eleitoral *como se* (*als ob*) fosse candidato, por sua conta e risco, bastando para isso manejar os recursos processuais ao seu dispor, ainda que todas as decisões judiciais lhe neguem o registro.

De outra banda, no Direito Eleitoral pátrio vige o *princípio da unicidade do registro de candidatura*, segundo o qual o nacional se registra, em cada eleição, apenas para um determinado cargo, com exclusão de qualquer outro. Esse princípio foi positivado pelo art. 88 do CE, segundo o qual não é permitido registro de candidato, embora para cargos diferentes, por mais de uma circunscrição ou para mais de um cargo na mesma circunscrição. Assim, em um determinando prélio eleitoral, o nacional apenas poderá pleitear um único cargo, não sendo admitido mais de um registro de candidatura, ainda que em circunscrições diversas. Por isso, é fundamental tenha-se presente que a elegibilidade é sempre o direito subjetivo a disputar um cargo específico, em um pleito determinado. Nasce com o registro de candidatura para um cargo eletivo específico, perdurando até o final daquela eleição, com a proclamação dos resultados.

Serão registrados, no Tribunal Superior Eleitoral, os candidatos a presidente e a vice-presidente da República; nos tribunais regionais eleitorais, os candidatos a senador, deputado federal, governador, vice-governador e deputado estadual; e, nos juízos eleitorais, os candidatos a vereador, prefeito e vice-prefeito, consoante prescreve o art. 89 do CE.

3.2 Registro de candidatura e registro da chapa: a *candidatura plurissubjetiva*

Outra questão relevante diz respeito ao registro da chapa para cargos majoritários. Já estudamos que o registro de candidatura é o ato jurídico *stricto sensu* que faz nascer a elegibilidade. Agora, convém frisar que há candidaturas que apenas podem existir se feitas em conjunto, como se fossem uma única. É que a Constituição Federal, no §2º do art. 77, prescreveu que a eleição do presidente da República importará a do vice-presidente com ele registrado.[67] Do mesmo modo, o candidato a senador deverá ser registrado com dois suplentes, mercê do disposto no seu art. 46, §3º, que prescreve que cada senador será eleito com dois suplentes.

Chamo de *candidaturas plurissubjetivas* aquelas candidaturas registradas em chapa una e indivisível, para recebimento conjunto dos votos, de maneira que uma candidatura apenas será juridicamente possível com a outra ou as demais, dependendo da exigência legal. Ou seja, por determinação legal não se admite que apenas um nacional proponha o registro para candidatura que foi juridicamente concebida para ser dúplice ou plúrima. Enquanto para os cargos proporcionais a candidatura é unissubjetiva (embora em listas indicadas pela convenção), para os cargos majoritários há exigência de suplência constituída quando do pedido de registro, sem a qual não poderá ser ele deferido, vez que *o voto dado pelo eleitor não será, sob a óptica jurídica, apenas para o candidato principal, mas também para os que completam a chapa (art. 178 do CE)*.

No caso da chapa formada para concorrer à chefia do Poder Executivo, dada a redação precisa do texto constitucional, dúvidas não existem sobre a necessidade de a chapa estar constituída quando do pedido de registro de candidatura, sob pena de impossibilidade jurídica do pedido. Tal clareza resulta da parte final do §2º do art. 77, segundo a qual o candidato a vice-presidente deverá estar registrado com o candidato a presidente da República. Assim, tudo somado, e guardando na retentiva o disposto no art. 91 do Código Eleitoral, não restarão dúvidas da *exigibilidade de que o registro de candidatura para os cargos de chefia do Executivo seja feito em chapa única e indivisível*.

Em relação à chapa para o Senado, em que pese o §3º do art. 46 da CF/88 não fazer menção ao registro de candidatura dos suplentes, há a necessidade de que também eles sejam registrados, sob pena de não poder ser deferida a chapa, em razão do desfalque de um ou dois de seus membros necessários. Quando essa norma prescreve que o senador será eleito com dois suplentes, pressupõe que algum ato jurídico tenha qualificado os suplentes como candidatos, compondo a chapa. Sem esse ato jurídico qualificador, não há como se poder falar em suplente, pela simples razão de não ter a Justiça Eleitoral habilitado ninguém, verificando o preenchimento de suas condições de elegibilidade e a ausência de qualquer cominação de inelegibilidade. Não se pode fazer um seccionamento entre eleição e registro de candidatura, como se fosse possível, em nosso ordenamento jurídico, a existência da primeira sem o segundo. Não se diga, outrossim, que o registro seria um mero requisito formal para o nacional concorrer na eleição. De modo algum. Como já mostramos, a participação como concorrente a um mandato eletivo não é franqueada a qualquer cidadão, mas deflui do direito subjetivo nascido do registro de candidatura, que é o título que habilita o nacional a pleitear validamente os votos do eleitor.

No que diz respeito à candidatura plurissubjetiva, vige o *princípio da irregistrabilidade da chapa incompleta ou insuficientemente formada*, na precisa formulação talhada pelo Ministro Celso de Mello, em voto proferido no Recurso Extraordinário nº 128.518-4,[68] assim expressa: "A exigência constitucional referida no preceito

---

[67] Para os governadores e vice-governadores, art. 28 da CF/88; para os prefeitos municipais e os vice-prefeitos, art. 29, inc. II.

[68] *Vide* Noely Manfredini d'Almeida e Fernando José dos Santos (*Crimes eleitorais e outras infringências*, p. 622, grifos apostos). Julgo importante esclarecer que a 2ª edição desta obra citada possui duas versões, com paginação e

questionado — a de que cada senador elege-se com dois Suplentes — traz ínsita a necessidade de integral composição da chapa, para efeito de seu prévio e regular registro perante a Justiça Eleitoral". Desse modo, "a formação completa da chapa, que deverá conter os nomes do candidato ao Senado e de dois Suplentes, é verdadeiro ato-condição, preenchidos os demais requisitos de ordem formal e material, da efetivação do seu registro para fins eleitorais". E segue: "A indivisibilidade jurídica da chapa representa uma derivação necessária do preceito normativo consubstanciado no §3º do art. 46 da CF, o que torna indeclinável a sua formação e apresentação à Justiça Eleitoral, sempre, porém, nos prazos assinalados pelo ordenamento positivo". Ao final, conclui: "Sem que isso ocorra, é plena a *irregistrabilidade da chapa incompleta ou insuficientemente formada*, eis que, para que se cumpra a norma — que é imperativa e de observância necessária — inscrita no §3º do art. 46 do texto constitucional, é preciso que o partido interessado se submeta à disciplina ritual regedora do procedimento de registro de que supõe, sem possibilidade de regressão procedimental, respeito a prazos, sob pena de, uma vez esgotados, consumir-se, com a preclusão de ordem temporal que conseqüentemente se verifica, a perda da faculdade de indicar candidato e Suplentes".

Logo, em se tratando de candidatura plurissubjetiva, o pedido de registro deve vir com a indicação do vice ou dos suplentes, sob pena de ser indeferido o pleito, pela impossibilidade jurídica do pedido (Ministro Octávio Gallotti). Trata-se de *deficiência congênita da candidatura*, implicando a inviabilidade jurídica do recebimento do pedido assim proposto. Como bem diz o Ministro Octávio Gallotti, em seu voto no referido julgamento do recurso extraordinário:[69] "A Constituição diz que não há senador eleito sem dois suplentes. Também *não há eleição sem registro*. Registrado um candidato a suplente, não podem ser eleitos dois".

Nesse particular, o §1º do art. 91 do CE é preciso, prescrevendo que o registro de candidatos a senador far-se-á com o do suplente partidário, que será em número de dois, mercê do novel preceito constitucional. É de se sublinhar, nesse comenos, que não basta apenas a completude da chapa quando do pedido de registro de candidatura. A chapa deve estar completa durante toda a eleição, sob pena de sua desintegração e necessidade de sua substituição por outra.

De fato, se houver *ausência originária* de algum membro da chapa ou se essa *ausência for superveniente* ao pedido de registro, é fundamental ter presente que haverá necessidade de se completar essa chapa. Incompleta que seja em sua membridade — ou porque houve inelegibilidade, falecimento ou morte de um dos membros, ou porque seu registro foi indeferido (por falta de algum documento essencial, *e.g.*) —, a chapa deverá ser recomposta, com a indicação de um substituto para o membro faltante.

---

conteúdo diversos. Estou aqui citando a primeira versão, logo depois alterada, na qual foi suprimido o texto deste acórdão referido, razão pela qual poderá o leitor atento não o encontrar no livro dos eminentes autores do Paraná.

[69] *Ibidem*, p. 634. Convém gizar que os votos aqui citados, além daquele do Ministro Sydney Sanches, foram vencidos, havendo a abertura de novo prazo para a colmatação da lacuna de um suplente, existente quando do pedido de registro da chapa para o Senado. Em que pese os votos tenham sido vencidos, e com a vênia daquela douta maioria, o certo, porém, é que suas motivações são tão precisas, adotando uma interpretação que privilegia as normas eleitorais infraconstitucionais, que não víamos como não pudessem ser majoritários em outras oportunidades, firmando em definitivo o entendimento da excelsa Corte. Parece-nos que a Resolução nº 21.608 cumpriu as nossas expectativas nesse sentido.

Com a indicação de substituto, o registro da chapa, como um todo, há de sofrer outra análise pela Justiça Eleitoral, abrindo-se novamente o prazo para a ação de impugnação do registro de candidatura (AIRC). Trata-se, na verdade, de *nova* chapa, pois sendo plurissubjetivas as candidaturas, bem como indivisíveis, a sorte de um dos membros afetará necessariamente a do outro. Se o novo membro, por exemplo, for inelegível, haverá o registro da chapa de ser indeferido também, podendo haver a necessidade de outra substituição. Na *ausência superveniente* de um dos membros (quando já constituída a chapa), o membro remanescente continua a representar a chapa como um todo, ao aguardo da sua complementação. Vencidos os prazos e não apresentado substituto, haverá indeferimento da chapa e, em recebendo algum voto, será ele reputado nulo.

Se há indeferimento da chapa majoritária, em razão da inelegibilidade de um de seus membros, há possibilidade de *substituição* do membro expurgado, vez que a inelegibilidade é sanção pessoal (art. 18 da LC nº 64/90), que não contagia ao outro membro.

De fato, entre a renúncia ou a decretação de inelegibilidade de um dos membros da chapa (que são causas de substituição de candidato, ao teor do art. 13, *caput*, da Lei nº 9.504/97) e a substituição do candidato (membro expurgado) pode ocorrer o lapso temporal de dez dias, que é o prazo para que se requeira a substituição de candidatura, consoante prescreve o §1º do art. 13 da Lei nº 9.504/97. Durante esse lapso temporal, a chapa continua representada pelo outro membro que permaneceu ao aguardo do substituto. Indicado o outro membro, deverá a Justiça Eleitoral apreciar o pedido de substituição a tempo e modo devidos.

Nesse passo, é fundamental realçarmos a distinção entre a *incompletude originária* da chapa e a sua *incompletude superveniente*, chamando a atenção para o fato de que, na *ausência superveniente* de um dos membros da chapa, o membro remanescente continua a representá-la como um todo, ao aguardo de sua complementação. Tomemos como hipótese de viveiro a renúncia de um candidato ao cargo de prefeito. Suponhamos, nesse caso, que houvesse o registro de candidatura da chapa original, nascendo para os seus membros a elegibilidade. No decorrer da campanha, imaginemos que aparecesse um sério problema no estado de saúde do candidato a prefeito, havendo a necessidade do seu afastamento, razão pela qual terminou por renunciar. Com a renúncia, houve desfalque na chapa, embora ela tivesse continuado registrada, necessitando de *complementação do membro faltante* no prazo de dez dias após a renúncia e até o dia da eleição, por determinação legal (art. 13 da Lei nº 9.504/97). Desse modo, havia já a elegibilidade dos membros da chapa, sendo ela, ao depois, subtraída de um de seus membros, em virtude da renúncia, *v.g.* Quanto a este membro restante, necessário se faz submetê-lo ao crivo de novo processo de registro de candidatura, nada obstante já presente a sua elegibilidade, vez que poderia ter o seu direito de ser votado podado pelo indeferimento posterior do pedido de substituição de candidatura, quando não haveria constituição de nova chapa. Sendo a chapa majoritária una e indivisível, é toda ela submetida a novo crivo, através do processo de substituição de candidato. Mas a elegibilidade do membro restante permanece, até que seja cancelada por decisão que indefira o pedido de substituição, extinguindo *toda* a chapa, mercê de sua incompletude. *Sendo plurissubjetiva a candidatura, a renúncia de um dos membros, apenas por si*, não destrói a chapa. *Sua extinção apenas ocorreria após o decurso de prazo de dez dias, transcorrido sem pedido de substituição do membro faltante.*

Constituída a chapa majoritária, ainda que pendente de recurso a decisão que a deferiu, há elegibilidade de ambos os membros: elegibilidade para titular da candidatura principal (presidente da República, governador de Estado e prefeito de Município) e elegibilidade para o candidato a vice.[70] Havendo declaração ou decretação, superveniente ao registro, de inelegibilidade de um dos seus membros, a chapa fica desfalcada, necessitando complemento no prazo decendiário.

A Resolução nº 21.608/2004 deu ênfase à indivisibilidade das candidaturas plurissubjetivas, prescrevendo que a validade dos votos atribuídos à chapa que esteja incompleta e *sub judice* no dia da eleição fica condicionada ao deferimento de seu registro, ou seja, o reconhecimento judicial de que seus integrantes estão aptos a concorrer (parágrafo único do art. 61). Desse modo, havendo o indeferimento originário da chapa em razão da inelegibilidade de um dos seus membros, e concorrendo ela *por sua conta e risco*, a validade dos seus votos depende do deferimento posterior do registro pelas instâncias superiores. Em sendo confirmado em todas as instâncias o indeferimento do registro, tem-se que a chapa nunca fora juridicamente consolidada, razão pela qual os votos que lhe tenham sido atribuídos são reputados nulos. Nessa hipótese, embora a inelegibilidade de um dos membros não contagie o outro (art. 18 da LC nº 64/90), o indeferimento do registro de candidatura traz percussão para ambos os membros, porque juridicamente não havia se formado a chapa (plano da existência dos fatos jurídicos).

Agora, se o registro de candidatura for originariamente deferido, estará a chapa completa no dia da eleição, ainda que *sub judice*. Nesse caso, tendo havido o ato jurídico do registro de candidatura (plano da existência), haverá para os seus membros o nascimento do direito de ser votado (plano da eficácia), razão pela qual os votos que lhe sejam atribuídos serão válidos, ainda que posteriormente à eleição venha a instância superior indeferir o registro de candidatura, em razão de ausência de alguma condição de elegibilidade ou da presença de alguma inelegibilidade pessoal de um dos membros. Nesse caso, se inelegível era o candidato principal (presidente da República, governador do Estado ou prefeito do Município), o correto juridicamente seria a assunção do seu vice, porque não poderia ele ser contagiado pela inelegibilidade pessoal do outro membro, uma vez que no ato da votação estava a chapa completa, ainda que *sub judice*.[71]

Nada obstante, o posicionamento da jurisprudência tem sido radical, fazendo chegar ao vice os efeitos da decisão que, apenas posteriormente à eleição, reconheça a inelegibilidade pessoal do titular (*v.g.*, a ausência de uma condição de elegibilidade), nulificando para ambos os votos recebidos. Embora seja apenas pessoal a inelegibilidade, a cassação do registro alcançaria a ambos: "Recurso especial. Litisconsórcio.

---

[70] Conforme penso ter demonstrado, a expressão *titular do cargo*, para diferençar do candidato a vice, tem que ser usada *cum grano salis*, porque também o vice eleito é titular do cargo de vice: "De fato, fala-se todo o tempo em *vice* e em *titular do cargo*, sem a percepção que também ele, o *vice*, é titular do cargo de vice. Afinal, não se pode confundir o vice, como suplente do titular do mandato principal, com o suplente de senador da República, que não possui mandato nem cargo, senão na hipótese de substituir o titular ou suceder o titular. O vice, diferentemente, ocupa um cargo e recebe remuneração pelo exercício do seu mandato. É, nesse sentido, titular de um mandato eletivo, diverso do mandato principal. Vale dizer, a acessoriedade do mandato de vice não implica que não seja ele um mandato diferenciado: com o mandato do titular não se confunde" (*vide* o Capítulo 3 desta obra).

[71] Nesse sentido, hoje superado: Acórdão nº 2.672 de 11/04/2000, rel. Min. José Eduardo Rangel de Alckmin, *Diário de Justiça*, p. 160, 28 abr. 2000.

Não-obrigatoriedade. Exceção. Inelegibilidade, art. 18, CE. Representação. Art. 73, VI, b, da Lei nº 9.504/97. Cassação de registro e diploma. Recurso provido. I. Nos casos em que há cassação do registro do titular, antes do pleito, o partido tem a faculdade de substituir o candidato. Todavia, *se ocorrer a cassação do registro ou do diploma do titular após a eleição — seja fundada em causa personalíssima ou em abuso de poder —, maculada restará a chapa, perdendo o diploma tanto o titular como o vice, mesmo que este último não tenha sido parte no processo, sendo então desnecessária sua participação como litisconsorte. II. Na hipótese de decisão judicial que declarar inelegibilidade, esta só poderá atingir aquele que integrar a relação processual. III. Institutos processuais muitas vezes ganham nova feição no âmbito do Direito Eleitoral, em face dos princípios, normas e características peculiares deste ramo da ciência jurídica*" (REsp nº 19.541/MG, rel. Min. Sálvio de Figueiredo Teixeira, *DJ*, p. 191, 08 mar. 2002, grifos apostos).

Assim, a candidatura do vice passou a ser para a jurisprudência totalmente dependente do candidato principal, sendo superada aquela consolidada jurisprudência segundo a qual a sorte dos eleitos, após a diplomação, seria independente, sendo cada um titular de seu próprio mandato. Na nova concepção, o vice continuaria dependente do titular, mesmo após a eleição, pouco importando tenha ou não dado causa à inelegibilidade dele: embora pessoal a inelegibilidade, não o alcançando, da cassação do registro e do diploma não escapa o vice.

Cada vez mais, desse modo, se enfraquece a chapa, sendo o vice lamentavelmente um mero figurante.

§4 Do conceito de matéria constitucional para a teoria das inelegibilidades

Tais noções fundamentais, que serão de valia para toda a matéria a ser tratada neste livro, têm a finalidade de tentar pôr à nu a estrutura lógica das inelegibilidades. Uma das mais persistentes confusões, com gravíssimas consequências práticas, tem sido aquela segundo a qual as condições de elegibilidade apenas são fixadas pela Constituição, malgrado possam ser regulamentadas por lei ordinária. Ao revés, ainda consoante esse entendimento clássico, as hipóteses de inelegibilidade podem ser fixadas pela Carta ou mesmo por lei complementar. Essa proposição, parece-nos, tem sido a causa de uma má delimitação do conceito de *matéria constitucional*, para efeito da fixação do prazo preclusivo previsto no art. 259 do CE. Pela importância do tema, e por ter implicações nas exposições que se seguem, enfrentaremos suas dificuldades, apontando sua relevância em situações concretas.

4.1 Natureza das normas sobre elegibilidade e inelegibilidade

O §3º do art. 14 da CF/88 relaciona as condições de elegibilidade, deixando para a lei ordinária a sua regulamentação. Tal norma é inovação da Constituição Federal, não havendo anteriormente disposição constitucional que inventariasse explicitamente as condições de elegibilidade para *todos* os cargos. A Constituição de 1946 dispunha, no seu art. 80, sobre as condições de elegibilidade do presidente da República, que seriam: nacionalidade, exercício dos direitos políticos e idade superior a 35 (trinta e cinco) anos.

Os demais cargos políticos eram condicionados às mesmas condições, excetuada a idade mínima, que era individualizada por outras normas constitucionais.

Nada obstante, os constitucionalistas que se ocuparam da CF/46 não se preocuparam em discutir sobre a natureza das condições de elegibilidade, bem como das normas que as fixavam.[72] Mesmo assim, Themistocles Brandão Cavalcanti[73] aborda o tema ao comentar o art. 138 da CF/46, fazendo menção a uma opinião de Sampaio Dória, segundo a qual seria inconstitucional a exigência de registro de candidatos feita por lei ordinária. A questão, pois, seria a seguinte: sendo inelegíveis apenas as pessoas mencionadas na Constituição, então como se exigir o registro do candidato, por um partido, sob pena de inelegibilidade? Afirma Sampaio Dória, no texto transcrito: "Para aumentar os casos de exceção da elegibilidade, é preciso, primeiro, reformar a Constituição. Nunca pode a lei ordinária impor ao exercício da elegibilidade condição nova, equivalente, na prática, à exceção nova, diminuindo a extensão constitucional da elegibilidade aos cidadãos alistáveis". Ao adiante, arremata: "É verdade que a Constituição assegura a elegibilidade a todo cidadão nato, eleitor, com idade exigida, excetuados apenas os que especifica nos artigos 139 e 140. E, entre estes, não figura a condição de registro por partido. Este registro não é nem por inferência, nem por dedução, condição constitucional para a elegibilidade".

Themístocles Brandão não rejeita a premissa da tese, segundo a qual apenas por norma constitucional poder-se-iam fixar as condições de elegibilidade. Malgrado, entende ser legítima a exigência de registro de candidatura, averbando que "não deve o registro restringir o exercício do direito, mas apenas favorecer e assegurar o seu exercício. Bem compreendido é uma garantia para o candidato, cuja elegibilidade se presume pelo registro".

Já sob a égide da Carta de 67/69, Marcelo Caetano[74] lembrava a norma do art. 3º do Código Eleitoral, para elencar as condições constitucionais e *legais* de elegibilidade, entre elas, a necessidade de filiação e aprovação em convenção partidária, bem como o registro de candidatura.

Como se pode perceber através dos autores citados, não há uma uniformidade de entendimento sobre a natureza das condições de elegibilidade, tampouco sobre quantas e quais sejam elas. Embora seja a elegibilidade um tema afeto ao próximo capítulo, é de mister aqui procurar fixar os seus contornos, ao menos provisoriamente, para buscar especificar a natureza dos seus pressupostos.

Se formos apreender a origem dos dissídios hermenêuticos e doutrinários, iniciaremos por perceber que a afirmação capital do que denomino teoria clássica da inelegibilidade consiste na seguinte afirmação: *a inelegibilidade é exceção; a norma é a elegibilidade*.[75] Partindo dessa assertiva, tomam a elegibilidade como algo já obtido por todos os alistados, entendendo como restritiva qualquer norma sobre pressupostos

---

[72] *Vide* os comentários de Themístocles Brandão Cavalcanti (*Constituição Federal comentada*, v. 2, p. 215), que se limita a afirmar que o art. 80 da CF/46 "estabelece as condições essenciais, elementares para que se torne elegível o cidadão candidato à Presidência da República". Outrossim, A. Sampaio Dória (*Direito constitucional*: comentários à Constituição de 1946, v. 3, p. 354 *et seq.*), que comenta o artigo, nada obstante não se aprofunde sobre a possibilidade ou não de existência de pressupostos infraconstitucionais.

[73] *Constituição Federal comentada*, v. 3, p. 49-51.

[74] *Direito constitucional*, v. 2, p. 116.

[75] No mesmo sentido: Sampaio Dória (*op. cit.*, p. 577); Tito Costa (*Recursos em matéria eleitoral*, p. 129), entre outros.

ou causas de sua perda.⁷⁶ Tal concepção, como acima visto detidamente, perde de vista que a elegibilidade é o direito subjetivo nascido do fato jurídico do registro de candidato,⁷⁷ que apenas poderá ser validamente consumado se atendidas as condições prefiguradas, quer por normas constitucionais quer por normas legais. Não é outra a norma prescrita pelo texto do art. 3º do Código Eleitoral: "Qualquer cidadão pode pretender investidura em cargo eletivo, respeitadas as *condições constitucionais e legais de elegibilidade* e incompatibilidade".

Além das condições previstas no art. 14, §3º, da CF/88, induvidosamente há o pressuposto constitucional de ser alfabetizado, e o infraconstitucional da indicação por convenção partidária.⁷⁸ Além disso, as normas regulamentadoras das condições constitucionais podem trazer algumas exigências novas, as quais originalmente não se encontram na Carta: prazo de filiação necessário para concorrer; prazo para transferência de domicílio eleitoral, bem como de residência mínima etc.

Ora, para que haja limitação ou restrição de direito, é necessário que haja o direito limitado ou restringido. Assim, se admitimos, por necessidade lógica de explicação do ordenamento, que a elegibilidade é o direito de ser votado, não poderemos deixar de acatar a afirmação de que as condições de elegibilidade são pressupostos da validade do ato jurídico do qual a elegibilidade dimana: o registro de candidato. De conseguinte, não são, as condições de elegibilidade, limitações ou restrições ao direito de ser votado, mas suportes fácticos de sua existência e validade.

Há alguma norma constitucional que proíba a possibilidade de as condições de elegibilidade serem previstas em lei ordinária ou complementar? Vale dizer: o §3º do art. 14 da CF/88 estipula quais sejam as condições em *numerus clausus*? Temos aqui duas questões diversas. Quanto à última, respondemos negativamente: há a exigência de alfabetização do eleitor, no §4º deste artigo, como pressuposto de elegibilidade. Também o pressuposto da desincompatibilização, do art. 14, §§6º e 7º, da CF/88.

Quanto à primeira questão, também respondemos negativamente. Por primeiro, a própria CF/88 franqueou ao legislador ordinário o dispor sobre as condições de elegibilidade previstas no seu §3º do art. 14, sem se importar em fixar lindes, obviamente desde que a regulamentação não implique tornar vazia a condição de elegibilidade (*v.g.*, norma ordinária dispondo que apenas podem se filiar os brasileiros natos; ou que apenas podem concorrer os filiados há mais de 5 anos no mesmo partido). O legislador ordinário deverá dispor sobre as condições de elegibilidade com sagacidade, de modo a mais e melhor valorizar a obtenção do *ius honorum*. Assim, pode a lei fixar prazos

---

⁷⁶ As normas infraconstitucionais sobre as condições de elegibilidade não podem ser restritivas de direitos, pois tratam não da elegibilidade propriamente dita (direito subjetivo), mas sim do suporte fáctico que origina o fato jurídico do registro de candidatura. Obviamente que o legislador não pode criar pressupostos impertinentes ou abusivos, não pela elegibilidade em si mesma, porém pela prevalência do princípio da democracia.

⁷⁷ Themístocles Brandão (*op. cit.*, v. 3, p. 51, grifei) bem o disse, sem embargo de não tirar da asserção todas as consequências: "Em todo o caso, *o registro cria para o candidato um direito público subjetivo*, reconhecendo-lhe qualidade para intervir no pleito".

⁷⁸ Leciona o Ministro Moreira Alves (Pressupostos de elegibilidade e inelegibilidades. In: REZEK et al. (Coord.). *Estudos de Direito Público em Homenagem a Aliomar Baleeiro*, p. 230 *apud* MENDES. *Introdução à teoria das inelegibilidades*, p. 101-102, nota 1, grifei): "No Brasil, os pressupostos de elegibilidade... ou estão fixados em outros artigos da Emenda Constitucional n. 1/69 (como, por exemplo, no 150, que alude ao alistamento como eleitor e à filiação político-partidária que seja ou venha a ser exigida por lei), *ou estão estabelecidos em leis ordinárias* (como a escolha de candidato pelo Partido a que seja filiado, ou o registro de sua candidatura para poder concorrer às eleições)". Observe-se, apenas, que o registro de candidato não é condição de elegibilidade, mas o fato jurídico que a faz surgir.

razoáveis para filiação partidária de quem deseje se candidatar; ou mesmo estipular prazos para a transferência de domicílio eleitoral. Ao fazê-lo, deverá aplicar o *princípio da quantificação do qualitativo*, segundo o qual a qualidade apreciada pode ser quantificada para melhor aproveitamento. Daí se poder adotar quantitativo (determinado prazo), a que ligue o qualitativo (obtenção da elegibilidade).[79]

É consabido que os partidos políticos hoje possuem autonomia na formulação de seus estatutos, inclusive para disporem sobre *condições* e forma de escolha de seus candidatos a cargos e funções eletivas (Lei nº 9.096/95, art. 15, inc. VI). A Lei dos Partidos Políticos (LPP) passou a admitir que os próprios partidos possam estipular diferentes condições ou pressupostos de escolha de seus candidatos a cargos eletivos, como, por exemplo, imposição de prazo maior de filiação do que o exigido por lei (art. 20) aos novos filiados. A lei delegou indevidamente aos partidos políticos a regulamentação das condições de elegibilidade: verdadeira inconstitucionalidade da LPP, que poderá gerar absurdos, como a *reserva de mercado* para os caciques políticos.

É preciso entender, portanto, que a lei pode criar novas condições de elegibilidade, desde que inspirada no sistema eleitoral constitucional e com o escopo de facilitar o pleno exercício da obtenção do direito de ser votado. Mas apenas à lei cabe tal desiderato, não podendo ser ele alcançado por normas estatutárias dos partidos políticos, as quais limitem a possibilidade de o filiado obter a indicação para concorrer a cargo público. A isonomia de oportunidades deve ser preservada na vida intrapartidária. Condições impostas pelos partidos não são pressupostos, mas imposições deletérias e excludentes, fincadas pelos grupos hegemônicos de direção partidária.

De tudo quanto foi dito, podemos concluir que: (a) as condições de elegibilidade podem ser constitucionais ou infraconstitucionais; e (b) as condições constitucionais são reguladas por lei ordinária, não podendo haver delegação para os partidos políticos, que também não podem instituir novas condições, eis que não são órgãos constitucionalmente autorizados a dispor sobre a matéria.

4.2 Conceito de matéria constitucional para efeito de preclusão eleitoral

O tema que passaremos a desafiar agora não obteve tratamento sistemático por parte da doutrina, sendo apenas reflexamente ferido, sem a necessária e desejada atenção. Já o enfrentamos na edição anterior deste livro, quando cuidamos do Recurso contra Diplomação (RCD), mas dando tratamento teórico superficial, que aqui pretendemos aprofundar e melhor realçar. De antemão já alinhavamos que a utilidade prática do tema é transcendente, mercê da exigência premente de formulação de uma definição precisa dos limites de arguição das inelegibilidades pelos remédios processuais disponíveis.

O Código Eleitoral, em duas oportunidades, exclui a matéria constitucional do efeito da preclusão. O art. 223, *caput*, assim prescreve: "A nulidade de qualquer ato, não decretada de ofício pela Junta, só poderá ser argüida quando de sua prática, não

---

[79] Sobre o também chamado *método de sub-rogação aproximativa*, Pontes de Miranda (*Tratado de direito privado*, t. I, p. 192). Diz o Ministro Moreira Alves (*apud* MENDES, *op. cit.*, p. 232): "Portanto, pode a lei ordinária, em nosso sistema constitucional, estabelecer, como pressuposto de elegibilidade, a filiação político-partidária e, conseqüentemente, tudo aquilo que se lhe afigure necessário para que seja eficaz à elegibilidade do filiado, como, por exemplo, o prazo de carência de um ano para a filiação originária; o prazo de dois anos para filiação derivada; a escolha, até certa data antes das eleições, dos candidatos do Partido, dentre seus filiados".

mais podendo ser alegada, salvo se a argüição se basear em motivo superveniente ou de ordem constitucional".

Mais adiante, o art. 259 volta a afastar a incidência do efeito preclusivo sobre a matéria constitucional: "São preclusivos os prazos para interposição de recurso, salvo quando neste se discutir matéria constitucional". Parágrafo único: "o recurso em que se discutir matéria constitucional não poderá ser interposto fora do prazo. Perdido o prazo numa fase própria, só em outra que se apresentar poderá ser interposto".

Aqui não nos interessa discutir o conceito de preclusão, remetendo o leitor para o capítulo sobre recursos eleitorais, no qual enfrentamos o problema. O ponto fulcral nessa quadra, de conseguinte, é o saber-se o que é matéria constitucional para, ao depois, aplicar tal conceito discriminatório às inelegibilidades e condições de elegibilidade. À evidência, e sem que houvesse medo de errar em afirmá-lo, *matéria constitucional* é toda aquela regulada pela Constituição. A definição é tautológica, mas nos diz o necessário. Entrementes, se de uma parte é trivial que todos os temas feridos pela Carta são de cunho constitucional, por outra não se pode olvidar que as normas constitucionais, por vezes várias, apenas dispõem de modo passageiro sobre relevantes matérias, deixando para as normas de inferior hierarquia o dever de disporem com maior profundidade sobre sua regulação. Não por outra razão, há normas constitucionais que necessitam ser integradas por normas inferiores, de modo a poderem ser aplicadas. Não são elas bastantes em si para produção de efeitos, necessitando de outras regras para enchimento de seu conteúdo.

Ninguém tratou melhor, no Brasil, sobre o problema da eficácia das normas constitucionais do que José Afonso da Silva. Em importante obra,[80] distinguiu, quanto à eficácia, três espécies de normas constitucionais, a saber: normas de eficácia plena, normas de eficácia contida e normas de eficácia limitada ou reduzida.

Segundo essa classificação, hoje tornada clássica em nosso direito pátrio, as *normas de eficácia plena*[81] seriam aquelas que, desde a entrada em vigor da Constituição, produzem todos os seus efeitos essenciais (ou têm a possibilidade de produzi-los), atingindo os objetivos visados pelo legislador. São normas que cumprem toda sua potencialidade eficacial, não dependendo de normas inferiores para incidirem integralmente no ordenamento jurídico, tendo aplicabilidade direta e imediata. Nada obstante possam ser desenvolvidas pelo legislador ordinário, tais regras já possuem todos os elementos descritivos e prescritivos suficientes para realizar sua finalidade, sendo supérfluo o auxílio supletivo da lei. É de eficácia plena o §4º do art. 14 da CF/88, segundo o qual "são inelegíveis os inalistáveis e os analfabetos". De fato, a própria Carta curou em definir quem deve se alistar e quem é inalistável (§§1º e 2º do art. 14), além de ser o analfabetismo um conceito de experiência, suficiente para ser aplicado mediante interpretação integrativa do *quod plerumque accidit*. Assim, é supérflua qualquer lei de baixo coturno que regule a matéria, eis que a Constituição já a esgota.

As *normas de eficácia contida*[82] são também normas que incidem imediatamente, com aptidão para produzir todos os efeitos prescritos, mas preveem meios normativos

---

[80] *Aplicabilidade das normas constitucionais*, p. 76.
[81] Idem, p. 80-94.
[82] Idem, p. 95-108. Maria Helena Diniz (*Norma constitucional e seus efeitos*, p. 101) prefere nomear essa espécie de modo diverso: opta pelo signo *normas com eficácia relativa restringível*. A restrição eficacial ficaria à cura do legislador futuro.

de limitação de sua eficácia, dadas certas circunstâncias. Logo, a legislação futura a que fazem menção poderá empecer a expansão integral de sua eficácia, reduzindo o campo de sua aplicação. Como características individualizadoras dessas normas, José Afonso da Silva arrola: (a) são normas que fazem expressa menção ao legislador ordinário, para regular e restringir sua aplicabilidade; (b) possuem plena aplicação enquanto não houver norma futura restritiva; e (c) muitas dessas normas possuem conceitos éticos jurídicos (bons costumes, ordem pública etc.), que serão enchidos pela legislação futura.[83] O art. 16 da CF/88 é típica norma de eficácia contida: ao condicionar a aplicação da lei que altere o processo eleitoral apenas às eleições realizadas após um ano de sua vigência, deixou ao legislador infraconstitucional o definir o que seria processo eleitoral para esse fim. Até lá, todas as normas eleitorais estão embutidas nesse conceito, de modo que não se pode discriminar onde não há discriminação. Aplica-se o preceito em sua totalidade.[84]

Ao cabo, são *normas de eficácia limitada ou reduzida* aquelas que não produzem, de imediato, todos os seus efeitos essenciais, "porque o legislador constituinte, por qualquer motivo, não estabeleceu sobre a matéria uma normatividade para isso bastante, deixando essa tarefa ao legislador ordinário ou a outro órgão do Estado".[85] As normas limitadas são normas em branco, carentes de regulação para possuírem eficácia. O constituinte deixou integralmente ao legislador ordinário a sua regulamentação, fixando apenas paradigmas, mais ou menos nítidos, a serem observados, de modo que a *discricionariedade legislativa* poderá ter amplitude dilatada ou amesquinhada, a depender da prodigalidade ou frugalidade das disposições constitucionais.[86]

O §3º do art. 14 da CF/88, ao elencar as condições de elegibilidade, deixou para a lei ordinária o enchimento do seu conteúdo, quando não o fez ela mesma em determinadas hipóteses. Assim, os seus incisos I, II e VI exauriram a regulação da matéria, haja vista que a própria Carta definiu os meios de obtenção e perda da nacionalidade (art. 12), os meios de aquisição e perda dos direitos políticos (art. 14, §1º, e art. 15) e as idades necessárias para se concorrer a determinados cargos eletivos (art. 14, §3º, inc. VI). Nada obstante, as outras condições de elegibilidade reclamam complemento legislativo ordinário, como ocorre com a filiação partidária, o alistamento, o domicílio eleitoral e as incompatibilidades. Indaga-se, apenas com olhos fixos na Carta: o que é domicílio eleitoral? Sem uma norma infraconstitucional que nutra o conceito, é uma *flatus vocis*.

---

[83] *Idem*, p. 96-7.

[84] Sem descer aqui a maiores considerações, parece-nos de evidência solar que normas sobre identificação de eleitores para o ato de votar são tipicamente normas de processo eleitoral (*rectius*, normas que regulam o prélio eleitoral). Afinal, o ato de votar é a cúspide das eleições, sendo absurdo supor não estar embutido no conceito de processo eleitoral. Tal entendimento teria a mesma estatura da afirmação, feita por ilustre profissional, segundo a qual, no futebol, o gol não passa de um detalhe. O paralelo entre questões tão díspares é curioso, mas revela bem o que estamos querendo dizer.

[85] *Idem*, p. 76, 109-150. Maria Helena Diniz (*op. cit.*, p. 102) denomina-as de *normas com eficácia relativa complementável*, ou dependente de complementação, ou condicionada.

[86] O problema da discricionariedade legislativa é polêmico e árduo, de vez que ainda não há acordo sequer quanto ao conceito de discricionariedade administrativa, do qual se transporta a sua base teórica. Há o profundo livro de Canotilho (*Constituição dirigente e vinculação do legislador*, p. 215 *et seq.*) tratando detalhadamente sobre o assunto, com análise detida de todos os ângulos do problema. Quer se adote o conceito de discricionariedade, quer o de determinantes heterônomas, o fato indisputável é que existe uma maior ou menor vinculação do legislador à Constituição, quando do exercício da atividade legiferante. No caso específico das normas de eficácia limitada, a Constituição deixa ao legislador ampla margem de liberdade, limitada apenas por princípios ou normas expressas, que tolhem excessos legislativos. Infelizmente, dada a finalidade desta obra, não podemos nos deter mais à larga sobre a questão, que mereceria um estudo aprofundado.

Não há, pois, em casos que tais, como dar densidade ao preceito constitucional sem descer ao texto legislativo inferior, que o deixou prenhe de sentido.

Essas observações, acerca da classificação das normas constitucionais pelos seus efeitos, já nos servem para pôr em realce uma primeira e importante conclusão: *considera-se matéria constitucional toda aquela disposta integralmente pela Constituição, sem necessidade de norma complementar*.

O busílis do tema aqui proposto se encontra, justamente, em saber se e em que medida as matérias dependentes de regulamentação são havidas como *matérias constitucionais*. Para melhor compreensão da gravidade do problema, bem assim de sua repercussão prática, basta guardar na retentiva as observações de Alberto Rollo e Enir Braga,[87] quando chamaram a atenção para o fato de ser o domicílio eleitoral na circunscrição uma condição de elegibilidade fixada pela Constituição, ao passo que à legislação eleitoral infraconstitucional (Código Eleitoral e legislação esparsa) é que cumpre determinar o tempo mínimo de moradia, para que se alcance o direito de ser votado. Do ponto de vista prático, há consequências relevantes. De fato, no caso de alguém requerer o seu registro como candidato sem possuir domicílio na circunscrição em que se desenrolará a eleição, o seu pedido deve ser indeferido por descumprimento de requisito constitucional, com a observação de que, como se trata *de matéria constitucional*, a questão não será coberta pela preclusão imediatamente após o trânsito em julgado do pedido de registro, por força do art. 223, §3º, do Código Eleitoral. Porém, concluem os eméritos eleitoralistas, se o interessado possuir o domicílio na circunscrição eleitoral devida, faltando-lhe *o tempo exigido pela legislação*, a questão deverá ser levantada na fase de registro de candidatura, sob pena de preclusão.

Faz-se, portanto, uma distinção de tratamento entre a *existência de domicílio eleitoral* e o *tempo exigido de domicílio para candidatura*, baseada na qualificação dos dois fatos: o primeiro, de natureza constitucional; o segundo, de natureza legal. Todavia, poderíamos validamente nos questionar se a Constituição define o que seja domicílio eleitoral na circunscrição, ou mesmo se da sua leitura se pode apreender a diferença conceptual entre domicílio eleitoral e domicílio civil, objeto de tantas contendas pretéritas e decisões pretorianas recentes. Consoante iremos ver em momento oportuno, o conceito de domicílio eleitoral é definido estipulativamente pelo parágrafo único do art. 42 do CE, e não propriamente pela Constituição Federal.

O §7º do art. 14 da CF/88 prescreve a inelegibilidade inata, no território da jurisdição do titular, do cônjuge e dos parentes consanguíneos ou afins, até o segundo grau e por adoção dos titulares de cargo eletivo do Poder Executivo, se estiverem ocupando o cargo dentro dos seis meses anteriores ao pleito. A norma é constitucional, indiscutivelmente. Sem embargo, o cálculo do grau de parentesco, os pressupostos da adoção, bem assim a separação judicial dos cônjuges, poderiam ser reputados matérias constitucionais? A doutrina tem entendido tratar-se de inelegibilidade de índole constitucional apenas porque prevista na Carta,[88] como ademais o faz toda a jurisprudência. Aliás, não por outra razão é feita a classificação das inelegibilidades em constitucionais e infraconstitucionais, como explicita Pedro Henrique Távora Niess,

---

[87] *Inelegibilidade à luz da jurisprudência*, p. 23.
[88] *Idem*, p. 45.

em homenagem à sua origem, "imunes as primeiras, não as segundas, ao princípio da preclusão".[89]

Ora, mas se em relação ao §7º do art. 14 há tolerância para se sindicarem questões típicas da legislação ordinária em sede de Recurso contra Diplomação, por que não ocorre o mesmo com o problema da transferência de domicílio eleitoral? Nas duas hipóteses, tanto para se aferir a inelegibilidade inata constitucional quanto para se observar a ocorrência da condição de elegibilidade constitucional, é necessário descer ao estudo das normas que enchem o conteúdo do preceito da Constituição, como *parâmetro interpretativo* intransponível. Note-se, outrossim, que aqui as normas da Carta precisam de complementação para seus efeitos serem plenos, sendo *normas constitucionais limitadas*.

O critério classificatório das inelegibilidades em constitucionais e legais utiliza como discrímen a *existência de expressa previsão da hipótese no texto constitucional*, ainda que o suporte fáctico necessite ser preenchido por normas de escalão menor. Mas não se tem procurado delimitar até onde a regulação pode ser reputada *matéria constitucional*, como integração essencial do texto da Constituição. Basta uma simples queda de olhos sobre a jurisprudência e logo se perceberá a dificuldade de explicitar esses limites semânticos para aplicação de tal expressão. Vejamos, ao azar, duas ementas de arestos do TSE: "Registro de candidatura. Parentesco com concubina do atual prefeito. A inelegibilidade prevista no art. 14, §7º da Constituição Federal não alcança o parente da concubina do prefeito. Recurso conhecido e provido" (Ac. nº 13.262, j. 25.09.1996, *JTSE* 10/I, p. 32, out. 1996); e "Registro de candidatura. Cunhado do 1º Secretário da Câmara que substituiu o prefeito nos seis meses anteriores ao pleito. Mero ajuizamento de ação de separação judicial não elide a incidência da inelegibilidade prevista no art. 14, §7º, da Constituição Federal. Recurso não conhecido" (Ac. nº 13.322, j. 17.10.1996, *JTSE* 10/III, p. 15, out. 1996). Nas duas ementas, trata-se como inelegibilidade inata constitucional a previsão do §7º do art. 14 da CF/88, sem embargo de todo o tema discutido nos respectivos arestos ser de ordem civil, portanto infraconstitucional. O preceito da CF/88 apenas possui eficácia se confrontado com as leis civis que dão conotação precisa aos signos por ele utilizados. De modo que, como se vê, o problema de cunho constitucional há de ser resolvido através das normas complementadoras do seu texto, sem as quais sua eficácia resta embaraçada.

Antes de prosseguirmos nossa exposição, é curial afastarmos aqui algumas confusões vitandas para a exata compreensão do nosso pensamento. Poderia alguém pretender aplicar à interpretação do art. 259 do CE a doutrina desenvolvida para o juízo de admissibilidade do recurso extraordinário para o Supremo Tribunal Federal. De fato, o art. 102, inc. III, alínea "a", da CF/88 prevê a possibilidade de interposição de recurso extraordinário contra decisão que contrariar dispositivo constitucional. Ora, como já demos a entender, o conceito de *dispositivo constitucional* não é idêntico ao de *matéria constitucional*, de maneira que não há correspondência entre as duas normas

---

[89] *Direitos políticos*: condições de elegibilidade e inelegibilidades, p. 39, grifos apostos. Nos seus comentários ao §7º do art. 14, o eminente autor menciona que "a condição de cônjuge obtém-se com o casamento civil" (p. 52), analisa aspectos da relação concubinária, e se refere à adoção, lembrando que "as disposições da Lei n. 8.069, embora sobre todas as adoções não esparja suas regras, *servem de parâmetro interpretativo à norma constitucional*" (p. 54, grifei). Toda a análise que procede no texto constitucional é feita à luz das definições das leis ordinárias, inclusive com a explanação de cunho civilista sobre os graus de parentesco (p. 55-58). De igual modo, *vide* Torquato Jardim (*Direito eleitoral positivo*, Brasília Jurídica, p. 83-86).

jurídicas. Não basta, por exemplo, a invocação de direito adquirido para manejar o recurso extraordinário, pois a simples invocação reflexa de dispositivos constitucionais não enseja a propositura da impugnativa especial.[90] É preciso que haja direto e frontal melindre ao texto constitucional para o manuseio do recurso extraordinário, sendo necessário apontar o dispositivo da Constituição ferido.

Como vimos, quando utilizamos o termo *matéria constitucional,* longe estamos de fazer menção apenas às prescrições efetivamente dispostas na Carta Magna, eis que o signo utilizado pela legislação eleitoral transcende a mera posição topológica do discurso legislativo: constitucional, porque está na Constituição; legal, por estar na lei. Em verdade, todo o problema reside na questão da integração do texto constitucional por normas de menor escalão, ou seja, no preenchimento do conteúdo semântico dos signos constitucionais. Embora nos fosse sumamente útil descer a algumas considerações sobre punctuais aspectos semiológicos do problema, parece-nos que a finalidade prática deste livro bastam algumas observações sobre o tema, essenciais para a compreensão de nosso pensamento.

As palavras empregadas pela Constituição possuem um significado mais ou menos preciso, de acordo com a comunidade do discurso para a qual ela foi promulgada. Sem embargo, toda proposição necessita de interpretação para ser compreendida e aplicada, cabendo ao legislador, como seu operador e aplicador privilegiado, dar aos conceitos constitucionais densidade, sem refugir aos limites do discurso da Carta, controlado por órgãos próprios (administrativos, legislativos e jurisdicionais). No que aqui nos interessa, há signos manejados pela Constituição carentes de significado preciso, os quais necessitam de efetivação por normas regulamentadoras. Como diz Canotilho,[91] a prática do legislador corresponde ou deve corresponder ao programa normativo e, consequentemente, deve ser um *discurso jurídico-constitucional* quer em *nível legislativo* (gramática constitucional) quer em *nível referencial* (universo jurídico). Como o nível referencial constitucional apresenta, em alguns casos, um conteúdo virtual, pode dizer-se que o legislador tem uma tarefa essencial na produção jurídico-constitucional (transformação do conteúdo virtual em conteúdo efetivo).

O preenchimento da referência semântica dos signos constitucionais pode ocorrer pelos problemas normais da linguagem natural: pela indeterminação dos seus conceitos, mercê da vagueza, ambiguidade (polissemia) ou utilização de fórmulas vazias (conceitos abstratos e gerais, também chamados "palavras de classe"). Pensemos no termo *domicílio eleitoral*. É um termo sem referência semântica, ou seja, sem ligação a um dado objeto ou situação designada. Como termo técnico que é, seu conteúdo não é preenchido por objetos conhecidos, ou por situações quaisquer do mundo circundante. Para o operador do Direito, tal termo só terá operacionalidade se for colmatado por alguma definição estipulativa, ou seja, alguma definição adrede preparada para seu uso naquele caso, e apenas naquele caso. A vaguidade de um termo, portanto, pode ser reduzida ou razoavelmente superada através da estipulação de seu emprego pela comunidade do discurso. Como dizem Carlos Alchourron e Eugenio Bulygin,[92] "La vaguedad puede

---

[90] Por todos, Rodolfo de Camargo Mancuso (*Recurso extraordinário e recurso especial*, p. 110).
[91] *Constituição dirigente e vinculação do legislador*, p. 427.
[92] *Introducción a la metodología de las ciencias jurídicas y soaciales*, p. 62. Outrossim, Genaro Carrió (*Notas sobre derecho y lenguaje*, p. 31 *et seq.*) e Alf Ross (*Sobre el derecho y la justicia*, p. 108 *et seq.*).

ser reducida considerablemente gracias al uso de conceptos técnicos, introducidos por medio de definiciones explícitas, que estipulan expresamente sus reglas de aplicación, pero no desaparece nunca del todo".

Os conceitos normativos, que são utilizados tecnicamente pelo Direito para designar uma realidade jurídica, são típicos conceitos carentes de definição legal. Quando utilizados pela Constituição, sem a explicitação de sua conotação, caberá ao legislador ordinário integrar a norma constitucional, atribuindo-lhe sentido e tornando-a eficaz. Vale dizer: "como os conceitos constitucionais estão dependentes dos utilizadores da linguagem e como o 'utilizador', por excelência, da linguagem constitucional, é o legislador, segue-se que os conceitos constitucionais estão à disposição do legislador".[93] Aqui poderá surgir o problema da interpretação da Constituição conforme a lei inferior, mas, nesse caso específico, é ele irredutível por força da própria determinação constitucional: as normas são complementáveis para gerarem eficácia.[94]

Com essas breves e superficiais observações, já pomos desnudado que as normas constitucionais necessitam, não raras vezes, de outras normas inferiores para encherem os seus conceitos normativos, por meio de definições estipulativas, de modo a terem conteúdo semântico e eficácia legal. Quando isso ocorrer, vale dizer, quando houver matéria prevista na Constituição explicitada por normas ordinárias ou complementares, estaremos, ainda assim, diante de *matéria constitucional*.[95]

É bem verdade que nem toda norma que regular a Constituição trará matéria constitucional. Assim, *exempli gratia*, normas processuais sobre separação judicial são normas que regulam matéria de processo civil, embora algumas de suas disposições possam ter relevo no conteúdo do conceito constitucional de casamento, para efeito do art. 14, §7º, da CF/88. Na parte em que trouxer reflexos à delimitação do conteúdo do conceito, influindo na compreensão da norma constitucional, estamos diante de uma *matéria constitucional*. Exemplo disso ocorre quanto à fixação pela lei dos efeitos judiciais da decisão que homologa a convenção das partes, para decretar a separação amigável, para efeito de desincompatibilização.[96]

---

[93] Canotilho, *op. cit.*, p. 422.
[94] Sobre o tema, Canotilho (*Direito constitucional*, p. 235 et seq.).
[95] Anna Pintore (*Manuale di teoria generale del diritto*, p. 2-8) classifica as definições jurídicas em três espécies: lexical, estipulativa e legislativa. Seria *lexical* a definição formulada para reproduzir um uso linguístico difuso preso a uma dada comunidade de falantes, em todas suas eventuais oscilações e matizes (*e.g.*, definir gato como o animal que mia). *Estipulativa* seria, doutra banda, a definição proposta de um significado, que mais ou menos inova o seu uso corrente, sendo por isso também chamada de redefinição, pois visa a melhor esclarecer o sentido da palavra empregada em um dado discurso. Finalmente, *definições legislativas* seriam aquelas que têm por finalidade *"precisare il significato dei termini adoperati in altri enunciati giuridici. Il legislatore, quando formula definizioni, certamente prescrive, e non descrive, usi linguistici; le definizioni legislative vanno intese pertanto come determinazioni autoritative del significato di espressioni adoperate altrove nella legge. Perciò gli enunciati legislativi definitori devono essere letti in collegamento con gli enunciati che adoperano i termini definiti; considerati in isolamento, essi sono solo frammenti di norme più ampie"* (p. 5-6, grifos originais). Portanto, o enunciado legislativo definitório há de ser lido acompanhado com os enunciados que adotam os termos definidos, não podendo ser considerados isoladamente, eis que eles são fragmentos de uma norma mais ampla. Vale dizer, a definição legislativa integra o termo definido. Note-se que, ao contrário da autora peninsular, compreendemos as definições legislativas como espécie das estipulativas, embora frisando que, quando incorporadas à lei, são sempre enunciados prescritivos.
[96] Veja-se o Acórdão do TSE nº 12.089, de 09.08.1994, com a seguinte ementa: "Inelegibilidade. Constituição Federal, art. 14, §7º. Ex-cônjuge de governador. Separação Judicial. Sentença homologatória. Efeitos retroativos. Fins eleitorais. Inaplicabilidade da exceção contida no art. 8º, Lei nº 6.515/77. Desincompatibilização. Inocorrência. – A decisão que julga a separação é definitiva. Produz seus efeitos com o trânsito em julgado. – Inocorrendo a

Não há, nesse tema, como indicar fórmulas seguras e precisas para delimitar o significado da expressão *matéria constitucional* para efeito de preclusão. Entrementes, diante do exposto, poderíamos ao menos indicar alguns pontos de apoio para o seu manejo: (a) toda norma constitucional disciplina matéria constitucional; (b) toda norma constitucional de eficácia plena ou contida é bastante em si, versando exaustivamente a matéria de cunho constitucional (ao menos em suas notas essenciais); e (c) toda norma de eficácia limitada necessita de complemento para produzir todos os seus efeitos, sendo dependentes de regulamentação. As normas que preencherem o *conteúdo semântico* (= círculo de referência material de aplicabilidade) dos institutos da Constituição são de natureza constitucional, apenas na medida em que influam na sua compreensão e determinem a extensão da sua eficácia.

Com essas vigas mestras, as quais apenas apontam meios de solução dos casos concretos submetidos à Justiça Eleitoral, podemos seguramente superar as ambiguidades mais da vez encontradiças na prática cotidiana.

Volvamos aos exemplos. O domicílio eleitoral na circunscrição é condição de elegibilidade. Consoante vimos, as condições de elegibilidade são pressupostos do registro da candidatura, sem a qual não nasce o direito de ser votado (elegibilidade). Sendo assim, tanto o conceito legal de domicílio eleitoral, como também o tempo necessário para a realização de sua transferência, condicionam o conteúdo constitucional da condição de elegibilidade. De fato, se uma lei ordinária prescreve que apenas pode se candidatar na circunscrição o cidadão que transferir seu domicílio eleitoral até certo trato de tempo antes das eleições, obviamente que traz relevante implicação para o atendimento do pressuposto de elegibilidade, condicionando a disciplina e eficácia do preceito constitucional. Onde está, na Constituição, a limitação temporal para a fixação de domicílio como condição de elegibilidade? Em lugar algum. O fator tempo ingressa no suporte fáctico da norma constitucional, pela via integrativa da norma ordinária, com consequências fundamentais para a fixação do conceito. Logo, trata-se de matéria constitucionalizada, no sentido acima explicitado. Não está na Carta, mas a integra. Note-se que o fator tempo é determinante para a aferição do preenchimento da condição de elegibilidade *hic et nunc*.

Outro exemplo. A filiação partidária é condição de elegibilidade. Poderá a norma infraconstitucional dispor de tempo mínimo necessário para a realização da filiação, sem o qual o nacional não colmatará o pressuposto de elegibilidade (*vide* art. 18 da LPP). Já houve decisão no sentido de que a aferição da existência ou não de filiação é matéria constitucional; o tempo exigível, matéria ordinária.[97] Nada obstante, como se aferir o momento em que se perfez a filiação partidária? A Constituição, por acaso, disciplina a matéria? Claro que não. Era a lei ordinária que prescrevia que ela seria realizada por fichas do partido político, arquivadas em cartório eleitoral (art. 17 da Lei nº 5.682/71), como é a lei ordinária que atualmente prescreve que será por meio de listas enviadas à Justiça Eleitoral pelo partido, como nome dos filiados deferidos na conformidade de regras estatutárias (art. 17 da Lei nº 9.096/95). Portanto, o descrímen utilizado é falso, pois não está logicamente de acordo com o que realmente ocorre no mundo jurídico.

---

desincompatibilização do governador, no prazo legal, torna-se inelegível seu cônjuge, uma vez que, à época, ainda não estava separada judicialmente. – Recursos a que se nega provimento" (*Info.Bibl.*, Maceió, v. 2, n. 4, p. 73, fev. 1996).

[97] Recurso-TSE nº 421, Classe 5ª, rel. Min. Américo Luz, citado por Alberto Rollo e Enir Braga (*op. cit.*, p. 25-26).

O *ser* filiado é exigência da Constituição; o *como* e o *quando* ser é definição da lei ordinária. Sem essas normas inferiores, a CF/88 ficaria vazia, sem conteúdo. Logo, tais normas integram, enchem os preceitos constitucionais: são leis ordinárias portadoras de *matéria constitucional*, ao menos para a correta interpretação das normas sobre preclusão em matéria eleitoral.

Assim não fosse, teríamos que admitir a inconstitucionalidade de todos os preceitos legais que limitam a extensão semântica dos termos utilizados pela Constituição. De fato, a limitação temporal de filiação partidária, como condição de elegibilidade, não consta da Carta, sendo algo criado pela legislação inferior como estreitamento do preceito maior. Nesse passo, ou interpretamos o texto legal como integrativo do texto constitucional, ou bem o rejeitamos por inconstitucional. Nessa senda, merece reflexão a lição de Pontes de Miranda,[98] dada em um de seus brilhantes pareceres: "A determinação do conteúdo dele [ou seja, de um termo empregado pela Carta] não fica ao líbito dos legisladores ordinários: os conceitos, de que usa a Constituição de 1946, como qualquer Constituição, é seu, ainda que algum possa ser extremamente largo; não só os princípios constitucionais se impõem às legislaturas ordinárias, impõe-lhes também os conceitos de que se serve a Constituição para formular os seus princípios e as suas regras: o seu sistema lógico, desde os conceitos, é acima dos sistemas lógicos que as legislaturas criem. Portanto, o conceito de autarquia [como qualquer outro utilizado pela Carta, é de se supor] é indeformável pelas leis ordinárias; onde elas o estreitem, ou alarguem, violam a Constituição". E concluindo suas lições, afirmou: "As leis ordinárias devem abster-se de definir o que a Constituição não deixou para ser definido por elas. (...) Definindo o que a Constituição não deixou para ser definido pela legislatura, ou a lei se precipita em exaurir o conceito que tanto se dirigiu ao Poder Legislativo como aos outros Poderes e *ao povo*, e acerta, com a mesma probabilidade de errar que os outros Poderes teriam e o povo mesmo, porque não há qualquer suposição na Constituição de que o Poder Legislativo seja melhor intérprete da Constituição; ou erra, e o seu erro leva à infração da Constituição, apreciável pelo Poder Judiciário e pelo Senado".

Ora, muitos termos jurídicos empregados pela Carta são condicionados pela utilização que deles fizeram leis anteriores, ou a tradição jurisprudencial e doutrinária. O problema estaria em saber se houve constitucionalização da conotação dada anteriormente ao signo, ou se leis posteriores poderiam ampliá-la ou limitá-la. Essa é a questão que Pontes de Miranda passou ao largo, deixando de perceber que o texto legislativo que viesse a definir o termo jurídico não seria meramente uma proposição descritiva, senão que possuiria uma função conativa ou prescritiva, sendo pois vinculante para os intérpretes. A norma jurídica que estipula um conceito utilizado por outra norma, delimitando o seu significado, integra o sentido da primeira, dela fazendo parte. Vale dizer que a *norma definidora do conceito* é que faz possível a compreensão da *norma portadora do conceito definido*. Por outro lado, os conceitos jurídicos não se referem a objetos naturais, mas a significações. São conceitos de segundo grau, na precisa lição de Eros Grau.[99] Sendo assim, não podemos supor que os conceitos jurídicos tenham outra densidade que não a normativa, ainda que essa normatividade decorra, pelo costume,

---

[98] *Questões forenses*, t. II, p. 140, 150.
[99] *Direito, conceitos e normas jurídicas*, p. 63.

da tessitura do discurso social. Conceitos de autarquia, domicílio eleitoral, entre outros, devem ser buscados na comunidade do discurso, sem perder de vista que a realidade jurídica é aquela nascida da dialética implicação de fato, valor e norma. É no sistema jurídico que se deve buscar a referência semântica dos conceitos jurídicos, levando-se em conta que a norma jurídica nada mais é do que o simbolismo institucionalizado.

Finalmente, uma última observação. Claro está que as normas constitucionais que outorgam à lei complementar a faculdade de criar novas *hipóteses de inelegibilidades*, como é o caso do §9º do art. 14 da CF/88, são normas de eficácia complementável. Sem embargo, mais do que liberdade de preencher o conteúdo semântico de determinados signos constitucionais, outorga-se a faculdade de criar, *ex novo*, tipos (*Tatbestand*, *facttispecies*) de inelegibilidades, além daqueles já previstos constitucionalmente. Aqui tem valimento àquela distinção doutrinária entre inelegibilidades constitucionais e legais, eis que as de segunda espécie são inovações legislativas infraconstitucionais. Por isso, não há confundir as duas espécies, de modo a não obnubilar as distinções acima feitas. Ademais, nunca seria demasiado protuberar, as inelegibilidades constitucionais previstas no art. 14 da CF/88, atualmente, são todas elas inatas (originais), eis que são ausência de elegibilidade pelo não preenchimento dos seus pressupostos. Sem embargo, a própria Carta também prescreveu, noutras oportunidades, inelegibilidades cominadas, como é exemplo sobranceiro a *inabilitação*, prevista no parágrafo único do seu art. 52.

4.3 Casuística

O Tribunal Superior Eleitoral enfrentou especificamente o problema do conceito de matéria constitucional em dois arestos interessantes, os quais ensejam algumas reflexões. No Acórdão nº 11.575,[100] tendo por relator o Ministro José Cândido de Carvalho, discutiu-se se seria matéria constitucional a falsidade do documento que certificava a quitação do serviço militar obrigatório para fins de interposição do recurso contra diplomação. O ilustre relator entendia que se estava diante de matéria constitucional, pois a não quitação do serviço militar violava o art. 14, §3º, inc. II, e art. 15, inc. IV, ambos da Constituição Federal. Duas questões mereceriam rigorosa análise, antes mesmo de se ingressar na questão da natureza constitucional da matéria em disputa: (a) o saber-se se a comprovação da quitação do serviço militar obrigatório seria uma condição de elegibilidade; e (b) o saber-se se a sua não comprovação, por si só, implicaria suspensão dos direitos políticos, sem necessidade do devido processo legal prévio. Tais temas foram tratados no debate, mas sem a ênfase necessária, trazendo gravame a abordagem mais consentânea. De qualquer maneira, calha aqui salientar como tentaram os membros do TSE resolver o conceito de matéria constitucional.

O Ministro Sepúlveda Pertence consignou que há matéria constitucional se houver violação da Constituição. Segundo ele, a regra ordinária da preclusão tem que ser sempre combinada com um dispositivo constitucional que tenha sido ferido. No mesmo diapasão, o Ministro Torquato Jardim assevera que tudo aquilo que o órgão regulamentador competente, no que não repita nem copie a norma de hierarquia superior, acresça à Constituição e à lei, visando sua clareza, operacionalidade e eficácia,

---

[100] Publicado na íntegra na *Revista Jurisprudência do TSE*, v. 6, n. 1, p. 260-280, jan./mar. 1995.

tem caráter apenas de norma de regulamento. Assim, a lei, ordinária ou complementar, não absorve o *status* da Constituição, ao prover sobre sua aplicabilidade; o decreto executivo não se subsume na lei, ao dispor sobre os meios de sua execução. Noutro giro, o Ministro Diniz de Andrada entendeu estar presente a matéria constitucional, pois o art. 143 da Carta declara que o serviço militar é obrigatório, dispondo o art. 15, inc. V, que a recusa ao cumprimento dessa obrigação enseja perda ou suspensão de direitos políticos. Fazendo referência expressa a normas constitucionais, entendeu estar demonstrada a inexistência de preclusão. O Ministro Carlos Velloso refutou esse entendimento, alegando que a Constituição não estabelece como condição de elegibilidade a prestação do serviço militar ou a apresentação do certificado de prestação do serviço militar. As condições de elegibilidade seriam aquelas previstas no art. 14, §3º, da CF/88. O Ministro Marco Aurélio sublinha que o alistamento militar, a quitação com o serviço militar, são exigências previstas em resolução do Tribunal Superior Eleitoral. Essa resolução tem dignidade legal, mas não constitucional.

A discussão prosseguiu no Acórdão nº 11.422, tendo por relator o Ministro Marco Aurélio.[101] O Ministro Pádua Ribeiro obtemperou não ser admissível entender que qualquer negativa de vigência de norma inserida em lei complementar se revista da natureza de ofensa ao preceito constitucional. Logo, seria curial se estabelecer a distinção entre violação direta à Constituição — e seria hipótese que recairia no art. 259 do Código Eleitoral, de forma a afastar a preclusão — e as hipóteses em que o tema é regulado em lei complementar, e, portanto, quanto a essa matéria não se admitiria a ressalva do art. 259 do Código Eleitoral, configurando-se, pois, a preclusão. O Ministro Diniz de Andrada, voltando a falar sobre o tema, asseverou que o que não existe propriamente — dentro da Constituição sobre inelegibilidade — não pode ganhar postura de matéria constitucional. O assunto versado no acórdão recorrido diz respeito à lei complementar (art. 1º, inc. I, alínea "g" da LC nº 64/90), *e só a ela*, não revestindo roupagem constitucional.

Analisando dialogicamente os argumentos expostos pelos membros do TSE, podemos retirar algumas conclusões: (a) toda matéria tratada na Constituição é matéria constitucional; (b) a ofensa à lei complementar ou ordinária, *e só a elas*, não reveste a matéria de roupagem constitucional; e (c) se houver referência à Carta, embora se esteja diante de exigências legais, *poderá* se estar diante de matéria constitucional (*e.g.*, quitação do serviço militar). Quanto às proposições (a) e (b), não há dúvidas do seu acerto, não havendo meios de serem elas refutadas. Todavia, a proposição (c) não põe limites precisos ao conceito de matéria constitucional, deixando a jurisprudência de demarcar com um mínimo de segurança o uso desse signo. Aqui, justamente, reside a vantagem da exposição que fizemos anteriormente, mostrando que *a norma infraconstitucional apenas é portadora de matéria constitucional quando preenche o âmbito de referência semântica dos signos empregados pelo texto constitucional.*

---

[101] Publicado na íntegra na *Revista Jurisprudência do TSE*, v. 6, n. 1, p. 186-207, jan./mar. 1995.

DA ELEGIBILIDADE E SUAS CONDIÇÕES

§1 Elegibilidade e condições de elegibilidade: precisão dos conceitos

Esse é um dos temas delicados do Direito Eleitoral, muito pouco compreendido pela teoria clássica das inelegibilidades, com grande prejuízo para uma reta interpretação do ordenamento jurídico. Não raro, vemos graves confusões na interpretação de textos do direito positivo porque não se precisam, de antemão e com o rigor necessário, conceitos de teoria geral do Direito, aplicáveis também ao Direito Eleitoral.

Há, aqui e ali, por desconhecimento ou simples ajustamento a casuísmos, afirmações de que seria, o Direito Eleitoral, uma seara diferente da dogmática jurídica, em que os conceitos cunhados por longa tradição em ramos mais longevos da dogmática jurídica não lhe seriam aplicados. Aqui, reinaria uma certa flacidez dos rigores teóricos, de modo que a própria interpretação dos diplomas legais ganharia uma maior liberalidade na construção dos sentidos normativos. Ora, essa visão deformante tem prestado os piores e mais lastimáveis serviços à evolução do Direito Eleitoral, que pouco constrói teoricamente, deixando a própria jurisprudência órfã de critérios seguros de calibração.

Vemos, acotiadamente na prática eleitoral, profissionais da área jurídica valerem-se do uso de expressões como "elegibilidade", "inelegibilidade", "condições de elegibilidade", que são fundamentais para o Direito Eleitoral, sem saberem sobre o que estão falando. E o mais grave é que, tal qual os práticos, os livros que tratam desses relevantes institutos passam à margem larga do seu trato, dando como pressuposto aquilo que sequer foi suposto ou muito menos posto.

Quando falamos em "elegibilidade", por exemplo, não estamos falando sobre um objeto físico, material, que possa ser pesado e medido. Não é um signo que tenha como referência um dado objeto, como ocorre com a palavra "pedra" ou "cadeira". Não se pode pegar com as mãos a "elegibilidade", tampouco podemos criar uma tecnologia capaz de precisar de que compostos químicos ela se constitui, como se fosse uma partícula ou uma molécula.

Justamente por essa razão, quando utilizamos aquela expressão devemos ter presente, para que ela se torne precisa no seio do discurso, o seu sentido preciso, as propriedades às quais ela remete quando a utilizamos. Essa a razão pela qual não é uma empreitada fútil a pergunta sobre a significação do signo "elegibilidade". Ao contrário, como se trata de um relevante instituto jurídico, é crucial que saibamos com o máximo possível de precisão o seu sentido para que possamos, na realidade concreta, aplicá-la adequadamente, sem confusões geradas simplesmente por não sabermos sobre o que estamos tratando.

Como nos mostra Hospers,[1] não existe uma relação natural entre as palavras e as coisas, sendo aquelas signos arbitrários, estipulados pela convenção. Convencionamos que aquela fruta com a casca verde, conteúdo amarelo e caroço se chamaria "manga", sendo adotado esse significado pela comunidade do discurso. Não podemos fazer o mesmo com a palavra "elegibilidade". À falta de um objeto a que ela se refira, temos que estipular com qual significação iremos utilizá-la no discurso jurídico. Essa estipulação do conceito é fundamental para que possamos nos entender sobre o seu uso em situações concretas, evitando, o mais que possível, haja vagueza ou ambiguidade em sua aplicação, que terminam sempre por gerar disputas verbais vazias de sentido.[2] Estipular a significação de uma palavra é fundamental para que possamos empregá-la de modo adequado.

Morris[3] chama a atenção para o fato de que um signo é *adequado* enquanto consegue o propósito para o qual é empregado. Assim, "Expresar que un signo es adecuado equivale a decir que con su empleo alcanzamos una finalidad en una ocasión particular, o que en general facilita el logro de tal finalidad". Para que os signos jurídicos cumpram a sua finalidade de direcionar a conduta humana (para Morris, a sua "adecuación incitativa"), é fundamental que os destinatários da norma possam entendê-la e aplicá-la no tráfego da vida, ou deixaria o Direito de cumprir a sua função no processo de adaptação social.

É certo que a linguagem jurídica (seja a dos diplomas legais, ou seja, a da ciência do Direito, que é sobrelinguagem sobre aquela linguagem-objeto)[4] não tem a precisão da matemática. Aliás, melhor que não tenha, para que possa ser saturada de valores quando da sua aplicação ao caso concreto, aumentando assim o seu campo de atuação. Por isso, haverá sempre, para os termos jurídicos, um *quantum* de vagueza e de ambiguidade, que deve, o quanto possível, ser mitigado pelo uso que deles é feito pela comunidade do discurso.

Um dos meios pelos quais o Direito reduz essa indeterminação do termo jurídico é justamente a estipulação de definições. Ao definir como deve ser usado um específico signo, ficam relativamente vincados os contornos da sua aplicação, nada obstante haverá

---

[1] HOSPERS. *Introducción al análisis filosófico*, p. 13-18.
[2] Calha à oportunidade lembrar a observação precisa de Genaro Carrió (*Notas sobre derecho y lenguaje*, p. 25), segundo a qual grande parte das disputas entre os juristas estão contaminadas por falta de claridade acerca de *como devem ser tomados* certos enunciados que tipicamente aparecem na teoria jurídica, concluindo que: "Sí no tenemos en claro cuál es el fondo o la raíz de las discrepancias, vale decir, por qué se discute, será estéril todo esfuerzo de argumentación racional y las desidencias persistirán, quinzá agravadas. Obtener claridad acerca de esto no es, por cierto, condición suficiente para eliminar el desacuerdo, pero sí condición necesaria".
[3] MORRIS. *Signos, lenguaje y conducta*, p. 118. As formas de adequação de um signo são tratadas adiante na obra (p. 23-32).
[4] Sobre os níveis de linguagem, VILANOVA. *As estruturas lógicas e o sistema do direito positivo*, p. 113 *passim*.

ainda e sempre uma área cinzenta de indeterminação, causada pelos termos utilizados para definir aquele primeiro termo que está em questão, assim ao infinito.[5]

Não existe uma definição legal do signo "elegibilidade". É ele empregado pela Constituição Federal tomando-lhe de empréstimo da linguagem corrente da dogmática jurídica, que de modo uníssono estipula ser ela "o direito de ser votado" ou a "capacidade eleitoral passiva". Trata-se, consoante senso comum teórico dos juristas, de um *direito subjetivo público afetado a alguém pelo ordenamento jurídico*.

É fundamental, então, para a correta compreensão do que seja a elegibilidade uma análise do tratamento que lhe deu a Constituição Federal e a legislação infraconstitucional, de vez que os direitos subjetivos, como de resto os efeitos jurídicos *tout court*, têm a sua origem, o seu conteúdo e a sua duração firmados pelo direito positivo. É o direito positivo que cria os pressupostos de nascimento dos efeitos dos fatos jurídicos.

Os efeitos jurídicos são, sempre, efeitos de um fato jurídico. Pontes de Miranda já o dizia de modo preciso: "A eficácia jurídica é irradiação do fato jurídico; portanto, depois da incidência da regra jurídica no suporte fáctico, que assim, e só assim, passa a pertencer ao mundo jurídico".[6] Sem que haja fato jurídico, não há falar em relação jurídica, nem em direitos, deveres, pretensões, obrigações, ações e exceções. Desse modo, se há um direito subjetivo, há sempre antes um fato jurídico que lhe deu origem, como resultado da incidência da norma jurídica sobre o seu suporte fáctico concreto.[7]

Quando se diz que a elegibilidade é o direito de ser votado (*ius honorum*), afirma-se que ela, como efeito jurídico que é, provém de um fato jurídico. Compete à doutrina pesquisar o ordenamento jurídico para apontar, com precisão, qual seria esse fato jurídico e, não menos importante, quais os pressupostos para o seu nascimento (suporte fáctico abstrato, hipótese de incidência).

A Constituição Federal, em seu art. 14, prescreve quais são as condições de elegibilidade, é dizer, os pressupostos para que surja no mundo jurídico o direito de ser votado (elegibilidade).[8] Não se pode confundir, destarte, condições de elegibilidade e

---

[5] Souto Maior Borges (O problema fundamental da base empírica para a ciência do direito e seus reflexos em questões indecidíveis pela doutrina do direito tributário. *In*: BORGES. *Ciência feliz*: sobre o mundo jurídico e outros mundos, p. 108) já o dizia de modo lapidar: "toda conceituação ou definição envolve um *regressus ad infinitum*, ao postular inesgotáveis explicações adicionais dos próprios termos utilizados na definição. Intermináveis precisões dos termos envolvidos nela, a definição. É uma meta sem fim". Sobre as limitações do papel desempenhado pelas definições legais na redução da insegurança jurídica, *vide* CAPELLA. *El derecho como lenguage*, p. 257 *et seq*. Esse, diga-se, é um tema complexo que mereceria um estudo à parte, sobremais quando observamos o fenômeno da proliferação da técnica de legislar com uso das cláusulas gerais, com recurso ao emprego de linguagem intencionalmente aberta e vaga, dando ao aplicador uma maior discricionariedade no momento da concretização da norma em face do caso concreto. Sobre o tema, BARROSO. *Curso de direito constitucional contemporâneo*: os conceitos fundamentais e a construção do novo modelo, p. 313.

[6] *Tratado de direito privado*, t. V, p. 3.

[7] No mesmo sentido, BORGES. *Teoria da isenção tributária*, p. 175 *et seq*. Outrossim, *vide* o cap. 1 destas "Instituições".

[8] É erro palmar confundir as condições de elegibilidade com a elegibilidade; as condições são pressupostos para que ela nasça, enquanto ela é o produto de um fato jurídico que tem as condições com seu suporte fáctico ("supuesto de hecho"). Cinca em que incidiram Clever Rodolfo Carvalho Vasconcelos e Giovanna Gabriela Visconde (*Direito eleitoral*. 2. ed., p. 31) ao afirmarem: "Elegibilidade é o nome dado ao conjunto de requisitos mínimos necessários àquela pessoa que pretende administrar a coisa pública e o exercício do poder legiferante". Elegibilidade é o direito de ser votado; não é um conjunto de pressupostos, mas estado jurídico; não está do lado dos fatos, mas já no plano da eficácia, após a realização, no mundo dos fatos, de todas as condições de elegibilidade, a incidência da norma jurídica, o nascimento do ato jurídico *stricto sensu* do registro de candidatura, para, só então, haver a irradiação dos seus efeitos: a elegibilidade.

elegibilidade; aquelas são o suporte fáctico que, concretizado, faz nascer o fato jurídico do qual dimana o direito de ser votado (elegibilidade). Ali, pressupostos; aqui, efeito. Entre ambos, pressupostos (suporte fáctico) e efeito jurídico, há o elemento intercalar fundamental: o fato jurídico. Como adverte Pontes de Miranda,[9] "Aliás, é sempre de atender-se a não que é o suporte fáctico (*Tatbestand*) que corresponde a eficácia. Os elementos do suporte fáctico são pressupostos do fato jurídico; o fato jurídico é o que entra, do suporte fáctico, no mundo jurídico, mediante a incidência da regra jurídica sobre o suporte fáctico. *Só de fatos jurídicos provêm eficácia jurídica*". É dizer, a elegibilidade não é o nome dado ao somatório das condições de elegibilidade, tampouco é o resultado do seu preenchimento *tout court*, mas é o efeito jurídico do fato jurídico que tem, entre os elementos do seu suporte fáctico, a soma das condições de elegibilidade.

O suporte fáctico pode ser composto por fatos puros ou também por outros fatos jurídicos. É dizer, fatos jurídicos e efeitos jurídicos podem ser pressupostos de um fato jurídico novo.[10] Há condições de elegibilidade que são atos jurídicos (*e.g.*, alistamento eleitoral), como há aquelas que são efeitos jurídicos (*v.g.*, direitos políticos), inclusive situações jurídicas (*e.g.*, nacionalidade). Entram na composição do suporte fáctico do fato jurídico que faz nascer a inelegibilidade sem que percam a sua natureza jurídica, sem que voltem à pura facticidade.

Antes de prosseguir a nossa exposição, creio ser fundamental advertir que a análise dos institutos jurídicos não pode ser feita em abstrato, sem ter como parâmetro o ordenamento jurídico positivo. Se é certo que conceitos de teoria geral do Direito servem epistemologicamente à ciência do Direito, independentemente do ordenamento jurídico de um determinado Estado, não é menos certo que as proposições vertidas sobre os institutos positivados pelo sistema do direito positivo têm nele, no sistema, a sua base empírica de verificação, é dizer, o valor verdade do enunciado descritivo próprio ao discurso dogmático.[11]

Não serve ao Direito Eleitoral brasileiro a exposição doutrinária de outros países, salvo para efeitos comparativos. Mais da vez a análise desarmada da doutrina estrangeira termina sendo fator de confusão quando da sua aplicação ao processo interpretativo do direito positivo nacional. Por exemplo, na Itália, o conceito de inelegibilidade não é o mesmo que temos no Brasil; lá, a *inelegibilità* é a incompatibilidade do exercício de função pública para concorrer ao pleito. Na comunidade europeia, na qual se insere a Itália, o que se aproxima do nosso instituto da inelegibilidade é a *incandidabilità* (ou *non candidabilità*), que é o obstáculo posto para apresentação da candidatura em razão

---

[9] *Tratado de direito privado*, t. I, p. 4.
[10] PONTES DE MIRANDA. *Tratado de direito privado*, t. I, p. 34: "Quando fatos jurídicos são elementos de suporte fáctico, não deixam de ser fatos jurídicos, não volvem a ser, apenas, elementos de fato; o elemento fáctico, que eles levam ao suporte fáctico, é exatamente o fato jurídico, donde parecer que nele entram como direitos e não como elementos fácticos do seu suporte". E, adiante: "Essa volta ao fáctico não se dá; o jurídico figura no suporte fáctico sem perder a juridicidade que adquiriu e exatamente com ela é que entra na composição do suporte fáctico".
[11] É o que Souto Maior Borges (O problema fundamental da base empírica para a ciência do direito e seus reflexos em questões indecidíveis pela doutrina do direito tributário. *In*: BORGES. *Ciência feliz*: sobre o mundo jurídico e outros mundos, p. 132) denominou de *princípio da coextensividade entre âmbitos de validade normativa e âmbitos de referibilidade doutrinária*, assim enunciado pelo mestre pernambucano: "se as normas jurídicas têm âmbitos de *validade* delimitados, as proposições descritivas dessas normas terão por igual âmbitos de *referibilidade* limitados pelas próprias normas, ou seja, o objeto normativo que descrevem. Se extrapassa o seu âmbito de referibilidade, a proposição a rigor não descreve o ordenamento".

de condenação por sentença transitada em julgado por graves delitos. O mesmo ocorre em França, onde a *ineligibilité* nada mais é do que é para nós a incompatibilidade.[12]

O texto mais importante da teoria clássica da inelegibilidade, que lhe dá os marcos teóricos, não se forrou da diferença entre a nossa "inelegibilidade" e a *"ineleggibilità"* dos italianos ou a *"ineligibilité"* dos franceses. Trata-se do artigo escrito pelo ex-ministro Moreira Alves e publicado na coletânea em homenagem ao ex-ministro Aliomar Baleeiro.[13] E esse dado é importante, porque a leitura dos constitucionalistas italianos (Pergolesi, Biscaretti di Ruffia, Santi Romano e Grasso) e franceses (Haurion, Esmein e Laferrière) terminou influenciando a definição, proposta pelo eminente autor, das inelegibilidades como *impedimentos* ou *requisitos negativos* que obstam concorrer a eleições.

Ensinava Moreira Alves,[14] naquele texto clássico: "Pressupostos de elegibilidade são requisitos que se devem preencher para que se possa concorrer a eleições. Assim, estar no gozo de direitos políticos, ser alistado como eleitor, estar filiado a partido político, ter sido escolhido como candidato do Partido a que se acha filiado, haver sido registrado, pela Justiça Eleitoral, como candidato por esse Partido". E prosseguia: "Já as inelegibilidades são impedimentos que, se não afastados por quem preencha os pressupostos de elegibilidade, lhe obstam concorrer a eleições, ou — se supervenientes ao registro ou se de natureza constitucional — servem de fundamento à impugnação de sua diplomação, se eleito. Não podem eleger-se, por exemplo, os que participam de organização cujo programa ou ação contraria o regime democrático; os declarados indignos do oficialato ou com ele incompatíveis; os que tiverem seus bens confiscados por enriquecimento ilícito". Concluindo: "Portanto, para que alguém possa ser eleito precisa de preencher pressupostos de elegibilidade (requisito positivo) e não incidir em impedimentos (requisito negativo). Quem não reunir essas duas espécies de requisitos — o positivo (preenchimento de pressupostos) e o negativo (não incidência em impedimentos) — não pode concorrer a cargo eletivo".

Nota-se a influência forte que essas lições exerceram na antiga jurisprudência do TSE, bem como na doutrina clássica do Direito Eleitoral que se formou nos anos posteriores, nas excelentes obras de Pedro Henrique Távora Niess e Antônio Carlos Mendes, que deram ao tema um digno tratamento teórico, com notória influência do pensamento de Moreira Alves.

Pois bem. Ensinava Moreira Alves, em lições que até hoje são, direta ou indiretamente, seguidas pela teoria clássica da inelegibilidade: "Tendo em vista, porém, que o resultado da inocorrência de qualquer desses dois requisitos é o mesmo — a não elegibilidade — o substantivo inelegibilidade (e o mesmo sucede com o adjetivo inelegível) é geralmente empregado para significar tanto os casos de ausência de pressupostos de elegibilidade quanto os impedimentos que obstam à elegibilidade. No próprio texto constitucional há exemplo desse uso. Com efeito, o alistamento como eleitor é pressuposto de elegibilidade (requisito positivo), e, não, impedimento que obsta

---

[12] Prescreve, por exemplo, a Instruction nº 01-004-V3 du 10 janvier 2001: "L'inéligibilité est l'interdiction faite à certains fonctionnaires, en raison de leurs fonctions, de présenter leur candidature aux élections dans la circonscription où ils exercent celles-ci".

[13] ALVES. Pressupostos de elegibilidade e inelegibilidades. *In*: REZEK *et al.* (Coord.). *Estudos de Direito Público em Homenagem a Aliomar Baleeiro*.

[14] Pressupostos de elegibilidade e inelegibilidades, *cit.*, p. 228-229.

à elegibilidade (requisito negativo, caso de inelegibilidade propriamente dita). Apesar disso, o art. 150 da Emenda Constitucional 1/69 preceitua: 'São inelegíveis os inalistáveis.' Já no artigo seguinte — 151 — alude aos impedimentos que obstam à elegibilidade, e apenas para esses exige a Constituição Federal Lei Complementar, para que, com a observância de tais impedimentos, se preservem o regime democrático, a probidade administrativa, a normalidade e legitimidade das eleições contra certas influências e a moralidade para o exercício do mandato".[15]

Na verdade, é impróprio falar-se em não elegibilidade, como se fosse algo distinto da inelegibilidade, sobretudo porque o ordenamento jurídico — base empírica de qualquer teoria jurídica — não faz menção a essa situação jurídica, sacando-lhe consequências. O que Moreira Alves fez, na verdade, foi observar que existe um resultado prático comum — e nisto ele está rigorosamente correto! — entre a situação jurídica de quem não preenche as condições de elegibilidade e a situação jurídica de quem está inelegível. É dizer, em ambas as situações o nacional não pode concorrer validamente no processo eleitoral, ou porque lhe faltam as condições de elegibilidade ou porque lhe obstam as inelegibilidades. Em ambos os casos o resultado material é o mesmo. Nada obstante tenhamos um mesmo resultado prático, a natureza jurídica dessas situações jurídicas é absolutamente distinta: uma está no plano da licitude; a outra, da ilicitude.

A situação jurídica de quem não pode concorrer a um mandato eletivo validamente é chamada pela Constituição Federal de inelegibilidade. Tanto na Carta de 1967/69 (art. 150), como na Carta de 1988 (§4º do art. 14), os inalistáveis são considerados inelegíveis. Porém, a doutrina clássica sempre teve dificuldades em simplesmente acomodar-se ao texto constitucional, buscando nessa figura etérea da não elegibilidade uma resposta para as suas agruras teóricas. Sendo o alistamento eleitoral um pressuposto de elegibilidade, a sua ausência seria o não preenchimento de um requisito positivo, razão pela qual não se trataria ele, na lição de Moreira Alves, de uma inelegibilidade (*stricto sensu*, no sentido de um impedimento ou requisito negativo).

Ora, como sustentamos desde 1998, quando expusemos pela primeira vez a nossa teoria da inelegibilidade, rente à Constituição, todas as hipóteses de ausência, perda ou impedimento à elegibilidade denominam-se inelegibilidade. Quem não preenche as condições de elegibilidade é inelegível, simplesmente porque não cumpriu os requisitos positivos (para usar a expressão de Moreira Alves, sujeita a críticas, porque há requisitos negativos que são condições de elegibilidade, como por exemplo a desincompatibilização).

Porque não se trata de uma sanção, denomino essa situação jurídica de *inelegibilidade por ausência de elegibilidade* de inelegibilidade inata. Quando, porém, a inelegibilidade decorre de *impedimento à obtenção da elegibilidade ou de perda da elegibilidade que se tinha*, como efeito de um fato jurídico ilícito, estaremos diante de uma inelegibilidade cominada, que pode ser apenas para uma eleição em que o fato ilícito se deu (inelegibilidade cominada simples) ou para determinado trato de tempo, envolvendo outras possíveis eleições (inelegibilidade cominada potenciada).

---

[15] Pressupostos de elegibilidade e inelegibilidades, *cit.*, p. 229. As premissas teóricas postas por Moreira Alves em 1976 ainda hoje são essenciais aos seguidores da teoria clássica, como se pode observar em SILVA. A vida pregressa dos candidatos e a moralidade para o exercício do mandato. *Estudos Eleitorais*.

A essas sutilezas teóricas poderia o gênio de Moreira Alves ter chegado, tendo ele andado bem perto de uma teoria consistente da inelegibilidade: "Do exame do art. 151 — que é o que exige lei complementar para o estabelecimento de casos de inelegibilidade propriamente dita, verifica-se que, aí, o termo inelegibilidade não é empregado para traduzir ausência de pressuposto de elegibilidade (requisito positivo), mas, sim, impedimentos que obstam à elegibilidade (requisito negativo), tanto que os objetivos a que tem de visar essa Lei Complementar não são alcançáveis com os pressupostos de elegibilidade. De feito, para que se preservem o regime democrático, a normalidade e legitimidade de eleições contra certas influências, ou a moralidade para o exercício do mandato, não há por que se exijam os pressupostos de elegibilidade: gozo de direitos políticos, alistamento como eleitor, filiação a Partido Político, registro de candidatura".[16]

Como podemos observar nas longas citações feitas, Moreira Alves estabeleceu a seguinte classificação: a situação jurídica do nacional que não poderia validamente se candidatar chamava-se *não elegibilidade*, gênero de duas espécies: o não preenchimento dos pressupostos de elegibilidade (*requisitos positivos*) e a presença ou superveniência de um impedimento que obstasse à elegibilidade (*requisitos negativos ou inelegibilidades*). Essa é a medula da teoria clássica, embora com uma série de questões problemáticas, amiúde tratadas no decorrer deste livro, como a afirmação de que todos os brasileiros são elegíveis, cuja premissa leva à afirmação seguinte de ser a elegibilidade a regra. As consequências jurídicas dessas afirmações são nocivas e geram até hoje uma série de aporias teóricas.

Classificação de Moreira Alves:

Não elegibilidade →
- Não preenchimento das condições de elegibilidade (requisitos positivos)

- Superveniência de um impedimento (requisitos negativos ou inelegibilidade)

Olhando para a exposição de Moreira Alves, pergunto: onde poderíamos enquadrar aí a cassação de registro de candidatura decorrente de um fato ilícito eleitoral (captação de sufrágio, condutas vedadas ao agente público, captação ilícita de recursos etc)? É interessante que nenhum doutrinador que tenha defendido a constitucionalidade do art. 41-A tenha justificado a natureza jurídica da cassação de registro, distando-a da inelegibilidade, mesmo que para afirmar tratar-se de uma nova espécie de *não elegibilidade*. Ninguém chegou a tanto. E, com a LC nº 135, a própria separação entre cassação do registro e inelegibilidade perdeu importância dada para os defensores da constitucionalidade do art. 41-A, uma vez que todos aqueles fatos ilícitos previstos na legislação ordinária foram apropriados pela lei complementar, que lhes prescreveu a sanção de inelegibilidade.

---

[16] Pressupostos de elegibilidade e inelegibilidades, *cit.*, p. 229.

É de se observar a existência de uma confusão exprobrável, que contamina a teoria da inelegibilidade, entre *acontecimento* e *estado*, fato jurídico e efeitos jurídicos. Pontes de Miranda nos ensina: "São acontecimentos os fatos relativos ao mundo externo, ou ao mundo interno (comunicações de vontade ou comunicações de conhecimento, declarações de vontade, atos) se tomados como fatos externos; são estados as atitudes ou permanências fáticas em que os fatos são tomados como revelação ou prova de alguma qualidade ou circunstância. A situação da coisa é estado; o achar-se aqui e agora ou ter-se achado aqui e no dia 10, às 8 horas, é acontecimento. O extravio da letra de câmbio é acontecimento; o permanecer extraviada é estado". E prossegue ele: "O estado é a continuidade de um acontecimento, ou a continuidade que o acontecimento estabeleceu. Porém o conceito de estado é tal que se pode conceber o estado, enunciar-se algo sobre a existência dele, e não se conhecer, ou, até, não ser cognoscível o acontecimento inicial, punctual, de que ele veio".[17]

O que essa citação tem a ver com o nosso tema? Basta pensar que a inelegibilidade é um estado, é uma continuidade que nasce de um fato jurídico (acontecimento). Se alguém comete abuso de poder econômico, a sentença que o reconheça declara o ato ilícito eleitoral, decreta a inelegibilidade (efeito desconstitutivo da elegibilidade) e a cassação do registro ou diploma, além de condenar eventualmente em multa. A cassação do registro ou diploma é efeito desconstitutivo decorrente da inelegibilidade. O verbo "cassar", conjugado na decisão de procedência da ação, tem o efeito performativo dos atos de fala, quando falar é já um fazer, um acontecer;[18] seus efeitos dão-se de um jato no mundo jurídico, no plano do pensamento. O "cumpra-se" ou o "dê-se posse ao segundo colocado ou ao suplente" ou o "faça-se nova eleição" são efeitos mandamentais, decorrentes da desconstituição do mandato que se operou com a publicação da decisão. Note-se, portanto, que a cassação do registro ou diploma, no abuso de poder econômico, decorre da inelegibilidade decretada na sentença, como efeito desconstitutivo do ato judicial. O nacional fica, em decorrência da sentença de procedência, em estado de inelegibilidade durante um determinado trato de tempo (8 anos, com a majoração excessiva da LC nº 135/2010, *e.g.*).

No caso de captação de sufrágio, a sentença de procedência declarava o fato ilícito (compra de votos *v.g.*), cassando o registro de candidatura ou o diploma do eleito. A cassação do registro, dizia o Tribunal Superior Eleitoral, seria o único efeito da sentença, não derivando dela a decretação da inelegibilidade. Agora, porém, a LC nº 135 desfez aquela distinção pretoriana bizantina entre inelegibilidade e cassação do registro, para prescrever que a captação de sufrágio tem como efeito a inelegibilidade por oito anos (art. 1º, inc. I, alínea "j" da LC nº 64/90, com a redação da LC nº 135). Note-se: no regime anterior à LC nº 135, o candidato tinha o registro de candidatura e, por isso, a elegibilidade. O direito de ser votado (elegibilidade) é efeito jurídico do ato jurídico do registro de candidatura. A sentença que declarava a captação de sufrágio decretava a cassação do registro de candidatura, expungindo do mundo jurídico o fato jurídico que faz nascer o efeito da elegibilidade. Expungido o fato jurídico do registro,

---

[17] PONTES DE MIRANDA. *Tratado de direito privado*, 1974, t. I, p. 23; no mesmo sentido, VON TUHR. *Derecho civil*: teoría general del derecho aleman, v. 3, p. 8-9.

[18] O ato performativo "indica que emitir la expressión es realizar una acción y que ésta no se concibe normalmente como el mero decir algo" (AUSTIN. *Como hacer cosas com palabras*, p. 52).

deixava de existir a elegibilidade (inelegibilidade cominada simples). Quem perdeu a elegibilidade, supervenientemente ao registro de candidatura, ficaria em que estado jurídico? Usando as lições de Moreira Alves, por comodidade, diríamos que o nacional estaria não elegível pela superveniência de impedimentos que obstam à elegibilidade (requisitos negativos), é dizer, estaria *sic et simpliciter* inelegível! Hoje, além de inelegível para "essa" eleição em que se deu o ilícito, estaria também para as que ocorressem nos próximos oito anos.

A cassação de registro de candidatura, na sentença de procedência da representação do art. 41-A, é acontecimento que faz surgir o estado de inelegibilidade para aquela eleição em que a captação de sufrágio ocorreu e, agora, também para os oito anos seguintes. Trata-se de inelegibilidade cominada simples e potenciada, como efeito da cassação do registro.

Essa afirmação deixa à mostra, agora de modo ainda mais eloquente, como andavam mal os que separaram a cassação do registro da sanção de inelegibilidade, como se fossem conceitos de uma mesma classe.[19] Não são; nunca foram: um é fato jurídico; o outro, efeito; um está no plano da existência; o outro, no plano da eficácia; um é acontecimento; o outro, estado. Um é causa ou efeito do outro: no abuso de poder, a inelegibilidade gera a cassação do registro; na captação de sufrágio, a cassação de registro gera a inelegibilidade.

Iniciamos por falar sobre o signo "elegibilidade". Dissemos que o senso comum teórico dos juristas a define como o direito de ser votado. Como direito subjetivo público que é, nasce como efeito de um específico fato jurídico.[20] As condições de elegibilidade são pressupostos para que o nacional possa concorrer a um mandato eletivo. Se todas elas estiverem presentes, serão declaradas pelo juiz eleitoral, que deferirá o pedido de registro de candidatura. O registro de candidatura tem por pressuposto o preenchimento das condições de elegibilidade para o cargo ao qual o nacional deseja concorrer; e tem por efeito o nascimento do direito subjetivo público de ser votado (elegibilidade, *ius honorum*). É o registro de candidatura, fato jurídico que é, esse elemento intercalar entre o suporte fáctico (preenchimento de todas as condições de elegibilidade e inexistência de cominação prévia de inelegibilidade) e o efeito jurídico (elegibilidade).

A obtenção da elegibilidade decorre de um processo judicial, cuja relação processual é estabelecida linearmente entre o juiz eleitoral e o legitimado para agir (partido ou coligação; candidato), culminando com a sentença de procedência constitutiva, da qual dimana a elegibilidade. Antes do ato jurídico de registro de candidatura, não há direito de ser votado, sequer potencialmente, salvo como um direito expectado

---

[19] Essa separação conceptual, como outras teorizações feitas às pressas e sob encomenda para dar guarida a determinadas pretensões políticas de grupos de pressão, é um fenômeno muito negativo para a dogmática eleitoral, que denomino de "eleitoralismo ideologicamente militante". Um exemplo marcante dessa militância política disfarçada de preocupação dogmática pode ser visto na obra coletiva: REIS; CASTRO; OLIVEIRA (Coord.). *Ficha limpa*: Lei Complementar nº 135, de 4.06.2010, interpretada por juristas e responsáveis pela iniciativa popular. Márlon Reis, aliás, muito diferente de hoje, quando defendia ardorosamente a constitucionalidade do art. 41-A, que segundo ele não veicularia hipótese de inelegibilidade cominada simples, não teve dúvidas em definir a inelegibilidade como uma medida repressiva, proclamando que "Inelegibilidade é sempre uma sanção prévia ao requerimento do registro" (REIS. A constitucionalidade do art. 41-A da Lei das Eleições. *Paraná Eleitoral*).

[20] Lourival Vilanova (*Causalidade e relação no direito*, p. 146) afirma: "O direito subjetivo é efeito de fato jurídico, ou de fato que se juridicizou: situa-se no lado da relação, que é efeito".

após o pedido de registro, que permite, nesse caso e até a decisão final ou até o dia da eleição, que o nacional possa agir *como se* (*als ob*) fosse candidato,[21] como uma ficção útil à acessibilidade máxima aos que desejam participar do processo político, mesmo não estando juridicamente seguros.[22]

Não havendo elegibilidade, estar-se-ia em situação de não elegibilidade, para usar aquela péssima expressão cunhada por Moreira Alves. Ou seja, o pai teórico da teoria clássica não desconhece que a elegibilidade não existe antes do preenchimento dos pressupostos de elegibilidade. Aliás, existisse sempre a elegibilidade, ulula que não se poderia falar em pressupostos a ela. Existem pressupostos justamente porque a elegibilidade é *posterius*, não sendo comum a todos os nacionais.

O direito de ser votado (elegibilidade, *ius honorum*), repise-se, é efeito do fato jurídico do registro de candidatura. Antes do registro não há, para o nacional, direito de concorrer a cargos públicos eletivos. Chama-se *inelegibilidade* a ausência, perda ou impedimento à obtenção da elegibilidade. Se o nacional não preenche os pressupostos legais, não é elegível. Se, registrada a sua candidatura, posteriormente lhe for irrogada a sanção pela prática de algum ato ilícito, vindo a perder o seu registro, torna-se inelegível. Há inelegibilidade inata (originária) e inelegibilidade cominada.

As chamadas condições de elegibilidade são, no mais estrito rigor terminológico, verdadeiras *condições de registrabilidade*, ou seja, pressupostos ao registro de candidatura.[23] São exigências constitucionais ou legais para a realização do registro, implicando a ausência de uma delas a inexistência do direito a registrar. Nada obstante, em vista da terminologia adotada pela Constituição Federal, continuaremos a utilizar a expressão já feita tradicional, sem embargo de exalçarmos as cautelas devidas com o seu emprego.

Enquanto o cidadão não preencher todas as condições de elegibilidade, não possui ainda o direito de ser votado. Sendo assim, não havendo o fato jurídico que origine este direito público subjetivo — pois só de fatos jurídicos dimanam efeitos jurídicos — há ausência, para todos, da capacidade passiva eleitoral, é dizer, da possibilidade de candidatar-se o nacional a um cargo político eletivo. A carência de elegibilidade, comum a todos os cidadãos, é chamada tecnicamente de *inelegibilidade inata*. Portanto, é o ordenamento jurídico, *ao distribuir os bens da vida*, que concede, atendidos os pressupostos

---

[21] Vide VAIHINGER. *A filosofia do como se*: sistema das ficções teóricas, práticas e religiosas da humanidade, na base do positivismo idealista, *passim*.

[22] Lei nº 9.504/97: "Art. 16-A. O candidato cujo registro esteja *sub judice* poderá efetuar todos os atos relativos à campanha eleitoral, inclusive utilizar o horário eleitoral gratuito no rádio e na televisão e ter seu nome mantido na urna eletrônica enquanto estiver sob essa condição, ficando a validade dos votos a ele atribuídos condicionada ao deferimento de seu registro por instância superior (Incluído pela Lei nº 12.034, de 2009)".

[23] Pedro Henrique Távora Niess (*Direitos políticos*: elegibilidade, inelegibilidade e ações eleitorais, p. 28, grifos originais) reprocha a expressão "condições de registrabilidade". Diz ele: "Noutra linha, o registro de candidato compõe o *exercício* dos direitos políticos, porque com ele o eleitor disputa a eleição, e o *pleno exercício* dos direitos políticos reúne-se às condições de elegibilidade (CF, art. 14, §3º, inciso III), o que não lhe dá, isoladamente, outro *status* (como o de condição de *registrabilidade*)". Como se percebe, Pedro Henrique Niess rejeita seja o pleno exercício dos direitos políticos um pressuposto do registro de candidatura, entendendo que haveria aí outra situação: o registro seria uma das formas de exercício dos direitos políticos. A crítica, porém, merece obtempero, uma vez que possui certa circularidade. De fato, não há dúvidas que a elegibilidade (direito de ser votado), enquanto efeito do ato jurídico do registro de candidatura é exercício dos direitos políticos, que é seu pressuposto constitucional. Vale dizer, o registro de candidatura pressupõe o pleno exercício dos direitos políticos, na forma do inciso III do §3º do art. 14 da CF/88, porque o registro é uma das formas pelas quais se exercem os direitos políticos. Afinal, é dele que nasce o direito de ser votado (elegibilidade).

legais, o direito subjetivo público a concorrer a cargos políticos, participando o cidadão da administração da coisa pública.

Embora seja lícito, em discurso político, afirmar que todos os brasileiros podem participar das eleições na qualidade de candidatos, como um direito natural seu, a verdade, no discurso jurídico, é bem diversa. Daí o motivo pelo qual devemos, no trato jurídico, abstrair a carga emotiva das palavras empregadas, notadamente quando comum aos dois tipos de discurso. Se admitirmos que a realidade jurídica é normativa, referida a fatos implicados por valores, teremos de entender que é a norma que empresta aos fatos significação jurídica, não podendo o jurista tratar de fenômenos jurídicos despregados de seu fundamento de validade. Cabe-nos aqui dizer, com Miguel Reale,[24] que "todas as formas de experiência jurídica têm sempre e invariavelmente *um momento normativo*, momento este que aos olhos do jurista, isto é, do especialista responsável pela *prática do Direito*, se põe como *momento dogmático, visto não poder ele prescindir dos modelos e estruturas postos por atos de autoridade*". De fato, ao analisar temas jurídicos, o referencial semântico do jurista é aquele definido pelo corpo normativo, entendido aí como conjunto de normas e princípios jurídicos.

Analisando o direito positivo, observamos que o direito de ser votado não existe antes do registro do candidato. O art. 87 do Código Eleitoral, por exemplo, prescreve que somente podem concorrer às eleições candidatos filiados a partidos políticos, pelo menos um ano antes da data fixada para o pleito (art. 18 da LPP). Assim, sem o preenchimento das condições de elegibilidade e sem o registro de candidatura não há ainda a elegibilidade.

Se todas as condições de elegibilidade forem preenchidas, mas for negado o registro de candidatura, não nascerá a elegibilidade; se, porém, faltar alguma condição de elegibilidade e, mesmo assim, for concedido o registro de candidatura, nascerá a elegibilidade, ainda que de ato jurídico nulo (é dizer, o registro existe, é inválido, mas é eficaz enquanto não for desconstituído pelas ações próprias existentes no ordenamento). Essa é a prova *ad rem* de que o registro de candidatura não é mais uma condição de elegibilidade, como afirmado por Moreira Alves, mas, sim, o fato jurídico que a cria no mundo jurídico.

Segundo o art. 14, §3º, da CF/88, são condições de elegibilidade: a nacionalidade brasileira, o pleno exercício dos direitos políticos, o alistamento eleitoral, o domicílio eleitoral na circunscrição do pleito, a filiação partidária e a idade mínima exigível. Além destas *condições próprias*, há outras quatro *condições impróprias*: a alfabetização (art. 14, §4º, da CF), as especiais para militares (art. 14, §8º), a indicação pelo partido em convenção (art. 94, §1º, inc. I, do CE) e a desincompatibilização (art. 14, §§6º e 7º, da CF/88).[25]

---

[24] *O direito como experiência*: introdução à epistemologia jurídica, p. 131.
[25] Adotando nossa classificação: RAMAYANA, Marcos. *Direito eleitoral*, p. 102.

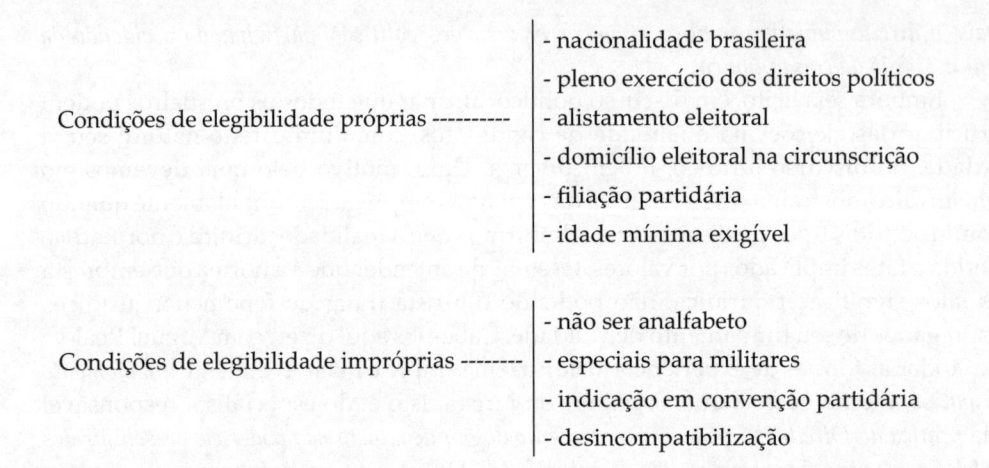

Condições de elegibilidade próprias
- nacionalidade brasileira
- pleno exercício dos direitos políticos
- alistamento eleitoral
- domicílio eleitoral na circunscrição
- filiação partidária
- idade mínima exigível

Condições de elegibilidade impróprias
- não ser analfabeto
- especiais para militares
- indicação em convenção partidária
- desincompatibilização

As *condições de elegibilidade próprias* são aquelas citadas explicitamente pela Constituição, podendo ser regulamentadas por lei federal ordinária. A par delas, existem ainda outros pressupostos previstos na própria Constituição, assistematicamente, como também na legislação infraconstitucional.

Quando o art. 18 da Lei dos Partidos Políticos (LPP) dispõe que apenas podem ser registrados os filiados em partido político há mais de um ano do pleito, criou um *plus* à filiação partidária como condição de elegibilidade de natureza eminentemente interna e invocável apenas pelos seus filiados:[26] já não basta ser filiado; mister ser filiado há mais de um ano antes do dia da eleição. O tempo é fato linear que não consta na exigência constitucional. É criação infraconstitucional, portanto, que foi acrescida dentro do âmbito legítimo da discricionariedade do legislador. Outrossim, apenas pode ser elegível quem for indicado pela convenção partidária (art. 94 do CE). Sem a indicação convencional não há elegibilidade, embora o art. 14, §3º, da CF/88 não tenha mencionado tal pressuposto à elegibilidade. Assim também, o brasileiro não alfabetizado não poderá obter o direito de ser votado (§4º do art. 14 da CF), descumprindo uma das condições impostas para alcançar este direito público subjetivo. É certo, porém, que a doutrina clássica limita as condições de elegibilidade àquelas citadas textualmente no §3º do art. 14 da CF/88, consoante lição de Alberto Rollo e Enir Braga,[27] segundo a qual "ressalve-se sempre que a condição de elegibilidade é constitucional". Tal o entendimento ainda dominante na doutrina.

Assim como há as *condições de elegibilidade próprias*, porque previstas no art. 14, §3º, da CF, há também as *condições de elegibilidade impróprias*, eis que previstas noutras normas constitucionais ou infraconstitucionais. A classificação, por isso mesmo, é meramente topológica. *Do ponto de vista substancial*, são condições de elegibilidade os pressupostos fixados pelo ordenamento jurídico para a obtenção do direito de ser votado.[28]

---

[26] Vide o meu COSTA, Adriano Soares da. Condições de elegibilidade e critério temporal para a escolha dos filiados. *Revista Jus Navigandi*.
[27] *Inelegibilidade à luz da jurisprudência*, p. 15.
[28] No mesmo sentido, ALVES. Pressupostos de elegibilidade e inelegibilidades. *In*: REZEK *et al.* (Coord.). *Estudos*

Destarte, pode o legislador infraconstitucional criar novos pressupostos à elegibilidade, mas desde que sejam desdobramentos daqueles originariamente previstos na CF/88. E, neste mister, convém gizar que tais restrições não podem implicar norma violadora do princípio democrático, assegurado pela Carta. Ao revés, devem significar apenas aprimoramento do regime democrático, com observância dos princípios jurídicos constitucionais. Caberá ao legislador, assim, ter imensa cautela ao legislar sobre tais antecedentes fácticos, os quais, quando excessivos ou de inspiração ditatorial, podem ser mondados pelo Poder Judiciário, dada a sua inconstitucionalidade. Mas daí não se pode concluir seja vedada às leis ordinárias a criação de disposições que tragam implicações restritivas às condições de elegibilidade. Nosso ordenamento está repleto dessas normas, as quais nunca foram expurgadas pelo Tribunal Superior Eleitoral ou pelo Supremo Tribunal Federal. Lembre-se o art. 22, parágrafo único, da LPP, que trouxe restrições antes inexistentes sobre a filiação partidária. Nenhum tribunal iria reputá-la inconstitucional por versar sobre condições de elegibilidade, sendo aplicada sem escolhos nas eleições.[29]

Pedro Henrique Távora Niess, na segunda edição de sua excelente obra sobre a teoria da inelegibilidade,[30] afirmou que "com o registro de candidato nasce a candidatura, não a elegibilidade". Para ele, o registro de candidato tem a finalidade de atestar a elegibilidade de quem pretende certo cargo eletivo. A candidatura nasceria do ato de registro, que certificaria a elegibilidade do candidato. O registro teria a finalidade de transportar a *elegibilidade potencial* ao plano da participação concreta em determinada eleição. Sem embargo, aquele que após o registro regular tiver modificado a sua situação, com a perda da nacionalidade brasileira ou a condenação por sentença criminal não mais passível de recurso, poderá ser reputado inelegível.[31] Dessa forma, o professor paulista assevera que todos os brasileiros são elegíveis, ainda que potencialmente apenas, porque do contrário "poderia levar a se admitir que a maioria dos brasileiros não goza de direitos políticos plenos".[32]

Esse respeitável entendimento de Távora Niess vem lastreado em dois argumentos: de um lado, a nulidade dos votos dados a candidatos inelegíveis, embora registrados, ou mesmo aos não candidatos (equivocadamente chamados pelo legislador de "candidatos não-registrados"); de outro lado, o fato de a inelegibilidade poder ser reconhecida após a diplomação (LC nº 64/90, art. 15), ou no curso do mandato, quando a cassação do registro não mais seria viável, não tendo a candidatura tornado elegível o inelegível.[33]

O professor cearense Djalma Pinto, em sua obra,[34] se aproxima da exposição feita por Pedro Henrique Niess, também endossando a distinção entre elegibilidade e

---

de direito público em homenagem a Aliomar Baleeiro, p. 228.

[29] Inovando em seu entendimento, Joel Cândido passou a aceitar a possibilidade da existência de outras condições de elegibilidade, que não apenas aquelas do §3º do art. 14 da CF/88 (*vide*: *Inelegibilidades no direito brasileiro*, p. 81-82).

[30] *Direitos políticos*: elegibilidade, inelegibilidade e ações eleitorais.

[31] *Idem*, p. 27.

[32] *Idem*, p. 28.

[33] *Idem*.

[34] *Direito eleitoral*: anotações e temas polêmicos. Mais recentemente, reproduziu seu entendimento em outra obra (*Direito eleitoral*: improbidade administrativa e responsabilidade fiscal, p. 141 *et seq.*).

candidatura. Segundo leciona, "A elegibilidade, por si só, não é suficiente para tornar alguém candidato, embora se trate de requisito imprescindível ao registro da candidatura para qualquer cargo eletivo".[35]

A elegibilidade seria pressuposto necessário da candidatura, embora insuficiente. Assim, Djalma Pinto e Pedro Henrique Niess conceberam a elegibilidade como uma figura intercalar entre as condições de elegibilidade e a candidatura. Como asseverado pelo professor cearense: "Uma coisa é ser titular do direito à elegibilidade, outra é exercer, efetivamente, esse direito".[36] A existência da elegibilidade seria anterior ao registro da candidatura, que apenas a declararia, sendo "o atestado da Justiça Eleitoral de que o cidadão encontra-se apto a receber os votos dos que desejam vê-lo investido em mandato eletivo". O registro não seria o ato constitutivo da elegibilidade, mas simples ato declaratório de que o candidato teria comprovado satisfazer todos os requisitos para a sua fruição: "Tanto o registro não é ato constitutivo da elegibilidade, fonte única do seu surgimento que, mesmo após o trânsito em julgado da decisão que o defere, é possível proclamar-se a ausência de elegibilidade do candidato registrado, inclusive, até quando já eleito".[37] O registro teria essa natureza declaratória da elegibilidade, além do conteúdo constitutivo da candidatura: "Sem ele poderá haver elegibilidade, mas jamais candidatura". Com o preenchimento das condições de elegibilidade previstas na Constituição, nasceria a elegibilidade, embora o seu exercício viesse a ocorrer através do registro de candidatura. Uma coisa, pois, seria a titularidade da elegibilidade; outra, o seu exercício, através do pedido de registro.[38]

Ambos os eleitoralistas defendem com maestria as vigas mestras do que denomino de *teoria clássica da inelegibilidade*, que se erige sobre três axiomas, explícita ou implicitamente enunciados:

(a) todo brasileiro é elegível;
(b) toda inelegibilidade é uma sanção; e
(c) a regra é a elegibilidade; a inelegibilidade, a exceção.

A Constituição Federal estipula condições de elegibilidade para aqueles que desejem concorrer a um mandato eletivo. Se levarmos em conta que apenas poderão obter a elegibilidade aqueles brasileiros que sejam alistados, não teremos dificuldades em perceber que a incompletude da idade mínima de 16 anos impede o nacional de pleitear o seu ingresso no corpo de eleitores. Sem estar entre os eleitores, como poderia o nacional ser elegível? Pedro Henrique Niess justifica a existência de uma *elegibilidade potencial*, comum a todos os brasileiros. Porém, pensamos que esse conceito não encontra amparo na Constituição e, em razão da sua elasticidade semântica, terminaria por ser confundido com o conceito de nacionalidade. Ademais, por ainda carecer de uma maior sedimentação teórica, não responde a questões fundamentais. De fato, qual seria o conteúdo de uma elegibilidade anterior à aquisição da cidadania e dos direitos políticos, que decorrem juridicamente do ato de alistamento eleitoral? Penso humildemente não ser possível admitir a condição de elegível a quem não é sequer eleitor. Por essa razão, apesar da seriedade da argumentação de Pedro Henrique Niess, não vejo como a ela me filiar.

---

[35] Idem, p. 37.
[36] Idem, p. 38.
[37] Idem, p. 38-39.
[38] Idem, p. 42-43.

Há, ainda, um ponto comum na argumentação de ambos os eleitoralistas: a separação conceptual entre *candidatura* e *elegibilidade*. O registro de candidatura faria nascer a candidatura, não a elegibilidade, que lhe seria anterior, existindo para todos os brasileiros (em potência), ou decorrendo do preenchimento das condições de elegibilidade. *Ser elegível* e *ser candidato* seriam duas coisas distintas. Aliás, para Djalma Pinto, conforme vimos, a elegibilidade seria um direito subjetivo público que nasceria do preenchimento das condições de elegibilidade, ao passo que a candidatura seria o *exercício* desse direito, decorrente do registro de candidatura. Aqui reside ponto teórico de elevado interesse prático.

A elegibilidade (*ius honorum*) é o direito de ser votado. Como todo direito subjetivo, nasce de um fato jurídico determinado, fruto da incidência de uma norma sobre os fatos por ela previstos. Não há direito subjetivo, como de resto não há nenhum efeito jurídico, que não tenha como origem a existência de um fato jurídico, que pode ter um suporte fáctico simples (apenas um fato, como a morte, por exemplo, que abre a sucessão) ou complexo (mais de um fato ou um feixe de fatos). O fato jurídico, embora tenha o suporte fáctico complexo, é sempre uno, nascendo quando ocorra no mundo fenomênico o último elemento faltante. Até que todos os elementos previstos no descritor da norma estejam presentes, não há sua incidência, não havendo ainda juridicização. Logo, tais fatos continuam sem o timbre da juridicidade, estando fora daquilo que Pontes de Miranda chamou de mundo jurídico.

Ao se afirmar que a elegibilidade é um direito subjetivo público, duas questões fundamentais devem ser enfrentadas: (a) qual o fato jurídico que lhe deu origem; e (b) qual o conteúdo desse direito subjetivo. A primeira questão apenas pode ser respondida com a análise, através do emaranhado de normas jurídicas, de quais fatos compõem o suporte fáctico desse fato jurídico; a segunda, com a análise das faculdades embutidas no conteúdo do direito subjetivo pelas normas jurídicas. Afinal, o direito subjetivo é categoria jurídica criada pelo ordenamento jurídico, que lhe dá os contornos e os limites.

Comecemos analisando o conteúdo do conceito de elegibilidade. Segundo uníssona doutrina, a elegibilidade é o direito subjetivo de ser votado, de submeter o nome de alguém ao eleitorado. Como se exerce esse direito subjetivo? Quem possui elegibilidade *pode* praticar todos os atos de campanha, pedindo voto em seu próprio nome, participando do horário eleitoral gratuito, sendo legitimado para ser parte (ativa ou passiva) nas ações eleitorais, realizando gastos eleitorais, além de ter garantias para o exercício desembaraçado dessas faculdades que nutrem, que dão conteúdo, ao conceito de elegibilidade. E esse direito subjetivo, envolvendo tais faculdades, pode ser exercido a partir de quando? Noutro giro, quando nasce esse direito subjetivo?

Algumas reflexões se impõem: basta que as chamadas condições de elegibilidade estejam presentes para que se possam exercer essas faculdades? Poderiam ser praticados atos de campanha antes do registro de candidatura? Evidente que não. Em verdade, as chamadas condições de elegibilidade são *verdadeiras condições de registrabilidade*, no sentido de que elas são pressupostos, elementos do suporte fáctico complexo que faz surgir o *direto subjetivo público ao registro de candidatura*. Esse é o ponto fundamental: *entre as condições de elegibilidade e a elegibilidade*, há a figura intercalar do registro de candidatura. Quem vem a juízo pedindo o registro de candidatura, vem afirmando que possui todos os pressupostos exigidos, que lhe dão direito à concessão do registro. É pelo deferimento do pedido pela Justiça Eleitoral, que analisa a existência ou não do direito ao registro, que se consuma o registro de candidatura, nascendo a elegibilidade (direito subjetivo de ser votado). Com o pedido de registro já há o direito expectativo (vale dizer, a expectativa de direito); não ainda o direito expectado. Não por outro motivo é que afirmo que a ação de impugnação de registro de candidato (AIRC) tem por finalidade alcançar a declaração negativa da existência do direito ao registro de candidatura, direito esse que nasce do preenchimento das condições de elegibilidade (próprias e impróprias), naturalmente dês que o nacional não incida em nenhuma inelegibilidade cominada.

Vem a pelo aqui ferir outro aspecto presente na distinção entre elegibilidade e candidatura, proposto pela doutrina clássica: refiro-me à afirmação de que "a candidatura seria o *exercício* da elegibilidade". Necessário superar essa separação da mesma realidade jurídica. Pontes de Miranda[39] faz a distinção entre *conteúdo* e *exercício* dos direitos, pretensões e ações. Ensina-nos ele: "Todo direito, toda pretensão, toda ação e toda exceção tem o seu conteúdo. O ato, positivo ou negativo, do titular, segundo esse conteúdo, é o exercício do direito, da pretensão, da ação, ou da exceção. Se figurássemos qualquer deles como espaço limitado, seria como o ato de andar dentro desse espaço". E adiante: "É óbvio que *dentro* dos limites do conteúdo dos direitos, pretensões, ações e exceções, é que esses se devem exercer. Se o exercício excede, não mais é exercício: em exercício há *ex*, mas, também, *arcere*, pôr tapume, fechar; é ação dentro da cerca, e não por fora".

O conteúdo da elegibilidade é a faculdade de praticar todos os atos de campanha, angariando votos em seu próprio nome, consoante já o dissemos. Antes do registro de candidatura não há direito subjetivo público de ser votado, de praticar atos de campanha. Se o nacional for alistado, tiver domicílio eleitoral na circunscrição do pleito, estiver no gozo dos seus direitos políticos, for filiado há mais de 1 ano das eleições, tiver a idade mínima exigível, for indicado em convenção partidária, não for analfabeto e estiver desincompatibilizado, será ele reputado elegível? Vale dizer: se o nacional estiver de posse de todas as condições de elegibilidade, poderá ele praticar atos de campanha?

Ainda que presentes todas as condições de elegibilidade, poderá acontecer que, diante da ausência, no pedido de registro, de algum documento previsto na legislação eleitoral (declaração dos bens, declaração de que aceita ser candidato, etc), venha o registro de candidatura a ser indeferido.[40] E embora presentes todas as condições de elegibilidade, o ato que deveria apenas atestá-las, terminaria por negar o deferimento do registro e, desse modo, impedir o surgimento da candidatura (elegibilidade).

Não há dúvidas que na decisão que concede o registro há efeito declaratório da existência do direito ao registro (ou seja, declaração de que todas as condições de elegibilidade estão presentes). Mas, a par desse efeito declaratório, há o efeito principal: o constitutivo da elegibilidade (ou candidatura). Com o registro de candidatura deferido,

---

[39] *Tratado de direito privado*, p. 103, 112, respectivamente.
[40] "Registro de candidato. Juntada de documentação exigida por lei. Oportunidade. Súmula nº 3 do TSE. Havendo o Juiz Eleitoral estipulado prazo para o suprimento de defeito da instrução do pedido de registro de candidatura, não tem aplicação a Súmula nº 3 do TSE" (Acórdão nº 13.941, Resp, rel. Min. Ilmar Galvão, v. u., *RTSE* 9 (1), p. 178-179, jan./mar. 1998). Na fundamentação desse Acórdão, lê-se: "Em suma: como os recorrentes não supriram o defeito da instrução do pedido, no lapso temporal que lhes assegurado, não podem, agora, invocar o enunciado da Súmula nº 3, desse colendo Tribunal Superior Eleitoral, para, por eficiência dele, registrarem-se como candidatos".

nasce a elegibilidade, podendo (faculdade) o seu titular exercê-la ou não, praticar todos os atos de campanha, ou não.

Finalmente, uma última observação quanto a esse ponto. Djalma Pinto e Pedro Henrique Niess utilizaram-se de um poderoso argumento para questionar a validade dos pontos de vista aqui sustentados: segundo expõem, tanto é prova que o registro de candidatura não é o ato jurídico que faz surgir a elegibilidade, que "mesmo após o trânsito em julgado da decisão que o defere, é possível proclamar-se a ausência de elegibilidade do candidato registrado, inclusive, até quando já eleito". As ponderações assestadas merecem aqui algumas reflexões.

Os atos jurídicos existem, valem e são eficazes; ou existem, são inválidos e ainda assim são eficazes; ou existem, são inválidos e são ineficazes; ou simplesmente não são, é dizer, não existem. Se faltar alguma condição de elegibilidade e o registro de candidatura for deferido, ele existe, é eficaz, porém inválido. Enquanto não houver ato que o cancele, que o desconstitua, sua eficácia permanece íntegra: há elegibilidade, que é o direito subjetivo de ser votado. Se não precluiu a matéria, por ser de cunho constitucional (*e.g.*, ausência de domicílio eleitoral na circunscrição do pleito), poderia ser invocada em recurso contra a diplomação (RCD), que poderá, sendo julgado procedente, causar a desconstituição do registro de candidatura e, como consectário lógico, a poda da elegibilidade. A elegibilidade existia, tanto que tinha sido exercida pelo seu titular (candidato), porém terminou sendo mondada, mercê do cancelamento do registro de candidatura, concedido invalidamente.

Suponhamos, ainda, que estivessem presentes todas as condições de elegibilidade e, mercê disso, houvesse a concessão do registro de candidatura. Nesse caso, o ato jurídico existe, é válido e é eficaz. Entretanto, admitimos que o candidato praticasse abuso de poder econômico, vindo a ser atacado pela ação de investigação judicial eleitoral (AIJE). Transitada em julgado a sentença de procedência antes das eleições, ou, mesmo após, por um órgão colegiado, a consequência seria a decretação de inelegibilidade do candidato para "essa" eleição e para as que ocorressem nos oito anos seguintes. Além disso, em razão do art. 15 da LC nº 64/90, o seu registro seria cancelado. Note-se que, nessa hipótese — diferentemente da anterior — não há nulidade do registro de candidatura. O cancelamento do ato jurídico decorre de expressa determinação legal, em virtude da inelegibilidade cominada que lhe foi aplicada. Assim, a elegibilidade que o candidato possuía veio de perdê-la, mercê do cancelamento do seu registro. O corte do ato jurídico (plano da existência) resultou na perda da elegibilidade (plano da eficácia).

O nacional possuía uma inelegibilidade cominada potenciada anterior ao registro de candidatura (por exemplo, estava com os seus direitos políticos suspensos em virtude de sentença criminal transitada em julgado; ou inelegível em virtude de decisão colegiada, que lhe aplicou a sanção por oito anos, mesmo ainda pendente de recurso — o que denomino de *inelegibilidade processual*)[41] e requereu o seu registro. Ninguém atentou para a inelegibilidade de que ele era portador, sendo o seu pedido

---

[41] Trata-se de uma novidade introduzida pela LC nº 135, cuja constitucionalidade foi reconhecida pelo STF na ADC nº 29 e ADI nº 4.578, ambas julgadas em 15.02.2012, em um julgamento histórico: a Corte Constitucional, em plena democracia, abriu gravíssimo precedente de emasculação do princípio constitucional da presunção de inocência e, não menos grave, admitindo efeitos retroativos a sanções, que foram candidatamente tratadas como pressupostos, em construção jurídica populista e sem base racional. No Capítulo 4, trataremos sobre o tema.

deferido. O ato jurídico existia, era inválido, mas eficaz. Assim, ainda que portador de uma inelegibilidade cominada potenciada, estava elegível naquela eleição, pois através do ato de registro estava habilitado para praticar os atos de campanha. Suponhamos, ainda, que esse candidato tenha sido eleito e não tenha havido contra ele o ajuizamento de recurso contra diplomação. Ora, embora inválido o registro, teria ele plena eficácia, não havendo mais remédio jurídico para cancelar o registro de candidatura ou podar os efeitos do diploma (esse sim, que é ato apenas certificador de que o candidato fora eleito). Desse modo, prevaleceria, para essa eleição, a elegibilidade obtida através do ato de registro inválido. Todavia, a elegibilidade é um *direito datado*, nascendo com o registro de candidatura e se extinguindo com a eleição. Se esse mesmo candidato resolvesse se candidatar na eleição seguinte, ainda estando submetido à inelegibilidade decorrente da suspensão dos seus direitos políticos, poderia agora ter o seu registro indeferido, restando impedido de concorrer a essa outra eleição.

Resulta demonstrado, assim, que a elegibilidade é o direito subjetivo de ser votado, que nasce do ato jurídico do registro de candidatura. As condições de elegibilidade são pressupostos do registro de candidatura, vale dizer, são condições de registrabilidade, que devem ser preenchidas para fazer nascer o direito ao registro de candidatura. Desse modo, entre as condições de elegibilidade e a elegibilidade, há a figura intercalar do registro de candidatura. Em resumo: elegibilidade, direito de ser votado e candidatura são expressões sinônimas.

Djalma Pinto, em obra mais recente,[42] contrariando a minha afirmação segundo a qual a elegibilidade nasce do registro de candidatura, asseverou que "muitos inelegíveis acabam registrados e eleitos. Pessoas que comprovadamente praticaram ilicitudes, que as descredenciam ao exercício do mandato, são, à luz da Constituição, inelegíveis. O registro de candidatura, no caso de cidadãos documentadamente envolvidos com desvio de verba pública, decorre apenas da violação da exigência constitucional de vida pregressa compatível com a magnitude da representação popular".[43]

Notem bem. O ponto central da tese de Djalma Pinto, que gera nele justificada perplexidade, é a possibilidade de alguém inelegível ser registrado e terminar eleito. Como explicar essa situação jurídica à luz da teoria clássica? Para ele, tudo se explicaria pela abrangência da coisa julgada. Para demonstrá-lo, expõe o seguinte exemplo: "um homem não se torna mulher porque a sentença, que se tornou imutável, o considerou como tal. Assim também aquele que Constituição afirma ser inelegível não se transforma em elegível porque uma decisão deferiu o registro de sua candidatura, credenciando-lhe ao recebimento do voto". E arremata, então: "A coisa julgada se restringe à parte dispositiva da decisão. Ao ponto específico no qual o julgador defere ou indefere o registro".[44]

Djalma Pinto, em meu sentir, comete um equívoco comum entre os juristas que não se forraram de observar que a linguagem jurídica se situa em um estrato acima da linguagem comum, criando as suas próprias realidades. Justamente por isso, não se pode raciocinar juridicamente com base na "natureza das coisas", porque a natureza jurídica de determinado estado ou situação é criada pela norma jurídica, não se encontrando

---

[42] PINTO. *Elegibilidade no direito brasileiro*.
[43] PINTO. *Elegibilidade no direito brasileiro*, p. 41.
[44] Idem.

bruta no mundo. Por isso Pontes de Miranda tão bem fazia a distinção entre mundo fático e mundo jurídico, sendo esse último composto pelos fatos que sofreram a incidência da norma jurídica, qualificados assim de fatos jurídicos. Apenas podemos raciocinar com a "natureza das coisas" se a entendermos como os fatos descritos nas normas e historicamente ocorridos, ou seja, os fatos *sub specie norma*, quando entram em jogo o conceito de tipo e o raciocínio tipológico.[45]

Pois bem. Quando Djalma Pinto afirma que "um homem não se torna mulher porque a sentença, que se tornou imutável, o considerou como tal", está raciocinando com a natureza fática das coisas, não com a natureza jurídica delas. Realmente, pode uma pessoa do sexo masculino, ao nascer, ser registrada como mulher, por erro do escrivão. Se esse erro de fato não for corrigido pelos meios jurídicos previstos no ordenamento, para o Direito será aquela pessoa — biologicamente do sexo masculino — juridicamente uma mulher, de modo que não poderia se casar com uma pessoa do sexo feminino enquanto não fossem modificados os seus assentos.[46] Não se trata, portanto, de coisa julgada ou não; trata-se do fato jurídico do registro de nascimento, que tem efeitos próprios e que apenas poderão ser modificados pelas vias adequadas. É o mesmo que ocorre com uma pessoa viva que, por equívoco, venha a ser dada como morta e tenha o seu óbito atestado. Embora esteja biologicamente viva, juridicamente estará morta, para todos os efeitos (abertura de sucessão, perda da personalidade civil, perda dos direitos políticos etc.).

Logo, o exemplo utilizado por Djalma Pinto apenas revela as limitações dos pressupostos teóricos do seu raciocínio. Confunde fenômenos distintos. E, sendo assim em relação ao exemplo exposto, não será diferente em relação à questão do cidadão inelegível que obtém o registro de candidatura e consegue se eleger, como demonstramos linhas atrás.

Uma pessoa foi condenada a cinco anos de prisão, com trânsito em julgado. Cumprindo pena em liberdade, resolve se candidatar a vereador antes ainda durante aquele prazo da pena. Inelegível em razão da incidência do art. 15, III, da CF/88, pede o registro da sua candidatura e, por ausência de comunicação da Justiça Comum à Justiça Eleitoral, que desconhece a suspensão dos seus direitos políticos, obtém o deferimento do pedido. Registrado, ainda que inelegível, fica elegível para aquele pleito. Por quê? Porque o registro de candidatura concedido ao inelegível existe, embora invalidamente, porém com plena eficácia. Um pouco de teoria do fato jurídico explica claramente a questão, como se pode observar.

O registro de candidatura é o fato jurídico que faz nascer a elegibilidade, que é o direito subjetivo de concorrer em um determinado pleito para um cargo específico. Não existe elegibilidade pura e simples. *A elegibilidade tem direção certa: é para um mandato eletivo em uma dada eleição*. Nasce com o registro e morre por consumação com a proclamação dos resultados. Em outra eleição, haverá o nacional que pleitear novo registro. Destarte, se o nacional está inelegível e obtém o registro de candidatura,

---

[45] Vide KAUFMANN. *Analogia e 'natura della cosa'*: un contributo alla douttrina del tipo; outrossim, ENGISCH. *La idea de concreción en el derecho y en la ciencia jurídica actuales*.

[46] O STF reconheceu a possibilidade de união estável entre pessoas do mesmo sexo. O chamado "casamento gay" caminha para ser jurisprudencialmente admitido, à revelia da atuação do Congresso Nacional e de qualquer mudança na Constituição Federal.

enquanto não for ele desconstituído, nasce-lhe o direito de ser votado, suspendendo os efeitos da inelegibilidade. O ato jurídico do registro é plenamente eficaz, embora seja nulo. Enquanto não se decretar a nulidade, através dos remédios jurídicos próprios (RCD, por exemplo), os efeitos do registro prevalecem e o candidato é elegível.

Logo, não há falar em candidato registrado inelegível. É uma contradição em termos e deve a expressão ser usada como forma elíptica de uma outra: candidato com inelegibilidade suspensa. O ser candidato significa, desde já, que está ele elegível, até que se desconstitua o seu título habilitante. Se não há registro deferido, candidato não é. Daí o motivo pelo qual causa espécie a fórmula empregada pelo TSE, segundo a qual pode o cidadão sem registro deferido concorrer, por sua conta e risco, como se fosse candidato, sendo nulos os votos dados a ele em caso de manutenção da negativa de registro. Noutras falas, juridicamente nunca foi ele candidato.

Agora, diante de todas essas ponderações teóricas, já não podemos endossar com comodidade a afirmação segundo a qual todos os brasileiros são elegíveis. Não são. É apenas elegível quem registrou a sua candidatura. A dificuldade de se aceitar essa assertiva, feita com espeque no direito positivo, decorre daquele segundo axioma que apontei anteriormente, qual seja o de que "toda inelegibilidade tem natureza de sanção". A inelegibilidade inata ou originária é conceito de fácil apreensão: quem não possui elegibilidade, decorrente da ausência de alguma condição de elegibilidade, apenas porque não tem o registro de candidatura, é inelegível: não pode ser votado, nem praticar validamente atos de campanha, pedindo votos em seu próprio nome.

Partindo das premissas de que a elegibilidade é efeito do registro de candidatura e de que há inelegibilidades sem natureza sancionatória, podemos formular uma outra hipótese teórica: *a inelegibilidade inata é a regra; a elegibilidade, a exceção*.[47]

Pensamos que essa reformulação teórica poderá contribuir para o enfrentamento de problemas práticos da legislação eleitoral, que continua a desafiar os operadores do direito. Seja como for, sem pretender relativizar o valor heurístico dos problemas aqui propostos, têm as classificações aqui expostas o único intuito de contribuir para uma racionalização do fenômeno normativo do Direito Eleitoral.

§2 Das condições de elegibilidade próprias

2.1 Nacionalidade

Quando Pontes de Miranda procurou abordar o conceito de nacionalidade, logo se forrou de enfrentar questões de ordem moral ou política, pondo o tema no âmbito no qual iria ferir: o plano jurídico. Assim, Pontes de Miranda reprochou a assertiva de Ernest Isay, segundo a qual a nacionalidade é muito mais que simples relação jurídica: é laço moral. "Mas isso nada prova — obtemperou Pontes de Miranda[48] — porque a relação jurídica da nacionalidade é o pressuposto *necessário* e *suficiente* para que ela exista. Não é dispensável reduzi-la a concepção puramente jurídica. Em verdade ela é

---

[47] Para dar plena efetividade à LC nº 135, o STF, por sua maioria, passou a afirmar que a inelegibilidade não é pena, não é sanção. Uma assertiva *ad hoc*, sem qualquer fundamento jurídico. Trataremos desse tema no Capítulo 4.

[48] *Comentários à Constituição de 1967 com a Emenda Constitucional n. 1, de 1969*, t. IV, p. 346.

só isso. Esse *plus* é que a faz". Dessarte fez ver que a identidade de raça, língua, religião, ou mesmo a comunidade de interesses políticos, econômicos ou morais não vem ao caso para a definição jurídica do signo nacionalidade. No plano jurídico, o que importa é mostrar-se em que é que o laço de nacionalidade, a relação jurídica específica, se distingue de outros laços de direito público ou privado; qual a sua natureza jurídica; como se classifica etc.

Nacionalidade é o vínculo jurídico existente entre a pessoa e o Estado, do qual nascem deveres e direitos. Nacional, de conseguinte, é o indivíduo que faz parte do povo de um Estado, na concepção segundo a qual os elementos constitutivos do Estado são o povo, o território e a soberania. Como expõe Wilba Lúcia Maia Bernardes,[49] o nacional seria integrante do Estado, mantendo com ele vínculo jurídico e político permanente. Assim, embora integrante de uma determinada população, o alcance da nacionalidade seria muito maior, pois compreenderia o povo de um Estado em determinado momento histórico. O vínculo com o Estado não se manteria somente por se estar geograficamente situado em determinado espaço territorial. A relação do nacional com o respectivo Estado seria mais profunda e se estenderia além das fronteiras territoriais. Seria um *status* peculiar do indivíduo que o acompanharia onde quer que ele esteja. Seria, ainda segundo a aquela autora, uma condição que se anexaria àquele indivíduo.

O art. 12 da CF/88 define quem pode ser considerado brasileiro para todos os fins legais, quer de direito interno, quer de direito internacional. Neste particular, atende ao *princípio da atribuição estatal da nacionalidade*, segundo o qual os Estados podem dizer quais são os seus nacionais. Só eles o podem fazer, e não podem dizer que os seus nacionais não são de outros Estados.[50] Desta forma, distingue os brasileiros em natos e naturalizados. São brasileiros natos os nascidos em território brasileiro, desde que não seja filho de estrangeiros a serviço de seu país; os nascidos no estrangeiro, de pais brasileiros, desde que qualquer deles esteja a serviço do Brasil; e os nascidos no estrangeiro, de pai ou de mãe brasileiros, desde que venham a residir no Brasil e optem, em qualquer tempo, pela nacionalidade brasileira (art. 12, inc. I, alíneas "a", "b" e "c"). Os brasileiros naturalizados são aqueles que adquiram a nacionalidade brasileira na forma da lei, exigindo aos originários de países de língua portuguesa apenas residência por um ano ininterrupto e idoneidade moral; e os estrangeiros de qualquer nacionalidade residentes no Brasil há mais de quinze anos ininterruptos e sem condenação penal, desde que requeiram a nacionalidade.

Entre os brasileiros natos e naturalizados não poderá a lei estabelecer distinção, senão nos casos admitidos pela Constituição Federal (§2º do art. 12). Destarte, no que se refere ao direito de ser votado (elegibilidade), a Constituição foi liberal, outorgando-o aos naturalizados, obviamente com limites para os cargos eletivos elencados pelo §3º do mesmo artigo: presidente e vice-presidente da República; presidente da Câmara dos Deputados e presidente do Senado Federal.

Neste particular, a CF/88 trouxe norma que anteriormente não havia em nosso sistema jurídico: outorgaram-se aos portugueses com residência permanente no Brasil, em havendo reciprocidade em favor de brasileiros, direitos inerentes à nacionalidade

---

[49] *Da nacionalidade*: brasileiros natos e naturalizados, p. 59-60.
[50] Vide PONTES DE MIRANDA. *Comentários à Constituição de 1967 com a Emenda Constitucional n. 1, de 1969*, t. IV, p. 368.

brasileira, salvo nos casos previstos na Constituição. Tal regra não dá aos portugueses a nacionalidade brasileira, mas concede direitos à nacionalidade portuguesa equiparados aos concedidos aos brasileiros. Noutro giro, a Constituição anexou efeitos próprios da nacionalidade brasileira à nacionalidade portuguesa. Como ensina Pontes de Miranda:[51] "Quando se passa à eficácia da nacionalidade já se sai do campo das regras jurídicas sobre aquisição, perda e reaquisição da nacionalidade, que pertencem, dentro do *branco* que lhe deixa o direito das gentes, ao Estado de cuja nacionalidade se trata. Os efeitos podem ser: *a*) desse Estado; *b*) dos outros Estados; *c*) de direito das gentes. Se o Estado A confere certos direitos aos nacionais do Estado B, cola efeitos de direito seu à atribuição de nacionalidade pelo Estado B (*eficácia anexa*)". Ora, a questão aqui está em saber se estes direitos concedidos aos portugueses também se referem à possibilidade de ocupar cargos apenas de possível ocupação por brasileiro nato. Obviamente que não. Os cargos previstos no §3º do art. 12 são ocupados apenas por nacionais de *origem* brasileira, não podendo ser ocupados por portugueses, quer naturalizados brasileiros, quer na hipótese do §1º do art. 12 da CF/88. Eis o porquê da mudança de redação deste parágrafo pela Emenda Constitucional nº 03/94, que suprimiu a expressão "brasileiro nato", apenas agora falando em "brasileiro". Aliás, essa norma não é exclusividade nossa. Também a Constituição portuguesa veda que cargos políticos estratégicos sejam ocupados por brasileiros, ou por portugueses naturalizados. Como afirma J. J. Gomes Canotilho,[52] "A CRP (Constituição Portuguesa) também não faz distinção entre *cidadãos de origem* e *cidadãos naturalizados*, sendo inconstitucional qualquer restrição de direitos dos *portugueses não originários* que não tenha fundamento na Constituição (cfr., por exemplo, artigo 125, que reconhece capacidade eleitoral passiva para Presidente da República apenas aos portugueses de origem)".

Assim, é regra geral que todos os brasileiros natos e naturalizados possuem elegibilidade para todos os cargos, exceto para os cargos de presidente e vice-presidente da República, que apenas pelos nacionais de origem podem ser ocupados. Os outros cargos apontados são de presidência das Casas Legislativas, apenas incidente a inelegibilidade quando de eleições *interna corporis*; não quando das eleições gerais.

Sendo a nacionalidade uma das condições de elegibilidade, a sua perda implica a impossibilidade de obtenção do direito de ser votado. A *perda da nacionalidade* é prevista no §4º do art. 12 da CF/88, sendo efeito de dois fatos: (a) o cancelamento da naturalização, por decisão judicial, em virtude de atividade nociva ao interesse nacional; e (b) a aquisição, pelo brasileiro, de outra nacionalidade.

Analisemos rapidamente as duas hipóteses legais.

(a) A naturalização de estrangeiros pode ser cancelada por sentença, quando estiverem eles incursos em prática de atividade nociva ao interesse nacional, como a prática de terrorismo, *exempli gratia*. Importante, para o Direito Eleitoral, é a fixação do momento punctual em que se dá a perda da nacionalidade, e as implicações para o exercício do cargo para o qual o naturalizado foi eleito. Ora, pela dicção constitucional, a perda da nacionalidade ocorre pelo ato de cancelamento da naturalização, mercê de sentença judicial. Destarte, a sentença possui eficácia desconstitutiva da naturalização

---

[51] *Op. cit.*, p. 544-545.
[52] *Direito constitucional*, p. 569.

mais eficácia mandamental do cancelamento do ato de naturalização. Esse é também o entendimento de Pontes de Miranda,[53] para quem se deve evitar a confusão entre cancelamento e anulação da naturalização: "Reputa-se nula a naturalização eivada de nulidade absoluta; anula-se a naturalização viciada de anulabilidade; cancela-se a naturalização, ainda que validamente concedida. São coisas distintíssimas". Portanto, o cancelamento não pode ser confundido com a invalidade, porque esta não pode decorrer de fato superveniente, em virtude do princípio constitucional do ato jurídico perfeito. O cancelamento, de conseguinte, não impõe défice ao suporte fáctico da naturalização, senão que o desjuridiciza por completo, expulsando-o do mundo jurídico em razão de sentença judicial. Marcos Bernardes de Mello,[54] sobre o *efeito de exclusão da significação jurídica* de determinados fatos jurídicos, muito bem o explica: "Há normas jurídicas, no entanto, cuja incidência tem por conseqüência permitir que determinado fato jurídico seja retirado, excluído, do mundo jurídico, trazendo-o de volta ao mundo fáctico. Essas normas, ao invés de juridicizar, possibilitam a desjuridicização, ou seja, a eliminação da juridicidade atribuída por outra norma a certo fato. (...) O fato que era jurídico é excluído do mundo do direito retornando ao mundo fáctico, desvestido de toda sua juridicidade".

O cancelamento da naturalização é efeito incluso da sentença, que ocorre de um só jacto quando do seu trânsito em julgado; já o cancelamento do *ato formal* de naturalização se dá em decorrência da desconstituição da própria naturalização. Risca-se o ato de naturalização do mundo jurídico, mas seus efeitos já foram riscados desde o trânsito em julgado da sentença. Há de se distinguir aqui, pois, o ato de naturalização e o efeito de naturalizado. A sentença põe cobro a este; o cancelamento do ato, em cumprimento da decisão judicial, àquele. Para o Direito brasileiro o que importa, em termos de fixação do momento da perda da nacionalidade em casos tais, é o trânsito em julgado da sentença constitutiva negativa, como prescreve o art. 15, inc. I, da CF/88. Perdida a nacionalidade, pelo cancelamento da naturalização, perdem-se *ipso iure* os direitos políticos. Mas há quem divirja desse entendimento por nós abraçado.

Alberto Rollo e Enir Braga[55] obtemperam: "Mas, de acordo com o art. 12, §4º, inc. I, da Lei Magna, ao brasileiro naturalizado que vier a perder a nacionalidade brasileira por sentença judicial (*e aqui não está afirmada a necessidade do trânsito em julgado*), em virtude de prática de atividade nociva ao interesse nacional, é imposta a perda da cidadania, *caput diminutio media*, que importa na perda dos direitos políticos, inclusive o de ser votado". Sem embargo, diga-se que tal respeitável entendimento afronta o princípio constitucional da ampla defesa, embutido no art. 5º, inc. LV, da CF/88, bem assim a própria dicção do art. 15, inc. I, do texto constitucional, que requer o trânsito em julgado da sentença que cancela a naturalização, para que ocorram os efeitos da perda dos direitos políticos. Enquanto não houver o trânsito em julgado, o brasileiro naturalizado continua com todos os direitos inerentes à sua nacionalidade, como o de votar e ser votado, e, sendo eleito, exercer as funções de seu cargo político. Transitada

---

[53] *Op. cit.*, p. 529-530.
[54] *Teoria do fato jurídico*: plano da existência, 7. ed., p. 73-74.
[55] *Inelegibilidade à luz da jurisprudência*, p. 15, grifei. No sentido por mim advogado, *vide* José Afonso da Silva (*op. cit*, p. 296), Wilba Lúcia Maia Bernardes (*op. cit.*, p. 210) e Francisco Xavier da Silva Guimarães (*Nacionalidade*: aquisição, perda e reaquisição, p. 89).

em julgado a sentença, cancela-se a naturalização *ex nunc*, sendo existentes, válidos e eficazes os atos jurídicos praticados anteriormente.

Cabe gizar, finalmente, que o cancelamento da naturalização continua tendo o seu procedimento regrado pela Lei nº 818, de 18 de setembro de 1949, com as revogações implícitas do atual sistema constitucional, tendo em vista que o Estatuto do Estrangeiro (Lei nº 6.815/80), nesta parte, não a derrogou.

(b) O brasileiro que adquire outra nacionalidade perde a nacionalidade brasileira. É perda pela mudança de nacionalidade, não por abdicação pura da nacionalidade original. Se o Estado admite que o nacional, por sua vontade, perca a nacionalidade, sem necessidade de adquirir outra, possibilita a *apatria*. Daí por que tem o Direito Internacional Público caminhado no sentido de desaconselhar a *perda-abdicação da nacionalidade*, limitando a raras espécies o direito de autoexpatriação.

Mas a Constituição Federal brasileira, a partir da Emenda Constitucional nº 03/94, e depois pela Emenda Constitucional nº 54/2007, ainda mais liberal, passou a admitir a *polipatria* em duas situações, ainda que venha o brasileiro a adquirir outra nacionalidade: quando a lei estrangeira reconhecer a nacionalidade originária brasileira; ou quando a norma estrangeira vier a impor, aos brasileiros residentes nos Estados estrangeiros, a naturalização, como condição para permanência em seu território ou para o exercício de direitos civis. Francisco Xavier da Silva Guimarães[56] critica esta nova sistemática introduzida pela revisão constitucional, alegando haver um incentivo à *polipatria*, bem assim pelo fato de a perda da nacionalidade brasileira, em casos que tais, ficar na dependência da análise da legislação alienígena, para se verificar a obrigatoriedade de o brasileiro obter outra nacionalidade, para os fins indicados pela nossa Constituição. Em nosso entender, todavia, as críticas aduzidas merecem certo temperamento, pois tal inovação constitucional visa adequar nossa legislação ao natural caminho de globalização da economia e das relações políticas dos povos. O excesso da nova sistemática, parece-nos, reside no fato de não pôr limites à obtenção de outras nacionalidades pelo brasileiro, gerando a possibilidade de *polipatria* de mais de duas nacionalidades, dependente das legislações de cada pátria adotada. Nesse particular, a norma foi por demais ampla, merecendo a vergasta assestada com propriedade.

Nestas duas hipóteses, o brasileiro não perderá a sua nacionalidade, ainda que venha a obter uma outra. Basta-lhe o demonstrar, quando necessário, que adotou outra nacionalidade para permanecer no território da outra pátria, ou para exercer direitos civis (como o exercício de determinada profissão, *v.g.*). É de se notar, portanto, que a perda da nacionalidade brasileira por adoção de outra nacionalidade não ocorre *ipso iure*, mas apenas por decisão do presidente da República que a decrete, após prévio processo administrativo, assegurada a ampla defesa ao nacional (art. 23 da Lei nº 818/49). Adotando outra nacionalidade, continua o brasileiro com seus direitos políticos, podendo exercer a sua cidadania plenamente, inclusive pleiteando o cargo de presidente da República (se brasileiro nato).

---

[56] *Op. cit.*, p. 96.

2.2 Pleno exercício dos direitos políticos

O alistamento eleitoral é o fato jurídico do qual dimana o direito de votar (*ius singulii*). Quando o ordenamento jurídico utiliza o signo *direitos políticos*, fá-lo como sinônimo de soberania popular ou cidadania. A soberania popular é gênero, do qual são espécies o direito de sufrágio e a elegibilidade. Mas não só. A perda de direitos políticos é perda de acesso a cargos e funções públicas; perda da legitimidade ativa para o exercício de determinadas ações cívicas (ação popular, *v.g.*); perda do direito de votar e do direito de participar da administração da coisa pública, de maneira direta, pelo referendo e plebiscito. Quem perde ou tem suspensos os direitos políticos, perde ou tem suspensa a própria cidadania, o próprio *status civitatis*.

2.2.1 Perda dos direitos políticos

A Constituição Federal vigente prescreve, como hipótese de perda dos direitos políticos, a perda definitiva da nacionalidade por brasileiro naturalizado. Assim, o brasileiro naturalizado, cuja naturalização for cancelada, perde a nacionalidade (perda-sanção) e os direitos políticos. Há o processo, há a ampla defesa, há a sentença desconstitutiva e há a poda definitiva da nacionalidade, como pena, pela prática de atividade nociva à pátria adotada. Aqui, a definitividade ressalta, pois, mesmo que o estrangeiro *desnaturalizado* deseje renaturalizar-se, não obterá sucesso, uma vez que praticou indignidade contra a pátria brasileira. E mesmo que venha a obter êxito, tratar-se-á de nova naturalização, e não revitalização da anterior que fora podada.

A perda voluntária da nacionalidade (perda-mudança) é outro motivo de perda dos direitos políticos, até que o brasileiro de origem readquira a nacionalidade brasileira, já agora pela naturalização. Mas para que a perda dos direitos políticos se dê, *necessária a decretação, pelo presidente da República, da perda da nacionalidade do brasileiro nato*, pois haverá ele de poder defender a sua *polipatria*, com espeque em uma das exceções previstas pelo art. 12, §4º, inc. II, da CF/88. De conseguinte, *não há perda automática da nacionalidade para o brasileiro nato que adote uma outra nacionalidade estrangeira*. Tal entendimento é fruto das inovações introduzidas na Carta Maior. O brasileiro nato que obtém outra nacionalidade, sem atender uma das condições do art. 12, §4º, inc. II, da CF/88, perde a qualidade de nacional por decisão presidencial, após prévio processo administrativo (art. 23 da Lei nº 818/49). Extinta a nacionalidade, extinguem-se todos os direitos dela advinda, *ex nunc*. Se o brasileiro, que mudou sua nacionalidade, desejar obter novamente a nacionalidade brasileira, apenas o fará por meio de naturalização, pois a Constituição em vigor, a exemplo das anteriores, não cogitou da reaquisição da nacionalidade. Dela cuidou o art. 36 da Lei nº 818/49, como reaquisição da nacionalidade. Como afirmou Pontes de Miranda,[57] "trata-se de aquisição, de reaquisição, com eficácia *ex nunc*, e nunca *ex tunc*. Por isso mesmo, para os que foram brasileiros natos, há naturalização; e, para os que perderam a nacionalidade brasileira adquirida, há renaturalização". Arrematando: "O que perdeu a nacionalidade adquirida de sentença com base no art. 146, III [da CF/69, atualmente art. 12, §4º, inc. I, da CF/88], não pode ser renaturalizado. É o que

---

[57] *Comentários à Constituição de 1967 com a Emenda Constitucional n. 1, de 1969*, t. IV, p. 541-542.

resulta do art. 36 da Lei n. 818, mas a regra jurídica, somente de legislação ordinária, pode ser ab-rogada ou derrogada".

Quanto à *escusa de consciência* (recusa de cumprir obrigação legal a todos imposta), não é causa de perda dos direitos políticos, mas de suspensão. De fato, se a obrigação legal a todos imposta é contrária à crença, ou convicção filosófica ou política de algum nacional, deve existir alguma obrigação alternativa que ele também não admita cumprir, para que possa vir a sofrer a suspensão dos direitos políticos. Suspensos os direitos políticos, apenas virá a gozá-los novamente quando cumprir a obrigação, ou a alternativa a ela. Logo, de perda não se trata, mas de suspensão dos direitos políticos.[58]

2.2.2 Suspensão do exercício dos direitos políticos

A perda dos direitos políticos consiste na sua privação definitiva; a suspensão, na privação provisória. Quem possui direitos políticos e vem a ser deles privado, com a possibilidade de novamente obter o seu exercício, por ato seu ou de outrem, ou atendidas exigências legais, não os perde: apenas tem suspenso o seu exercício. A suspensão atua no plano da eficácia; a perda, no da existência. Quem perde a nacionalidade, tem a supressão do estado jurídico de nacional, que é suporte de todos os direitos políticos. Riscada a nacionalidade, todos os efeitos que dela irradiavam se extinguem. O ato de naturalização do brasileiro nato que se expatriou é ato que inova no mundo jurídico. A nacionalidade dele advinda é secundária, como a do estrangeiro que adota a nacionalidade brasileira.

O brasileiro nato é brasileiro originariamente porque a norma apanhou o fato biológico do nascimento com vida *mais* o elemento geográfico do local onde ele ocorreu, atribuindo-lhes esse efeito (*ius solis*). Pode a norma tornar irrelevante o elemento geográfico, juntando ao evento do nascimento apenas o elemento de ligação biológica a pais brasileiros (*ius sanguinis*). É-se brasileiro porque a norma emprestou ao indivíduo, mercê da ocorrência de determinados fatos, tal condição. Como ensina mais uma vez Pontes de Miranda:[59] a *nacionalidade originária* é a que resulta do fato do nascimento, ou porque se determine "qual a ligação de sangue à massa dos nacionais de um Estado, ou qual a ligação à ocorrência do nascimento no território de um Estado, ou qual a relação tida por suficiente pelo Estado de que se trata para que o nascimento forme o laço de nacionalidade. Não está em causa, portanto, o nascimento só; *outro* elemento se liga a ele". Já a *nacionalidade secundária* seria "a que se adquire depois do nascimento, ou porque, ao nascer, a pessoa tenha outra, ou outras nacionalidades, e não ainda a de que se trata, ou porque entre a aquisição da nacionalidade (secundária) e a data do nascimento medeie lapso de tempo em que o indivíduo não teve nacionalidade".

A suspensão dos direitos políticos é a privação provisória do seu exercício: têm-se direitos políticos, posto não se possa exercê-los até que certa condição se dê. Quem tem sua incapacidade civil absoluta decretada, possui direitos políticos, embora a

---

[58] Sem razão, segundo pensamos, neste particular, José Afonso da Silva (*op. cit.*, p. 336), que inclui esta hipótese como perda dos direitos políticos. Certo, Antônio Carlos Mendes (*Introdução à teoria das inelegibilidades*, p. 81, grifos originais): "Há uma única hipótese de *privação definitiva* ou *perda* do 'ius sufragii': *a perda da nacionalidade brasileira*".

[59] *Op. cit.*, p. 351.

incapacidade tolha o seu exercício válido. Passada a causa da incapacidade, restabelecida a capacidade civil, o titular dos direitos políticos pode voltar a exercê-los.

Analisemos as espécies de suspensão do exercício dos direitos políticos, previstas no art. 15 da CF/88.

2.2.2.1 Incapacidade civil absoluta

Todo ser humano possui personalidade desde o nascimento com vida. À personalidade corresponde a *capacidade de direito*, que é a faculdade de adquirir direitos e deveres na ordem jurídica. Toda pessoa tem capacidade de direito, como enuncia o art. 1º do Código Civil Brasileiro de 2002. Nada obstante, o ser sujeito de direito subjetivo pode vir apoucado da capacidade de dele gozar e fluir, com limitações ao exercício. Daí por que falar-se em *capacidade de agir* para se referir à faculdade de disposição do titular do direito.

No Direito brasileiro, todos nascem com capacidade de direito. Todavia, a capacidade de agir não é obtida quando do nascimento com vida. Quando tal incapacidade de obrar há de cessar, dizem-no as leis, dando tratamento conforme o exija cada campo do ordenamento jurídico.[60] Sobrevinda à causa de extinção da incapacidade, fixada no sistema jurídico, exsurge o estado de capacidade jurídica, total ou parcial.

Prescreve o art. 3º do Código Civil, serem absolutamente incapazes de exercer pessoalmente os atos da vida civil: os menores de dezesseis anos, os que por enfermidade ou deficiência mental não tiverem o necessário discernimento para a prática desses atos e os que, mesmo por causa transitória, não puderem exprimir sua vontade.

A incapacidade absoluta é ausência ou perda da capacidade de agir. Quanto à suspensão dos direitos políticos, tema de que agora nos ocupamos, não interessa apenas o inciso I deste artigo, tendo em vista que a obtenção da elegibilidade poderá ocorrer apenas para os maiores de 18 anos, idade mínima exigível para o nacional concorrer ao cargo de vereador. Os menores de 16 anos, para efeito de elegibilidade, estão em identidade de situação dos menores de 18 anos: ambos são inelegíveis, não possuindo idade mínima para obter o direito de ser votado.

Os que por enfermidade, inclusive mental, não puderem manifestar a sua vontade, maiores de 18 anos, tornam-se incapazes com a decisão judicial que decrete a interdição. Logo, a incapacidade é decorrente de sentença desconstitutiva, que, baseada em fato psíquico, modifica a situação jurídica do interditado, que perde a sua capacidade de agir.[61] Em face do registro da incapacidade no Cartório Civil, deve ser o juiz eleitoral comunicado, para proceder à exclusão do eleitor, na forma prescrita em lei. Não é o fato biológico puro que gera o efeito da incapacidade: há de se providenciar a interdição do maior de idade, em razão da impossibilidade de manifestar sua vontade (art. 1.767 do CC). A sentença, pois, é que decreta a incapacidade.

Ausente é o indivíduo que se tenha afastado de seu domicílio, sem deixar procurador ou representante, e do qual não há notícias. A ausência é fato negativo, apenas apurado em Juízo, para a decretação da incapacidade do ausente, passando

---

[60] PONTES DE MIRANDA. *Tratado de direito privado*, t. I, p. 207.
[61] PONTES DE MIRANDA. *Tratado das ações*, t. IV, p. 3-5.

os seus bens à administração de um zelador nomeado pelo juiz. Caio Mário da Silva Pereira[62] afirmava, quando da vigência do Código Civil de 1916, que a *ausência* não seria propriamente uma causa de incapacidade, mas apenas a impossibilidade material de cuidar o ausente de seus bens e de seus interesses: "Como esta pseudo-incapacidade se funda no fato da deserção do centro de atividades e abandono da fazenda, cessa ela tão logo retorne o ausente ao seu domicílio, assumindo a direção de seus negócios e readquirindo a administração do patrimônio na forma e sob as condições que a lei prevê". A crítica, que era de *iure condendo*, pois o ordenamento poderia colar ao fato da ausência do indivíduo o efeito da incapacidade civil, ou efeito diverso, de conteúdo apenas patrimonial (*v.g.*, passar a administração dos bens para um gestor etc.), terminou por ser positivado pelo Código Civil em vigor. Afinal, os efeitos jurídicos são criações do próprio Direito, que pode dispor como for conveniente. Di-lo magistralmente Pontes de Miranda:[63] "Enquanto a causalidade dos fatos, elementos do suporte fáctico, é, de ordinário, a física ou natural, *a causalidade da eficácia é jurídica, isto é, segundo o que estabelecem as normas jurídicas*. Dentro do mundo jurídico, em que se introduziu o fato ou complexo de fatos, fazendo-se jurídico, *toda* irradiação dele é *segundo os critérios que as regras jurídicas tenham adotado* e há de parar onde a regra jurídica o diga". A eficácia jurídica é criação livre do ordenamento, que determina quais os efeitos a serem irradiados de determinados fatos, bem como quando e em que extensão. Logo, a ausência, de *iure condito*, não é mais causa de incapacidade civil, sendo tratada em capítulo próprio pelo Código Civil (art. 22 ss.).

Com isso, para fins eleitorais, não haverá necessidade de sentença judicial que declare o fim do estado de ausência, uma vez que o curador será nomeado pelo juiz apenas com poderes e obrigações específicas, e não para todos os atos da vida civil.

Qualquer das hipóteses previstas na legislação civil que se subsumam à elencada no art. 15, inciso II, da CF/88, importam a suspensão dos direitos políticos do nacional, dando ensejo à exclusão do eleitor do corpo de eleitores, com o cancelamento de sua inscrição eleitoral (art. 71, inc. II, do Código Eleitoral).

Para que o incapaz veja cessar a incapacidade de agir, é de mister que o seu representante, ou o curador de incapazes, requeira o fim da incapacidade jurídica, eis que não mais subsistente nenhuma de suas causas. Haverá necessidade de sentença de sinal trocado, constitutiva positiva da capacidade civil, com repercussão no direito público. De fato, a obtenção da capacidade civil pelo incapaz fá-lo ter o direito-dever de novamente se alistar na Justiça Eleitoral, para possuir o direito de votar (*ius sufragii*) e exercer seus direitos políticos.

A incapacidade absoluta do nacional pode ser alegada em qualquer tempo no Direito Eleitoral, quer para que seja denegado o direito ao registro de candidato, quer para, obtido este, sejam resolvidos os efeitos do diploma, pelo recurso de diplomação. Se a incapacidade sobrevém ao exercício do cargo eletivo, poderá ser o nacional destituído, mercê da suspensão dos seus direitos políticos.

---

[62] *Instituições de direito civil*, v. 1, p. 187.
[63] *Tratado de direito privado*, t. I, p. 19, grifos nossos. Assim também, Geraldo Ataliba (*Hipótese de incidência tributária*, p. 27).

2.2.2.2 Condenação criminal

A condenação criminal transitada em julgado, enquanto durarem os seus efeitos, é causa de suspensão dos direitos políticos (art. 15, inc. III, da CF/88). Assim, é preciso que haja sentença penal procedente, da qual já não caiba mais nenhum recurso, para serem suspensos os direitos políticos, enquanto perdurarem os efeitos da decisão irrecorrível.

Diz-se sentença penal condenatória a decisão "na qual vem declarado que o réu praticou, ilícita e culpavelmente, o fato descrito no *preceptum juris* da lei penal, pelo que lhe é aplicado, concomitantemente, preceito secundário ou sancionador no qual vem cominada a pena cabível".[64] Sendo condenatória a sentença, "o comando emergente da decisão tem eficácia executiva, pois constitui título para o Estado impor ao réu o cumprimento da pena ou da medida de segurança que sentença manda aplicar".[65] Assim, pretende a doutrina monocordiamente classificar a sentença penal procedente entre as sentenças condenatórias, sem questionar a validade dogmática do conceito de condenação para os dois ramos do processo: o civil e o criminal.

Se nos propuséssemos a fazer uma pesquisa doutrinária sobre o conteúdo do conceito de condenação, veríamos que a teoria geral do processo não conseguiu precisar os seus contornos, havendo fundadas dúvidas na sua utilização. Houve os que viram na condenação a aplicação de uma sanção, todavia há sanções que são aplicadas sem condenatoriedade (*v.g.*, desconstituição de negócio jurídico nulo); outrossim, não faltou quem visse na condenação uma dupla declaração, tentando provar que declaração + declaração seria igual à condenação. Tal a confusão instaurada na doutrina, que Araken de Assis[66] chamou à condenação de *fugidia entidade*.

Com o estudo das cargas eficaciais das sentenças de procedência, podem-se individualizar cinco efeitos diferentes e irredutíveis, os quais exaurem a possibilidade de eficácia das sentenças: declaração, condenação, constituição, mandamento e execução. A declaração certifica o estado jurídico, afastando a insegurança jurídica; a constituição cria, modifica ou extingue situações jurídicas, inovando no mundo jurídico; a execução invade a esfera jurídica do devedor, tirando dela o que lá está indevidamente, passando para a esfera jurídica legítima; o mandamento impõe ato ou omissão à autoridade ou qualquer do povo, em exercício do império estatal; e a condenação prescreve o *"cum damno"*, a submissão do condenado à aplicação de uma pena se não agir; a danação, ou seja, que o condenado cumpra voluntariamente o que está obrigado, sob pena de sofrer a execução forçada.

Como se vê, a condenação parte da certeza do direito subjetivo e da obrigação, para admoestar ao condenado que aja por sua própria vontade, cumprindo o que deve, para não sofrer a invasão estatal de sua esfera jurídica. Logo, a condenação é enunciado jurídico (declaração) e ameaça concreta para prática de ato. É mais do que exortar e mais do que pedir; é persuadir, induzir à prática de determinado ato, ou a sua abstenção, para evitar a danação, a imposição da pena.[67] Visa operar na psique do devedor *lato*

---

[64] MARQUES. *Elementos de direito processual penal*, v. 3, p. 49.
[65] *Ibidem*, p. 67.
[66] *Manual do processo de execução*, p. 76.
[67] Nas edições anteriores, até a 8ª ed., dizia eu que condenar é *exortar*, razão pela qual chamei a atenção para a coextensividade entre condenação e pretensão de direito de material. Estava errado! Condenar é mais do que exortar ou pedir ou concitar; é prescrever a *danação*, colocando o condenado na posição de assujeitado à pena

sensu, para que este cumpra sua obrigação voluntariamente. Portanto, a condenação não possui por finalidade nenhum efeito no mundo fenomênico, senão que atua no *mundo do pensamento*, premindo o condenado no plano do discurso. Apenas se o devedor não vier a adimplir, restará ao titular do direito violado a execução forçada, com a invasão estatal da esfera jurídica do condenado, com o fito de satisfazer totalmente o exequente.

Note-se, de conseguinte, que o conceito de condenação está ligado ao direito das obrigações, como exigibilidade judicial.[68] Exige-se do condenado, respeitando a sua autonomia de vontade; o Estado invade o patrimônio do devedor apenas posteriormente, a pedido do credor, se recalcitrante e mendaz for o executado. É relevante efeito, utilíssimo na prática judicial, apesar das severas críticas que lhe são atualmente irrogadas.[69] À medida que as relações sociais se massificam, e a celeridade processual passa a ser um bem desejado, a tutela condenatória termina por ser questionada como modelo útil a ser mantido, embora, ao mesmo tempo, seja utilizada como tutela cominatória para garantir a obediência da ordem prescrita (efeito mandamental). De toda sorte, para o que aqui nos interessa, é de todo pertinente deixar averbado que: (a) a condenação tem por conteúdo a admoestação/ameaça do devedor, mediante a fixação presente ou futura de uma sanção, para que ele cumpra seu dever; (b) atua ela no plano do pensamento, sendo enunciado para influir na vontade do devedor, não lhe sendo própria qualquer atuação prática para satisfação do credor; (c) na grande maioria das vezes, forma o título executivo judicial para que o credor, querendo, movimente o Estado para, substituindo-o, satisfazer o seu direito com a invasão da esfera jurídica do devedor (execução forçada);[70] e (d) a condenação é mais que simples declaração e não se confunde única e exclusivamente com a aplicação de sanção, como poderia fazer supor o seu étimo.

Tais considerações põem a nu que *a condenatoriedade é elemento estranho à ação penal típica*. Quando o Estado, pelo órgão público com legitimidade para agir, propõe ação penal contra o delinquente, não tem o escopo de admoestá-lo à prática de determinado ato, ou mesmo à reparação do seu crime. Se bem que a reparação possa constar como elemento relevante no processo criminal, o que se pretende com a ação penal é muito mais do que uma admoestação para estimular o seu agir: deseja-se a privação de sua liberdade, ou supressão de seus direitos, ou a aplicação de multa. Para cada espécie de pena, há de se estudar precisamente a eficácia da sentença penal procedente.

Pontes de Miranda, criador da classificação quinária das cargas eficaciais da sentença de procedência, preso aos limites de seu tempo, não conseguiu aplicar aqui a sua

---

caso não aja. A decisão que condena ameaça que o não agir implica consequências sancionatórias.

[68] *Vide* a profunda monografia de Ovídio Baptista da Silva (*Jurisdição e execução na tradição romano-canônica*, especialmente p. 12-47), onde se demonstra que a universalização do direito das obrigações, encambulhando o direito absoluto, foi a responsável pela universalização das sentenças condenatórias, de modo que à *obligatio* sempre correspondia uma *condemnatio*.

[69] Humberto Theodoro Jr. (*A execução de sentença e a garantia do devido processo legal*, p. 149) chega a idêntico entendimento, reputando anacrônico o procedimento binário, a exigir uma ação de execução após a condenação do devedor. Averba o professor mineiro: "Haverá, portanto, o credor insatisfeito de bater duas vezes à porta da Justiça para cobrar um só crédito: primeiro, por meio do processo de conhecimento, para obter o acertamento de seu crédito; depois, com apoio na definição da sentença e através do processo de execução, para aplicar ao devedor a sanção correspondente ao inadimplemento e, só assim, atingir, via poder sancionatório estatal, a efetiva satisfação do crédito".

[70] "a sentença condenatória sempre exaure a relação processual dita de conhecimento e apenas prepara o advento de outra ação que será a executória do julgado" (SILVA, Ovídio Baptista da. *Ação de imissão de posse*, p. 50).

teoria, empanado pelo lugar comum da doutrina dominante. Ao tratar da classificação das eficácias da ação penal, afirma ser ela preponderantemente condenatória, com carga imediata executiva.[71] Sem razão, contudo. Quando se propõe ação penal, não se pretende a admoestação do delinquente, tampouco apenas um provimento judicial no plano do enunciado. Ao contrário, a ação penal quer a inflição da pena prevista nas leis penais substanciais, com efeitos práticos imediatos na esfera jurídica do acusado. Se o Ministério Público acusa alguém da prática de homicídio, mais do que a declaração da ocorrência do ato ilícito, com a quantificação da pena, busca ele a privação da liberdade do acusado, com a sua segregação. É pelo ato físico de prisão do denunciado que pugna o órgão ministerial, não satisfeito apenas numa admoestação verbal de quem é homicida.

O juiz, ao sentenciar favoravelmente à denúncia, não condena: manda. Ordena, no exercício de seu poder de império, que se aplique ao declarado homicida a pena fixada. Ninguém pode ser preso sem prévia ordem judicial. Assim como a ordem de prisão preventiva é efeito mandamental, também a ordem da sentença penal é força mandamental: ali se adianta o efeito definitivo obtido apenas pela sentença.[72]

Para se ver que esta classificação da sentença penal é improcedente, basta compará-la com a sentença que decreta o despejo. Enquanto Pontes de Miranda classifica a ação penal com carga 5 de condenatoriedade e 4 de executividade, classifica a ação de despejo com carga 5 de executividade e 4 de condenatoriedade. Nada obstante, a ação penal não admite ao apenado nenhum espaço ao exercício de sua vontade, apenas tendo ele de suportar a inflição da pena. Já na ação de despejo por inadimplemento de aluguéis, o réu será notificado a deixar o imóvel no prazo assinado, sob pena de, nos dias subsequentes, sofrer o despejo forçado.[73] Ora, nesta classificação, Pontes de Miranda outorga efeito executivo preponderante à ação de despejo, nada obstante haja espaço, ainda que mínimo, para o voluntário adimplemento do réu; enquanto dá efeito condenatório, mais brando que o executivo, à ação penal, que não se compraz com qualquer margem de vontade do apenado. Há, sem dúvida, uma inversão de valores. No despejo, a execução prepondera, porque o que o demandante pretende é a imediata retomada do imóvel; na ação penal prepondera a inflição da pena ao apenado, e não uma exortação ao cumprimento.

Assim, há de se entender que a ação penal visa precipuamente à ordem de prisão definitiva do apenado, em privação da sua liberdade de ir e vir. O juiz declara a prática do ato ilícito, fixa a pena (efeito constitutivo), ordenando a segregação do apenado, que é a tutela buscada pela Justiça Pública. Aqui o juiz realiza o que somente ele, como representante do Estado, em virtude de sua estatalidade (*imperium*), pode realizar:[74] retirar do indivíduo a sua liberdade. Há, na sentença penal típica, eficácia preponderante

---

[71] *Tratado das ações*, t. V, p. 326: "A ação penal típica é condenatória, com eficácia executiva imediata, razão por que não se precisa propor outra ação. O mandado de prisão, ou outro semelhante, apenas é ato para execução".

[72] Pontes de Miranda (*op. cit.*, p. 325, grifou) bem o diz: "Com o processo penal cautelar, antecipa-se, provisoriamente, a eficácia da decisão principal, para que não fique atingida. Uma das espécies é a *prisão preventiva*". Ora, se há antecipação de efeitos, não há cautelaridade, mas sim satisfatividade antecipada. A prisão preventiva assegura a aplicação da lei, mas já induz a aplicação antecipada da inflição futura. Tanto é assim, que o tempo de prisão provisória poderá ser diminuído do tempo de prisão definitiva fixada, pelo instituto da detração. Se a prisão provisória é cumprimento de ordem, *a fortiori* a prisão definitiva o será.

[73] Vide PONTES DE MIRANDA. *Tratado das ações*, t. VII, p. 333.

[74] SILVA. *Curso de processo civil*, v. 2, p. 248.

5 de mandamentalidade; eficácia imediata 4, de declaratoriedade do *ilícito*;[75] e eficácia mediata 3, de constitutividade da pena (*quantum* e regime). Há os efeitos mínimos de condenação das custas 2, e execução futura desta condenação 1.[76] Se a pena for de multa, a carga preponderante passa a ser a condenatória 5, com executividade mediata 3 e declaração relevante 4. A distribuição dos pesos dependerá da análise, caso a caso, das situações possíveis.

A chamada *execução penal* nada mais é do que cumprimento do mandado prisional, que se faz na forma prevista em legislação própria. A ordem não é apenas para que se prenda, mas sim para que se apliquem ao apenado as normas pertinentes de inflição da pena.

Bem compreendido este ponto, aqui exposto com as limitações próprias da temática deste livro, uma outra questão é importantíssima para enfrentarmos o problema da repercussão da sentença penal procedente na esfera jurídica do titular de direitos políticos. Refiro-me aos efeitos secundários da sentença penal, chamados também de efeitos anexos (ou exclusos).

A sentença penal procedente, além das suas eficácias naturais, possui outros efeitos, colados pelo ordenamento jurídico. São efeitos exclusos ao fato jurídico da sentença, independentemente do querer da Justiça Pública, bastando para sua expansão a prolatação da decisão judicial de procedência.[77] Tais efeitos podem ser de qualquer ramo do direito, quer público ou privado, tendo como fato jurídico originante a sentença penal de procedência (dita *condenatória*). Não é conteúdo do *decisum*; é efeito exterior, independente de dicção judicial. Se necessidade houver de pronunciamento do julgador, tem-se de analisar se tal pronunciamento é dependente da *res deducta*. Se for dependente, de efeito excluso não se trata, mas de efeito próprio da sentença, dependente de pronunciamento judicial.

Piero Calamandrei[78] ensina que nem todos os efeitos jurídicos que a lei atribui à sentença se podem ligar à vontade nela formulada pelo juiz, como conteúdo do julgamento. Por vezes a sentença produz certos efeitos não porque o juiz havia querido que se produzisse e porque a sua produção havia constituído objeto, declarado ou implícito, do julgamento, mas porque, fora do campo dentro do qual pode mover-se o poder de decisão conferido ao juiz, a sentença vem considerada pela lei como *fato produtivo de efeitos jurídicos*, pela lei mesma criados e não dependente da decisão

---

[75] Quando falamos aqui em ilícito, não estamos utilizando a teoria penal do delito, que ainda necessita de uma revisão profunda, com esteio nas novas teorias sobre o pensamento tipológico (tanto a teoria finalista, quanto a teoria causal-naturalista). O crime apenas ocorre quando presentes todos os elementos do suporte fáctico (conduta + querer + outro elemento, nos crimes dolosos). Matar alguém voluntariamente é homicídio, como tal sujeito à pena. A ilicitude do ato é que o faz reprovável. Mas outra norma jurídica pode acrescer outros fatos a este suporte fáctico, criando o efeito de pré-exclusão da juridicidade. Matar alguém repelindo injusta agressão, atual ou iminente, não é homicídio; não entra no mundo jurídico: é fato tutelado, do lado de fora do mundo jurídico, da mesma maneira que a posse. A legítima defesa pré-exclui a incidência da norma do art. 121 do CP. Não exclui apenas a ilicitude; exclui a própria juridicidade (cf. PONTES DE MIRANDA. *Tratado de direito privado*, t. II, p. 287, que aduz: "A legítima defesa pré-exclui a criminalidade e a ilicitude. Passa-se no mundo fáctico; o suporte fáctico deixa de entrar, como ato ilícito, no mundo jurídico").

[76] Os efeitos mínimos estão expostos seguindo a teoria pontesiana. Todavia, a quantificação proposta pelo gênio alagoano deve ser vista com reservas, porque mal esconde a sua artificialidade. Com essa ressalva, poderá ser útil ao estudioso da obra de Pontes de Miranda.

[77] Por todos, *vide* Liebman (*Eficácia e autoridade da sentença*, p. 75).

[78] Appunti sulla sentenza come fatto giuridico. *In*: CALAMANDREI; CAPPELLETTI, v. 1, p. 270.

contida na sentença. Por isso, curial distinguirem-se os *efeitos internos da sentença*, que são consequências do seu conteúdo decisório, como causa da vontade declarada na sentença, daqueles *efeitos externos*, que a lei faz desencadear da sentença, considerada como fato material, produtor de *per se* de certas consequências jurídicas, verificadas independentemente da vontade do julgador. De conseguinte, o *efeito anexo da sentença* (espécie de efeitos secundários) é "effetto esterno della sentenza considerata come fatto giuridico, produtivo di conseguenza derivanti dalla legge e indipendenti dala volontà del giudicante".[79]

Para que se configure a existência de efeitos anexos, necessário que à sentença se colem efeitos externos (exclusão dos efeitos), os quais são produzidos *ope legis* (fonte normativa dos efeitos), não fazendo parte do conteúdo da resolução judicial (efeitos decorrentes da sentença como fato jurídico). Se houver decisão judicial quanto ao ponto, os efeitos são inexos (inclusos), decorrem do *decisum* qual tal e se referem à *res deducta*. Pode ocorrer que estes efeitos inclusos não estejam previstos no pedido formulado na inicial, mas, se houve decisão judicial, não há anexação de efeitos, e sim inexação. A questão aí reside apenas em saber se houve permissão legal para a quebra do princípio da congruência (adstrição do juiz ao pedido da parte), com admissibilidade de efeitos inexos (ou internos), independentes de pedido expresso na ação proposta.

Feitas estas necessárias observações, podemos analisar o art. 15, inc. III, da CF/88.

A suspensão dos direitos políticos é efeito anexo da sentença penal procedente, transitada em julgado. À suspensão dos direitos políticos basta o trânsito em julgado da sentença penal procedente, independentemente do seu conteúdo. Toma-se o ato da sentença definitiva de procedência como ato material, avolitivo, na sua pura facticidade (ato-fato jurídico), dimanando dele, como fato humano — desimportante o elemento vontade —, o efeito da suspensão dos direitos políticos. A vontade do *decisum* é posta entre parêntese, tomando-se a sentença procedente em si mesma, mais o trânsito em julgado, como produtores de tais efeitos (sentença procedente + trânsito em julgado → suspensão dos direitos políticos).[80]

---

[79] *Idem*, p. 272. Como espécies de efeitos anexos à sentença, Calamandrei isolou três hipóteses, que seriam: (a) casos em que estes efeitos jurídicos da sentença são fixados antecipadamente pela lei, sendo absolutamente independentes, na determinação do seu conteúdo, da vontade do juiz; (b) casos em que o conteúdo da vontade declarada na sentença pode servir como elemento para determinar, em outra relação jurídica diversa daquela decidida, o conteúdo e a medida de uma responsabilidade (das partes, do juiz etc.); e (c) nos casos de efeito vinculante de uma decisão judicial para casos semelhantes, a serem julgados por instâncias inferiores (cf. p. 277). Sem embargo da lição do mestre peninsular, parece-nos que as espécies (b) e (c) não se enquadram no conceito de *efeitos anexos da sentença*. Em verdade, na hipótese (b), não se colam efeitos anexos à sentença, senão que alguma norma jurídica toma o fato jurídico da sentença como suporte fáctico de outro fato jurídico (sentença + outro fato → efeitos). A hipótese (c) não traz exemplo de efeitos anexos à sentença, pois o ser ou não ser vinculante uma decisão judicial não decorre da sentença mesma, como fato jurídico, mas de uma conjunção de fatos definidos pelo ordenamento (*v.g.*, acórdão + processo sumular no tribunal; ou repetição de decisões + processo sumular; etc.). A hipótese (c) se imiscui na hipótese (b), ambas não sendo espécies de efeitos anexos.

[80] *Ato-fato jurídico* é a espécie de fato jurídico em que o ato humano é da sua substância, sem importar para a norma se houve ou não vontade em praticá-lo (cf. MELLO. *Teoria do fato jurídico*: plano da existência, 7. ed., p. 110). A sentença é ato jurídico pelo qual o juiz entrega a prestação jurisdicional a que se obrigou. Tem a vontade como cerne do seu suporte fáctico: por meio dela exprime-se comunicação de conhecimento e declaração de vontade. Nada obstante, alguma norma jurídica pode tomar o *resultado da sentença* como ato, sem se interessar pela vontade declarada: *ao resultado da sentença anexam-se efeitos*. A sentença aí é ato material, sem menção à vontade declarada. A norma apanha o ato do órgão jurisdicional como fato do mundo: "não se desce à consciência, ao arbítrio de se ter buscado causa a fato da vida e do mundo (definição de vontade consciente); satisfaz-se o direito com a determinação exterior" (PONTES DE MIRANDA. *Tratado de direito privado*, t. II, p. 373). Logo, o ato-fato jurídico (sentença penal procedente [fato humano] + trânsito em julgado) dimana o

Em sendo assim, pouco importa se a sentença penal procedente irroga a pena ao nacional pela prática de homicídio, ou de latrocínio, ou de algum crime contra a Administração Pública, ou mesmo em virtude de prática de contravenção penal. Outrossim, desimportante se o crime apenado é doloso ou culposo. À anexação dos efeitos de suspensão de direitos políticos basta o trânsito em julgado da sentença penal de procedência (dita condenatória).[81]

Algumas dúvidas surgiram, quando da interpretação do art. 15, III, da CF/88, motivadas pelo conteúdo do art. 92, inc. I, do Código Penal, que prescreve serem também efeitos da condenação a perda de cargo, função pública ou mandato eletivo, quando aplicada pena privativa de liberdade por tempo igual ou superior a um ano, nos crimes praticados com abuso de poder ou violação de dever com a Administração Pública, bem como quando for aplicada pena privativa de liberdade por tempo superior a quatro anos nos demais casos. Ademais, seu parágrafo único prescreveu que os efeitos de que trata esta norma não são automáticos, devendo ser motivadamente declarados na sentença.

A questão controvertida seria a seguinte: se existe o efeito automático da suspensão de direitos políticos, bastante a existência da sentença penal procedente, qual o sentido da norma jurídica do art. 92 do CP? Não estaria o preceito constitucional do art. 15, III, necessitando de regulamentação para poder ser aplicado? Devido a estas dúvidas, o Tribunal Superior Eleitoral chegou a entender que "não é autoaplicável o preceito constitucional do art. 15, III, que depende de lei específica a indicar as hipóteses em que ocorre a suspensão dos direitos políticos em razão da condenação criminal transitada em julgado".[82] Todavia, esta posição restou superada.

Ora, a Constituição é expressa em fixar a suspensão dos direitos políticos como efeito anexo à sentença penal de procedência, independentemente do seu conteúdo,

---

efeito da suspensão dos direitos políticos. Aqui poderia haver alguma disputa teórica, principalmente por aqueles apegados à literalidade da classificação pontesiana. Nada obstante, um dos exemplos de ato-fato, dado por Pontes de Miranda, consiste na responsabilidade pela declaração ou manifestação de vontade não séria (p. 387). A vontade declarada é suporte fáctico de ato jurídico ou negócio jurídico, mas o Direito, para responsabilidade civil, pode tomá-la como ato puro, para imputar-lhe efeitos. Vale dizer, o que ao Ordenamento Jurídico interessa é o resultado da vinculação mínima decorrente do ato ou negócio jurídico, desimportante a vontade (séria ou não) que o enche. Quando uma norma tributária faz algum negócio jurídico como um dos elementos do suporte fáctico do ICMS, *v.g.*, toma-o como ato puro, sem descer à vontade que lhe é ínsita. Daí por que a obrigação tributária decorre sempre de ato-fato jurídico: importa o ato humano, pouco importando se volitivo ou não (negócio jurídico + lugar + circulação da mercadoria + etc.). Outrossim, o derrogado parágrafo único do art. 36 do Código Civil, segundo o qual o domicílio da mulher casada é o do marido, tem o negócio jurídico do casamento como seu suporte fáctico. Mas o casamento aí é recebido pela norma como mero ato, sendo o domicílio resultado de ato-fato (cf. PONTES DE MIRANDA. *Tratado de direito privado*, t. I, p. 253, 263).

[81] Antônio Carlos Mendes (*Introdução à teoria das inelegibilidades*, p. 85-86) procedeu distinção que não consta na Constituição, ao afirmar que apenas incide o art. 15, III, da CF/88 quando o crime apenado for doloso: "Todavia, considerando-se a *ratio* do preceito constitucional e buscando a preservação da moralidade e legalidade no exercício da função pública, é possível distinguir entre os crimes dolosos e os crimes culposos sustentando-se que (a) estes não autorizam e (b) aqueles determinam a suspensão dos direitos políticos". Já a interpretação que se dava à Constituição revogada era no sentido da indistinção da decisão penal: "A condenação criminal suspende, *qualquer que ela seja*, enquanto for eficaz a sentença, os direitos políticos" (PONTES DE MIRANDA. *Comentários à Constituição de 1967 com a Emenda Constitucional n. 1, de 1969*, t. IV, p. 575). A jurisprudência tem perlustrado o mesmo caminho: "Inelegibilidade. Condenação criminal transitada em julgado (Constituição, arts. 14, §3º, inciso II e 15, inciso III). Crime culposo. É irrelevante a espécie de crime, bem assim a natureza da pena. Recurso especial conhecido e provido" (Ac. nº 13.027, REsp. nº 13.027, rel. Min. Marco Aurélio, j. un. em 18.09.1996. *Julgados TSE*, 09/II, p. 19, set. 1996).

[82] Ac. nº 12.043, j. maio em 04.08.1994, rel. Min. Fláquer Scartezzini *apud* FRANCO *et al. Código Penal e sua interpretação jurisprudencial*, p. 1089.

vale dizer, do crime apenado e do regime da pena. Basta a procedência e o trânsito em julgado da sentença penal para que, *ope legis*, dimane tal efeito jurídico. A norma constitucional é autoaplicável, não podendo o legislador ordinário diminuir o âmbito de sua incidência, especificando crimes ao qual seja aplicada.[83] Deste modo, seria bisonho uma norma de menor hierarquia impor contornos ao preceito constitucional sem a sua expressa autorização. Logo, temos de ler o art. 92 do CP com as lentes do art. 15, III, da CF/88.

Os efeitos da sentença de condenação, consoante o art. 92 do CP, não são automáticos, devendo ser motivadamente declarados na sentença. Não são, pois, efeitos anexos, mas naturais da decisão. Embora não fiquem jungidos ao princípio da adstrição do juiz ao pedido das partes (ou princípio da congruência), tais efeitos ocorrem em decorrência de expressa manifestação do juiz, que deverá motivar a resolução quanto a eles. Por conseguinte, enquanto pelo art. 15, III, da CF, a suspensão dos direitos políticos é efeito automático da sentença penal procedente, pelo art. 92 do CP a perda do cargo público seria efeito incluso não automático, dependendo de pronúncia judicial expressa e motivada.

E, neste particular, necessário refletir sobre tais problemas hermenêuticos abordados, guardando na retentiva o disposto no art. 55 da CF/88.

A condenação criminal, em sentença transitada em julgado, induz a perda do mandato do parlamentar, em consequência da suspensão dos direitos políticos prevista no art. 15, inc. III da CF/88. Nada obstante, os efeitos inexos (inclusos) da suspensão dos direitos políticos e perda do mandato parlamentar, decorrentes da sentença penal, ficam condicionados a processo judicialiforme realizado pela Casa Legislativa responsável, decidido por votação de maioria absoluta. Assim, os efeitos secundários da sentença penal, quando o apenado for deputado ou senador, ficam dependentes de votação dos parlamentares. A sentença penal é válida e eficaz (efeitos naturais), mas os efeitos inclusos do art. 92 do CP dependem de manifestação favorável da maioria absoluta dos parlamentares da Casa Legislativa, da qual o apenado faz parte. Note-se que, para a perda dos direitos políticos e do mandato eletivo, é necessário (a) a sentença penal procedente transitada em julgado e (b) a concordância da maioria absoluta dos deputados ou senadores.

Se houver perda dos direitos políticos, por qualquer dos motivos previstos no art. 15 da CF, exceto a *condenação* criminal, basta à perda do mandato uma declaração da Mesa da Casa respectiva, após o exercício do direito de defesa do deputado ou senador. Assim, se o parlamentar for havido judicialmente como absolutamente incapaz, ou vier a perder a nacionalidade brasileira, ficará privado de seus direitos políticos, com a consequente perda do cargo eletivo, por declaração da Mesa da Casa Legislativa.

Este aspecto da questão nos aponta a solução do problema hermenêutico, conciliando o art. 92, inc. I, do CP ao texto constitucional. Pela norma penal, a perda

---

[83] Com razão, Antônio Carlos Mendes (*op. cit.*, p. 85). Um dos mais importantes princípios de hermenêutica constitucional é o *princípio da interpretação conforme a Constituição*, segundo o qual as normas infraconstitucionais devem ser interpretadas de acordo com a Carta, não podendo a Carta ser interpretada para acomodação das normas hierarquicamente inferiores. Tal princípio "guarda suas conexões com a unidade do ordenamento jurídico, e, dentro desta, com a supremacia da Constituição. Disso resulta que as leis editadas na vigência da Constituição, assim como as que procedam de momento anterior, devem curvar-se aos comandos da Lei Fundamental e ser interpretadas em conformidade com ela" (BARROSO. *Interpretação e aplicação da Constituição*, p. 178; cf. também TÔRRES. *Normas de interpretação e integração do direito tributário*, p. 92 *et seq.*)

do cargo público ou mandato eletivo é efeito natural da sentença penal, tendo que ser expressamente nela consignada. Dessarte, ao efeito preponderante da sentença de procedência (na maioria das vezes, mandamental), junta-se o efeito desconstitutivo do vínculo do apenado com a Administração Pública (perda do cargo) ou com a Casa Legislativa (com a aplicação do art. 55 da CF). Ambos são efeitos próprios da sentença penal, dependentes de expressa decisão judicial, sem que haja suspensão dos direitos políticos. A perda do cargo público ou do mandato eletivo, nesta hipótese, nada tem a ver com os direitos políticos, que remanescem íntegros, até o trânsito em julgado da sentença.

Por sua vez, a suspensão dos direitos políticos, decorrente do trânsito em julgado da sentença penal procedente, é efeito automático, excluso, por força do art. 15 da CF/88. Transitada em julgado a sentença penal, opera-se *ipso iure* a suspensão dos direitos políticos. Mas a suspensão dos direitos políticos não tem o efeito de, por si, operar a perda do cargo público ou do mandato eletivo. Para que isso ocorra, necessária uma nova ação, não mais de natureza penal, para que a Justiça Cível promova, com valhacouto na suspensão automática dos direitos políticos, a perda do cargo público; e, no caso de parlamentares, necessárias as providências para que o Legislativo promova a perda do mandato eletivo (art. 55 da CF).

Sentença penal transitada em julgado (art. 15, inc. III da CF/88). →	Efeito automático (anexo): suspensão dos direitos políticos. →	A *perda de cargo público* ou *mandato eletivo* é dependente de outra decisão judicial ou de decisão posterior do Legislativo.
Sentença penal que decreta a perda do mandato eletivo ou perda de cargo público (art. 92, inc.I do CP). →	Efeito dependente de expressa decisão motivada (art. 92, parágrafo único do CP). →	Não há suspensão dos direitos políticos como efeito natural, mas sim como efeito anexo (art. 15, III, da CF).

Noutro giro, Antônio Carlos Mendes,[84] quando increpou ao art. 1º, inc. I, alínea "e", da LC nº 64/90 a pecha de reduzir a *numerus clausus* o conteúdo do art. 15, inc. III, da CF/88, enfrentou problema que não existia. Na verdade, aquele dispositivo da lei complementar não imputa aos condenados pelos crimes contra a economia popular, fé pública, administração pública, patrimônio público, mercado financeiro, tráfico de entorpecentes e crimes eleitorais, não imputa, dissemos, a suspensão dos direitos políticos. A suspensão dos direitos políticos ocorre automaticamente, pela própria sentença penal transitada em julgado. O que o art. 1º, inc. I, alínea "e", prescreve é a cominação de inelegibilidade por três anos, após o cumprimento da pena. Ou seja, enquanto durarem os efeitos da sentença penal, transitada em julgado, o apenado fica

---

[84] *Idem*, p. 85.

com seus direitos políticos suspensos; cessados os seus efeitos, com o cumprimento da pena, o apenado recupera o exercício de seus direitos políticos (*ius sufragii*, direito de votar), inobstante se torne inelegível por três anos, após o cumprimento da pena (inelegibilidade, perda do *ius honorum*). As espécies, pois, são diferentes, sendo curial não embaralhá-las.

A suspensão dos direitos políticos dura enquanto durarem os efeitos da sentença penal de procedência (art. 15, III, *in fine*, da CF/88).

A sentença penal que irroga a pena de multa é preponderantemente condenatória, constituindo-se título executivo judicial (art. 164, *caput*, da Lei de Execuções Penais). Há o dever de pagar, infligido pela sentença, que apenas se extingue com o pagamento da multa, ou de um jacto ou em prestações (art. 168 e art. 169 da LEP). Não havendo quitação voluntária, o Ministério Público é legitimado a promover a execução forçada. Enquanto não for satisfeita a condenação, perduram os seus efeitos, com as consequências do art. 15, III, da CF/88.

As penas privativas de liberdade e restritivas de direito são impostas por sentença penal mandamental, perdurando os seus efeitos enquanto não houver o seu cumprimento total. Se há determinação temporal da pena, o *dies ad quem* é o último dia do cômputo fixado. Não há necessidade do alvará de que trata o art. 109 da LEF, que é ordem de soltura, tampouco de audiência admonitória. O fim dos efeitos da sentença deu-se antes, com a consumação temporal. O alvará, se não for concedido quando cumprida ou extinta a pena, torna ilegal a privação da liberdade, sendo coatora a autoridade judiciária responsável pela execução penal. Mas os efeitos da sentença, para as consequências do art. 15, III, da CF, não mais subsistem. Outrossim, nesta linha de entendimento, desnecessária a reabilitação do apenado, que é *plus* ao cumprimento da pena. A suspensão condicional da pena (*sursis*) e o livramento condicional não elidem os efeitos da sentença penal procedente, apenas suspendendo alguns deles. De fato, nestas duas hipóteses o apenado continua sofrendo os efeitos da sentença, notadamente o constitutivo da pena, sem embargo de suspensão da mandamentalidade (os efeitos fácticos do *decisum*). De modo que, enquanto subsistirem estas duas situações, há pena e há suspensão dos direitos políticos.[85] Aqui se revela utilíssima a classificação quinária das cargas eficaciais da sentença de procedência, elaborada pela genialidade de Pontes de Miranda.

Quanto aos Juizados Especiais Criminais, havendo conciliação das partes, com a renúncia do direito de queixa ou representação, não há sentença penal, porque ação não houve (art. 74, parágrafo único, da Lei nº 9.099/95). Já na hipótese de transação, prevista no art. 76 desta Lei, há inflição de pena restritiva de direitos ou multa, porém não há a incidência do art. 15, III, da CF/88, porque o único efeito penal que ela gera é impedir nova transação pelo prazo de cinco anos.[86] Já na suspensão condicional do processo, prevista no art. 89 da Lei dos Juizados Especiais, se admite que haja paralisação do trâmite processual, dês que o réu se submeta a período de prova, assemelhado a cumprimento de pena restritiva de direito. Nada obstante, não há sentença penal de procedência, com a declaração da prática do crime e aplicação da pena, não havendo

---

[85] Cf. JESUS. *Código de Processo Penal anotado*, p. 621. Outrossim, Antônio Carlos Mendes (*op. cit.*, p. 86).
[86] TOURINHO NETO; FIGUEIRA JÚNIOR. *Juizados especiais estaduais cíveis e criminais*: comentários à Lei nº 9.099/1995, p. 575. Com isso, corrijo erro que constava das edições anteriores.

ensanchas à incidência do art. 15, inc. III, da CF/88. O cumprimento do período de prova é causa de extinção da punibilidade.[87]

A condenação criminal, prescreve a Constituição, suspende os direitos políticos após o trânsito em julgado. A LC nº 135/2010, nada obstante, tangenciou a norma constitucional e passou a prescrever a sanção de inelegibilidade por oito anos, a partir da decisão de órgão colegiado que a tenha cominado, independentemente do trânsito em julgado.[88] Teríamos três espécies de inelegibilidade cominada potenciada:

(a) inelegibilidade desde a condenação de órgão colegiado (originária ou recursal), naqueles crimes hipotisados;

(b) inelegibilidade após o trânsito em julgado, enquanto durar a pena (art. 15, III, da CF/88); e

(c) inelegibilidade de 8 (oito) anos após o cumprimento da pena.

Chamo de *inelegibilidade cominada potenciada processual* aquela decorrente do tempo do processo em razão de recurso manejado, antes do trânsito em julgado. O ônus do tempo do processo, daquele condenado por órgão colegiado, é todo do recorrente, que ficará inelegível até o trânsito em julgado, dure ele enquanto durar; se a decisão for mantida posteriormente, ficará mais oito anos inelegível, a contar do cumprimento da pena.

A inelegibilidade processual, como se observa, é efeito anexo imediato da decisão condenatória do órgão colegiado, naqueles crimes elencados pela LC nº 135. Poderá, entretanto, ser suspensa, desde que se cumpram dois requisitos: (a) existir plausibilidade da pretensão recursal, e (b) desde que a providência tenha sido expressamente requerida, sob pena de preclusão, por ocasião da interposição do recurso.[89]

A plausibilidade da pretensão recursal é a admissão, pelo órgão responsável pela apreciação do recurso, de que o recurso é sério, tendo alguma chance de sagrar-se vitorioso. É dizer, a suspensão da inelegibilidade será concedida, após pedido expresso

---

[87] *Vide* Julio Fabbrini Mirabete (*Juizados especiais criminais*, p. 143-144), em que se lê a seguinte decisão do Tribunal de Justiça de Santa Catarina: "A decisão que decreta a suspensão do processo (porque não discute a culpa) não julga o mérito, isto é, não absolve, não condena nem julga extinta a punibilidade, decorrendo então que não gera nenhum efeito penal secundário típico da sentença penal condenatória, *muito menos afeta quaisquer direitos políticos* (Proc. 96.002025-0-Lages, Rel. Des. Nilton Macedo Machado, j. 25.5.96)". Outrossim, Damásio de Jesus (*Lei dos juizados especiais criminais anotada*, p. 93).

[88] Prescreve a nova norma: Art. 1º, inc. I, "e", serem inelegíveis "os que forem condenados, em decisão transitada em julgado ou proferida por órgão judicial colegiado, desde a condenação até o transcurso do prazo de 8 (oito) anos após o cumprimento da pena, pelos crimes: 1. contra a economia popular, a fé pública, a administração pública e o patrimônio público; 2. contra o patrimônio privado, o sistema financeiro, o mercado de capitais e os previstos na lei que regula a falência; 3. contra o meio ambiente e a saúde pública; 4. eleitorais, para os quais a lei comine pena privativa de liberdade; 5. de abuso de autoridade, nos casos em que houver condenação à perda do cargo ou à inabilitação para o exercício de função pública; 6. de lavagem ou ocultação de bens, direitos e valores; 7. de tráfico de entorpecentes e drogas afins, racismo, tortura, terrorismo e hediondos; 8. de redução à condição análoga à de escravo; 9. contra a vida e a dignidade sexual; e 10. praticados por organização criminosa, quadrilha ou bando".

[89] Prescreve o Art. 26-C, introduzido pela LC nº 135: "O órgão colegiado do tribunal ao qual couber a apreciação do recurso contra as decisões colegiadas a que se referem as alíneas *d, e, h, j, l* e *n* do inciso I do art. 1º poderá, em caráter cautelar, suspender a inelegibilidade sempre que existir plausibilidade da pretensão recursal e desde que a providência tenha sido expressamente requerida, sob pena de preclusão, por ocasião da interposição do recurso. §1º. Conferido efeito suspensivo, o julgamento do recurso terá prioridade sobre todos os demais, à exceção dos de mandado de segurança e de **habeas corpus**; §2º. Mantida a condenação de que derivou a inelegibilidade ou revogada a suspensão liminar mencionada no **caput**, serão desconstituídos o registro ou o diploma eventualmente concedidos ao recorrente; §3º. A prática de atos manifestamente protelatórios por parte da defesa, ao longo da tramitação do recurso, acarretará a revogação do efeito suspensivo."

da parte quando manejar o recurso, com base na probabilidade de que, ao final, possa haver reversão da decisão em que a inelegibilidade se anexou como efeito externo. Analisa-se nessa oportunidade, então, a maior ou menor probabilidade da reforma da decisão penal condenatória.

Se, por acaso, houver risco de lesão irreparável para o nacional, durante a tramitação do recurso, em razão dos efeitos imediatos da inelegibilidade decorrente da decisão colegiada, poderá o interessado, após recorrer, ingressar com ação cautelar no órgão incumbido de apreciar o recurso interposto, visando à imediata obtenção do efeito suspensivo da inelegibilidade.

2.2.2.3 Improbidade administrativa

Improbidade administrativa é o termo técnico para designar atos dolosos de corrupção na esfera pública, os quais podem ou não ter consequências patrimoniais. Os atos de improbidade, portanto, são atos ilícitos, desonestos, praticados por agentes públicos, entendidos tais as pessoas que possuam vínculo com órgãos ou entidades da Administração Pública; ou com entidades subvencionadas pelo erário público; ou com entidades concessionárias, permissionárias, delegatárias, outorgatárias[90] ou contratadas por órgão público. Podem, terceiros alheios à administração pública, praticar atos de improbidade: basta que induzam ou concorram para a prática de improbidade por agente público, ou mesmo do ato ilícito tirem proveito (arts. 1º e 3º da Lei nº 8.429/92).

Diferentemente do que ocorre com a hipótese de suspensão dos direitos políticos em razão de condenação criminal transitada em julgado, a improbidade administrativa, declarada em sentença judicial, não gera a suspensão dos direitos políticos como efeito anexo, automático. Necessário que a decisão qualificadora de determinado ato administrativo como ímprobo expressamente disponha sobre a suspensão dos direitos políticos do agente público que o praticou. O art. 37, §4º, da CF/88 condicionou a suspensão dos direitos políticos por atos de improbidade à forma e gradação prevista em lei, determinando que os atos de improbidade administrativa importarão a suspensão dos direitos políticos, a perda da função pública, a indisponibilidade dos bens e o ressarcimento ao erário, na forma e gradação previstas em lei, sem prejuízo da ação penal cabível.

Logo, os fatos geradores de improbidade administrativa passaram, por força dessa norma, à competência legislativa infraconstitucional, de modo que as normas postas na Constituição, sobre improbidade, são *normas de eficácia limitada ou reduzida*, na conformidade da acolhida classificação de José Afonso da Silva.[91] Coube à Lei nº 8.429/92 tipificar os atos de improbidade administrativa, bem como estabelecer a forma e gradação da suspensão dos direitos políticos, da perda da função pública,

---

[90] Sobre o conceito de empresas outorgatárias, *vide* o meu "Inaplicabilidade da Lei de Licitações na relação entre a administração e indireta" (*In*: TEMAS de direito público, p. 30 *et seq.*).

[91] *Aplicabilidade das normas constitucionais*, p. 76. Segundo o emérito constitucionalista, as normas constitucionais de eficácia limitada ou reduzida "são todas as que não produzem, com a simples entrada em vigor, todos os seus efeitos essenciais, porque o legislador constituinte, por qualquer motivo, não estabeleceu, sobre a matéria, uma normatividade para isso bastante, deixando essa tarefa ao legislador ordinário ou a outro órgão do Estado".

indisponibilidade dos bens e ressarcimento ao erário, como sanções cominadas aos agentes públicos.

Este diploma legal, ao dispor sobre a matéria *sub oculis*, fez a joeira dos atos reputados ímprobos em três espécies: (i) atos que importam enriquecimento ilícito; (ii) atos que causam prejuízo ao erário; e (iii) atos que atentam contra princípios da administração pública. À prática de tais atos tipificados pela norma, a lei imputou três blocos de sanções, definidas em seu art. 12, as quais devem ser aplicadas em face do caso concreto, através das ponderações judiciais, levando em conta a extensão do dano causado, assim como o proveito patrimonial obtido pelo agente (art. 12, parágrafo único). De conseguinte, são aplicadas por decisão judicial específica, como conteúdo da parte dispositiva da sentença: não são efeitos anexos ou exclusos, portanto. Aos atos do bloco (i), a lei prescreveu a suspensão dos direitos políticos de oito a dez anos; aos do bloco (ii), de cinco a oito anos; e aos do bloco (iii), de três a cinco anos.

As ações que reprocham os atos de improbidade administrativa são de competência da Justiça Comum, não sendo afetas à Justiça Eleitoral.[92] Podem ser molestados judicialmente os atos ímprobos através da ação ordinária prevista no art. 17 da Lei nº 8.429/92, através de ação popular[93] ou ação civil pública, em cujo pedido haja expressado solicitação das penas indigitadas, mercê do princípio processual da congruência. Aqui é ponto de assomada importância, que parte da doutrina não vem cuidando com o necessário desvelo.

A ação popular é ação cívica concedida a todos os que tenham direitos políticos para controle da legalidade e moralidade dos atos públicos. Tal qual ocorre com todos os remédios processuais, a ação popular há de ser proposta com atenção às normas processuais pertinentes, notadamente aquelas do art. 319 do CPC. Aliás, diga-se o mesmo da ação civil pública proposta pelo Ministério Público. Por isso, as ações ajuizadas hão de possuir causas de pedir e pedidos, os quais estejam em consonância com os pressupostos definidos e finalidades visadas pelas normas constitucionais. Se há um determinado ato inválido praticado pelo administrador público, lesivo ao erário ou à moralidade administrativa, deve ser ele explicitado na exordial, com a demonstração de todos os seus traços relevantes, para deles serem assacados os efeitos pretendidos, todos eles explicitados nos pedidos formulados. Sem que os atos tenham o dolo reconhecido ou sem que se lhes aplique a sanção de suspensão dos direitos políticos, não há falar em posterior anexação de inelegibilidade.[94] Como pertinentemente averba Rodolfo de

---

[92] No mesmo sentido, Teori Albino Zavascky (Direitos políticos: perda, suspensão e controle jurisdicional. *Revista de Ciência Jurídica*, p. 298). Outrossim, *vide* o que escrevemos sobre a AIRC e a improbidade administrativa, no capítulo próprio deste livro.

[93] Não poucos excluem seja a improbidade administrativa causa de pedir da ação popular. Sem razão, contudo. Se à ação popular compete a tutela da moralidade administrativa, não há como dela excluir a probidade administrativa e, mercê disso, a sua violação por atos de desonestidade (improbidade).

[94] "Agravos regimentais. Recurso ordinário. Registro de candidatura. (...) Deputado estadual. Inelegibilidade. Art. 1º, I, *l*, da Lei Complementar nº 64/90. Intempestividade reflexa. Preliminar. Não acolhimento. Ato doloso de improbidade administrativa. Dano ao patrimônio público. Enriquecimento ilícito. Simultaneidade. Inexistência. Inelegibilidade. Não configuração. Não provimento. (...) 2. A incidência da causa de inelegibilidade prevista no art. 1º, I, *l*, da LC nº 64/90,com redação dada pela LC nº 135/2010, pressupõe condenação do candidato à suspensão dos direitos políticos por ato de improbidade administrativa que importe lesão ao patrimônio público e enriquecimento ilícito. 3. No caso, o candidato foi condenado por ato de improbidade que importou apenas violação aos princípios da Administração Pública, não incidindo, por isso, a inelegibilidade do art. 1º, I, *l*, da LC nº 64/90" (Ac. de 15.12.2010 no AgR-RO nº 381.187, rel. Min. Aldir Passarinho Junior).

Camargo Mancuso,[95] ao tratar da ação popular, a jurisdição se exercerá apenas sobre a *parte* da controvérsia trazida aos autos, embora, compreensivelmente, para além dos limites da lide deduzida, outros pontos e outras questões possam existir, mas que, por não terem sido incluídos no pedido, não constituirão a *res in judicio deducta*, inclusive para efeitos de coisa julgada material. E assim se compreende que o CPC exclua do âmbito da coisa julgada os motivos, a verdade dos fatos, as questões decididas incidentemente (art. 504), sendo certo ainda que os pedidos que poderiam ter sido formulados mas não o foram, somente em ação própria poderão ser manejados (art. 329).

Logo, para que a ação popular venha a ser meio hábil para a declaração de prática de improbidade administrativa pelo agente público, necessário que, a par de ser pedida a invalidação do ato exprobrado, se reclame também aquele efeito relevante, bem como a aplicação das sanções previstas no art. 12 da Lei nº 8.429/92. Não havendo pedido expresso, é defeso ao juiz se pronunciar sobre a questão, sob pena de julgamento *ultra petita*, em afronta ao art. 141 do CPC.

A ação popular e a ação civil pública, cumpridos tais requisitos elementares, se julgadas procedentes, além da decretação da nulidade do ato administrativo, poderão, acaso tal ato írrito esteja subsumido a uma das hipóteses dos arts. 9º, 10 e 11 do Estatuto das Improbidades, provocar a declaração de improbidade administrativa, a condenação por danos ao erário e a decretação de suspensão dos direitos políticos, pelo prazo determinado pelo julgador. Tais eficácias são naturais da própria sentença, não podendo ocorrer automaticamente. São efeitos inexos, portanto, inclusos ao dispositivo: fazem parte do conteúdo da resolução judicial. Sem a decretação da suspensão dos direitos políticos, não se anexam os efeitos das inelegibilidades.[96]

Por essa razão, a procedência de ação popular ou da ação civil pública contra pré-candidato, ou candidato, não enseja a suspensão dos direitos políticos, e como corolário a inelegibilidade, se não houver expressa disposição neste sentido.[97] A só nulidade do ato administrativo, decretada mercê de ajuizamento de ação popular, apenas pode ensejar outra ação, na qual se discuta, com base nesta nulidade decretada, a ocorrência de improbidade administrativa, com seus consectários legais. E alguma ação eleitoral (AIRC, AIJE, AIME, RCD) pode ser a ação proposta subsequentemente? A resposta é negativa, pelas razões expostas no capítulo próprio, quando tratamos da ação de impugnação de registro de candidato.

Fixemo-nos um pouco mais neste ponto, que é de assomada importância.

As hipóteses de improbidade administrativa, definidas em lei ordinária federal, podem dar ensejo à suspensão dos direitos políticos, acaso expressamente prevista na sentença que declarar a existência da improbidade. Tal sentença, prolatada pela Justiça Comum, não decreta a inelegibilidade, posto que a inelegibilidade advém da

---

[95] *Ação popular*, p. 60.
[96] Prescreve o art. 1º, inc. I, alínea "l", serem inelegíveis: "os que forem condenados à suspensão dos direitos políticos, em decisão transitada em julgado ou proferida por órgão judicial colegiado, por ato doloso de improbidade administrativa que importe lesão ao patrimônio público e enriquecimento ilícito, desde a condenação ou o trânsito em julgado até o transcurso do prazo de 8 (oito) anos após o cumprimento da pena".
[97] "Registro – Ação Civil Pública – Suspensão de direitos políticos – alínea *l* do inciso I do artigo 1º da Lei Complementar nº 64/1990. Ainda que se pudesse observar a Lei Complementar nº 135/2010 — procedimento não adotado pelo Relator, mas pela ilustrada maioria —, o julgamento da ação civil pública não resultou na suspensão dos direitos políticos do recorrido" (Ac. de 11.11.2010 no RO nº 244.078, rel. Min. Marco Aurélio).

perda de uma das condições de elegibilidade (o gozo dos direitos políticos). Declarada a improbidade, e decretada a suspensão dos direitos políticos pelo prazo fixado judicialmente, poderão os legitimados *ad causam*, através de ação eleitoral própria, pedir ao juiz eleitoral a declaração da inelegibilidade do candidato (ou pré-candidato), com estribo na suspensão dos direitos políticos. Assim, a AIRC ou o recurso contra diplomação, dependendo do momento eleitoral, poderão ser manejados para obtenção da declaração da inelegibilidade do nacional, ocorrida com a subtração dos direitos políticos.

O que se disse sobre a *inelegibilidade processual* que a LC nº 135/2010 criou para a condenação penal firmada por órgão colegiado, diga-se também para a decisão colegiada que decide pela suspensão dos direitos políticos. Enquanto durar o tempo do recurso, ficará o recorrente inelegível, salvo se obtiver a sua suspensão cautelar.[98] Além da inelegibilidade decorrente da suspensão dos direitos políticos, ficará o nacional mais oito anos inelegível, após o cumprimento da pena. Ou seja, se o juiz aplicar apenas cinco anos de inelegibilidade, anexam-se, automaticamente, mais oito anos de inelegibilidade. Ali, há ponderação da gravidade do fato para a dosimetria da sanção; aqui, a LC nº 135 aplica de um jato, sem dó nem piedade, a terrível sanção. É um expurgo do nacional da vida pública, típico dos regimes autoritários. Mas no Brasil, graças ao hipermoralismo eleitoral, a Sibéria política é logo ali...

2.3 Alistamento eleitoral

Outra *condição de elegibilidade própria*, segundo a classificação topologicamente adotada, é o alistamento eleitoral.

O alistamento é o ato jurídico pelo qual a Justiça Eleitoral qualifica e inscreve o nacional no corpo de eleitores. Há o *pedido de inscrição eleitoral*, cumpridos os requisitos legais, sobre o qual se pronunciará, em exercício de atividade de jurisdição voluntária, a Justiça Eleitoral. Deferindo, qualifica-se e inscreve-se o eleitor: faz-se o alistamento.

O alistamento, portanto, é o ato jurídico pelo qual nascem, para os nacionais, os direitos políticos, entre eles, o direito público subjetivo de votar. Antes da imissão do nacional no corpo de eleitores inexistem direitos políticos, não havendo cidadania. A cidadania, não é demais repetir, é o direito de sufrágio e seus corolários, como a legitimidade *ad causam* ativa para propor ação popular.

Há direito subjetivo público ao alistamento, nada obstante haja o dever, perante o Estado, de alistar-se. Daí o porquê de falar-se em direito de sufrágio, dele decorrente, como *função pública*, ou seja, como poder-dever do cidadão. Há, destarte, direito subjetivo público ao alistamento, sem o qual não nascem os direitos políticos, mas o alistamento é também ato devido pelo nacional diante da Pátria, para contribuir na administração da coisa pública, participando da vida política de seu povo. Como existe o dever de

---

[98] "Agravo Regimental no Recurso Ordinário. Causa de inelegibilidade. Artigo 1º, I, *l* da Lei Complementar nº 64/90 com a redação da Lei Complementar nº 135/2010. Não configuração. Artigo 11, §10, da Lei nº 9.504/97. Aplicabilidade. Erro material. Corte de origem. Preclusão. Prova. Inelegibilidade. Impugnante. 1. Provimento judicial que suspende os efeitos de decisão proferida por órgão judicial colegiado, condenando à suspensão dos direitos políticos por ato de improbidade administrativa com prejuízo ao erário, tem o condão de afastar a inelegibilidade, a teor do artigo 11, §10, da Lei nº 9.504/97" (Ac. de 1º.02.2011 no AgR-RO nº 259.409, rel. Min. Hamilton Carvalhido).

servir à Pátria defendendo-a, pelo qual o jovem é conscrito para o serviço militar obrigatório, existem outros deveres indispensáveis para o crescimento e fortalecimento da nação, sem os quais se perdem em importância os laços recíprocos que unem as pessoas entre si em nome de uma identidade cívica, sob um mesmo governo, geograficamente situados em um mesmo território.

Preenchidos os pressupostos legais, nasce o direito ao alistamento. Tal como dissemos, a par do direito subjetivo público de se alistar, há a obrigatoriedade do alistamento. A doutrina tem falado, então, que o alistamento é *função pública*, bem assim o ato de votar. Celso Antônio Bandeira de Mello,[99] ao tratar do princípio da supremacia do interesse público sobre o interesse privado, adverte que as prerrogativas do administrador público, exercidas em prol da finalidade sobranceira da Administração, não são poderes simplesmente, mas "deveres-poderes", porquanto a atividade administrativa é desempenho de *função*. Dessa forma, adscreve, exuberantemente, que se tem função apenas quando alguém "está assujeitado ao *dever* de buscar, no *interesse de outrem*, o atendimento de certa finalidade". Para desincumbir-se desse dever, o agente necessita manejar *poderes*, sem os quais não teria como atender à finalidade que deve perseguir para a satisfação do interesse alheio. Desse modo, assevera o professor paulista, tais poderes são irrogados, única e exclusivamente, para propiciar o cumprimento do dever a que estão jungidos; ou seja, "são conferidos como *meios* impostergáveis ao preenchimento da finalidade que o exercente de função deverá suprir".

Tal conceito de *função* não tem utilidade para o problema aqui tratado, sendo próprio e útil apenas para o campo do Direito Administrativo. Em verdade, há aqui função pública, pelo exercício do voto, porque o ato de votar, e seu antecedente necessário, o ato de alistamento, é atividade em proveito próprio e da coletividade, como autodeterminação na administração da coisa comum. Aqui, privilegia-se o ato e os fins buscados pelo nacional, como ser-no-mundo, enquanto participante de uma mesma nacionalidade. Se na esfera jurídica do nacional nasce o direito de votar, sendo franqueado de modo peremptório o exercício da cidadania, também se lhe exige, sob a óptica da nação, a sua participação efetiva no processo democrático, como ser portador de vontade e autodeterminação. Não há negar que há países nos quais o voto e o alistamento são facultativos: o silêncio eloquente do cidadão demonstra já a insatisfação com o *status quo*. A função pública aí é exercida de conformidade com as tradições e a cultura de cada povo. Portanto, no direito positivo brasileiro, o alistamento é poder-dever, ou seja, função pública.

São alistáveis, *obrigatoriamente*, os brasileiros natos ou naturalizados, alfabetizados, maiores de 18 (dezoito) anos e menores de 70 (setenta) anos de idade (art. 14, §1º, inc. I, da CF/88). São alistáveis, *facultativamente*, os brasileiros natos ou naturalizados, analfabetos, maiores de 16 (dezesseis) anos e menores de 18 (dezoito) anos de idade, ou maiores de 70 (setenta) anos (art. 14, §1º, inc. II da CF/88). Outrossim, são *inalistáveis* os estrangeiros e os brasileiros conscritos,[100] durante o período do serviço militar obrigatório

---

[99] *Curso de direito administrativo*, p. 45.
[100] São conscritos os alistados para o serviço militar obrigatório. Enquanto durar a prestação do serviço obrigatório, há inalistabilidade. Todavia, findo este período, continuando o nacional servindo às forças militares do País, há o poder-dever de alistar-se, como sói acontecer com todos os brasileiros maiores de 18 (dezoito) anos de idade.

(art. 14, §2º, da CF/88), bem como os nacionais que se subsumam às hipóteses do art. 15 da CF/88. Os brasileiros que não saibam exprimir-se em língua nacional também são inalistáveis (art. 5º, inc. II, do CE), eis que não podem manifestar validamente a sua vontade.

O alistamento deve ocorrer no domicílio eleitoral do nacional, realizado na forma prevista pelas normas eleitorais pertinentes. Atualmente, vigorando o processamento eletrônico de dados, o ato de inscrição e qualificação do eleitor é sobejamente facilitado, sendo apenas de se preencher formulário padronizado pelo Tribunal Superior Eleitoral, à disposição em todos os cartórios eleitorais, com a comprovação da idade e do domicílio eleitoral.

O requerimento de inscrição deve ser realizado até dentro de cem dias anteriores à data da eleição, quando não mais se admitirão pedidos de transferência de inscrição para novo domicílio, ou de segunda via de títulos eleitorais (arts. 67 e 68, §2º, do CE). Tal requerimento será decidido pelo juiz eleitoral, após parecer do Ministério Público, deferindo ou indeferindo. Se houver deferimento, poderá recorrer qualquer delegado de partido político no prazo de três dias, a partir da entrega da relação dos nomes dos eleitores alistados aos partidos políticos. Se houver indeferimento, caberá recurso interposto pelo alistando no mesmo prazo, contado da publicação em cartório.

Sendo o alistamento o ato jurídico do qual nasce o direito de votar (*ius sufragii*), o seu cancelamento corta também seus efeitos no mundo jurídico, *ex nunc*. Assim, o cancelamento da inscrição eleitoral é efeito jurídico dos fatos previstos no art. 71 do CE. Cada suporte fáctico é suficiente, por si, para ter como consectário o corte na existência da inscrição do eleitor. O enunciado do *caput* do artigo já evidencia ser o cancelamento o resultado, a consequência, o efeito de um desses fatos descritos (infração dos arts. 5º e 42 do CE, suspensão ou perda dos direitos políticos, a pluralidade de inscrição, o falecimento do eleitor e o fato de deixar de votar em três eleições consecutivas), razão pela qual quem vem a juízo propor a exclusão do eleitor, com espeque em uma dessas causas enumeradas, parte necessariamente da sua ocorrência no mundo, como fato jurídico que se quer declarado e provado.

Assim, se através de uma ação própria o nacional é declarado ímprobo, a sentença que o assim qualificar também deverá suspender os seus direitos políticos, pelo prazo que expressamente fixar. Com base nessa resolução judicial, poderão os legitimados do §1º do art. 71 do CE propor o pedido de cancelamento da inscrição eleitoral, com a consequente *exclusão do eleitor* do corpo de eleitores. De conseguinte, a *ação de cancelamento de inscrição eleitoral*, prevista nesse dispositivo, é meio para a desconstituição do alistamento eleitoral, com supedâneo naquele complexo de fatos reputados relevantes pela norma iterativamente referida.

São legitimados para exercer a pretensão de cancelamento da inscrição eleitoral: juiz eleitoral *ex officio*, o delegado de partido político, qualquer eleitor e o representante do Ministério Público.

O juiz eleitoral julgará o processo de exclusão do eleitor e cancelamento de inscrição, na forma do art. 77 do CE. Daí o porquê de não aplaudirmos a quebra do princípio da demanda, segundo o qual *nemo jurisdictio sine actore*. A jurisdição há de ser provocada, de modo que o magistrado não exerça a função dupla de acionar e julgar, perdendo o muito da imparcialidade necessária ao exercício da aplicação do direito objetivo ao caso concreto. Não estamos aqui tratando da imparcialidade derivada da independência do juiz, funcional e politicamente,[101] mas da imparcialidade perante as partes, numa visão endoprocessual, segundo a qual o julgador deve estar numa posição equidistante, superior e descomprometida em relação ao objeto litigioso.

A legitimidade concedida ao juiz eleitoral para iniciar o procedimento é constitucional, conquanto coroe uma visão processual que não merece encorajamento. Daí o motivo pelo qual entendemos deva o juiz, que tomar conhecimento de alguma das causas de cancelamento, informar ao Ministério Público para que esse órgão promova a ação de cancelamento e exclusão. Embora os processos, em sede eleitoral, devam obedecer a uma certa informalidade, não se deve olvidar que o bem da vida em jogo é dos mais preciosos em um Estado Democrático de Direito: o poder de sufrágio, a cidadania. Nada obstante, em nome da finalidade prática que este livro possui, aconselhamos aos juízes eleitorais que, se iniciarem eles próprios o processo, o façam com assoalho em certidão do escrivão eleitoral sobre a ocorrência do fato típico, quando naturalmente for o caso. Assim, se o juiz tomar conhecimento de duplicidade de inscrição, determinará verbalmente ao escrivão que certifique a pluralidade irregular, despachando no rosto da certidão a autuação e registro do processo em livro próprio, bem como a publicação do edital citatório, consoante dispõe o Código Eleitoral (art. 77, inc. II).

Os legitimados passivos da ação são, segundo o art. 73 do CE: o interessado, outro eleitor ou o delegado de partido.

Nesse processo, em que o Ministério Público não for o autor da ação, deverá ele funcionar como fiscal da lei, acompanhando todos os atos processuais e opinando antes da prolatação da sentença, no prazo de três dias, à falta de norma jurídica expressa.

A sentença terá conteúdo desconstitutivo da inscrição eleitoral (cancelamento), declaratório de uma das hipóteses do art. 71 do CE e mandamental dos procedimentos do cartório eleitoral, previstos no art. 78 do CE. Dela caberá recurso em três dias, tendo como legitimados o excluendo, o delegado de partido político ou qualquer eleitor que tenha ingressado com a ação ou promovido a defesa (conforme o caso).

Cessada a causa de cancelamento, poderá o interessado requerer novamente a sua qualificação e inscrição (art. 81 do CE). Tal preceito não afeta a coisa julgada, que encobre a matéria decidida nos limites da decisão. Alterada a matéria fáctica que ensejou a sentença desconstitutiva, poderá o eleitor pleitear nova inscrição eleitoral, que não é o mesmo que renovação daquela definitivamente excluída do mundo jurídico.

2.4 Domicílio eleitoral na circunscrição

O art. 42, parágrafo único, do CE, define domicílio eleitoral como sendo o lugar de residência ou moradia do requerente. Portanto, a legislação eleitoral equiparou, para efeito de domicílio a residência e a moradia.

Quem pretenda fixar o conceito de domicílio eleitoral deve, preliminarmente, desvestir-se de qualquer juízo civilista: domicílio eleitoral e domicílio civil são conceitos distintos e de extensões diferentes. Enquanto esse requer a existência de ânimo definitivo na fixação da residência, aquele apenas exige a residência ou moradia.

---

[101] Sobre essa dimensão da imparcialidade, vista mais sob o ângulo da independência do juiz, há recente e meritório estudo de Luiz Flávio Gomes (*A dimensão da magistratura no Estado Constitucional e Democrático de Direito*, especialmente p. 24-49).

Residência é o lugar onde se mora, onde há permanência do indivíduo por algum tempo. Se há propriedade de uma casa de campo, e nela passam-se temporadas, há residência; assim também se se possui casa de veraneio, ou casa de praia. Portanto, pode-se ter mais de uma residência. Basta à configuração da residência a estadia mais prolongada, costumeira, dia e noite. A habitualidade da moradia é nuclear no conceito de residência.

O domicílio civil é o ato jurídico da moradia habitual com ânimo definitivo. "O elemento fáctico mais relevante é o fato de estabelecer-se alguém, permanentemente, num lugar, sem ser preciso que seja para sempre. A temporariedade exclui o fato; bem assim por experiência ou ensaio. Os senadores e deputados que somente vêm à capital, para sessões da câmara, ou das câmaras, têm residência, não domicílio na capital".[102] Todavia, poderão nela ter domicílio, bastando que haja o ânimo, o fator psicológico que ingressa no conceito jurídico do art. 70 do Código Civil de 2002. Afinal, nada impede a pluralidade de domicílio, tanto em razão de se possuir mais de uma residência (art. 71) ou por exercer a sua profissão em lugar diverso (art. 72).

A simples *estadia* (conceito distinto de moradia) é o lugar onde alguém passa algum tempo, sem permanecer indefinidamente. Há estadia em hotel, quando em viagem; em casa de amigos, quando nela passa o dia ou a noite; em casa de praia de outrem, quando se passa uma semana ou um mês, ou as férias. É a *estadia* o ficar nalgum lugar em determinado trato de tempo. É o lugar onde for encontrado, de que fala o art. 73, *in fine*, do Código Civil. Para o Direito Eleitoral não serve, para efeito de domiciliação, o estar de passagem apenas, sem algum liame que o vincule à zona eleitoral, que o faça parte da comunidade votante.

Ao Direito Eleitoral, pois, não basta a estada inabitual, intermitente, ainda que de alguma ocorrência. Se alguém possui algum amigo, noutro município, a quem visita de vez em quando, em lugar que pertence à outra zona eleitoral, passando alguns dias, possui estadia, mas não para se domiciliar eleitoralmente. Havendo estadia de ocorrência esporádica, embora costumeira, sem outra razão que vincule o cidadão à comunidade, não há moradia.

Residência ou moradia, para o Direito Eleitoral, é o local onde se vive habitualmente, mesmo que apenas para trabalhar, sem fixar lugar de morar. Se há local de ocupação habitual, de trabalho frequente, há residência para efeito de domicílio eleitoral,[103] como também para efeitos civis (arts. 71 e 72 do Código Civil). Se possui vínculo patrimonial com a localidade, também. Ainda que lá não viva, possui interesses, de modo que se admite sua domiciliação para fins eleitorais. O mesmo se houver vínculo afetivo com a localidade.

Demonstrada a existência do domicílio, ainda que seja através do testemunho de duas pessoas, há deferimento do alistamento ou da transferência de domicílio eleitoral. A falsidade da declaração implicará fraude contra a lei, com consequências penais. Nada

---

[102] PONTES DE MIRANDA. *Tratado de direito privado*, t. I, p. 251.

[103] Em voto vencedor proferido no Acórdão TSE nº 210, de 31.08.1993, o Ministro Marco Aurélio assim se pronunciou: "Senhor Presidente, na hipótese, não se indicou endereço falso, ou que não tivesse a menor ligação com o paciente. Ao contrário, indicou-se um endereço em que ele realmente presta serviços. Todos nós sabemos que, geralmente, o serviço médico é desenvolvido de uma forma continuada, mediante plantões que atravessam a noite, o que revela que não houve a inserção, em si, de dado falso no documento público" (*JTSE*, v. 6, p. 15, jan./mar. 1995).

obstante, não se pode negar ao declarante o alistamento, sob pretexto de exigir outras provas da moradia. Tanto para o alistamento quanto para a transferência de domicílio, é bastante a declaração do nacional, apontando onde mora ou reside, ou habitualmente exerce sua atividade profissional, ou mesmo onde possui patrimônio, que o vincule à localidade (art. 8º, inc. III, da Lei nº 6.996/82). Dir-se-á que uma tal interpretação é por demais liberal, além de proporcionar a fraude eleitoral. Sem embargo, nas circunscrições eleitorais com zonas distantes, de população pobre, não poucas pessoas sequer possuem onde morar, ou, quando possuem, não há serviços de água ou iluminação pública, pelos quais se possa provar, através dos recibos de pagamento ou boletos bancários, sua moradia. Desse modo, a melhor solução é a admissão do alistamento ou transferência de domicílio eleitoral apenas com base na declaração do interessado, acompanhada da declaração de duas testemunhas, com fiscalização por amostragem da existência ou não de fraude eleitoral.

É bem verdade que o Tribunal Superior Eleitoral tornou ainda mais flácido o conceito de domicílio eleitoral ao admitir o chamado *domicílio eleitoral por vínculo afetivo*, em que o eleitor interessado não precisa demonstrar que possui residência ou moradia, apenas necessitando provar que possui pela localidade algum vínculo de ordem afetiva. Trata-se de um conceito amplíssimo e fluído, como uma caixa de sapatos, na qual cabe qualquer modelo de qualquer número. No REsp nº 16.397/AL, de 29.08.2000, rel. Min. Garcia Vieira (pub. *DJ*, p. 203, 09 mar. 2001), assentou o TSE: "Direito eleitoral. Contraditório. Devido processo legal. Inobservância. Domicílio eleitoral. Conceituação e enquadramento. Matéria de direito. Má-fé não caracterizada. Recurso conhecido e provido. I – O conceito de domicílio eleitoral não se confunde com o de domicílio do direito comum, regido pelo Direito Civil. Mais flexível e elástico, identifica-se com a residência e o lugar onde o interessado tem vínculos políticos e sociais. II – Não se pode negar tais vínculos políticos, sociais e afetivos do candidato com o município no qual, nas eleições imediatamente anteriores, teve ele mais da metade dos votos para o posto pelo qual disputava. III – O conceito de domicílio eleitoral, quando incontroversos os fatos, importa em matéria de direito, não de fato". Entronizou-se a nova hipótese de vinculação afetiva.[104]

No caso de domicílio eleitoral por vínculo afetivo, não necessitará o eleitor demonstrar a existência de residência ou moradia na localidade. Todavia, se alegar que possui residência e apresentar testemunhas ou documentos, em havendo dilação probatória e restar demonstrado que as provas são falsas ou inconsistentes, poderá ser indeferido o pedido de transferência ou de alistamento, uma vez que as alegações quedaram insubsistentes.

Para efeito de registro dos candidatos, tem sido relevante a questão da *transferência de domicílio eleitoral*. Atualmente, a matéria vem tratada pela Lei nº 6.996/82, que dispõe sobre a utilização de processamento eletrônico de dados nos serviços eleitorais. Prescreve o seu art. 8º que a transferência do eleitor só será admitida se satisfeitas as seguintes

---

[104] "Agravo de instrumento. Recurso especial. Revisão eleitoral. Domicílio eleitoral. Cancelamento de inscrição. Existência de vínculo político, afetivo, patrimonial, e comunitário. Restabelecimento da inscrição. 1. Demonstrado o interesse eleitoral, o *vínculo afetivo*, patrimonial e comunitário da eleitora com o município e não tendo ocorrido qualquer irregularidade no ato do seu alistamento, mantém-se o seu domicílio eleitoral. 2. Precedentes. 3. Recurso conhecido e provido" (AG nº 2.306/PI, rel. Min. Waldemar Zveiter, pub. *DJ*, v. 1, p. 213, 15 set. 2000 grifo aposto).

exigências: entrada do requerimento no Cartório Eleitoral do novo domicílio até cem dias antes da data da eleição; prova de quitação com a Justiça Eleitoral; transcurso de, pelo menos, um ano da inscrição anterior; residência mínima de três meses no novo domicílio, declarada, sob as penas da lei, pelo próprio eleitor, exceção feita à transferência de título eleitoral de servidor público civil, militar, autárquico, ou de membro de sua família, por motivo de remoção ou transferência, quando não haverá necessidade de atendimento das duas últimas exigências elencadas.

A transferência de domicílio eleitoral pode gerar inúmeros problemas, principalmente quanto à demonstração do cumprimento das exigências legais. Afinal, o procedimento de transferência se inicia com o pleito do interessado, no qual constará a demonstração do cumprimento dos requisitos legais. Após parecer do órgão ministerial, o juiz eleitoral julgará pela sua procedência ou improcedência. Se procedente, fará publicar a lista dos alistados, tendo os interessados (partidos políticos e eleitores) o prazo de três dias para impugnarem. Havendo indeferimento, o alistando tem o mesmo prazo para recorrer. O recurso é o inominado do Código Eleitoral (art. 267).

A matéria envolvendo irregularidades quanto ao domicílio eleitoral pode ser suscitada em ação de impugnação de registro de candidato (AIRC) ou recurso contra diplomação (RCD), pois poderá resultar na inelegibilidade do candidato a cargo eletivo. Perdida uma condição de elegibilidade, perde-se o pressuposto para o direito de ser votado, com graves consequências para o nacional que pretenda concorrer eleitoralmente. Trata-se de matéria constitucional, no sentido explicitado nesta obra. Embora possa ser atacada através de ação de exclusão de eleitor e cancelamento de alistamento, nada impede que, independentemente desse meio, possa ser vulnerada pelas outras ações apontadas, uma vez que o objetivo da AIRC e do RCD é a declaração da inelegibilidade do candidato, com as consequências legais, enquanto a ação de exclusão do eleitor vai além: corta os direitos políticos do demandado.

2.5 Filiação partidária e fidelidade partidária

A filiação partidária é um pressuposto constitucional relevante, pois indica a impossibilidade de existirem candidaturas avulsas, independentes dos partidos políticos. O mandato eletivo, como exercício da representação indireta dos eleitores na administração *lato sensu* da coisa pública, deve ser outorgado a nacionais vinculados às agremiações políticas, as quais são associações de cidadãos, no gozo de seus direitos políticos, unidos por uma ideologia e por uma disposição legítima de alcançarem o poder. Assim, o partido político se constitui em pessoa jurídica de direito privado (art. 17, §2º, da CF/88 c/c art. 1º da LPP), com a finalidade de assegurar, no interesse do regime democrático, a autenticidade do sistema representativo e a defesa dos direitos fundamentais definidos na Carta. Todo partido tem um programa, ideias-forças que unem os seus associados em torno de objetivos políticos e às quais são eles vinculados, sob pena de ferirem a fidelidade partidária (art. 23 da LPP).

Malgrado da importância dos partidos políticos para efeito de formalização da candidatura do nacional interessado, a verdade é que eles vêm sendo enfraquecidos no Brasil, tanto pela quase ausência de programas partidários sérios, como também pela possibilidade absurda de ocupantes de cargos eletivos, após lograrem êxito nas urnas, ficarem desobrigados de se manterem ligados aos seus partidos, inclusive podendo ficar sem partido algum. Ou seja: elegem-se por um partido político; conquanto possam exercer mandato sem legenda e sem compromisso com programas partidários.

Sem embargo dessas questões zetéticas, de natureza mais política do que jurídica, interessa ressaltar o fato da necessidade de ser a candidatura do nacional lançada, ou assumida, por um partido político.

O nacional, no gozo dos seus direitos políticos (alistado), poderá filiar-se a partido político (art. 16 da LPP). A filiação deverá ser feita na conformidade das regras estabelecidas no estatuto partidário, mercê da autonomia das agremiações para fixarem as normas referentes ao seu funcionamento, organização, estrutura interna, bem assim em virtude da competência para disporem sobre fidelidade e disciplina partidárias (art. 17, §1º, da CF/88).

Daí o motivo pelo qual a aferição da ocorrência do ingresso no partido fica dependente do cumprimento dos requisitos estatutários. É a regra expressa do art. 17 da LPP, sendo considerada deferida, para todos os efeitos, a filiação partidária, com o atendimento das regras estatutárias do partido, entregando-se o comprovante da filiação ao interessado, no modelo adotado pelo próprio partido. Pensamos que aqui, como em tempos pretéritos, deve a Justiça Eleitoral continuar adotando, para cômputo do prazo de filiação, o dia do pedido formulado pelo eleitor ao partido, de modo que impugnações previstas em estatutos não prejudiquem o nacional que desejar concorrer no prélio eleitoral. Do contrário, abrir-se-ia espaço para perigosas manobras contra a elegibilidade do eleitor recém-filiado.

Com a nova disciplina legal, o deferimento da filiação e o ingresso do filiado nos quadros do partido passaram a ser matéria própria da intimidade da agremiação, malgrado a importância transcendental da matéria para efeito de aferição do preenchimento da condição de elegibilidade. De fato, para concorrer a cargo eletivo, o eleitor deverá estar filiado ao respectivo partido pelo menos um ano antes da data para as eleições, majoritárias ou proporcionais (art. 18 da LPP), sendo, porém, facultado ao partido político estabelecer, em seu estatuto, prazos de filiação partidária superiores aos previstos na lei, com vistas a candidatura a cargos eletivos, ressalvando-se, sem embargo, que os prazos de filiação partidária, fixados no estatuto do partido, com vistas a candidatura a cargos eletivos, não podem ser alterados no ano da eleição (art. 20).[105]

A LPP estabelece, destarte, prazo de filiação para os nacionais que desejem concorrer a cargos eletivos. Tal prazo será aferido através das regras estatutárias, as quais definirão o instante punctual em que será realizada a filiação (no momento do deferimento, ou na posse do interessado em assembleia ordinária, ou na assinatura de algum termo subsequente ao deferimento etc.). A LPP vai mais além e autoriza o partido a fixar, em seus estatutos, prazos superiores em relação à eleição para a candidatura dos novos filiados. Tal norma, consoante pensamos, é sobejamente inconstitucional, pois delega aos partidos dispor sobre matéria de reserva legal. De fato, a delegação de poder feita pelo legislativo aos partidos políticos, para regulamentarem uma das condições de elegibilidade, afronta o art. 14, §3º, e o art. 5º, inc. II, ambos da CF/88.

Como é consabido, as condições de elegibilidade apenas são reguladas por lei, consoante dicção do *caput* do §3º do art. 14 da CF/88. A lei regulamentadora deste

---

[105] Sobre o tema: COSTA, Adriano Soares da. Condições de elegibilidade e critério temporal para a escolha dos filiados. *Revista Jus Navigandi*.

parágrafo não poderia delegar aos partidos políticos poderes para disporem sobre prazos de filiação para efeito de elegibilidade, porquanto tal matéria tem implicações superlativas para a obtenção do direito de ser votado. Embora entendamos que o legislador possa delegar poderes para emissão de *normas de organização ou competência*, a mancheias ficou-lhe interditado fazê-lo quando se tratar de normas de conduta, mercê do *princípio constitucional da legalitariedade*, segundo o qual "ninguém será obrigado a fazer ou deixar de fazer alguma coisa senão em virtude de lei" (art. 5º, inc. II da CF/88). Há dois aspectos aqui que necessitam ser encarecidos: (a) os partidos políticos, embora sejam pessoas jurídicas de direito privado, exercem múnus público, inclusive recebendo verbas do erário (fundo partidário); e (b) são eles agremiações necessárias para a obtenção e o exercício do *ius honorum*, sendo via obrigatória para o eleitor sair candidato. Assim, qualquer imposição de prazos para acesso do eleitor à obtenção da candidatura seria *norma cogente de conduta*, editada por meio de estatuto partidário, excedendo a autorização normativa do art. 17, §1º, da CF/88.[106] Seria o surgimento de obrigação, advinda do estatuto partidário, de se filiar até determinado prazo, sob pena de perder a possibilidade de pleitear o lançamento da candidatura em convenção partidária. Vale dizer, o eleitor ficaria adstrito às normas estatutárias, submetendo sua capacidade eleitoral passiva. Tal preceito legal da LPP deve ser expungido do ordenamento jurídico, mercê de sua inconstitucionalidade.

Há outra questão de transcendental importância: acaso poderia o estatuto do partido político conceber pressupostos de ingresso do filiado aos seus quadros? Sim, pode, notadamente quanto à fidelidade e respeito aos programas e objetivos partidários. Outrossim, nada impede que a aceitação do ingresso do eleitor no seio do partido fique condicionada à sua aprovação por seus órgãos de direção. A agremiação não é obrigada a aceitar o novo filiado. Porém, se aceitar, não lhe pode impingir limites à obtenção da elegibilidade, os quais não estejam previstos em lei ou na própria Carta.[107]

---

[106] Sobre a distinção entre normas de conduta e normas de competência, há a lição clássica de Norberto Bobbio (Teoria dell'ordinamento giuridico. *In*: BOBBIO. *Teoria generale del diritto*, p. 171), segundo a qual as normas de competência são "quelle norme le quali non precrivono la condotta che si deve tenere o non tenere, ma prescrivono le condizioni e i procedimenti attraverso i quali vengono emanate norme di condotta valide". María Ángeles Barrère Unzueta (*La Escuela de Bobbio*: reglas y normas en la filosofía jurídica italiana de inspiración analítica, p. 163) faz críticas à distinção bobbiana, advertindo que as normas de competência se resolvem em uma norma de conduta dirigida para as autoridades ponentes de outras normas: "Implícitamente, pues, en esta nueva caracterización Bobbio parece antagonizar el comportamiento (de las personas) con el modo de produción de las reglas, dando a entender con ello, al menos a primera vista, que producir reglas no es un comportamiento". Mas é justamente esse o critério discriminatório: a norma que prescreve ser o Brasil uma república federativa não faz mais do que organizar o Estado brasileiro, impondo às autoridades a produção de regras tendentes a efetivar tal preceito. Mas só reflexamente é norma de conduta, posto que seu modal deôntico é neutro: nem permissivo, nem obrigatório, nem proibido. Sobre a utilidade da distinção, *vide* Mario Jori e Anna Pintore (*Manuale di teoria generale del diritto*, p. 253 *et seq.*); e, especificamente, sobre o problema da constitucionalidade das delegações de poder para edição de normas de competência na CF/88, *vide* Adriano Soares da Costa (Constitucionalidade da delegação de poder perante a Carta de 88 e normas de estrutura ou organização. *In*: TEMAS *de direito público*, p. 101-108). Com ambiguidade, ROLLO; BRAGA *op. cit.*, p. 26.

[107] No mesmo sentido, Alberto Rollo e Enir Braga (*op. cit.*, p. 26), para quem "a autonomia dos partidos políticos alcança apenas os seus respectivos aspectos de estrutura interna, organização e funcionamento, conforme previsto no dispositivo constitucional anotado, o que se restringe à disciplina das questões *interna corporis*. Porém, no que diz respeito às matérias de efeitos externos, especialmente as decorrentes de obrigações impostas por lei ou pela Constituição, deverão ser observados sempre os mandamentos legais, como é o caso, por exemplo, do tempo mínimo de filiação partidária exigível como condição de elegibilidade dos cidadãos brasileiros".

Finalmente, é curial anotar algumas breves observações sobre a *duplicidade de filiações partidárias*. Por primeiro, diga-se que no Direito Eleitoral brasileiro vige o *princípio da unicidade de filiação partidária*, segundo o qual o cidadão pode estar filiado a apenas um único partido político. Seria absurdo pudessem coexistir duas filiações, em adesão a programas políticos diferentes, alimentando os pactos casuísticos e espúrios, realizados às vésperas das eleições, de modo a esmaecer ainda mais a necessária densidade programática e ideológica dos pactos políticos. Não por outra razão, a Lei nº 9.096/95 (LPP) previu como hipóteses de cancelamento imediato da filiação partidária a morte, a perda dos direitos políticos, a expulsão, além de outras causas previstas no estatuto (art. 22). Tais causas, criadas pelo estatuto, devem ser relevantes e vinculadas, não podendo ser fundadas em discrição de grupos hegemônicos, como critérios fundados na conveniência e oportunidade. Por sobre as normas estatutárias dos partidos, há normas constitucionais, garantidoras da ampla defesa. De toda sorte, é de bom alvitre adscrever que a filiação em outro partido político é causa de automático cancelamento da filiação partidária mais antiga. Havendo coexistência de filiações partidárias, prevalecerá a mais recente, devendo a Justiça Eleitoral determinar o cancelamento das demais. (art. 22, parágrafo único, da LPP).

A filiação partidária é condição de elegibilidade estipulada por normas constitucionais; outrossim, a fidelidade partidária é princípio adotado pela Carta, inibindo a duplicidade de filiações (art. 17, §1º, da CF/88). A norma do art. 22, parágrafo único, da LPP impõe sanção à transgressão do princípio da fidelidade partidária, Note-se, outrossim, que, em razão de preceito legal expresso (art. 19 da Lei nº 9.096/95 e art. 36 da Resolução do TSE nº 19.406/95), os partidos políticos devem enviar as listas dos seus filiados na primeira semana dos meses de abril e outubro. Tais listas declaram quais as pessoas que se filiaram ao respectivo partido político, através do procedimento próprio de cada um deles, definido nos seus estatutos. Note-se que a filiação é ato *interna corporis* do partido político, não mais suscetível de homologação pelo juiz eleitoral, consoante ocorria no *sistema de fichas* de filiação prevista na revogada Lei nº 5.682, de 21 de julho de 1971 (Lei Orgânica dos Partidos Políticos). Atualmente, com a nova Lei dos Partidos Políticos (LPP), *a filiação ocorre na intimidade da agremiação partidária*, cabendo a ela tão só a obrigação de informar ao Cartório Eleitoral a lista dos filiados, ou, de outra forma, em não apresentando nova lista, prevalece a anterior, como se nenhuma nova filiação houvesse ocorrido. As listas de filiados são enviadas à Justiça Eleitoral para o controle da regularidade das filiações, para a verificação da existência de duplicidade de filiação e, além disso, para o controle da própria possibilidade de existência do diretório municipal, vez que é necessário um número mínimo de filiados para o seu regular funcionamento.

Para desligar-se do partido, basta que o faça comunicação escrita ao órgão de direção municipal e ao Juiz Eleitoral da Zona em que for inscrito, ficando o vínculo extinto para todos efeitos após dois dias da comunicação.

Uma outra questão é a perda do mandato por infidelidade partidária.

O art.22-A da LPP prescreve que perderá o mandato o detentor de cargo eletivo propocional[108] que se desfiliar, sem justa causa, do partido pelo qual foi eleito. As causas

---

[108] ADI 5081. Nas eleições pelo sistema proporcional (vereadores, deputados estaduais, distritais e federais) o voto é computado tanto para o candidato quanto para o partido, sendo o mandato obtido através de uma eleição em lista de candidatos, de modo diferentemente do que ocorre na eleição majoritária, em que os candidatos são eleitos em uma chapa, sem cômputo do voto de legenda.

que justificariam a desfiliação partidária foram estipuladas em *numerus clausus*, nas seguintes hipóteses: mudança substancial ou desvio reiterado do programa partidário, grave discriminação política pessoal e mudança de partido efetuada durante o período de trinta dias que antecede o prazo de filiação exigido em lei para concorrer à eleição, majoritária ou proporcional, ao término do mandato vigente.

A mudança substancial ou o desvio reiterado do programa partidário termina sendo uma cláusula aberta, porque o *programa partidário* não é definido apenas no seu estatuto, mas também nas suas práticas políticas. Se uma agremiação passar a fazer parte da base de sustentação do governo ao qual sempre se opôs no Parlamento, poderá o filiado compreender que houvena decisão uma grave violação do programa do partido, sendo justa causa para a desfiliação.

A fidelidade partidária pressupõe a *fidelidade do partido*. Se o partido político é infiel às suas práticas políticas, às decisões anteriormente tomadas em favor de uma posição radicalmente contrária, não se pode exigir a fidelidade partidária do parlamentar sem que estejamos diante de *abuso de direito*.

2.5.1 A coligação e a sua natureza jurídica. Proclamação dos eleitos e diplomação[109]

A coligação é a união dos partidos políticos que a integram, durante o processo eleitoral, atuando para todos os fins como um único partido político. A sua natureza jurídica é definida na legislação eleitoral. O Código Eleitoral (Lei nº 4.737/65), em seu art. 105, com a redação dada pela Lei nº 7.454/85, dispõe que "fica facultado a 2 (dois) ou mais Partidos coligarem-se para o registro de candidatos comuns a deputado federal, deputado estadual e vereador". O §1º do art. 6º da Lei nº 9.504/97 delimita adequadamente a sua estruturação e funcionamento, prescrevendo: "A coligação terá denominação própria, que poderá ser a junção de todas as siglas dos partidos que a integram, *sendo a ela atribuídas as prerrogativas e obrigações de partido político no que se refere ao processo eleitoral, e devendo funcionar como um só partido no relacionamento com a Justiça Eleitoral e no trato dos interesses interpartidários*".

Note-se: a coligação se sub-roga nos direitos e deveres dos partidos políticos diante de terceiros, como os demais partidos políticos e a própria Justiça Eleitoral. Os partidos políticos cedem à coligação a autonomia das suas decisões, funcionando como um único partido político. Mais ainda: a função precípua da coligação é registrar, em seu nome, candidatos para as vagas em disputa.

Definida a sua formação nas convenções de cada um dos partidos políticos que as compõem, observando as normas definidas em seus estatutos (art. 7º da Lei nº 9.504/97), as coligações proporcionais pedirão o registro dos candidatos até o dobro do número de lugares a preencher (§1º do art. 10 da Lei nº 9.504/97), diferentemente do partido político isolado, que poderá concorrer apresentando até 150% do número de lugares a preencher. E essa diferença de tratamento decorre de um fato simples: *a*

---

[109] Esse texto foi longamente citado na decisão do STF, que decidiu pertencer ao suplente da coligação a vaga aberta pelo titular, exceto em caso de infidelidade partidária. *Vide* decisão do Ministro Celso de Mello na MC em MS nº 30.380/DF. A matéria terminou sendo pacificada pelo STF no julgamento do MS nº 30.260 e do MS nº 30.272, no dia 27 de abril de 2011.

coligação de partidos fortalece os seus candidatos na obtenção do quociente eleitoral e na luta por cadeiras do Legislativo.

O §3º do art. 10 determina que cada partido ou coligação preencha no mínimo 30% do número de vagas de um mesmo sexo. Se a coligação é formada pelos partidos A, B e C, o cômputo dos 30% é feito pela nominata constante no pedido de registro de candidatura, independentemente da sigla a que pertençam. É dizer, um partido poderá inscrever mais mulheres do que outro, que, individualmente, não alcance aquele mínimo legal.

Quem registra os candidatos para concorrerem no processo eleitoral é a coligação, e não os partidos políticos que a compõem (art. 11, *caput*, da Lei nº 9.504/97). Do mesmo modo, é a coligação quem pode substituir candidato inelegível, que tenha renunciado ou falecido, na forma do art. 13. A substituição será feita por "decisão da maioria absoluta dos órgãos executivos de direção dos partidos coligados, podendo o substituto ser filiado a qualquer partido dela integrante, desde que o partido ao qual pertencia o substituído renuncie ao direito de preferência" (§2º do art. 13).

Como se pode observar, nas eleições proporcionais vota-se nominalmente em lista aberta de candidatos apresentados por partidos políticos isolados ou por coligação de partidos políticos. Por essa razão, o cômputo dos votos válidos para a definição dos candidatos que ocuparão as vagas em disputa é feito observando-se, para a formação do quociente eleitoral e partidário, a existência de coligação, tomando-se a coligação como sendo um partido político. E a norma do art. 16-A da Lei nº 9.504/97 não deixa margem de dúvidas sobre isso.

Os votos do candidato são computados para a coligação, condicionada a sua validade ao deferimento do registro de candidatura pedido pela sua coligação ou, subsidiariamente, pelo próprio candidato.

Há duas regras de ouro para o preenchimento das vagas pelos candidatos: (a) o preenchimento dos lugares com que cada partido ou coligação for contemplado far-se-á segundo a ordem de votação recebida pelos seus candidatos (§1º do art. 109 do Código Eleitoral), e (b) só poderão concorrer à distribuição dos lugares os partidos e coligações que tiverem obtido quociente eleitoral (§2º do art. 109 do Código Eleitoral).

É dizer: tanto os partidos políticos, isoladamente, como as coligações deverão obter o quociente eleitoral, ficando as suas vagas definidas pela ordem de votação. Insista-se, então: as coligações são contempladas *segundo a ordem de votação recebida pelos seus candidatos.*

Os suplentes são aqueles efetivos não eleitos mais votados sob a mesma legenda partidária ou sob a mesma coligação, que compõem as listas registradas. Em uma interpretação sistemática, a legislação eleitoral equipara o tratamento dado à coligação àquele dado aos partidos políticos, razão pela qual denomina quociente partidário um índice que de igual modo se aplica à coligação. É com essa visão de conjunto que devemos compreender a norma contida no texto do art. 112 do Código Eleitoral.[110]

Os exemplos melhor explicitarão o alcance dessa norma. Imagine-se uma eleição proporcional em que a coligação composta pelos partidos PT, PSB, PSC, PDT

---

[110] Código Eleitoral: "Art. 112. Considerar-se-ão suplentes da representação partidária: I – os mais votados sob a mesma legenda e não eleitos efetivos das listas dos respectivos partidos; II – em caso de empate na votação, na ordem decrescente da idade".

e PP obtivesse 3 cadeiras, sendo duas ocupadas por filiados do PT e uma, do PSC. Suponhamos, ainda, que o PSC tivesse lançado apenas um candidato para concorrer ao pleito pela coligação. O PSB, nesse exemplo de viveiro, teria feito o primeiro suplente, o PDT teria feito o segundo suplente, o PT teria feito o terceiro suplente.

Se não se observasse essa interpretação, esvaziando o papel da coligação e reputando que o suplente a assumir o mandato deveria ser do mesmo partido, apenas quem poderia substituir ou suceder um dos eleitos do PT, nesse exemplo, em caso de afastamento ou vacância do mandato, seria o terceiro suplente da coligação, por ser filiado àquele partido. O PSB e o PDT, que concorreram para o quociente eleitoral e partidário, que foram decisivos para a obtenção daquelas cadeiras pela coligação, não poderiam nunca ter os seus suplentes, em qualquer circunstância, exercendo o mandato. Uma interpretação iníqua, em meu sentir, que afronta a lógica das normas citadas e o senso comum, o *quod plerumque fit*.

Mas essa solução traria, além da evidente injustiça, uma outra questão a ser superada. Ora, se a vaga pertenceria apenas ao partido político do eleito, pouco importando que os outros partidos políticos que compõem a coligação tenham contribuído, *quid juris* se o partido político elegesse um candidato, sem ter feito nenhum suplente? No exemplo citado, o caso do PSC: teria elegido um filiado seu, único a concorrer no pleito, não tendo nenhum suplente. A vaga pertenceria a quem? Alguém poderá responder de pronto: nesse caso, pertence ao 1º suplente da coligação, independentemente do partido político ao qual pertença. Seria uma resposta lógica, porém de *iure condendo*. A norma jurídica vigente a ser aplicada, com interpretação diversa da que estamos ofertando, seria na verdade o art. 113 da mesma Lei.[111]

Sendo a suplência pertencente ao partido político, com a angusta interpretação outorgada ao dispositivo, no sentido equivocado de que a suplência seria sempre partidária, outra solução jurídica não haveria, em face desta norma, senão a realização de eleição para aquela vaga aberta. É dizer, não haveria como, *per saltum*, se atribuir ao 1º suplente da coligação aquela vaga de partido político sem suplente, pela inexistência de norma jurídica autorizadora, ainda mais em face do art. 113 do Código Eleitoral.

Como se pode observar, a coligação é um partido político temporário, cuja existência se encerra após a proclamação dos eleitos. Nada obstante, *permanece válido e eficaz o ato jurídico de proclamação dos eleitos e o diploma outorgado aos suplentes como suplentes, na ordem da proclamação dos resultados*.

O 1º suplente da coligação é 1º suplente para ocupar a vaga do titular eleito pela coligação não porque a coligação continue existindo, mas, sim, porque existe a proclamação dos resultados das eleições e a diplomação dos suplentes, na ordem definida naquela. As coligações deixam de existir; o resultado das eleições persiste no tempo, sendo eficaz e vinculante. Afinal, para que se diplomar o 1º suplente da coligação como o primeiro na ordem dos não eleitos, se o diploma tivesse apenas uma natureza honorífica e inútil?

Basta uma interpretação sistemática da legislação para se demonstrar a fragilidade de uma tal tese. De fato, eis o que prescreve o art. 125 do CE,[112] que ilumina

---

[111] Código Eleitoral: "Art. 113. Na ocorrência de vaga, não havendo suplente para preenchê-la, far-se-á eleição, salvo se faltarem menos de nove meses para findar o período de mandato".

[112] Código Eleitoral: "Art. 215. Os candidatos eleitos, assim como os suplentes, receberão diploma assinado pelo Presidente do Tribunal Regional ou da Junta Eleitoral, conforme o caso. Parágrafo único. Do diploma deverá

a interpretação da norma do seu art. 113: o diploma é o ato jurídico declaratório individualizador do resultado eleitoral. O diploma declara individualmente para o candidato o seu resultado eleitoral, quer eleito quer a sua classificação como suplente. E há uma classificação justamente para que haja uma ordem prévia de alternância em caso de substituição ou sucessão.

Pensamos ter esclarecido, aqui, eventuais dúvidas sobre a natureza da coligação, a sua temporalidade e a origem dos direitos dos suplentes: o ato jurídico de proclamação do resultado das eleições, certificado individualmente através da diplomação dos eleitos e seus suplentes, na ordem de classificação.

2.5.2 Fidelidade partidária, criação de novo partido e perda do mandato eletivo

Há uma discussão sobre a perda de mandato eletivo em razão da saída de um partido político para organizar a fundação de um outro partido, cujo registro ainda não foi deferido pelo Tribunal Superior Eleitoral. Pela interpretação que alguns passaram a dar, o detentor de mandato eletivo apenas poderia sair para fundar um novo partido político, após o seu registro consumado. É dizer, deveria ficar dentro do partido político em que foi eleito, trabalhando pela fundação de um novo partido político, agindo contra os interesses da sua agremiação.

Parece-me absurda essa lógica, abraçada em alguns poucos julgados do Tribunal Superior Eleitoral.

Ora, a criação da pessoa jurídica e a sua personificação não andam necessariamente juntas; outrossim, há efeitos jurídicos que necessitam da personificação para que incoem. De fato, o partido político ganha personalidade jurídica com o registro no Cartório do Registro Civil; há, já ali, partido político constituído. Conforme assentei em um artigo que escrevi há muitos anos,[113] que passo aqui a incorporá-lo, há, de regra, três princípios que podem informar os legisladores quanto à personificação das entidades não personificadas: (a) princípio da livre criação personificante, segundo o qual, criada a entidade, esta é personificada *ope legis*; (b) princípio da determinação estatal, pelo qual a personificação depende da vontade (não só do exame) do Estado; e (c) princípio da determinação normativa, que apenas exige a satisfação de certos pressupostos de direito material, com ou sem exigência de registro ou publicação. O Código Civil brasileiro adotou esse último princípio.

O negócio jurídico fundacional institui a fundação de direito privado. Todavia, instituir não é dotar, o ente criado, de personalidade jurídica. Há sociedades, associações e fundações que não são ou ainda não foram personificadas, e a legislação civil não as desconhece (art. 20, §2º, do CCB de 1916: "As sociedades enumeradas no art. 16, que, por falta de autorização ou de registro, se não reputarem pessoas jurídicas"). Como ensina Pontes de Miranda,[114] "Sociedade ou associação não-personificada é toda sociedade

---

constar o nome do candidato, a indicação da legenda sob a qual concorreu, o cargo para o qual foi eleito ou a sua classificação como suplente, e, facultativamente, outros dados a critério do juiz ou do Tribunal".

[113] Natureza jurídica das fundações públicas. *Boletim Jurídico*, Uberaba/MG, ano 1, n. 1. Disponível em: <http://www.boletimjuridico.com.br/doutrina/texto.asp?id=8>. Acesso em: 22 nov. 2011.

[114] *Tratado de direito privado*, t. I, p. 333.

ou associação, que resultou de negócio jurídico, ou de lei, mas para a qual (ainda) não se obteve personificação. Organizou-se social ou corporativamente, não é pessoa". De fato, a entidade ainda não personificada já está, de certo modo, distinguida das pessoas dos seus membros, porque já há, pelo negócio jurídico unilateral, ou bilateral, ou plurilateral, o patrimônio destinado a um fim. Os atos das próprias entidades que ainda se não registraram são seus (art. 20, §2º, *verbis*: "responsabilizá-las por seus atos"). O patrimônio ainda pertence aos membros — como não há pessoa jurídica, o patrimônio não é distinto do de seus membros —, mas já está em comum, sujeito às regras do ato constitutivo, o que o diferencia dos patrimônios dos membros.[115]

A personalidade depende de registro de ato constitutivo (art. 45 do atual Código Civil). Antes do registro, entre ele e o ato constitutivo, há a entidade não personificada. Mas poderia o legislador conceber a personificação *ipso iure*, bastando adotar o princípio da livre criação personificante, como ocorre quando o legislador cria e adota a entidade de personalidade, com efeito imediato. Como assevera Pontes de Miranda, "Se a lei, que cria a sociedade, ou a associação, ou a fundação, dispensa-lhe o registro para efeito personificativo, tudo se passa instantaneamente: à data que se marca na lei, a pessoa jurídica é, sem o período constitutivo, ou o deixa a atividade posterior de pessoas indicadas, ou a serem indicadas".[116]

Pelo conseguinte, não pode, quanto ao problema da personalidade jurídica das entidades criadas pelo Poder Público, ser encetada resposta *a priori*. É o próprio ordenamento jurídico, ou a lei que criou a entidade — ou autorizou sua criação —, que poderá trazer a resposta. Curiosamente, a doutrina partiu para esse debate meio confuso por não ter feito uma distinção simples, que bem poderia trazer luzes ao tema: trata-se da distinção entre Fundação Pública ou Governamental, instituída pelo Poder Público, que poderá ter, de acordo com a lei ou o ato administrativo, personalidade de direito público ou de direito privado; e Fundação instituída por particulares, que terá sempre personalidade privada, se não houver lei que a transmude para personalidade de direito público.

A lei pode criar a entidade; criar e dotar a entidade de personalidade jurídica; ou apenas autorizar a que sua criação se dê, fixando de antemão sua finalidade, seu patrimônio e sua estrutura, ou deixando, quanto a esta, que o ato administrativo o faça.

Se a lei apenas cria a entidade, desde sua publicação a entidade existe, embora sem personificação. Há fundação *in fiere*, em situação jurídica símile à do nascituro. Pode se dar que a norma crie e já disponha sobre a fundação (ainda) não personificada, deixando para o decreto o efeito personificante, ou para ato administrativo dependente de registro. Se for por decreto, há desnecessidade de registro, embora o próprio decreto possa exigi-lo. Nesse campo, o legislador ou o administrador têm inteira liberdade: aquele na confecção da lei; esse, se a lei lhe deixou um branco para agir.

Se a lei cria a fundação e já lhe concede personalidade jurídica, resta ao Poder Executivo apenas praticar os atos materiais de viabilização fática da nova pessoa jurídica. Pode ocorrer, porém, que a norma, sem embargo de dar personalidade à entidade, não regre sua estrutura e administração, deixando que o decreto o faça. Como já há

---

[115] PONTES MIRANDA. *Tratado de direito privado*, t. I, p. 334.
[116] PONTES MIRANDA. *Tratado de direito privado*, t. I, p. 358.

pessoa jurídica, não terá nenhum efeito jurídico o registro do ato constitutivo. Seria mera excrescência.

Havendo apenas autorização para que o Poder Executivo crie a pessoa jurídica, é importante que a lei autorizativa desde logo estipule sua natureza (sociedade, associação ou fundação), seu regime jurídico (direito público ou privado), sua finalidade e seu patrimônio. Mas pode ocorrer que ela mesma omita algum ou alguns desses itens, deixando ao administrador ampla liberdade. Nesse caso, o ordenamento jurídico acima da lei condiciona essa liberdade, que não é absoluta.

Pois bem. Apliquemos esses conceitos relevantes à questão dos partidos políticos.

A criação do partido político não o coloca, desde já, apto para atuar eleitoralmente. Mas desde ali, com o seu nascimento, nasce-lhe a personalidade jurídica própria, conforme norma expressa do §3º do art. 8º da Lei nº 9.096/95. Porém, para que essa associação partidária possa atuar validamente para fins eleitorais, deverá seguir normas específicas,[117] é dizer, curial que obtenha o registro dos seus estatutos perante o Tribunal Superior Eleitoral, na forma do §1º do art. 7º da mesma lei. Há que separar no mundo jurídico, de conseguinte, o que seja criação e personificação do partido político, de um lado, do que seja capacidade para agir eleitoralmente e legitimidade para agir, dependente do registro no TSE. O registro do partido político no TSE não atua no plano da existência; é no plano da validade dos atos jurídicos eleitorais do partido político que o registro tem relevo: só tem capacidade de agir e legitimidade de agir eleitoralmente o partido político registrado no Tribunal Superior Eleitoral.[118] É justamente esse o sentido da dicção legal dos §§2º e 3º do art. 7º (participar do processo eleitoral, receber recursos do Fundo Partidário, ter acesso gratuito ao rádio e à televisão, exclusividade de denominação, sigla e símbolos) e art. 11 (credenciamento de delegados), ambos da Lei nº 9.096/95, ao prescrever como o efeito do registro no Tribunal Superior Eleitoral.

Destarte, o registro do partido político no Tribunal Superior Eleitoral não é condição para a constituição definitiva dos órgãos da agremiação partidária, conforme — com todas as vênias — equivocadamente foi asseverado na Pet nº 3.019/DF: "Petição. Eleições 2006. Ação de perda de cargo eletivo por desfiliação partidária sem justa causa. Deputado federal. Procedência. 1. Apenas o primeiro suplente do partido detém legitimidade para pleitear a perda do cargo eletivo de parlamentar infiel à agremiação pela qual foi eleito, uma vez que a legitimidade ativa do suplente condiciona-se à possibilidade de sucessão imediata na hipótese da procedência da ação. Precedentes. 2. Nos termos do art. 1º, §2º, da Res.-TSE nº 22.610/2007, o ajuizamento da ação de decretação de perda de cargo eletivo é facultado àquele que detenha interesse jurídico ou ao Ministério Público, caso o partido político não ajuíze a ação no prazo de 30 dias contados da desfiliação. 3. A Res.-TSE nº 22.610/2007 é constitucional. Precedentes do STF. (...) 5. Considera-se criado o novo partido, para fins do disposto no art. 1º, §1º, II, da Res.-TSE nº 22.610/2007, com o registro do estatuto partidário no Tribunal Superior Eleitoral, momento a partir do qual é possível a filiação ao novo partido. O registro do Cartório de Registro Civil não impede que o parlamentar continue filiado ao partido de origem, pois se trata de etapa intermediária para a constituição definitiva da nova

---

[117] Código Civil: Art. 44, §3º, do Código Civil: "Os partidos políticos serão organizados e funcionarão conforme o disposto em lei específica" (Incluído pela Lei nº 10.825, de 22.12.2003).

[118] Por todos, MELLO. *Teoria do fato jurídico*: plano de validade. 8. ed., p. 33 *passim*.

agremiação. 6. No processo de perda de cargo eletivo por desfiliação sem justa causa, cabe ao autor a comprovação do fato constitutivo do ilícito (a desfiliação partidária), recaindo sobre aquele que se desfiliou do partido político o ônus de demonstrar a ocorrência do fato extintivo (ocorrência de justa causa), nos termos do art. 333, I e II do Código de Processo Civil), mas elemento do plano da validade dos atos partidários, como legitimidade e capacidade de agir eleitoral. Assim, para o ordenamento jurídico vigente, a criação e a personificação do partido político são efeitos jurídicos do ato de registro no Cartório do Registro Civil (art. 8º da L 9.096/95; art.45 do Código Civil); a capacidade de agir e a legitimidade de agir (organização e funcionamento) são efeitos jurídicos do registro do estatuto do partido no Tribunal Superior Eleitoral (art. 7º e 11 da L 9.096/95; art. 44, §3º do Código Civil)."

Essa distinção, consoante se observa, decorre do próprio ordenamento jurídico e não pode ser desprezada quando da interpretação da norma do art. 1º, §1º, II, da Res.-TSE nº 22.610/2007, quando coloca a criação do partido político como justa causa para a desfiliação partidária: "Art. 1º – O partido político interessado pode pedir, perante a Justiça Eleitoral, a decretação da perda de cargo eletivo em decorrência de desfiliação partidária sem justa causa: §1º – Considera-se justa causa: (...) II) criação de novo partido".

A criação de novo partido político pode ser vista como processo ou como produto. A criação começa informalmente com a iniciativa de simpatizantes, com ou sem mandato, para se associarem. Porém, a confecção dos estatutos, a coleta de assinatura dos fundadores e o pedido expresso de registro de candidatura são já atos formais que iniciam a criação do partido político novo, em manifesta infidelidade partidária legítima. Todos esses atos preparatórios são atos materiais de criação do partido político. Esse processo de criação tem como ato último o registro do estatuto do partido político no Cartório de Registro de Imóvel, que faz nascer com personalidade jurídica à nova agremiação. É dizer, o produto do registro do estatuto é a criação e a personificação do partido político.

Portanto, o signo "criação" empregado pelo art. 1º, §1º, II, da Res. nº 22.610/2007 pode ser interpretado, à luz da legislação eleitoral e do Código Civil, em sentido largo, como os atos preparatórios e finais de constituição do partido político, ou em sentido estrito, como apenas o produto do registro do partido político no Cartório do Registro Civil.

Ainda que se penda para uma interpretação angusta da norma, a criação do partido político se dá com o registro do estatuto no Cartório de Registro Civil, gerando o nascimento coetâneo da sua personalidade jurídica. Para a legislação eleitoral e civil, o registro do estatuto no Cartório do Registro Civil é ato criativo e personificante do partido político.

O partido político ainda sem registro no Tribunal Superior Eleitoral é (= existe) já partido político novo, embora ainda sem capacidade de agir e sem legitimidade de agir eleitoralmente. A Res. TSE nº 22.610/2007 não exigiu, como justa causa para a desfiliação partidária, a criação de partido político devidamente registrado no TSE. É dizer, não prescreveu, para fins de justa causa da desfiliação, a filiação imediata a partido político criado (= existente) e também registrado (= com capacidade e legitimidade de agir).

Na Consulta nº 75.535/DF (Acórdão de 02.06.2011, rel. Min. Fátima Nancy Andrighi, publicação: *Diário da Justiça Eletrônico – DJE*, p. 231, 1º ago. 2011), aliás, os conceitos jurídicos foram adequadamente trabalhados, fazendo-se a distinção entre criação do partido e capacidade de agir, tal qual exposta aqui. Porém, sem fundamento nos conceitos e na própria norma jurídica que se pretendia aplicar, deu-se um salto hermenêutico insustentável, ampliando o âmbito de aplicação da própria Resolução, sempre em desfavor da legitimidade dos mandatos eletivos. De fato, após citar o art. 1º, §1º, II, da Res.-TSE nº 22.610/2007, ao responder sobre a extensão da justa causa para a desfiliação da legenda pela qual foi eleito, afirma-se: "Desse modo, qualquer filiado a partido político, seja ele ocupante de mandato eletivo ou não, que expresse apoio ou se engaje na criação de um novo partido não está sujeito à penalidade. (...) Assim, somente após o registro do estatuto na Justiça Eleitoral, momento em que o partido adquire capacidade eleitoral, torna-se possível a filiação partidária, a qual constitui justa causa para a desfiliação do partido de origem. (grifamos) Desse modo, para o detentor de mandato eletivo que firmar o pedido de registro civil da nova agremiação ou tão somente participar da etapa intermediária de criação do partido, a resposta é negativa. No entanto, para aquele que se filiar a partido político cujo estatuto já esteja registrado pelo TSE, a resposta é positiva."

Analisando-se a fundamentação da Consulta nº 75.535/DF, não se justifica como se passou da (a) justa causa fundada na criação de partido para a (b) justa causa fundada na filiação de partido novo registrado no TSE. Ora, uma coisa é uma coisa, outra coisa é outra coisa. Ambos os conceitos jurídicos são distintos e não são coextensivos semanticamente, consoante aqui já demonstrado. Onde estariam as razões jurídicas para essa equiparação de situações jurídicas diversas? Não estando na fundamentação da Consulta nº 75.535/DF, vamos encontrá-la na Pet nº 3.019/DF, quando assevera, para além e sem esteio no ordenamento jurídico, que: "Conclui-se, pois, que o partido político somente passa a existir, para fins eleitorais, após o registro do estatuto partidário no Tribunal Superior Eleitoral. Seu registro no Cartório do Registro Civil decorre de sua natureza jurídica e é apenas uma etapa de sua constituição definitiva como ente participativo do processo eleitoral. Por essa razão, deve-se entender a expressão 'novo partido' contida no art. 1º, §1º, II, da Res.-TSE nº 22.610/2007 como nova agremiação partidária com capacidade de atuar no processo eleitoral, mesmo porque cuida-se, aqui, de mudança de partido de um representante eleito pelo povo ao cabo de um pleito popular. Isso diz respeito a um partido em plena atuação, não apenas formalmente existente para fins civis" (grifos originais).

Trata-se, a toda evidência, de uma interpretação extensiva de norma jurídica restritiva de direitos, sem assento, consoante pensamos, no ordenamento jurídico (nem partidário, nem eleitoral, nem civil). É dizer, a Consulta nº 75.535/DF, com esteio na Pet. nº 3.019/DF, deu à Res.-TSE nº 22.610/2007 uma extensão que ela não possuía, ampliando a exigência para a aplicação adequada do conceito de justa causa para desfiliação partidária: não bastaria a criação de partido; necessário seria — para além do fixado na Resolução — o registro de novo partido no TSE.

Mas por que essa ampliação da exigência fixada na Res.-TSE nº 22.610/2007? Porque, ao que parece, no caso concreto analisado na Pet. nº 3.019/DF, deparou-se com uma situação inusitada: o filiado desfiliou-se do DEM para fundar um novo partido, o PSR, mas terminou filiando-se ao já existente PP. É dizer, naquele caso concreto, que terminou estimulando a interpretação extensiva da norma, estava-se, na verdade, diante de uma evidente fraude à lei: a pretexto de sair de um partido existente para fundar um novo partido, o detentor de mandato eletivo foi para um outro partido já existente, usando o partido novo como ponte para malferir o proibitivo da Resolução. Evidentemente, ao que nos parece, a fraude à lei no caso concreto terminou influenciando a interpretação ofertada à Resolução, agravando a extensão daquela norma do art. 10, §10, II, da Res.-TSE nº 22.610/2007: "A tese dos Recorridos de que bastaria o registro do partido político no Cartório de Registro Civil também implicaria burlar a finalidade da norma, que é o respeito à pluralidade partidária. Significaria aceitar que determinados cidadãos exercentes de mandato eletivo registrassem um novo partido político no Cartório de Registro Civil apenas para referendar uma posterior filiação a um terceiro partido no curso do mandato, abusando do direito que a lei lhes faculta, como ocorreu no caso dos autos. Uma espécie de via transversa, indireta, de contrariar o óbice legal, mediante pretensa escala, na verdade inexistente, em partido não construído efetivamente".

Ora, é evidente que, de fato, houve abuso na hipótese analisada na Pet. nº 3.019/DF, porque simplesmente, naquele caso, não houve vinculação efetiva dos interessados ao novo partido político em processo de criação. Em verdade, a razão jurídica para a rejeição à justa causa, naquele caso, seria simplesmente a fraude à lei: o uso de um partido em processo de constituição para desfiliar-se do partido original e ir, *per saltum*, para uma terceira sigla.

Note-se que, sem rebuços, a razão de decidir adequada não levaria à generalização da interpretação restritiva que se deu àquele caso concreto, como, ao fim e ao cabo, terminou fazendo a Consulta nº 75.535/DF.

Em verdade, o detentor de mandato eletivo que pede a desfiliação do seu partido e passa a atuar nos atos de criação de um novo partido político está sendo eticamente correto com a agremiação a que pertenceu (não ficou "dentro", atuando contra ela), além de assumir todos os riscos acaso não seja o novo partido político (criado e personificado) adequadamente registrado no Tribunal Superior Eleitoral. É dizer, assumiria por sua conta e risco a desfiliação do seu partido, ficando na possibilidade de não ter o partido novo habilitado para se filiar sem que viesse a perder o mandato eletivo.

É dizer, no regime da Res.-TSE nº 22.610/2007, o filiado detentor de um mandato eletivo, que sai da sua agremiação política para atuar na fundação de um novo partido, está atuando eticamente, sem atuar "por dentro" contra o próprio partido político que não mais lhe serve. Agora, se o novo partido não conseguir, através do registro no TSE, a sua capacidade de agir eleitoral, não poderá o detentor de mandato se filiar a nenhum outro partido existente, sob pena de perder o mandato eletivo por ausência de justa causa. Ao desfiliar-se antes que ocorra o registro do novo partido político no TSE, o detentor do mandato eletivo simplesmente agiu por sua conta e risco. Não obtendo o registro no TSE, o partido novo não obtém a capacidade de agir e, destarte, não se presta para lançar candidatos nas eleições vindouras. Nessa situação, haveria dois caminhos para o detentor do mandato: (a) não se filiar a nenhum outro partido registrado no TSE, ficando no novo partido sem capacidade de agir e, por isso mesmo, sem poder se candidatar futuramente; ou (b) se filiar a um partido já registrado e, com isso, perder a justa causa para a desfiliação, podendo perder o mandato eletivo que possuía.

Não pode ser havido por infiel quem, estando no partido político pelo qual foi eleito, dele saiu para fundar um novo partido político, assumindo inteiramente o ônus de não o ver, a tempo e hora, registrado no TSE. Essa é a postura ética que deveria ser tutelada pela Justiça Eleitoral: o fundador do novo partido não estaria submetido a agir contra o seu partido anterior, ainda coabitando com os seus pares, integrando as suas fileiras. Basta lembrar o que ocorreu com a fundação do PSD, em que se criou uma guerra intestina dentro do DEM, obrigados a conviver sob uma mesma legenda os que trabalhavam para fundar a nova agremiação, com o risco, inclusive, da destruição do partido já existente.

Ora, a interpretação dada pelo TSE àquela Resolução legitimaria, contra a lógica e a ética, a guerra intestina dentro de uma legenda para a criação de uma nova. Os fundadores do novo partido seriam conspiradores legitimados dentro do partido existente, em atos explícitos de infidelidade partidária consentida e, pior!, estimulada pela interpretação ofertada pela Justiça Eleitoral.

2.6 Idade mínima exigível

Outra condição de elegibilidade diz respeito à capacidade etária de atuação política do cidadão, quanto à possibilidade de concorrer a determinados cargos eletivos. Aqui o tema é pouco problemático, dada a clareza da Constituição ao delimitar, de conformidade com a maturidade do nacional, apreciada por sua idade (princípio do quantitativo pelo qualitativo ou da sub-rogação aproximativa), a sua capacidade de concorrer a cargos públicos. De modo que, de conformidade com os cargos públicos de atribuições mais complexas, a Constituição exigiu idade superior para pleiteá-lo, graduada pela conveniência estipulada com base no *quod plerumque accidit*.

Assim, de conformidade com o art. 14, §3º, inc. VI, da CF/88, é condição de elegibilidade a idade mínima de trinta e cinco anos para presidente e vice-presidente da República e senador; trinta anos para governador e vice-governador de Estado e do Distrito Federal; vinte e um anos para deputado federal, deputado estadual ou distrital, prefeito e vice-prefeito; e dezoito anos para vereador.

Problema de interesse teórico e prático diz respeito ao momento em que a idade mínima deve ser exigida: se no momento do registro da candidatura ou se no momento da eleição. Se alguém completar 35 anos de idade dois dias antes da data fixada para a votação, poderá ser ele registrado com 34 anos de idade, uma vez que na data da eleição e do exercício do mandato estará com a idade mínima exigível? Responde-nos afirmativamente Pedro Henrique Távora Niess,[119] aduzindo: todas essas condições deverão evidenciar-se por ocasião do registro do candidato, mas terão de ser consideradas em relação à data da eleição, quando possível, porque são condições de *elegibilidade*, não de registro. Assim, obtempera o professor paulista, poderá candidatar-se aquele que completar a idade mínima para o cargo pretendido até o dia do pleito eleitoral.

Pensamos de modo diverso, sem embargo da sólida argumentação glosada. Partindo da teoria do fato jurídico, advogamos que a elegibilidade é o direito de ser votado e, também, de expor sem embaraços o seu nome em campanha eleitoral. Como direito subjetivo público, nasce do ato jurídico do registro de candidatura, que é o

---

[119] *Direitos políticos...*, p. 33. No mesmo sentido, Tupinambá M. C. do Nascimento (*Lineamentos de direito eleitoral*, p. 63).

ato através do qual, cumpridas as condições exigíveis, exsurge para alguém *status* de candidato. Elegível é o candidato, após a obtenção do registro. As chamadas condições de elegibilidade, já o dissemos e agora redizemos, são, tecnicamente, condições de registrabilidade. Apenas pode-se registrar quem as cumpre quando do pedido de registro, inclusive quanto à idade mínima exigível.

O nacional pode ser alistado com insuficiência de idade, desde que ao tempo da eleição tenha ele a idade mínima exigível (16 anos). E tal possibilidade apenas poderá ocorrer no ano eleitoral, quando o alistamento é encerrado antes do período eleitoral, iniciado com as convenções partidárias. Tão apenas neste caso se admite a suplementação da idade insuficiente. O mesmo não ocorre quanto ao registro de candidaturas. Do registro nasce a elegibilidade, que é o direito de candidatar-se, de concorrer a cargo eletivo fazendo campanha. *O exercício da elegibilidade não se dá apenas no dia da eleição, mas durante toda a campanha eleitoral, quando o candidato tenta granjear votos.* Elegível não é apenas quem pode ser votado no dia da eleição: elegível é quem pode pôr o seu nome no prélio eleitoral, fazendo campanha, promovendo propaganda e praticando atos para os quais está habilitado. Assim, entendemos que a idade mínima exigível como condição de elegibilidade deve estar completa quando do pedido de registro de candidatura.

Malgrado isso, a Lei nº 9.504/97 deu tratamento diverso ao tema, prescrevendo no §2º do art. 11 que a idade mínima constitucionalmente estabelecida como condição de elegibilidade é verificada tendo por referência a *data da posse*, salvo quando fixada em dezoito anos, hipótese em que será aferida na data-limite para o pedido de registro. Confundiu profundamente a elegibilidade (direito de ser votado) com o direito ao exercício do mandato, advindo da diplomação e exercido a partir da posse. Pior ainda: concedeu ilicitamente, ao nacional de idade incompleta para pleitear o cargo, o direito de disputar as eleições, dilatando indevidamente a norma constitucional através da fixação de uma data base que nada tem a ver com o registro e com o direito de ser votado, exceção feita ao nacional com 18 anos incompletos, cuja data-limite é aquela do pedido de registro. Já dissemos, e agora sublinhamos, que o direito de ser votado nasce do registro e se exaure com a votação. Da proclamação dos resultados nasce o direito ao diploma, que o certifica e também faz nascer o direito subjetivo ao exercício do mandato. A posse é o ato pelo qual o candidato eleito inicia seu mandato, exercendo seu direito advindo da diplomação.

O tema fere grave problema de hermenêutica constitucional. Afinal, os termos empregados pela Constituição são ocos, podendo ser manipulados pelo legislador ao seu bel-prazer? Humberto Ávila corretamente entende que a Constituição utiliza determinadas expressões cujo significado mínimo não pode ser desprezado pelo intérprete. Haveremos de entender também, e com muito maior razão, que o legislador não poderia desprezar esse *significado mínimo*, em atenção ao princípio da supremacia da Constituição, "que reserva conteúdos para si, afastando sua manipulação pelo legislador infraconstitucional".[120] A percepção de que há um significado de base para as expressões utilizadas pela Constituição, que vincula o legislador e o seu intérprete, revela já aí a rejeição ao ceticismo hermenêutico que compreende a interpretação como ato meramente subjetivo criador do sentido (é dizer, da norma jurídica), sem qualquer vinculação com a tradição ou a pré-compreensão que dele se tenha.

---

[120] ÁVILA. *Teoria dos princípios*: da definição à aplicação dos princípios jurídicos, p. 24-25.

Logo se vê, portanto, que a data da posse no cargo eletivo não se presta constitucionalmente para estabelecer o momento em que se perfaz, ou deve estar perfeita, a idade mínima exigível para a obtenção da elegibilidade. Tal idade é condição de registrabilidade, motivo pelo qual deve estar completada no momento do pedido de registro da candidatura. Assim, a norma do art. 11, §2º, da Lei nº 9.504/97 é parcialmente inconstitucional, nada obstante o seu acatamento pela Justiça Eleitoral. Desse modo, insisto: *a idade mínima exigível é condição de elegibilidade*, não de exercício regular do mandato.

§3 Das condições de elegibilidade impróprias

Como dissemos anteriormente, intentamos classificar as condições de elegibilidade em próprias e impróprias não por notas características essenciais existentes nelas, mas apenas por não constarem essas últimas no elenco do art. 14, §3º, da CF/88. Tal atitude, que não pretensões científicas, foi adotada apenas para pôr em realce as divergências entre nosso pensamento e a doutrina clássica, que não considera, senão também por razões de ordem topológica, tais pressupostos à elegibilidade como condições de elegibilidade, da mesma espécie e estatura daquelas expressamente alinhadas no texto constitucional sob esse rótulo.[121] Assim, embora a distinção aqui utilizada tenha apenas valor heurístico, eis que *todas essas hipóteses são em igual medida condições de elegibilidade*, decidimos utilizá-la movidos por uma atitude didática, dando conta aos leitores das diferenças do nosso pensamento em relação àquele dominante.[122]

3.1 Não ser analfabeto

O §4º do art. 14 da CF/88 prescreve serem inelegíveis os inalistáveis e os analfabetos. O alistamento é condição típica de elegibilidade (art. 14, §3º, inc. III, da CF/88), sendo o ato pelo qual o nacional ingressa no corpo de eleitores, e do qual dimana o direito de votar. Sem que estejam preenchidas as condições de elegibilidade, há inelegibilidade inata, consoante preceitua aquela norma. Sendo analfabeto o eleitor, ainda que atenda a todas as condições de elegibilidade prescritas no §3º do art. 14, será reputado inelegível inatamente, não podendo se registrar como candidato. O analfabetismo, destarte, é um pressuposto inelimínavel do nascimento da elegibilidade do eleitor, sendo obstativo de qualquer pretensão política sua.

---

[121] Por todos, Pedro Henrique Távora Niess (*Direitos políticos*..., p. 41), quando fala da exclusão do alfabetismo do elenco das condições de elegibilidade: "A Constituição Federal não contempla, dentre as condições de elegibilidade que elenca no §3º do seu art. 14, a *alfabetização* de quem pretenda candidatar-se a cargo público. Cuida do assunto, ao contrário, sob o enfoque negativo" (grifo original). Observe-se que o critério de discrímen é também apenas topológico. Ademais, a formulação positiva ou negativa da regra, consoante respeitosamente pensamos, não cifra a natureza da situação jurídica: se elegibilidade ou se inelegibilidade.

[122] As classificações criadas pela teoria do Direito não têm valor de verdade ou falsidade, eis que não podem ser demonstradas empiricamente. Sua valia reside mais no seu conteúdo explicativo, sendo por essa razão reputadas úteis ou inúteis, válidas ou inválidas. Como bem expôs Genaro Carrió (*Notas sobre derecho y lenguaje*, p. 99), "Las clasificaciones no son verdaderas ni falsas, son serviciales o inútiles; sus ventajas o desventajas están supeditadas al interés que guía a quien las formula, y a su fecundidad para presentar un campo de conocimiento de una manera más fácilmente comprensible o más rica en consecuencias prácticas deseables".

Não existe um conceito unívoco de alfabetismo, de modo a seguramente ser aplicado no Direito Eleitoral. Há gradações de analfabetismo, desde aquele que implica a impossibilidade de realização de mínima leitura, até aquele que implica a impossibilidade de mínima escrita. Ler e escrever são potenciais que comportam gradações: há os que soletram com dificuldade; há os que leem razoavelmente, embora com limites de compreensão do texto lido; e há aqueles que leem e entendem a extensão e sentido do que foi lido. Doutra banda, há aqueles que escrevem o nome apenas; os que escrevem mal e com dificuldade gramatical; e os que escrevem bem, atendendo as regras ortográficas e reduzindo com clareza suas ideias por escrito. E, dentro desses casos, há ainda outras tantas gradações, que ocorrem na riqueza da vida e trazem implicações no cotidiano do período eleitoral.

Classificar alguém como analfabeto pode, em dadas situações, ser matéria muito simples, quando, por exemplo, diante de um texto escrito em uma folha de papel, o seu leitor o apanha de cabeça para baixo, ou não consegue balbuciar quaisquer das palavras escritas. Há situações, todavia, em que, muito além da simplicidade do exemplo, poderá o leitor recitar algumas palavras, ou frases, ou o texto inteiro, mesmo com alguma dificuldade. Ao término da leitura, indagado sobre o que leu, não expressar qualquer entendimento. Seria ele um analfabeto, ou um semianalfabeto, ou como classificá-lo? Ressalta, à evidência, a vaguidade do termo analfabetismo, que não pode ser aplicado com integral tranquilidade sem alguns critérios que auxiliem o seu uso.

Luis Alberto Warat[123] adverte que um termo não adoeceria de vaguidade se, para todos seus meios de uso pudéssemos contar com um *critério de decidibilidade*, que nos permitiria resolver a inclusão ou exclusão do caso, na extensão (denotação) do termo. Como isso é impossível, afirma que o critério de decidibilidade apenas se alcança com certa relatividade para o discurso da ciência. E assim pensando, arremata: "Esta flexibilidad del campo denotativo, no es sin embargo ilimitada. Las zonas pueden ser alteradas sólo hasta cierto grado, ya que si se pretende reflejar el uso natural predominante de un término, él debe ser establecido en base a los supuestos que condicionan el tipo de casos a los que se aplica con propiedad el término o su negación. La posibilidad de alteración de las regiones extensionales, resulta subordinada a aquellas circunstancias, que aunque no previstas, resultan de alguna manera previsibles. Las que ateran el comportamiento potencialmente normal del objeto, las que defraudan las expectativas esenciales de su quehacer, el caso fantástico, quedarán absolutamente descartada". Os termos, portanto, embora padeçam de vagueza, não podem servir para expressar qualquer significação, que não possa ser intersubjetivamente controlada.

É alfabetizado quem sabe ler e escrever, razoavelmente. Escrever com sentido e concatenação das ideias, ainda que com embaraços de gramática; ler com compreensão do texto, do seu sentido, ainda que de modo obnubilado e turvo. É analfabeto, ao revés, aquele que não sabe ler ou escrever com um mínimo de sentido, ou com total impossibilidade de externar seus pensamentos.

Há, na aplicação do signo, em casos concretos, a necessidade de ponderações e temperanças, com vista à finalidade da sua exigência: a obtenção do direito de ser votado. Por isso, necessário levar em consideração alguns aspectos importantes: (a) toda análise

---

[123] *El derecho e su lenguaje*, p. 130.

dos eleitores, quanto ao seu grau de alfabetização, deve ser feita individualmente, caso por caso; (b) o grau de alfabetização exigido é mínimo, apenas o necessário para que se afaste a hipótese de analfabetismo total, porquanto é inelegível o analfabeto, não o semianalfabeto;[124] (c) deve-se dar atenção à leitura, mais do que à escrita, pois mais importa ao mandatário a compreensão do texto já escrito, do que escrevê-lo (até por que outros poderão escrever para ele, ao passo que a leitura feita por outros acarreta maiores dificuldades e perigos).

Tais observações são estribadas em máximas de experiência, sendo certo que não existe — nem existirá — um critério seguro e definitivo de decidibilidade da aplicação do signo *analfabetismo*. Na aplicação da norma, deverá o juiz eleitoral basear-se em critério de equidade, atuando discricionariamente, nada obstante com respaldo em provas ministradas por profissionais qualificados em pedagogia, as quais darão um indicativo para a decisão judicial. Nunca é ocioso repetir, até mesmo pela recalcitrância vesga de alguns, que a discricionariedade judicial é fato inelimnável da atividade jurisdicional, sindicável por instâncias superiores e limitada pelos critérios e fins legais.[125]

Outrossim, sou de opinião que as gradações de analfabetismo devem ser analisadas perante a importância do cargo em disputa. Não há dúvida que um candidato a vereador de um município pequeno e de pouca complexidade administrativa não terá a necessidade de portar os mesmo predicados intelectuais de um candidato a vereador de uma metrópole, ou de uma cidade razoavelmente desenvolvida. O que poderá ser tolerável em uma câmara municipal de cidade pequena de interior poderá ser algo desbragadamente escandaloso em uma cidade mais desenvolvida. De modo que não endossamos a zelosa preocupação de Pedro Henrique Niess,[126] quando vergasta o fato da aplicação de diferentes critérios e provas para aferir o grau de analfabetismo dos candidatos nas diversas zonas eleitorais. Tal diversidade é necessária, justamente pelas dissimilitudes da vida, das comunidades e de seu desenvolvimento.

Um vereador de cultura apoucada, semianalfabeto beirando ao analfabetismo completo, poderá ser importante líder político em sua comunidade de imensa maioria de semianalfabetos, tão encontradiça nos grotões deste Brasil. Sem embargo, o mesmo não ocorrerá quando o candidato pleitear um cargo de governador do Estado, ou presidente da República, ou senador. O juiz eleitoral deverá ter a justa compreensão da realidade social de sua comunidade, de modo a aplicar o preceito constitucional dentro da zona de penumbra do conceito de alfabetismo e analfabetismo, com vistas à adequação da norma à comunidade concreta, com suas necessidades e mazelas. Assim, a um só tempo fará justiça e contribuirá para a democracia de seu País.

3.2 Condições especiais para militares

O art. 42, §6º, da CF/88 prescreve que o militar, enquanto em efetivo serviço, não pode estar filiado a partidos políticos. Logo, se pretender se candidatar a algum cargo

---

[124] NIESS, *op. cit.*, p. 46.
[125] Para um estudo aprofundado das correntes de pensamento sobre o problema do analfabetismo em matéria eleitoral, há o sério estudo de Fábio Wellington Ataíde Alves (O teste de alfabetização do pré-candidato a cargo eletivo: a concretização do art. 14, §4º da Constituição Federal. *Revista de Informação Legislativa*, p. 67-78).
[126] *Idem*, p. 47.

eletivo, não poderá o militar estar entre os conscritos, eis que são eles inalistáveis, mercê do art. 14, §2º, da CF/88.

Não sendo conscrito, o militar é alistável, podendo adquirir a elegibilidade se atender a condições especiais estipuladas no §8º do art. 14 da Carta, a saber: se o militar contar menos de dez anos de serviço, deverá afastar-se da atividade; se contar mais de dez anos de serviço, será agregado pela autoridade superior e, se eleito, passará automaticamente, no ato de diplomação, para a inatividade.

Se o militar contar menos de dez anos de serviço, deve ser afastado de suas atribuições normais, ao ser registrado por partido político da sua predileção, podendo então nele se filiar. Nesse período, não usará a farda nem a arma da corporação, não exercendo qualquer atividade militar, sob pena de inelegibilidade por incompatibilização.

Doutra banda, se o militar contar com dez ou mais anos de serviço, será agregado pela autoridade superior, deixando de ocupar vaga na escala hierárquica de sua corporação, permanecendo nela sem número, adido à organização militar à qual for vinculado para fins administrativos. Desse modo, o militar que desejar sair candidato, cujo tempo de serviço seja de dez ou mais anos, deixará de exercer suas atribuições normais, sob pena de inelegibilidade por incompatibilização (art. 1º, inc. II, letra "l", da LC n º 64/90).

Se a autoridade superior não agregar o militar, deverá ele afastar-se de suas atividades mediante a impetração de mandado de segurança, sob pena de se ver constrangido a ser preso administrativamente, ou mesmo a ser declarado inelegível, mercê da ausência de um dos pressupostos de elegibilidade: a desincompatibilização. *O pedido de registro de candidatura é o momento a partir do qual o militar deve deixar suas funções*, ficando proibido de exercê-las, passando todo o período eleitoral, até a diplomação dos eleitos, afastado do serviço: "Do registro da candidatura até a diplomação do candidato ou regresso às Forças Armadas, o candidato é mantido na condição de agregado" (Res.-TSE nº 17.904, de 10.03.92, rel. Min. Américo Luz *apud* ROLLO; BRAGA. *Inelegibilidade à luz da jurisprudência*, p. 37).

Já o policial militar, que exerce função de comando ou chefia, ainda que *interna corporis*, deve submeter-se ao prazo de desincompatibilização do art. 1º, inc. IV, letra "c" da LC nº 64/90 (Acórdão-TSE nº 12.913, rel. Min. Américo Luz *apud* ROLLO; BRAGA. *Inelegibilidade à luz da jurisprudência*, p. 37), sendo agregado até os quatro meses que antecedem o pleito. Dessa forma, deverá ficar afastado da zona em que exerceu suas atividades funcionais, no sentido de não poder praticar qualquer atividade militar em conjunto com seus comandados, influenciando e intimidando o eleitorado, em escancarada ilegalidade a desequilibrar a isonomia do pleito.

Os policiais militares na reserva não são regidos por essas normas, não estando sob a limitação do §2º do art. 42 da CF/88.[127]

A proibição de o policial militar se filiar a partido político deve ser levada com muito rigor, pois devem os servidores militares estar ideologicamente submetidos ao princípio da hierarquia e disciplina, servindo aos poderes constituídos. Tal proibição, de caráter absoluto, impede a extensão do prazo mais benigno para desincompatibilização (art. 1º, inc. II, letra "l", da LC nº 64/90). É que, embora sejam servidores estatutários da

---

[127] "Recurso. Inelegibilidade. Filiação partidária. Exigência. Policial Militar na reserva. Apelo não conhecido" (Acórdão nº 13.891, de 08.10.1996, REsEl, rel. Min. Diniz de Andrada, *Julgados do TSE*, n. 10, III, p. 27, out. 1996).

Administração Direta, a sua desincompatibilização não pode ocorrer ao depois de já registrados e em plena campanha na qualidade de candidatos, filiados a partido político. Os militares, ao registrarem sua candidatura, devem ser agregados, ou afastados do serviço, sob pena de inelegibilidade por desincompatibilização. Dir-se-á, sem embargo, que tal hipótese de desincompatibilização não se encontra prevista na Carta ou em lei complementar. Engano. A condição de elegibilidade especial para militar, estatuída no §8º do art. 14, é espécie de desincompatibilização, devendo ser aferida no momento do registro de candidatura. Assim, se o militar pede o registro de sua candidatura, deve imediatamente ser agregado ou afastado do serviço, sob pena de ser incompatibilizado, promovendo também a sua filiação no partido político pelo qual irá concorrer: "Registro de candidato. Filiação partidária. Militar. Sendo alistável e elegível, mas não filiável, bastando-se-lhe, nessa condição excepcional, como suprimento da previa filiação partidária, o pedido do registro da candidatura. – Recurso especial provido" (Resp nº 9.107/GO, rel. Min. Célio Borja, *Revista de Jurisprudência do TSE*, v. 2, t. IV, p. 35).

O juiz eleitoral, no momento da análise do pedido de registro do militar, feito pelo partido político que o indicou e no qual ele irá se filiar, deverá analisar o cumprimento das condições do art. 14, §8º, da LC nº 64/90. Se não constar no processo, deve diligenciar para que a autoridade competente preste, em prazo hábil e célere, as informações devidas, dizendo do afastamento solicitado pelo policial militar, ou da sua agregação, praticada por ato oficial publicado no *Boletim Geral Ostensivo* (BGO, ou *Diário Oficial*) da Corporação, ou periódico que lhe faça às vezes. E tal providência deve ser obrigatoriamente tomada, sob pena de não se analisar uma condição indispensável de elegibilidade.[128]

3.3 Indicação em convenção partidária

As convenções partidárias para a escolha dos candidatos e deliberação acerca das possíveis coligações são realizadas na forma determinada pelos estatutos dos partidos políticos, ou, na ausência de normas específicas, pelo que dispuser a Direção Nacional, através de regras publicadas previamente no *Diário Oficial da União*.

A convenção indica os candidatos que concorrerão à eleição, observados os acordos feitos com outros partidos coligados, atendendo o limite legal numérico de indicações, que atualmente é de 150% das vagas do Legislativo. Esse limite deve ser respeitado integralmente, inclusive sendo nele computadas as candidaturas natas (aquelas dos filiados que já foram ou são ocupantes dos cargos para os quais desejam concorrer) e as especiais dos militares (os quais, embora não sejam filiados, concorrerão pelo partido, filiando-se a ele logo após as convenções e antes do pedido de registro).

Desse modo, a indicação é convenção partidária, é condição de elegibilidade, sem a qual não poderá o eleitor concorrer a um cargo eletivo.[129] Tanto é assim que, se um candidato nato for preterido, terá que ingressar contra o partido político com uma

---

[128] Sobre o tema: GOUVEIA. Servidor castrense: alistamento e elegibilidade eleitorais. *Jus Navigandi*.
[129] No mesmo sentido, Sérgio Sérvulo da Cunha (*Manual das eleições*: comentários à Lei nº 9.504/97 e à Lei Complementar nº 64/90, p. 227, grifo original): "e outro pressuposto de elegibilidade não referido na Constituição, é a *escolha* do aspirante a candidato pelo partido a que esteja filiado".

ação de mandado de segurança, buscando fazer prevalecer o seu direito líquido e certo, comprovado pelo anterior diploma expedido pela Justiça Eleitoral, o qual certifica ter exercido ele o cargo — mesmo que temporariamente — para o qual deseja novamente concorrer. Consoante já decidiu o TSE, no REsp nº 3.698/RS, rel. Min. José Francisco Boselli, pub. *Boletim Eleitoral – BEL*, v. 255, t. I, p. 198: "Sem deliberação da convenção partidária, por falta de 'quorum', não ha como se falar em candidato. Inexistentes violação da lei e conflito jurisprudencial não se conhece de recurso especial".

3.4 Desincompatibilização

Normalmente se tem tomado a desincompatibilidade como categoria à parte, não subsumível às condições de elegibilidade e às espécies de inelegibilidade. Os textos legislativos por vezes denunciam essa distinção, como ocorre com o art. 262, inc. I, do Código Eleitoral, ao versar sobre as hipóteses de cabimento do recurso contra diplomação.

Embora haja um sentimento generalizado da existência de uma diferença conceptual entre os signos indigitados, o certo, porém, é a falta de um critério claro para enchê-los e distá-los, tornando útil assim o seu manejo, sem rebuços entre os operadores do Direito.

O Desembargador José Nepomuceno da Silva,[130] partindo do conceito de *inelegibilidade*, tratada por ele como um obstáculo legal ao direito de ser votado para cargo público eletivo, conceituou a incompatibilidade como sendo "o obstáculo legal ao direito de ser votado para cargo público eletivo. O interessado, porém, pode afastá-lo, seja renunciando ao cargo que ocupa, seja deixando o exercício do cargo pelo tempo que a lei exige". Desse modo, a distinção estabelecida entre inelegibilidade e incompatibilidade seria justamente a possibilidade de afastamento do gravame pelo nacional interessado, possível na segunda e vedada na primeira. Pedro Henrique Távora Niess[131] também parece nutrir o mesmo pensamento, quando assevera que, "enquanto a inelegibilidade é a barreira intransponível à eleição de alguém, a incompatibilidade representa um obstáculo a essa mesma eleição, mas superável, ligado que está, invariavelmente, ao desempenho de cargo ou função da qual o interessado deverá afastar-se". Sem embargo, a *afastabilidade do impedimento* pelo interessado, segundo pensamos, não pode ser adotada como um válido discrímen, pois há espécies de inelegibilidade em que a vontade do nacional é determinante para a sua superação. Se o eleitor, à guisa de exemplo, é originariamente inelegível por não estar filiado a algum partido político, poderá afastar esse impedimento através da filiação. Não se dirá aqui que a filiação é uma espécie de incompatibilidade tão apenas por isso. Se um eleitor, outrossim, possuir duas inscrições eleitorais é inelegível, malgrado possa regularizar sua situação cancelando a última delas. Embora promovendo os meios de superação da sua inelegibilidade, não poderemos endossar a inclusão da duplicidade de inscrições eleitorais como espécie de incompatibilidade.

---

[130] Inelegibilidades. *Informativo da Biblioteca do TRE-AL*, Maceió, v. 2, n. 2, p. 17-32.
[131] *Op. cit.*, p. 5-9.

José Afonso da Silva[132] designa com o nome de *desincompatibilização* "ao ato pelo qual o candidato se desvencilha da inelegibilidade, a tempo de concorrer à eleição cogitada. O mesmo termo, por conseguinte, tanto serve para designar o ato de o eleito sair de uma situação de incompatibilidade para o exercício do mandato, como para o candidato desembaraçar-se da inelegibilidade". Ao assim proceder, fez a correta separação entre a *incompatibilidade para o exercício do mandato eletivo* (art. 54 da CF/88) e a *incompatibilidade para concorrer a mandato eletivo*. Para a aquisição do direito de ser votado (a elegibilidade), apenas tem relevo a incompatibilidade para se concorrer a mandato eletivo, que impede a concessão do registro de candidatura, expurgando o interessado do pleito eleitoral. As outras formas de incompatibilidade para exercício de mandato eletivo são *posterius*, tendo valia apenas para a perda do mandato, não sendo matéria afeta à Justiça Eleitoral.

A dificuldade de se conceituar a incompatibilidade, tratando-a sistematicamente com as inelegibilidades, foi vício nutrido doutrinariamente pelo axioma de que a elegibilidade seria universal, pertencente *ab ovo* a todos os brasileiros. Ao dar maior ênfase à inelegibilidade, em detrimento da fixação do conceito de elegibilidade, permitiu-se involuntariamente a mixórdia entre situações de fronteira, as quais não se encartam na construção lógica armada em torno daquele conceito angusto de inelegibilidade. E essa mistura indesejada mais ainda se agravou com a explícita despreocupação em se formular, com rigor, uma explicação sobre a natureza daquelas inúmeras situações de ausência das condições de elegibilidade. Por conseguinte, todas as tentativas de isolamento do conceito de *incompatibilidade* já nasciam comprometidas com o mesmo problema, qual seja, uma imprecisa delimitação do conceito de inelegibilidade e de condições de elegibilidade.

Sendo a elegibilidade o direito subjetivo público de ser votado, pelo qual o cidadão participa mais profundamente da vida pública de sua comunidade, faz-se mister individualizar aquele fato jurídico do qual ela dimana, como efeito jurídico previsto pelo ordenamento. Se o registro de candidato é esse ato jurídico produtor do *ius honorum*, temos de convir que é inelegível aquele nacional não registrado, vale dizer, a pessoa que não preencheu os pressupostos de registrabilidade (ou as condições de elegibilidade, na linguagem já feita tradicional).

As condições de elegibilidade são pressupostos exigidos pelo ordenamento jurídico para o nacional poder concorrer a cargos eletivos. Deveras, não todos os brasileiros estão aptos para se lançarem em campanha para obtenção de um mandato político, pois o direito objetivo impõe a observância de alguns pressupostos, de modo a fazer vicejar a nossa democracia, a partir da seriedade da disputa eleitoral.

Os que não têm o registro de candidatura são inelegíveis. Não podem granjear votos para si, pleiteando ocupar um cargo eletivo. Trata-se de *inelegibilidade inata*, comum a todos os que não colmataram as condições de elegibilidade, buscando viabilizar sua candidatura.

O ordenamento jurídico exige que o nacional, para obter a elegibilidade, esteja no pleno exercício de seus direitos políticos através do alistamento, possua domicílio eleitoral, esteja filiado a um partido político e possua idade compatível com o cargo

---

[132] *Curso de direito constitucional positivo*. 14. ed., p. 343.

ao qual deseja concorrer. Outrossim, impõe seja o nacional indicado em convenção partidária, alfabetizado e esteja desincompatibilizado. Ou seja, exige-se do eleitor interessado que ele não esteja, durante o tempo fixado pela norma, exercendo nenhum cargo público ou político, ou atuando em direção de entidade de classe, ou não possua parentesco com ocupantes de cargos eletivos do Poder Executivo.

Assim, a primeira proposição a ficar de antemão estabelecida sobre a desincompatibilização é que ela é um pressuposto para a obtenção da elegibilidade. Logo, a incompatibilidade é um obstáculo a ser superado pelos que desejam adquirir o direito de ser votado, tanto quanto o são a filiação partidária, a idade mínima exigível, o exercício pleno dos direitos políticos etc.

Incompatível é o nacional que não se desincompatibilizou, ou porque não se afastou do cargo que ocupava, ou porque do mandato eletivo não se afastou o seu parente que o exercia. De conseguinte, não é certo que em todas as espécies o próprio interessado possa voluntariamente afastar a inelegibilidade originária; há espécies em que a desincompatibilização advém de ato de outrem, ao deixar o exercício do mandato, o qual tolhia a candidatura de seu parente. Assim, quando se fala em incompatibilidade, deve-se evitar a ideia de afastabilidade voluntária da inelegibilidade inata, porquanto há hipóteses em que a afastabilidade depende de ato de outrem, que não o próprio interessado.

Quando o §7º do art. 14 da CF/88 previu a inelegibilidade originária, no território de jurisdição do titular, do cônjuge e dos parentes consanguíneos ou afins, até o segundo grau ou por adoção, do presidente da República, de governador de Estado ou Território, do Distrito Federal, de prefeito ou de quem os haja substituído dentro dos seis meses anteriores ao pleito, salvo se já titular de mandato eletivo e candidato à reeleição, estabeleceu como condição de elegibilidade a inexistência de vínculo de parentesco entre os interessados e os ocupantes de cargos eletivos do Poder Executivo. O parentesco aqui funciona como vínculo jurídico a ser transposto para obtenção do registro da candidatura, ou por sua dissolução no prazo legal (*v.g.*, divórcio, morte etc.), ou pelo afastamento do parente da titularidade da chefia do Poder Executivo.

Observe-se que *a desincompatibilização deve ser vista sob o ângulo de quem deseja obter o registro de candidatura*. O governador de Estado que se propõe a sair candidato ao Senado, necessitará renunciar ao mandato no prazo de seis meses anteriores à eleição (§6º do art. 14 da CF/88). Pode ocorrer que a sua desincompatibilização também gere a desincompatibilização de seu parente, o qual tinha por objetivo concorrer a um cargo eletivo. Nada obstante, se o mesmo governador de Estado renunciou, no prazo legal, apenas para desincompatibilizar o seu parente — afastando dele o obstáculo à obtenção da elegibilidade —, sem, contudo, pretender concorrer a outro cargo eletivo, é de evidência solar não poder se falar quanto ao próprio governador de desincompatibilização, vez que não pleiteará ele o registro de sua candidatura.

Desse modo, para que não se continue a alimentar o equívoco doutrinário anteriormente suscitado, deve-se analisar a incompatibilidade e a desincompatibilização tendo por parâmetro o nacional interessado em registrar a sua candidatura. Assim, o eleitor pode, por ato seu, se desincompatibilizar, ou ser, por ato alheio, desincompatibilizado. Na primeira situação, há a *autodesincompatibilização*; na segunda, a *heterodesincompatibilização* (chamada, pela teoria clássica, de inelegibilidade reflexa).

Tais proposições aqui assestadas parecem minudentes, escritas por preciosismo. Entrementes, sentimos a necessidade de descer a esses detalhes para evitar as misturas impertinentes de conceitos, as quais tanto mal têm proporcionado à teoria das inelegibilidades. Com isso, podemos catalogar corretamente a incompatibilidade entre as inelegibilidades originárias, mercê da não colmatação de uma condição de elegibilidade: a desincompatibilização.

Dessarte, apenas para mais uma vez sublinhar nosso pensamento, *a incompatibilidade é uma causa de inelegibilidade inata, decorrente do não preenchimento de um dos pressupostos exigidos para a consecução do registro de candidatura: a desincompatibilização.*

Postas tais tautologias, é curial agora respondermos à pergunta básica: o que é a desincompatibilização?

Sempre que o exercício de função, cargo ou emprego — de natureza pública ou privada — for reputado como benefício não desejado para seu ocupante ou para terceiro a ele ligado por parentesco, causando desequilíbrio na disputa eleitoral, o ordenamento jurídico estabelece a incompatibilidade entre o seu exercício e a obtenção do direito de ser votado, de maneira que apenas poderá conseguir a elegibilidade quem estiver desincompatibilizado. Pode ocorrer que a desincompatibilização dependa de ato alheio, como ocorre com o filho do chefe do Poder Executivo estadual, que apenas poderá sair a senador, não sendo para a sua reeleição, se o seu pai renunciar ao mandato no prazo de seis meses antes do pleito (art. 14, §7º, da CF/88). A *heterodesincompatibilização*, destarte, implica que terceira pessoa tenha que deixar o exercício de cargo ou função em benefício do nacional interessado na obtenção de sua elegibilidade.

A Lei Complementar nº 64/90 fixa tipologicamente, em *numerus clausus*, a lista de cargos, empregos e funções, públicas (*v.g.*, Ministro de Estado, Comandante do Exército etc.) ou privadas (*e.g.*, direção, administração ou representação de entidades representativas de classe; possuam controle de empresa monopolística no Brasil, acusada de abuso de poder econômico, ou de transferência irregular do controle de tais empresas etc.), que são considerados incompatíveis com a obtenção do direito de ser votado, necessitando de atos de *autodesincompatibilização*.

Há funções privadas que não são reputadas por lei como incompatíveis, mas que a Justiça Eleitoral procura limitar o seu exercício, por via transversa. Assim, à guisa de exemplo, o radialista que deseje se candidatar não será inatamente inelegível se não deixar o seu programa de rádio, pois a Lei Complementar não prevê essa atividade como hipótese de incompatibilidade. Sem embargo, se o radialista exercer suas atividades quando for candidato, a rádio será apenada por propaganda eleitoral irregular, podendo ele ter a sua inelegibilidade cominada decretada por utilização indevida dos meios de comunicação social (art. 22, *caput*, da LC nº 64/90). Seja como for, de incompatibilidade não se trata, não sendo pressuposto de elegibilidade, mas sim possível causa de cominação de inelegibilidade potenciada.

As incompatibilidades estão previstas nos §§6º e 7º do art. 14 da CF/88 e no art. 1º, incs. II a VII e §§1º a 3º da LC nº 64/90.

§4 Condições de elegibilidade e vida pregressa

Heidegger lança a estranha pergunta "que é uma coisa?" e sai refletindo sobre ela, não sem antes lembrar uma anedota contada por Platão, no *Teeteto*: "Conta-se, acerca de Tales, que teria caído num poço quando se ocupava com a esfera celeste e olhava para cima. Acerca disto, uma criada trácia, espirituosa e bonita, ter-se-ia rido e dito que ele queria, com tanta paixão, ser sabedor das coisas do céu, que lhe permaneciam escondidas as que se encontravam diante do seu nariz e sob os seus pés".[133]

Mostra o filósofo alemão a complexidade dessa pergunta, simples em aparência, levando-nos a uma reflexão profunda sobre os tantos problemas que ela encerra. Esse perguntar-se sobre o que é uma coisa é da essência do conhecimento humano, movidos que somos pela curiosidade e pela necessidade de nos entendermos sobre algo no mundo. Esse "algo", a coisa, é justamente "isto aí" que se põe diante de mim e que comigo não se confunde, provocando a minha capacidade cognitiva. "Esta coisa" que se põe para mim no tempo e no espaço é justamente esta coisa e nenhuma outra; tem, pois, a sua individualidade. Dirá Heidegger, então, que "lugar e momento-de-tempo fazem que coisas absolutamente iguais sejam, cada uma delas, esta coisa, quer dizer, coisa diferente".[134] A coisa que se põe para nós é "isto aí", é esse algo que vem ao nosso encontro como diferente. O ser "isto aí" da coisa é o que Heidegger denomina a sua "istidade" (*Jediesheit*),[135] o seu ser singular.[136] E no "isto" está presente um mostrar, um indicar, como pontua Heidegger: "Na verdade, ao fazê-lo, damos a outra pessoa — aos que estão conosco, por quem estamos acompanhados — uma indicação acerca de qualquer coisa".[137]

No percurso sobre a reflexão do que é uma coisa, Heidegger vai nos fazendo refletir sobre o fato de empregarmos esse termo, em nosso discurso, não apenas para apontarmos algo material, como uma pedra, um copo ou uma geladeira, mas também para indicarmos sentimentos, pensamentos, resoluções. Ele nos aponta, então, três formas iniciais, em sua investigação, de uso da palavra "coisa": (a) no sentido do que está ao alcance da mão: uma pedra, um pedaço de madeira, um alicate etc.; (b) coisa, no sentido daquilo que foi referido, mas, igualmente, as resoluções, os planos, as convicções, as maneiras de pensar, o teorizar, os significados dos termos etc.; e (c) todas estas coisas e, além disso, quaisquer outras, que sejam algo e não nada.[138]

A pergunta que nos cabe aqui fazer, seguindo os passos de Heidegger, é "que coisa é a vida pregressa?", referida no §9º do art. 14 da CF/88 e utilizada, recentemente, como uma expressão-chave para a imposição de novos limites aos nacionais concorrerem a um mandato eletivo. Esse, aliás, é o grande drama da doutrina do Direito Eleitoral:

---

[133] HEIDEGGER. *Que é uma coisa?*: doutrina de Kant dos princípios transcendentais, p. 14-15. Daí, Heidegger saca a seguinte definição jocosa de filosofia: "Filosofia é aquele modo de pensar, com o qual, essencialmente, nada se pode começar e acerca do qual as criadas necessariamente se riem" (p. 15).

[134] HEIDEGGER. *Que é uma coisa?*: doutrina de Kant dos princípios transcendentais, p. 26.

[135] Vem de Duns Scot o termo hecceidade (*haecceitas*, istidade, isto), que é o princípio de individuação de um ser como "realidade última da coisa"; cf. José Ferrater Mora (*Dicionário de filosofia*, v. 2, p. 1286), que assevera que "o princípio de individuação [é] aquilo que faz uma dada entidade ser individual, isto é, ser 'este indivíduo e não outro'".

[136] HEIDEGGER. *Que é uma coisa?*: doutrina de Kant dos princípios transcendentais, p. 25.

[137] HEIDEGGER. *Que é uma coisa?*: doutrina de Kant dos princípios transcendentais, p. 33.

[138] HEIDEGGER. *Que é uma coisa?*: doutrina de Kant dos princípios transcendentais, p. 18.

não vemos autores fazendo a pergunta básica, seja em filosofia, seja em ciência, "que coisa é isto?". A ausência de busca pela *istidade* da coisa, é dizer, dos termos jurídicos, tem feito muito mal ao Direito Eleitoral, deixando a jurisprudência órfã de critérios objetivos, construídos intersubjetivamente pela comunidade do discurso, de modo a deixá-la desenganadamente livre para transformar a *coisalidade* da coisa em coisa nenhuma, em matéria amorfa e sem meios de controle social. Lembrando a lapidar frase de Alexandre Pasqualini, "quando tudo significa tudo, nada significa nada".[139]

A vida pregressa de alguém é a sua experiência no mundo social. O seu comportar-se, o modo de agir, o respeito às leis e às convenções sociais, a sua relação com a família e os amigos, os eventuais vícios que tenha (cigarro, bebidas, drogas etc.), a sua atitude e estado de ânimo e qualquer outro elemento ou critério que seja relevante para a apreciação do seu temperamento, personalidade e caráter. O vetusto Código de Processo Penal (art. 6º, inc. IX) já prescrevia que a autoridade policial deverá "Averiguar a vida pregressa do indiciado, sob o ponto de vista individual, familiar e social, sua condição econômica, sua atitude e estado de ânimo antes e depois do crime e durante ele, e quaisquer elementos que contribuírem para apreciação de seu temperamento e caráter".

O conceito processual penal de vida pregressa, portanto, visa a auxiliar a autoridade policial e a autoridade judicial a terem uma visão mais ampla sobre a personalidade e a atuação social do acusado, justamente para se ter uma ideia sobre a sua periculosidade e, até mesmo, sobre a sua culpabilidade na conduta delituosa. É um conceito, pois, ancilar, visando a dar instrumentos para a valoração da conduta do acusado a partir do seu histórico social. Assim, a vida pregressa não é apenas a ficha corrida criminal do indivíduo, mas o seu agir em comunidade, os seus hábitos sociais, a sua reputação entre os seus. É conceito largo, portanto.

Em concursos públicos, vez por outra encontramos editais que preveem a análise da vida pregressa do candidato aprovado, visando a salvaguardar a Administração Pública de contratar pessoa com um passado problemático em sua vida pessoal, familiar ou social. Aqui, sempre houve evidentes dificuldades em se aplicar a joeira da vida pregressa para eliminar candidato, salvo em casos graves, como a condenação criminal transitada em julgado, que suspende, por força de norma constitucional, os seus direitos políticos (art. 15, inc. III, da CF/88). Porém, o fato de alguém responder a inquérito policial ou mesmo a ação penal não o torna, ante o princípio da presunção de inocência, inapto a exercer cargo público em razão da sua má vida pregressa,[140]

---

[139] PASQUALINI. *Hermenêutica e sistema jurídico*: uma introdução à interpretação sistemática do direito, p. 40: "Se tudo se mostra hermeneuticamente possível, então, *a fortiori*, raciocinar ou dialogar se tornou uma bizarra aventura onde as palavras vagueiam no eterno labirinto das leituras errantes e erráticas. Não havendo nem o reflexo temporalizado do fio de Ariadne, o intérprete movimenta-se de um sem-sentido para outro, como se fora a mosca wittgensteiniana condenada, no *medium* da linguagem, a jamais descobrir a saída da garrafa sem quebrá-la. As pessoas falam ou escrevem, porém o sentido do que escrevem ou falam dependeria tão somente do arbítrio voluntarista dos leitores. Mas quando tudo significa tudo, nada significa nada. Diante da completa entropia, qualquer número equivale a zero."

[140] "Viola o princípio constitucional da presunção da inocência, previsto no art. 5.º, LVII, da Constituição Federal, a exclusão de candidato de concurso público que responde a inquérito ou ação penal sem trânsito em julgado da sentença condenatória" (AgRg no RE nº 559.135/DF, rel. Min. Ricardo Lewandowski, *DJe*, 12 jun. 2008). Mais recentemente: "Administrativo. Agravo Regimental no Recurso Especial. Concurso público. Cabos da PMDF. Candidato que responde a processo criminal. Indeferimento de matrícula no curso de formação. Inexistência de condenação definitiva. Afronta ao princípio da presunção de inocência. Agravo Regimental desprovido. 1. Ofende o princípio da presunção de inocência a exclusão do concurso público de candidato que responde a

tampouco se houve transação penal e o concurseiro está cumprindo adequadamente os seus termos.[141]

O §9º do art. 14 da CF/88 não é uma novidade entre nós, já tendo presença nas constituições que lhe antecederam. A norma que veicula é de fácil apreensão, prescrevendo que: "lei complementar estabelecerá outros casos de inelegibilidade e os prazos de sua cessação, a fim de proteger a probidade administrativa, a moralidade para exercício de mandato considerada vida pregressa do candidato, e a normalidade e legitimidade das eleições contra a influência do poder econômico ou o abuso do exercício de função, cargo ou emprego na administração direta ou indireta".[142]

O pensar jurídico dogmático é a racionalização dos conceitos partindo do ordenamento jurídico. Na construção de proposições jurídicas descritivas, toma-se a linguagem das normas jurídicas como linguagem objeto, é dizer, linguagem de primeiro grau. A linguagem da ciência do direito é sobrelinguagem. Aquela, das normas jurídicas, prescritiva; essa, a da ciência do direito, descritiva.

As decisões judiciais prescrevem. São normas individuais e concretas ou normas gerais e concretas. A natureza prescritiva das decisões judiciais é de segundo grau; aplicam as normas gerais e abstratas para declarar, constituir, condenar, executar e/ou mandar. Esgota-se nesses conteúdos/efeitos a operatividade deôntica das sentenças. As decisões judiciais estão já no momento de concreção do direito, em que começa o fusionamento entre ser e dever-ser, entre pensamento e ato, entre linguagem e vida.

Tenho feito críticas acerbas à proposição descritiva segundo a qual "a inelegibilidade não é sanção; é condição". É proposição, insista-se, no plano da sobrelinguagem vertendo sobre a linguagem objeto, aquela do ordenamento jurídico. Por que não seria sanção a inelegibilidade? Antes de buscar as respostas, convém mais uma vez contextualizar a questão, surgida no âmbito das discussões sobre a constitucionalidade do projeto de lei que se converteu na LC nº 135.

Quando algumas vozes começaram a questionar a amplitude da LC nº 135/2010, a retroatividade das suas normas, buscaram opor como resposta que não haveria retroatividade, porque o momento de aferir as condições de elegibilidade e as inelegibilidades seria o registro de candidatura. Ora, como a LC nº 135 foi publicada antes mesmo das convenções, poderia ser imediatamente aplicada, devendo os candidatos demonstrarem que cumpriam aquilo que passaram agora a chamar de condição de elegibilidade: uma *vida pregressa* compatível. Assim, no momento do registro, o juiz

---

processo criminal, sem sentença condenatória transitada em julgado. Precedentes do STF e do STJ. 2. Agravo Regimental desprovido" (AgRg no REsp nº 1127505/DF, rel. Ministro Napoleão Nunes Maia Filho, Quinta Turma, julgado em 22.02.2011, *DJe*, 21 mar. 2011).

[141] "Agravo Regimental. Pedido de liminar deferido parcialmente. Recurso ordinário em mandado de segurança. Concurso público. Cargo de inspetor de segurança e administração penitenciária. Etapa de investigação social. Transação penal. Eliminação do candidato. Requisitos autorizadores da liminar. Caracterização. Pedido de liminar deferido em parte para reservar vaga ao candidato. Agravo Regimental a que se nega provimento. 1. Na espécie, o cargo a ser preenchido é de inspetor penitenciário. O edital do concurso prevê o caráter eliminatório da etapa de investigação social. Todavia, considerando que ao agravado foi concedida suspensão condicional do processo penal, e que referido benefício está sendo cumprido, regularmente, presume-se que, ao final do prazo de dois anos, ocorrerá, conforme determina a lei, a extinção da punibilidade do candidato, e o consequente arquivamento dos autos. Por isso a liminar fora deferida, parcialmente, apenas, para reservar-lhe a vaga. 2. Agravo regimental a que se nega provimento" (AgRg nº RMS 31.410/RJ, rel. Ministro Celso Limongi (Desembargador convocado do TJ/SP), sexta turma, julgado em 17.03.2011, *DJe* 30 mar. 2011).

[142] Redação dada pela Emenda Constitucional de Revisão nº 4, de 1994.

eleitoral deveria olhar se a vida pregressa era adequada, observando a existência de alguma decisão colegiada que aplicasse a inelegibilidade, agora ampliada — notem bem! — pela nova LC nº 135 para 8 anos. No raciocínio desenvolvido, a condição de elegibilidade seria a vida pregressa, analisada a partir da existência ou não da inelegibilidade aplicada.

Esse ponto é fundamental. Peço atenção a ele, para destrinchar os labirintos desse raciocínio juridicamente enviesado. A proposição "a inelegibilidade é condição" é uma elipse; nela se esconde o sentido completo da asserção entabulada pelos defensores fundamentalistas da LC nº 135/2010, que é, o sentido, o seguinte: "a vida pregressa é condição, aferida pela inexistência de inelegibilidade". A inelegibilidade mesma não poderia ser condição de nada, porque condição é pressuposto. E não se pode afirmar que o pressuposto da concessão do registro de candidatura seja a inelegibilidade. Seria uma contradição em termos. Na verdade, é o inverso que se daria nessa tese: a existência de inelegibilidade é a inexistência de vida pregressa adequada; a inexistência de inelegibilidade é a existência de vida pregressa apta. Ou seja, a análise que se faz não é sobre a vida pregressa do candidato, mas, sim, sobre a existência ou não de inelegibilidade cominada potenciada, *tout court*.

Postas as coisas claramente nestes termos, fica evidente que a análise da vida pregressa não é outra coisa, hoje como no passado, que a existência ou não de inelegibilidade. Noutras falas, hoje, *o conceito de vida pregressa, para os fins do art. 14, §9º, da CF/88 e da LC nº 135/2010, restringe-se à existência ou não de inelegibilidade*. Aquelas discussões acaloradas sobre a aplicação da existência de *vida pregressa limpa* (fosse lá o que isso fosse, à falta de prévia norma jurídica que a disciplinasse), ao tempo da ADPF nº 144/DF, morreram todas. Lá, a vida pregressa era conceito largo, que independia de decisão judicial ou aplicação de sanção. Bastava existir uma nódoa na vida do candidato, como estar indiciado em investigação policial, ou estar denunciado em ação penal, ou estar respondendo a ação de improbidade administrativa, para já estar sem o requisito da vida pregressa. Agora, não. Tudo voltou a ser como antes: a vida pregressa, com a LC nº 135, como era já ao tempo da LC nº 64/90, deve ser aferida através da existência ou não de inelegibilidade.

Começou, então, um problema sério para os defensores fundamentalistas da LC nº 135, que não teorizam para conhecer o ordenamento jurídico, mas para aplicar o que entendem ser eles o justo:[143] como sustentar a sua aplicação de imediato a casos passados e já consolidados, diante de uma demanda midiática provocada pelo clamor de inspiração fascista de punir a todos os políticos? Só havia um caminho: disseminar a ideia justificadora de que a inelegibilidade não seria uma sanção (nem entro aqui na afronta escancarada ao art. 16 da CF/88).

Para a LC nº 135, e disso não há como fugir, o conceito de *vida pregressa* está umbilicalmente ligado ao de *inelegibilidade*, por força do §9º do art. 14 da CF/88. Sendo assim, a *doutrina eleitoralista ideologicamente militante* passou a afirmar que haveria na inelegibilidade a aplicação de um *juízo de moralidade*, distando-a da natureza sancionatória, enquanto na sanção penal haveria um *juízo de culpabilidade*.

---

[143] É um teorizar comprometido de antemão com um resultado político buscado. Logo, não visam a conhecer e sistematizar o ordenamento jurídico eleitoral, mas vergá-lo casuisticamente àquilo que julgam ser o adequado politicamente. Não fazem doutrina; fazem política militante, apenas.

Basta uma leitura compromissada com a significação do texto constitucional, sem a intenção de dobrá-lo aos interesses do intérprete — por mais rico em bons propósitos que seja! —, para se chegar à óbvia compreensão de que não há meios de tomar aquela norma constitucional como de eficácia contida. Seria autorizar o intérprete que pudesse, ao seu talante, diante de um caso concreto, aplicar a sanção de inelegibilidade (por qual prazo?) ao argumento de serem os fatos narrados violadores do princípio da moralidade ou da probidade. Mais certa doutrina tentou sustentar a existência (absurda, dizemos nós!) de uma hiperinelegibilidade posta pela cláusula aberta da *vida pregressa*, no que foi acompanhada, gostosamente, por parcela da opinião pública ávida por armar fogueiras ecologicamente corretas para tostar a carreira de políticos tidos como ímpios, ao sentir dos filhos contemporâneos de Torquemada.

Noutras palavras, o §9º do art. 14 criaria, segundo essa tese, uma hiper-hipótese de inelegibilidade, que abarcaria todo e qualquer fato havido como imoral ou ímprobo. Seria uma definição de abarcância, com base em conceito abertos e indeterminados.

A distinção entre *juízo de moralidade* e *juízo de culpabilidade*, que estaria à base dessa tese, foi construída sem a observância de outras normas constitucionais, como aquela segundo a qual a condenação criminal transitada em julgado suspende automaticamente os direitos políticos (art. 15, III, da CF/88). Ou seja, a própria Carta estipulou, noutras falas, que, salvo norma específica infraconstitucional, introduzida por lei complementar, a suspensão dos direitos políticos apenas ocorrerá após o trânsito em julgado da sentença penal condenatória. Não é à toa que a Carta de 1988 estipula tais garantias para o cidadão, impedindo excessos do Estado, mesmo que eles sejam cometidos pelo Poder Judiciário.

Hipótese de inelegibilidade criada por meio de princípios, com quebra da previsão de norma introduzida por meios formais próprios? Essa é a nova lógica, ao que parece. O Tribunal Superior Eleitoral suprimiria a competência do Congresso Nacional e passaria a criar hipóteses de inelegibilidade, como aquela da negativa de certidão eleitoral por desaprovação das contas e, agora, a tese da decorrente de (má) vida pregressa.

Como já antecipei, estou escrevendo um artigo sobre o tema e, já adianto, não será seguindo a moda de caça aos políticos, com a adoção de um perigoso moralismo, que bem lembra aquele utilizado pelo macartismo (*McCarthyism*).

Márlon Jacinto Reis passou a ser o primeiro a escrever sustentando que "As inelegibilidades não possuem, como se percebe, nenhuma finalidade punitiva, voltando-se a prevenir o ingresso no mandato de quem quer que possa vir a dele fazer mau uso. É esse o principal propósito do estabelecimento das inelegibilidades: a *proteção da Administração Pública e do processo eleitoral*. Assim, diferentemente do que ocorre no âmbito penal, o conteúdo das inelegibilidades não é repressivo, mas preventivo".[144]

Há uma evidente subversão do conceito de inelegibilidade, visando exclusivamente a legitimar a aplicação retroativa da LC nº 135. De repente, não mais que de repente, a inelegibilidade passaria a ter natureza cautelar! Aqui, os fins, tomados por bons, justificariam os meios, que é a adulteração do sentido positivado do conceito

---

[144] REIS. Inelegibilidade e vida pregressa: questões constitucionais. *Jus Navigandi*. Curiosamente, esse autor dizia que "Cassação do registro e inelegibilidade são medidas repressivas ontologicamente distintas", afirmando que "Inelegibilidade é sempre uma sanção prévia ao requerimento do registro" (A constitucionalidade do art. 41-A da Lei das Eleições. *Paraná Eleitoral*).

de inelegibilidade. Mesmo que a estratégia argumentativa não encontre amparo nem mesmo na própria LC nº 135, que chama de sanção a inelegibilidade em seu art. 22, XIV.

Essas teses são construídas lateralmente ao direito positivo. Porque elas, na verdade, não respeitam o direito posto; ao contrário, querem transformá-lo naquilo que antidemocraticamente desejam, sem o escrutínio do Parlamento. Se possível, contrariamente ao Parlamento. É uma espécie de direito livre, achado na rua, consoante no-lo demonstra a petição inicial daquela ADPF nº 144/DF.

As sanções são efeitos de fatos jurídicos ilícitos, pouco importa sejam eles de natureza criminal ou cível. Hans Kelsen[145] lembra que "As sanções são estabelecidas pela ordem jurídica com o fim de ocasionar certa conduta humana que o legislador considere desejável. As sanções do Direito têm caráter de atos coercitivos (...). A diferença entre Direito civil e Direito criminal é uma diferença no caráter de suas respectivas sanções. *Se considerarmos, porém, apenas a natureza externa das sanções*, não poderemos encontrar quaisquer características distintivas". Essas lições podem ser resumidas em uma exposição de Marcos Bernardes de Mello,[146] que afirmará: "Para configurar a contrariedade a direito caracterizadora da ilicitude, não importa a que ramo do direito pertença a norma jurídica violada: *não há diferença ontológica entre ilícito civil, penal, administrativo ou de qualquer outra espécie,* em razão da contrariedade a direito".

Em um livro pouco conhecido no Brasil, Norberto Bobbio[147] trata daquelas sanções a que ele denomina "premiais", que aqui não nos interessam. Mostra o saudoso filósofo e jurista peninsular que a função da sanção negativa (é dizer, a sanção como pena) "é a de proteger determinados interesses mediante a repressão dos atos desviantes". Seguindo em sua exposição, Bobbio afirma: "Não há dúvidas de que a técnica das sanções negativas é a mais adequada para desenvolver esta função, a qual é, ao mesmo tempo, *protetora* em relação aos atos conformes e *repressiva* em relação aos atos desviantes".

Norberto Bobbio aponta essa dupla face das sanções: de um lado, proteger a licitude, o bem conforme ao Direito; de outra banda, reprimir os atos contrários ao Direito, que violem os interesses caros ao ordenamento jurídico. *A sanção é, sempre, a um só tempo protetora e repressora.* Essa a razão pela qual a alegada cautelaridade ou preventividade da inelegibilidade, apontada pelos defensores militantes da LC nº 135, é comum a todas as sanções: elas são sempre, insista-se!, *protetoras* de valores ou interesses jurídicos. Para os que, nada obstante, desafiem o ordenamento, entra em pauta a coação, em que a sanção desempenha um papel repressivo. Ou seja, *a inelegibilidade cominada é sanção negativa aplicada ao fato jurídico ilícito eleitoral, com a função abstrata de proteger valores e interesses, além da função repressora concreta de punir o infrator.*

Como identificamos se um efeito jurídico tem natureza de sanção? Basta olhar para o fato jurídico que lhe dá origem. É sempre o fato jurídico que diz dos efeitos. Entre as normas e os efeitos jurídicos, há sempre a figura intercalar do fato jurídico. Se ele é ilícito, o seu efeito será sempre uma sanção.

Aqui há outro profundo pecado de teoria geral do direito na afirmação de que a inelegibilidade não seria uma sanção, mas uma condição. E o pecado é justamente desconsiderar o fato jurídico que lhe deu origem. E olhar o fato jurídico é examinar os

---

[145] KELSEN. *Teoria geral do direito e do estado*, p. 53.
[146] MELLO. *Teoria do fato jurídico*: plano da existência. 16. ed., p. 228.
[147] BOBBIO. *Da estrutura à função*: novos estudos de teoria do direito, p. 24, com grifos nossos.

fatos hipotisados como tal na LC nº 135/2010. Por exemplo: abuso de poder econômico ou político é o fato jurídico que faz nascer a inelegibilidade de 8 anos a contar da eleição, consoante a alínea "d" do inciso I do art. 1º da LC nº 64/90. A proposição da norma de direito material tem a sua compostura definida logicamente: suporte fáctico → preceito. Há a previsão do fato jurídico ilícito eleitoral do abuso de poder econômico e/ou político, atribuindo-lhe como efeito a sanção de inelegibilidade por 8 anos.

Mas essa norma da alínea "d" possui também normas processuais. Esse abuso de poder, que é fato ilícito eleitoral, há de ser declarado em decisão judicial, ficando os efeitos imediatos da decretação da inelegibilidade cominada por 8 anos condicionados à decisão de órgão colegiado. A alínea "d" fixa a imediata efetividade do efeito constitutivo negativo (inelegibilidade) da decisão do órgão colegiado, independentemente de trânsito em julgado. Esse ponto é também fundamental: a decisão judicial que decreta a inelegibilidade contra o ato ilícito de abuso de poder o faz com esteio nas normas jurídicas em vigor.

É justamente por isso que a LC nº 135/2010 não poderia retroagir para ampliar a inelegibilidade de fatos ilícitos ocorridos ao tempo da LC nº 64/90. Porque o efeito da inelegibilidade de 3 anos é previsto aos fatos jurídicos ilícitos ocorridos na vigência da LC nº 64/90, como resultado da sua decretação por decisão judicial transitada em julgado. Fere o princípio da segurança jurídica, o princípio da não surpresa e, como maior razão, o princípio da dignidade da pessoa humana, a aplicação ou majoração de sanções a fatos pretéritos.

Quando um juiz, diante de um pedido de registro de candidatura, analisa a existência ou não de inelegibilidade do candidato, deve fazê-lo de acordo com a lei do tempo do fato havido hoje por ilícito. Temos duas situações: (a) O fato era ilícito antes da LC nº 135? Não. Não se pode aplicá-la. (b) O fato era ilícito antes da LC nº 135? Era. Então devemos observar quais os efeitos jurídicos atribuídos pela legislação do tempo do fato jurídico já havido como ilícito. A inelegibilidade era de 3 anos, a contar da eleição em que o ilícito ocorreu. Bem, houve extinção daquela sanção. O candidato não mais está submetido àquela inelegibilidade.

É dizer, a LC nº 135 não pode ser aplicada a fatos jurídicos ilícitos anteriores à sua vigência, alterando os seus efeitos jurídicos, muitas vezes objeto de decisões judiciais já transitadas em julgado. Aqui, mais uma vez deve ser sublinhado algo muito óbvio, mas que foi embaralhado no desenrolar da discussão emotiva sobre os limites de aplicação da LC nº 135: a *vida pregressa do candidato é apenas um critério para o legislador definir as hipóteses de inelegibilidade*, como já ocorria na LC nº 64/90. *Vida pregressa*, enfim, não é um conceito jurídico que possa ser operado como uma cláusula abstrata de corte, uma hipótese transcendental de inelegibilidade, enraizada em princípios desencarnados do ordenamento jurídico. A inelegibilidade cominada a fatos jurídicos ilícitos é sempre uma sanção, não podendo retroagir para alcançar fatos jurídicos passados, anteriores à vigência da lei que a criou ou a ampliou.

Que coisa é a má vida pregressa? Para o Direito Eleitoral, é exclusivamente a inelegibilidade decorrente de fatos jurídicos ilícitos. Como há a inelegibilidade cominada potenciada, que perdura por determinado trato de tempo, poderá ser analisada a sua existência na eleição futura, quando do pedido de registro de candidatura. A sanção de inelegibilidade não é aí um pressuposto ao registro de candidatura, mas, ao contrário, é a sanção que obsta a sua concessão, mesmo presentes todas as condições de elegibilidade.

Uma última observação: ao tempo da discussão da ADPF nº 144/DF, os seus defensores diziam que a vida pregressa era condição de elegibilidade; não era inelegibilidade. Hoje, ao tempo da LC nº 135/2010, os mesmos defensores dizem que a vida pregressa decorre da inelegibilidade; a inelegibilidade é que não seria sanção, mas condição. Disso tudo fica uma lição: há nessas proposições pouco de raciocínio jurídico e muito, ou quase tudo, de ideologia e política.

Por essa razão, tenho combatido o que passei a denominar de moralismo eleitoral, ou seja, a adulteração da interpretação das normas jurídicas eleitorais pela aplicação de critérios acentuadamente morais, muitas vezes em aberta divergência com o próprio ordenamento jurídico posto. Em nome de princípios defendidos por determinadas minorias (ou mesmo maiorias, pouco importa), afasta-se a aplicação de determinada norma jurídica positivada, recriando antidemocraticamente o próprio ordenamento jurídico, sem observar os meios próprios para tanto.

Esse fenômeno crescente de enfraquecimento da própria positividade das normas infraconstitucionais a ponto limite de deixarem elas de ser vinculativas para o aplicador, a partir de uma leitura principiológica da Constituição, passou a ser sentido de modo alarmante na leitura que vem se fazendo de relevantes questões eleitorais, como ocorreu com o movimento que passou a perseguir aqueles que seriam os "fichas sujas". Para os que defendem a leitura moral do direito, os princípios, e como eles a moral, se sobreporiam às regras postas, de modo que o aplicador poderia sobrepor as razões morais ao próprio direito positivo.

Luis Rodolfo Vigo denomina essa lógica perigosa de *hipermoralização do direito*, advertindo que: "À luz destas propostas típicas do neoconstitucionalismo que se compraz em reconhecer quanta moral existe no Direito, o alerta que se formula é em torno ao risco que a moral ocasiona ao Direito, ou que os juristas sejam moralistas ao pretender entender e operar o Direito conforme a Constituição, já que, é na moral que está o núcleo do Direito. Fora o espaço institucional que supõe o Direito na hora de sua aplicação, esse se torna irrelevante ou então acaba por explicitar-se ao teor da moral. Do impossível sonho da pureza kelseniana e as distinções taxativas entre Direito e Moral, se corre o risco de terminar sem distinguir nenhum deles".[148]

Entre os defensores dessas mudanças na legislação eleitoral, conforme já citamos, encontra-se Márlon Jacinto Reis, que tem inegavelmente sido o responsável por tentar dar alguma justificativa teórica às mudanças trazidas pela LC nº 135. Ele, consoante já mostramos, ingressa em uma análise teórica do conceito de inelegibilidade voltada, sobretudo, a servir de amparo à necessidade de limitar o acesso à obtenção da elegibilidade de nacionais que respondam a ações penais ou por improbidade administrativa, considerados "fichas sujas".

Para ele, na defesa da constitucionalidade da LC nº 135, a inelegibilidade decorrente de má vida pregressa não seria sanção, razão pela qual também não seria a inelegibilidade nascida dos ilícitos eleitorais. Não sendo sanção, mas condição, não haveria porque ser respeitado o princípio constitucional da não culpabilidade, cuja garantia é prevista no art. 5º, LVII, da CF. Para Márlon Jacinto Reis, "*Considerar culpado*

---

[148] GOMES, Luiz Flávio; VIGO, Rodolfo Luis. *Do Estado de direito constitucional e transnacional*. São Paulo: Premier, 2008 apud GOMES. Candidatos "fichas-sujas": Supremo afasta o risco da hipermoralização do direito. *Jus Navigandi*.

é algo que se dá nos domínios do subjetivismo. Reputa-se culpado alguém na medida e na proporção da sua responsabilidade pelo cometimento do ilícito penal. Isso não se opera num plano abstrato, senão na perspectiva tangível da leitura do caso concreto, com todas as particularidades que o cercam. Essa atividade está sempre pautada pelo risco".[149] Impressiona a afirmação. Partir do suposto que a consideração sobre a culpabilidade de alguém está nos domínios da subjetividade de quem julga é, isso sim, um grande risco. É expor a liberdade de alguém ao arbítrio, aos jogos retóricos, ao plano psicológico. É criar o direito penal do arbítrio, das razões pessoais, em uma volta ao tempo em que as garantias individuais nada eram diante do Estado Leviatã.

Diante desse pressuposto inaceitável, Márlon Reis faz outra assertiva problemática: "O que o princípio desautoriza não é exatamente o 'considerar culpado' — presente em eventual decisão condenatória, mesmo que inexequível —, mas a antecipação de qualquer das suas consequências *penais*. A sentença criminal condenatória tem necessariamente que reconhecer a existência da culpa como pressuposto lógico para a imposição da pena. O que a Constituição efetivamente impede é que daí advenha desde logo a imposição de medidas restritivas de natureza penal." Ou seja, para ele, o princípio da não culpabilidade seria apenas uma garantia formal: a pena apenas será imposta após não mais haver recursos, sem que isso signifique, também, uma garantia material, de que até que não mais haja a possibilidade de manejo de recursos o cidadão continue a ser, perante o Estado e a sociedade, não culpado, é dizer, não passível de sofrer em sua esfera jurídica qualquer tipo de consequências pela decisão ainda passível de reforma.

Observa-se que, para essa forma de moralismo jurídico, as garantias individuais conquistadas a duras penas passariam a ser um estorvo, um mal necessário, algo que se toleraria apenas. Por isso, deveriam essas garantias constitucionais ter um alcance estreito, limitado, para que o Estado pudesse agir sobre os indivíduos. Assim, aduz Márlon Reis: "No plano das inelegibilidades, todavia, temos a Constituição dirigindo seu horizonte principiológico a norte diverso. Se no campo penal antevemos uma especial proteção dos acusados, no capítulo das inelegibilidades a proteção volta sua vista — de conformidade com a expressa dicção constitucional — para a moralidade e a probidade administrativas e a normalidade e legitimidade dos pleitos". Em seguida, conclui: "O indivíduo aqui cede a sua primazia aos elevados interesses da coletividade, porque estamos agora nos domínios da política, onde direitos e deveres não são considerados senão à luz da finalidade pública a que se destinam. Não mais cuidamos da defesa dos direitos constitucionais de um indivíduo, salvo em sua imediata relação com a tutela do interesse geral que neste campo prepondera".

Os indivíduos põem-se, nessa visão, simplesmente como servos do Leviatã. Mesmo os direitos políticos, que têm como uma das suas facetas a elegibilidade, são vistos não como um reflexo da soberania popular, que está à base de um Estado Democrático de Direito, mas como uma concessão do Estado que pode ser postergada, solapada, em nome de conceitos perigosamente etéreos, como aquele de inspiração nacional-socialista, *Volksgeist* (espírito do povo), ou mesmo *Volksgemeinschaft* (comunidade do povo). Quando Márlon Reis fala em finalidade pública a que os direitos políticos se destinam, cria simplesmente uma instância retórica fluída para

---

[149] REIS. Inelegibilidade e vida pregressa: questões constitucionais. *Jus Navigandi*.

justificar a destruição dos direitos individuais pela aplicação de princípios morais. Aliás, esse moralismo exacerbado e perigoso fica ainda mais patente na fala de João Baptista Herkenhoff, quando assevera: "A presunção de inocência, na esfera criminal, só se esgota com a sentença condenatória de que não caiba recurso. Esta salvaguarda, correta no campo dos direitos individuais, não pode ter aplicação em sede eleitoral. Aqui o que deve preponderar é o interesse coletivo de obstar a eleição de políticos de 'ficha suja' que, frequentemente, buscam a conquista do mandato como forma, justamente, de proteger-se do braço da Justiça". Aliás, o próprio título do estudo de Herkenhoff[150] é autoexplicativo e revela a ideologia que se esconde na tese: a de que o eleitor não teria condições de decidir por si mesmo. Seria necessário que uma elite togada decidisse por ele, como déspotas esclarecidos. A conclusão do estudo, aliás, não deixa margem a dúvidas: "Não pode a Justiça Eleitoral desprezar a hermenêutica sociológica. Através desse caminho, o intérprete coloca-se diante da realidade social. É inviável a análise da vida pregressa dos candidatos, por parte do eleitorado, em razão de fatores culturais e políticos que furtam o acesso de grande parcela da população a fontes de informação imparcial, ampla e clara. Diante desse quadro, a Justiça Eleitoral não se pode deixar enredar por uma interpretação literal, que daria elegibilidade a políticos sujos, mas trairia os fundamentos da própria Constituição". É dizer, os defensores da exclusão dos chamados "fichas sujas" desconfiam da capacidade do próprio eleitor de decidir o seu destino, de modo que a Justiça Eleitoral deveria aplicar uma hermenêutica sociológica, é dizer, uma espécie de direito livre, de direito achado na rua, para fazer justiça com as próprias mãos, contra o próprio ordenamento jurídico.

É essa a chave teórica para a (re)leitura do Direito Eleitoral e do próprio conceito de inelegibilidade. Faço aqui uma longa citação do texto de Márlon Reis, para ser fiel ao seu pensamento, fazendo algumas considerações posteriormente sobre o seu conceito de inelegibilidade: "Por meio das inelegibilidades é estabelecido o perfil esperado dos pleiteantes a cargos eletivos. Esse perfil é desenhado negativamente, excluindo-se do processo eletivo os que incidam de modo objetivo em determinadas hipóteses normativamente delineadas". E segue: "As inelegibilidades são definidas de conformidade com os seguintes atributos: a) preventividade; b) objetividade". Destarte, continua o autor: "Têm elas inicialmente sempre caráter preventivo, prestando-se a proteger a moralidade e probidade administrativas e a normalidade e legitimidade dos pleitos. Além disso, são objetivamente definidas sob a forma de hipóteses abstratas, não abrindo espaço para juízos de valor sobre condutas atribuídas a alguém". E segue explicitando o seu pensamento: "As inelegibilidades têm por finalidade obstar o acesso ao mandato político daqueles que incidem em qualquer dessas categorias generalizantes: a) podem ser eleitoralmente beneficiados por sua posição na estrutura do Poder Público; b) podem tirar proveito eleitoral de relações de parentesco com os titulares do poder; c) lançaram mão de meios ilícitos e indignos para a conquista de mandato, capazes de influir no resultado do pleito; d) praticaram atos outros capazes de indicar objetivamente sua inaptidão para a prática de atos de gestão da coisa pública". Finalmente, conclui: "As inelegibilidades não possuem, como se percebe, nenhuma finalidade punitiva, voltando-se a prevenir o ingresso no mandato de quem quer que possa vir a dele fazer

---

[150] HERKENHOFF. Ficha suja: é inviável a análise da vida pregressa dos candidatos pelo eleitor. *Revista Consultor Jurídico*.

mal uso. É esse o principal propósito do estabelecimento das inelegibilidades: a proteção da Administração Pública e do processo eleitoral. Assim, diferentemente do que ocorre no âmbito penal, o conteúdo das inelegibilidades não é repressivo, mas preventivo".

Em primeiro lugar, as tais quatro categorias generalizantes de inelegibilidades estipuladas por Márlon Reis misturam situações absolutamente distintas, sendo uma classificação excessivamente arbitrária. As duas primeiras categorias referem-se a hipóteses de incompatibilidade (própria ou por relações de parentesco), constituindo-se, portanto, em condições de elegibilidade impróprias. A incompatibilidade nada mais é do que inelegibilidade inata, sem natureza sancionatória. A terceira categoria abarcaria de uma só vez todos os atos eleitorais ilícitos (abuso de poder econômico ou político, captação de sufrágio, condutas vedadas aos agentes públicos etc.); e, finalmente, a quarta categoria abarcaria atos ilícitos sem natureza eleitoral, mas com repercussão na seara eleitora, como a condenação penal transitada em julgado, a declaração de improbidade administrativa transitada em julgado, e, obviamente para os fins do pensamento de Márlon Reis, a simples propositura de ações judiciais na esfera penal ou para apurar a prática de improbidade administrativa.

Impressiona, todavia, que assevere Márlon Reis que a inelegibilidade não teria nenhum caráter punitivo, mas sim apenas preventivo. De modo algum. Toda inelegibilidade aplicada como decorrência de atos ilícitos eleitorais tem natureza de sanção; é uma punição aplicada aos que praticaram ilicitudes, como já demonstramos linhas atrás.

Aliás, a distinção entre inelegibilidade inata e inelegibilidade cominada é precisamente esta: aquela não tem natureza sancionatória, decorrendo de fatos jurídicos lícitos (ausência de uma das condições de elegibilidade, por exemplo), enquanto esta tem natureza sancionatória, advindo de fatos jurídicos ilícitos (abuso de poder econômico, uso indevido dos meios de comunicação social, compra de votos etc.).

Da mesma forma que as penas previstas em abstrato na legislação penal visam a preventivamente inibir a prática de delitos, as sanções de inelegibilidade por prática de fatos ilícitos eleitorais têm essa natureza educativa e preventiva. Daí não se segue, todavia, que sejam as sanções penais e as sanções eleitorais destituídas da sua natureza punitiva. Infelizmente, é essa a confusão teórica que Márlon Reis faz, na ânsia de buscar uma saída para a aplicação da sanção de inelegibilidade para os que, ainda acusados por prática de ilícitos penais ou de improbidade, não tenham contra si decisão condenatória transitada em julgado.

Aliás, na falta de uma clara distinção entre as espécies de inelegibilidade, Márlon Reis concentra-se na inelegibilidade inata (necessidade de heterodesincompatibilização do §7º do art. 14 da CF/88) para fundamentar justamente o caráter preventivo das inelegibilidades, sem perceber que o seu exemplo não serve aos fins pretendidos: extrair da inelegibilidade o seu caráter punitivo. De fato, a necessidade de heterodesincompatibilização (para fugir da inelegibilidade inata reflexa) ou de autodesincompatibilização são exemplos típicos de inelegibilidade sem sanção, é dizer, inata, por ausência de uma das condições de elegibilidade (próprias ou impróprias). Essa a razão pela qual é sem densidade a seguinte afirmação do magistrado maranhense: "Se nos centrarmos nesse exemplo — o da inelegibilidade de cônjuges e parentes — podemos ter a clara dimensão do quão diversos são os campos jurídicos em que encontram tratamento as penas e as inelegibilidades. Basta uma relação de parentesco para que, por presunção legal de risco para a legitimidade do pleito, já se autorize o afastamento da candidatura. No campo penal isso seria inconcebível". Ora, impedir parentes, em nome do princípio republicano, de concorrerem à sucessão e manter indefinidamente o poder familiar, é uma política legislativa de preservação do regime democrático, de modo que a desincompatibilização nos seis meses antes do pleito passa a ser um pressuposto à elegibilidade, não uma sanção, até mesmo porque sanções apenas advêm de fatos ilícitos. Não é fato ilícito estar validamente no poder, gerando a inelegibilidade de um parente. A inelegibilidade inata advém, nesse caso, da ausência do preenchimento de uma condição instituída pela Constituição Federal.

A partir desses pressupostos teóricos, Márlon Reis estipula um novo conceito de inelegibilidade. Para ele, "Inelegibilidade é requisito objetivo (abstrato) definido na Constituição ou em lei complementar para o fim de proteger a probidade administrativa, a moralidade para exercício do mandato ou a normalidade e legitimidade das eleições".

O conceito é incompleto e confuso, com o devido respeito. Ora, a inelegibilidade *não* é um requisito objetivo (aliás, requisito a quê?). Existem requisitos ao registro de candidatura, que são as chamadas condições de elegibilidade. A ausência de uma delas é que gera a inelegibilidade inata, ou seja, a situação jurídica de quem não pode ser candidato por não possuir o registro de candidatura. A inelegibilidade cominada, por sua vez, tampouco é requisito: ela é um obstáculo-sanção, um impedimento, como efeito de algum fato jurídico ilícito anterior.

A inelegibilidade, outrossim, não é meio para proteger a probidade administrativa. É ela uma das possíveis sanções para os que agiram de modo ímprobo e foram assim declarados por sentença transitada em julgado (a inelegibilidade decorre da suspensão dos direitos políticos — art. 15, inc. V, da CF/88). É efeito, não causa; é consequência, não pressuposto. Agora, com a LC nº 135/2010, a inelegibilidade cominada potenciada processual passou a surgir a partir da decisão do órgão colegiado. Transitada em julgado essa decisão desfavorável, incoam mais oito anos de inelegibilidade cominada potenciada material.

Tampouco a inelegibilidade é requisito objetivo para proteger a moralidade do mandato. Os que agem ilicitamente ou ferem a moralidade pública no exercício do mandato podem ser punidos através de ações civis públicas ou de ações penais, além de processo por crime de responsabilidade perante o Parlamento. Mais uma vez, a inelegibilidade poderá ser uma das sanções decorrentes de eventual condenação transitada em julgado.

Finalmente, a inelegibilidade não é um requisito objetivo para a normalidade e legitimidade das eleições. É ela uma sanção aplicada aos candidatos ou terceiros que pratiquem atos eleitorais ilícitos. As normas sancionatórias (sejam elas penais ou não) têm também um componente pedagógico, preventivo e educativo. Nada obstante, a sua principal consequência é causar ao infrator um *minus* em sua esfera jurídica. Se a inelegibilidade aplicada for daquelas que se espraiam no tempo (inelegibilidade cominada potenciada), terá um caráter futuro de proteção do próximo processo eleitoral, impedindo o nacional sancionado de participar do próximo ou dos próximos pleitos, a depender da sua extensão.

Como se pode observar, o moralismo eleitoral parte normalmente de uma compreensão equivocada da teoria da inelegibilidade, que se põe a serviço de um certo justiçamento antidemocrático, ainda que movido pelas melhores intenções. Não há dúvidas que é necessário depurarmos as nossas instituições, porém essa é uma tarefa complexa, que não se esgota em medidas irrefletidas, movidas por um certo voluntarismo, que de tanto simplificar os problemas apenas cria novos problemas.

Aliás, se pensarmos na vivência do art. 41-A, que para muitos seria a solução da corrupção eleitoral, vemos que ele tem sido muitas vezes usado justamente para a obtenção de resultados contrários à vontade popular: virou ele, na verdade, o caminho para terceiro turno das eleições, em que o candidato derrotado encontra meios para tentar chegar ao poder sem necessidade da legitimidade dos votos.

DA REELEGIBILIDADE

§1 Da inovação constitucional

A Emenda Constitucional nº 16/97 inovou sobremaneira nosso regime republicano, quebrando longa tradição política de nosso País, ao admitir a possibilidade de reeleição dos ocupantes de cargos eletivos do Poder Executivo. Sem que aqui nos interesse analisar os aspectos eminentemente políticos da reforma, que mereceriam cuidado em estudo de Ciência Política, cabe-nos neste capítulo analisar as facetas jurídicas da reelegibilidade, máxime no que se refere aos matizes que se espraiam no Direito Eleitoral. Consoante prescreve o §5º do art. 14 da CF/88, com a nova redação atribuída pela EC nº 16/97, o presidente da República, os governadores de Estado e do Distrito Federal, os prefeitos e quem os houver sucedido ou substituído no curso dos mandatos poderão ser reeleitos para um único período subsequente. Esse preceito, que trouxe uma profunda mudança jurídica, há de ser necessariamente interpretado em conjugação com o §6º do mesmo dispositivo constitucional, que não sofreu modificações, prescrevendo que, para concorrerem a outros cargos, o presidente da República, os governadores de Estado e do Distrito Federal e os prefeitos devem renunciar aos respectivos mandatos até seis meses antes do pleito.

Consoante se observa, o parágrafo reformado trata exclusivamente da possibilidade de reeleição dos ocupantes de cargos eletivos do Poder Executivo, sem qualquer referência à necessidade de desincompatibilização; apenas o parágrafo seguinte, com sua redação original, feita ao tempo da irreelegibilidade, é que tratou da problemática da incompatibilidade. Não por outra razão, sobejas dificuldades hermenêuticas exsurgem na interpretação de tais normas, eis que convivem regras elaboradas para a vetusta tradição da irreelegibilidade com as novas regras referentes à elegibilidade.

§2 Conceito de reelegibilidade

A elegibilidade é o direito subjetivo público de ser votado (*ius honorum*). Nasce do fato jurídico do registro de candidatura, cumpridas as condições de registrabilidade (ditas condições de elegibilidade), quer próprias, quer impróprias, naquilo que for pertinente. A reelegibilidade é a elegibilidade para o mesmo cargo, por um período subsequente. Quem possuía a elegibilidade, tanto que se candidatou e obteve êxito no prélio eleitoral, não é, apenas por isso, reelegível. Erram os que assim pensam. O candidato eleito para ocupar um cargo do Poder Executivo (Presidência da República, Governo do Estado ou do Distrito Federal, ou Prefeitura Municipal) não possui, tão só por essa razão, o direito a postular novamente, em outra eleição, a permanência no mesmo cargo por mais um período. Deveras, para que lhe nasça o direito de ser novamente votado (direito de postular o mesmo cargo para o qual já foi uma vez eleito), é de mister que possua os requisitos legais, atendendo as condições de elegibilidade, é dizer, dês que presentes os pressupostos de registrabilidade de sua candidatura.

Se o presidente da República, *exempli gratia*, desejar novamente concorrer ao principal cargo do Governo Federal, deverá cumprir as condições de elegibilidade para pleitear o registro de sua candidatura: estar filiado a partido político, no prazo legal, sendo por ele indicado em convenção; possuir domicílio eleitoral regularmente constituído, em caso de transferência de circunscrição ou zona eleitoral; e estar em pleno exercício dos direitos políticos. As outras condições, todas elas, o presidente da República obviamente já as possui, pela simples razão de já possuí-las ao tempo da primeira eleição para o mesmo cargo.

Mas o registro de recandidatura apenas poderá ser admitido se, além de cumpridas as condições de elegibilidade, não estiver o registrando inelegível, mercê de estar submetido a alguma hipótese constitucional ou infraconstitucional de inelegibilidade (*v.g.*, se as contas relativas ao exercício do cargo vierem a ser rejeitadas; ou se tiver praticado abuso de poder econômico ou político noutra eleição, visando a beneficiar terceiros; etc.).

Consoante se apreende, a simples instauração da reelegibilidade em nível constitucional não admite, *sic et simpliciter*, a garantia da candidatura do já ocupante de cargo eletivo, eis que o ordenamento jurídico eleitoral impõe balizas e critérios a serem seguidos, de modo a restarem preservados os princípios da moralidade e isonomia entre os competidores.

Insistamos ainda um pouco mais neste ponto. Já acentuamos que a elegibilidade é o direito de ser votado. Como tal, o seu exercício se exaure no momento da eleição, quando os nacionais alistados exercem seu direito de votar (*ius singuli*). Logo, parece-nos imprópria a assertiva segundo a qual a elegibilidade seria um apanágio de todo e qualquer nacional, como se fora uma qualidade a perdurar no tempo, agregada ao seu titular, como um direito pertencente a todos os nacionais: seria ela a regra, ao tempo em que o estado de inelegibilidade seria a exceção.

Pensamos que o direito de ser votado nasce do fato jurídico do registro de candidato. Quem tem elegibilidade tem-na para exercê-la através do prélio eleitoral. Exercido o direito de ser votado, exaure-se ele com a eleição vitoriosa ou com o resultado desfavorável. Para que se lhe franqueie nova oportunidade de se candidatar, o nacional terá que novamente registrar sua candidatura, cumprindo as condições de registrabilidade. Quem não está registrado é inelegível para concorrer na eleição; quem foi registrado, mas sobreveio a declaração ou decretação de sua inelegibilidade, perde a elegibilidade que possuía. Não por outra razão, dissemos ser a inelegibilidade ausência ou perda da elegibilidade. Há inelegibilidade para eleição específica, na qual o nacional pretende concorrer, e inelegibilidade para eleição que ocorra no futuro, chamada *inelegibilidade cominada potenciada* (*v.g.*, art. 1º, inc. I, alínea "e" da LC nº 64/90).

O direito brasileiro não franqueava aos ocupantes de cargos eletivos do Poder Executivo a possibilidade de se recandidatarem para os mesmos cargos, inibindo a eternização do poder político nas mãos de um só. Hoje, o princípio da continuidade político-administrativa foi entronizado, nada obstante podado ainda pelo princípio da diminuição do *quantum* despótico (Pontes de Miranda), modernamente celebrado a partir da Revolução Francesa e adotado pelas democracias modernas. De modo que, do ponto de vista jurídico, é curial a assertiva segundo a qual a irreelegibilidade resultava numa limitação da elegibilidade, da mesma maneira que a reelegibilidade abre um elastério à elegibilidade, por apenas mais um período de mandato no mesmo cargo.

Reelegível é o nacional registrado para concorrer novamente ao exercício do mesmo cargo para o qual havia sido eleito, ou o qual chegou a ocupar por sucessão ou substituição.

A Emenda Constitucional nº 16, de 04 de julho de 1997, que deu nova redação ao §5º do art. 14 da CF/88, prescreve a possibilidade de reeleição para os eleitos ocupantes de cargos eletivos do Poder Executivo, ou para quem lhes tenha sucedido ou substituído. Pelo princípio da simetria, o conceito de sucessão ou substituição estipulado para o presidente da República deve ser aplicado aos governadores e prefeitos, na esfera de suas competências. Assim, de acordo com o art. 79, *caput*, da CF/88, a substituição ocorrerá em caso de impedimento, e a sucessão, em caso de vaga do cargo. A substituição é provisória e precária, ao passo que a sucessão é definitiva. Enquanto o substituto ocupa um cargo que não é seu de direito, agindo condicionado pela titularidade de outrem, o sucessor age em seu próprio nome, exercendo um plexo de atribuições que lhe diz respeito diretamente.

Sendo assim, poder-se-ia indagar, dada a precariedade da situação jurídica do substituto, o porquê de se lhe franquear a possibilidade de se candidatar para aquele cargo que ocupou provisoriamente. A resposta haverá de ser encontrada no emaranhado de normas eleitorais, de escalão constitucional ou não. Por primeiro, diga-se que quem exerce o cargo, ainda mesmo que de maneira débil, está submetido a todas as normas pertinentes ao seu exercício, quer as concessivas de poderes, quer as limitadoras de direitos. Por essa razão, o antigo §5º do art. 14 da CF/88 vedava ao substituto a possibilidade de concorrer ao cargo no qual estava provisoriamente investido, caracterizando tal impossibilidade como irreelegibilidade. Sem embargo, o §7º, *in fine*, do art. 14 da CF/88 permitia — como ainda hoje permite — que o substituto possa se candidatar ao mesmo cargo que ocupava, acaso possua mandato eletivo e seja candidato à reeleição, mesmo tendo substituído o chefe do Poder Executivo naquele período de seis meses antes da eleição. Dessa maneira, *e.g.*, se o presidente da Assembleia Legislativa, por algum motivo, substituir o governador de Estado dentro do período de seis meses antes do pleito, poderá se candidatar a deputado estadual, tentando sua reeleição. Sem embargo, não poderá se candidatar a deputado federal ou senador, pois aí não haveria reelegibilidade, eis que o cargo concorrido seria diverso do seu mandato original. Nesta hipótese de trabalho, incidiria o art. 1º, inc. VI, da LC nº 64/90. Ora, não por outra razão, adotado o princípio da reelegibilidade para cargos do Poder Executivo, admitiu o novel §5º do art. 14 da CF/88 a possibilidade de o presidente da Assembleia Legislativa sair candidato, também, a governador de Estado, é dizer, tentar a reeleição para o cargo que ocupou na qualidade de substituto. Haveria aqui dupla reelegibilidade: para o mandato original ou para o mandato que exerceu como substituto. Esta interpretação, a única a justificar a menção do *substituto* no descritor da norma indigitada, finda por servir de esteio a um outro aspecto relevante, adiante enfrentado, qual seja: a desnecessidade de desincompatibilização dos ocupantes de cargos do Poder Executivo para se recandidatarem.

§3 O problema da desincompatibilização

3.1 Conceito de incompatibilidade

Já tivemos ensejo de tratar da incompatibilidade no capítulo anterior, demonstrando tratar-se de uma condição de elegibilidade imprópria: se o nacional alistado desejar lançar-se candidato a um cargo eletivo, para obtenção válida de seu registro de candidatura, terá que abdicar, pelo afastamento — provisório ou definitivo — do cargo público ou da função que ocupe em órgãos de grande inserção social.

O que caracteriza a incompatibilidade, e lhe dá conteúdo, é a necessidade de manter o tratamento isonômico dos concorrentes, evitando que alguns deles se utilizem indevidamente de órgãos públicos ou privados que recebam verbas públicas, quebrando a paridade relativa da disputa. É inegável que um líder à frente de associação ou representação de classe, inobstante não exerça função pública *stricto sensu*, dadas as possibilidades de persuasão sobre uma grande quantidade de pessoas e acesso ao patrimônio e poder de mobilização de sua entidade, poderá quebrar o equilíbrio da disputa acaso saia candidato e remanesça em suas atividades profissionais normais. Nesse caso, é evidente a propriedade da exigência de afastamento temporário de suas atribuições, durante determinado período anterior ao pleito.

Acresça-se, por oportuno, que a incompatibilidade impede o registro de candidatura, gerando uma inelegibilidade inata: aquela que ocorre antes da elegibilidade. Justamente por isso, suscitada a incompatibilização em sede de AIRC, será declarada — e não decretada — a inelegibilidade.

3.2 A lacuna legal propiciada pela Emenda Constitucional nº 16/97

A inovação constitucional da reelegibilidade foi introduzida sem qualquer menção sobre a necessidade de o ocupante do cargo do Poder Executivo se desincompatibilizar para poder se recandidatar. A omissão legislativa é patente, sendo fato notório, às escâncaras exposto na mídia da época, que houve um "esquecimento" do Constituinte Revisor sobre a matéria, que passou a ser objeto de grande disputa política entre os partidos políticos, os quais começaram a se utilizar da ausência de norma específica para alimentar a polêmica sobre os limites da reforma constitucional. Já houve, inclusive, quem sustentasse a tese do *silêncio da lei*, com o fito de justificar a ausência de lacuna no ordenamento, de modo a conduzir o tema para uma solução ao sabor dos interesses meramente político-partidários.[1]

---

[1] Ainda que admitíssemos a validade da *teoria do silêncio da lei*, haveríamos de convir da sua inaplicabilidade no caso concreto suscitado. Doutrinariamente, sustenta-se a existência de silêncio da lei, a não se confundir

Ora, do ponto de vista jurídico, é evidente que a lei positivada tem por finalidade regrar a conduta humana, sendo a um só tempo modelo a ser obedecido e critério de decisão. Por vezes há dúvidas ou desavenças em relação a determinados bens da vida, existindo a necessidade de uma resposta jurisdicional ao problema deduzido, que terá como parâmetro decisório a norma posta. Se a norma não traz nenhum critério de decidibilidade, ou porque não regulou o caso particular ou porque não induz, no seu conjunto, nenhuma resposta *a priori*, estamos diante de uma lacuna normativa. Aqui não nos interessa, pela própria finalidade desta obra, aprofundar as questões teóricas que o problema das lacunas jurídicas suscita. Por isso, desde já tomamos como axioma a incompletude do ordenamento jurídico, que, sendo um sistema aberto, necessita de complementação através da colmatação de seus vazios.[2] Tal preenchimento há de ser realizado como *desenvolvimento do Direito imanente à lei*, que nada mais é do que o desenvolvimento do Direito realizado além do mero sentido literal da lei, como atividade expletiva executada com espeque na teleologia da norma em si. Como o diz Larenz,[3] "a teleologia imanente da lei não deve, certamente, ser entendida, neste contexto, em sentido demasiado estrito. Não só se hão de considerar os propósitos e as decisões conscientemente tomadas pelo legislador, mas também aqueles fins objetivos do Direito e princípios jurídicos gerais que acharam inserção na lei. Um princípio que é inerente a toda a lei porque e na medida em que pretende ser 'Direito', é o do *tratamento igual daquilo que é igual*". Aqui, diferentemente do *desenvolvimento do Direito superador da lei*, a preocupação do intérprete é apenas a de encontrar um critério de decidibilidade fundado no ordenamento jurídico, com esteio em princípios e valores ínsitos à norma a ser colmatada.

Evidentemente, quando falamos em princípios jurídicos não falamos em algo bem delimitado e de fácil apreensão para o intérprete. Há uma tendência dos teóricos do Direito em transformar o que é amorfo e rarefeito em precisas bases de decidibilidade, talvez com o intuito de defender retoricamente a segurança jurídica.[4] Os princípios

---

com as lacunas, quando o legislador propositadamente deixa de regular determinada matéria, por reputar inconveniente. Tal silêncio eloquente seria tomado a partir da comparação da lei com a sua própria intenção reguladora, quando através de uma reconstituição histórica e teleológica se apreenderia a intenção do legislador de calar. Vide Karl Larenz (*Metodologia da ciência do direito*, p. 448, 453). Em verdade, a teoria do silêncio da lei deve ser afastada porquanto remete à vontade do legislador, no sentido voluntarista puro, a solução do dilema lacuna-silêncio, sendo certo que tal ficção queda superada, ainda mais quando não se pode hoje mais falar em uma vontade unívoca do legislativo, como outrora era feito acriticamente. Ademais, o aplicador da norma passaria a desempenhar o papel de um historiador, tendo que reconstituir todos os passos dos debates legislativos para, apenas então, descobrir se houve ou não um silêncio desejado.

[2] Di-lo Chaïm Perelman (*La lógica jurídica y la nueva retórica*, p. 40), para quem a completude de um sistema apenas seria possível "en un pequeño número de sistemas formales, ya que la mayor parte de éstos comportan proposiciones indecidibles". Norberto Bobbio (*Lacune del diritto*, originalmente publicado em *Novissimo digesto italiano*, v. IX, Torino: UTET, 1963, e reproduzido na obra organizada COMANDUCCI; GUASTINI. *L´Analisi del Ragionamento Giuridico*, v. 2, p. 199), ao expor a existência de lacuna como falta de uma norma certa, bem como de lacuna como ausência de uma norma justa, as inclui entre as lacunas *extra legem*, assim consideradas aquelas relativas a "deficienze o imperfezioni di un ordinamento giuridico preso nel suo complesso, che dipendono da un vuoto che si apre oltre legge". Já as lacunas *intra legem* são decorrentes de vácuos internos na norma, sendo a incompletude não já do ordenamento, mas de uma norma singular, pelo que são chamadas também de *lacunas técnicas*.

[3] *Op. cit.*, p. 453, com grifos originais.

[4] Ronald Dworkin (*Los derechos en serio*, p. 61 *et seq.*) tem sido incansável em desmantelar o positivismo hartiano, demonstrando que o ordenamento jurídico não possui, nos casos difíceis (lacunas e antinomias), um critério normativo último de decidibilidade, apontando os princípios jurídicos como pautas de valores a serem determinantes na única resposta correta a ser dada pelo Juiz Hércules. Embora a tentação de engendrar

jurídicos nada mais são do que diretivas axiológicas vivenciadas em determinado ordenamento jurídico, as quais são apreendidas em um contexto concreto e existencial. Os princípios são, pois, objetivações de valores da coletividade ou de um círculo determinado, utilizadas como critério de decisão. Mas, dada a sua dimensão do peso, os princípios que contam e os que não contam para solução do caso concreto hão de ser definidos através de ponderações, as quais deverão ser realizadas com valhacouto na teleologia imanente do ordenamento.[5]

Inegável, por suposto, que a Emenda Constitucional nº 16/97 não deu total e completo tratamento à reelegibilidade, deixando sem resposta explícita a pergunta sobre a necessidade ou não de desincompatibilização. Antes, porém, de tentarmos encontrar uma resposta para o ponto, é de todo útil indagar se o preenchimento da lacuna poderia ser feito por meio de lei complementar, haja vista que a LC nº 64/90 traz hipóteses de incompatibilidade.

3.3 Impossibilidade de colmatação infraconstitucional

As incompatibilidades relativas aos ocupantes de cargos eletivos do Poder Executivo foram previstas pela CF/88, através do seu art. 14, §6º. Tal norma determina a necessidade de renúncia daqueles que desejem se candidatar a outros cargos, em até seis meses antes do pleito, sob pena de não registrarem sua candidatura validamente.

Com a introdução da nova redação dada ao §5º do mesmo art. 14, aquela norma do §6º que era completa passou a regular apenas parcialmente uma nova realidade, sendo obviamente um insuficiente critério de decisão, nada obstante sua utilidade argumentativa. Todos os que pretenderam esgrimir a ausência de lacuna normativa, respeitante a necessidade ou não de desincompatibilização dos cargos do Poder Executivo para fins de reeleição, utilizaram-se de argumento *a contrario sensu*, mediante a afirmação de que, se a norma exigia a desincompatibilização quando o mandatário pretendesse concorrer a *outro cargo*, evidentemente não exigiria quando desejasse concorrer ao *mesmo cargo*. Tal interpretação, se bem que possua alguma validade lógica, peca por falsear a evidente inaplicabilidade simplificadora de uma norma prevista para outra situação, quando a regra era a irreelegibilidade. Ademais, diga-se da legitimidade de se questionar a própria validade de tal regra do §6º do art. 14, mercê da nova sistemática constitucional. Deveras, não seria de todo ilícito questionar a sobrevivência não conflituosa dessa estatuição mais antiga, ainda mais se levarmos em consideração

---

um critério de decisão preexistente ao juiz, que lhe fosse determinante na formulação da solução concreta, tenha toldado a crítica dworkiniana ao positivismo, é insotoponível a importância de sua obra ao tratar da dimensão do peso pertencente aos princípios, da qual não participam as normas jurídicas. Enquanto as normas se aplicariam no critério de tudo ou nada (ou se aplicam ou não se aplicam ao caso concreto) — o que é apenas uma meia verdade —, os princípios não pretendem estabelecer as condições que fazem necessária sua aplicação. Ao revés, enunciam uma razão que aponta para uma só direção, mas não exigem uma decisão em particular. Ademais, não raro há outros princípios que apontam em sentido contrário, sem que implique isso um conflito insuperável. "Los principios tienen una dimensión que falta en las normas: la dimensión del peso o importancia. Cuando los principios se interfieren..., quien debe resolver el conflicto tiene que tener en cuenta el peso relativo de cada uno. En esto no puede haber, por cierto, una mediación exacta, y el juicio respecto de si un principio o directriz en particular es más importante que otro será con frecuencia motivo de controversia. Sin embargo, es parte esencial del concepto de principio el que tenga esta dimensión, que tenga sentido preguntar qué importancia o qué peso tiene" (p. 77-78).

[5] Robert Alexy (*Teoría de la argumentación jurídica*, p. 30, 239). Vide Karl Larenz (*op. cit.*, p. 453).

um fato que poderá ocorrer e que, aparentemente, será um tanto desarrazoado: se um governador de Estado desejar se candidatar à Presidência da República deverá se desincompatibilizar do seu cargo, ao mesmo tempo em que o presidente que deseje se recandidatar permanecerá em seu cargo. Mais ainda: se um governador de Estado desejar se candidatar à reeleição, não necessitaria deixar o cargo; mas o seu filho não poderia sair candidato a deputado estadual.

Tais exemplos, que vêm sendo suscitados na prática jurisprudencial brasileira, mostram que não é tão simples a aplicação do *argumentum a contrario*, como espécie de norma geral de exclusão.[6] É necessário pôr em evidência, a não mais poder, que a Emenda Constitucional é introdução de nova norma jurídica, que convive com o sistema já existente. Tal convivência poderá ser fraterna, e teremos uma certa coerência do ordenamento constitucional, ou poderá ser uma convivência conturbada, quando surgirá o problema da antinomia, solucionado através dos critérios previstos pelo ordenamento. Nada obstante, é de se ter em conta a mais absoluta propriedade de tratar a norma introduzida através de Emenda como o que de fato ela é: uma novidade. No caso da reeleição, a novidade é ainda mais gritante: de um lado, houve inovação do ordenamento eleitoral pela simples inserção da norma; doutra banda, houve inovação mais profunda, através da redação de apenas um parágrafo, que introduziu um instituto que não apenas não existia, como também era rejeitado pela sistemática anterior. Todas as normas constitucionais existentes partiam de uma tomada de posição política: a impossibilidade de eternização no cargo dos mandatários eleitos, bem como a impossibilidade de uso eleitoral do poder político, consubstanciada, entre outras medidas, pela exigência de desincompatibilização. Vem a Emenda Constitucional nº 16/97 instituindo a reelegibilidade, sem, entrementes, dispor sobre tal aspecto relevantíssimo, deixando o intérprete órfão de um critério claro de decidibilidade do problema. É dizer, a ausência de regra expressa solucionando a questão não significa inexistência de critérios, mas a falta de apenas um critério cabível, entre tantos outros possíveis.

---

[6] Norberto Bobbio (*Teoria do ordenamento jurídico*, p. 133), ao tratar do falso dogma da completude do ordenamento jurídico, mostra que umas das técnicas utilizadas para sustentar a inexistência de lacunas legais seria a da suposição da existência de uma norma geral exclusiva, que afastaria a aplicação da obrigatoriedade aos casos não previstos. Assevera Bobbio: "O raciocínio seguido por esses autores pode ser resumido assim: uma norma que regula um comportamento não só limita a regulamentação e, portanto, as consequências jurídicas que desta regulamentação derivam para aquele comportamento, mas ao mesmo tempo exclui daquela regulamentação todos os outros comportamentos. Uma norma que proíbe fumar exclui da proibição, ou seja, permite, todos os outros comportamentos que não sejam fumar. Todos os comportamentos não-compreendidos na norma particular são regulados por uma *norma geral exclusiva*, isto é, pela regra que exclui (por isso é exclusiva) todos os comportamentos (por isso é geral) que não sejam aqueles previstos pela norma particular" (grifos do autor). Dada a superficialidade da tese, Norberto Bobbio (*op. cit.*, p. 135) vem de refutá-la com propriedade: "Também a teoria da norma geral exclusiva tem o seu ponto fraco. Aquilo que diz, o diz bem, e com aparência de grande rigor, mas não diz tudo. O que ela não diz é que, normalmente, num ordenamento jurídico não existe somente um conjunto de *normas particulares inclusivas* e uma *norma geral exclusiva* que as acompanha, mas também um terceiro tipo de norma, que é *inclusiva* como a primeira e *geral* como a segunda, e podemos chamar de *norma geral inclusiva*. Chamamos de 'norma geral inclusiva' uma norma como a que vem expressa no artigo 12 das Disposições preliminares do ordenamento italiano, segundo a qual, no caso de lacuna, o juiz deve recorrer às normas que regulam casos parecidos ou matérias análogas... Frente a uma lacuna, se aplicarmos a norma geral exclusiva, o caso não regulamentado será resolvido de maneira oposta ao que está regulamentado; se aplicarmos a norma geral inclusiva, o caso não-regulamentado será resolvido de maneira idêntica àquele que está regulamentado. Como se vê, as consequências da aplicação de uma ou outra norma geral são bem diferentes, aliás, opostas".

Sendo assim, não restam dúvidas de que estamos ante uma lacuna normativa, naquele conceito exposto por Bobbio,[7] quando afirma que "se pode falar de lacuna no ordenamento jurídico: não no sentido, repetimos, de falta de uma norma a ser aplicada, mas na falta de critérios válidos para decidir qual norma deve ser aplicada", se a norma geral de exclusão ou se a norma geral de inclusão (princípios gerais do Direito, analogia e equidade).

Existindo o vácuo constitucional, seria de proveito a indagação da possibilidade de ser ele colmatado através de lei complementar. Levando-se na devida conta que o art. 1º, incs. II a VII, da Lei Complementar nº 64/90 traz prescrições sobre incompatibilidades, seria curial supor a possibilidade de, também uma lei complementar, estatuir disposições sobre a necessidade ou não de desincompatibilização de ocupantes de cargos do Poder Executivo sequiosos de se reelegerem. Nada mais errado, porém. Ora, a LC nº 64/90 acomoda, à sistemática do §6º do art. 14 da CF/88, as situações de incompatibilidade que rege, de modo a estabelecer prazos adequados de afastamento dos cargos ou funções para obter o registro de sua candidatura. Desse modo, a LC pôde criar hipóteses de incompatibilidade de ocupantes de outros cargos ou funções desejosos de concorrerem aos cargos do Poder Executivo. Mas não regrou a atitude diversa, qual seja a necessidade de os ocupantes dos cargos do Poder Executivo se afastarem desses cargos para concorrerem a outros, eis que tal questão ficou restrita à Constituição. Deve-se, outrossim, afirmar, como é de evidência solar, a impossibilidade de uma lei de escalão inferior dispor sobre matéria exclusivamente afeta à Carta, fazendo-o sem autorização explícita. Haveria, se assim fosse, uma invasão ilícita da esfera de competência do legislador complementar, que deitaria a expedir leis em desassossego com a Lei Fundamental.

Se há lacuna na Constituição, obviamente que o seu preenchimento apenas poderá se dar através de Emenda Constitucional (colmatação legislativa), ou através dos critérios postos pelo ordenamento jurídico para encher o vazio existente, quando da aplicação do instituto lacunoso (colmatação jurisprudencial).[8] De modo que a lei complementar seria via imprópria para encher o vácuo da Constituição, pois (a) apenas normas constitucionais preenchem as lacunas constitucionais, e (b) a lei complementar não poderia dispor sobre matéria tratada pela Carta, quando não fosse expressamente autorizada a fazê-lo. E não se diga que o §9º do art. 14 da CF/88 seria a norma autorizativa, pois uma tal proposição encontraria obstáculos sérios: (b.1) haveria necessidade de se provar que já não haveria, na própria Carta, alguns critérios de decisão, que apenas poderiam ser afastados por normas constitucionais; e (b.2) seria necessário demonstrar, em face da lacuna, que seria de acordo com a Constituição a solução dada pela lei complementar. Lembre-se que lacuna não é ausência de critérios de decisão, mas sim apenas *ausência de um único critério*. Parece-nos próprio concluir que apenas por nova Emenda se deva preencher a lacuna constitucional, ou então por meio de resolução judicial, com base no Direito posto e no Direito pressuposto.[9]

---

[7] *Idem*, p. 139.

[8] E não naquelas hipóteses de complementação previstas ou admitidas pela Carta.

[9] O Tribunal Constitucional da Alemanha (JZ 73, p. 665 = BVerfGE 34, 269, 287, citado por Karl Larez, *op. cit.*, p. 446) tratou da matéria de modo rigorosamente conforme a melhor doutrina: "A vinculação tradicional do juiz à lei, parte integrante fundamental do princípio da separação de poderes e, portanto, do Estado de Direito, foi no entanto modificada na sua formulação na Lei Fundamental, no sentido de que a administração da justiça

3.4 A desnecessidade de desincompatibilização para a reelegibilidade

Vimos sustentando, dentro das finalidades práticas deste livro, que o ordenamento jurídico é incoerente em certa medida, bem como é eivado de lacunas, as quais devem ser completadas por *critérios expletivos de decidibilidade*.[10] Em casos tais, os princípios jurídicos jogam um papel muito importante, pois apontam critérios de decisão, os quais, embora não sejam definitivos, servem de espeque para que o aplicador da lei possa raciocinar topicamente, encontrando razões para apontar a solução mais justa no caso concreto. Tais princípios e diretivas não são aqueles retirados da subjetividade do

---

está vinculada à lei e ao Direito. Com isso recusa-se, segundo a opinião geral, um positivismo legal estrito. A fórmula mantém a convicção de que lei e Direito em geral se identificam, por certo, faticamente, mas não sempre e necessariamente. *O Direito não se identifica com a totalidade das leis escritas. Face às estatuições positivas do poder estatal, pode em certas circunstâncias existir um mais de Direito, que tem suas fontes na ordem jurídica conforme à Constituição, como um todo de sentido e que pode operar como correctivo da lei escrita; achá-lo e realizá-lo em resoluções é tarefa da jurisprudência"* (grifei).

[10] Estamos aqui tomando posição diante de problemas da dogmática jurídica, sem, contudo, problematizá-los. Por certo que há posições ainda hoje comprometidas com o pensamento político oitocentista, repetindo monocordiamente teses do positivismo primitivo e legalista, influenciado pela visão da separação dos poderes elaborada por Montesquieu. Em tal diapasão, cite-se a importante obra do desembargador federal do TRF da 5ª Região, Paulo Roberto de Oliveira Lima (*Contribuição à teoria da coisa julgada*, p. 100), que sustenta a mais absoluta aplicação mecânica do Direito, estribada na indiferença axiológica das decisões judiciais e na impossibilidade de qualquer preenchimento de lacunas pelo Poder Judiciário. O clímax de sua tese está na seguinte proposição: "Ao julgar a lide, *o Estado-Juiz não exerce qualquer opção axiológica, nem reavalia as circunstâncias particulares do caso concreto,* salvo no que for essencial para identificar qual a regra jurídica incidente sobre os fatos e quais as consequências decorrentes desta incidência" (grifei). Tal visão supõe seja o juiz uma máquina, desprovido de capacidade intelectiva e de vontade decisória, embora não consiga se desvencilhar da complexidade do ordenamento jurídico. Nem o próprio Paulo Roberto de Oliveira Lima, ainda que ofuscado pelo são desejo de obter segurança e certeza insuscetíveis de eiva na aplicação do Direito, poderia se furtar a negar o papel desempenhado por elementos exteriores às leis positivadas, que não são controlados uniformemente na concretização do Direito. Não por outro motivo, assevera: "É verdade que o Direito não se resume na lei, ou dito de outra forma, nem todas as regras jurídicas se contêm na lei. Muitas delas resultam do costume, da equidade e dos princípios vetores do sistema, identificados a partir da análise do conjunto normativo. Estas derradeiras regras, convenha-se, não são editadas pelo legislador, porquanto decorrem diretamente do comportamento social, dispensando revelação através de lei formal. Contudo, ainda que explicitadas em sentenças, não são obras do julgador. Quando muito, o juiz tem o papel de traduzi-las em palavras, em textos lógicos, com a sintaxe própria do jargão jurídico" (p. 89). Ora, se *o próprio autor admite não ser a lei o critério único de decidibilidade,* tendo o juiz o papel também de converter princípios e valores jurídicos em regra decisória no caso concreto, já por aí se nega a vinculação exclusiva do julgador ao princípio da legalidade, que é mais um princípio — ainda que dos mais sobranceiros — entre outros existentes no ordenamento jurídico: razoabilidade, proporcionalidade, moralidade, economicidade, instrumentalidade, entre outros tantos de menor elastério semântico, como aquele segundo o qual "ninguém pode beneficiar-se de sua própria torpeza". Dessarte, tais concepções, ainda que sustentadas por espíritos brilhantes, são fruto de uma tomada de posição política, ante o que desejam fosse o Direito, porém sem o resguardo de qualquer fundamento empírico, que demonstre a veracidade de uma tal compreensão da instância jurídica. Vem a talho o obtempero de Chaïm Perelman (*La lógica jurídica y la nueva retórica,* p. 53): "Del mismo modo, las nociones de *equidad, interés* público, *urgencia* o *buenas costumbres* constituyen una remisión a criterios o 'standards' que el legislador no há definido. Recurre a estas nociones a causa de su misma indeterminación y, cabalmente, para dejar al juez un poder de apreciación". E, mais adiante, conclui (p. 66): "La obligatión de llenar las lagunas de la ley concede al juez por sí sola el derecho de elaborar normas, si bien no es, como en el Common Law, necesariamente creador de reglas de derecho, pues sus decisiones no constituyen precedentes que otros jueces estén obligados a seguir. No obstante, elabora reglas de decisión que le solucionen el problema concreto que se le ha sometido". Finalmente, apenas para sublinhar tudo quanto dissemos e pensamos, vale a pena relembrar que a lógica *del razonable* não é outra coisa que a percepção dessa instância criativa e inovadora do juiz, dentro dos limites do ordenamento jurídico, através de objetivações valorativas. Veja-se Luis Recanséns Siches (*Nueva filosofia de la interpretación del derecho,* p. 234 *et seq.*): "Aquela concepção da jurisprudência como um mecanismo automático, como um processo de lógica dedutiva, tem sido bombardeada com objeções disparadas desde diversos ângulos e por diversas escolas. Tanto, que pode dizer-se que daquela doutrina tradicional não resta uma só pedra em pé. Se houver certamente reduzida a escombros" (p. 211, com tradução minha). Infelizmente, é pena que ainda haja quem sustente tal visão mecanicista com o mesmo simplismo, e fé impudica na Razão, do século XVIII, num fetichismo legalista de todo reprochável.

aplicador da norma, em descompasso com os prevalentes na comunidade circundante. Ao revés, se é verdade que a subjetividade é um dado ineliminável no ato de julgar, hão de prevalecer aquelas pautas axiológicas objetivadas pelo *sitz in laben*.[11] Acresça-se a isso a ineliminável necessidade de fundamentação de toda e qualquer decisão judicial, que tem a finalidade de servir de meio de controle da atividade jurisdicional, haja vista não poder ela ser exercida sem peias e sem fundadas razões.

Não havendo, como por vezes aqui dito, um único critério vinculante de decisão sobre a necessidade ou não de desincompatibilização do mandatário que pretenda se reeleger, o caminho apontado para a solução do problema não parece ser o uso da *regra geral excludente*, segundo a qual a imprevisão da incompatibilidade quando fosse a eleição para o *mesmo cargo* geraria, por isso mesmo, a sua inexigibilidade. Deveras, o simples manejo do *argumentum a contrario* não afasta a obrigatoriedade de se ponderar a existência do *argumentum a simili*, que funcionaria, ao lado do uso da equidade e dos princípios gerais do Direito, como *regra geral includente*.[12] Inicialmente, então, tentemos aplicar o raciocínio analógico para aferir se existe algum critério útil de decisão para o problema proposto.

Os deputados e senadores, que pretendam concorrer à reeleição, necessitam de se afastar dos cargos legislativos para não serem incompatíveis? Os ocupantes de cargos do Poder Legislativo que optem por sair candidatos a um cargo do Poder Executivo não terão que se afastar em prazo hábil do exercício de seu mandato, sob pena de incompatibilidade, consoante longa tradição de nosso Direito Eleitoral, como também não necessitarão abdicar, ainda que provisoriamente, de seu mandato se desejarem concorrer a um outro cargo diverso. Tal situação, incontroversa e jurisprudencialmente remansosa, não possui justificação de *iure condito*, no direito positivado. Tinha-se como fato evidente que, sendo a incompatibilidade uma restrição, apenas poderia vingar quando houvesse norma dispondo claramente sobre ela, restando fora de seu campo de incidência todas as situações não hipotisadas no descritor da norma. Quedavam fora dessa imposição, por conseguinte, os mandatários do Poder Legislativo, que apenas se afastariam do cargo se assim alvidrassem, em exercício de seu direito ao afastamento para tratar de questões particulares (hoje, art. 56, inc. II, da CF/88). Por isso mesmo, já poderíamos assentar uma primeira regra pressuposta do ordenamento jurídico: (a) os parlamentares não necessitam se desincompatibilizarem dos seus cargos para concorrerem à reeleição ou eleição de cargo diverso, porquanto (a.1) a incompatibilidade é disposta por norma restritiva de direitos, que merece interpretação angusta; (a.2) há apenas norma constitucional sobre incompatibilidade de ocupantes do cargo do Poder Executivo que desejem sair a outros cargos, não aplicável extensivamente aos parlamentares; e (a.3) não havendo norma sobre incompatibilização, entende-se que não há exigência de desincompatibilização.

Utilizando-nos do *argumentum a simili*, poderíamos nos valer, para aplicar à reelegibilidade para os cargos do Poder Executivo, das mesmas proposições (a.1) e (a.3). Assim, poderíamos licitamente afirmar, tendo em vista a necessidade de coerência lógica do ordenamento jurídico, que os ocupantes dos cargos do Poder Executivo não precisam

---

[11] ALEXY, *op. cit.*, p. 30-33.
[12] BOBBIO. *Teoria do ordenamento jurídico*, p. 136.

se desincompatibilizar dos seus cargos para concorrerem à reeleição, porquanto (a.1) a incompatibilidade é disposta por norma restritiva de direitos, que merece interpretação angusta; e (a.3) não havendo norma sobre incompatibilização, entende-se que não há exigência de desincompatibilização. Restaria a regra impeditiva, prescrevendo (a.2) a incompatibilidade de ocupantes do cargo do Poder Executivo que desejem sair a outros cargos, não aplicável extensivamente aos parlamentares.

Além de o argumento analógico ser favorável à tese da não incompatibilização dos candidatos reelegíveis, poderíamos ainda ponderar se os princípios gerais do Direito, aplicáveis à espécie, induziriam ao mesmo resultado. Ora, os princípios em jogo são os da continuidade político-administrativa, o do tratamento equânime dos candidatos e o da moralidade. O primeiro deles, da continuidade político-administrativa, está à base do conceito de reeleição, guardando-se na retentiva que a reelegibilidade é o direito de se recandidatar ao mesmo cargo que se está a exercer, por apenas um período subsequente. Assim, a continuidade administrativa pode ser homenageada com a manutenção do exercício do cargo pelo mesmo partido político (continuidade partidária) ou pela manutenção do mesmo mandatário (continuidade personalista). No caso da reelegibilidade, o ordenamento permite e privilegia a continuidade personalista político-administrativa, de modo que o mandatário poderá concorrer por outro partido político que não aquele ao qual estava filiado ao tempo de sua primeira eleição. Assim, se (b) a continuidade almejada exalça a personalidade do mandatário, é curial que não seja ele afastado de seu mandato para disputar sua reeleição, podendo conciliar suas responsabilidades advindas do cargo com os seus compromissos de candidato.

A moralidade administrativa, noutro giro, contagia às eleições, de maneira que os administradores públicos não podem se valer de seus cargos e funções para beneficiarem a si ou a outrem. Se tal ocorrer, estariam eles praticando abuso de poder político e econômico, sendo atingidos pela inelegibilidade decorrente da prática desses atos ilícitos, os quais quebram o equilíbrio da disputa. Esse princípio, consoante exposto, tem uma alça de mira bem mais larga do que os aspectos concernentes à reelegibilidade, pois visa a proteger o processo eleitoral como um todo, livrando-o dos políticos ímprobos. Vale tanto para o administrador que deseja auxiliar seu correligionário ou apadrinhado político, como para o administrador que pretenda propiciar facilidades à sua recondução ao cargo. Dessarte, a moralidade político-administrativa impõe que a Justiça Eleitoral crie mecanismos de controle dos gastos públicos em publicidade, ou condicione a permissão de inaugurações de obras públicas até um determinado período antes das eleições, de modo a apor umbrais de condutas administrativas possíveis em período eleitoral.

Finalmente, o princípio do tratamento equânime aos candidatos impõe não haja privilégios de uns perante outros, garantindo oportunidades assemelhadas para todos os concorrentes. No que toca à reeleição, é de evidência solar que o mandatário leva uma margem razoável de vantagem sobre os demais concorrentes, uma vez que está à testa do cargo em disputa. Mercê disso, termina por se valer da maior exposição na mídia, da possibilidade de desenvolver políticas oportunistas e eleitoreiras, bem assim de uma maior facilidade de arregimentar pessoal de apoio e financiamentos mais gordos de campanha, como é notório ocorrer no País. Por outro lado, é também inegável que os mandatários, no Brasil, normalmente são objeto de grande impopularidade no decorrer do exercício do mandato, sendo raras as vezes em que algum mandatário finda seu mandato com índices razoáveis de aceitação popular. Logo, há o bônus dos privilégios do cargo; mas há também o ônus político de uma má gestação da coisa pública. Sendo assim, quadra salientar não haver meios objetivos para determinar da vantagem ou desvantagem de estar à frente do cargo no momento da disputa, sendo mais do que verdadeiro que, por vezes, nenhum político sente-se à vontade em subir no palanque com um administrador impopular.

Tomadas algumas medidas legais cuidadosas, as quais preservem o princípio do tratamento equânime dos candidatos e o princípio da moralidade, não há negar que tais *standards* não colidem com o princípio da continuidade político-administrativa, sendo eles de possível coabitação no sistema jurídico. Tanto é assim, que nos países que adotaram o modelo americano os candidatos à reeleição permanecem no cargo durante toda a campanha.[13]

Por todo o exposto, levando-se em conta as proposições (a) e (b), resta inegável que *a reelegibilidade* não carece de prévia desincompatibilização do mandatário, *podendo ele concorrer novamente no exercício do seu cargo*.

A solução acima apontada, da inexistência de incompatibilidade para o mandatário que deseje se recandidatar, não é sem consequências políticas. De *iure condendo*, o ideal seria a previsão da incompatibilidade em casos tais, pois se, de um lado, pode, em certa medida, ser exercido um controle sobre os Governos Federal e Estadual, o mesmo dificilmente se poderá afirmar a respeito dos Governos Municipais, dada a promiscuidade neles existente, principalmente naqueles de população mais hipossuficiente, alheia aos mandonismos políticos e às práticas nocivas. Talvez uma opção, a menos deletéria, teria sido a admissão da reelegibilidade apenas para presidente da República, ou ainda, admitida a reelegibilidade para os outros cargos, que a eles não se estendesse o benefício da desnecessidade de desincompatibilização.

Todavia, os princípios e normas jurídicas de nosso ordenamento apontam para a inexigibilidade de desincompatibilização, de maneira que poderíamos subverter a reta interpretação, para apontarmos uma solução fundada em razões meramente subjetivas, olvidando que as valorações apenas são lícitas enquanto objetivações dos valores vividos na comunidade jurídica. Embora outros critérios de decisão pudessem ser suscitados, em são exercício da retórica argumentativa, entendemos que tais princípios invocados, bem assim o *argumentum a simili*, conduzem a um *critério expletivo de decidibilidade* válido no sistema, devendo ser aceito como a única resposta possível. Aqui não se nega a existência de outros critérios, mas sim a impossibilidade lógica desses critérios diante do aqui adotado, com espeque na dimensão do peso dos princípios jurídicos.

Finalmente, apenas mais uma observação: é oportuno lembrar aqui que a irreelegibilidade não foi de todo afastada do nosso ordenamento jurídico. Continuam irreelegíveis os candidatos que tenham obtido a reeleição para mais um período. Como a Constituição não admite mais de uma reeleição, o mandatário reeleito não poderá

---

[13] *Vide* Patricia Raquel Martínez (El Poder Ejecutivo y jefe de gabinete y demás ministros. *In*: SARMIENTO GARCIA. *La reforma constitucional interpretada*, p. 421-443), que, ao analisar a introdução na Argentina da reeleição, sequer suscita o tema da desincompatibilização, partindo da certeza de que os países que vieram de adotar a reelegibilidade copiaram o sistema americano introduzido pela Emenda XXII da Constituição dos Estados Unidos da América, que entrou em vigor em 1951, pela qual foi limitada a possibilidade de recandidatura para apenas mais um período de mandato, sem necessidade de o presidente da República necessitar se ausentar do cargo maior da Nação.

concorrer por mais uma vez ao mandato, sendo irreelegível. Nesse caso, a jurisprudência atual não foi reformada, sendo totalmente aplicável no futuro.

3.5 A posição do Tribunal Superior Eleitoral

Respondendo, logo quando do ingresso em vigor da Emenda Constitucional, a várias consultas formuladas sobre o tema da necessidade ou não de desincompatibilização para os chefes do Poder Executivo, o Tribunal Superior Eleitoral adotou a mesma conclusão por nós doutrinariamente sustentada, sem embargo de sua motivação ser bem diversa. Conforme passaremos a analisar, o posicionamento adotado pelo TSE estribou-se na chamada teoria clássica da inelegibilidade, trazendo inoportuna confusão conceptual em matéria de tão grande interesse e relevância.

A Resolução-TSE nº 19.952, de 21.10.1997, editada em resposta à Consulta nº 327-DF (Brasília), de 02.09.1997, foi assim ementada: "Reeleição. Desincompatibilização. 2. Constituição, art. 14, §5º, na redação introduzida pela Emenda Constitucional nº 16, de 4 de junho de 1997. 3. O art. 14, §5º, da Constituição, na redação da Emenda Constitucional nº 16/1997, é norma que prevê hipótese de elegibilidade do presidente da República, dos governadores de Estado e do Distrito Federal e dos prefeitos, bem como dos que os hajam sucedido ou substituído no curso dos mandatos, para um único período subsequente. 4. Na redação original, o parágrafo 5º do art. 14 da Constituição de 5 de outubro de 1988 previa ao contrário, regra de inelegibilidade absoluta. 5. Distinção entre condições de elegibilidade e causas de inelegibilidades. Inelegibilidades de previsão constitucional e casos de inelegibilidades estabelecidos em lei complementar, de conformidade com o art. 14, §9º da Constituição Federal. 6. Inelegibilidade e desincompatibilização. A jurisprudência do Tribunal Superior Eleitoral tem assentado correlação entre inelegibilidade e desincompatibilização, que se atende pelo afastamento do cargo ou função, em caráter definitivo ou por licenciamento, conforme o caso, no tempo previsto na Constituição ou na Lei de Inelegibilidades. 7. *Não se tratando do §5º do art. 14 da Constituição, na redação da Emenda Constitucional nº 16/1997, de caso de inelegibilidade, mas, sim, de hipótese em que se garante elegibilidade dos Chefes dos Poderes Executivo federal, estadual, distrital, municipal e dos que os hajam sucedido ou substituído no curso dos mandatos, para o mesmo cargo, para um período subsequente, bem de entender é que não cabe exigir-lhes desincompatibilização para concorrer ao segundo mandato, assim constitucionalmente autorizado.* 8. Cuidando-se de caso de elegibilidade, somente a Constituição poderia, de expresso, estabelecer o afastamento no prazo por ela estipulado, como condição para concorrer à reeleição prevista no §5º do art. 14, da Lei Magna, na redação atual. 9. O §5º do art. 14 da Constituição em vigor, por via de compreensão, assegura, também, ao vice-presidente da República, aos vice-governadores a aos vice-prefeitos a elegibilidade aos mesmos cargos, para um único período subsequente. 10. Consulta que se responde, negativamente, quanto à necessidade de desincompatibilização dos titulares dos Poderes Executivos federal, estadual, distrital ou municipal, para disputarem a reeleição, solução que se estende aos vice-presidente da República, vice-governador de Estado e do Distrito Federal e vice-prefeito" (Resolução nº 19.952, de 02.09.1997 – Consulta nº 327/DF, rel. Min. Néri da Silveira, *Ementário – Decisões do TSE*, n. 8, p. 14-15, out. 1997, grifei).

Segundo se depreende da detalhada ementa transcrita, a resposta do TSE para a consulta formulada partiu da repisada distinção entre condições de elegibilidade e inelegibilidades. Dessarte assentou-se que a nova redação do §5º do art. 14 da CF/88 previa hipótese de elegibilidade dos titulares da chefia do Poder Executivo, podendo apenas a Constituição criar hipótese de desincompatibilização, que seria uma espécie de inelegibilidade. Como a Carta não teria estipulado mais uma hipótese de inelegibilidade (a desincompatibilização), "bem de entender é que não cabe exigir-lhes desincompatibilização para concorrer ao segundo mandato, assim constitucionalmente autorizado" (*sic*).

A reelegibilidade, conforme acentuado, é o direito de ser votado por mais uma vez para o mesmo cargo do Poder Executivo do qual se é titular. Nasce do ato jurídico do registro de candidatura, cumpridas as condições próprias e impróprias de elegibilidade. Entre tais condições, que são pressupostos para o deferimento do registro de candidato, poderá se encontrar catalogada a desincompatibilização. Assim, haver ou não haver necessidade de desincompatibilização não é uma resposta que surja tão claramente da teoria da inelegibilidade, como faz supor a teoria clássica. Muito pelo contrário: qualquer resposta consequente sobre o problema terá que ser buscada numa ponderação de princípios jurídicos, conforme alinhavamos anteriormente. Deveras, a desincompatibilização não é espécie de inelegibilidade, não possuindo conteúdo sancionatório. É, isso sim, mais um pressuposto para o registro de candidatura, posto pelo ordenamento jurídico, pelo qual o pré-candidato deverá estar afastado de alguma função ou cargo definido em lei (autodesincompatibilização), ou pelo qual algum parente, dentro do vínculo familiar disposto em lei, deverá estar afastado de alguma função ou cargo importante (heterodesincompatibilização).

No caso específico da reelegibilidade, apenas poderia ser exigida a autodesincompatibilização, tendo em vista que toda a sistemática constitucional anterior esgrimia contra a continuidade pessoal do mandatário no cargo por ele ocupado. Todavia, também como já mostramos, a Emenda nº 16/97 não trouxe qualquer disposição sobre esse aspecto, inclusive pelo sublime motivo de não haver entendimento entre os parlamentares sobre como proceder na solução do problema. O Texto Constitucional, de conseguinte, veio lacunoso desde a sua gênese, não havendo um critério estabelecido previamente para a questão da incompatibilidade do chefe do Poder Executivo para novamente se candidatar. A isso, agreguem-se mais algumas ponderações. Ora, é ressabido que as normas em vigor sobre as incompatibilidades descendem da irreelegibilidade dos chefes do Poder Executivo, para a qual convergia toda a legislação eleitoral. Buscando resguardar a democracia e a igualdade de tratamento dos concorrentes, nosso ordenamento jurídico procurou reforçar a regra da irreelegibilidade, criando dificuldades para sua burla, de maneira que foram criadas incompatibilidades para os parentes dos mandatários, bem assim para ele próprio, em caso de concorrer a um outro cargo. Com a Emenda Constitucional nº 16/97, pôs-se fim à irreelegibilidade, porém deixou-se íntegro o sistema normativo erguido sobre ela, sem que fossem repensados os fundamentos das normas sobre as incompatibilidades, criando as situações bizarras que adiante apontaremos.

Desse modo, quando o Tribunal Superior Eleitoral decidiu o problema, colocando a desincompatibilização como hipótese de inelegibilidade, para daí tirar a sua imprevisão na atual sistemática, manteve-se fiel ao erro tradicional da teoria clássica, cuja principal consequência é deixar sem explicação o conteúdo do conceito de elegibilidade.

Assiste razão ao TSE quando acentua que o §5º do art. 14 da CF/88, com sua nova redação, prevê mais uma condição de elegibilidade: o estar pleiteando o mesmo mandato por apenas mais um período. Se há o preenchimento dessa condição, além daquelas outras aplicáveis ao caso concreto, surgirá o direito ao registro de candidatura. É do fato jurídico do registro que nasce o direito à (re)elegibilidade. Ora, quem deita a vista sobre o novo §5º do art. 14 da CF/88 não poderá encontrar resposta sobre o problema da desincompatibilização, que é outra condição de elegibilidade diversa, diferente da possibilidade de concorrer por mais um mandato. Assim, é necessário buscar no ordenamento jurídico a resposta sobre o problema, levando-se em conta que desincompatibilização é pressuposto para o nascimento da elegibilidade, e não hipótese de sua perda. Quem incide em incompatibilidade não pode se registrar, sendo originariamente inelegível. A *inelegibilidade inata* não é consequência da incompatibilidade, mas fruto da impossibilidade de se consumar o registro, pela carência de um de seus pressupostos. Não por outro motivo, é sem base teórica a proposição do item 7 da ementa acima citada, quando assevera: "7. Não se tratando, no caso do §5º do art. 14 da Constituição, na redação da Emenda Constitucional nº 16/1997, de caso de inelegibilidade, mas, sim, de hipótese em que se garante elegibilidade dos Chefes dos Poderes Executivos..., para um período subsequente, bem de entender é que não cabe exigir-lhes desincompatibilização para concorrer ao segundo mandato, assim constitucionalmente autorizado". Ora, *da regra da reelegibilidade* não se pode tirar regra sobre *desincompatibilidade, conforme feito, porque são ambas pressupostos distintos de registrabilidade de candidatura*. Das premissas utilizadas não se chega à conclusão adotada pelo TSE, eis que as premissas do raciocínio são assertivas sobre situações jurídicas heterogêneas.

Se a teoria clássica guardasse coerência que seus postulados, por certo não poderia seriamente pôr a desincompatibilização como espécie de *inelegibilidade cominada*, decorrente da prática de algum ato reputado ilícito. Ora, como tal teoria não reconhece a *inelegibilidade inata*, vale dizer, aquela decorrente da ausência de registro de candidatura, não haveria como classificar as situações de incompatibilidade como sendo espécies de inelegibilidade, já que a incompatibilidade é um *prius*, um défice no suporte fáctico que, concretizado, faz nascer o direito ao registro de candidato. Assim como o nacional tem que estar filiado a partido político, alistado, ter idade mínima, possuir domicílio eleitoral na circunscrição etc., poderia também ser que se lhe exigisse estar autodesincompatibilizado para poder registrar sua recandidatura, além de também estar pleiteando apenas a primeira recondução ao mesmo cargo por ele ocupado. Tanto a desincompatibilização, quanto o fato de apenas estar ocupando o cargo eletivo pela primeira vez, são condições distintas de elegibilidade, as quais não podem ser tratadas de igual modo. Se fosse exigida a desincompatibilização, a incompatibilidade manteria íntegra a inelegibilidade inata (estado jurídico de ausência de elegibilidade, comum a todos os nacionais sem registro de candidatura); doutra banda, se o mandatário pretendesse concorrer ao mesmo cargo ocupado pela terceira vez consecutiva, seria também inatamente inelegível, porque não cumpriria um dos pressupostos de elegibilidade para aquela eleição. E aqui mais uma vez convém bisar, por sua importância, que *a elegibilidade é um direito subjetivo datado*, com dia de nascimento e dia de extinção. Nasce ela com o registro de candidatura e se extingue no dia da eleição, com o encerramento do pleito.

Como mostramos detalhadamente em linhas anteriores, a discussão sobre a desincompatibilização e a reelegibilidade deve ser feita em separado, nada obstante tenha uma certa repercussão na outra, à medida que ambas são condições de elegibilidade. Mas tal influência é apenas reflexa, como ocorre com qualquer das condições de elegibilidade, umas sobre as outras. E isso se dá porque, ausente uma das condições necessárias de elegibilidade no caso concreto, não poderá haver registro de candidatura, não nascendo a elegibilidade (direito subjetivo de ser votado). Eis o motivo pelo qual não endossamos a argumentação jurídica da Resolução indigitada, nada obstante concordemos com sua parte dispositiva.

§4 Casuística

Os chefes do Poder Executivo, *v.g.*, podem se recandidatar sem precisar deixar o cargo. Seus parentes, todavia, continuam inelegíveis se eles não se desincompatibilizarem.[14] Surge aqui uma indagação: poderia o presidente da República se afastar do cargo seis meses antes da eleição, vindo a se candidatar novamente ao mesmo cargo, ensejando a possibilidade de algum parente seu também se candidatar? Ora, se ele se desincompatibilizasse ao tempo da irreelegibilidade, a resposta seria positiva. Agora, somos obrigados a acatar também a mesma ideia, sendo possível que a esposa ou o filho se candidatem na mesma eleição em que o mandatário tenta sua reeleição, eis que se desincompatibilizou. Essa é uma situação nova, que não era pensável quando da irreelegibilidade. Logo, *se o ocupante do cargo do Poder Executivo se desincompatibilizar para tentar a reeleição, seus parentes poderão concorrer a qualquer cargo eletivo na circunscrição*: "Consulta. Deputado federal. Respondida positivamente. Havendo a desincompatibilização do prefeito do município, no prazo previsto em lei — até seis meses anteriores ao pleito — poderá seu cônjuge concorrer à vereança no mesmo município" (Res. nº 21.463, de 19.08.2003 [Cta nº 916/DF], rel. Min. Luiz Carlos Madeira).[15]

O governador de Estado, para se recandidatar, não necessitará se afastar do cargo; mas para concorrer a deputado estadual terá que se desincompatibilizar, segundo o §6º do art. 14 da CF/88. A solução parece um tanto iníqua, mas é o resultado do princípio da continuidade personalista político-administrativa, que está à base da reelegibilidade. Como o governador, nessa hipótese, não tentaria a reeleição, não poderia permanecer no cargo.

---

[14] Já há, inclusive, posição do TSE nesse sentido: "Consulta. Inelegibilidade. Parentesco. CF, art. 14, §7º. A emenda da reeleição em nada alterou a inelegibilidade decorrente de parentesco. Portanto, o filho de governador, ao postular cargo eletivo, sujeita-se à inelegibilidade prevista no art. 14, §7º, da CF" (Resolução-TSE nº 19.992, de 09.10.1997 – Consulta nº 341/DF, rel. Min. Costa Leite. *Ementário – Decisões do TSE*, n. 8, p. 21, out. 1997). No mesmo sentido: "Consulta. Emenda Constitucional nº 16/97. Reeleição. O advento da Emenda Constitucional nº 16/97, que alterou o art. 14, §5º, da CF para permitir a reeleição do titular do mandato de Chefe do poder executivo, não produz modificação na disciplina constitucional referente ao seu cônjuge e parentes, que continuam inelegíveis no território de sua jurisdição" (Resolução-TSE nº 19.973, de 23.09.1997, Consulta nº 331/DF, rel. Min. Maurício Corrêa. *Ementário – Decisões do TSE*, n. 8, p. 21, out. 1997).

[15] E ainda: "6. A esposa do prefeito poder· se candidatar a cargo no Legislativo Municipal se ele tiver se afastado do cargo seis meses antes da eleição" (Res. nº 21.297, de 12.11.2002 [Cta nº 841/RJ], rel. Min. Fernando Neves.

O presidente da Assembleia, que substitua o governador no exercício do cargo, dentro dos seis meses que antecedem à eleição, é inelegível para concorrer a qualquer outro cargo, exceto para o de deputado estadual (§7º do art. 14 da CF/88). Sem embargo, poderá também concorrer ao cargo de governador, com esteio no §5º do art. 14 da CF/88.

Um dos principais problemas hermenêuticos recentes, na aplicação do sistema da reeleição, foi a definição da situação jurídica do vice-prefeito que substitua o titular nos seis meses anteriores ao pleito. Se é certo que algumas de nossas posições foram acatadas pelo Tribunal Superior Eleitoral, essa última restou inicialmente rejeitada através da edição da Resolução nº 20.587/2000, sendo, porém, retificada, em adoção expressa do nosso entendimento. Buscando expor o nosso entendimento, passaremos a analisar a orientação anterior do TSE sobre a situação daqueles que substituam ou sucedam o titular do cargo eletivo do Poder Executivo, trazendo nossa contribuição ao maior desenvolvimento teórico da matéria, que restou — como se verá adiante — acatada pelo TSE.

No que respeita aos vices, havia três Resoluções do Tribunal Superior Eleitoral que enfrentaram o problema da reeleição Para facilitar a exposição, façamos a citação textual de suas ementas: (a) *"Resolução 20.587, de 28.03.2000. Relator*: Nélson Jobim. *Ementa*: Vice-prefeito. Substituição. Seis meses anteriores às eleições. O vice-prefeito que substitui o titular nos 6 meses anteriores ao pleito fica inelegível para o cargo de prefeito. DJU de 11.4.2000"; (b) *"Resolução nº 20.462, de 31.8.99. Relator*: Maurício Corrêa. *Ementa*: Vice-governador que suceder o titular poderá candidatar-se ao cargo de governador para um único período subsequente. (CF, art. 14, §5º, modificado pela Emenda Constitucional nº 16/97)"; e (c) *"Resolução nº 20.148, de 3103.98. Relator*: Eduardo Alckmin. *Ementa*: Vice-governador que substituir o titular a qualquer tempo do mandato poderá candidatar-se ao cargo de vice-governador. Vice-governador que suceder o titular a qualquer tempo do mandato poderá candidatar-se ao cargo de vice-governador."

Analisando as três ementas de Resoluções do TSE, em resposta a consultas feitas sobre o tema, não há dúvidas da coerência das diversas soluções dadas. Porém, nos é lícito indagar qual o fundamento comum a essas respostas e, apreendida a medula do raciocínio judicial, confrontá-la com outras decisões do TSE, de modo a perceber se, diante de casos de fronteira, a Corte Eleitoral se houve fiel ao eixo desse mesmo raciocínio.

Na Resolução nº 20.148, o então Ministro Eduardo Alckmin, estribou sua argumentação no art. 14, §5º, da Constituição Federal, com a nova redação dada pela Emenda nº 16/97, bem como no art. 1º, §2º, da LC nº 64/90. Com base nesses preceitos, a Assessoria Especial do Ministro asseverou: "o vice, que substituiu ou sucedeu o titular no semestre anterior às eleições, somente poderá disputar a reeleição: reeleição ao cargo do titular, em caso de sucessão, e reeleição ao cargo de vice, em caso de substituição". Mais adiante afirmou: "Depreende-se, pois, da *ratio* constitucional, que a sucessão dar-se-á ocorrendo a vacância ao cargo e a substituição em hipóteses de impedimento de caráter temporário do chefe do poder executivo Federal". Finalmente, concluiu: "Neste sentido, inexiste inelegibilidade do vice-governador que houver substituído, venha a substituir ou esteja substituindo o governador do Estado — inclusive na data do pleito eleitoral — e que intente concorrer à reeleição de vice, *vez que, efetivamente, ainda é detentor daquele mandato*" (grifei). Com base nessa fundamentação, a Assessoria Especial chegou à seguinte resposta: "o vice-governador que sucedeu o governador, renunciou à condição de vice *para erigir-se à de titular, termos em que poderá disputar a reeleição para o cargo no qual se encontra atualmente empossado* — o de governador. Contudo, encontra-se impedido, por força do disposto no §2º, do art. 1º da Lei Complementar nº 64/90, de disputar nova eleição, e não reeleição, para o cargo de vice-governador, a menos que se desincompatibilize no prazo legal" (novamente grifei).

O Ministro Eduardo Alckmin esposou o mesmo entendimento da Assessoria Especial, fundamentando o seu voto, no que aqui nos interessa, da seguinte forma: "é possível ao vice-governador que substituir o governador nos seis meses antes do pleito, mesmo estando no exercício do cargo na data da eleição, candidatar-se ao cargo de vice-governador". E prosseguiu: "*não tendo o vice permanecido no cargo*, não se pode falar em reeleição para o cargo do qual não é mais titular" (grifei).

Observe-se, por ser importante, que o raciocínio comum à Assessoria Especial e ao Ministro Relator tem o mesmo assoalho: *o fundamental, para se concorrer à reeleição, é estar na titularidade do cargo*, não necessariamente no seu exercício. É por isso que a Assessoria Especial frisou que o vice que sucedesse o governador não poderia disputar a reeleição de vice porque já não mais se encontrava empossado nesse cargo.

As outras duas Resoluções do TSE, acima citadas, nada mais fazem que reproduzir os fundamentos assentados nessa Resolução nº 20.148, de 31.03.1998.

Há, todavia, uma outra Resolução do TSE muito importante para uma maior compreensão do problema aqui enfocado: trata-se daquela de número 20.114, de 10.03.1998, tendo por relator o Ministro Néri da Silveira. Nesse aresto, o TSE respondia a uma consulta sobre a possibilidade de o governador, que renunciasse seis meses antes da eleição, concorrer novamente ao mesmo cargo.

A Procuradoria-Geral Eleitoral, em parecer parcialmente reproduzido no corpo da Resolução, colocou a questão no campo da inexistência de incompatibilidade, de modo que o governador não precisaria se desincompatibilizar, lembrando que o TSE nunca havia "vinculado a reeleição à permanência no cargo ou que semelhante procedimento se constituiria em condição imperativa e não mera faculdade para o titular".

Com esse entendimento, o Ministro Néri da Silveira lembrou que poderiam o governador que havia renunciado e o vice, que lhe sucedera, sair ambos concorrendo à reeleição. Afirmou ele: "Dir-se-á que, em decorrência disso, poderiam concorrer o sucessor do renunciante, então no exercício do cargo, postulando reeleição, eis que titular do mandato, à data do pleito, e quem ex-titular do mesmo cargo, no período que expira. Decerto, essa conseqüência poderá ocorrer".

Houve voto divergente, vencido, do Ministro Nilson Naves. Raciocinando com os fundamentos das Resoluções acima citadas, obtemperou ele: "Na hipótese da consulta, a concorrência não deixa de ser a título de *reeleição*. Mas a *reeleição* pressupõe permanência no cargo; quem dele se afasta, em termos de *renúncia* (renuncia ao cargo), a ele não se volta por *reeleição*, pois reeleger-se é tornar a se eleger, e não se reelege quem já deixou o cargo. Pode voltar a ocupar o mesmo cargo, sem dúvida que pode, mas em circunstância diversa, que não se adapta à dicção do aludido §5º" (grifos originais).

Ressumbra, de conseguinte, que aqui foi rejeitado o argumento que deu arrimo às Resoluções outras do TSE. Enquanto naquelas, para a reeleição, se fazia necessária *a titularidade do cargo, independentemente do seu exercício*, nessa Resolução o que importa é o ter *ocupado o cargo como titular, mesmo que tenha depois renunciado,* não possuindo com o cargo qualquer vínculo jurídico no momento da eleição. Mas tal regra não valeria para o vice. De fato, segundo a Resolução nº 20.148, se o vice suceder o titular, perde a condição de vice, de modo que apenas poderá concorrer à reeleição de titular, não mais de vice. A renúncia do cargo implicaria para o vice a impossibilidade de concorrer à reeleição a vice (já titular de um novo mandato, não poderia concorrer ao *outro* cargo de vice, mas apenas ao *mesmo* cargo que hoje ocuparia); não assim para o titular, que mesmo renunciando poderia concorrer à reeleição para o cargo a que renunciou.

Há suporte jurídico para uma conclusão desse jaez?

É de se notar, por primeiro, que a linguagem empregada nas Resoluções do TSE já traz um vício que empana todo o raciocínio. De fato, fala-se todo o tempo em *vice* e em *titular do cargo*, sem a percepção que também ele, *o vice, é titular do cargo de vice*. Afinal, não se pode confundir o vice, como suplente do titular do mandato principal, com o suplente de senador da República, que não possui mandato nem cargo, senão na hipótese de substituir ou suceder o titular. O vice, diferentemente, ocupa um cargo e recebe remuneração pelo exercício do seu mandato. É, nesse sentido, titular de um mandato eletivo diverso do mandato eletivo principal. Vale dizer, a acessoriedade do mandato de vice não implica que não seja ele um mandato diferenciado: com o mandato do titular não se confunde.

Tão diversos são os cargos de presidente e vice, governador e vice, e prefeito e vice, que havia uma preocupação, ao tempo da regra da irreelegibilidade para cargos eletivos do Poder Executivo, de impedir que o prefeito, por exemplo, se candidatasse a vice para o período subsequente. A Resolução nº 17.996, de 02.04.1992, em resposta à consulta formulada sobre a possibilidade de o prefeito municipal, afastando-se do cargo no período determinado por lei, sair candidato a vice-prefeito na legislatura subsequente à sua, respondeu imperativamente: "Não é permitido ao prefeito municipal ser candidato a vice-prefeito na legislatura subsequente. à sua, uma vez que violaria o princípio da irreelegibilidade". Vale dizer, embora sejam reputados diferentes os cargos eletivos, dada a ligação onfálica entre ambos, restava o prefeito impedido de concorrer *ao outro cargo* de vice-prefeito, em razão do *princípio da irreelegibilidade*.

Essa razão pela qual profligamos desde o início contra a interpretação literal do novel texto do §5º do art. 14 da CF/88, apegada às expressões "mesmo cargo" e "outro cargo". Tais expressões, apenas por si, mais encobrem do que explicam.

Nem sempre a titularidade importa exercício. Já o dissemos, e as resoluções do TSE o confirmam, que o vice-governador que assumir o cargo do titular interinamente, ainda que esteja no seu exercício, dele não é titular. Todavia, praticará todos os atos na qualidade de governador em exercício, sem limite legal algum. Já houve caso — e por certo tem havido — em que o vice passa quase todo o mandato no exercício da titularidade. Isso recentemente houve em Alagoas, como em tempos de antanho houve em Minas Gerais, consoante nos dá notícia o Acórdão-TSE nº 1.325, de 1º.02.1955 (*vide Boletim Eleitoral – BEL*, v. 54, p. 440, grifos apostos), com a seguinte ementa: "Prefeito que exerceu o mandato durante um período, foi a seguir eleito vice-prefeito e, *tendo exercido a prefeitura, como substituto, até seis meses antes do pleito* para o terceiro período consecutivo, pretendeu candidatar-se a prefeito para este terceiro período. Inelegibilidade. Fraude à lei. Inelegibilidade reconhecida, uma vez que o candidato praticou aquela modalidade de fraude à lei, que consiste no fato astucioso de alguém abrigar-se atrás da rigidez de um texto, para produzir resultados contrários ao seu espírito. Recurso conhecido, mas desprovido".

Nessa época havia eleição independente para os cargos de prefeito e vice-prefeito. Já naquela quadra se fazia necessário invocar a irreelegibilidade do prefeito para o cargo de vice-prefeito. Ainda que *outro* fosse o cargo, a regra da irreelegibilidade se fazia aplicar, para evitar a fraude à lei, tal qual se fará aplicar, desse mesmo modo, hoje.

Então, o *princípio da irreelegibilidade para um terceiro mandato consecutivo* ficaria comprometido se o titular saísse candidato a vice, buscando, desse modo, perpetuar-se no poder. E aqui não se poderá argumentar com o jogo linguístico do "outro" ou do "mesmo" cargo, como se tais expressões fossem a chave hermenêutica de todos os problemas.

O mais grave dessa celeuma toda tem sido a utilização equivocada do preceito estampado no §2º do art. 1º da LC nº 64/90, cuja interpretação vem a amesquinhar a possibilidade de o vice-prefeito que substituir o titular, nos seis meses anteriores à eleição, sair candidato à reeleição de prefeito.

Ora, esse preceito fora redigido ao tempo do princípio da irreelegibilidade para os cargos do Poder Executivo. Logo, ele não poderia ser aplicado em consórcio com o novel §5º do art. 14 da CF/88, sem os devidos cuidados quando da sua interpretação.

Quando aquela norma proibia o vice, que houvesse sucedido ou substituído o titular nos seis meses antes do pleito, de candidatar-se a *outros* cargos, inclusive preservando o seu mandato de vice, não subsumia ao conceito de *outro cargo* o de prefeito, pela simples razão de que tal possibilidade era de todo vedada pelo princípio da irreelegibilidade. Aqui, mais uma vez, pouco importava se o cargo de vice era reputado *outro cargo*: a norma o tratava como se fora o *mesmo*.

Mais uma importante observação.

Há ainda, sobre esse tema, a disposição prevista no §7º do art. 14 da CF/88. A regra da incompatibilidade dos parentes do titular do cargo (ou porque eleito ou na qualidade de sucessor), na circunscrição do pleito, é idêntica à dos parentes de quem apenas substituiu o titular. Essa norma, consoante já havia eu próprio assentado, serve de espeque para justificar a possibilidade de o presidente da Câmara Municipal, *e.g.*, que vier a substituir o prefeito nos seis meses antes da eleição, se candidatar à reeleição de vereador, conforme jurisprudência, hoje superada, do próprio Tribunal Superior Eleitoral: "Inelegibilidade. Substituição de prefeito. presidente de Câmara Municipal. Reeleição. Vereador que, na qualidade de presidente da Câmara Municipal, substitui o prefeito nos seis meses anteriores ao pleito, não se torna inelegível para disputar a reeleição ao cargo de vereador, porque amparado pela regra da CF, art. 14, parágrafo 7º. Recurso especial não conhecido" (Acórdão-TSE nº 11.041, de 15.02.1990, rel. Min. Sydney Sanches. *RJTSE*, p. 195, v. 1, t. 1). Penso, consoante antes anotado, que essa decisão é adequada e deveria ser ainda hoje perlustrada pelo TSE.

Essa norma do §7º do art. 14 da CF/88, ao tempo da originária redação do §5º do mesmo art. 14, que previa a irreelegibilidade, não podia ser invocada pelos vices, pois a eles se aplicava a irreelegibilidade para o *mesmo cargo* de vice e a irreelegibilidade para o *outro cargo* de prefeito, ou governador, ou presidente da República.

Para finalizar nossa análise, é curial trazer à baila, por analogia, o preceito do §1º do art. 8º da Lei nº 9.504/97, que prevê a candidatura nata para os detentores do mandato eletivo do Parlamento, bem como para aqueles que tenham exercido esses cargos em qualquer tempo da legislatura.¹⁶ Ou seja, o exercício do cargo habilitaria o substituto, ainda que por poucas horas, a garantir o direito de ser indicado em convenção partidária.

De tudo quanto foi analisado e exposto, concluímos o seguinte: (a) para se candidatar à reeleição não é necessário estar na titularidade ou no exercício efetivo no mandato, desde que o tenha exercido durante aquela legislatura, ou como titular, ou como sucessor, ou como substituto; (b) o vice que suceder o titular pode sair apenas candidato à reeleição do cargo que sucedeu, não podendo concorrer à reeleição de vice, não tanto por ter renunciado ao cargo, mas para evitar a fraude ao princípio da irreelegibilidade ao terceiro mandato subsequente; (c) o vice que substituir o titular pode sair candidato à reeleição de vice ou à reeleição do mandato principal, em cujo exercício se houve.

A jurisprudência do TSE passou a perlustrar esse entendimento, a partir do REsp nº 17.568/RN, relator designado Ministro Nelson Jobim, pub. em sessão em 03.10.2000 (*Revista de Jurisprudência do TSE – RJTSE*, v. 12, t. 3, p. 247), com a seguinte ementa: "Registro de candidatura. Vice-prefeito que substitui o prefeito nos seis meses anteriores à eleição. Candidatura a prefeito. Art. 14, §5º, da CF. O vice-prefeito que substitui ou sucede o prefeito, nos seis meses anteriores à eleição, pode candidatar-se ao cargo de prefeito. Recurso provido". A partir daí, fixou-se o novo entendimento, na conformidade das decisões que seguem, proferidas em sede de consulta.¹⁷

§5 Reeleição e candidatura itinerante ou profissional

Não se pode construir hipóteses de inelegibilidade a partir de princípios ou de uma interpretação divorciada do texto positivo, criada à luz da ideologia do direito achado na rua, ou de um direito livre à moda de *Eugênio Ehrlich*. É uma absurdidade e uma anomalia querer impedir o nacional de concorrer a um mandato eletivo a partir de razões subjetivas do julgador. Troca-se o ordenamento jurídico democraticamente construído por uma ordem autoritária, predisposta por órgãos deslegitimados e sem representação popular, em um preocupante aumento do *quantum* despótico.

No Brasil, vem aumentando de modo preocupante o papel legiferante do Poder Judiciário, que vem exercendo cada vez mais funções que seriam afetas unicamente ao Parlamento. Na seara eleitoral, essa tendência de hipertrofia judiciária vem sendo amplificada pela perda de legitimidade constante da classe política, cada vez mais divorciada das necessidades da sociedade a quem deveria representar. Por outro lado, vem sendo sentido um movimento acadêmico, de cariz analítico, que despreza o conteúdo dos textos legais, suplantando-os sempre mais por uma interpretação eminentemente subjetiva, divorciando por completo significante e significado.

Na Nota à 2ª edição do meu livro *Teoria da incidência da norma jurídica*,¹⁸ critico de modo eloquente o relativismo hermenêutico e o uso dos princípios jurídicos para legitimar qualquer decisão no caso concreto, mesmo contra o ordenamento jurídico

---

[16] O Supremo Tribunal Federal expurgou, por inconstitucional, as candidaturas natas, podando a validade jurídica do preceito sob comento.

[17] Por oportuno, julgo importante enfatizar em que não concordo, em sede doutrinária, com muitas das soluções apontadas pelo TSE, entendendo que em sede de litígio poderemos ter, ainda, a revisão de algumas delas. Nada obstante, em razão dos fins práticos desta obra, fazemos expressa citação dessas recentes decisões.

[18] *Teoria da incidência da norma jurídica*: crítica ao realismo linguístico de Paulo de Barros Carvalho. 2. ed., p. 17-19.

posto. Segundo assevero, exemplo notável dessa tendência de sufragar qualquer interpretação que se faça aos textos jurídicos, uma vez que todo ato de aplicação criaria a norma jurídica, é aquela de argumentar com princípios jurídicos para obviar a observância de comandos claros e vividos socialmente. Não que os princípios não possam ser utilizados como instância judicativa na argumentação jurídica, porém desde que não sejam eles utilizados como artefatos retóricos para simplesmente deixar de aplicar as regras jurídicas ao caso concreto ou mesmo infirmá-las na intimidade do sistema jurídico. Na primorosa obra de Humberto Ávila, por exemplo, afirma-se caber ao intérprete definir se uma determinada proposição é um princípio ou uma regra, não havendo sequer critérios firmes *a priori* para entabular distinção entre ambas as categorias normativas. Consoante assevera o professor gaúcho, "Essa qualificação normativa depende de conexões axiológicas que não estão incorporadas ao texto nem a ele pertencem, mas são, antes, construídas pelo próprio intérprete".[19] Ocorre que essas *conexões axiológicas*, como os valores que delas fazem parte, seriam simplesmente produtos dos sentimentos subjetivos do próprio intérprete — e não, como seria mais consentâneo, produto da vivência histórico-cultural da sociedade em que o intérprete está submerso —, sem qualquer possibilidade de controle objetivo ou mesmo intersubjetivo. Seria o intérprete, e apenas ele, quem definiria quais os valores que importariam no ato concreto de interpretação, justamente porque todo texto teria apenas um significado *prima facie*, razão pela qual toda norma seria de caráter provisório, aguardando que fosse reconstruída no ato de aplicação, diante do caso concreto.[20]

Não por outra razão, adotado o relativismo hermenêutico torna-se impossível haver qualquer meio de controle democrático para a interpretação das normas jurídicas no ato institucional de aplicação. Se os sentidos são construídos pelo intérprete através de suas conexões axiológicas pessoais, não há possibilidade de existir uma interpretação errada, de vez que todas seriam válidas, até o ponto extremo de se poder indiscriminadamente "inverter o modo de aplicação havido inicialmente como elementar".[21] Como exemplo a dar suporte a esta tese, Humberto Ávila cita a interpretação ofertada ao art. 224 do Código Penal pela 2ª Turma do Supremo Tribunal Federal, que deixou de reputar no caso concreto a ocorrência do crime de estupro, com a presunção de violência, mesmo a vítima sendo menor de 14 anos de idade, porque teria ela consentido com o ato sexual e por aparentar fisicamente ter idade superior àquela fixada pelo texto legal.[22]

---

[19] *Teoria dos princípios*: da definição à aplicação dos princípios jurídicos. 3. ed., p. 26, 34.

[20] Sobre o caráter provisório das normas, *vide* ÁVILA. *Teoria dos princípios*: da definição à aplicação dos princípios jurídicos. 3. ed., p. 50, 60, 66, por exemplo. Se as normas jurídicas possuíssem apenas esse caráter provisório, *prima facie*, como sustenta a corrente analítica do Direito, como garantir a sua percussão social, regrando a vida humana coletiva? Sem ultrapassar os limites da subjetividade do intérprete, como imaginar que a proposição normativa possa ter prescritividade, interferindo na zona material da conduta humana? Consoante Miguel Reale (*O direito como experiência*, p. XXI-XXII): "Sem se converter em algo de objetivo e heterônomo, ou seja, em algo dotado por si mesmo de validade e eficácia, o ato humano se esfuma ou se esvai, sem deixar *sinal* de si. A *objetivização* (...) é o ato nomotético fundante sem o qual as obras do homem não se transfeririam de geração a geração no processo civilizatório". Outrossim, STRECK. A hermenêutica filosófica e as possibilidades de superação do positivismo pelo (neo)constitucionalismo. *In*: ROCHA; STRECK (Org.). *Constituição, sistemas sociais e hermenêutica*, p. 166-167 *passim*. E, ainda, LUHMANN. *Sistemi sociali*: fundamenti di uma teoria generale, p. 283-284 *passim*.

[21] ÁVILA. *Teoria dos princípios*: da definição à aplicação dos princípios jurídicos. 3. ed., p. 36.

[22] *Teoria dos princípios*: da definição à aplicação dos princípios jurídicos. 3. ed., p. 37, referindo-se ao HC nº 73.662-9, rel. Min. Marco Aurélio, *DJU*, 20 set. 1996. Uma interessante análise desta decisão e da "liberalidade

As teorias jurídicas passam a tentar justificar as decisões judiciais, qualquer que seja a interpretação proposta a um texto legal, como expressão de atos institucionalizados de aplicação, cujo controle público e partilhado se torna desde o início excluído. Não seria mais adequado afirmar sem temor que aquela aplicação simplesmente descumpriu a norma jurídica veiculada pelo texto do Código Penal, sendo, portanto, *contra legem* e inconstitucional? Não seria mais consentâneo com o Estado Democrático de Direito afirmar-se o descumprimento das expectativas normativas pelo guardião maior da Constituição Federal?[23] Afinal, não é republicana a afirmação sem temperamentos de que o Direito é aquilo que os tribunais dizem que é. Seria amputar do Direito a própria comunidade para a qual se dirigem as normas jurídicas, como objetivação conceptual que se quer tornar objetivação social.

Aqui, nada obstante, ingressamos na resposta circular do ceticismo: cada ponto de vista é a vista de um ponto. Tudo seria hermeneuticamente possível. E nesse vale-tudo da construção de sentidos, a norma seria apenas o que a autoridade diz que ela é no ato institucional de aplicação, ainda que ela adultere o sentido comum vivido na sociedade aberta dos intérpretes da Carta.

É dentro desse contexto que têm surgido constantes tentativas de criações judiciais de hipóteses de inelegibilidade, das mais variadas formas e sob os mais incomuns artifícios retóricos. Entre elas, deve-se observar a hipótese de irreelegibilidade do ocupante de um mandato eletivo do Poder Executivo para concorrer em circunscrição diversa em período imediatamente subsequente ao término do seu segundo mandato, mesmo que tenha se desincompatibilizado no prazo de seis meses antes do pleito. Qual o motivo para se considerar ilícita a candidatura de um nacional em fim de mandato por um dado município, por exemplo, que deseje concorrer noutro município? Poder-se-ia até questionar a prática, *de lege ferenda*, mas de *iure condito* sabe-se que não há impedimento algum, salvo apelando para a retórica dos princípios, sem qualquer suporte na base empírica do direito, é dizer, no ordenamento jurídico positivo.

O Tribunal Superior Eleitoral, chamado a se manifestar sobre o relevante tema, inovou a sua jurisprudência a partir do RESPE nº 32.507/AL. Posteriormente, o entendimento foi reafirmado no RESPE nº 32.539, com a seguinte ementa: "Recurso Especial Eleitoral. Mudança de domicílio eleitoral. 'Prefeito itinerante'. Exercício consecutivo de mais de dois mandatos de chefia do Executivo em municípios diferentes. Impossibilidade. Indevida perpetuação no poder. Ofensa aos §§5º e 6º do art. 14 da Constituição da República. Nova jurisprudência do TSE. 1. Não se pode, mediante a prática de ato formalmente lícito (mudança de domicílio eleitoral), alcançar finalidades

---

hermenêutica do relator" é feita por João Maurício Adeodato (Ética e retórica: para uma teoria da dogmática jurídica, p. 233-236 *passim*).

[23] No sistema social complexo é fundamental que existam expectativas normativas a serem cumpridas pelos atores sociais, sobretudo por aqueles que devem institucionalmente aplicar as normas jurídicas, dando-lhes efetividade. Afirma Luhmann: "as normas são *expectativas de comportamento estabilizadas em termos contrafáticos*. Seu sentido implica na incondicionabilidade de sua vigência na medida em que a vigência é experimentada, e, portanto, também institucionalizada, independentemente da satisfação fática ou não da norma. O símbolo do 'dever-ser' expressa principalmente a expectativa dessa vigência contrafática, sem colocar em discussão essa própria qualidade — aí estão o sentido e a função do 'dever-ser'" (*Sociologia do direito*, t. I, p. 57, grifos originais). As normas jurídicas incidem contrafaticamente no mundo do pensamento, realizando as expectativas normativas do sistema social, ainda que possa haver o seu desapontamento através da errônea ou imprópria aplicação. Aqui ressalta o valor teórico da distinção pontesiana entre aplicação e incidência.

incompatíveis com a Constituição: a perpetuação no poder e o apoderamento de unidades federadas para a formação de clãs políticos ou hegemonias familiares. 2. O princípio republicano está a inspirar a seguinte interpretação basilar dos §§5º e 6º do art. 14 da Carta Política: somente é possível eleger-se para o cargo de 'prefeito municipal' por duas vezes consecutivas. Após isso, apenas permite-se, respeitado o prazo de desincompatibilização de 6 meses, a candidatura a 'outro cargo', ou seja, a mandato legislativo, ou aos cargos de Governador de Estado ou de Presidente da República; não mais de Prefeito Municipal, portanto. 3. Nova orientação jurisprudencial do Tribunal Superior Eleitoral, firmada no Respe 32.507" (RESPE nº 35.507/AL, rel. Marcelo Ribeiro, Publicado em Sessão de 17.12.2008).

Chamo a atenção, rapidamente, para duas premissas claudicantes, que geraram a conclusão da nulidade da candidatura dos denominados "candidatos itinerantes" pelo TSE: (a) haveria reeleição para um terceiro mandato se um prefeito se candidata em outro município; e (b) o domicílio eleitoral não poderia ser mudado no decorrer do mandato, por ser condição de elegibilidade.

Concessa venia, nem uma coisa nem outra. O prefeito reeleito que se candidata noutro município ao cargo de prefeito não se candidata *ao mesmo cargo*, mas a um *outro cargo* de prefeito. A irreelegibilidade para um terceiro mandato pressupõe que seja para o mesmo cargo na mesma circunscrição do pleito. O prefeito de São Paulo reeleito poderia concorrer para prefeito de Santos: são cargos diversos, em circunscrições eleitorais diversas. Para que a proibição existisse, haveria de existir norma expressa proibitiva, criando uma hipótese de incompatibilidade não passível de ser superada pela renúncia seis meses antes do pleito, por exemplo.

Insista-se: a irreelegibilidade para um terceiro mandato do Poder Executivo pressupõe que o mesmo cargo seja disputado por uma terceira vez. Não existe o cargo de prefeito isoladamente; existe o cargo de prefeito do Município "A", prefeito do Município "B", e assim sucessivamente. Cada um com atribuições específicas e abrangência territorial delimitada. Logo, o prefeito reeleito de um município poderia disputar o *outro cargo* de prefeito de outro município, ou seja: mesmo cargo (*nomen juris*) + outro município = *outro cargo*.

Ademais, *o domicílio eleitoral é pressuposto de elegibilidade*, não de exercício do mandato. Os pressupostos para o pleno exercício do mandato hão de ser fixados pela Constituição e por normas próprias de menor escalão; *as condições de elegibilidade direcionam-se apenas para o processo eleitoral e deixam de existir quando encerrado o pleito*. Uma teoria da inelegibilidade consequente sabe que a elegibilidade, como direito de ser votado, nasce do registro de candidatura e se encerra (morre por consumação) com a proclamação dos eleitos. Após as eleições não há mais falar em elegibilidade tampouco em seus pressupostos.

Lamentavelmente, o Direito Eleitoral vem sendo vítima crescente de uma interpretação moralista, cuja finalidade é realizar uma reforma política antidemocrática, à revelia do Congresso Nacional. Criam-se inelegibilidades por meio de princípios, como se o intérprete — por mais qualificado que seja — pudesse transcender as garantias individuais constitucionalmente estabelecidas, por mais que delas discordemos.

A leitura moralista do Direito Eleitoral preocupa. Não faltam intérpretes com a última verdade pessoal, querendo reformar o ordenamento jurídico a partir de suas preferências pessoais ou do que julgam deva ser o processo político. Impressiona o caso dos candidatos denominados "itinerantes", que saem candidatos em municípios diferentes quando encerrado o seu mandato. Trata-se de prática legal, anteriormente legitimada pelo próprio TSE, não havendo impedimento nenhum a que um prefeito do município A, após se desincompatibilizar do mandato do município B, saia candidato a prefeito naquela outra localidade, desde que tenha o domicílio eleitoral em prazo superior a um ano.

Um outro equívoco na nova interpretação outorgada pelo TSE ao §5º do art. 14 da CF/88 diz respeito à necessidade de ter o candidato eleito o domicílio eleitoral na circunscrição do pleito durante o exercício de o todo o mandato, sob pena de fraude à lei. Ora, a mudança de domicílio eleitoral do prefeito em exercício seria, admitido esse raciocínio, hipótese de perda de mandato (que não foi contemplada pela Constituição Federal). De outra banda, não há no ordenamento jurídico nenhuma norma que proíba aquele que exerce mandato eletivo de pedir a transferência do domicílio eleitoral. Muito bem. De qual diploma legislativo seria retirada essa nova hipótese de perda de mandato? Ora, é insustentável a afirmação segundo a qual o domicílio eleitoral no Município constitui uma condição para o exercício do cargo de prefeito, não apenas para ser eleito. Porém, além de não ter base no ordenamento jurídico, nada teria que ver com a questão da eleição noutro município. Essa a razão pela qual não se pode sustentar que haja fraude ao exercício do cargo eletivo, no primeiro município, passível de perda de mandato (baseado em que norma, afinal?), bem como não se poderia impedir de concorrer noutro município, para onde transferiu um ano antes o domicílio, o prefeito que renunciou seis meses antes ao mandato.

Há premissas sobre esse tema, pautadas no ordenamento jurídico, que não podem ser infirmadas: (a) o nacional pode optar livremente pelo seu domicílio eleitoral, bastando ter algum interesse econômico, patrimonial, profissional ou afetivo; (b) por determinação constitucional, o nacional apenas pode ser candidato se tiver domicílio na circunscrição do pleito, devendo, por determinação legal, estar a mais de um ano domiciliado; (c) não é hipótese de perda de mandato a mudança de domicílio eleitoral durante exercício do mandato eletivo; (d) o ocupante de mandato do Poder Executivo que desejar se candidatar a outro cargo deve se desincompatibilizar no prazo de 6 meses antes do pleito; (e) não sendo hipótese de perda de mandato a mudança de domicílio eleitoral durante o exercício do mandato e tendo se desincompatibilizado 6 meses antes do pleito, pode o ocupante do mandato eletivo que renunciou candidatar-se a outro na sua nova circunscrição; (f) o cargo de prefeito do município "A" é diverso do cargo de prefeito do município "B". Sendo *outro* cargo, não há irreelegibilidade para um terceiro mandato, pois se trata do primeiro mandato noutra circunscrição, ou seja, no município "B".

A jurisprudência do TSE era pacífica no sentido da possibilidade de um chefe do Poder Executivo (governador ou prefeito) reeleito candidatar-se noutro Estado ou Município, desde que tivesse domicílio eleitoral e estivesse desincompatibilizado: "Consulta. Elegibilidade governador. Reeleito ou não. Estado diverso. Governador de um estado, reeleito ou não, é elegível em estado diverso, ao mesmo cargo, observadas as seguintes exigências: a) desincompatibilizar-se até seis meses antes do pleito (art. 14, §6º, CF); b) possuir domicílio e título eleitoral na circunscrição que pretenda candidatar-se pelo menos um ano antes do pleito. CTA 1043. Res. 21758. Origem: Brasília-DF. Rel. Min. Luiz Carlos Madeira. Em 13/05/2004. Precedentes: CTA nº: 973-DF, RES. nº 21564, de 18/11/2003, Rel.: Carlos Velloso; CTA nº 950 – DF, RES. nº 21534, de 14/10/2003, Rel.: Peçanha Martins; CTA nº: 841-RJ, RES. nº 21297, de 12/11/2002, Rel.: Fernando Neves."

Seja como for, atualmente prevalece o impedimento àquilo que passou a ser denominado de candidatura itinerante, em inovação da jurisprudência do TSE.

CAPÍTULO 4

INELEGIBILIDADE

§1 A inelegibilidade como conceito negativo

A inelegibilidade é o estado jurídico de ausência ou perda da elegibilidade. Assim como o conceito jurídico de incapacidade civil apenas tem densidade semântica quando confrontado com o conceito de capacidade civil, de idêntica forma a inelegibilidade apenas pode ser profundamente conhecida se vista em confronto com o conceito de elegibilidade. Desse modo, a inelegibilidade é o estado jurídico de quem não possui elegibilidade, é dizer, o direito subjetivo público de ser votado (direito de concorrer a mandato eletivo), seja porque nunca a teve, seja porque a perdeu.

Muitos conceitos jurídicos são construídos aprioristicamente pela doutrina, sem qualquer relação com o ordenamento jurídico positivo. Como entidades metafísicas, vagam no mundo jurídico como puros espíritos, em busca de um corpo sólido, que lhes dê densidade e concreção. Sem embargo, muitas vezes passam a ser manejados pelos juristas, através de um discurso coerente e logicamente fundado, embora, quando da sua aplicação prática, se mostrem inconciliáveis com a realidade normada, sendo apenas adotados após diversas concessões teóricas, muitas vezes assumidas sub-repticiamente.[1] O conceito de inelegibilidade tem sido vítima desse descompromisso entre a sua definição e a sua testabilidade na base empírica do Direito, que é o ordenamento jurídico.

Antônio Carlos Mendes,[2] em sua importante monografia sobre o tema, limita o conceito de inelegibilidade às hipóteses de perda do direito de ser votado. O conceito formulado, consoante pensamos, termina por deixar sem explicação as inúmeras situações em que o eleitor não pode apresentar validamente a sua candidatura, sem embargo de não ter incidido em nenhuma das *facttispecies* de inelegibilidade. Embora

---

[1] Karl Olivecrona (*Lenguaje jurídica y realidad*, p. 11) chama ao uso apriorístico do conceito jurídico de "enfoque metafísico", que enxergaria o Direito como uma esfera suprassensível, acima dos fatos da vida real. Embora trauteando o realismo americano, que tinha o propósito de identificar o fenômeno jurídico com fenômenos reais, Olivecrona (p. 18) assevera que: "La 'redefinición' de los conceptos jurídicos implica entonces un cambio de conceptos metafísicos sobrenaturales por otros conceptos con una base empírica".

[2] *Introdução à teoria das inelegibilidades*, p. 108-109.

o professor paulista repute idêntica a consequência material da inelegibilidade e da ausência de elegibilidade, termina por rejeitar possam ser tratadas tais situações sob a mesma denominação jurídica. Essa opção teórica, que qualifica o que denomino de teoria clássica das inelegibilidades, conquanto isso, não deixa de ser teoricamente coerente, uma vez que as inelegibilidades são tratadas como previsão, estatuição e sanção, arrimada no princípio da legalidade estrita (tipicidade).[3]

O que caracteriza a inelegibilidade, todavia, não é o seu conteúdo sancionatório, por vezes — nem sempre — encontrável nas hipóteses previstas na Lei Complementar nº 64/90, exacerbado pelas mudanças introduzidas pela LC nº 135/2010, mas sim a sua condição de ausência ou perda de elegibilidade. Noutro giro, poderíamos dizer que *a inelegibilidade, em sentido lato, é a situação de inexistência do direito de ser votado*. Todo o Direito Eleitoral existe justamente porque o ordenamento jurídico concede a alguns brasileiros alistados o direito subjetivo de pleitear cargos públicos eletivos. Tal direito subjetivo nasce se satisfeitas certas condições, as quais ensejam o registro de candidatura, que é o título jurídico que habilita o nacional a participar do prélio eleitoral. Quem possui esse direito subjetivo é elegível, podendo praticar atos de campanha política, pedindo votos em seu nome com vistas a ocupar cargos públicos. *A impossibilidade jurídica de se concorrer nas eleições é o que denominamos inelegibilidade*, pouco importando se tal impedimento decorre do fato de não se ter obtido o registro de candidatura ou do fato de tê-lo perdido por seu cancelamento.

A inelegibilidade nem sempre atua como uma sanção decorrente da prática de fatos exprobráveis. Ninguém poderia honestamente afirmar que a irreelegibilidade, prevista no revogado §5º do art. 14 da CF/88, atuava como sanção contra os ocupantes de cargos do Poder Executivo; entretanto, a irreelegibilidade sempre foi classificada como espécie de inelegibilidade,[4] mesmo sem a sua finalidade sancionadora. Da mesma forma, a inelegibilidade decorrente de relações de parentesco não tem conteúdo de pena pela prática de ilícito, mas tem por fim proporcionar meios de equilíbrio na disputa eleitoral. Outrossim, aqui também ninguém negará inexistir qualquer tipo de inflição de pena, sem embargo de estarmos diante de uma espécie de inelegibilidade.[5]

A toda evidência, se adotássemos o conceito de inelegibilidade como sanção que obsta a apresentação de candidatura a cargo eletivo, haveríamos de afastar esses casos, como outros possíveis (*e.g.*, o analfabetismo), do conceito de inelegibilidade, havendo de criar um outro termo jurídico que abarcasse essas espécies. Sem embargo, é curial advertirmos que existem inelegibilidades criadas como sanção a fatos ilícitos eleitorais, assim como existem inelegibilidades hipotisadas como salvaguarda dos princípios do equânime tratamento aos candidatos e da moralidade administrativa. Teremos ensejo de tratar, mais adiante, das *inelegibilidades inatas* e das *inelegibilidades cominadas*.

---

[3] MENDES. *Introdução à teoria das inelegibilidades*, p. 111-112. Assevera o ilustre professor: "Nessa acepção, inelegibilidade tem três significados normativos: (a) é *situação objetiva* contida no conteúdo proibitivo do preceito legal, criando obstáculo à candidatura, (b) é *estatuição* impondo a *desincompatibilização*, visando à garantia da liberdade de voto, à lisura e à legitimidade das eleições e (c) é *sanção jurídica* pelo descumprimento da estatuição ou *desincompatibilização*, isto é, implica um efeito imposto pela ordem jurídica: *o impedimento e a nulidade dos atos concernentes à candidatura*" (grifos do autor).

[4] MENDES. *Introdução à teoria das inelegibilidades*, p. 119.

[5] MENDES. *Introdução à teoria das inelegibilidades*, p. 124-125.

Os textos doutrinários que vinham tratando da teoria da inelegibilidade, ao longo do tempo, estavam, em sua grande maioria, comprometidos com a redução da inelegibilidade a uma espécie de sanção, uma vez que partiam *grosso modo* da afirmação segundo a qual a elegibilidade é a regra; a inelegibilidade, a exceção. Olvidavam que o ordenamento jurídico brasileiro não fez coincidir — como poderia tê-lo feito — o surgimento da elegibilidade e o da nacionalidade. Se assim fosse, bastaria o ter nascido brasileiro para já ser elegível, sem que necessidade alguma houvesse do preenchimento de pressupostos exigíveis: bastaria querer sair candidato e pronto, sem precisar de nenhuma outra formalidade. Outrossim, não seria juridicamente incorreto fazer coincidir o nascimento dos direitos de votar e de ser votado, os quais seriam efeitos de um único fato jurídico: o alistamento. Aí, todo eleitor já seria elegível, e não haveria nenhuma outra condição para a elegibilidade.

Mas o nosso sistema não seguiu nenhuma dessas técnicas, adotando uma mais acertada, de modo a limitar a elegibilidade (direito de ser votado) apenas àquelas pessoas que cumpram determinadas condições previamente fixadas pelo ordenamento. Doutra banda, zelando pela magnitude do *ius honorum*, previu a possibilidade de perda do direito a concorrer a cargos públicos em decorrência da prática de algum ato ilícito na órbita eleitoral, praticado com o intuito de desequilibrar a disputa e favorecer ao infrator ou a terceiros.

A inelegibilidade, de conseguinte, não é apenas sanção; todavia, é sempre e tão somente efeito jurídico. De fato, aos fatos descritos na norma (abuso de poder econômico, incompatibilidade, captação ilícita de sufrágio etc.), o Direito prescreve determinadas consequências (inelegibilidade), que são efeitos de fatos jurídicos. Também por isso, a inelegibilidade apenas pode ser havida como hipótese de incidência (*facttispecie*), como sustentou Antônio Carlos Mendes,[6] naquela situação em que uma norma a tome, em conjunto com outros fatos, para atribuir a esse fato jurídico complexo algum outro efeito. Afinal, os efeitos jurídicos de um fato jurídico podem ser eleitos como suporte fático de outros fatos jurídicos.[7] Nada obstante, a inelegibilidade como tal é sempre efeito jurídico, consequência atribuída a algum fato ou complexo de fatos descrito no suporte fático da norma eleitoral. A prática de abuso de poder econômico para se eleger é fato jurídico ilícito que desafia o efeito da inelegibilidade cominada. Ao fato ilícito, segue-se o efeito negativo (sanção) para a esfera jurídica de quem lhe deu causa, cuja aplicação não é *ope legis*, mas sempre *ope iudicis*. É dizer, a sanção de inelegibilidade é efeito do fato ilícito reconhecido por decisão judicial de natureza desconstitutiva-declaratória. Se alguém possui laços de sangue com um mandatário do Poder Executivo municipal e deseja se candidatar pela vez primeira a vereador, não poderá obter o registro de sua candidatura, sendo inelegível. Ao fato do parentesco, que não é ilícito, acompanhado de outras circunstâncias (*espacial*: estar na mesma circunscrição eleitoral do parente; *normativa*: não desincompatibilização; *temporal*: antes do período de seis meses que antecedem à eleição), gera a impossibilidade de obtenção do registro de candidatura. O primeiro exemplo é de *inelegibilidade cominada*, de natureza sancionatória do ato

---

[6] MENDES. *Introdução à teoria das inelegibilidades*, p. 111.

[7] Afirmou Pontes de Miranda (*Tratado de direito privado*, t. I, p. 81): "Acontece, todavia, que algumas regras jurídicas fazem seu suporte fático (= fatos sobre os quais elas incidem) certos fatos jurídicos, inclusive estados jurídicos resultantes".

injurídico; o segundo, de *inelegibilidade inata*, sem natureza sancionatória, mas apenas preventiva do equilíbrio da disputa.

E qual o fato jurídico que origina a inelegibilidade inata, já que afirmamos ser também ela um efeito jurídico? Ora, apliquemos a pergunta ao caso similar da incapacidade civil: qual o fato que origina a incapacidade? Se a capacidade civil é efeito da maioridade, assim também a incapacidade será efeito da minoridade, do desbaste de idade, sofrendo as conhecidas gradações (absoluta e relativa). Não por outra razão, se a elegibilidade é efeito do registro de candidato, a inelegibilidade inata é efeito da inexistência do registro de candidatura (fato negativo gerador de consequências no mundo jurídico), pela ausência de pressupostos de registrabilidade (ou condições de elegibilidade).

Destarte, a inelegibilidade há de ser vista como o impedimento a que o nacional possa concorrer validamente a um mandato eletivo, independentemente de advir de um fato jurídico lícito ou ilícito. *A ilicitude não é da essência do conceito de inelegibilidade*, consoante se tem afirmado. Deve a doutrina, por isso mesmo, buscar construir um conceito unitário de inelegibilidade, que dê conta de todas as suas possíveis manifestações no ordenamento jurídico, para que tenha relevo prático e não se perca em casuísmos perigosos em tema de tamanha importância e relevo. Assim, classificamos as inelegibilidade do seguinte modo:

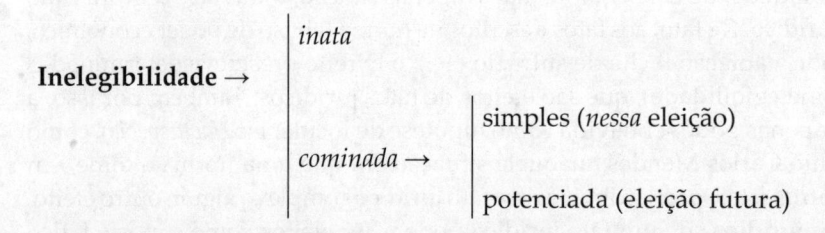

Inelegibilidade →
- *inata*
- *cominada* →
  - simples (*nessa* eleição)
  - potenciada (eleição futura)

As espécies de inelegibilidade cominada, por sua vez, combinam-se entre si, saturando a operatividade deôntica da sua construção legislativa. De fato, há possibilidade de ser cominada a inelegibilidade para a eleição em que o fato ilícito se deu ("essa" eleição), sem percussão futura, como ocorria, antes da LC nº 135, nas hipóteses de cassação do registro de candidatura na captação ilícita de sufrágio (art. 41-A da Lei nº 9.504/97) ou nos casos de condutas vedadas aos agentes públicos (art. 73 da Lei nº 9.504/97). Pode, ainda, o legislador cominar a inelegibilidade para "essa" eleição e para as que se realizem em uma determinada quadra de tempo (simples + potenciada). Ademais, poderia aplicar a inelegibilidade para o futuro, sem percussão neste pleito, ou ainda duas inelegibilidades potenciadas, ao mesmo tempo.

As possibilidades de combinação entre as espécies de inelegibilidade podem ser exaustivamente expostas no quadro seguinte, com exemplos retirados do nosso direito positivo:

TÉCNICAS	ESPÉCIES DE INELEGIBILIDADE COMINADA		EFEITOS E EXEMPLOS
	ESPÉCIE 1	ESPÉCIE 2	
I	*simples*	*****	Para "essa" eleição (art. 41-A e art. 73 da Lei das Eleições, antes da LC nº 135).
II	*simples*	*potenciada*	"Essa" eleição e em determinado trato de tempo (art. 1º, inc. I, alínea "d" da LC nº 64/90).
III	*****	*potenciada*	Determinado trato de tempo (art. 1º, inc. I, alínea "i" da LC nº 64/90).
IV	*potenciada*	*potenciada*	Soma de duas inelegibilidades por determinado trato de tempo (art. 1º, inc. I, alínea "e" da LC nº 64/90).
V	*potenciada (dependente de condição futura)*	*(eventualmente) potenciada*	Inelegibilidade dependente de desoneração de responsabilidade (art. 1º, inc. I, alínea "i", da LC nº 64/90.

Desse modo, temos as seguintes subespécies de inelegibilidade cominada: (a) simples; (b) simples e potenciada; (c) potenciada pura; e (d) dupla ou triplamente potenciada. Todas elas já foram, em algum momento, previstas no nosso ordenamento jurídico positivo, decorrendo inúmeros equívocos teóricos e práticos do seu desconhecimento por parte da doutrina e pela jurisprudência dos tribunais.

A Lei Complementar nº 135, de 04 de junho de 2010, trouxe uma nova espécie de inelegibilidade, que aqui denomino de *inelegibilidade cominada potenciada processual* ou, por comodidade de expressão, *inelegibilidade processual*. Essa é uma das mais abusivas criações desse diploma legal, nascido da iniciativa popular, o que demonstra que a qualidade do berço não predetermina a qualidade que terá a cria por ele embalado. Denomino *inelegibilidade processual* aquela que decorre de uma decisão colegiada, pendente de recurso e sem obtenção de efeito suspensivo, que limita a esfera jurídica do nacional enquanto durar o processo e sem servir para a subtração (detração) daquela inelegibilidade que advirá com o seu eventual trânsito em julgado. É o caso típico da alínea "e" do inciso I do art. 1º da LC nº 64/90, com a redação dada pela LC nº 135/2010, que prescreve a inelegibilidade "desde a condenação [proferida por órgão colegiado] até o transcurso de 8 (oito) anos após o cumprimento da pena".

Em que consiste a distinção entre a inelegibilidade inata e a inelegibilidade cominada?

Dissemos que a inelegibilidade é sempre efeito jurídico, é dizer, consequência de um fato jurídico que lhe preexiste. Quando o fato jurídico é lícito, estamos diante de uma inelegibilidade inata; quando se trata de fato jurídico ilícito, de uma inelegibilidade cominada. A licitude ou ilicitude do fato jurídico *lato sensu* é fundamental para a classificação das inelegibilidades.

Licitude e ilicitude são conceitos do mundo do direito. O fato jurídico ilícito é fato que entrou no mundo jurídico pela incidência de uma norma jurídica que lhe prevê como não desejável pelo ordenamento jurídico, é dizer, como contrário a direito. Quando a norma descreve em seu antecedente um fato ou conjunto de fatos e em seu consequente efeitos sancionadores, acaso ocorram eles, os fatos, no mundo da vida, incide aquela norma fazendo-os ingressarem no mundo jurídico como fatos jurídicos ilícitos, deles dimanando a sanção prevista na norma como seu efeito, seja ela deseficacizante, caducificante, nulificante ou limitadora de esfera jurídica. No dizer de Pontes de Miranda, "ato ilícito é ato jurídico, posto que ilícito".[8] O que diferencia o fato lícito do ilícito é a contrariedade a direito deste, diversamente daquele, nada obstante estejam ambos no mundo jurídico como efeito da incidência da norma sobre o seu suporte fático concreto. A contrariedade a direito é a violação de normas cogentes com modal deôntico proibido ou obrigatório; é o agir em desconformidade a um valor jurídico positivado pelo ordenamento. Ademais, é também o fazer algo cuja conduta é hipótese de incidência ou suporte fáctico de uma sanção.[9]

O abuso de poder econômico, o abuso de poder político, a captação ilícita de sufrágio, a captação ilícita de recursos de campanha, o uso indevido dos meios de comunicação social, as condutas vedadas aos agentes públicos, os gastos ilícitos de campanha são hipóteses de condutas contrárias a direito, que ingressam no mundo jurídico como fatos jurídicos eleitorais ilícitos que têm, como efeito, a previsão de sanção (inelegibilidade cominada).[10] Como a inelegibilidade passou a ter um marco temporal comum, em princípio, de oito anos, é evidente que ela impedirá o deferimento do pedido de registro de candidatura durante a sua vigência, sendo essa a sua função sancionadora. É dizer, a inelegibilidade cominada é a sanção que impede, durante a sua vigência, a concessão do registro de candidatura e a eficácia da elegibilidade. É dizer, a inelegibilidade cominada é a sanção nulificante do registro de candidatura deferido durante a sua vigência ou a sanção deseficacizante da elegibilidade já existente. Ela atua retro-ultra-ativamente, para usar uma expressão à moda de Edgar Morin: a um só tempo retira a eficácia da elegibilidade acaso existente (*e.g.*, decisão judicial que reconhece o abuso de poder durante o período eleitoral), podando desde o início a elegibilidade que se tinha; e/ou, de outra banda, impede, no futuro, o deferimento válido do registro de candidatura em outra eleição.

---

[8] PONTES DE MIRANDA. *Tratado de direito privado*. 4. ed., t. II, p. 202. No mesmo sentido, BETTI *Teoría general del negocio jurídico*, p. 12-13; LÔBO. *Direito civil*: parte geral, p. 305 *et seq.*

[9] LÔBO. *Direito civil*: parte geral, p. 306, ensina: "O que singulariza o ato ilícito é a contrariedade a direito, ou a ilicitude... É amplo o espectro da contrariedade ao direito ou ilicitude, que ocorre sempre que um ato ou omissão da pessoa violam norma cogente em sentido oposto, quando determina ou proíbe, em todos os ramos jurídicos".

[10] PONTES DE MIRANDA. *Tratado de direito privado*, t. II, p. 193: "Quando o fato contrário a direito acontece e alguém responde por ele, há ilicitude". Diz ele adiante (*Tratado de direito privado*, t. II, p. 201-202) que a ilicitude é juridicizante, determinadora da entrada do suporte fático no mundo jurídico (a) para a irradiação da sua eficácia responsabilizadora; ou (b) para a perda de algum direito; pretensão ou ação; ou (c) como infratora culposa de deveres, obrigações, ações ou exceções; ou (d) como nulificante.

Note-se, portanto, que a inelegibilidade cominada potenciada atua no futuro como impedimento à candidatura válida, é dizer, como sanção que decorre de um fato jurídico ilícito eleitoral. Aliás, outra não é a sua f-unção, sendo um sem sentido deôntico dizer que uma sanção seria uma condição do nascimento de algum direito em favor de quem foi sancionado.

É por isso, aliás, que a doutrina clássica sempre asseverou que para a candidatura (*rectius*, para o deferimento válido do registro de candidatura) é necessário que estejam preenchidas todas as condições de elegibilidade e que não incida nenhuma sanção de inelegibilidade, não confundindo os planos da licitude (condições de elegibilidade) com o da ilicitude (sanção de inelegibilidade).

Recentemente, sobejamente impressionado com as mudanças introduzidas pela LC nº 135, Márlon Reis passou a sustentar, usando em favor da sua tese o voto do relator das ADCs nº 29 e 30 e da ADI nº 4.578, do Supremo Tribunal Federal, que "a inelegibilidade é sempre uma condição jurídica, nunca uma sanção".[11] A cinca é palmar, contudo, ainda mais quando, referindo-se a Dalmo Dallari, assevera que as inelegibilidades não possuem natureza penal (o que, obtemperemos, é apenas parcialmente correto, porque há aquelas que são penas acessórias de ilícitos penais; *v.g.*, art. 15, III, da CF/88), sendo, segundo ele, "condições negativas de eficácia futura (para as eleições que se realizarem nos próximos oito anos)".[12] Antes, Márlon Reis já havia ensinado, surpreendentemente, que "as condições de elegibilidade são apresentadas em forma positiva; é dever do pretenso candidato demonstrar o preenchimento dessas condições. As inelegibilidades, ao revés, apresentam-se sobre a forma de um dever (desincompatibilizar-se de certos cargos e funções) ou de uma condição negativa em razão da qual aquele que incide vê-se alijado do direito à candidatura".[13] A confusão aqui entre licitude e ilicitude, dever e sanção, revela o mais comezinho descompasso com a teoria geral do Direito.

A inelegibilidade nem as condições de elegibilidade são deveres, no sentido de condutas obrigatórias decorrentes de norma jurídica cogente ou convencional. Aquela, a inelegibilidade cominada, é efeito jurídico de fato jurídico ilícito, sendo, portanto, uma sanção que impede a obtenção da elegibilidade ou que determina a sua perda; essas, as condições de elegibilidade, são pressupostos (suporte fático, hipótese de incidência) do fato jurídico que faz nascer a elegibilidade.

Desincompatibilizar-se de um cargo para concorrer a um mandato eletivo não é um dever (conduta obrigatória de quem está no polo passivo de uma relação jurídica), mas um ato de vontade que o interessado poderá ou não realizar, ao seu talante (direito potestativo ou direito formador). É, em boa doutrina, um ônus a ser afastado pelo nacional, ou seja, é "um comportamento que o sujeito deve adotar para alcançar uma determinada vantagem, que consiste na aquisição ou na conservação de um direito", nas palavras lúcidas de Eros Roberto Grau.[14] Se o nacional está no exercício de um mandato eletivo ou cargo público e deseja concorrer a outro mandato, deverá preencher os pressupostos constitucionais e legais, entre os quais o estar desincompatibilizado,

---

[11] REIS. *Direito eleitoral brasileiro*, p. 240.
[12] REIS. *Direito eleitoral brasileiro*, p. 240.
[13] REIS. *Direito eleitoral brasileiro*, p. 221.
[14] GRAU. *Direito, conceitos e normas jurídicas*, p. 118-119.

renunciando à função pública que licitamente exerce. A renúncia é acontecimento (declaração de vontade unilateral receptícia); o estar desincompatibilizado, estado jurídico que cumpre a condição de elegibilidade.

Impressiona, ademais, que Márlon Reis assevere, sem rebuços, que "inelegibilidade não é uma sanção, é uma condição jurídica. Condição é um requisito para o exercício de um direito".[15] Ora, como poderia a inelegibilidade ser o requisito para o exercício de um direito se ela é justamente o inverso, o impedimento a que nasça ou subsista a elegibilidade? Trata-se, como se observa, de uma construção teórica enviesada, cuja racionalidade não resiste a uma superficial aproximação crítica.

Esse discurso, é certo, não deixou de ter reprodução em determinados votos proferidos pelo Tribunal Superior Eleitoral. Coube ao Ministro Arnaldo Versiani a afirmação, aqui e ali reproduzida, de que "a inelegibilidade não seria *uma sanção em si mesma*".[16] Disse ele: "Realmente, não há, a meu ver, como se imaginar a *inelegibilidade como pena ou sanção em si mesma*, na medida em que a ela se aplica a determinadas categorias, por exemplo, a de juízes ou a de integrantes do Ministério Público, não porque eles devam sofrer essa pena, mas, sim, porque o legislador os incluiu na categoria daqueles que podem exercer certo grau de influência no eleitorado. Daí, inclusive, a necessidade de prévio afastamento definitivo de suas funções. O mesmo se diga a respeito dos patentes de titular de cargo eletivo, que também sofrem a mesma restrição de elegibilidade. Ainda, os inalistáveis e os analfabetos padecem de semelhante inelegibilidade, sem que se possa falar de imposição de pena". Faltou a Versiani, com o seu reconhecido talento jurídico, a pesquisa sobre a distinção entre a inelegibilidade decorrente da ocupação de um cargo de magistrado, por exemplo, daquela decorrente da prática de abuso de poder econômico. Essa pesquisa caso por caso serviria para mostrar que há inelegibilidades que decorrem de fatos ou situações jurídicas lícitas e aquelas que são efeitos de fatos ou situações jurídicas ilícitas. A inelegibilidade que decorre de atos contrários a direito é sanção; aquela que provém de fato jurídico lícito é estado ou situação jurídica legítima, porém como carência do direito de ser votado à falta de alguma condição de elegibilidade.

Os exemplos citados por Versiani para afirmar que a inelegibilidade não é uma sanção em si mesma são, a toda evidência, de *inelegibilidade inata*, é dizer, inelegibilidade que decorre da ausência das condições de elegibilidade, próprias ou impróprias. É a inelegibilidade comum a todos os brasileiros que não têm registro de candidatura, em razão do déficit dos pressupostos constitucionais ou legais para obtê-lo. Desde 1998 chamo a atenção, em minhas obras, que nem toda inelegibilidade tem natureza sancionatória. As inelegibilidades que decorrem da ausência de elegibilidade são lícitas, é dizer, efeitos do fato jurídico negativo da ausência de registro de candidatura.[17]

Ocupar um cargo de magistrado ou ser irmão de algum ocupante do mandato de governador não é fato jurídico ilícito. São situações jurídicas que ingressam no mundo jurídico no plano da licitude, da conformidade ao direito. Por razões de conveniência,

---

[15] REIS. *Direito eleitoral brasileiro*, p. 236.
[16] Consulta nº 1147-9.
[17] Com razão, GOMES. *Direito eleitoral*, p. 149, 152, que não desconhece a evidente natureza sancionatória da inelegibilidade cominada, adotando a minha classificação, mesmo não me dando os devidos créditos em sua bela obra.

como a de buscar a paridade de armas entre os nacionais que desejam disputar uma eleição, é que a Constituição ou leis ordinárias ou complementares estabelecem requisitos positivos e negativos ao nascimento do direito ao registro de candidatura. Entre os requisitos está a necessidade de desincompatibilização de determinados cargos ou funções públicas; o estar incompatível é estar inatamente inelegível.

A desincompatibilização de determinados cargos ou funções com a finalidade de zelar pelo equilíbrio do pleito é condição de elegibilidade, portanto. O ato de desincompatibilizar-se é fato jurídico lícito; o estar incompatível é situação jurídica lícita que impede a obtenção do registro de candidatura pela ausência do preenchimento de uma das condições de elegibilidade.

A inelegibilidade, inata ou cominada, não é efeito do registro de candidatura. Registro de candidatura é o fato jurídico lícito que faz nascer o direito de ser votado, a elegibilidade. No momento da apreciação do pedido de registro de candidatura devem ser analisados: (a) o preenchimento das condições de elegibilidade; (b) a existência, ou não, de alguma cominação anterior de inelegibilidade; e (c) o preenchimento dos pressupostos de regular andamento processual, como os documentos que devem acompanhar, por força de lei, o pedido de registro de candidatura.

Na apreciação do pedido de registro de candidatura deve-se também analisar, destarte, se há alguma inelegibilidade cominada decorrente de algum fato ilícito eleitoral anterior. Ou seja, se houver alguma sanção de inelegibilidade, decretada por decisão judicial anterior (hoje, inclusive, pouco importando se transitada em julgado ou se apenas advinda de órgão colegiado), não se poderá deferir validamente o registro de candidatura. *Esse sempre foi, e continuará a ser, o regime da inelegibilidade cominada*, não havendo nenhuma mudança introduzida pela LC nº 135, *salvo a desnecessidade de trânsito em julgado da decisão que a decreta*. Note-se: a execução (*rectius*, cumprimento) imediata do efeito mandamental, que vem colado à eficácia preponderante constitutiva negativa, ínsita à decisão que decreta a inelegibilidade (hoje, independentemente do trânsito em julgado), nada mudou da natureza da inelegibilidade cominada potenciada: continua a ser o que sempre foi: sanção a atos ilícitos eleitorais. Ou seja, o fato de se cumprir imediatamente a ordem de afastar o eleito do mandato, como consequência da cassação do registro, em razão de decisão de órgão colegiado, não desnatura ou modifica o conceito de inelegibilidade. Inelegibilidade é instituto de direito material; adiantamento dos efeitos da decisão, independentemente da formação de coisa julgada, é tema de direito processual. Não se pode, pois, encambulhar os planos, que são distintos.

Ora, como já demonstramos, um dos momentos pertinentes para a apreciação da existência da prévia cominação de inelegibilidade é o do pedido de registro de candidatura. O outro momento é logo após a diplomação, ainda assim em relação a inelegibilidades supervenientes ao registro ou de natureza constitucional. Assim, *o pedido do registro de candidatura sempre foi, e continua sendo, o momento apropriado para a aferição da existência de alguma sanção de inelegibilidade aplicada ao candidato*. Não houve nenhuma mudança de regime jurídico quanto ao ponto.

Saliente-se, então, que a LC nº 135 não mudou a natureza da inelegibilidade, transformando a sanção a fatos ilícitos eleitorais em um pressuposto (?) ou em uma condição (?) para o candidato concorrer validamente a um mandato eletivo. Diga-se, isso sim, que as hipóteses de inelegibilidade previstas na LC nº 64/90 eram já para proteger a probidade, a moralidade, levando-se em conta a vida pregressa, cumprindo o preceito do art. 14, §9º, da CF/88. Aliás, era assim já na CF/67, com a EC nº 01/69. A LC nº 135/2010 apenas ampliou e uniformizou o tempo da sanção de inelegibilidade para 8 anos, além de tornar desnecessário o trânsito em julgado das decisões judiciais que a decretem. Houve exacerbação, portanto, do caráter sancionatório da inelegibilidade; a sanção tornou-se mais dura, chegando em alguns casos à insensatez.

É dizer, *todas as hipóteses de inelegibilidade cominada, ao tempo da LC nº 64/90 e, agora, sob a vigência da LC nº 135/2010*, são sanções que visam a proteger a probidade, *a moralidade, inclusive levando em conta a vida pregressa*. Não há exceção; nunca houve!

Onde reside o equívoco teórico dessa construção glosada, segundo penso? Na perda da referência fundamental do fato jurídico demiurgo da eficácia jurídica. Quer saber sobre os efeitos jurídicos?, pergunte sobre o fato jurídico que o faz nascer. Alguns olharam para o pedido de registro de candidatura, o que é evidente erro, deixando de examinar a natureza jurídica e o tempo do fato jurídico que fez nascer a inelegibilidade cominada. Ora, a inelegibilidade cominada é sempre efeito de um fato jurídico ilícito, decretada por decisão judicial de eficácia preponderante constitutiva negativa. A decisão judicial que a decreta tem relevante efeito declaratório da ocorrência do fato jurídico ilícito.

É por isso que, no momento da apreciação do registro de candidatura, o juiz não *constitui* a inelegibilidade cominada; ele a *declara* existente no mundo jurídico, como efeito de um fato jurídico ilícito anterior, que levou à sua decretação judicial, também ela anterior ao pedido de registro.

Aliás, não poucos deixam de perceber que a norma da alínea "d" do inc. I do art. 1º da LC nº 64/90, atual ou anterior à LC nº 135, é norma complexa: há nela a mistura de direito material e processual. Poderia ser lida simplesmente assim a parte de direito material: "ao fato jurídico ilícito de abuso de poder econômico ou político deve ser a sanção de inelegibilidade por *x* anos (3, antes; hoje, 8)". O seu complemento processual seria o seguinte: "Quando houver a prática de ilícito deve ser proposta representação, com a finalidade de decretar a inelegibilidade cominada". A mistura das normas, imbricadas em um só texto, decorre do fato evidente de que toda inelegibilidade cominada é sempre resultado da aplicação autoritativa do direito, como função específica do Estado-Juiz; é dizer, há sempre de ser resultado da atuação jurisdicional.

Assente-se, portanto, que o pedido de registro de candidatura é apenas o momento em que se aprecia a existência, ou não, da inelegibilidade cominada. Nada tem com ela, porém. Ela não nasce do registro de candidatura, tampouco é um seu pressuposto (ou condição). A inelegibilidade cominada obsta (daí por que falo, desde 1998, que ela é obstáculo-sanção) o registro de candidatura, impedindo que o nacional possa se candidatar. É um desbaste em seu *status civitatis*, uma pena.

Coisa diversa são os pressupostos ou condições de elegibilidade, que são verdadeiras condições de registrabilidade. São elementos do suporte fático complexo do fato jurídico que faz nascer o direito ao registro de candidatura. Se o nacional preenche todas as condições de elegibilidade para o mandato que ele pretende disputar, nasce-lhe — atenção! — o direito subjetivo público ao registro de candidatura. Há, aqui, direito subjetivo do nacional ante o Estado, exercitável através da ação de pedido de registro de candidatura.

Quando o juiz eleitoral vai apreciar o pedido de registro de candidatura, observará se o nacional preenche todas as condições. Se preencher, há o *direito subjetivo ao registro de candidatura*. O juiz eleitoral deverá, então, deferir o pedido. Porém, poderá ocorrer que o nacional esteja submetido a uma sanção pela prática de fato ilícito, eleitoral ou não. Poderá, por exemplo, ter assassinado alguém e estar cumprindo pena, de modo que os seus direitos políticos estejam suspensos (art. 15, III, da CF/88). Ora, em face da pena acessória de natureza penal, que impede o nacional de concorrer validamente a um mandato eletivo, o juiz indeferirá o registro de candidatura a que ele, o nacional, tinha direito subjetivo. É dizer, *a inelegibilidade cominada tolheu o exercício de um direito subjetivo que existia*, impedindo o registro de candidatura, que lhe faria nascer a elegibilidade.

Sempre insisti nesse ponto, descurado por muitos: uma coisa é o *direito subjetivo ao registro de candidatura*, nascido do fato jurídico complexo do preenchimento das condições de elegibilidade; outra coisa, porém, é o *direito de ser votado*, a elegibilidade, nascido do fato jurídico do registro de candidatura. A inelegibilidade cominada potenciada obsta o exercício daquele direito ao registro de candidatura, como sanção pela prática de algum fato ilícito.

Assim, quando o ordenamento prescreve que não se pode registrar candidato inelegível, está simplesmente dando concretude à natureza sancionatória da inelegibilidade cominada. Aliás, *a única finalidade da inelegibilidade cominada potenciada é obstar o exercício do direito ao registro, se existente antes do pedido de registro, ou cancelá-lo, se superveniente*.

Essas lições estão em meus escritos desde 1998. A LC nº 135 nada mudou nesse sentido, não alterando em nada a natureza sancionatória da inelegibilidade, bem como a sua função obstativa ao registro de candidatura.

Essa figura da sanção "em si", sem embargo, não tem densidade teórica. Remete ao *noumenon* kantiano, aquela *coisa em si* que nunca seria de possível apreensão. É uma figura, portanto, intangível e inatingível cognitivamente, o que de antemão impõe a exclusão do seu uso argumentativo.

§2 A inelegibilidade como ausência de elegibilidade (inelegibilidade inata)

Há alguns estudiosos do Direito Eleitoral que admitem que a ausência do direito de ser votado é uma das formas pelas quais se apresenta a inelegibilidade, malgrado não extraiam todas as necessárias conclusões dessa assertiva. Pedro Henrique Távora Niess, em suas autorizadas lições, refere-se ao que denomina *inelegibilidade imprópria*, averbando: "Entretanto, forçoso é convir que quem não preenche as condições de elegibilidade acaba sendo, em última análise, inelegível, razão pela qual, buscando harmonizar as ideias com a legislação, optamos por chamar a falta dessas condições de causas de inelegibilidade impróprias. É o caso do alistável que não se alista".[18] Vale dizer,

---

[18] *Direitos políticos*: condições de elegibilidade e inelegibilidades, p. 8. No mesmo sentido, também assim se pronuncia Sérgio Sérvulo da Cunha (*Manual das eleições*: comentários à Lei nº 9.504/97 e à Lei Complementar nº 64/90, p. 224): "Delas (refere-se às condições de elegibilidade) resulta, *contrario sensu*, uma *inelegibilidade imprópria*, que também pode ser designada como inelegibilidade primária ou implícita: ela decorre necessariamente das condições de elegibilidade, e existe mesmo que o ordenamento não lhe faça referência expressa em lei de inelegibilidade; não significa impedimento ao exercício de um direito, mas inexistência do direito (o caso do estrangeiro) ou a limitação do direito (o caso de quem não goza da plenitude dos direitos políticos)" (grifos do autor). Note-se, todavia, que Sérgio Sérvulo chama, corretamente, a atenção para o fato de que a

não se nega que a ausência das condições de elegibilidade importe a inelegibilidade de quem não as tenha; todavia, para que não se crie uma fissura na construção da teoria clássica, opta-se por colar nesses casos outra etiqueta, desnaturando a natureza daquela situação em que o nacional encontra-se carente de elegibilidade. Daí o motivo pelo qual não se compreende, nessa mesma toada, a *incompatibilidade* como pressuposto de elegibilidade, catalogando-a, equivocadamente, a meu juízo, como espécie de inelegibilidade sanção.

Tupinambá Miguel Castro do Nascimento[19] vai um pouco mais além, embora também termine por não ultrapassar a linha de giz em volta do conceito de inelegibilidade, nada obstante advogue a existência de duas espécies de inelegibilidade, chamadas inatas e ocasionais. As primeiras decorreriam da ausência de elegibilidade; a segunda, de causas que obstaculizam o exercício do direito de ser votado. Mais uma vez aqui é feita a distinção, utilizando-se de termos tecnicamente perfeitos,[20] mas partindo de um obscuro conceito de elegibilidade e de inelegibilidade. De fato, o ponto fundamental de todas essas teorias e pensamentos esboçados, que constituem o que denomino de teoria clássica, é a noção de inelegibilidade como situação que obstaculiza a elegibilidade, sancionando o nacional. Acresça-se a isso o fato de se falar de elegibilidade como direito de ser votado, mas sem menção à origem desse mesmo direito subjetivo, tomando-o como uma entidade mística, espiritual, como fazia a metafísica jurídica, tão chincada por Karl Olivecrona. Não vemos a doutrina, em um momento sequer, se indagando: de onde provém o direito de ser votado e qual o fato jurídico que o origina? Ao revés, toma-o como um direito natural de todos os cidadãos, como se todos os nacionais nascessem com ele, outorgado por alguma divindade, ou por um místico e transcendental contrato social. Não se indo à raiz do problema, especula-se sobre as consequências jurídicas, apartando-as das causas e, com isso, gerando uma série de dificuldades na abordagem prática do ordenamento jurídico.

Como já mostramos, o direito de ser votado (elegibilidade) nasce do fato jurídico do registro de candidatura. Antes do registro do candidato não há elegibilidade, não podendo o nacional concorrer a cargo público. A elegibilidade, pois, é o direito subjetivo público de concorrer a um mandato político, nascido do registro de candidatura homologado pela Justiça Eleitoral. A impossibilidade de concorrer no prélio eleitoral é o que qualifica e define a inelegibilidade. Desse modo, todos os nacionais que tenham se alistado têm o direito subjetivo de votar, sem embargo de não terem direito subjetivo de ser votados. Para o eleitor poder concorrer a cargo eletivo terá de cumprir alguns pressupostos — as chamadas *condições de elegibilidade* —, sem os quais não poderá registrar validamente a sua candidatura. As condições de elegibilidade não são nada mais do que condições de registrabilidade, pois é o registro o fato gerador da elegibilidade.

---

inelegibilidade denominada imprópria — por nós chamada de *inata* — decorre da inexistência de um direito (ou seja, da ausência da elegibilidade). Tal observação põe a nu que o direito de ser votado não é comum a todos, mas tem de ser adquirido pelos nacionais.

[19] *Lineamentos de direito eleitoral*, p. 65-66.

[20] Ao lançarmos o nosso *Direito processual eleitoral* (Belo Horizonte: Ciência Jurídica, 1996), fazíamos nitidamente tal distinção, utilizando-nos dos termos *inelegibilidades originais* e *inelegibilidades supervenientes* (ao registro de candidatura). Não tínhamos ainda a inteira percepção do fenômeno e das suas consequências, sem embargo de já então termos tomado posição sobre inúmeros problemas práticos com base em tal critério classificatório. Não por outro motivo, poucas posições nossas, assumidas quando da edição inaugural desta obra, foram modificadas.

No Direito Eleitoral as coisas se passam assim: todos os nacionais participam da vida política do País com a aquisição da cidadania (direito de votar), quando começam a integrar o corpo dos eleitores e, dessa maneira, também passam a contribuir para a vivência da democracia representativa. O cidadão (eleitor) é chamado a atuar na vida pública da nação através do exercício do voto, nas eleições, ou através da manifestação de sua vontade, no referendo ou plebiscito, ou finalmente manejando remédios jurídicos postos à sua disposição para controle e fiscalização dos atos administrativos do Poder Público (ação popular, *e.g.*). Mas não tem ele o direito de concorrer a cargos públicos de livre escolha dos eleitores, uma vez que o ordenamento jurídico não franqueia a todos a participação no processo eleitoral.

A joeira que separa os eleitores elegíveis daqueles inelegíveis é o ato de registro de candidatura. Para que o pedido de registro de candidatura seja aceito, entretanto, terá o interessado que atender as condições de elegibilidade próprias e impróprias, sem as quais não verá nascer o seu direito de ser votado. Assim, para que o nacional obtenha a elegibilidade, terá que cumprir certos pressupostos e evitar incidir em certas situações previstas em lei. Se o nacional deseja sair candidato a um cargo de vereador, sendo o seu irmão o prefeito do mesmo município no qual deseja se candidatar, haverá incompatibilidade se titular do Poder Executivo não se afastar do cargo antes dos seis meses que antecedem o pleito. Assim, não terá satisfeito um dos pressupostos para ser registrado: não estar incompatibilizado. Não por outra razão o §7º do art. 14 da CF/88 prescreve a inelegibilidade, no território de jurisdição do titular, do cônjuge e dos seus parentes consanguíneos ou afins, até o segundo grau ou por adoção, do presidente da República, de governador de Estado ou Território, do Distrito Federal, de prefeito ou de quem os haja substituído dentro dos seis meses anteriores ao pleito, salvo se já titular de mandato eletivo e candidato à reeleição.

Nesse caso referido, a doutrina glosada não tem dúvidas em colocar a incompatibilidade como causa de inelegibilidade, no sentido de poda do direito de ser votado. Sem razão, contudo. Aqui, justamente, é onde fica mais nítida a flacidez do conceito de inelegibilidade adotado pela doutrina clássica, porque prescinde da análise do fenômeno a partir da teoria do fato jurídico. Ora, se o direito de ser votado (elegibilidade) nasce do registro da candidatura, aquelas condições ou escolhos à obtenção do registro, se não atendidos ou ultrapassados, respectivamente, impedem a obtenção da elegibilidade. Logo, quem não tem ainda a elegibilidade não pode por certo perdê-la. A não incompatibilidade é condição, pressuposto de registrabilidade, de modo que se houver incompatibilidade haverá óbice à elegibilidade. Então, é defeso classificar a incompatibilidade como espécie de *inelegibilidade cominada*.

Os pressupostos de registrabilidade[21] (denominados condições de elegibilidade) são elementos do suporte fáctico complexo que fazem surgir o direito subjetivo do nacional ao registro de sua candidatura. O direito subjetivo ao registro será exercido judicialmente através do pedido de registro de candidatura. Constatado, pela Justiça Eleitoral, o preenchimento de todas as condições de elegibilidade, será deferido o

---

[21] A expressão "condições de registrabilidade" foi criticada por CASTRO. *Teoria e prática do direito eleitoral*, p. 129-131, para quem o registro de candidatura não seria mais uma condição de elegibilidade, sendo, na verdade, o "procedimento para averiguação, pela Justiça Eleitoral, da presença das condições de elegibilidade e ausência das causas de inelegibilidade, chegando-se ao final a um pronunciamento meramente declaratório da Justiça Eleitoral. Nada mais que isso" (p. 130). O autor, sem embargo, afirmara anteriormente que "a elegibilidade adquire-se por etapas" (p. 115), justamente porque ela, a elegibilidade, não existe antes do registro de

registro, com o nascimento do direito subjetivo de ser votado, exercitado através dos atos de campanha política. Assim, não se devem confundir as duas faculdades distintas: uma coisa é o direito subjetivo ao registro de candidatura; outra, o direito de ser votado. Entre eles, há o fato jurídico intercalar do registro.

Visto o fenômeno jurídico dessa maneira, supera-se a concepção clássica segundo a qual as condições de elegibilidade seriam requisitos positivos, ao passo que a inelegibilidade seria a existência de proibição que impossibilita a candidatura.[22] Já demonstramos que as condições de elegibilidade próprias e impróprias não são apenas requisitos positivos, mas também negativos (não ser analfabeto, não estar incompatível, não estar com os direitos políticos suspensos etc.). Com isso, evidencia-se que a elegibilidade apenas é concedida após um processo seletivo, pelo qual o nacional terá de demonstrar estar habilitado juridicamente para concorrer a cargo público eletivo.

§3 A inelegibilidade como obstáculo ou perda de elegibilidade (inelegibilidade cominada)

A elegibilidade é o direito de ser votado. Mas tal direito não é um estado jurídico constante no tempo, ininterrupto, como uma qualidade personalista agregada à vida do nacional. De maneira alguma. O direito de ser votado é sempre o direito de se candidatar em determinada eleição, após a obtenção do registro de sua candidatura. Obtido o registro, nasce o direito subjetivo de ser votado, exercido durante todo o processo eleitoral até à apuração. Encerrada a eleição com a proclamação dos eleitos, consumiu-se tal direito, deixando de existir. Para os vencedores, nascem outros direitos (à diplomação, à posse, ao exercício do mandato etc.), mas não há mais se falar em elegibilidade. Mesmo o candidato vitorioso terá que, na eleição seguinte, preencher as condições de elegibilidade, registrar-se de novo, para nascer um novo direito de ser candidato, ao mesmo ou a outro cargo.

Assim, quando falamos em elegibilidade devemos ter bem presente essa sua característica sazonal e relativa, bem delimitada pelo ordenamento jurídico. É um direito subjetivo bem situado no tempo e no espaço, com momento oportuno para ser exercido e atuado, quando então deixa de existir por consumação.

---

candidatura. Assim, o ato judicial que defere o pedido de registro de candidatura *declara* preenchidas todas as condições de elegibilidade e ausentes as causas de inelegibilidade, deferindo o registro, quando nasce o direito de ser votado (*efeito constitutivo*). A decisão que defere o registro de candidatura é constitutiva da elegibilidade, que não existia antes dela. Ademais, Edson de Resende Castro confunde o processo (nascido do pedido de registro de candidatura) com seu produto (o registro deferido; ou não). De fato, como mostramos longamente no Capítulo 2 desta obra, o registro de candidatura *não é* condição de elegibilidade, mas, sim, o fato jurídico que faz nascer o direito de ser votado. Entre as condições de elegibilidade (suporte fático) e a elegibilidade (efeito jurídico) há o registro de candidato (fato jurídico), razão pela qual aqueles pressupostos são suporte fático do fato jurídico do registro, é dizer, *condições de registrabilidade*.

[22] José Afonso da Silva (*Curso de direito constitucional positivo*, p. 324) adverte: "Enfim, para que alguém, entre nós, possa concorrer à uma função eletiva, é necessário que preencha certos requisitos gerais, denominados condições de elegibilidade, e não incida numa das inelegibilidades..., que precisamente constituem impedimentos à capacidade eleitoral passiva". E mais adiante (*idem*, p. 339): "Inelegibilidade revela impedimento à capacidade eleitoral passiva (direito de ser votado). Obsta, pois, a elegibilidade". Como vimos reiteradamente, a *inelegibilidade-perda* (decorrente de sanção) obsta o exercício da elegibilidade, justamente por suprimi-la enquanto direito de ser votado. Já a *inelegibilidade-ausência* (decorrente da inexistência do registro) decorre da impossibilidade de concreção do suporte fáctico complexo que faz nascer o direito ao registro, vale dizer, decorre da insatisfação das condições de elegibilidade, não nascendo sequer o direito de ser votado (capacidade eleitoral passiva, *ius honorum*).

Com essa premissa abaetada na retentiva, podemos entender que a *inelegibilidade cominada* significa um corte na elegibilidade para a eleição que está se realizando, de modo a obstruir a participação do candidato no prélio ou, adiante, os efeitos de uma possível vitória nas urnas. Mas, além da inelegibilidade para a eleição que se está realizando (inelegibilidade para *essa* eleição), por vezes o ordenamento jurídico impõe a inelegibilidade para a eleição que se realizará dentro de certo trato de tempo futuro (inelegibilidade cominada potenciada), quando a gravidade do fato ilícito eleitoral necessitar de uma reprimenda mais severa.

Vem a talho aqui formular uma breve definição: a *inelegibilidade cominada* é a sanção imposta pelo ordenamento jurídico, em virtude da prática de algum ato ilícito eleitoral — ou de benefício dele advindo —, consistente na perda da elegibilidade ou na impossibilidade de obtê-la. Há *perda*, quando se corta cerce, pelo cancelamento do registro, a elegibilidade que se adquiriu, dada a prática ou benefício obtido de algum ato escalpelado pelo direito positivado; há *obstáculo-sanção*, quando o ordenamento especifica um determinado trato de tempo no qual o nacional fica impossibilitado de vir a registrar-se, como apenamento (= cominação de pena; sanção) decorrente de ato ilícito.

O direito objetivo pode imputar a sanção de inelegibilidade utilizando-se de cinco técnicas: (a) prescrevendo a cominação de inelegibilidade apenas para uma eleição específica, na qual o nacional esteja concorrendo; (b) prescrevendo a cominação de inelegibilidade por um trato de tempo determinado, abrangendo as eleições que ocorram dentro do período fixado; (c) cominando a inelegibilidade por tempo indeterminado, dependente de evento futuro para a sua extinção; (d) coalescendo as duas primeiras técnicas, com a prescrição da inelegibilidade para a eleição na qual o ato ilícito visava a influir, acrescida da inelegibilidade para eleições futuras que se realizem dentro de um determinado período prefixado; e (e) aplicando sucessivamente duas espécies de inelegibilidades prolongadas no tempo.

O art. 1º, inc. I, letra "i", da LC nº 64/90 prevê a sanção de inelegibilidade durante certo tempo, quando o nacional houver exercido, nos doze meses anteriores à respectiva decretação, cargo ou função de direção, administração ou representação de estabelecimento de crédito, financiamento ou seguro, que esteja sendo objeto de processo de liquidação judicial ou extrajudicial, *enquanto não forem exonerados de qualquer responsabilidade*. Há aqui a utilização da técnica (c), com a inflição de inelegibilidade àqueles que possam ter responsabilidade pela liquidação de instituições de crédito, financiamento ou seguro, durante o tempo em que perdurar o processo de liquidação e, mais ainda, enquanto não forem exonerados de qualquer responsabilidade. A inelegibilidade perdurará na expectativa de um evento futuro.

O art. 1º, inc. I, letra "d" da LC nº 64/90, que se subsume à técnica (d), irrogando a sanção de inelegibilidade, aos que tenham praticado abuso de poder político ou econômico, para a eleição na qual concorrem e para as que se realizarem nos oito anos seguintes. Agora, porém, o conteúdo (eficácia) desconstitutivo da decisão proferida por órgão colegiado (= inelegibilidade) tem efeito antecipado, sem esperar o trânsito em julgado, com adiantamento também do efeito mandamental.[23] Esse é um tema

---

[23] A decisão que decreta a inelegibilidade por abuso de poder é desconstitutiva da elegibilidade adquirida como efeito do registro de candidatura. Com a redação dada pela LC nº 135, essa norma veiculada pela alínea "d" passou a dar à decisão de órgão colegiado, tendo por conteúdo a eficácia constitutiva negativa da

delicado, que merecerá maiores cuidados adiante. E, lamentavelmente, há severos erros na interpretação dessas normas veiculadas pela LC nº 135, que iremos adiante explicitando, fazendo o papel que cabe à dogmática jurídica: pensar o Direito com método, seriamente, sem ser militante de uma causa.

3.1 Inelegibilidade cominada simples (*nessa* eleição)

A *inelegibilidade cominada simples* é a sanção de perda da elegibilidade para "*essa* eleição", vale dizer, para a eleição na qual foi declarada a prática do ato reprochado como ilícito. Sua decretação tem por escopo mondar o *ius honorum* do candidato, impedindo a sua candidatura, ou a sua diplomação, ou o exercício do seu mandato eletivo obtido por meio ilícito. Se antigamente não existia, em nosso ordenamento jurídico, a previsão de inelegibilidade cominada simples aplicada isoladamente, sem que a ela se ajuntassem as outras espécies de inelegibilidade cominada, a partir da edição da Lei nº 9.504/97 foi criada a sanção de cassação do registro de candidatura como efeito da prática de alguma conduta vedada aos agentes públicos (art. 73), ou mesmo em razão da prática de captação ilícita de sufrágio (art. 41-A), sem que a ela se colasse a inelegibilidade cominada potenciada, por certo trato de tempo. Agora, com a LC nº 135, todos os fatos ilícitos eleitorais relevantes, que ensejam a cassação do registro, também passaram a gerar inelegibilidade cominada potenciada por oito anos.

A militância ideológica de determinados estudiosos do Direito Eleitoral forjou uma disputa teórica para fundamentar que a cassação do registro (ato jurídico) não gerava a inelegibilidade (efeito jurídico), como se a poda do fato jurídico não mutilasse o seu efeito. Mas era uma disputa necessária, absorvida pelos tribunais, para salvar a constitucionalidade do art. 41-A da Lei nº 9.504/97, de vez que aquela sanção de cassação de registro de candidatura foi introduzida por lei ordinária, o que levou a muitos a fazerem a separação conceitual entre ela e a sanção de inelegibilidade, para que não fosse excluída do ordenamento jurídico, em razão da norma veiculada pelo §9º do art. 14 da CF/88, que prescreve que as hipóteses de inelegibilidade apenas podem ser veiculadas através de lei complementar.

inelegibilidade, efeitos antecipados, independentes do trânsito em julgado. É dizer, a inelegibilidade passaria a ter efeitos desde a publicação da decisão do órgão colegiado até as eleições que ocorram nos próximos oito anos, a contar do pleito, salvo se houver suspensão por meio da sua revisão por tribunal superior. A par da força desconstitutiva, cujo efeito se operaria desde a decisão do órgão colegiado assujeitada à recorribilidade, há ainda o adiantamento de efeito mandamental, determinando o afastamento do eleito, se tomado posse, e a assunção do segundo colocado ou a realização de nova eleição; ou do suplente, conforme seja o caso e a eleição de que se trate. Como ensina SILVA. Conteúdo da sentença e coisa julgada. In: SILVA. *Sentença e coisa julgada*, p. 207: "distinção fundamental, nem sempre levada em conta pelos processualistas, entre *eficácias* e *efeitos* da sentença. A primeira categoria — a das eficácias — faz parte do 'conteúdo' da sentença, com virtualidade operativa capaz da produção de efeitos, ao passo que estes, quer se produzam no mundo jurídico, quer no mundo dos fatos, hão de ter-se como *atualizações*, no sentido aristotélico, das eficácias". E adiante, sobre a eficácia e o efeito constitutivo: "O que há de especial com relação às sentenças constitutivas, comparando-as com as condenatórias, executivas e mandamentais, é que elas contêm, como elemento incluso, portanto, como porção de seu conteúdo, tanto a eficácia para a constituição quanto a *própria constituição como seu efeito imediato*. Nas sentenças desta espécie, não existe apenas, em seu conteúdo interno, a virtualidade para a transformação do mundo jurídico, senão que a própria modificação de alguma relação jurídica está expressa e consumada no *verbo* por meio do qual o Juiz decreta, corta, desconstitui, revoga, rescinde ou anula o ato ou o contrato litigioso" (grifos originais).

A cassação ou cancelamento do fato jurídico demiurgo da elegibilidade termina por gerar a poda também do direito de ser votado. Aliás, outra não é a finalidade da cassação do registro, na hipótese de captação de sufrágio, que não impedir que o candidato deixe de concorrer validamente ao mandato eletivo, mercê da prática de captação de sufrágio (prometer ou dar vantagem de natureza pessoal, ao eleitor, para obter-lhe o voto) ou de alguma conduta vedada aos agentes públicos. Afirmar que a poda do registro de candidatura não tem como consequência a inelegibilidade impõe o ônus teórico de justificar qual seria a situação jurídica daquele que, sendo elegível, estaria impedido de manter a sua candidatura. Nas decisões judiciais que criaram essa distinção, não há qualquer justificativa ou fundamentação para o discrímen. São afirmações *ad hoc*, legitimadas pelo argumento de autoridade.

3.2 Inelegibilidade cominada potenciada (eleição futura)

A inelegibilidade cominada potenciada é a sanção aplicada ao nacional pela prática de algum ato ilícito, de natureza eleitoral ou de outra natureza, ao qual a lei atribua efeitos eleitorais. Quando se estudam as espécies de potenciação da inelegibilidade cominada, se deve partir do dado já estabelecido de ser ela uma sanção com efeito na área eleitoral, nada obstante não seja necessariamente aplicada a atos ilícitos eleitorais. Deveras, se alguém cometeu crime contra a economia popular, de nenhuma repercussão em prélios eleitorais, vindo a ser sentenciado, além da inelegibilidade decorrente da própria procedência da sentença penal, com a suspensão dos direitos políticos (art. 15, inc. III, da CF/88), será sancionado com a inelegibilidade pelo prazo de 03 anos, após o cumprimento da pena (art. 1º, inc. I, alínea "e", da LC nº 64/90). Note-se, por conseguinte, que a inelegibilidade potenciada é um *plus* à suspensão dos direitos políticos, sendo ambas efeitos anexos da sentença penal de procedência. Logo, além da inelegibilidade decorrente da suspensão dos direitos políticos, há o acréscimo daquela proveniente da exacerbação prevista pela Lei Complementar.

A inobservância dessa espécie de inelegibilidade induziu à cinca Antônio Carlos Mendes,[24] quando objurgou a LC nº 64/90 por ter ela, no seu sentir, tentado restringir o conteúdo do preceito constitucional do art. 15, inc. III. Entendeu, o emérito professor paulista, que a norma infraconstitucional estaria apenas possibilitando a suspensão dos direitos políticos àqueles sentenciados pela prática de tais crimes descritos em *numerus clausus*. Mas não se deve imputar ao art. 1º, inc. I, letra "e", da LC nº 64/90 tamanha jaça de inconstitucionalidade, uma vez que os crimes ali descritos apenas ensancham a cominação potenciada de inelegibilidade por mais três anos, somada à inelegibilidade decorrente da suspensão dos direitos políticos. Aqui utiliza o legislador a técnica de impor ao nacional a inflição de duas inelegibilidades potenciadas, aplicadas sucessivamente.

Convém, então, traçarmos uma importante distinção entre a inelegibilidade inata e a inelegibilidade cominada potenciada. Enquanto aquela decorre do não preenchimento de pressupostos essenciais ou acidentais ao registro da candidatura, obstaculizando o nascimento do direito de ser votado (elegibilidade), essa última é

---

[24] *Introdução à teoria das inelegibilidades*, p. 85.

uma sanção aplicada a fatos ilícitos, cujo efeito se espraia por determinado trato de tempo, impedindo o registro da candidatura. Logo, enquanto a inelegibilidade inata decorre da ausência do registro de candidato, mercê do não provimento das condições de elegibilidade, a inelegibilidade potenciada é consectário de algum ilícito, cerceando o nacional de exercer plenamente a sua cidadania, inclusive pondo-lhe amarras à obtenção do direito de ser votado.

Com receio de não ter conseguido ser suficientemente claro, acho oportuno elucidar melhor meu pensamento. Para que nós evitemos alguns equívocos doutrinários, induzidos pelo senso comum teórico dos juristas, se faz imperiosa a percepção da ocorrência de algumas sutilezas quando da precisa classificação das inelegibilidades. Deveras, tem havido uma certa confusão no estudo do conceito de inelegibilidade em virtude de não se ter apreciado com a devida ênfase a importância do fato jurídico que a enseja. Sendo a inelegibilidade efeito jurídico, sua compleição irá depender das normas jurídicas que a prescrevem, como consequência atribuída a determinado complexo fáctico. Não por outra razão veremos diversas espécies de formas pelas quais se nos apresenta a inelegibilidade, de maneira que não poderemos compreendê-las e apartá-las sem uma anterior reflexão caso por caso, analisando os diversos fatos jurídicos que as ensejam.

Justamente por isso, não é toda inelegibilidade anterior ao registro de candidato que poderá ser classificada como inata. Há inelegibilidades que são mais do que apenas ausência de elegibilidade; são obstáculos impostos como sanção, como castigo à prática de algum ato ilícito, seja ele relacionado ou não às eleições, ou tenha sido ele doloso ou culposo. Se uma pessoa é apenada pela prática de homicídio culposo, suspendem-se os seus direitos políticos, tornando-se inelegível enquanto durar a pena imposta. Nesse caso, a inelegibilidade envolve a esfera jurídica do nacional como uma pecha, uma nódoa, um estigma que o desqualifica em sua vida política. Nesse particular, não estão longe da verdade os autores quando afirmam dever o nacional preencher todas as condições de elegibilidade pertinentes ao cargo a que deseja concorrer, além de não incidir em nenhuma inelegibilidade. O erro provém da visão reducionista que sustentam, ao apenas enxergarem a existência dessa espécie de inelegibilidade, deixando sem explicação aquelas originais, decorrentes da simples ausência de elegibilidade, sem que impliquem suarda ou qualquer carga pejorativa.

Se o estrangeiro pretende se candidatar a vereador, não poderá obter o registro de sua candidatura, por não ser nacional nem alistado e, mercê disso, não estar na posse de direitos políticos (*ius sufragii*). Ora, o pleno exercício do direito político é condição de elegibilidade (art. 14, §3º, inc. II, da CF/88), de maneira que a sua perda, suspensão ou ausência implica a impossibilidade de obtenção da elegibilidade. No caso utilizado como hipótese de viveiro, temos que o estrangeiro não possui direitos políticos, sendo originariamente inelegível. Doutra banda, o nacional que teve a sua incapacidade civil decretada ficou impossibilitado de exercer seus direitos, inclusive os políticos. A inelegibilidade aí é inata, não sendo aplicação de qualquer sanção, de modo que perdurará enquanto durar a própria incapacidade (ou seja, fica na dependência de evento futuro). Mas o mesmo não se pode dizer da suspensão dos direitos políticos por condenação criminal, ou por recusa em cumprir obrigação a todos imposta, ou em virtude da prática de improbidade administrativa (art. 15 da CF/88). Em tais circunstâncias, resulta clara a finalidade gravosa da inelegibilidade, aplicada com o escopo de verdascar o nacional infrator.

Muito bem. Assentamos, linhas atrás, que a inelegibilidade *nunca* foi ou poderá ser colocada como condição de elegibilidade, inclusive por ausência de sentido deôntico: *sanção é efeito de fato ilícito e não é pressuposto de fato lícito*.

Kelsen fez do conceito de sanção o eixo da sua teoria da norma jurídica. Para ele, a finalidade da sanção é ocasionar a conduta humana desejada pelo legislador, tendo um caráter coercitivo da vontade.[25] É ela "uma consequência da conduta nociva à sociedade e que, de acordo com as intenções da ordem jurídica, tem de ser evitada".[26] A essa conduta, que viola uma norma jurídica, Kelsen denomina de "delito", pouco importa seja ele de natureza criminal ou civil.[27] Razão pela qual afirma que "a partir da perspectiva de uma teoria cujo único objeto é o Direito positivo não existe nenhum outro critério de delito que não o fato de ser a conduta a condição de uma sanção".[28]

A conduta que enseja a aplicação da sanção é sempre a violação de uma norma jurídica anterior. Há que haver um dever legal ou consensual violado para que incida a norma sancionatória. Essa violação do dever é o fato jurídico ilícito *lato sensu*, que ingressa no mundo jurídico marcado pela sua contrariedade a direito. Numa fórmula objetiva, podemos asseverar com Luis Pietro Sanchis que "el acto antijurídico es el antecedente o presupuesto de la *sanción*; y responsable es quien está llamado a soportar una *sanción*".[29]

---

[25] KELSEN. *Teoria geral do direito e do Estado*, p. 53.

[26] KELSEN. *Teoria geral do direito e do Estado*, p. 55.

[27] Impressiona que REIS. *Direito eleitoral brasileiro*, p. 100, tenha cogitado não serem as inelegibilidades uma "medida de caráter punitivo-criminal", para depois asseverar tratarem-se de vedações com "natureza preventiva". Tivesse lido HASSEMER. *Fundamentos del derecho penal*, p. 393, veria que a doutrina penal enxerga na cominação da pena e em sua execução meios de prevenção geral, cuja finalidade é *"asegurar las normas* e influir así en otros procesos de control social menos públicos y enérgicos" (grifo original). No mesmo sentido da natureza preventiva da pena, o ótimo texto de BITENCOURT. *Tratado de direito penal*: parte geral, p. 140 *et seq*. Adiante, nessa mesma toada, Márlon Reis findou por dizer que "A restrição de candidatura analisada [referindo-se as inelegibilidades] opera sem que com isso esteja a impor punição, apenas se prestando a excluir do certame aqueles que — segundo critérios objetivos adrede normatizados — estejam incursos nessa que opera como típica cláusula de corte" (p. 101). Ora, que as inelegibilidades, em sua maioria, não têm natureza criminal, dúvidas não há, nada obstante existam aquelas que, sim, são penas acessórias de natureza penal, como sói ser a suspensão de direitos políticos prevista no art. 15, III, da CF/88, a que alguns chamam de extrapenal por estarem heterotopicamente noutro diploma legal que não no Código Penal. Mas a natureza das inelegibilidades é, em sua maioria, extrapenal mesmo, nada obstante não perca o seu caráter sancionatório. OERTMANN. *Introducción al derecho civil*, p. 325, já advertia uma lição de simples apreensão: "La conducta ilícita consiste siempre en que el sujeto se coloca de algún modo, ya sea mediante un acto positivo, ya sea por medio de una omisión, en contradicción con un mandato cualquiera del ordenamiento jurídico, es decir, con una norma. El sector jurídico a que dicha norma pertenezca para nada influye en principio; la infracción de normas de Derecho penal da lugar también a acciones civiles de indemnización de perjuicios (BGB, art.823-II)". Faltou a Márlon Reis observar que a discussão sobre a natureza sancionatória das inelegibilidades em nada tem a ver com a natureza penal ou não das normas que as criem, mas, sim, com a licitude ou ilicitude dos atos de que elas dimanem, consoante já o demonstramos.

[28] KELSEN. *Teoria geral do direito e do Estado*, p. 55.

[29] SANCHIS. *Apuntes de teoría del derecho*, p. 295. No mesmo sentido, ANDRADE. *Teoria da relação jurídica*: facto jurídico, em especial negócio jurídico, v. 2, p. 2-3, que assevera: "Os ilícitos são contrários à ordem jurídica, antagônicos com ela, por ela reprovados. (...) os efeitos jurídicos produzidos representam uma sanção para o autor do facto, por aí se patenteando que se trata dum acto proibido pela ordem jurídica, dum acto que constitui infracção, acto contra o qual o Direito reage através da sanção. Esta traduz-se e consiste, como todas as sanções, na *imposição duma desvantagem positiva ao autor do facto ilícito*. É claro, por outro lado, que este indivíduo não quer a sanção. Ela é contrária à sua vontade". Numa visão pontesiana, porém didática, *vide* LÔBO. *Direito civil*: parte geral, p. 300-319.

A norma que prescreve quais são as fontes lícitas de financiamento de campanha, bem como explicita aquelas desde já havidas como ilícitas, acaso violada enseja a captação ilícita de recursos, cujo efeito é a inelegibilidade por oito anos. É dizer, o efeito do fato ilícito é a sanção, o impedimento a que o nacional possa validamente concorrer nas eleições que ocorram naquele trato de tempo. Quando acontece a eleição seguinte ao ilícito, imaginemos que o nacional inelegível deseje concorrer, pedindo o seu registro de candidatura. Deverá o juiz indeferir o registro, não porque ele não cumpra as condições de elegibilidade, porém porque há uma sanção que o impossibilita de concorrer validamente, limitando a sua esfera jurídica.

A LC nº 135 entronizou a desproporcionalidade das sanções em relação aos fatos ilícitos, aplicando uma única sanção aos mais diversos fatos jurídicos eleitorais ilícitos. Vejam: uma coisa é prescrever uma inelegibilidade por 8 anos, contada desde a decisão de órgão colegiado, quando começa a viger. Outra coisa, muito distinta — e essa é uma grosseira anomalia da LC nº 135 — é a previsão da inelegibilidade desde a decisão de órgão colegiado, *enquanto durar o processo*, e, após o trânsito em julgado, mais 8 anos. Ou seja, o ônus do tempo do processo é terrível para quem recorre de uma decisão que decreta a inelegibilidade, porque o recurso seria causa do prolongamento indeterminado de uma *inelegibilidade processual*, enquanto durar o tempo do processo e pelo simples fato de haver recurso pendente. Ao depois, aí sim viria a *inelegibilidade material*, de 8 anos como sanção ao fato ilícito eleitoral.

Cunho a expressão *inelegibilidade processual* para denominar a inelegibilidade que decorre exclusivamente do ônus do tempo do processo, sendo a sua causa e razão de ser gerar uma sanção processual indireta pelo manejo de recursos inerentes ao devido processo legal (*due process of law*), criando assim limitações gravosas e antidemocráticas ao pleno exercício da pretensão à tutela jurídica e ao livre acesso ao Poder Judiciário.

A *inelegibilidade processual* seria decorrente da decisão de órgão colegiado, enquanto durar o processo, sem direito a uma espécie de *detração eleitoral* para o cômputo da inelegibilidade material de 8 anos. Essa *inelegibilidade processual* seria, portanto, um desestímulo ao uso dos meios recursais próprios, em verdadeira negativa de acesso ao Judiciário: recorrer seria um ônus insuportável para quem tivesse a inelegibilidade decretada por um órgão colegiado.

Sem juízo de constitucionalidade, se fôssemos aplicar a LC nº 135 a secas, teríamos alguns exemplos graves de inelegibilidade da LC nº 64/90, com a redação da LC nº 135:
- Art. 1º, I, "e": soma das seguintes inelegibilidades: (a) inelegibilidade a partir da decisão condenatória do órgão colegiado, enquanto durar o processo penal (*inelegibilidade processual*); (b) inelegibilidade enquanto durar o cumprimento da pena de natureza penal, decorrente da suspensão dos direitos políticos; e (c) inelegibilidade de 8 anos após o cumprimento da pena.
- Art. 1º, I, "l": a soma das seguintes inelegibilidades: (a) inelegibilidade a partir da decisão condenatória do órgão colegiado, enquanto durar o processo por improbidade que decretou a suspensão dos direitos políticos (*inelegibilidade processual*); (b) inelegibilidade enquanto durar o cumprimento da pena de suspensão dos direitos políticos; e (c) inelegibilidade de 8 anos após o cumprimento da pena.

Note-se que, em hipótese de inelegibilidade decorrente de ilícitos não eleitorais (condenação criminal transitada em julgado, *v.g.*), há agora a criação de uma inelegibilidade cominada potenciada de natureza processual, como gravíssimo ônus para inviabilizar o acesso ao Poder Judiciário e tornar inviável ou insuportável o manejo de recursos processuais, ainda que viáveis, firmes e sérios.

No caso da condenação criminal, se o recurso contra a decisão condenatória, proferida por órgão colegiado, tiver um resultado demorado (digamos, 5 ou 10 anos), a *inelegibilidade processual*, somada ao cumprimento da pena (acaso improvido o recurso) e à inelegibilidade de 8 anos após o cumprimento da pena, poderá levar a uma sanção total de inelegibilidade de mais de 30 anos, o que nada mais é do que o degredo político.

Aqui, parece-me, será o ponto correto a ser debatido: a inconstitucionalidade da *inelegibilidade processual* sem que haja sequer uma detração, uma subtração daquela *inelegibilidade material de 8 anos. O correto, o constitucional, seria a LC nº 135 ter previsto a aplicação da inelegibilidade de 8 anos desde a decisão de órgão colegiado, como execução imediata*. Mas criar uma *inelegibilidade de natureza meramente processual*, como terrível ônus à continuidade do processo, é uma solução legislativa de cariz fascista, além de estapafúrdia. Sim, um caso para a psiquiatria forense, como afirmou o Ministro Gilmar Mendes.

Desse modo, chamo a atenção para as seguintes conclusões: (a) *a sanção de inelegibilidade pode ter execução imediata, desde a decisão de órgão colegiado, exceto nos casos proibidos pela Constituição* (condenação criminal e improbidade administrativa); (b) a inelegibilidade processual, *enquanto durar o tempo do processo, é inconstitucional*, viola o princípio da proporcionalidade/razoabilidade e impede o acesso frutuoso ao Poder Judiciário; e (c) a solução constitucional adequada teria sido a LC nº 135 ter previsto a execução imediata da inelegibilidade cominada potenciada de 8 anos (sem, portanto, postergá-la para o trânsito em julgado e absurdamente criando uma inelegibilidade cominada potenciada de natureza processual).

3.3 Inelegibilidade e outras classificações

Tivemos ensejo de criar uma classificação das espécies de inelegibilidade rente ao que ocorre no ordenamento jurídico, chamando-as de inata e cominada (simples e potenciada). As demais classificações não têm utilidade prática e, tanto pior, são impróprias.

Há quem fale em inelegibilidades *permanentes* e *temporárias*,[30] nada obstante não exista, em nosso ordenamento jurídico, nenhuma inelegibilidade eterna, que seria inconstitucional. As inelegibilidades têm de ter prazo certo ou condição futura de seu término.

A distinção entre inelegibilidade *direta* e *reflexa* (ou *indireta*) é apenas quanto à incompatibilidade, razão pela qual corresponde à inobservância da autodesincompatibilização ou da heterodesincompatibilização.

Fala-se, muito a cotio, em inelegibilidades *absoluta* e *relativa*, sendo aquela para todos os cargos e essa, para alguns. Embora com muito prestígio na doutrina, trata-se de uma distinção equivocada. Ora, a inelegibilidade que impede que o nacional concorra a qualquer cargo é sempre a inelegibilidade cominada potenciada, é dizer,

---

[30] GOMES. *Direito eleitoral*, p. 152.

uma sanção que dura no tempo. A relatividade da inelegibilidade não é dela; é gradação das condições de elegibilidade. Se tenho 18 anos, posso me candidatar a vereador, porém não a prefeito. A gradação dos pressupostos diz respeito aos requisitos para a obtenção do direito de ser votado para determinado cargo em dada eleição. Destarte, toda inelegibilidade cominada é absoluta, enquanto durar, ao passo que a inelegibilidade inata pode ser superada cumpridas as condições de elegibilidade para o cargo que o nacional deseja disputar.

A classificação que tem interesse prático e teórico, em verdade, é aquela que propus desde 1998, distando a inelegibilidade inata da inelegibilidade cominada, que se fundamenta na licitude ou ilicitude do fato jurídico que a faz nascer. Aqui reside um dos principais aspectos da teoria da inelegibilidade, que a LC nº 135 agora faz ser fundamental para a sua adequada interpretação e aplicação, como já estudamos neste capítulo.

3.4 Retroatividade da sanção de inelegibilidade: possibilidades e limites

Lá iam as discussões sobre a EC nº 58/09, que ampliava o número de vereadores nas câmaras municipais, e algumas entidades ingressaram com uma ação direta de inconstitucionalidade contra a aplicação imediata do seu art. 3º, em razão de fazer retroagir as normas sobre aumento das cadeiras de vereador para o pleito de 2008. Os efeitos do art. 3º daquela Emenda à Constituição foram suspensos, em manifestação da Ministra Cármen Lúcia: "Se nem certeza do passado o brasileiro pode ter, de que poderia ele se sentir seguro no direito?", ao deferir a liminar e suspender eventuais posses de suplentes de vereadores com base na EC nº 58/09.

Pois bem. É legítimo entidades civis defenderem bandeiras políticas, terem posições ideológicas, fazerem apologia de uma determinada tomada de posição. Mas a legitimidade se esgarça quando questões jurídicas relevantíssimas passam a ser tratadas também de modo panfletário, sem a seriedade e a prudência necessárias. E a legitimidade some quando entidades tipicamente formadas por pessoas da área jurídica passam a usar a sua condição para adulterar sérias questões jurídicas, passando para os leigos uma falsa certeza, em um casuísmo perigoso e deletério. Tanto pior quando fazem um simulacro de dogmática jurídica.

No que diz respeito ao tema das inelegibilidades, a discussão sobre a aplicação imediata da LC nº 135/2010 tem dois âmbitos de preocupação jurídica: (a) uma, de direito intertemporal, relativa a *conflito de leis no tempo*, se há retroatividade das suas normas em função do que prescreve o seu art. 3º e, em havendo, se seria essa norma inconstitucional; outra, (b) de *obrigatoriedade da lei no tempo*, que se refere à chamada *vacatio legis*, em que se analisará a lei nova em face do art. 16 da CF/88.

Ambas as discussões foram e continuam sendo embaralhadas em relação à Lei Complementar nº 135, mesmo após o pronunciamento do Supremo Tribunal Federal. Tentemos aqui, então, fazer uma reflexão sobre os aspectos salientes e delicados dessa relevante questão, forrando-nos de tratá-la com qualquer paixão ou bandeira ideológica, que terminam contaminando excessivamente a sua análise.

Em primeira plana, assevere-se que não existe um sobreprincípio natural que afirme, como regra geral, a irretroatividade da lei nova. Compete à soberania de cada Estado dispor, quanto ao seu direito, se há ou não retroatividade da lei e, eventualmente, os seus limites. Não está nos limites desta obra uma análise minudente das várias correntes de pensamento que se sucederam na história sobre o direito intertemporal, porém sempre houve uma preocupação em se limitarem os excessos do legislador em revolver o passado, como se observa de normas editadas desde o direito romano, passando pelo medievo até os dias de hoje.[31]

Não havendo uma natural regra sobre a irretroatividade da lei, é curial que busquemos no direito positivo eventual norma de sobredireito que ponha limites ao legislador. E o local adequado para encontrarmos, ou não, essa limitação é justamente na Constituição Federal, que é o fundamento de validade de todo o ordenamento jurídico.

Como garantia fundamental de todos os cidadãos, a Constituição prescreve que ninguém será obrigado a fazer ou deixar de fazer alguma coisa senão em virtude de lei (art. 5º, II, da CF/88), é dizer, as normas que imponham deveres ou obrigações devem ser prévias à conduta, não podendo o nacional ser compelido a agir sem que antecipadamente o ordenamento jurídico assim predisponha. Ademais, a Constituição Federal pôs salvaguardas à esfera jurídica do cidadão, prescrevendo que "a lei não prejudicará o direito adquirido, o ato jurídico perfeito e a coisa julgada" (art. 5º, XXXVI, da CF/88), bem como explicitando que "não há crime sem lei anterior que o defina, nem pena sem prévia cominação legal" (art. 5º, XXXIX, da CF/88).

Essas normas constitucionais já trouxeram garantias para as esferas jurídicas contra a atuação do legislador, mostrando que essas são as exceções à atuação *desde logo* da lei nova, que incide imediatamente aos fatos ocorridos após a sua entrada em vigor, eventualmente podendo retroagir, desde que sem violar o direito adquirido, o ato jurídico perfeito e a coisa julgada. Mais ainda: desde que não crie obrigações a partir de fatos consumados no passado e que não fixe pena sem que haja uma prévia cominação legal. Aqui, trata-se de normas gerais. A par delas, a norma de sobredireito intertemporal típica do direito penal, para que dúvidas não ocorram: "a lei penal não retroagirá, salvo para beneficiar o réu" (art. 5º, XL, da CF/88).

O efeito normal da lei nova é incidir desde a sua vigência e para o futuro. "O efeito retroativo, que invade o passado, usurpa o domínio de lei que *já* incidiu, é efeito de hoje, riscando, cancelando, o efeito pretérito: o hoje contra o ontem, o voltar no tempo, a reversão na dimensão fisicamente irreversível", como disse Pontes de Miranda.[32] Essa a razão pela qual pode haver a retroatividade dos efeitos da lei, nada obstante deva ser sempre excepcional, evitando a insegurança jurídica,[33] consoante, no Brasil, prescreve a Constituição Federal. Que haja uma discussão sobre a aplicação de uma lei nova a situações jurídicas pendentes ou, ao contrário, se há a manutenção do regime estabelecido pela lei antiga, é absolutamente normal, podendo o legislador ora se inclinar para uma ou para outra solução, desde que não viole o direito adquirido, o

---

[31] Há um interessante apanhado histórico feito por Pontes de Miranda (*Comentários à Constituição de 1967 com a Emenda Constitucional n. 1, de 1969*, t. V, p. 5-67), em que ele demonstra que sempre houve, mesmo com algumas temperanças, uma preponderância da fórmula de Teodósio I, que repelia a retroatividade como injusta, assentando assim uma certa preponderância da lei antiga: "A lei não retroage, salvo cláusula expressa" (p. 12), sendo a retroatividade causa de dano, calúnia e injustiça. No mesmo sentido, mostrando o desenvolvimento histórico da matéria: GABBA. *Teoria della retroattività delle leggi*, v. 1, p. 46-123; e ROUBIER. *Le droit transitoire*: conflits des lois dans le temps, p. 30-145.

[32] PONTES DE MIRANDA. *Comentários à Constituição de 1967 com a Emenda Constitucional n. 1, de 1969*, t. V, p. 80.

[33] ROUBIER. *Le droit transitoire*: conflits des lois dans le temps, p. 223.

ato jurídico perfeito e a coisa julgada. Nada obstante, e nisso assiste razão a Roubier, "ce qui est, au contraire, anormal et em principe condamnable, c'est l'effet rétroactif de la loi nouvelle, parce que ce n'est pas une manière d'apaiser et de dirimer le conflit né du changement de législation, mais bien de le porter à un point particulièrment aigu et irritant". Para o autor francês, a retroatividade seria para o legislador "une positio dangereuse, que la raison et l'expérience à fois déconseillent".[34]

Apesar dessas considerações, insisto, não estamos diante da regra absoluta de que os fatos de ontem não possam ser apanhados pela regra de hoje (a lei nova). Essa regra absoluta existe no direito penal, quando a Constituição Federal prescreve que *não há crime sem lei anterior que o defina*. É dizer, não apenas aos *efeitos da lei* há interdição à retroatividade (plano da eficácia da lei; incidência); a própria lei há de ser anterior ao fato ilícito (plano da existência da lei). Em matéria penal, de conseguinte, a regra sobre irretroatividade é absoluta. E essa norma de sobredireito alcança as normas que criam penas principais ou acessórias de natureza criminal, ainda que não constem no corpo do Código Penal. É o caso da alínea "e" do inciso I do art. 1º da LC nº 64/90, com a redação dada pela LC nº 135/10. Trata-se de previsão de pena acessória (inelegibilidade por 8 anos) a ser anexada à sentença penal condenatória, independentemente do trânsito em julgado, bastando que exista decisão colegiada (em explícita violação ao art. 15, III, da CF/88).

Pontes de Miranda,[35] com a sua profundidade teórica, ao tratar da incidência e aplicação da lei no tempo, fere o ponto preciso da questão: "A lei nova não fica adstrita aos fatos de hoje e de amanhã; o que se dá, rigorosamente, é que *ela se restringe ao tempo de hoje e ao de amanhã*, até que outra lei corte este amanhã, o pontue, criando o hoje da nova denominação legal, o seu hoje e o seu amanhã. Em vez de uma análise dos fatos, ou de direitos (critério subjetivo), *uma análise do tempo, ou melhor, dos lapsos de tempo*". Olhando para o tempo, podemos compreender que o passado é regido pela lei do passado; o presente, pela lei do presente; e o futuro, pela lei do futuro. Não há no presente ou no futuro a sobrevivência da lei antiga, mas eventualmente a aplicação no presente da norma que incidiu no passado. Como ensina Pontes de Miranda,[36] "o que nos dá a ilusão da sobrevivência é o fato de confundirmos *incidência* e *aplicação* da lei; o que consideramos efeito de invasão da lei antiga no presente é derivado de pensarmos que a lei *incide* quando a *aplicamos*: a lei já incidiu; a aplicação é, apenas, o dizer-se que a lei já incidiu".

A lição de Pontes de Miranda mostra que não se deve olhar para os fatos, mas para o tempo. Eventualmente, pode a lei nova apanhar fatos do passado, nada obstante para incidir hoje, sem que haja retroatividade. Pense-se, por exemplo, na fixação de novo prazo para usucapião, tomando o trato de tempo que já ocorrera antes da lei nova para o seu cômputo hoje. O mesmo se diga em aumento ou diminuição da idade mínima para concorrer a determinado mandato eletivo; a lei nova incide no hoje do processo eleitoral, tomando aquele fato da idade no hoje da norma. A norma, nessas hipóteses, incide sobre fatos ou reminiscências de fatos não consumados, que se dão em um trato de tempo linear. Diferentemente do fato consumado, punctual ou linear, mas esgotados antes da lei nova.

---

[34] ROUBIER. *Le droit transitoire*: conflits des lois dans le temps, p. 224.
[35] PONTES DE MIRANDA. *Comentários à Constituição de 1967 com a Emenda Constitucional n. 1, de 1969*, t. V, p. 92.
[36] PONTES DE MIRANDA. *Comentários à Constituição de 1967 com a Emenda Constitucional n. 1, de 1969*, t. V, p. 91.

No caso das condições de elegibilidade, aliás, deve-se ter em mente que cada uma delas é *elemento independente* para, presentes todas aquelas necessárias, o nascimento do direito esperado ao registro de candidatura. Assim, se houver mudança no prazo anual de filiação partidária antes das convenções, mas depois da data em que se cumpriu o pressuposto da lei antiga (sem que aqui se cogite da ofensa ao art. 16 da CF/88), a lei nova não poderá incidir sem ter efeitos retroativos. É que a condição de elegibilidade deve ser demonstrada no momento do pedido do registro de candidatura, mas, por serem independentes, cada uma delas ingressa na esfera jurídica do nacional no momento em que satisfeitas as exigências legais. No caso da filiação partidária ocorrida antes de um ano das eleições, evidentemente que o nacional cumpriu aquele requisito independente.

Pontes de Miranda[37] adverte que "enquanto a relação jurídica não se estabelece, ou não se extingue, a lei nova pode intervir. É princípio que os elementos sucessivos têm cada um a sua lei, o seu momento legal, mas é decisiva a lei do último momento, que é a do último momento necessário", porém desde que o elemento seja um *preparatório* do outro. Se, porém, como no caso das condições de elegibilidade, uma for independente da outra, cada uma delas observa a sua própria norma, podendo a nova lei não incidir em situações já consumadas perante a lei antiga. Como adverte Pontes de Miranda,[38] "no caso de independência deles, a lei do último não preponderá, e haveria retroatividade em se estatuir que não valessem, formalmente, testamentos já feitos segundo a lei do momento da feitura; mas é inevitável a preponderância, se o elemento ou os elementos ligados à lei antiga são preparatórios", como, por exemplo, publicações do casamento a realizar-se, no direito privado.

Outra coisa, nada obstante, ocorre com as demais normas da LC nº 64/90, com a redação da LC nº 135/2010. Aqui, a discussão tem outra natureza, diversa das condições de elegibilidade já existentes e modificadas. A questão a saber é se a lei nova poderia (i) criar novas condições de elegibilidade a serem aplicadas de imediato para o próximo pleito eleitoral e, também, se poderia (ii) criar hipóteses novas de inelegibilidade para fatos ilícitos passados, já ocorridos antes da vigência da lei nova ou (iii) criar novos prazos de inelegibilidade cominada, aplicando-os aos fatos pretéritos, já constituídos, inclusive em casos já julgados, quando a elegibilidade aplicada era de menor prazo (exemplo, era de 3 anos e passou, na lei, para 8 anos).

A elegibilidade é direito de ser votado que nasce do fato jurídico do registro de candidatura.[39] As condições de elegibilidade são pressupostos para a obtenção do registro de candidatura. Logo, pode a lei nova criar novas condições de elegibilidade

---

[37] PONTES DE MIRANDA. *Comentários à Constituição de 1967 com a Emenda Constitucional n. 1, de 1969*, t. V, p. 82-83.

[38] PONTES DE MIRANDA. *Comentários à Constituição de 1967 com a Emenda Constitucional n. 1, de 1969*, t. V, p. 83.

[39] Como direito subjetivo público absoluto, a elegibilidade tem como sujeito passivo a totalidade menos um, é dizer, o próprio titular do direito. Trata-se de um direito que se exercita também em face do Estado, não podendo ser suprimido por norma jurídica nova, acaso já nascido do registro de candidatura. Seria ferir o direito adquirido, protegido pela Constituição Federal. Não se pode mais hoje aplicar doutrina do final do século XVIII ou da primeira metade do século passado, quando ainda em formação os Estados constitucionais modernos, em que os nacionais não mais são súditos, mas cidadãos com direitos subjetivos públicos ante o próprio Estado. Essa a razão pela qual não se pode adotar, nos dias atuais, a posição de GABBA. *Teoria della retroattività delle leggi*, v. 2, p. 134, que retira dos direitos políticos as garantias constitucionais, tratando-os como mera concessão do Estado ao cidadão: "i diritti e le prerogative d'indole pubblica o politica non si possono mai dire diritti acquisiti, ma sono piuttosto mere concessioni dello Stato". Forrou-se desse erro PONTES DE MIRANDA. *Comentários à Constituição de 1967 com a Emenda Constitucional n. 1, de 1969*, t. V, p. 98-99.

antes das convenções partidárias, sem que haja retroatividade (conflito de normas no tempo). A questão a saber — que é de outra natureza — é se essa norma entraria em vigor imediatamente ou apenas na eleição posterior, em razão da norma do art. 16 da CF/88 (obrigatoriedade da lei no tempo). Ali, a questão é de direito intertemporal, de relacionamento entre normas no tempo; aqui, trata-se de *vacatio legis*, da aplicação imediata ou não da lei. Questões diversas, que merecem respostas diferentes. Sendo de se observar que a norma do art. 16 da CF/88 elide o efeito da lei nova que não respeite o princípio da anualidade, aquela condição de elegibilidade apenas poderia ser exigida noutra eleição futura.

Note-se, ainda, uma outra importante afirmação: *as condições de elegibilidade são sempre fatos jurídicos lícitos ou situações jurídicas lícitas*, que compõem o suporte fático do fato jurídico complexo que faz nascer o direito ao registro de candidatura. Lembre-se que uma norma jurídica pode conter, em seu suporte fático, fatos brutos ou fatos já juridicizados, ou efeitos jurídicos.[40] Aqui, as condições de elegibilidade são sempre ou fatos jurídicos ou efeitos jurídicos (situação jurídica). Nacionalidade, ser filiado a partido, ter domicílio eleitoral, estar no exercício dos direitos políticos, estar desincompatibilizado são estados jurídicos (situações jurídicas); alistamento eleitoral, indicação em convenção partidária são fatos jurídicos. *Toda condição de elegibilidade é situação ou fato jurídico lícito.*

As normas sobre elegibilidade e inelegibilidade são normas que tratam do macro processo eleitoral. Alterá-las no período de um ano antes da eleição é trazer modificação que muda as regras do jogo eleitoral em tema relevantíssimo, que são os direitos políticos em sua dupla face: votar e ser votado, ou em uma das suas faces: ser votado. Nesse sentido, importante a manifestação do Ministro Gilmar Mendes:[41] "O pleno exercício dos direitos políticos por seus titulares (eleitores, candidatos e partidos) é assegurado pela Constituição por meio de um sistema de regras que conformam o que se poderia denominar de devido processo legal eleitoral. Na medida em que estabelecem as garantias fundamentais para a efetividade dos direitos políticos, essas regras também compõem o rol das normas denominadas cláusulas pétreas e, por isso, estão imunes a qualquer reforma que vise a restringi-las ou subtraí-las". E, concluindo, asseverou: "O art. 16 da Constituição, ao submeter a alteração legal do processo eleitoral à regra da anualidade, constitui uma garantia fundamental para o pleno exercício de direitos políticos. As restrições à essa regra trazidas no bojo da reforma constitucional apenas serão válidas na medida que não afetem ou anulem o exercício dos direitos fundamentais que conformam a cidadania política".

Assim, podemos afirmar que *a lei nova que cria ou modifica uma condição de elegibilidade pode ser aplicada imediatamente, sem ter efeitos retroativos, nada obstante deva se submeter a* vacatio legis *de um ano, observando a norma do art. 16 da CF/88*. Não pode, nada obstante, modificar condição de elegibilidade já consumada e independente, sob pena de retroatividade que fere ou ato jurídico perfeito ou direito adquirido.

Outra questão relevante é o saber se a lei nova poderia criar uma nova hipótese de inelegibilidade para fatos que ocorreram antes da sua entrada em vigor. Ou seja,

---

[40] Vide PONTES DE MIRANDA. *Tratado de direito privado*, t. I, p. 77 passim.
[41] STF: ADI nº 3.685-8/DF.

poderia a lei nova apanhar fatos no passado, convertê-los hoje em ilícitos e atribuir-lhe uma sanção de inelegibilidade?

Há três hipóteses de retroatividade da norma: (a) a retroatividade da própria juridicização (a norma incidir no passado, no seu ontem); (b) a adoção de fatos passados já consumados como suporte fático para a incidência no hoje da norma; e (c) a retroatividade de efeitos dos fatos jurídicos juridicizados. Se há um fato no passado e a norma, no presente, fá-lo jurídico, a juridicização, feita ontem ou hoje, invade, porém, o passado. A norma teria que apanhar o fato punctual ou linear já não mais existente, ou a parte dele que deixou de existir no tempo, e tomá-lo como se fosse hoje, no hoje da norma. É evidente que, no tempo da norma, há o hoje, porém, no tempo do fato, o ontem é que há. Nessas hipóteses, *há invasão nas marcas, nas fronteiras do tempo pela norma jurídica, para transformar juridicamente no hoje o que ontem não era, atribuindo-lhe efeitos jurídicos.* Se, por exemplo, a renúncia do parlamentar antes de recebida a representação pelo Conselho de Ética era lícita, qualquer norma nova que preveja a renúncia, após apenas o oferecimento da representação, como hipótese de inelegibilidade, tem eficácia apenas sobre os fatos ocorridos após a sua vigência. Apanhar no passado a renúncia em conformidade com a lei antiga e lhe aplicar a lei nova é caso de invasão indevida do passado, violando ato jurídico perfeito (renúncia como ato jurídico unilateral receptício). Por essa razão, o art. 1º, I, "k", da LC nº 64/90, com a redação dada pela LC nº 135/2010, apenas incide a partir da sua entrada em vigor, não podendo apanhar, sem que haja retroatividade, os fatos passados.

Se o fato passado será tomado como fato jurídico lícito no presente, a ausência de consequências negativas não impede a invasão do passado pela norma no presente, desde que não fira direito adquirido de outrem, ou coisa julgada, ou ato juridicamente perfeito. A retroatividade, quer da norma (ao juridicizar fato passado), quer dos efeitos do fato jurídico (ao fazê-los ir para o passado da norma), é tolerada pelo ordenamento jurídico. É, digamos, uma retroatividade do bem!

O que não se admite, e ofende a dignidade da pessoa humana, ofende o princípio da não surpresa, viola a segurança jurídica, é quando a retroatividade opera para juridicizar fatos já consumados no passado como ilícitos e atribuir-lhes, no passado, presente ou futuro, sanções inexistentes ou alargadas ao seu tempo. É dizer, também não se admite que um fato reputado anteriormente ilícito tenha, por norma nova mais gravosa, a sua sanção amplificada, sendo-lhe aplicável desde logo. O fato já seria ilícito ao tempo da lei antiga; a lei nova aumentaria a sanção e, desde já, alcançaria os fatos submetidos a outra disciplina legal, retroativamente.

Nos dois casos, patentes, por exemplo, nas alíneas "e" e "j" do inciso I do art. 1º da LC nº 64/90, com a redação da LC nº 135/2010, há evidente retroatividade, em razão do art. 3º da LC nº 135/10, cuja eficácia aflitiva, negativa, gravosa, ressalta a não mais poder.

É certo que, no julgamento das ADC nº 29/ADC nº 30/ADI nº 4.578, o Supremo Tribunal Federal, por sua maioria, entendeu que não haveria a retroatividade da aplicação das sanções mais gravosas da LC nº 135 aos fatos passados, ocorridos antes da sua entrada em vigor. Para o relator, Ministro Luiz Fux, citando J. Gomes Canotilho,[42] o que haveria era a *retroatividade inautêntica* (ou *retrospectividade*), em que a norma jurídica

---

[42] CANOTILHO. *Direito constitucional e teoria da Constituição*, p. 261-262.

atribuiria efeitos futuros a situações jurídicas já existentes, como ocorre, por exemplo, com as modificações dos estatutos dos servidores públicos ou as regras da previdência.

Ora, o argumento é claudicante. O servidor público, por exemplo, está inserido em uma relação estatutária com a Administração Pública. Se ele conta com quatro anos no exercício efetivo do cargo e a lei antiga estabelece uma promoção após cinco anos do ingresso no serviço público, a lei nova que estabelecer que o prazo para a promoção será agora de oito anos pode incidir desde já, sem que haja retroatividade. O tempo de cinco anos era um dos elementos do suporte fático do fato jurídico que faria nascer o direito à promoção; o critério temporal era linear de cinco anos. Com a ampliação para oito anos, a norma nova apanha aquela reminiscência de fatos passados e contabiliza, sem retroatividade, para o efeito da obtenção futura da promoção, contados agora os oito anos. Diversamente, se a lei nova entrasse em vigor após os cinco anos previstos na lei antiga, havia já ocorrido o fato jurídico do qual teria nascido o direito à promoção, mesmo que ainda não aplicado, não podendo a Administração Pública deixar de conceder ao servidor invocando a lei nova. Aí haveria retroatividade, porque a incidência da promoção já estava consumada, sendo direito adquirido do servidor.

É situação absolutamente diversa, por exemplo, do parlamentar que renuncia ao mandato antes do recebimento da representação para a abertura de processo disciplinar ou ético. A renúncia é ato jurídico perfeito, consumando-se naquele momento punctual. A lei posterior que estabeleceu outro marco para a renúncia (*v.g.*, até o oferecimento da representação) não pode ser aplicada àquele ato jurídico perfeito esgotado no passado, sob pena de retroatividade (e não de *retrospectividade*).

Os exemplos usados pelo Ministro Luiz Fux não o acodem, aliás. Segundo ele, em seu voto, "a situação jurídica do indivíduo — condenação por colegiado ou perda de cargo público, por exemplo — estabeleceu-se em momento anterior, mas seus efeitos perdurarão no tempo. Esta, portanto, a primeira consideração importante: ainda que se considere haver atribuição de efeitos, por lei, a fatos pretéritos, cuida-se de hipótese de retrospectividade, já admitida na jurisprudência desta Corte". Ora, a perda de cargo público decorre de ato jurídico administrativo, que demite o servidor público por infração funcional. O seu efeito é cortar a relação jurídica estatutária entre ele e a Administração Pública. O fato punctual esgotou-se no passado. Após a demissão não há mais relação jurídica entre a Administração e o servidor público. A lei nova que apanha aquele fato extintivo (demissão) invade o passado, retroagindo, ainda que seja para aplicar os seus efeitos no presente ou futuro. Que efeitos da demissão perdurarão no tempo? O estado de demitido? Ora, o estar demitido é situação de fato; não mais situação jurídica, que era o vínculo entre o servidor e a Administração Pública. A diferença é sutil, mas essencial, como tantas vezes advertiu Pontes de Miranda sobre a matéria de tão alta indagação.

Outra confusão feita pelo Ministro Fux foi asseverar que não existe direito adquirido a candidatar-se. De fato, o direito adquirido a candidatar-se é a elegibilidade, que nasce do fato jurídico do registro de candidatura. Antes dele, não há falar em elegibilidade. O erro do Ministro Luiz Fux está, nada obstante, em afirmar que "a elegibilidade é a adequação do indivíduo ao regime jurídico — constitucional e legal complementar — do processo eleitoral, consubstanciada no não preenchimento de requisitos 'negativos' (as inelegibilidades). Vale dizer, o indivíduo que tenciona concorrer a cargo eletivo deve aderir ao estatuto jurídico eleitoral. Portanto, a sua adequação a esse estatuto não ingressa no respectivo patrimônio jurídico, antes se traduzindo numa relação *ex lege* dinâmica".[43] Tal afirmação, com todas as vênias, cai em um sem sentido jurídico. Ora, se há requisitos para o nascimento de um direito (*rectius*, ocorrência do fato jurídico que faz nascer o direito subjetivo) é tautológica a afirmação de que têm eles de ser preenchidos, ou então não seriam requisitos. No voto do Ministro Fux, para que nasça a elegibilidade é necessário que *não se preencha o requisito negativo* (*as inelegibilidades*). Note-se: se para eu obter um direito eu devo não preencher um requisito, resta evidente que ali não se está diante de um requisito *tout court*,[44] mas de um empecilho (ou obstáculo-sanção, como denomino desde 1998). Requisito é pressuposto, não impedimento! O que demonstra, a mancheias, que não se pode dizer, sem cair numa absurdidade deôntica, que a inelegibilidade não é sanção, mas condição.

Mais grave ainda é a afirmação segundo a qual a suposta "característica continuativa do enquadramento do cidadão na legislação eleitoral, aliás, que também permite concluir pela validade da extensão dos prazos de inelegibilidade, originariamente previstos em 3 (três), 4 (quatro) ou 5 (cinco) anos, para 8 (oito) anos, nos casos em que os mesmos encontram-se em curso ou já se encerraram. Em outras palavras, é de se entender que, mesmo no caso em que o indivíduo já foi atingido pela inelegibilidade de acordo com as hipóteses e prazos anteriormente previstos na Lei Complementar nº 64/90, esses prazos poderão ser estendidos — se ainda em curso — ou mesmo restaurados para que cheguem a 8 (oito) anos, por força da lex nova, desde que não ultrapassem esse prazo". Aqui, o Ministro Fux simplesmente admite, mesmo sem o dizer expressamente, a retroatividade da lei nova, apanhando de modo mais gravoso os fatos já consumados no passado. Ademais, não há como se falar em característica continuativa do enquadramento do cidadão na legislação eleitoral, porque simplesmente ela não existe. Não há um estatuto eleitoral para os cidadãos que não a regulação do seu exercício ao voto e a doações eleitorais que eventualmente faça. As demais normas sobre a disputa de mandato eletivo enquadram aqueles que pedem o registro de candidatura e passam a agir como se (*als ob*) fossem candidatos, até que haja o deferimento e, registrada a candidatura, nasça o direito de ser votado. Essa relação continuativa é o artefato retórico usado pelo Ministro Fux para poder tentar afastar a evidente retroatividade da lei nova.

Um candidato que tenha sido condenado por abuso de poder econômico ou político nas eleições de 2006, tendo a sentença aplicado a inelegibilidade por três anos, cumpriu aquela sanção completamente no ano de 2009. A inelegibilidade é efeito desconstitutivo da sentença transitada em julgado; não ocorre *ope legis*, como efeito do fato jurídico material, mas, sim, *ope judicis*, como efeito da sentença, fazendo coisa julgada.[45] Desse modo, a lei nova que amplie a sanção de inelegibilidade, passando

---

[43] STF: ADC nº 29/ADC nº 30/ADI nº 4.578.
[44] Cinca em que também incidiu REIS. *Direito eleitoral brasileiro*, p. 236. Uma boa exposição sobre tema, adotando a nossa teoria das inelegibilidades, está em STOCO; STOCO. *Legislação eleitoral interpretada*, p. 224-225.
[45] A distinção entre incidência e aplicação se mostra fundamental para a compreensão do que juridicamente sucede. Quando ocorre o abuso de poder econômico, por exemplo, a norma jurídica incide automática e infalivelmente, nascendo ali o fato jurídico ilícito, cujo efeito é a sanção de inelegibilidade. Para que a sanção, todavia, repercuta na esfera jurídica do infrator, necessário que haja a sua aplicação através de decisão judicial de natureza constitutiva da sanção e declaratória do fato jurídico ilícito. A aplicação, diferentemente da incidência, normalmente ocorre na vida, porém pode dar-se que apenas ocorra mediante a intervenção do Estado-Juiz, através do exercício da atividade jurisdicional. É aí, inclusive, onde haverá preponderância dos

de três para oito anos a sua extensão temporal, não pode, sob pena de retroagir e ferir a coisa julgada, ser aplicada a casos passados. A afirmação de que "esses prazos [de inelegibilidade aplicadas por decisão transitada em julgado sob a vigência da lei velha] poderão ser estendidos — se ainda em curso — ou mesmo restaurados para que cheguem a 8 (oito) anos" é simplesmente a adoção do desrespeito à coisa julgada e a admissão à boca cheia da retroatividade da lei sancionatória.[46]

Tenho, desde que o projeto de lei complementar dos fichas limpas ganhou o interesse da mídia, chamado a atenção para a supremacia do princípio da presunção de não culpabilidade. Enfatizei, também, que a lei não poderia retroagir os seus efeitos para alcançar situações jurídicas constituídas anteriormente à sua vigência. Nada obstante, o projeto de lei complementar dos fichas limpas já trazia embutido uma clara tentativa de superar antecipadamente fundamentais discussões de índole constitucional e de sobredireito intertemporal. Mais ainda: trazia o claro intuito de afrontar a decisão do Supremo Tribunal Federal proferida na ADPF nº 144/DF, com a norma do seu art. 3º: "Os recursos interpostos antes da vigência desta Lei Complementar poderão ser aditados para o fim a que se refere o caput do art. 26-C da Lei Complementar nº 64, de 18 de maio de 1990, introduzido por esta Lei Complementar".

Já o *caput* do art. 26-C da nova Lei Complementar nº 135 prescreve que "o órgão colegiado do tribunal ao qual couber a apreciação do recurso contra as decisões colegiadas a que se referem as alíneas d, e, h, j, l e n do inciso I do art. 1º poderá, em caráter cautelar, suspender a inelegibilidade sempre que existir plausibilidade da pretensão recursal e desde que a providência tenha sido expressamente requerida, sob pena de preclusão, por ocasião da interposição do recurso".

Note-se: a LC nº 135 estipula que a sanção de inelegibilidade, nas várias hipóteses que prevê, será aplicada sem necessidade de trânsito em julgado, bastando que haja decisão de órgão colegiado. Essa decisão da qual dimana a inelegibilidade (como efeito incluso ou como efeito anexo, acessório) poderá ter os seus efeitos suspensos pela instância superior àquele órgão colegiado que proferiu a decisão judicial, desde que a pretensão recursal possua plausibilidade e que o pedido de tutela antecipada recursal tenha sido expressamente feito.

---

embates retóricos e da produção probatória, vencendo aquele que melhor domine as técnicas processuais de convencimento do julgador. Como lembra CALAMANDREI. Il processo come giuoco. *In*: CALAMANDREI. *Opera giuridiche*, v. 1, p. 539, "La sentenza non è dunque il prodotto automatico dell'applicazione delle leggi ai fatti, ma è la risultante psicologica di tre forze in giuoco, due delle quali, studiandosi ciascuna di tirar nella propria direzione la terza, svolgono tra loro una gara serrata che non è soltanto di buone ragioni, ma altresì di abilità tecnica nel farle valere".

[46] Esse o equívoco, aliás, do Ministro Luiz Fux: "Em segundo lugar, não se há de falar em alguma afronta à coisa julgada nessa extensão de prazo de inelegibilidade, nos casos em que a mesma é decorrente de condenação judicial. Afinal, ela não significa interferência no cumprimento de decisão judicial anterior: o Poder Judiciário fixou a penalidade, que terá sido cumprida antes do momento em que, unicamente por força de lei — como se dá nas relações jurídicas *ex lege* —, tornou-se inelegível o indivíduo. A coisa julgada não terá sido violada ou desconstituída". Ora, já demonstramos que a inelegibilidade não é *ex lege*, mas decorre de sentença judicial que a decrete, é dizer, que a constitua negativamente, razão pela qual, sim, há violação da coisa julgada se se estende o prazo da inelegibilidade fixado na decisão judicial trânsita em julgado. Basta citar ROSENBERG. *Tratado de derecho procesal civil*, t. I, p. 37, para quem "Las demandas y sentencias constitutivas quieren, por el contrario, producir o hacer notable un efecto que hasta entonces no se ha producido o no era notable; quieren, así, crear una consecuencia jurídica que hasta ese instante no existía y no existiría sin la sentencia, en el sentido de crear, modificar o extinguir una relación jurídica; pronunciando lo que *será*; son *constitutivas* o *formadoras de derecho*" (grifos originais). Esse "novo" jurídico criado pela sentença que decreta a inelegibilidade não provém diretamente da lei e tampouco existiria sem que houvesse uma decisão judicial que lhe desse origem. Essa a razão pela qual não poderia uma lei posterior estender efeitos já protegidos pelo selo da imutabilidade.

Deixo, por ora, de analisar aqui os aspectos problemáticos dessa norma do art. 26-C, que não são poucos, ainda mais porque o legislador pôs na mesma norma, indistintamente, *inelegibilidade decretada como conteúdo de uma decisão judicial* (efeito inexo ou incluso) e *inelegibilidade decorrente de efeito anexo ou excluso*, aplicada *ope legis* como pena acessória (aqui, naturalmente, não há como fugir da incidência do art. 15, III, da CF/88, no caso de sentença penal condenatória, a exigir sempre o trânsito em julgado para efeito de suspensão dos direitos políticos).

O art. 3º da LC nº 135 tem por finalidade ser norma de sobredireito, legislando sobre direito intertemporal, ainda que com a sua redação propositadamente ambígua. Qual a lógica daquela norma? Tomando como certo que as inelegibilidades hipotisadas na lei seriam imediatamente aplicadas a situações jurídicas anteriores à sua vigência, mesmo quando já houvesse decisão judicial de órgão colegiado submetida a recurso, teria permitido o *legislador torquemadista* a possibilidade de o agora desde já inelegível pugnar pela suspensão dos efeitos imediatos (anteriormente inexistentes) da decisão que decretou a inelegibilidade ou à que a inelegibilidade foi soldada de fora para dentro (efeitos anexos). É dizer, o legislador fez surgir para fatos e decisões anteriores à sua vigência o efeito da inelegibilidade imediata por 8 anos, que poderia ser suspenso mediante pedido feito em "aditamento" (!?) ao recurso já aviado.

Alguns exemplos para iluminar a tese (feita lei) dos iluminados macartistas: imagine um nacional que tenha sido condenado, com trânsito em julgado, por homicídio e tenha cumprido a pena de 9 anos, encerrada a execução no mês de janeiro deste ano de 2010. Pela anterior redação da alínea "e" do inciso I do art. 1º da LC nº 64/90, com o cumprimento da pena de crime contra a vida, estaria encerrada a suspensão dos direitos políticos (art. 15, III, CF/88), não havendo a aplicação de outra inelegibilidade cominada potenciada por mais 3 anos, limitada que era aos crimes ali descritos.

A nova redação, porém, ampliou consideravelmente o rol de crimes que desafiariam a aplicação da sanção de inelegibilidade, agora por 8 anos, inclusive independentemente de trânsito em julgado, apanhando também os crimes contra a vida.[47]

Estaria aquele nacional que cumpriu integralmente a pena cominada por sentença criminal transitada em julgado submetido agora a inelegibilidade de 8 anos? Querendo ser candidato a deputado estadual em 2010, poderá ele ser validamente registrado pela Justiça Eleitoral? Outra situação: se ele tivesse sido condenado por crime contra a administração pública por 7 anos, já tivesse cumprido a pena integralmente e já tivesse também cumprido o prazo de três anos de inelegibilidade cominada potenciada encerrada justamente no mês do fevereiro deste ano, poderia ser registrado como candidato, conforme a norma revogada, ou estaria agora submetido à inelegibilidade de 8 anos?

Ainda uma outra situação: declarada a captação de sufrágio, o candidato eleito teve o seu diploma cassado, em decisão pendente de julgamento ou já transitada em

---

[47] Eis o rol dos crimes descritos na nova redação da alínea "e": contra a economia popular, a fé pública, a administração pública e o patrimônio público; contra o patrimônio privado, o sistema financeiro, o mercado de capitais e os previstos na lei que regula a falência; contra o meio ambiente e a saúde pública; eleitorais, para os quais a lei comine pena privativa de liberdade; de abuso de autoridade, nos casos em que houver condenação à perda do cargo ou à inabilitação para o exercício de função pública; de lavagem ou ocultação de bens, direitos e valores; de tráfico de entorpecentes e drogas afins, racismo, tortura, terrorismo e hediondos; de redução à condição análoga à de escravo; contra a vida e a dignidade sexual; e praticados por organização criminosa, quadrilha ou bando.

julgado. Como fica a sua situação jurídica? No exemplo citado, ao tempo da decisão transitada em julgado não havia a previsão da nova redação da alínea "j" do inciso I do art. 1º da LC nº 64/90, de modo que não se cominava à captação de sufrágio a sanção de inelegibilidade por 8 anos. Imaginemos, hipoteticamente ainda, que o processo esteja pendente de julgamento no TSE, referente a eleição de governador de Estado. Aplica-se imediatamente a inelegibilidade? Pela redação do art. 3º da nova lei complementar, sim, haveria a imediata (e retroativa) aplicação da inelegibilidade, devendo o nacional buscar aditar o recurso para suspendê-la, na hipótese de pendência do processo; na hipótese de trânsito em julgado da decisão, mesmo ocorrida antes da vigência da lei, também seria aplicada, não tendo o nacional o que fazer, senão submeter-se à sanção criada posteriormente ao próprio julgamento a que se submeteu.

A inconstitucionalidade do art. 3º da nova lei complementar é patente, mesmo com o Supremo Tribunal Federal, por sua maioria, tendo referendado a norma por ele veiculada.

Gostaria de fazer aqui uma importante observação, essencial para prosseguirmos: a inelegibilidade cominada é sanção que pode ser conteúdo ou efeito anexo da sentença. Em ambos os casos, *a inelegibilidade é conteúdo ou efeito da sentença*! A afirmação é um truísmo, mas em tempos obscurantistas faz-se fundamental avivarmos questões básicas. Se o efeito é incluso à sentença, fazendo parte do conteúdo da decisão, é porque a inelegibilidade é efeito do fato jurídico ilícito, estando, pois, na relação de direito material, sendo constituída pela decisão judicial que primeiramente declarou que o ato ilícito se deu. Ou seja, a inelegibilidade se liga primeiramente ao ato ilícito, sendo constituída pela sentença como sanção à sua prática. Assim, a questão fundamental é saber se ao tempo do fato a lei o previa como ilícito e se a ele cominava aquela sanção. Se a sanção derivar de lei posterior, aplicá-la seria dar-lhe efeito retroativo, revolvendo inconstitucionalmente o passado.

Diversamente, como efeito anexo da decisão judicial, a norma não desce aos fatos ilícitos mesmos, mas toma a decisão judicial sobre eles como ato-fato jurídico, sobre o qual faz incidir a inelegibilidade como efeito anexo. A questão jurídica seria diversa: não seria o caso de se olhar se o fato ilícito eleitoral e a sentença que constituiu a inelegibilidade foram anteriores ou posteriores à lei, mas sim se: (a) já há relação jurídica processual; e (b) se já há decisão judicial em que os efeitos da inelegibilidade serão anexados.

É evidente que a lei que criou a sanção como efeito anexo da sentença tenha que ser, para ter efeito, anterior à formação da relação processual, quando já estabilizada pela contestação (princípio da eventualidade). E, com muito mais razão, é evidente também que não há como se soldar o efeito anexo a decisões já proferidas quando a lei nova ingressou em vigor. Nem em um caso nem no outro há possibilidade de aplicação da nova lei, salvo se for para lhe atribuir retroatividade.

3.3 Casuística

As inelegibilidades cominadas vêm previstas, aos borbotões, na Lei Complementar nº 64, de 18 de maio de 1990. Dada a importância dos tipos que ensejam a cominação de inelegibilidade, passaremos a fazer a análise de alguns deles, notadamente os que têm gerado algumas dificuldades na prática eleitoral, procurando assim contribuir para a meditação e aprofundamento da sua interpretação.

3.3.1 Art. 1º, inc. I, alínea "d", da LC nº 64/90

A norma prevista no art. 1º, inc. I, alínea "d", da LC nº 64/90 tem suscitado algumas interpretações reprocháveis, as quais limitam o seu conteúdo e a sua finalidade. Talvez a fórmula utilizada pelo legislador tenha sido inoportuna, pois procedeu a indisfarçável mistura de aspectos de direito material com aspectos outros de direito processual.

Os fatos que ensejam a cominação da inelegibilidade para "essa" eleição e para eleição futura são a prática de abuso do poder econômico ou a prática do abuso do poder político. Dessarte, temos de ler o preceito legal como se viesse escrito assim: "São inelegíveis os que praticarem ou se beneficiarem de abuso do poder econômico ou político, para a eleição na qual concorrem ou tenham sido diplomados, bem como para as que se realizarem nos oito anos seguintes".

A menção à representação (ação processual) foi despicienda, pois nenhuma inelegibilidade pode ser cominada sem o devido processo legal, razão pela qual são sempre *ope iudicis*. Mais do que desnecessária, foi também infeliz. De fato, ao fazer alusão ao signo *representação*, induziu os intérpretes a procederem a notável confusão, eis que não poucos vieram de dizer que apenas a ação de investigação judicial eleitoral (AIJE) poderia ser ajuizada com fundamento nesse dispositivo, mondando da ação de impugnação de mandato eletivo (AIME) idêntica possibilidade.[48] Como o art. 22, *caput*, da mesma LC nº 64/90 denomina a petição inicial da AIJE de "representação", houve quem fizesse automática ligação com aqueloutra representação da alínea "d", afastando imediatamente a possibilidade de a AIME ser manejada também com supedâneo nessa norma, o que importaria em negar possa a AIME aplicar a inelegibilidade cominada potenciada. Ora, a inelegibilidade é efeito do fato jurídico do abuso de poder econômico (plano da incidência da norma jurídica); a sua aplicação pode ocorrer através de ações eleitorais diferentes, cujo efeito preponderante é o constitutivo negativo.

Como já dissemos, essa norma glosada descreve o abuso de poder econômico ou político como *fattispecie*, prescrevendo como efeito a cominação de inelegibilidade para o pleito em que o abuso se deu e para os pleitos que vierem a ocorrer nos oito anos seguintes. Tal é o preceito de direito material, que fixa a sanção ao fato reputado ilícito. Para que tal sanção, entretanto, possa ser aplicada, é necessário que os legitimados exerçam sua pretensão à tutela jurídica, ajuizando uma ação processual. Aqui, nesse momento, é que cabe perguntar qual a ação cabível para aplicação da inelegibilidade ao candidato infrator. Por certo que possui inteira cabida a dedução da ação de investigação judicial eleitoral (AIJE), uma vez que uma das suas causas é o abuso de poder econômico ou de autoridade (art. 22, *caput*, da LC nº 64/90). Porém, é inegável a possibilidade de também a ação de impugnação de mandato eletivo (AIME) ter o condão de ser a via apropriada para a inflição da sanção do art. 1º, inc. I, alínea "d", da LC nº 64/90, pois é ela cabível contra abuso de poder econômico, na forma do art. 14, §10, da CF/88.

O termo "representação", presente no descritor dessa norma da Lei Complementar, está lá como sinônimo de petição inicial, vale dizer, da peça vestibular do processo judicial.

A LC nº 135 trouxe importante modificação para a interpretação da alínea "d" do inciso I do art. 1º da LC nº 64/90. Há que separar, quanto aos efeitos práticos da

---

[48] Nesse sentido: Ac.-TSE, de 17.12.2014, no REspe nº 15105 e, de 20.11.2012, no AgR-Respe nº 2361.

sanção, a inelegibilidade cominada, que apenas terá consequências após a publicação da decisão colegiada ou o trânsito em julgado, e a cassação do registro ou diploma, que independe, para atingir a esfera jurídica do candidato, de ser colegiada a decisão, em razão da nova redação do art. 22, inc. XIV, da LC nº 64/90. Nada obstante, a interposição de recurso ordinário contra decisão proferida por juiz eleitoral ou por Tribunal Regional Eleitoral que resulte em cassação de registro, afastamento do titular ou perda de mandato eletivo será recebido pelo Tribunal competente com efeito suspensivo (art.257, § 2º, do Código Eleitoral).

Dito de modo mais claro: se a eleição for municipal, a sentença que reconhecer a ocorrência de abuso de poder econômico, abuso de poder político ou interferência dos meios de comunicação decretará a inelegibilidade por oito anos, cujos efeitos práticos aguardarão a eventual confirmação pelo órgão colegiado (Tribunal Regional Eleitoral), em razão do efeito suspensivo do recurso ordinário, ou o trânsito em julgado. Ou seja, o candidato que tenha o registro cassado (eficácia preponderante desconstitutiva) durante a eleição tem imunidade processual até a proclamação do resultado; acaso vença o pleito *como se* (*als ob*) fosse o candidato, fica "a validade dos votos a ele atribuídos condicionada ao deferimento de seu registro por instância superior". Tendo sido mantida a decisão, após o julgamento do recurso ordinário, será afastado do mandato o candidato cassado e o seu vice, acarretando, após o trânsito em julgado, a realização de novas eleições, independentemente do número de votos anulados.

A inelegibilidade cominada começa a fluir a partir do trânsito em julgado ou da decisão proferida por órgão colegiado. A decretação da inelegibilidade cria uma situação jurídica negativa na esfera jurídica do demandado, cortando, na relação de direito material, o efeito (direito de ser votado, elegibilidade) ou, também, o fato jurídico que o fez nascer (o registro de candidatura e, em decorrência, se eleito, o diploma). É dizer, ao efeito preponderante da decisão do órgão colegiado (desconstitutivo), que atua no plano do pensamento com a cassação do registro ou diploma, junta-se o efeito imediato mandamental (em caso de decisão sobre recurso ordinário) de afastar o eleito e, após o trânsito em julgado, realizar novas eleições. A cassação imediata do registro ou diploma independe da publicação da decisão do órgão colegiado em recurso ordinário ou do trânsito em julgado; é efeito desconstitutivo autônomo que se soma à inelegibilidade decretada. A expressão do inciso XIV do art. 22 é "além da cassação", a dizer que o corte no plano da eficácia — inelegibilidade cominada potenciada — e o corte no plano da existência — cassação do registro que gera a inelegibilidade cominada simples — são sanções que se somam autonomamente, cada qual em seu momento próprio.

O efeito mandamental da sentença contra a qual caiba recurso ordinário aí é excluso, mediato, determinando a instância que decide o recurso ordinário, por força do art. 15 da LC nº 64/90, com a redação dada pela LC nº 135, o afastamento do eleito, se estiver no exercício do mandato, ou a abstenção de exercê-lo, se ainda não tomou posse. Não se trata aqui de *execução*, mas de cumprimento imediato da ordem, sem que a situação processual esteja imutável pela *res iudicata*.[49]

---

[49] No passado, fui crítico do que denominei de *execução imediata* da sentença que declarava a ocorrência de captação de sufrágio e decretava a cassação do registro ou diploma, determinando o afastamento do demandado. Entendia eu, naquela quadra, que o princípio da soberania popular reivindicava o respeito ao resultado das urnas até que houvesse decisão definitiva que o desconstituísse, consoante vetusta jurisprudência do Tribunal

No direito empresarial, há definição estipulativa do que seja abuso de poder econômico.[50] Ali, analisando as várias hipóteses definidas pelo diploma regulamentar, podemos extrair um sentido comum àquele conceito: o domínio ou a eliminação da concorrência através do uso de expedientes econômicos não admitidos pelo ordenamento jurídico. É dizer, a finalidade do abuso de poder econômico é a utilização de recursos, bens ou serviços para desequilibrar de tal ordem a disputa eleitoral, que termina deturpando todo o processo democrático de escolha, através do sufrágio universal, daqueles candidatos a mandatos eletivos. Assim, é abuso de poder econômico "a utilização de recursos patrimoniais em excesso, públicos ou privados, sob poder ou gestão do candidato em seu benefício eleitoral", como, por exemplo, "o significativo valor empregado na campanha eleitoral e a vultosa contratação de veículos e de cabos eleitorais correspondentes à expressiva parcela do eleitorado".[51] Também é abuso de poder econômico o empregador obrigar os seus diversos empregados a assistirem a vídeos publicitários eleitorais, quando for elevado o número de subordinados, que possa interferir no resultado do pleito.[52] Ademais, "configura abuso de poder econômico a ampla divulgação, em programa de televisão apresentado por candidato, da distribuição de benefícios à população carente por meio de programa social de sua responsabilidade, acompanhado de pedidos de votos e do condicionamento da continuidade das doações à eleição de candidato no pleito vindouro."[53] O uso de *caixa dois* em campanha eleitoral configura, em tese, abuso de poder econômico,[54] como também a manutenção de albergues que, para além da filantropia, busca "o favorecimento eleitoral".[55] Em resumo, "O abuso de poder econômico implica desequilíbrio nos meios conducentes à obtenção da preferência do eleitorado, bem como conspurca a legitimidade e normalidade do pleito".[56]

De outra banda, o abuso de poder político tem como característica a atuação ilícita de faculdades que, originariamente, seriam lícitas por quem exerce função pública. Como assevera Planiol,[57] *"le droit cesse où l'abus commence*, et il ne peut pas y avoir 'usage abusif' d'un droit quelconque, par la raison irréfutable qu'un seul et même acte ne peut pas être tout à la fois *conforme au droit* et *contraire au droit"*. Desse modo, o administrador público não pode fazer uso, sem cair na ilicitude, das atribuições do cargo ou função por ele

---

Superior Eleitoral. Em verdade — e esse foi erro processual — o efeito prático da decisão não era de natureza executiva, mas mandamental, em dose relevante, seguido do efeito mediato declaratório. Ademais — e aqui o meu erro foi de dogmática jurídica —, compete ao legislador decidir pelo aguardo, ou não, do trânsito em julgado para que os efeitos práticos ocorram, ou não, sem que ali se cogitasse de antecipação de tutela, de vez que a decisão era já em *plena cognitio*. Hoje, ainda com mais razão, em que o legislador exigiu, para a efetivação dos efeitos práticos (mandamental e executivo *lato sensu*), a decisão de órgão colegiado, não se há de reprochar a norma, senão em uma tomada de posição zetética, que a mim aqui não cumpre fazer. Com razão, PEREIRA. Eficácia imediata das decisões em direito eleitoral. *In*: GONÇALVES *et al.* (Coord.). *Direito eleitoral contemporâneo*, p. 243 *et seq*. No capítulo sobre recursos eleitorais, trataremos a matéria com mais profundidade, quando analisarmos o art. 26-C da LC 64/90, introduzida pela LC nº 135.

[50] *Vide* Decreto nº 52.025, de 20.05.1963.
[51] TSE – REsp nº 19.1868/TO, rel. Min. Gilson Dipp, *DJE*, 22 ago. 2011.
[52] TSE – REsp nº 25.590/RS, rel. Min. Asfor Rocha, j. 03.10.2006.
[53] TSE – RO nº 2.369, rel. Min. Arnaldo Versiani.
[54] TSE – RCED nº 731, rel. Min. Ricardo Lewandowski.
[55] TSE – RO nº 1.445, rel. Min. Marcelo Ribeiro, rel. designado Min. Félix Fischer.
[56] TSE – REsp nº 28.387, rel. Min. Carlos Ayres Britto.
[57] PLANIOL. *Traité élémentaire de droit civil conforme au programme officiel des facultes de droit*, t. II, p. 287, grifos originais.

ocupado com a finalidade de benefício eleitoral a si ou a terceiros, sob pena de praticar abuso de poder político. Na precisa asserção pretoriana, "o abuso de poder político, para fins eleitorais, configura-se no momento em que a normalidade e a legitimidade das eleições são comprometidas por condutas de agentes públicos que, valendo-se de sua condição funcional, beneficiam candidaturas, em manifesto desvio de finalidade".[58]

Nessa toada, "configura abuso de autoridade a utilização, por parlamentar, para fins de campanha eleitoral, de correspondência postada, ainda que nos limites da quota autorizada por ato da Assembleia Legislativa, mas cujo conteúdo extrapola o exercício das prerrogativas parlamentares".[59] Ademais, "para a incidência da inelegibilidade, por abuso de poder político — artigo 22, *caput*, da Lei Complementar 64/90 —, é necessário que o candidato tenha praticado o ato na condição de detentor de cargo na administração pública".[60] Outrossim, é abuso de poder a "utilização de programa social para distribuir recursos públicos, mediante a entrega de cheques a determinadas pessoas, visando à obtenção de benefícios eleitorais", ainda mais em razão da "ausência de previsão legal e orçamentária para distribuição dos cheques" e "inexistência de critérios objetivos para escolha dos beneficiários", com a "concessão de benefícios de valores elevados a diversas pessoas que não comprovaram estado de carência".[61]

3.3.2 Art. 1º, inc. I, alínea "g", da LC nº 64/90

Esse preceito comina inelegibilidade, para as eleições que se realizarem nos oito anos seguintes à decisão irrecorrível do órgão competente, aos que tiverem suas contas relativas ao exercício de cargos ou funções públicas rejeitadas por irregularidade insanável que configure ato doloso de improbidade administrativa.

A nova redação deste dispositivo, introduzida pela LC nº 135, trouxe importante mudança, que foi prescrever a aplicação do inciso II do art. 71 da Constituição Federal a todos os ordenadores de despesa, incluindo até mesmo os mandatários que houverem agido nessa condição.

Inicialmente, diga-se que a inelegibilidade é efeito anexado à decisão irrecorrível de natureza não judicial, cujo conteúdo rejeita contas prestadas por quem exerceu função pública, contaminadas que estavam por irregularidade insanável que configure ato doloso de improbidade administrativa. Curial advertir, nesse passo, que é a decisão administrativa (ou legislativa) do órgão de controle o fato jurídico do qual dimana a inelegibilidade do agente público ímprobo. Tal decisão, para ensejar a anexação desse efeito cominatório, deverá versar sobre a rejeição de contas por existência de irregularidade insanável decorrente de ato doloso de improbidade administrativa, assim compreendidas também aquelas irregularidades que não tragam prejuízo ao erário, mas que atentem contra a moralidade administrativa, a economicidade, a razoabilidade, a publicidade, ou qualquer outro valor tutelado pelo ordenamento jurídico.

Se o ordenador de despesas obtiver, por meio de ação processual, a suspensão da decisão que lhe negou a aprovação das contas, e desde que tenha atacado todos os

---

[58] TSE – RCED nº 661, rel. Min. Aldir Passarinho Júnior.
[59] TSE – REspe nº 16.067, rel. Min. Maurício Corrêa.
[60] TSE – RO nº 1.432, rel. Min. Ricardo Lewandowski.
[61] TSE – RO nº 1.497/PB, rel. Min. Eros Grau.

pontos fundamentais daquela decisão administrativa, a anexação da inelegibilidade é *suspensa*.[62] Se posteriormente for reformada essa decisão judicial, volta a fluir o prazo de oito anos de inelegibilidade, a contar da decisão que rejeitou as contas. É dizer, o período em que ficou suspensa a inelegibilidade não é acrescido ao prazo de oito anos, porque a redação atual simplesmente fixa essa contagem "a partir da data da decisão".

"Os que tiverem suas contas relativas ao exercício de cargos ou funções públicas" é o critério pessoal do descritor da norma jurídica,[63] é dizer, o agente político, que tem as suas contas apreciadas anualmente pelo Tribunal de Contas e julgadas pelo Poder Legislativo, bem assim os agentes públicos que tenham atuado como ordenadores de despesas, é dizer, "os administradores e demais responsáveis por dinheiros, bens e valores públicos", para usar a expressão do art. 71, II, inc. II, da CF/88.

O art. 71, inc. I, da CF/88 outorga aos tribunais de contas a competência para deliberar sobre as contas do Chefe do Poder Executivo e, assim, a resolução aprovada apresenta-se como parecer prévio ao Poder Legislativo, a quem incumbe a faculdade de acolher ou desacolher a prestação de contas. Nesse caso, como o parecer prévio do Tribunal de Contas não tem conteúdo decisório, mas opinativo,[64] sugerindo ao Legislativo a decisão técnica a ser tomada, não poderia, por si só, obter a anexação da inelegibilidade cominada. Apenas à decisão do Poder Legislativo, sobre a rejeição das contas do Chefe do Poder Executivo, é que se anexam os efeitos da inelegibilidade para os oito anos subsequentes (inelegibilidade cominada potenciada), salvo se ele for ordenador de despesas, acresceu a LC nº 135.

De fato, a LC nº 135 estendeu, para fins de inelegibilidade, o campo de aplicação do art. 71, inc. II, da CF/88, que confere aos tribunais de contas o poder de julgar as contas dos agentes responsáveis por dinheiro ou bens públicos. Inexistindo outro órgão juridicamente qualificado para exercer essa competência constitucional, a deliberação da Corte de Contas é verdadeira decisão, sujeitando o ordenador das despesas, cujas contas tenham sido rejeitadas por irregularidades insanáveis por ato doloso de improbidade, à inelegibilidade cominada potenciada. Para impossibilitar a imediata anexação dos efeitos da inelegibilidade à decisão administrativa do Tribunal de Contas, deverá o agente público prejudicado ajuizar ação processual com pedido de tutela antecipada,

---

[62] Nas edições anteriores, dizíamos que a inelegibilidade ficava *interrompida*. Sem razão, porém. A inelegibilidade começa a contar da data da decisão que rejeita a prestação de contas, ficando *suspensa* a partir do ajuizamento de alguma ação proposta perante a Justiça Comum para discutir a legitimidade da decisão administrativa de rejeição (proveniente da Corte de Contas ou do Poder Legislativo). *Julgada improcedente a ação que visa a desconstituir a decisão administrativa de rejeição, o prazo da sanção de inelegibilidade de 5 (cinco) anos volta a fluir, apenas quanto ao tempo que restava para completar o termo "a quo"*. Vale dizer, não se *interrompe* o prazo, para, após a improcedência da ação proposta, se iniciar novamente a sua contagem integral. Embora tivéssemos nítido esse entendimento, o mau emprego daquela expressão poderia induzir alguém à cinca.

[63] Podemos decompor, na esquematização lógica da norma jurídica, elementos do seu suporte fático abstrato. Esses elementos podem ser denominados de aspectos ou critérios pessoal, material, finalístico, temporal e espacial; já na proposição prescritiva ou preceito da norma, podemos identificar os aspectos ou critérios subjetivo, quantitativo e objetivo. Há acerto em COELHO. *Teoria geral do tributo e da exoneração tributária*, p. 115, quando adverte que na hipótese de incidência da norma jurídica pode haver um aspecto pessoal, em que se identifica a pessoa cuja conduta (critério material) é relevante para a sua incidência. Já o critério subjetivo estaria no campo dos efeitos jurídicos, é dizer, nos polos da relação jurídica criada como efeito do fato jurídico. Em sentido diverso, CARVALHO. *Curso de direito tributário*, p. 166, *passim*. Cito essa edição por ser aquela em que melhor o professor paulista tratou do tema, antes da sua virada linguística.

[64] Nesse sentido: MILESKI. *O controle da gestão pública*, p. 311-312; e AGUIAR et al. *A administração pública sob a perspectiva do controle externo*, p. 199-201.

que discuta os fundamentos que embasaram a deliberação desabonadora das contas prestadas.

Pois bem. A novidade da nova redação da alínea "g" do inciso I do art. 1º da LC nº 64/90 está justamente em alcançar o Chefe do Poder Executivo que seja ordenador de despesas, de modo que o parecer prévio do Tribunal de Contas passa a ser tomado como decisão de eficácia preponderante declaratória negativa. Adverte Helio Saul Mileski[65] que o parecer prévio, no âmbito federal e estadual, tem natureza eminentemente opinativa, uma vez que o presidente da República e os governadores de Estado não atuam como ordenadores de despesas, sendo essa uma atribuição afeta aos seus assessores, como ministros e secretários estaduais. Nada obstante, na esfera municipal dá-se de modo diverso, uma vez que a Constituição determina que o parecer prévio emitido pelo Tribunal de Contas apenas deixará de prevalecer por decisão de dois terços dos membros da Câmara Municipal. Por esse motivo, adverte Mileski que o parecer do Tribunal de Contas seria quase vinculativo.

Nos municípios, sobretudo aqueles menores, o prefeito exerce a função administrativa, atuando como ordenador de despesas. Quando há essa atuação de ordenador de despesas, o prefeito se submete, além do parecer prévio, ao julgamento das suas contas pelo Tribunal de Contas, submetido aí à incidência do art. 71, inc. II, da CF/88. Consoante adverte Mileski,[66] nesses casos, "o Prefeito Municipal é mais que o condutor político do município, ele também é o administrador, o gestor dos bens e dinheiros públicos, assumindo uma dupla função — política e administrativa. Justamente por isto, o Poder Judiciário, em decisões reiteradas, sob o argumento de que sendo responsável por uma dupla função, o Prefeito Municipal também se submete a um duplo julgamento. Um político, perante o Parlamento, precedido de parecer prévio e outro técnico, a cargo do Tribunal de Contas". O parecer prévio do Tribunal de Contas continua tendo a sua natureza opinativa, nada obstante mantenha-se íntegro acaso não seja rejeitado por dois terços dos vereadores da Câmara Municipal. A decisão do Tribunal de Contas que tem a natureza de julgamento das contas do prefeito, com consequências imediatas para a sua inelegibilidade, é justamente aquela decorrente de apreciação em concreto de atos administrativos do gestor, já aí como ordenador de despesas.[67] Como já assentou o Tribunal Superior Eleitoral, "a norma da alínea 'g' do inciso I do art. 1º da Lei Complementar nº 64/1990 não se limita à rejeição das contas anuais relativas ao exercício de cargos ou funções públicas, alcançando também a glosa parcial. Uma vez rejeitadas as contas, impondo-se o ressarcimento aos cofres públicos, configura-se a inelegibilidade prevista na alínea 'g' do inciso I do art. 1º da Lei Complementar nº 64/1990".[68]

O critério material da hipótese de incidência da alínea "g" é "rejeição das contas por irregularidade insanável que configure ato doloso de improbidade administrativa". O órgão que julga as contas é o Tribunal de Contas; poderá rejeitá-las por ilegalidade

---

[65] MILESKI. *O controle da gestão pública*, p. 318.
[66] MILESKI. *O controle da gestão pública*, p. 318.
[67] Em sentido correto, REIS. *Direito eleitoral brasileiro*, p. 268-269; e GOMES. *Direito eleitoral*, p. 184-185. Errados, quanto ao ponto: LUCON; VIGLIAR. *Código Eleitoral interpretado*, p. 504-505, que não atentaram para a parte final da nova redação da alínea "g" do inciso I da LC nº 64/90.
[68] TSE – RO nº 2.523-56/PE, rel. Min. Marco Aurélio, *DJE*, 02 set. 2011.

da despesa ou irregularidade de contas, consoante prescreve o art. 71, VIII, da CF/88, situação em que poderão ser aplicadas sanções. Insanável é o ato administrativo nulo, em razão do descumprimento doloso de norma cogente de fundo ou de forma; assim, o ato de gestão ilegal ou antieconômico (atos que causem dano ao erário por desfalque, desvio de dinheiros, bens ou valores públicos), como prescreve o art. 16 da Lei nº 8.443/92.

A decisão do Tribunal de Contas é ato jurídico administrativo que ultima uma relação processual, sem natureza jurisdicional, com *plena cognitio* após o exercício do direito de defesa. Trata-se de julgamento dos atos dos gestores, levando em conta os aspectos subjetivos das suas condutas. Benjamin Zymler adverte que "ao se tratar, porém, da responsabilidade subjetiva, exige-se, além dos elementos anteriormente relacionados [ação antijurídica do agente; existência de dano; e nexo de causalidade entre a ação e o dano verificado], a identificação de culpa do agente. Ressalta-se, a propósito, que culpa abrange as modalidades de culpa em senso estrito (negligência, imprudência e imperícia) e o dolo, que é caracterizado pela intenção deliberada de produzir determinado resultado ilícito".[69] Para que o Tribunal de Contas puna, rejeitando as contas do administrador, convém fazer a análise do elemento subjetivo, devendo restar configurada a culpa *lato sensu* do agente. É Zymler quem diz não ser possível "a apenação de responsável sem que tenha sido demonstrada a culpa em senso estrito ou o dolo".[70]

Dizer se há irregularidade insanável é competência do Tribunal de Contas; tomar o ato de gestão irregular como ato doloso de improbidade administrativa é função da Justiça Eleitoral diante do caso concreto.[71] Para tanto, porém, deverá levar em conta a motivação da decisão da Corte de Contas, que poderá ter se manifestado expressamente sobre a existência de dolo na prática do ato ilícito. É dizer, a motivação da decisão do Tribunal de Contas é fundamental para a análise que a Justiça Eleitoral fará da dolosidade do ato tomado como ímprobo.[72]

Advirta-se, nesse passo, para o momento hábil de ajuizamento da ação processual a ser intentada visando afastar a anexação da inelegibilidade. É que apenas terá utilidade, para fins eleitorais, a propositura da ação civil realizada antes da ação de impugnação de registro de candidatura (AIRC), eis que a causa de pedir dessa ação eleitoral é justamente a existência da cominação de inelegibilidade potenciada, não podendo ser mais melindrada por posterior ação civil. Dizendo de outro modo: a inelegibilidade cominada da alínea "g" do inc. I do art. 1º da LC nº 64/90 poderá ser invocada pela

---

[69] ZYMLER. *Direito administrativo e controle*, p. 237.
[70] ZYMLER. *Direito administrativo e controle*, p. 240.
[71] Entendendo que compete à Justiça Eleitoral analisar se a irregularidade é insanável, GOMES. *Direito eleitoral*, p. 190. Ora, a insanabilidade da irregularidade é conteúdo da decisão do Tribunal de Contas que rejeita a conta prestada. É efeito constitutivo negativo, com eficácia imediata declaratória e mediata condenatória, formando título executivo em caso de aplicação de multa ou determinação de ressarcimento ao erário. Embora não conste na Lei nº 8.443/92 a expressão "irregularidade insanável", é evidente que a rejeição das contas apenas poderá ser feita se não houver a sanabilidade do vício. Não poderia, deste modo, a Justiça Eleitoral dar sentido diverso ao conteúdo da decisão do Tribunal de Contas, tomando por sanável aquilo que foi por ele havido por insuscetível de convalidação, tanto que rejeitou as contas.
[72] Neste sentido: TSE – AgR-RO nº 230689, rel. Min. Aldir Passarinho: "Inelegibilidade. Art. 1º, I, *g*, da Lei Complementar nº 64/90. Ausência do inteiro teor da decisão de rejeição de contas. Impossibilidade de aferir a natureza das irregularidades e individualizar as condutas dos responsáveis. Não provimento. (...) 2. O reconhecimento da inelegibilidade, na hipótese de contas prestadas por mais de um gestor público no exercício analisado pelo órgão competente, pressupõe a individualização das respectivas condutas. Precedente".

Ação de Impugnação de Registro de Candidato, para efeito de denegação do registro requerido. Se houver, antes da AIRC, a obtenção de medida liminar que suspenda ou nulifique a decisão do Tribunal de Contas, obviamente afasta-se a anexação da inelegibilidade; se não houve a obtenção da medida liminar, prevalece a cominação de inelegibilidade, sendo de se negar o registro de candidatura pleiteado. Nada obstante, se o nacional obtém, posteriormente à negativa do registro de candidatura, a medida liminar, incide a norma do §10 do art. 11 da Lei nº 9.504/97, com a redação que lhe deu a Lei nº 12.034/2009.[73]

Finalmente, é preciso novamente gizar que esse dispositivo legal industriado não prescreve hipótese de suspensão total dos direitos políticos, mas apenas a cominação de inelegibilidade. À decisão administrativa (ou legislativa) que rejeita as contas, em razão de vícios insanáveis, imputa-se automaticamente a sanção de inelegibilidade por oito anos. Não se desce ao fundamento mesmo do *decisum*, senão que apenas se verifica a ocorrência da insanabilidade da irregularidade como causa da rejeição das contas. O ato jurídico írrito, absolutamente nulo, que ensejou a rejeição das contas, poderá propiciar a propositura de ação popular, ou da ação prevista no art. 17 da Lei nº 8.429/92, com a finalidade de anulá-lo e declarar a improbidade administrativa do agente público ímprobo. Essa outra ação, de natureza não eleitoral, é que poderá gerar a declaração de improbidade administrativa, com os efeitos do art. 15, inc. V, da CF/88, é dizer, a suspensão dos direitos políticos.

3.3.3 Art. 1º, inc. I, alínea "j", da LC nº 64/90

A alínea "j" trata especificamente dos ilícitos tipicamente eleitorais: corrupção eleitoral, captação de sufrágio, captação ou gastos ilícitos de recursos de campanha e condutas vedadas aos agentes públicos, desde que tenham implicado a cassação de registro ou do diploma. É dizer, a inelegibilidade de oito anos é efeito anexo da decisão colegiada ou trânsita em julgado que tenha declarado a ocorrência de um desses fatos ilícitos eleitorais e, como sanção, tenha determinado a cassação do registro ou diploma. Se esses fatos ilícitos foram reconhecidos por decisão judicial, porém tendo como sanção a aplicação de multa, não há a anexação da inelegibilidade cominada potenciada por oito anos.

Houve erro de técnica em se ter colocado no rol dos ilícitos a corrupção eleitoral, que é tipo penal eleitoral e se subsume já a previsão geral da alínea "e" do inciso I do art. 1º da LC nº 64/90. A conduta de compra de votos, ademais, é já albergada pela hipótese de incidência da captação de sufrágio (art. 41-A da Lei nº 9.504/97).

De fatos jurídicos ilícitos dimanam, como efeito, sanções.[74] Se ocorrer, por exemplo, alguma conduta vedada aos agentes públicos, analisará o juiz eleitoral se há

---

[73] Lei nº 9.504/97: "Art. 11, §10. As condições de elegibilidade e as causas de inelegibilidade devem ser aferidas no momento da formalização do pedido de registro de candidatura, ressalvadas as alterações, fáticas ou jurídicas, supervenientes ao registro que afastem a inelegibilidade".

[74] Impressiona que tenhamos que repetir esse truísmo, de palmo em palmo, em razão dos absurdos jurídicos que se têm escrito sobre a sanção de inelegibilidade. Como ensina VERNENGO. *Curso de teoría general del derecho*, p. 192, e com ele qualquer professor de teoria geral, ato ilícito é "el hecho considerado antecedente de una sanción; es decir: el hecho denotado por el antecedente de la proposición condicional, cuyo consecuente menciona uno de los hechos caracterizados como sanciones".

potencialidade para desequilibrar o resultado do pleito em face dos fatos descritos na petição inicial e provados na instrução processual. Entendendo que a conduta vedada não tem gravidade para macular o processo eleitoral, aplicará o juiz multa de cinco a cem mil reais, na forma do §5º do art. 73 da Lei nº 9.504/97. A multa é sanção de menor peso; fossem graves os fatos, consideradas as suas circunstâncias (art. 22, XVI, da LC nº 64/90), seria o caso de o juiz eleitoral decretar a cassação do registro de candidatura ou a cassação do diploma. Nesse caso, teríamos automaticamente, após o trânsito em julgado ou a decisão do órgão colegiado, a incidência da inelegibilidade cominada potenciada por oito anos.

A elegibilidade é efeito jurídico do registro de candidatura. A cassação do registro (plano da existência) implica a perda da elegibilidade (plano da eficácia) para a eleição em que o ato ilícito ocorreu (inelegibilidade cominada simples). A rigor, portanto, a cassação do registro de candidatura, por gerar inelegibilidade cominada simples, apenas poderia ter efeito após o trânsito em julgado ou a decisão de órgão colegiado. Todavia, em razão da jurisprudência formada para salvar a constitucionalidade do art. 41-A, fez-se a dissociação entre o fato jurídico e o seu efeito, de tal sorte que o corte no plano da existência não traria resultados no plano da eficácia, em uma evidente fragilidade teórica. Há, sim, a perda da elegibilidade, tanto que se retira o nacional da disputa ou se lhe retira o mandato obtido ilicitamente.

A jurisprudência, nada obstante, assevera que a cassação de registro seria uma sanção de menor impacto que a inelegibilidade, embora, no regime anterior da LC nº 64/90, ela só pudesse ter resultados práticos acaso houvesse o trânsito julgado — coisa que não mais ocorre, mercê da nova redação dada ao art. 15 pela LC nº 135/2010 —, diversamente da cassação do registro ou diploma, que já implicava resultados imediatos para o réu da ação eleitoral.

A decisão que declara a conduta vedada ou a captação de sufrágio, por exemplo, e determina a cassação do registro ou diploma tem como efeito preponderante o constitutivo negativo (cassação do registro ou diploma); o efeito imediato poderá variar (se eleito o réu, o efeito imediato é o mandamental, para que seja afastado do mandato e outro assuma em seu lugar; se ainda candidato, o declaratório sobe de peso, podendo ser condenatório o mediato, acaso haja multa a ser aplicada). O efeito da inelegibilidade potenciada, nessas hipóteses da alínea "j", independe de pronunciamento judicial, sendo anexado à decisão automaticamente, após o seu trânsito em julgado ou se for ela proveniente de órgão colegiado.

A cassação do registro ou diploma, dissemos, é efeito desconstitutivo. Opera-se no plano do pensamento, como efeito perlocucionário dos atos de fala. O efeito prático que a decisão gera é a ordem (efeito mandamental) para que outro exerça o mandato cassado, acaso eleito o réu, que é emitida de imediato, sem aguardo do trânsito em julgado ou de decisão colegiada, consoante a jurisprudência anterior à LC nº 135. É dizer, em linguagem mais simples: havendo decisão pela cassação do registro ou do diploma, imediatamente terá efeito, determinando o juiz eleitoral que seja substituído quem foi cassado, ou que se dê nova eleição, a depender do caso e do cargo em disputa.

3.3.4 Art. 1º, inc. I, alínea "l", da LC nº 64/90

A LC nº 135 é a expressão mais acabada do fenômeno que chamo de *moralismo eleitoral*, essa tentativa de setores da sociedade de criar uma democracia sem povo, em que os candidatos e os eleitos têm que passar por uma joeira pretoriana, em que iluminados decidem quem, afinal, poderá exercer o mandato eletivo. Nessa ânsia descompensada de excluir do processo político os que nele estão, criaram-se diversas hipóteses de inelegibilidade cominada, (aparentemente) uniformizando o tempo da sanção, sem que se desse ao juiz eleitoral a possibilidade de fazer a sua dosimetria, em face da maior ou menor gravidade da lesão ao ordenamento jurídico.

A alínea "l" criou uma das mais duras sanções ao nacional. Se tiver reconhecida judicialmente a prática de atos dolosos de improbidade, que importe lesão ao patrimônio público ou enriquecimento ilícito, sendo decretada a suspensão dos seus direitos políticos, em decisão colegiada ou transitada em julgado, o nacional ficará inelegível "desde a condenação ou o trânsito em julgado até o transcurso do prazo de 8 (oito) anos após o cumprimento da pena". Há aqui a soma de três inelegibilidades cominadas potenciadas: (a) a *inelegibilidade cominada processual* decorrente do recurso contra a decisão colegiada que suspender os direitos políticos, enquanto não transitar em julgado (pode levar anos o ônus do tempo do processo); (b) a inelegibilidade decorrente da suspensão dos direitos políticos, conforme prazo assinado pelo juiz na sentença; e (c) a inelegibilidade por oito anos, após o cumprimento da pena. Tudo somado, estamos diante do degredo político, uma espécie de sanção vitalícia.

A desproporcionalidade da sanção de inelegibilidade, consoante pensamos, é sinete revelador do abuso do poder de legislar, em manifesta inconstitucionalidade. Na verdade, é tão severa a sanção, tão despropositada, que estranha que não tenha chocado os membros do Supremo Tribunal Federal, mesmo em tempos de populismo judicial. A regra é um retrocesso civilizatório, não encontrando similar em nenhuma democracia avançada.

O único meio processual para o nacional obviar a aplicação da sanção de inelegibilidade processual é obter (a) a suspensão integral da decisão sobre a improbidade ou (b) obter a tutela antecipada recursal apenas quanto à suspensão da inelegibilidade, mediante pedido expresso no recurso, sob pena de preclusão e dês que o recurso aviado tenha "plausibilidade" da pretensão deduzida (art. 26-C da LC nº 64/90).

O pedido não é cautelar; é antecipação parcial da tutela recursal, no capítulo da decisão que aplica a sanção de suspensão dos direitos políticos. É preciso ter presentes as três espécies de inelegibilidade previstas na alínea "l" para se fazer a sua adequada interpretação. A inelegibilidade após o cumprimento da pena é efeito anexo da decisão de improbidade transitada em julgado, incidindo apenas após o cumprimento da sanção de suspensão dos direitos políticos. A inelegibilidade que incide desde a decisão colegiada é aquela inelegibilidade processual, enquanto durar o tempo do processo. Não se trata — observe-se a gravidade dessa sanção! — daquela inelegibilidade final de oito anos, eventualmente antecipada para ter efeito de imediato após a decisão colegiada. Trata-se, essa inelegibilidade processual, de uma sanção eleitoral aplicada à recorribilidade da decisão que declarou a improbidade e decretou a suspensão dos direitos políticos. É dizer, a simples situação jurídica de *recorribilidade* da decisão colegiada é o fato jurídico complexo (decisão de segundo grau + recorribilidade) que faz nascer a inelegibilidade processual, assujeitada não a um termo (prazo), mas a uma condição (trânsito em julgado).

O ser recorrível a decisão (*recorribilidade*) é que faz nascer o efeito suspensivo, onde o há.[75] Se efeito suspensivo não existe, como ocorre no direito processual eleitoral (art. 257 do Código Eleitoral), os efeitos da decisão são desde logo. Note-se, porém, que em matéria de suspensão dos direitos políticos a regra é do aguardo do trânsito em julgado (art. 15, III e IV, da CF/88). Aqui, portanto, parece-nos evidente que a *inelegibilidade processual*, que nasce da *recorribilidade* da decisão colegiada que declara a improbidade administrativa, tem nítido sabor de inconstitucionalidade, pois outra coisa não é a inelegibilidade que a suspensão de uma das faculdades que enchem os direitos políticos: a possibilidade de concorrer validamente a um mandato eletivo.

Ora, sendo a *recorribilidade* uma situação jurídica lícita, como poderia gerar uma sanção, como se o manejo eventual do recurso fosse desde já procrastinatório, é dizer, um exercício abusivo do direito de recorrer? Como a inelegibilidade processual decorre da *recorribilidade*, sendo diversa daquela inelegibilidade material de oito anos, então não haveria como se fazer sequer a detração, ou seja, não teria como se limitar — como seria o correto, de *iure condendo* — o tempo da inelegibilidade processual ao prazo máximo de oito anos, sendo assim cumprida a sanção integralmente, acaso a duração do processo fosse igual ou mais, afora o cumprimento de eventual suspensão dos direitos políticos.

O fato, porém, é que a redação da alínea "l" não deixa dúvidas do seu ranço autoritário e macartista, gerando uma sanção que, somadas as suas partes, poderá levar mais de 30 anos. Trata-se de um despautério! Mas o STF achou tudo isso muito normal e constitucional...

O que aqui se disse serve para a alínea "e", que de igual modo inflaciona a sanção das condenações criminais dos ilícitos ali elencados.

---

[75] PONTES DE MIRANDA. *Comentários ao Código de Processo Civil*, t. VII, p. 16.

CAPÍTULO 5

INABILITAÇÃO PARA MANDATO ELETIVO

§1 Inabilitação para mandato eletivo

Se consultarmos os livros escritos sobre Direito Eleitoral, bem como aqueles destinados a comentar a Constituição Federal, os quais de passagem terminam tratando das normas eleitorais ou com implicações eleitorais, veremos que eles se ocupam, com ênfase, do problema da inelegibilidade, visto como um dos mais importantes de nossa área de estudo. Se fizermos uma pesquisa mais detida, notaremos que não houve entre os estudiosos, sejam eles os clássicos ou os mais recentes, nenhuma menção mais consequente acerca do instituto da *inabilitação*. Deveras, até bem pouco tempo não havia nenhuma preocupação em precisar o significado dessa expressão, por vezes adotada em textos legais, pois raramente no Brasil havia a aplicação concreta de normas sancionadoras aos agentes políticos, assim entendidos os ocupantes de cargos eletivos.

Com a democratização do País e a liberdade de informação, forçoso convir que houve uma mudança em nossos hábitos políticos, sendo crescente a politização do povo e a fiscalização das gestões públicas. Após a Carta de 1988, que outorgou maiores poderes investigativos ao Ministério Público, começaram a surgir inúmeras denúncias contra diversos administradores públicos, mais da vez pela prática de atos de improbidade administrativa, culminando com a existência de condenação criminal de muitos deles e, não raro, com a possibilidade de apenamento político por crime de responsabilidade, quando o acusado era o chefe do Poder Executivo de qualquer das esferas das autonomias públicas (União, Estados-Membros e Municípios).

Com essa explosão, em todo o País, de processos de *impeachment* de governantes ímprobos, bem como de processos criminais contra prefeitos municipais, a questão da *inabilitação*, antes de pouco interesse teórico e prático, passou a ganhar assomado relevo, iniciando por ocupar a preocupação dos operadores do Direito (advogados, promotores e magistrados), os quais tiveram que discutir sobre tal instituto sem qualquer lastro teórico prévio, eis que sobre ele nada havia ainda sido sistematicamente escrito. Assim, o tema passou a ser tratado sob a urgência das decisões judiciais, sendo discutido sob os condicionamentos dos casos concretos em que ele foi suscitado, o que tem gerado, por isso mesmo, certa perplexidade, mercê da falta de isenção de ânimo no seu estudo.

A nossa preocupação, nessa visada, é responder a algumas questões que têm sido constantemente postas quando se discute sobre a *inabilitação*, além de outras tantas, as quais, por não terem sido postas, condicionaram negativamente a reflexão sobre as primeiras. Assim, tem-se discutido sobre se a inabilitação para o exercício de função pública, aplicada ao presidente da República contra o qual seja julgada procedente a acusação de prática de crime de responsabilidade (art. 52, parágrafo único, da CF/88), seria aplicável para todos os cargos (eletivos e de nomeação), ou se os cargos eletivos estariam fora desse preceito. Outrossim, indaga-se sobre o que seja *função pública*, para efeito de aplicação dessa norma, vez que o termo é indeterminado, podendo possuir várias conotações.

Embora legítimas essas questões, penso que são elas dependentes do enfrentamento de outras tantas, as quais condicionam a compreensão do instituto da *inabilitação*. Deveras, é curial que possamos, prejudicialmente, explicar a natureza jurídica desse instituto, confrontando-o com o da inelegibilidade. Superada essa difícil empreitada, que muito nos ajudará a remover alguns equívocos que têm empanado o estudo do problema, passaremos a estudar as normas jurídicas que tratam desse instituto, procurando resolver aspectos hermenêuticos cruciais. Ao depois, poderemos então tentar dar uma resposta satisfatória aos pontos práticos mais relevantes que a matéria suscita, delimitando o conceito de *inabilitação* para o Direito Eleitoral.

§2 Conceito de inabilitação

2.1 Noções gerais

O conceito de inabilitação é multívoco, não havendo consenso quanto ao seu conteúdo. Tal fato se dá em virtude de sua abrangência, uma vez que seus efeitos se fazem sentir em uma diversidade de áreas jurídicas.

De fato, quando alguém afirma que uma pessoa está inabilitada, logo surgirá para o ouvinte de uma tal frase a indagação fundamental: "inabilitada para quê?". Realmente, quando julgamos que alguém está inabilitado, é porque ele não possui habilitação para o exercício de alguma atividade ou para a obtenção de algum direito, mercê de alguma causa específica. Assim, há inabilitação para dirigir carros, comum aos que não possuem carta de motorista; há inabilitação para exercer o direito de votar, comum para os que não têm o título eleitoral; como há os inabilitados para serem candidatos, em razão de não terem a habilitação necessária: o registro de candidatura. Trata-se, pois, de um conceito relacional.

A inabilitação, de conseguinte, é um défice na esfera jurídica de alguém, que inibe o nascimento de alguma faculdade jurídica determinada.

Quando se pensa em inabilitação, nos exemplos acima elencados, pensa-se na ausência de alguma qualidade, cuja falta inibe o surgimento de uma determinada vantagem para o inabilitado. Assim, preenchidas as condições necessárias para a habilitação, não haveria empeço para a obtenção da faculdade desejada, com enriquecimento da esfera jurídica do interessado. Desse modo, bastaria ao maior de dezoito anos demonstrar suas qualidades como motorista e estaria apto a dirigir qualquer carro para o qual obteve a habilitação; outrossim, bastaria ao brasileiro possuir mais de dezesseis anos de idade para obter o alistamento eleitoral, habilitando-se para votar nas eleições; e, finalmente, bastaria ao eleitor obter o registro de sua candidatura, com o preenchimento das condições de elegibilidade, para lançar-se candidato a um cargo eletivo, habilitando-se a concorrer no processo eleitoral.

Nem sempre assim, todavia, o ordenamento jurídico utiliza a palavra inabilitação. No direito público se tem falado em inabilitação como uma sanção imposta a alguém, como reprimenda à prática de algum fato reputado ilícito. Nesse caso específico, consoante teremos ensejo de ver à larga, a inabilitação não funciona como um défice na esfera jurídica de alguém, como se fora a ausência de alguma qualidade necessária para a obtenção de uma certa vantagem. Ao contrário, em casos que tais, a inabilitação é uma pena aplicada ao infrator, uma qualidade jurídica negativa, cuja consequência é o impedimento para a obtenção de uma comodidade desejada. Vê-se, nesse particular, que a inabilitação aqui não funciona como ausência de alguma qualidade, mas como existência de algum obstáculo imposto como sanção, irrogado contra quem praticou algum ato não querido pelo ordenamento jurídico.

2.2 Normas jurídicas pertinentes

Em primeira plana, ressalta que, quando falamos em inabilitação, estamos com olhos voltados para as normas jurídicas que prescrevem uma específica sanção, qual seja, o impedimento ao exercício de função pública.

Realmente, há normas dispersas no ordenamento jurídico, as quais imputam a determinados fatos havidos como ilícitos o efeito jurídico da inabilitação para o exercício de função pública, para a ocupação de cargo ou emprego públicos, bem assim para o desempenho de mandato eletivo. São normas, pois, que abrangem a aplicação de sanções na esfera da vida pública do nacional, inobstante não lhe tolde em absoluto os seus direitos políticos.

Para que se possa fazer uma análise do conceito de inabilitação, buscando encontrar uma teoria geral, aplicável a todas as suas espécies, faz-se necessário abdicar de qualquer concepção *a priori*, tentando compreender as *nuances* e sutilezas do conceito através de como ele se apresenta no universo de normas jurídicas aplicáveis à espécie. Portanto, haveremos de tentar construir um conceito que seja fiel ao seu suporte de validade, à sua base empírica que é o ordenamento jurídico brasileiro vigente.[1]

De acordo com o art. 52 da Constituição Federal de 1998, compete privativamente ao Senado Federal processar e julgar o presidente e o vice-presidente da República nos crimes de responsabilidade e os ministros de Estado nos crimes da mesma natureza

---

[1] Incansavelmente, temos chamado a atenção, em nossos textos jurídicos, para a importância de o raciocínio dogmático ser fundado no Direito Positivo em vigor, como condição inarredável de validade do discurso científico. Por isso, julgo pertinente lembrar o princípio da coextensividade entre o âmbito de validade normativa e âmbitos de referibilidade doutrinária, enunciado por José Souto Maior Borges (O direito como fenômeno linguístico, o problema de demarcação da ciência jurídica, sua base empírica e o método hipotético-dedutivo. *In*: BORGES. *Ciência feliz*, p. 132), segundo o qual "se as normas jurídicas têm âmbitos de *validade* delimitados, as proposições descritivas dessas normas terão por igual âmbitos de *referibilidade* limitados pelas normas, ou seja, o objeto normativo que descrevem" (grifos do autor). Assim, a validade do discurso dogmático apenas pode ser apreendida se fundada no ordenamento jurídico explicado e, de certo modo, construído pelas teorias elaboradas. Ao pensar jurídico *zetético* é permitido maiores voos, pois seu campo de pesquisa é ilimitado, eis que não resta preso a um determinado ordenamento jurídico concreto, podendo refleti-lo através de indagações por sobre cada um deles, ou por através deles, em comunicação constante. Sobre isso, *vide*, por todos, Tércio Sampaio Ferraz Jr. (*Introdução ao estudo do direito*: técnica, decisão, domínio, p. 40 *et seq.*).

conexos com aqueles, assim como processar e julgar os ministros do Supremo Tribunal Federal, o procurador-geral da República e o advogado-geral da União nos crimes de responsabilidade. Em seu parágrafo único, o art. 52 dispõe sobre a sanção de inabilitação, ao prescrever que nesses casos, funcionará como presidente o do Supremo Tribunal Federal, limitando a condenação, que somente será proferida por dois terços dos votos do Senado Federal, à perda do cargo, com inabilitação, por oito anos, para o exercício de função pública, sem prejuízo das demais sanções judiciais cabíveis.

A par desse preceito constitucional, que prevê a *inabilitação para o exercício de função pública* como sanção imposta à prática de crime de responsabilidade, há outras importantes normas, de escalão inferior, também prevendo semelhante apenamento. Por sua importância, para a correta análise do instituto, é de mister citemos as principais disposições sobre o tema.

Para os crimes de responsabilidade dos prefeitos municipais, sujeitos ao julgamento do Poder Judiciário, independentemente do pronunciamento da Câmara Municipal, o Decreto-Lei nº 201, de 27 de fevereiro de 1967, estipulava no §2º do art. 1º que a condenação definitiva em qualquer dos crimes definidos neste artigo acarreta a perda do cargo e a inabilitação, pelo prazo de cinco anos, para o exercício de cargo ou função pública, eletivo ou de nomeação, sem prejuízo da reparação civil do dano causado ao patrimônio público ou particular.

Também o Código Penal Brasileiro trouxe regra prevendo uma pena assemelhada. O art. 92, inc. I, com a redação dada pela Lei nº 9.268, de 1º de abril de 1996, prescreve, como efeitos da condenação, a perda de cargo, função ou mandato eletivo quando aplicada a pena privativa de liberdade por tempo igual ou superior a um ano, nos crimes praticados com abuso de poder ou violação de dever para com a Administração Pública, e quando for aplicada pena privativa de liberdade por tempo superior a quatro anos nos demais casos.

Essas, portanto, normas que preveem a sanção de inabilitação para o exercício de função pública, irrogada àqueles que pratiquem crime de responsabilidade e crimes comuns contra a Administração Pública. Não se diga com isso, todavia, que a inabilitação é uma sanção de natureza penal apenas, como efeito secundário da sentença criminal procedente. Os crimes de responsabilidade, aos quais a sanção é imposta, não possuem natureza apenas penal, eis que desafiam também um julgamento político, com consequências apenas políticas.

2.3 Sobre as normas jurídicas prescritoras de inabilitação

Tem havido, na prática forense, algumas controvérsias sobre o alcance daqueles preceitos, principalmente pela extensão semântica que se venha a dar ao signo *função pública*. De fato, muitos dos debates acerca do alcance da pena de inabilitação se devem a uma discussão eminentemente nominalista, não raro produzida por interesses postos em causa, o que dificulta sobremaneira a exata compreensão desse importante instituto jurídico.

O termo inabilitação não constava na Constituição Republicana de 1891. O parágrafo único do seu art. 53 apenas prescrevia que a procedência da acusação por crime de responsabilidade culminaria no afastamento do presidente da República do exercício de suas *funções*. Era o §3º do art. 33 que previa, no julgamento de crime de responsabilidade, a pena de perda do cargo e a *incapacidade* de exercer qualquer outro. Assim, a Constituição de 1891 previa, *grosso modo*, o cautelar afastamento das *funções* de presidente da República, com o tão só recebimento da acusação, que culminaria, sendo ela julgada ao final procedente, com a perda do cargo e *incapacidade* para exercer qualquer outro cargo.

Note-se, por ser de relevo na disputa nominalista que mais adiante se travará, que a primeira Carta Republicana tanto se refere a *cargo* como a *função* de presidente da República. Por ser azado, é curial observar que esse primeiro texto constitucional republicano fala em *incapacidade* para exercer qualquer outro cargo; expressão essa substituída pela mais técnica: inabilitação.

Já a Constituição de 1934, nos §§6º e 7º do art. 58, prevê o afastamento do exercício do *cargo* de presidente da República, a partir do recebimento da denúncia ("decretada a acusação"), podendo o Tribunal Especial, com competência para julgá-lo, aplicar somente a pena de *perda do cargo*, com *inabilitação* até o máximo de cinco anos para o exercício de qualquer *função pública*. No mesmo diapasão regrou o art. 86 da Constituição de 1937. Também o parágrafo único do art. 88 da Constituição de 1946 fazia menção à suspensão, pelo recebimento da denúncia, do exercício das funções de presidente da República.

Coube à Lei nº 1.079/50 definir quais eram os crimes havidos como de responsabilidade, definindo o processo regular para a sua apuração e julgamento.

A Constituição Federal de 1967, com a Emenda nº 01/69, também trouxe norma prescritora da inabilitação (art. 42, parágrafo único).

Se analisarmos o desenvolvimento histórico da responsabilização política dos que exercem mandato eletivo, veremos que o Decreto-Lei nº 201/67 é de elevada importância, até por que não necessita do concurso do Poder Legislativo para a sua aplicação, vez que o Poder Judiciário pode aplicar diretamente a sanção de inabilitação aos chefes do Poder Executivo Municipal, bastando para isso haja promoção de ação processual própria. Em não havendo imunidade para os prefeitos municipais, necessidade alguma existe de permissão para seu processamento outorgada pelas Câmaras de Vereadores Municipais.

Por vezes há ainda os que discutem sobre a vigência deste Decreto-Lei, notadamente em face da Constituição de 1988. O Supremo Tribunal Federal já se pronunciou sobre a matéria, advertindo a ocorrência da recepção deste diploma pela Carta, consoante se vê de decisão proferida em 1994: "Decreto-Lei n. 201/67 – Validade – Súmula 486 do STF – Caso de ex-prefeito. I – O Decreto-Lei n. 201 teve sua subsistência garantida pela Carta de 1967/69, e não é incompatível com a Constituição de 1988. É válido o processo que, nos seus termos, prossegue contra ex-prefeito, se domínio versado não é o de verdadeiros delitos de responsabilidade (arts. 4º e seguintes), mas o de crimes ordinários, processados pela Justiça e sujeitos a pena de direito comum (art. 1º a 3º)" (HC nº 69.850-6-RS, Pleno, rel. Min. Francisco Resek, *DJU*, 27 maio 1994).[2]

Resolvido este problema a respeito da vigência do Decreto-Lei nº 201/67, restanos assinalar a existência de uma falsa pendência sobre a sua aplicação pelas Câmaras Municipais contra os prefeitos, quando praticarem eles crimes político-administrativos.

---

[2] Sobre o assunto, *vide* Tito Costa (*Responsabilidade de prefeitos e vereadores*, p. 26-31).

É que, com o preceito do art. 29, inciso X, da Carta Maior, pelo qual se outorgou a competência do julgamento dos prefeitos ao Tribunal de Justiça, houve quem pretendesse asseverar a impossibilidade de a Câmara Municipal julgar politicamente o titular do Poder Executivo municipal. Voz notável a sustentar esse entendimento foi a de José Cretella Júnior,[3] que afirmou: "Na sistemática da Constituição vigente, o julgamento do prefeito perante o Tribunal de Justiça do Estado, em que se localiza o Município, independe da matéria — crime político, crime de opinião, infração político-administrativa — ficando, assim, fora da alçada do juízo singular e da Câmara Municipal, o conhecimento, o processamento e o julgamento dessas causas". E, em conclusão ao seu pensamento, arremata: "Os prefeitos Municipais de todo o Brasil têm o direito subjetivo público de julgamento, em qualquer tipo de infração, pelo Tribunal de Justiça, colegiado objetivo e imparcial, isento das paixões partidárias que influem sobre o julgamento dos colegiados locais".

Tal interpretação da norma constitucional não deve ser incentivada, vez que em conflito com a sistemática adotada pela Constituição Federal para casos símiles. Deveras, se é certo que compete ao Supremo Tribunal Federal processar e julgar, originariamente, nas infrações penais comuns, o presidente da República (art. 102, inc. I, alínea "a", da CF/88), não menos verdadeiro é que ao Senado Federal compete processar e julgar o presidente da República nos crimes de responsabilidade. Vale dizer, as infrações político-administrativas não escapam à competência do Poder Legislativo, a quem cabe julgar o chefe do Poder Executivo pela sua prática. O mesmo sucede com os governadores dos Estados, que podem ser julgados pelo Superior Tribunal de Justiça quando da prática de crimes comuns (art. 105, inc. I, alínea "a" da CF/88), nada obstante possam também ser julgados por crime de responsabilidade pelas Assembleias Legislativas Estaduais. Ora, se é assim, em homenagem ao princípio da simetria com o centro teremos de asseverar que assim também o será em relação aos prefeitos municipais, os quais poderão ser julgados politicamente pelas Câmaras Municipais e, nos crimes comuns, pelos Tribunais de Justiça Estaduais.

Subtrair da Câmara Municipal o julgamento político do prefeito municipal é manietar a Constituição Federal, arrancando do Poder Legislativo Municipal atribuições relevantes, em descompasso com uma das mais importantes de suas funções, qual seja, a função fiscalizadora, cujo ápice se encontra na competência para julgar e punir o Chefe do Executivo. A função julgadora da Câmara é corolário do exercício da fiscalização inerente a esse Poder, que funciona como fundamental órgão de controle, máxime quanto às repercussões políticas dos atos de governo eivados de ilicitude.

Evoluindo nesse raciocínio, convém gizar que o Decreto-Lei nº 201/67 faz uma distinção entre o que denominou de *crimes de responsabilidade* (art. 1º) e *infrações político-administrativas* (art. 4º). Analisando o elenco de condutas típicas descritas nesse diploma, teremos o ensejo de ver que as chamadas infrações político-administrativas nada mais são do que verdadeiros crimes de responsabilidade, naturalmente se as colocarmos em cotejo com os tipos previstos na Lei nº 1.079, de 10 de abril de 1950, que define os crimes de responsabilidade. Vejamos o quadro comparativo a seguir:

---

[3] *Comentários à Constituição de 1988*, p. 1880.

Art. 4º – São infrações político-administrativas dos prefeitos Municipais sujeitas ao julgamento pela Câmara dos Vereadores e sancionadas com a cassação do mandato:	Art. 6º – São crimes de responsabilidade contra o livre exercício dos Poderes Legislativo e Judiciário e dos poderes constitucionais dos Estados:
I – impedir o funcionamento regular da Câmara;	1) tentar dissolver o Congresso Nacional, impedir a reunião ou tentar impedir por qualquer modo o funcionamento de qualquer de suas Câmaras;
IV – retardar a publicação ou deixar de publicar as lei e atos sujeitos a essa formalidade;	Art. 9º – São crimes de responsabilidade contra a probidade na administração: 1) omitir ou retardar dolosamente a publicação das leis e resoluções do Poder Legislativo ou dos atos do Poder Executivo.
V – deixar de apresentar à Câmara, no devido tempo, e em forma regular, a proposta orçamentária.	Art. 10 – São crimes de responsabilidade contra a lei orçamentária: 1) não apresentar ao Congresso Nacional a proposta do orçamento da República dentro dos primeiros dois meses de cada sessão legislativa.

Note-se, com a leitura dos textos legais, que as condutas ilícitas são idênticas, nada obstante possuam denominações diferentes para as duas normas jurídicas. A questão, que aqui nos cabe colocar, é o saber se tal diferença de nomenclatura possui consequências jurídicas graves. Antes, porém, de elaborarmos algum juízo de valor sobre o tema, convém ainda tentar ver da possibilidade de fazer idêntico cotejo das normas previstas no art. 1º do Decreto-Lei com as normas previstas na Lei nº 1.079/50. Vejamos:

Art. 1º – São crimes de responsabilidades dos prefeitos Municipais, sujeitos ao julgamento do Poder Judiciário, independentemente do pronunciamento da Câmara dos Vereadores:	Art. 9º – São crimes de responsabilidade contra a probidade da administração:
VI – deixar de prestar contas anuais da administração financeira do Município à Câmara de Vereadores...	2) não prestar ao Congresso Nacional, dentro de sessenta dias após a abertura da sessão legislativa, as contas relativa ao exercício anterior;
VIII – contrair empréstimos, emitir apólices, ou obrigar o Município por títulos de crédito, sem autorização da Câmara, ou em desacordo com a lei;	Art. 11 – São crimes de responsabilidade contra a guarda e o legal emprego dos dinheiros públicos: 3) contrair empréstimo, emitir moeda corrente ou apólices, ou efetuar operação de crédito sem autorização legal.

Como se vê, enquanto a Lei nº 1.079/50 previu todas essas condutas sob o rótulo de *crime de responsabilidade*, o Decreto-Lei nº 201/67 impôs dois rótulos distintos: *infrações político-administrativas* e *crimes de responsabilidade*.

Mas não apenas nesse particular houve diversidade de tratamento. Enquanto a Lei nº 1.079/50 previu sanções políticas para todas as condutas descritas como ilícitas (art. 2º), além de admitir fossem elas também submetidas ao julgamento como crime comum (art. 3º), o Decreto-Lei seguiu uma senda diversa: aos ali chamados crimes de responsabilidade (art. 1º), previu processo submetido ao Poder Judiciário, havendo-os como crimes de natureza comum, com sanções penais e políticas (§§1º e 2º do art. 1º); às chamadas *infrações político-administrativas*, tão somente sanção de perda de mandato e julgamento pela Câmara Municipal (art. 4º).

Como se apercebe, a diversidade de tratamento dado aos crimes de responsabilidade vai além de uma disputa meramente nominalista, pois as normas deram consequências diferentes às mesmas condutas ilícitas, tendo em vista apenas a pessoa do agente: se prefeito municipal, incidiria o Decreto-Lei; se presidente da República, governador de Estado ou qualquer das autoridades referidas, seria aplicada a Lei nº 1.079/50. Tal situação, na prática, revela que o Decreto-Lei nº 201/67, ao contrário do que afirma boa parte da doutrina que dele cuidou, é mais suave do que a Lei nº 1.079/50, pois enquanto aqui todos os tipos ensejam sanções penais e políticas, no Decreto-Lei há condutas que, ainda quando graves para a democracia, apenas ensejam sanção política, aplicada apenas pela Câmara Municipal. É de se ver que o problema da autorização legislativa para o processamento criminal dos prefeitos municipais é questão que não mais se coloca, até porque não são eles acobertados pelo manto da imunidade, de maneira que podem ser responsabilizados diretamente pelos atos praticados em razão da gestão da coisa pública.

Dito isto, resta-nos mais uma última questão. Os crimes de responsabilidade previstos no art. 1º do Decreto-Lei nº 201/67 podem, a par de serem julgados pelo Tribunal de Justiça, ser julgados politicamente pela Câmara de Vereadores? A resposta que a jurisprudência e a doutrina vêm dando é no sentido de que não caberia à Câmara Municipal julgar, politicamente, os atos praticados pelo prefeito, previstos como crimes de responsabilidade (ou seja, os crimes reputados comuns). Tal posicionamento, parece-nos, é fruto da adoção dos argumentos de Hely Lopes Meirelles, que, como é ressabido, é o pai intelectual do Decreto-Lei nº 201/67. Segundo o saudoso administrativista, teve ele a preocupação de separar nitidamente as infrações penais das infrações político-administrativas, atribuindo o processo e julgamento daquelas exclusivamente ao Poder Judiciário, e o destas à Câmara de Vereadores.[4] E tanto isso é verdade, que, aos crimes do art. 1º, se atribuem sanções penais, as quais devem ser quantificadas pelo Judiciário, ao passo que, quanto às infrações do art. 4º, é aplicada apenas sanção de sabor marcadamente político, é dizer, a perda do mandato eletivo.

Seja como for, os atos praticados pelo prefeito municipal que sejam tipificados como crimes contra a Administração Pública pelo Código Penal, e que não tenham sido previstos pelo art. 1º do Decreto-Lei nº 201/67, poderão ser processados e julgados pelo Poder Judiciário, sem necessidade de autorização da Câmara Municipal, por força do

---

[4] *Idem.*

art. 29, inc. X da CF/88. A diferença é que, quanto aos crimes processados pelo Decreto-Lei, a pena acessória será a inabilitação, enquanto para os demais será a suspensão dos direitos políticos (art. 92 do Código Penal).

Anote-se, por ser azado, que as infrações político-administrativas praticadas pelos prefeitos municipais e que não podem ser reputadas crimes, hoje são previstas, *grosso modo*, pela Lei de Improbidade Administrativa, com consequências mais ríspidas que apenas a perda do mandato político. Embora tal norma não possua repercussão penal, tem forte conteúdo cominatório, trazendo imenso gravame aos apenados.

§3 Inabilitação e função pública

3.1 Conceito de função pública

A inabilitação é uma sanção irrogada aos que pratiquem atos ilícitos contra a Administração Pública, no exercício de mandato eletivo. Outrossim, ela funciona como um obstáculo a obtenção ou exercício de determinada faculdade, que genericamente algumas normas qualificaram de *função pública*, enquanto outras foram mais além, especificando quais faculdades estavam abrangidas no empeço de ordem legal.

O art. 52, parágrafo único, da Constituição Federal previu a aplicação de inabilitação, por oito anos, para o exercício de função pública, àqueles que cometerem crime de responsabilidade. Já o Decreto-Lei nº 201/67 previu a inabilitação, pelo prazo de cinco anos, para o exercício de cargo ou função pública, eletivo ou de nomeação, aplicada aos prefeitos municipais processados judicialmente pela prática de crime de responsabilidade.

Assim, quando se estuda sobre o conteúdo do conceito de inabilitação, não há com não se indagar, como questão prejudicial intransponível, qual o conceito de *função pública* adotado pelos diversos legisladores, os quais estipularam a pena de inabilitação.

Assim, é curial que façamos uma análise prévia do que a doutrina tem convencionado denominar com o signo *função pública*, de modo a podermos, de posse dessas ferramentas, encontrar uma resposta convincente sobre a extensão (denotação) do signo inabilitação. Se formos analisar de que maneira a doutrina convencionou conceituar o signo *função pública*, observaremos ser ele tratado como um plexo de faculdades, de poderes-deveres, os quais seriam concedidos a um agente público com a finalidade de possibilitar-lhe agir em nome de outrem, qual seja, dos seus representados. Celso Antônio Bandeira de Mello[5] bem o diz, quando leciona: "Tem-se função apenas quando alguém está assujeitado ao *dever* de buscar, no *interesse de outrem*, o atendimento de certa finalidade. Para desincumbir-se de tal dever, o sujeito de função necessita manejar *poderes*, sem os quais não teria como atender à finalidade que deve perseguir para a satisfação do interesse alheio. Assim, ditos poderes são irrogados, única e exclusivamente, para propiciar o cumprimento do dever a que estão jungidos; ou seja, são conferidos como *meios* impostergáveis ao preenchimento da finalidade que o exercente de função deverá suprir".

Logo, a função pública é o somatório de faculdades e deveres, outorgados a agentes públicos, na titularidade de um plexo de atribuições, com o fim de atender a

---

[5] *Curso de direito administrativo*, 9. ed., p. 56, grifos apostos.

uma finalidade limitada pelo bloco da legalidade. Todo agente público, de conseguinte, exerce função pública, ou seja, está investido em um plexo de atribuições conferido para o atendimento de um certo fim desejado pelo ordenamento jurídico, alcançável através do exercício de *atividade sublegal*.[6] Assim, a todo cargo ou emprego público correspondem algumas funções públicas; todavia, nem toda função pública é exercida por quem esteja ocupando cargos ou empregos públicos. Exemplo disso é o cidadão que exerce função de jurado no Tribunal do Júri, ou que integra a Junta Eleitoral nas eleições, ou mesmo aqueles servidores chamados antigamente de extranumerários, eis que faziam parte do funcionalismo público, sem que ocupassem qualquer cargo.

Cargo é o lugar no quadro de pessoal da Administração Pública, criado por lei, com um feixe de atribuições (ou funções públicas). Os servidores contratados temporariamente, com base no art. 37, inc. IX da CF/88, por exemplo, exercem função pública, nada obstante não ocupem cargos públicos, eis que não existem, como lugares previstos com lotação própria, na estrutura funcional da Administração.[7] Portanto, cargo e função pública não são termos sinônimos, pois a função pública é o feixe de atribuições afeto por lei aos cargos públicos, ou afeto diretamente ao agente público, sem que esteja ele investido em cargos. Por isso, Maria Sylvia Zanella Di Pietro,[8] quando analisa o art. 37 da CF/88, a respeito da estrutura da Administração, vem a falar em duas espécies de função: (a) a função exercida por servidores contratados temporariamente com base no art. 37, inc. IX; e (b) as funções de natureza permanente, correspondendo a chefia, direção, assessoramento ou outro tipo de atividade para a qual o legislador não crie o cargo respectivo.

Mas não apenas eles, insista-se, exercem função pública. Todo agente público exerce função pública, tendo poderes-deveres conferidos pelo ordenamento para bem desempenhar suas atribuições, as quais têm por fito bem atender os seus representados. E, como regra geral, devemos ter em mente que são reputados agentes públicos os agentes políticos, os servidores públicos e os particulares em colaboração com a Administração.

Quando dissemos que os cargos e os empregos são *lugares* dentro da estrutura da Administração, utilizamos essa imagem espacial para retratar esse fenômeno normativo. De fato, os cargos são criados por lei em número certo, que constitui a lotação genérica do quadro de pessoal. Esses cargos, numericamente certos, são individualizados através das atribuições que possuem, apenas podendo ser preenchida cada vaga por meio de concurso público, consoante comando constitucional.

Com essas premissas abeatadas na retentiva, já podemos novamente sublinhar que cargo e função pública não são termos coextensivos, pois possuem significados precisos no sistema jurídico pátrio. *A todo cargo corresponde função pública específica; posto que nem toda função pública se refere a um cargo público.*

Os cargos eletivos, outrossim, desempenham função pública, qualificada apenas pelo modo de acesso dos seus ocupantes, eis que são eles eleitos pelo povo. Assim, enquanto os cargos públicos são ocupados por servidores públicos, os cargos eletivos

---

[6] Assim também, *vide* Lúcia Valle Figueiredo (*Curso de direito administrativo*, p. 361), para quem: "Agentes públicos são todos aqueles investidos em funções públicas, quer permanente, quer temporariamente".
[7] Por todos, Maria Sylvia Zanella Di Pietro (*Direito administrativo*, p. 358-359).
[8] *Ibidem*, p. 358.

são ocupados por agentes políticos, os quais também exercem função pública. O que há de diversidade entre eles é a natureza do vínculo jurídico que os une à Administração (*rectius*, ao poder público), bem como o tipo de função pública que desempenham.

De fato, os ocupantes de cargos eletivos desempenham mandato eletivo, que é a função pública mais relevante, seja praticando atos de governo, seja praticando atos legislativos. Tais atribuições outorgadas pela Constituição Federal, ou por normas de escalão inferior, são poderes-deveres conferidos para, em nome alheio (do povo), realizar finalidades públicas.

Função pública é o plexo de atribuições de quem exerce	cargo público
	mandato eletivo
	emprego público

3.2 Agente político e função pública

Dissemos que todo agente público exerce função pública. Ou seja, é agente público quem, por qualquer vínculo com o poder público, é aquinhoado com poderes para alcançar determinada finalidade de interesse público. Nesse diapasão, a Lei nº 8.429/92 (Lei da Improbidade Administrativa), em seu art. 2º, define agente público de modo bastante amplo, como todo aquele que exerce, ainda que transitoriamente ou sem remuneração, *por eleição*, nomeação, designação, contratação ou qualquer outra forma de investidura ou vínculo, *mandato*, cargo, emprego ou função nas entidades mencionadas no artigo anterior.

Portanto, agente público, na Lei nº 8.429/92, é aquele que exerce mandato, cargo, emprego ou função no poder público. Do mesmo modo, a Lei nº 9.504/97 (Lei das Eleições de 1988) não se furtou a, também ela, dar uma definição de *agente público*, para fazer incidir as suas normas. Prescreveu ela, no §1º do art. 73, que se reputa agente público quem exerce, ainda que transitoriamente ou sem remuneração, por eleição, nomeação, designação, contratação ou qualquer outra forma de investidura ou vínculo, mandato, cargo, emprego ou função nos órgãos ou entidades da Administração Pública direta, indireta ou fundacional.

Mais uma vez a norma foi aqui extensiva de todas as possíveis espécies, subsumindo ao signo *agente público* os que exerçam mandato, investidos por eleição.

A doutrina, sensível à necessidade de classificar de uma maneira mais efetiva as várias espécies de vínculos dos nacionais com o poder público, passou a compreender que havia várias qualidades de agentes públicos. Assim, como avulta dessas definições legais, há agentes que exercem mandato eletivo, vale dizer, possuem um vínculo especial com o poder público, eis que chamados a participar da formação da vontade política do Estado brasileiro; outros, diferentemente, são vinculados à Administração através de concurso público, ou da livre escolha do administrador, ou mesmo para exercer algum emprego temporário: são os servidores públicos, ou seja, aqueles que têm vínculo de trabalho com a Administração, exercendo cargo, emprego ou função pública. Finalmente, há ainda aqueles que, embora não tenham um vínculo de trabalho com a Administração, travam relações jurídicas com ela, podendo, por vezes, agir em nome dela. É o caso dos tabeliães públicos, ou dos participantes do conselho de sentença no Júri, ou ainda os que exercem a função de mesário nas eleições.

Celso Antônio Bandeira de Mello, em sua importante obra,[9] alerta que a expressão *agente público* é a mais ampla que se pode conceber para designar genérica e indistintamente os sujeitos que servem ao poder público como instrumentos expressivos de sua vontade ou ação, ainda quando o façam apenas ocasional ou episodicamente. Razão pela qual, "quem quer que desempenhe funções estatais, *enquanto as exercita*, é um agente público. Por isto, a noção abarca tanto o Chefe do Poder Executivo (em quaisquer das esferas) como os senadores, deputados e vereadores, os ocupantes de cargos ou empregos públicos da Administração direta dos três Poderes, os servidores das autarquias, das fundações governamentais, das empresas públicas e sociedades de economia mista nas distintas órbitas de governo, os concessionários e permissionários de serviço público, os delegados de função ou ofício público, os requisitados, os contratados sob locação civil de serviços e os gestores de negócios públicos". Portanto, o signo abrange pessoas que integram e que não integram o aparelho estatal, em uma acepção bem ampla.

Nessa linha de raciocínio, Celso Antônio Bandeira de Mello isola três espécies de agentes públicos: (a) os agentes políticos; (b) os servidores públicos; e (c) os particulares em atuação colaboradora com o poder público.

Em síntese, ainda nos valendo das lições de Celso Antônio, os *agentes políticos* são "os titulares dos cargos estruturais à organização política do País, ou seja, ocupantes dos que integram o arcabouço constitucional do Estado, o esquema fundamental do Poder". O vínculo que tais agentes entretêm com o Estado não é de natureza profissional, mas de natureza política.

Os *servidores públicos* são aqueles que possuem um vínculo estatutário ou de emprego com a Administração, estando submetidos hierarquicamente, além de fazerem parte integrante da própria Administração Pública. Tal qual os agentes políticos, são eles também abrangidos pelas definições legais acima explicitadas. Os terceiros em colaboração com a Administração são particulares que, por determinadas circunstâncias, exercem também função pública, ainda que episodicamente, sem fazerem parte da intimidade do poder público.

Os *agentes políticos*, como agentes públicos que são, exercem função pública, qualificada pelo vínculo jurídico que possuem com o poder público. Exercendo mandato político, ocupam cargos eletivos, os quais possuem um feixe de atribuições (funções públicas). Não por essa razão, é meramente nominalista a discussão segundo a qual o presidente da República, ou o governador de Estado, ou o prefeito municipal não ocupam cargo e nem exercem função pública: eles apenas exerceriam mandato eletivo. Mas tal assertiva é tão pobre, que não resiste a uma simples leitura da Constituição Federal de 1988.

Ao azar, poderíamos apanhar alguns exemplos da utilização indistinta desses signos, quando a Carta trata da Presidência da República como cargo público (arts. 80, 81 e 83), função pública (art. 86, §§1º e 2º) e mandato eletivo (art. 77). Ou seja, o próprio direito positivo constitucional prescreve que o presidente da República exerce *função*

---

[9] *Op. cit.*, p. 149 *et seq*. No mesmo sentido, *vide* Lúcia Valle Figueiredo (*Curso de direito administrativo*, p. 365-366).

pública, ocupando o *cargo público* mais relevante da nação, tendo com ela uma relação jurídica constituída por um *mandato eletivo* outorgado pelos cidadãos, no exercício de sua soberania popular, através do sufrágio universal.

De conseguinte, os signos *cargo, mandato eletivo* e *função pública* podem ser aplicados indistintamente ao vínculo jurídico mantido por qualquer *agente político* com o poder público.

3.3 Função pública e direito penal

Ainda com o intuito de afastar qualquer discussão de cunho nominalista, que por sua esterilidade termina empanando a compreensão séria do instituto da inabilitação, desejamos aqui mencionar alguns aspectos da legislação penal que têm importância sobre o tema por nós enfrentado.

O Código Penal brasileiro foi introduzido pelo Decreto-Lei nº 2.848, de 07 de dezembro de 1940, quando o direito administrativo dava os seus primeiros passos teóricos no Brasil. Muitos dos conceitos jurídicos hoje vulgarizados eram, à época, desconhecidos, pois o direito público não obtinha, ainda, uma grande valorização dos nossos estudiosos, sendo lícito afirmar que, naquela quadra, tínhamos um excessivo apego civilista na análise da ciência jurídica, tal qual ocorria na ciência europeia de então. Assim, alguns conceitos do direito administrativo foram transplantados para o Código Penal, nada obstante o legislador tivesse o cuidado de dar a eles, por vezes, alguma nova significação, de maneira a torná-los úteis para serem manejados pela legislação penal.

À falta de uma sistematização conceitual para as diversas espécies de agentes públicos (expressão não empregada naquela época), o Código Penal fez uso, nos crimes contra a Administração Pública, do signo *funcionário público*, dando a ele uma significação mais ampla do que a usualmente empregada no direito administrativo. De fato, enquanto para o direito administrativo *funcionário público* seria aquele que tivesse um vínculo estatutário com a Administração Pública, ocupando algum cargo no seu quadro de pessoal, para a norma penal tal expressão era aplicada com um outro alcance. Consoante dispõe o art. 327 do Código Penal, considera-se funcionário público, para os efeitos penais, quem, embora transitoriamente ou sem remuneração, exerce cargo, emprego ou função pública.

É de se observar, portanto, que o conceito de funcionário público empregado pelo art. 327 do CP assemelha-se àquele de que se vale o art. 37, inc. I, da CF/88, para tratar os hoje denominados servidores públicos. Entrementes, a aplicação deste preceito penal, feita pela jurisprudência formada desde a entrada em vigor do Código, sempre foi no sentido de estender o conceito de funcionário público também aos ocupantes de mandatos eletivos, eis que também eles exercem função pública.

O pensamento dominante da doutrina, seguido pela jurisprudência, pode ser visto nas lições preciosas do Ministro Nélson Hungria, expostas por Rui Stoco,[10] consoante se lê: "Diz Nélson Hungria que sobre o que seja funcionário público, na órbita do Direito Administrativo, duas principais teorias são formuladas: uma restritiva, outra

---

[10] Vide a obra coletiva *Código Penal e sua interpretação jurisprudencial*, p. 3094, na qual se cita a obra de Nélson Hungria (*Comentários ao Código Penal*. Rio de Janeiro: Forense, v. 9, p. 397-400).

ampliativa. Segundo a primeira, só é funcionário público aquele que, na representação da soberania do Estado, exerce um poder de império ou dispõe de autoridade, ou a quem é confiado, ainda que em proporção mínima, um certo poder discricionário, uma determinada faculdade de exame nos casos concretos, para a execução de uma lei ou um regulamento. Não teriam, portanto, a dita qualidade aqueles a quem é incumbida uma tarefa inteiramente material, resultante de atos preestabelecidos e invariáveis, sem nenhuma liberdade de direção ou de ação. Segundo a outra teoria, porém, é funcionário público quem quer que exerça, profissionalmente, uma *função pública*, seja esta de império ou de gestão, ou simplesmente técnica. O conceito de funcionário público deve ser, assim, ligado à noção ampla de 'função pública'. Este, o critério prevalente ou moderno. Consoante lição de Gavazzi, o conceito de funcionário público já não deriva do de *autoridade*, mas do de *função pública*, e por função pública se deve entender qualquer atividade do Estado que vise diretamente à satisfação de uma necessidade ou conveniência pública. Adotando a noção extensiva, o nosso Código ainda lhe deu maior elastério, não exigindo, para caracterização de funcionário público, nem mesmo o exercício *profissional ou permanente* da função pública. Pode dizer-se, com corolário do art. 327, que não é propriamente a *qualidade de funcionário* que caracteriza o *crime funcional*, mas o fato de que é praticado por quem se acha no exercício de função pública, seja esta permanente ou temporária, remunerada ou gratuita, exercida profissionalmente ou não, efetiva ou interina, ou *per accidens* (ex: o jurado, a cujo respeito achou de ser expresso o art. 438 do CPP; o depositário nomeado pelo juiz, etc.). Considera-se funcionário público, segundo o texto legal, não só o indivíduo investido, mediante nomeação e posse, em *cargo público* (devendo entender-se por tal, *ut* art. 2º do Estatuto dos Funcionários Públicos Civis, aquele que é criado por lei, com denominação própria, em número certo e pago pelos cofres públicos) ou que serve em *emprego público* (eventual posto de serviço público, fora dos quadros regulares e para o qual não haja necessidade, sequer, de título de nomeação), como também qualquer pessoa que exerça *função pública*, seja esta qual for". E prossegue: "Referindo-se a função pública *in genere*, o art. 327 abrange todas as órbitas de atividade do Estado: a da *legis executio* (atividade rectória, pela qual o Estado praticamente se realiza), a da *legis latio* (atividade legislatória, ou de normatização da ordem político-social) e a da *juris dictio* (atividade judiciária, ou de apuração e declaração da vontade da lei nos casos concretos). Tanto é funcionário público o presidente da República quanto o estafeta de Vila do Confins, tanto o senador ou deputado federal quanto o vereador do mais humilde município, tanto o presidente da Suprema Corte quanto o mais bisonho juiz de paz da Hinterlândia. É preciso, porém, não confundir função pública com 'múnus público'. Assim, não são exercentes de função pública os tutores ou curadores dativos, os inventariantes judiciais, os síndicos falimentares (estes últimos sujeitos a lei penal especial) etc. Também não são funcionários os concessionários de serviços públicos e seus empregados."

Logo se vê, portanto, que não escapou à doutrina penalista que o preceito do art. 327 do CP, pelo qual se conceituava estipulativamente o conceito de funcionário público, não se prendia tão e tão só aos hoje chamados servidores públicos, vez que os tipos previstos, os quais tinham por sujeito ativo justamente os denominados funcionários públicos, não enquadravam apenas os servidores, senão que sancionavam precipuamente aqueles detentores de cargos de autoridade, os quais poderiam, com maior intensidade, produzir danos à Administração. Aliás, a jurisprudência, nesse particular, é farta, aplicando a detentores de mandato eletivo as sanções previstas no Código Penal, qualificando-os como funcionários públicos, naquela acepção ampla de *agentes públicos*. Nesse particular, vejamos algumas decisões nesse sentido: "O vereador é, sempre, considerado funcionário público para os efeitos penais, por equiparação legal" (TACRIM-SP, RHC, Rel. Fernando Prado, *JUTACRIM* 49/70).[11] E ainda: "Vereador é funcionário público para efeitos penais, nos termos do art.327 do CP, e, por isso, se beneficia com a inviolabilidade de suas opiniões, votos ou pareceres emitidos em plenário ou nas comissões a que pertença" (TACRIM-SP, AC, Rel. Ercílio Sampaio, *RT* 580/359).[12]

Além do art. 327 do CP, também o art. 92, inc. I, faz menção à perda de cargo, função pública *ou* mandato eletivo, como efeito secundário da sentença penal de procedência. Tem-se procurado, dada a redação desse preceito, uma distinção entre essas três expressões, mercê da presença da cópula "*ou*" no texto legal, cuja função seria justamente a de excluir um conceito do outro. É como se o legislador dissesse "ou cargo, ou função pública ou mandato eletivo", como três espécies distintas e heterogêneas.

Tal argumentação peca pela pobreza e falta de visão de conjunto. Afinal, não seria lícito ao intérprete analisar o art. 92, inc. I, do CP sem cotejá-lo com o art. 327, eis que ambos estão situados no mesmo diploma legal, devendo ser lidos sistematicamente, de modo a não gerar nenhuma antinomia. Consoante já tivemos o ensejo de expor, o conceito de *função pública* é preciso, não havendo mais quem dele discrepe no Direito Administrativo. Quem exerce cargo, emprego ou mandato eletivo está a exercer função pública, como um plexo de poderes-deveres outorgados pelo ordenamento jurídico para que, em nome alheio, possa o agente público atingir finalidades públicas. Ademais, como visto, a discussão peca pelo nominalismo, ainda mais quando a própria Carta Constitucional utiliza tais termos com recíprocas implicações, sendo o conceito de *função pública* extensivo a todos os demais.

3.4 Inabilitação e função pública

De conformidade com a exposição anteriormente feita, não há negar que as normas prescritoras da sanção de *inabilitação* têm em vista a inflição de uma pena grave, através da qual se impeça o nacional de exercer qualquer cargo, emprego, mandato eletivo ou função pública, excluindo-o da possibilidade de participar da vida política na Nação, ou mesmo de se investir em atribuições de interesse público, que o sistema jurídico repele sejam exercidas por pessoas sem as qualidades necessárias. Logo, poderemos, sem medo de errar, asseverar que as normas citadas durante a nossa exposição (notadamente o art. 52, parágrafo único, da CF/88, e o art. 1º, §2º, do Decreto-Lei nº 201/67) preveem, *grosso modo*, a pena política de inabilitação para o exercício de função pública *lato sensu*, com consequências negativas na esfera jurídica do nacional apenado. Assim, podemos asseverar que a inabilitação deve ser vista como um conceito jurídico unitário, sem embargo de possuir repercussões em esferas diferentes do ordenamento jurídico. Embora possamos esmiuçar a sua abrangência, como no quadro seguinte, não nos seria

---

[11] Conf. FRANCO *et al*. *Código Penal e sua interpretação jurisprudencial*, p. 3094.
[12] *Idem*. Vide, outrossim, *RT*, 519/416; 524/479; 551/351, 564/330; 580/359 e 526/393.

lícito buscar tratá-la como gênero de diferentes espécies, sob pena de falsificarmos o seu real sentido dado pelas normas jurídicas em vigor.

Inabilitação →
- mandato eletivo
- cargo público
- emprego público
- função pública *stricto sensu*

Insistamos mais um pouco nesse aspecto. O §2º do art. 1º do Decreto-Lei nº 201/67 prescreve dois efeitos anexos à sentença penal procedente lavrada contra o prefeito municipal denunciado: a perda do cargo e a inabilitação, pelo prazo de cinco anos, para o exercício de cargo ou função pública, eletivo ou de nomeação. Note-se, por ser pertinente, que o texto legal menciona cargo ou função pública como conceitos sinônimos, sejam eles (cargo ou função) de nomeação ou eletivos. Tal qual a moderna teoria do Direito Administrativo, bem como a antiga e costumeira tradição do Direito Penal, o conceito de função pública é abrangente de cargos ou empregos públicos e de mandato eletivo, exercidos por agentes públicos (agentes políticos, servidores públicos ou particulares em colaboração com o poder público).

O parágrafo único do art. 52 da CF/88, de outra banda, prescreve a pena de perda do cargo eletivo e de inabilitação, ao presidente da República processado politicamente pela prática de crime de responsabilidade, para o exercício de função pública. Não faz, o preceito constitucional, a distinção existente no Decreto-Lei, em razão da sua desnecessidade, eis que não há dúvidas honestas sobre a extensão do significado da expressão "função pública", bem como sobre a sua correta aplicação às atribuições conferidas aos cargos e empregos públicos, bem como ao exercício de mandato eletivo.

Com essa percepção simples do instituto da inabilitação, podemos perceber, sem rebuços, ser ela um conceito unitário: há inabilitação para o exercício de função pública, ou, por amor à precisão, para o exercício de *qualquer* função pública. Assim, quando dizemos que alguém está inabilitado para o exercício de mandato eletivo, pelo prazo de cinco anos, *exempli gratia*, estamos afirmando que essa pessoa está inabilitada para o exercício de qualquer função pública, durante esse período, posto estejamos enfatizando uma de suas espécies: o exercício de mandato eletivo.

Essa precisão conceptual, aparentemente desnecessária, nos será de grande valia quando da tentativa de cotejar o conceito de inabilitação com o de inelegibilidade. O que nos interessa salientar, neste momento — e pensamos tê-lo feito —, é que a inabilitação para o exercício de função pública abrange os cargos, empregos e funções públicas *stricto sensu* (na forma do art. 37, inc. I, da CF/88), bem como os mandatos eletivos. Qualquer outra solução restritiva peca pela superficialidade e pela desconsideração do ordenamento jurídico vigente, consoante anteriormente demonstrado.[13]

---

[13] Joel Cândido (*Inelegibilidades no direito brasileiro*, p. 125, 133 *et seq.*) exclui o mandato eletivo do conceito de função pública, nada obstante não dê razões judiciosas para tal discrímen.

§4 Inabilitação e inelegibilidade

4.1 Natureza jurídica da inabilitação

Analisamos, nos itens precedentes, uma variedade de temas ligados à inabilitação, de maneira a dar ao leitor o exato sentido das questões pertinentes que envolvem o conceito desse instituto jurídico. Por certo que, superadas as frívolas questões nominalistas sobre a extensão do conceito de função pública, bem assim sobre a inserção dos agentes políticos entre os agentes públicos, bem poucos problemas parecem restar para a mais exata compreensão dos aspectos de maior relevo do instituto por nós analisado.

Todavia, cotejando as poucas normas jurídicas que irrogam a pena de inabilitação aos agentes públicos, infratores de preceitos legais específicos, percebemos a necessidade de estimular uma necessária discussão acerca da sua natureza jurídica, principalmente para defrontá-la com o instituto da inelegibilidade. Dessa discussão, alguns aspectos práticos para aplicação das normas jurídicas prescritoras da inabilitação poderão ser superados, em proveito para a utilização correta e clara desse instituto.

Dissemos, a uns bem poucos passos atrás, *que a inabilitação é um conceito unitário, individualizado*. Ao fazermos tal assertiva, gizamos que, embora se prescreva a inabilitação para mandato eletivo, para cargos, empregos ou funções públicas *stricto sensu*, o que realmente se prescreve é a *inabilitação para o exercício de função pública*, entendido esse último termo (função pública) de maneira larga, como o plexo ou universo de atribuições ou faculdades concedidas aos agentes públicos para, em nome de outrem, atuar interesses públicos, com o fito de obter ou atingir uma finalidade pública.

Por certo que o legislador poderá, em casos concretos, prescrever especificamente a inabilitação apenas para o exercício de mandato eletivo, mas aí tal infliação nada mais seria do que a aplicação de uma inelegibilidade cominada potenciada, na classificação por nós exposta neste livro. É evidente que uma sanção, cujo conteúdo implique a criação de um obstáculo-sanção à obtenção do registro de candidatura para algum ou qualquer mandato eletivo, nada mais seria do que uma espécie de inelegibilidade cominada potenciada, visando a impedir o eleitor de obter o direito subjetivo público de ser votado (elegibilidade).

Doutra banda, a inabilitação apenas para o exercício de cargo, emprego ou função pública *stricto sensu*, supliciada contra o detentor de mandato eletivo apeado do seu cargo, seria uma ignominiosa sanção, eis que implicaria a existência de uma pena prevista *sem* a finalidade de tutelar o valor jurídico violado. Tal tese justificaria, por exemplo, que o detentor de cargo eletivo fosse arrancado do seu exercício, mercê da prática de crime de responsabilidade, ficando impedido de exercer qualquer função pública, exceto aquela da qual teria sido defenestrado. Vale dizer, seria o apenado inservível para permanecer no exercício de mandato eletivo, razão pela qual restaria inabilitado para qualquer função pública, sem embargo de novamente poder concorrer, durante o período de inabilitação, para outro ou mesmo mandato eletivo do qual foi afastado. A pobreza da tese ressumbra, sendo uma dessas teratológicas formulações jurídicas de momento, feitas ao sabor dos interesses envolvidos.[14]

---

[14] A respeito desse aspecto da questão, os advogados do presidente Fernando Collor de Mello, quando tentavam propiciar a sua candidatura à Presidência da República, ainda sob a vigência da pena a ele imposta de

Temos presente, dessa maneira, que a inabilitação induz a inelegibilidade do nacional, nada obstante não reste exaurida apenas nela. Inabilitação para o exercício de função pública é uma sanção englobante: é, a um só tempo, inabilitação para cargo público, emprego público, função pública prevista no art. 37 da CF/88 e mandato eletivo. A inabilitação, em conseguinte, em relação à sua repercussão na esfera eleitoral, é uma espécie de inelegibilidade cominada potenciada, funcionando como um obstáculo-sanção à obtenção do registro de candidatura.

A inabilitação é para qualquer função pública, de modo que se alguém resta inabilitado em decorrência de uma sanção aplicada quando da ocupação de um determinado mandato eletivo (*e.g.*, governador de Estado), a inelegibilidade cominada potenciada, que enche o conceito de inabilitação, alcança qualquer cargo (*v.g.*, de presidente da República, prefeito municipal etc.), impedindo-o de se registrar na eleição que ocorra durante o período da pena. Curiosamente, Joel Cândido[15] assevera que a inabilitação não tem "o caráter e a natureza *erga omnes*" (?), no sentido de que alcançaria apenas o impedimento à candidatura para o cargo no qual o nacional se encontrava quando foi apeado. Mas tal interpretação peca por amesquinhar o conteúdo do signo "função pública", criando distinção onde o texto legal não criou.

4.2 A inabilitação como inelegibilidade cominada potenciada

Tirante à inabilitação para o exercício de cargo, emprego ou função pública, de que se ocupará a doutrina do direito administrativo, é de grande importância, para o Direito Eleitoral, bem situar o estudo da inabilitação para mandato eletivo, situando-o dentro da teoria da inelegibilidade.

A inelegibilidade, como já enfatizamos, é ausência, perda ou obstáculo-sanção à obtenção da elegibilidade. Como conceito negativo, pode ser vista simplesmente como a carência do direito de ser votado, vale dizer, da elegibilidade. Deveras, como direito subjetivo público, a elegibilidade nasce do fato jurídico do registro de candidatura, sem o qual não poderá o cidadão pleitear validamente a obtenção de um mandato eletivo. Pode ocorrer que o ordenamento jurídico, tutelando a legitimidade das eleições,

---

inabilitação, buscaram sustentar o argumento segundo o qual o inabilitado para o exercício de função pública poderia se candidatar a mandato eletivo, levando-se em conta que mandato eletivo e função pública seriam coisas distintas. Todavia, tal distinção, consoante sobejamente já vimos, não merece adesão séria. O ponto relevante do argumento, a nos chamar a atenção, foi um interessante exemplo em favor da tese: o presidente Tancredo Neves, que teria sido eleito aos setenta e quatro anos de idade, não poderia exercer cargo, emprego ou função pública, mercê de compulsoriamente estar em idade de aposentação (aos setenta anos, consoante preceito constitucional). Desse modo, embora fosse *inabilitado* para o exercício de função pública, não o seria para o exercício de mandato eletivo, já que não existiria limite máximo de idade para o cidadão concorrer nas eleições. Tal raciocínio, que poderia impressionar aos menos avisados, parte de premissas falsas, valendo-se de um jogo retórico com o termo *inabilitação*. O maior de setenta anos de idade não é *inabilitado* (no sentido das sanções do parágrafo único do art. 52 da CF/88 e do §2º do art. 1º do DL nº 201/67), mas sim possui uma garantia constitucional de obter direitos previdenciários, mercê da avançada idade. Assim, a compulsoriedade para a aposentação longe está de ser uma sanção irrogada contra os trabalhadores mais idosos, sob pena de conculcar o real sentido do preceito posto na Carta, como direito fundamental de todos os trabalhadores. Noutro giro, a inabilitação para o exercício de função pública — inclusive mandato eletivo —, é uma dura sanção contra o detentor de mandato eletivo que se houve ímprobo, apenado por crime de responsabilidade. Diferentes são os fatos jurídicos que ensejam a compulsoriedade da aposentação e a pena de inabilitação: no primeiro caso há licitude; no segundo, ilicitude (contrariedade a direito).

15 *Inelegibilidades no direito brasileiro*, p. 135.

crie sanções irrogadas a fatos reputados ilícitos, com a consequente emasculação da elegibilidade que se tinha, ou mesmo com o impedimento em obtê-la. Por vezes várias, o ordenamento não se compraz apenas em sancionar com a inelegibilidade os fatos ilícitos eleitorais, senão que também, a determinados fatos ilícitos alheios à eleição, prescreve a pecha de inelegibilidade, já aí com vistas a afastar determinados cidadãos, por sua vida pregressa, da possibilidade de concorrer a um mandato eletivo. Assim, o art. 1º, inc. I, alínea "e", da Lei Complementar nº 64/90 estatui a sanção de inelegibilidade para os que forem condenados criminalmente, com sentença transitada em julgado, pela prática de crimes contra a economia popular, a fé pública, a Administração Pública, o mercado financeiro, pelo tráfico de entorpecentes e por crimes eleitorais, pelo prazo de oito anos, após o cumprimento da pena. Vê-se, a mancheias, que à exceção dos crimes eleitorais, os demais não têm necessariamente vinculação à eleição, nada obstante suscitem, na esfera jurídica do cidadão, a pena de inelegibilidade, iniciada após o cumprimento da pena prevista.

Se alguém for sentenciado criminalmente, com trânsito em julgado, por ter praticado o crime de peculato, ficará com os direitos políticos suspensos enquanto durar a pena, mercê do art. 15, inc. III, da CF/88. Durante a suspensão dos direitos políticos, fica o nacional inelegível, vez que perde inclusive a condição de alistado, mercê da *ação de exclusão de eleitor* (art. 71 do Código Eleitoral), que lhe expelirá do corpo de eleitores. Após o cumprimento da pena, durante a qual se houve inelegível, restará ao apenado mais uma sanção de inelegibilidade, por mais oito anos. Ou seja, o ordenamento lhe aplica duas inelegibilidades cominadas potenciadas, vergastando com rudeza a prática do ato ilícito penal.

Com tal exemplo na retentiva, vem a pelo aqui discutir um dos mais intrigantes pontos sobre a *inabilitação para mandato eletivo*, qual seja, as consequências daquela aplicada aos prefeitos municipais pela prática de crime de responsabilidade.

De fato, o §2º do art. 1º do DL nº 201/67 prescreve, como efeito anexo à sentença penal procedente, transitada em julgado, em qualquer dos crimes de responsabilidade previstos, a perda do cargo e a inabilitação, pelo prazo de cinco anos, para o exercício de cargo ou função pública, eletivo ou de nomeação. Vale dizer, independentemente da quantificação e regime da pena concreta aplicada aos atos ilícitos praticados pelo prefeito municipal, na forma do §1º do mesmo preceito, são coladas à sentença, *ope legis*, as sanções de perda do cargo e de inabilitação por cinco anos.

Aqui, se faz necessário tenhamos presente que os efeitos anexos são efeitos ligados à sentença penal procedente, na qualidade de atos-fatos jurídicos. De fato, a sentença penal procedente, além das suas eficácias naturais, possui outros efeitos, colados pelo ordenamento jurídico. São efeitos exclusos ao fato jurídico da sentença, independentemente do querer da Justiça Pública, bastando para sua expansão a prolatação da decisão judicial de procedência.[16] Tais efeitos podem ser de qualquer ramo do Direito, quer público, quer privado, tendo como fato jurídico originante a sentença penal de procedência (dita *condenatória*). Não é conteúdo do *decisum*: é efeito exterior, independente de dicção judicial. Se necessidade houver de pronunciamento do julgador, tem-se de analisar se tal pronunciamento é dependente da *res deducta*.

---

[16] Por todos, *vide* LIEBMAN. *Eficácia e autoridade da sentença*, p. 75.

Se for dependente, de efeito excluso não se trata, mas de efeito próprio da sentença, dependente de pronunciamento judicial.

Para que se configure a existência de efeitos anexos, como já vimos noutra oportunidade, necessário que à sentença se colem efeitos externos (exclusão dos efeitos), os quais são produzidos *ope legis* (fonte normativa dos efeitos), não fazendo parte do conteúdo da resolução judicial (efeitos decorrentes da sentença como fato jurídico).[17] Se houver decisão judicial quanto ao ponto, os efeitos são inexos (inclusos), decorrem do *decisum* qual tal e se referem à *res deducta*. Pode ocorrer que estes efeitos inclusos não estejam previstos no pedido formulado na inicial, mas, se houve decisão judicial, não há anexação de efeitos, mas inexação. A questão aí reside apenas em saber se houve permissão legal para a quebra do princípio da congruência (adstrição do juiz ao pedido da parte), com admissibilidade de efeitos inexos (ou internos), independentes de pedido expresso na ação proposta.

Logo, não há a mínima dúvida de que *a inabilitação para mandato eletivo é um dos efeitos anexos da sentença penal procedente que sancionar o prefeito pela prática de crime de responsabilidade*. Embora não dependa da expressa manifestação do juiz, nem faça parte do conteúdo da sentença penal, dela se irradia, embora pelo lado de fora, tomando-a como fato material produtor de efeitos jurídicos. Esse ponto é de fundamental relevo, pois não se deve esmaecer a verdade de que a inabilitação é criação do legislador, colando à sentença penal um efeito que não lhe é inerente, tampouco próprio. A inabilitação para o exercício de função pública, dessarte, é efeito acessório da sentença penal, com consequências no campo político.[18]

No caso em apreço, o legislador, que é livre para dispor sobre a anexação de efeitos aos atos judiciais,[19] previu a inabilitação para o exercício de função pública, pelo prazo de cinco anos, aplicada ao prefeito contra o qual transitou em julgado a sentença penal de procedência. Vale dizer, desde o trânsito em julgado da sentença resta inabilitado o prefeito que sofreu a inflição da pena.

O municipalista mineiro José Nilo de Castro,[20] entrementes, entendeu de modo diverso, assim lecionando: "Impõe-se, ainda, à condenação criminal definitiva *a inabilitação, pelo prazo de cinco anos, para o exercício de cargo ou função pública, eletivo ou de nomeação*. Assim, o prefeito punido criminalmente, além da perda de seu cargo, isto é, de seu mandato, durante o prazo de cinco anos, não poderá exercer outro cargo eletivo, nem tornar-se *servidor público ou autárquico ou fundacional*, nem empregado de sociedade de economia mista, das empresas públicas, enquanto não for *reabilitado*

---

[17] No mesmo diapasão, PONTES DE MIRANDA. *Tratado das ações*, t. I, p. 215; e ASSIS. *Eficácia civil da sentença penal*, p. 91, 180.

[18] É interessante a pobreza da doutrina processual penal sobre o tema, que não mereceu a atenção devida dos estudiosos. Sobre a natureza das chamadas penas acessórias, veja-se o belo estudo de Araken de Assis (*op. cit.*, p. 92 *et seq.*), que muito bem classifica o efeito do art. 91, inc. I, do CP como efeito anexo. Note-se, todavia, que a distinção, feita pelo autor, entre eficácia *natural, anexa* e *de fato* da sentença não merece agasalho. Deveras, enquanto a eficácia natural é aquela própria da sentença, que faz parte do seu conteúdo (eficácia inexa ou inclusa), a eficácia anexa é aquela que toma a sentença como ato real, desimportante o seu conteúdo. Vale dizer, toma a sentença como um elemento fáctico do descritor da norma. Por essa razão, é sem sentido a distinção entre *eficácia anexa* e *eficácia de fato*, eis que são uma só e mesma coisa.

[19] Como diz Pontes de Miranda (*op. cit.*, p. 217): "O legislador tem ampla liberdade de anexação — respeitadas as regras jurídicas constitucionais, já se vê (outra questão)".

[20] *A defesa dos prefeitos e vereadores em face do Decreto-Lei 201/67*, 2. ed., p. 211. *Vide*, também, com a mesma posição, a sua outra obra *Direito municipal positivo*, p. 344.

criminalmente, na forma da lei (grifos originais). *Conta-se o prazo de cinco anos a partir do término ou extinção da pena criminal imposta* (grifei). Assim sendo, a par do transcurso do prazo, é imperativa a reabilitação processualmente requerida, para estar o ex-prefeito em condições de pleitear exercício de função pública".

Ora, em que pese o brilho do ilustre municipalista mineiro, o certo é que o §2º do art. 1º do DL nº 201/67 não procrastinou a incoação da pena de inabilitação para o término do cumprimento da pena principal, mas sim estipulou tal sanção como decorrente da "condenação definitiva", vale dizer, do trânsito em julgado da sentença. Noutro giro, diga-se que é a *irrecorribilidade da sentença penal* (coisa julgada formal) que faz surgir a pena acessória de inabilitação para exercício de função pública. O que, por certo, deve ter condicionado o pensamento de José Nilo de Castro foi a norma do art. 1º, inc. I, alínea "e" da LC nº 64/90, que prescreve a sanção de inelegibilidade de três anos, após o cumprimento da pena. Mas aí, convém obtemperar, a norma jurídica foi expressa, prevendo o diferimento da inelegibilidade para o futuro, fazendo coincidir o seu início com o fim da vigência da sanção penal aplicada. Tal preceito não consta do DL nº 201/67, o que invalida, consoante pensamos, o argumento aqui glosado.

Ademais dessa controvérsia, há uma outra questão problemática acerca da inabilitação prevista pelo DL nº 201/67. Havendo qualquer crime contra a Administração Pública — inclusive os previstos no Decreto-Lei, praticados por prefeito municipal —, o infrator, além da pena infligida pela sentença criminal, ficará inelegível pelo prazo de três anos após o seu cumprimento (art. 1º, inc. I, alínea "e", da LC nº 64/90). Desse modo, uma indagação se faz necessária: o prazo de inelegibilidade (ou inabilitação para mandato eletivo) será de cinco anos — como prescreve o DL nº 201/67 —, ou de três anos — como o prevê a LC nº 64/90? Tal dilema foi tratado pela pena arguta de José Nilo de Castro:[21] "A despeito de o Decreto-Lei nº 201/67 ser lei especial, a apenação da inelegibilidade (inabilitação para o exercício de cargo ou função *eletiva*) é superior (*cinco anos*). Aqui esta apenação de inabilitação para o exercício de *cargo eletivo*, previsto no Decreto-Lei n. 210/67, cede espaço à de três anos da Lei Complementar n. 64/90, por dois motivos: a uma, é mais benigna a lei complementar; a duas, é de hierarquia superior à lei ordinária, que é o Decreto-Lei n. 201/67".

Mais uma vez, sem embargo da autoridade da lição, optamos por perfilhar outro entendimento. Em primeiro lugar, já ressaltamos que a pena de inabilitação começa a fluir desde o trânsito em julgado formal da sentença penal, ao passo que a inelegibilidade prevista na LC nº 64/90 (art. 1º, inc. I, "e") apenas começa do término do cumprimento da pena principal. Logo, *não estamos ante uma mesma sanção*, sendo imprópria a discussão acerca de uma diminuição da duração da pena de inabilitação.

Além desse aspecto, parece-nos que há um outro relevante, a ser ponderado. Segundo procuramos demonstrar anteriormente, a inabilitação para função pública é uma sanção unitária, nada obstante com repercussão em áreas diferentes do ordenamento jurídico. Deveras, a inabilitação é para o exercício de cargo, emprego e função pública *stricto sensu*, além de mandato eletivo. Logo, não se pode falar em redução da inabilitação para mandato eletivo (inelegibilidade), sem também não se ter de falar sobre a redução da inabilitação para o exercício das demais funções públicas. Aqui,

---

[21] *Idem*, grifos do autor.

justamente, reside o mais forte argumento contra a mistura ou confusão da inabilitação para função pública do DL nº 201/67 com a inelegibilidade da LC nº 64/90. Consoante já gizamos, a inabilitação é, também, uma espécie de inelegibilidade cominada potenciada, mas não é apenas isso, sendo também a impossibilidade (ou obstáculo-sanção) para o exercício de outras importantes funções públicas. Essa é a razão pela qual nutrimos a certeza de estarmos diante de duas sanções distintas, as quais, por isso mesmo, merecem tratamento específico.

Para a reta superação do aparente dilema apontado, convém termos presente que *não há* qualquer dilema. O que efetivamente existe é a possibilidade de, por vezes, ocorrer uma justaposição de sanções, sem que haja *bis in idem*, ou qualquer ilegalidade.

Suponhamos, à guisa de exemplo, que o prefeito municipal seja processado por crime de responsabilidade, sendo apenado a três anos de reclusão, na forma do §1º do art. 1º do DL nº 201/67. Com a incidência do §2º do mesmo dispositivo, imediatamente ao trânsito em julgado, perderá ele o cargo eletivo e restará inabilitado por cinco anos para o exercício de função pública. Tal prazo, consoante expressamos, se inicia com a "condenação definitiva". Logo, estando suspensos os direitos políticos do apenado, por força do art. 15, inc. III, da CF/88, durante o prazo de três anos (ou seja, enquanto durar a pena), ficará também inabilitado pelo prazo de cinco anos. Ora, como a suspensão dos direitos políticos implica a exclusão do apenado do corpo de eleitores (art. 71 do Código Eleitoral), restará ele, apenas por isso, impossibilitado de exercer qualquer função pública, eis que desprovido da sua cidadania. Então, já temos aí uma justaposição da sanção de suspensão dos direitos políticos (três anos), com a da inabilitação para exercício de função pública (cinco anos). Cumprida a pena principal, por força do art. 1º, inc. I, alínea "e", da LC nº 64/90, ficará o ex-prefeito inelegível por mais oito anos. Se contarmos o tempo de suspensão dos direitos políticos, referido ao tempo da pena aplicada, com a inelegibilidade cominada potenciada superveniente, haveremos de convir que o apenado ficará inelegível por treze anos, nada obstante a inabilitação para mandato eletivo seja de cinco anos. Vale dizer, a pena de inabilitação, no que pertine à inelegibilidade, foi consumida pelas outras sanções. Entretanto, a inabilitação continua tendo seus efeitos em relação às outras funções públicas. De fato, cessado o cumprimento da pena, os direitos políticos do ex-prefeito são devolvidos, sem embargo de permanecer inelegível por mais três anos, mercê da incidência da LC nº 64/90. Todavia, em que pese esteja de posse dos seus direitos políticos (podendo votar, ajuizar ação popular etc.), através da revitalização de sua inscrição eleitoral — com um novo alistamento —, não poderá exercer cargo, emprego ou função pública *stricto sensu*, pois contra ele vigora a inabilitação quinquenária para exercício de função pública.

Como visto no exemplo criado como hipótese de laboratório, é possível que ocorra uma justaposição das sanções de inabilitação, inelegibilidade e suspensão dos direitos políticos, sem que tal fato implique qualquer rebuço para a reta aplicação das normas indigitadas.

Tal situação é mais comum, nos rincões jurídicos, do que se possa supor. Realmente, os fatos relevantes para o Direito são recortados em sua facticidade e previstos em normas jurídicas, as quais descrevem as características relevantes para o mundo jurídico. É a norma que, pela incidência, qualifica juridicamente os fatos, inserindo-os no plano jurídico, não mais em seu estado bruto, mas já agora revestido de significado jurídico. Um mesmo fato, ou conjunto de fatos, pode ser descrito por diversas normas, as quais atribuam a ele efeitos jurídicos diversos. O evento morte, *e.g.*, pode estar no suporte fáctico de normas diversas, como as criminais, as comerciais, as civis, atribuindo a esse mesmo fato, sozinho ou conjugado com outros, efeitos jurídicos distintos. Araken de Assis, na obra amiúde referida,[22] lembra que "nada obsta ao mesmo fato ou complexo de fatos, como ensina a experiência comum, integrar elementos do suporte fáctico de duas ou mais regras. Conseguintemente, entram no mundo jurídico mediante várias aberturas, criadas pela diversidade de normas, que, de seu lado, denotam as incontáveis opções axiológicas do ordenamento. A isto se designa *incidência múltipla*".

Ao mesmo fato material (sentença penal contra prefeito municipal, transitada em julgado), o ordenamento anexa as sanções de inabilitação para exercício de função pública e suspensão dos direitos políticos, além de outras possíveis (como a perda do cargo eletivo, *v.g.*). Tais sanções têm naturezas jurídicas distintas, pois o inabilitado para o exercício de função pública não fica impossibilitado de exercer o seu direito de votar, vez que, em que pese tal direito seja exercício de função pública, não há negar que a condição de eleitor é o direito político por excelência, sem o qual não há cidadania. Logo, sem norma expressa que corte cerce tal direito subjetivo público, não há como subtraí-lo dos seus titulares.

Insistamos um pouco mais nos exemplos, para tornar clara a nossa posição. Se um prefeito municipal for condenado a dez anos de reclusão, por crime de responsabilidade, ficará com os direitos políticos suspensos durante todo esse período. Inabilitado por cinco anos, mercê do §2º do art. 1º do DL, tal pena restará absorvida por aquela do art. 15, inc. III, da CF/88, que a engloba (suspensão dos direitos > inabilitação). Doutra banda, cumprida a pena, aplica-se a inelegibilidade cominada potenciada por oito anos, na forma da LC. Logo, as normas se aplicam em sua integralidade, nada obstante, mercê da compostura de cada uma das sanções, uma poderá absorver a outra, em razão da justaposição existente, sem que se configure *bis in idem*.

Assim, conforme se vê do gráfico acima, a inelegibilidade cominada potenciada é uma das formas pelas quais a inabilitação para o exercício de função pública se apresenta, na seara eleitoral, sem que a inabilitação se reduza à inelegibilidade. Outrossim, a suspensão dos direitos políticos compreende limitações maiores do que a

---

[22] *Eficácia civil da sentença penal*, p. 19 *et seq.*, grifos originais.

inabilitação, que é um dos modos pelos quais a suspensão se dá, além de outras possíveis consequências (como a impossibilidade de ajuizar ação popular, de exercer o direito de ser votado etc.) Logo, temos que: inelegibilidade < inabilitação para o exercício de função pública < suspensão dos direitos políticos.

De outro lado, a Constituição Federal de 1988, no parágrafo único do seu art. 52, estipulou as penas de perda do cargo com inabilitação, por oito anos, para o exercício de função pública, contra o presidente da República, julgado pelo Senado Federal, pela prática de crime de responsabilidade. Diferentemente do Decreto-Lei nº 201/67, que previu a inabilitação como efeito anexo à sentença penal procedente, a Constituição Federal cominou duas penas aos crimes de responsabilidade, as quais devem estar presentes no conteúdo da sentença lavrada pelo Senado Federal, no exercício de função jurisdicional, conferida pela Carta Magna.

Em primeira plana, ressalte-se que a sentença proferida pelo plenário do Senado, que é o órgão julgador, tem eficácia preponderante constitutiva. De fato, a perda do cargo é a desconstituição, *ope iudicis*, do mandato eletivo, da mesma maneira que a inabilitação para exercício de função pública é criação de um défice na esfera jurídica do apenado.

A decisão da Câmara dos Deputados, sobre o recebimento ou não da denúncia, é como a *pronúncia* do presidente da República. Como diz Pontes de Miranda,[23] "na resolução judicial em que 'decreta a acusação', ou 'pronuncia', há cognição incompleta: há *julgamento de probabilidade*" (grifei). Com o recebimento da denúncia, o presidente da República é afastado do exercício do cargo, assumindo suas funções o vice-presidente da República, durante o prazo estabelecido de seis meses (cento e oitenta dias). Se o processo não for concluído, no Senado, durante esse período, o presidente da República retornará às suas funções, até o desfecho do julgamento, com a decisão do Senado Federal.

A decisão do Senado, redizemos, é sentença de natureza preponderante desconstitutiva. O que se pretende, com a denúncia do presidente da República, é a poda do seu mandato, bem como a cominação da inabilitação para o exercício de qualquer função pública. Ora, a poda do mandato eletivo é a desconstituição do vínculo formado a partir da diplomação, quebrando a relação jurídica absoluta decorrente da posse no cargo, tendo por sujeito passivo total os cidadãos. Outrossim, a par do apeamento do cargo, pretende-se sancioná-lo com a impossibilidade de exercício de qualquer outra função pública. A inabilitação é défice criado na esfera jurídica do apenado, pelo qual se lhe obstrui a possibilidade de vir a exercer função pública.

Não há efeito condenatório relevante na decisão do Senado, pois não se admite que o apenado condicione a pena à sua vontade, conforme demonstrei noutra oportunidade nesta obra. Se, quando da aplicação da sanção, o presidente ainda se encontrar ocupando o cargo — embora afastado provisoriamente do seu exercício —, a sentença terá também efeito mandamental, pelo qual se consuma a perda do cargo, levada a efeito pela desconstituição do vínculo, com a destituição do Chefe do Executivo, pacificamente ou a fórceps.

O Supremo Tribunal Federal teve oportunidade, quando dos diversos mandados de segurança impetrados pelo então presidente Fernando Affonso Collor de Mello, de analisar as regras estabelecidas sobre o processo de responsabilização política

---

[23] *Comentários à Constituição de 1946*, t. III, p. 131.

dos presidentes da República, fixando algumas importantes normas. Em primeira plana, restou consolidada a tese segundo a qual a inabilitação, na atual sistemática constitucional, seria pena principal, portanto inclusa ao conteúdo da decisão do Senado, sobre a qual teria este órgão necessariamente que se pronunciar. Ao depois, também restou consolidada a sistemática segundo a qual a renúncia do cargo de presidente da República apenas trancaria o processo se efetivada antes da pronúncia da Câmara dos Deputados, pela qual se receberia a acusação. Recebida a acusação, a renúncia não teria efeitos quanto ao prosseguimento do processo de responsabilização política, de competência do Senado Federal. O acórdão do STF, prolatado no Mandado de Segurança nº 21.689-DF,[24] tinha a seguinte ementa: "Constitucional. 'Impeachment'. Controle judicial. 'Impeachment' do presidente da República. Pena de inabilitação para o exercício de função pública. CF, 52, parágrafo único. Lei nº 27, de 7-1-1892; Lei nº 30, de 8-1-1892; Lei nº 1.079, de 1950. I – Controle judicial do 'impeachment': possibilidade, desde que se alegue lesão ou ameaça a direito. CF, art. 5º, XXXV. Precedentes do STF: MS nº 20.941-DF (RTJ 142/88); MS nº 21.564-DF e MS nº 21.623-DF. II – O 'impeachment', no Brasil, a partir da Constituição de 1891, segundo o modelo americano, mas com características que o distinguem deste: no Brasil, ao contrário do que ocorre nos Estados Unidos, lei ordinária definirá os crimes de responsabilidade, disciplinará a acusação e estabelecerá o processo e o julgamento. III – Alteração do direito positivo brasileiro: a Lei nº 27, de 1892, art. 3º, estabelecia: a) o processo de 'impeachment' somente poderia ser intentado durante o período presidencial; b) intentado, cessaria quando o presidente, por qualquer motivo, deixasse definitivamente o exercício do cargo. A Lei nº 1.079, de 1950, estabelece, apenas, no seu art. 15, que a denúncia só poderá ser recebida enquanto o denunciado não tiver, por qualquer motivo, deixado definitivamente o cargo. IV – No sistema do direito anterior à Lei nº 1.079, de 1950, isto é, no sistema das Leis nos 27 e 30, 1892, era possível a aplicação tão-somente da pena de perda do cargo, podendo esta ser agravada com a pena de inabilitação para exercer qualquer outro cargo (Constituição Federal de 1891, art. 33, §3º; Lei nº 30, de 1892, art. 2º), emprestando-se à pena de inabilitação o caráter de pena acessória (Lei nº 27, de 1892, artigos 23 e 24). No sistema atual, da Lei nº 1.079, de 1959, não é possível a aplicação da pena de perda do cargo, apenas, nem a pena de inabilitação assume caráter de acessoriedade (CF, 1934, art. 58, §7º; CF, 1946, art. 62, §3º; CF, 1967, art. 44, parág. único; EC nº 1/69, art. 42, parág. único; CF, 1988, art. 52, parágrafo único; Lei nº 1.079, de 1950, artigos 2º, 31, 33 e 34). V – A existência, no 'impeachment' brasileiro, segundo a Constituição e o direito comum (CF, 1988, art. 52, parág. único; Lei nº 1.079, de 1950, artigos 2º, 33 e 34), de duas penas: a) perda do cargo; b) inabilitação, por oito anos, para o exercício de função pública. VI – A renúncia ao cargo, apresentada na sessão de julgamento, quando já iniciado este, não paralisa o processo de 'impeachment'. VII – Os princípios constitucionais da impessoalidade e da moralidade administrativa (CF, art. 37). VIII – A jurisprudência do Supremo Tribunal Federal relativamente aos crimes de responsabilidade dos prefeitos Municipais, na forma do Decreto-Lei nº 201, de 27-2-1967. Apresentada a denúncia, estando o prefeito no exercício do cargo, prosseguirá a ação penal, mesmo após o

---

[24] Tal mandado de segurança foi impetrado pelo então presidente Fernando Collor, tendo como impetrado o Senado Federal, e como litisconsortes passivos Barbosa Lima Sobrinho e Marcelo Lavenère Machado, sendo relatado pelo Ministro Carlos Mário Velloso.

término do mandato, ou deixando o prefeito, por qualquer motivo, o exercício do cargo.
IX – Mandado de segurança indeferido".

Com esse pronunciamento, além de outros tantos existentes,[25] consolidou-se a concepção brasileira do *impeachment*, tornada concreta nos históricos fatos ocorridos no ano de 1992. Foi a primeira vez, na experiência republicana dos povos civilizados, que o processo de responsabilização política de um presidente da República chegou ao seu término, sem que, atingidos os objetivos, as instituições democráticas deixassem de funcionar regularmente.

4.3 Aspectos processuais no Direito Eleitoral

Superadas as questões acerca do conteúdo e extensão da pena de inabilitação para o exercício de função pública, convém façamos aqui uma breve análise sobre aspectos relevantes da aplicação de tal instituto na seara eleitoral.

Como asseveramos, a elegibilidade é o direito público subjetivo de ser votado, nascido do fato jurídico do registro de candidatura. Desse modo, antes do registro não há elegibilidade, estando inatamente inelegíveis os nacionais. Com o pedido de registro da candidatura, abre-se o momento para se aferir se o cidadão com desejo de concorrer ao mandato eletivo possui todas as condições de elegibilidade, próprias e impróprias, e, doutra banda, se não está incurso em alguma inelegibilidade cominada potenciada, que obsta o registro da candidatura.

Pois bem, estando o pré-candidato (aquele em nome de quem se solicitou o registro da candidatura) inabilitado para o exercício de função pública, deverão os legitimados ativos opor a ação de impugnação de registro de candidatura (AIRC), alegando a existência da pena de inabilitação, cuja existência veda a concessão do registro solicitado. Como demonstração do alegado, deverá a AIRC vir acompanhada de documento comprobatório da existência da inabilitação, ou da indicação do lugar onde foi aplicada a sanção.

Se a sanção de inabilitação se extinguir após o momento do pedido de registro e antes da eleição, ou mesmo da posse dos eleitos, poderá o apenado se candidatar normalmente, concorrendo ao cargo eletivo? Joel Cândido[26] assevera positivamente. Segundo ele, pode o apenado concorrer nas eleições que ocorram no período de vigência da sanção, desde que, no momento da posse dos eleitos — portanto, de exercício do mandato eletivo —, a pena esteja extinta pelo decurso do prazo. Diz ele: "Assim, proibir que o inelegível concorra em pleito cujo mandato eletivo será exercido *já fora do período de inelegibilidade* é estender essa inelegibilidade, sem que a lei o permita, para período superior àquele previsto nessa mesma lei" (grifos originais).

Em que pese a autoridade do autor gaúcho, pensamos de modo bem diverso. Todas as condições de elegibilidade devem estar preenchidas quando do pedido de registro de candidatura, da mesma maneira que, nesse instante, não deve o nacional estar supliciado com nenhuma cominação de inelegibilidade. Se, no momento do registro, está ainda em vigor a pena de inabilitação, o nacional está inelegível, de modo que há

---

[25] Tais pronunciamentos do STF estão catalogados no livro *Impeachment*, publicado em 1996 pelo próprio Supremo Tribunal Federal.
[26] *Inelegibilidades no direito brasileiro*, p. 138-139.

de ser indeferido o seu pedido, restando impossibilitado de concorrer às eleições. Afora parte, merece ressalvas a afirmação segundo a qual a inabilitação impediria o exercício do mandato e não a participação nas eleições, razão pela qual estando franqueado o exercício do mandato com o cumprimento da sanção, com maior razão poderia o nacional apenado participar normalmente do prélio eleitoral.[27] Em primeiro lugar, a eleição não é um fim em si mesma; é meio de escolha dos futuros ocupantes dos cargos eletivos. Se alguém está inabilitado para o exercício do cargo, por estar inelegível, evidente que não poderá participar das eleições, pois no momento de obtenção da elegibilidade todos os pressupostos ou condições devem estar preenchidos. Em segundo lugar, como já gizamos, a elegibilidade é direito advindo do registro de candidatura. É nesse instante, e apenas nesse instante, que o suporte fáctico deve estar composto para que o fato jurídico do registro se dê, ensejando o direito de ser votado.[28]

O Tribunal Superior Eleitoral, recentemente, decidiu expressamente sobre a matéria, sendo pela primeira vez analisados com detença, pela mais alta Corte Eleitoral do País, o *alcance* da sanção de inabilitação, bem assim sua repercussão na seara eleitoral. No processo que deu origem à decisão, discutia-se sobre se a pena de inabilitação impediria ou não a participação do recorrido no processo eleitoral quando a posse dos eleitos no cargo pleiteado só viesse a ocorrer quando já exauridos os efeitos dessa sanção. O Acórdão nº 16.684, de 26.09.2000,[29] veio assim ementado: "Recurso especial. Registro de candidatura. Inabilitação. Direitos políticos. Restrição. Art. 14, §3º, II, CF. – 1. Uma das consequências da inabilitação é que se impõe a restrição ao pleno exercício dos direitos políticos. 2. Entre os requisitos necessários à elegibilidade, encontra-se o pleno exercício dos direitos políticos; assim, restringidos estes, não há como se dar guarida a pedido de registro. 3. Recursos providos".

Na fundamentação do voto do Ministro Waldemar Zveiter, na qualidade de relator, foi adotada a teoria por nós sustentada. Averbou ele: "Sr. presidente, a questão posta nos autos diz com o alcance da pena de inabilitação. Ou seja, se impede ou não a participação do recorrido no processo eleitoral, isto pelo fato de a posse no cargo pleiteado só vir a ocorrer quando já exaurida a sanção". Prossegue ele: "É incontroverso que o candidato impugnado, em decorrência do *impeachment*, não foi apenado com suspensão ou perda dos direitos políticos, mas tão-somente sofreu restrição específica, consistente na inabilitação temporária para o exercício de função pública (art. 52, I, parágrafo único, CF). (...) No entanto, constituindo-se a inabilitação em pena, seus efeitos

---

[27] *Op. cit.*, p. 138.
[28] A jurisprudência é remansosa nesse sentido: "Recurso especial. 2. Registro de candidato. 3. *Os requisitos concernentes ao registro do candidato devem ser satisfeitos dentro do prazo legal*. 4. Se o candidato, somente após o decurso do prazo, vem a preencher determinada exigência, o registro de não é de deferir-se. 5. Hipótese em que o candidato não satisfazia, até o término do prazo de registro, o requisito do art.1º, I, **e** da Lei Complementar nº 64, de 18.5.90. 6. *Não é bastante haja, na espécie, completado o prazo previsto no dispositivo legal, antes da eleição*. 7. Recurso conhecido e provido" (*JTSE*, 9(1), p. 151, jan./mar. 1998, com grifos meus). Outro: "Registro de candidato. Suspensão do processo criminal após o trânsito em julgado da sentença. Lei nº 9.099/96. Candidato que na data do registro de candidatura encontrava-se com seus direitos políticos suspensos. Inelegibilidade. Não se aplica aos processos julgados no âmbito da Justiça Eleitoral o procedimento destinado aos juizados especiais criminais previsto na Lei nº 9.099/96. É inelegível o candidato que na data da apreciação do pedido de registro não possui todos os requisitos necessários para concorrer a cargo eletivo. Recurso não conhecido" (REsp nº 13.727).
[29] Publicado na íntegra no *Informativo TSE*, ano III, n. 15, p. 4-16, 14-20 maio 2000, tendo por relator o Ministro Waldemar Zveiter. Disponível em: <http//:www.tse.gov.br>.

haverão de perdurar até o exaurimento do lapso temporal consignado. Assim, embora não imposta pena de suspensão dos direitos políticos do recorrido, é evidente que sofreram eles severa restrição, uma vez que, impedido de sua fruição plena, impedido do exercício de funções públicas". E conclui: "De sua vez, o processo eleitoral, embora partimentado em períodos bem delimitados, é uno. Inicia-se com o pedido de registro da candidatura e termina com a diplomação do eleito, sendo que a posse e o exercício do mandato se mostram apenas como corolário do processo, mero desdobramento administrativo daqueles atos". Também o parecer emitido pelo Vice-Procurador-Geral Eleitoral, Dr. Paulo da Rocha Campos, seguiu as pegadas de nosso pensamento: "a inabilitação para o exercício de função constitui, em última análise, inelegibilidade, de efeito mais amplo, situada entre esta e a suspensão dos direitos políticos, contendo logicamemte, um impedimento à capacidade eleitoral passiva, tornando o inabilitado, durante o prazo da sanção imposta, inelegível, impedindo, portanto, de participar do processo eleitoral, que se encerra com a diplomação dos eleitos".

Parece-nos, desse modo, que a inabilitação restou considerada, pela douta maioria do TSE, como hipótese de inelegibilidade cominada potenciada, atacável por meio de ação de impugnação de registro de candidatura (AIRC).

E se os legitimados não opuserem, no tempo devido, a ação de impugnação de registro de candidatura? Poderá o juiz conhecer de ofício a existência da inabilitação, quando do julgamento da ação de pedido de registro de candidatura, trazendo para os autos provas que respaldem sua decisão.

E se os legitimados não ajuizarem a AIRC, tampouco o juiz eleitoral conhecer de ofício a existência da inabilitação? Nesse caso, há duas possibilidades: se a inabilitação para o exercício de função pública foi aplicada a presidente da República, com fulcro no art. 52, parágrafo único da CF/88, por tratar-se de matéria constitucional não preclui, podendo ser agitada por meio de recurso contra diplomação (RCD). Nesse caso, o candidato eleito verá os efeitos do diploma serem resolvidos, em desproveito do seu mandato eletivo, na forma do art. 262, inc. I, do Código Eleitoral.

Doutra banda, sendo a inabilitação aplicada a prefeito municipal, se não houve impugnação ao registro de candidatura, nem dela conheceu de ofício o juiz eleitoral, houve preclusão da matéria, eis que prevista pelo DL nº 201/67.[30] Dessarte, poderá o inabilitado ser eleito e exercer normalmente o mandato eletivo. Note-se que, se o inabilitado eleito, ao depois desejar se candidatar a outro cargo, dentro do prazo de cinco anos da inabilitação para o exercício de função pública, poderá, nessa outra eleição, sofrer a impugnação do seu registro de candidatura, restando impedido de concorrer para o outro cargo desejado.

De fato, a solução poderá parecer absurda, mas tem lastro na sistemática eleitoral. Embora o nacional inabilitado possa conseguir, por desídia dos seus oponentes ou

---

[30] Obviamente que essa situação só se configurará no caso de a pena principal ser pequena, de maneira que, no momento do pedido de registro da candidatura, o interessado se encontre sem os seus direitos políticos suspensos (art. 15, inc. III, da CF/88). Se a pena principal for duradoura, abrangendo aquela eleição específica, a sua candidatura poderá ser posteriormente impugnada pelo recurso contra diplomação, pois aí a inelegibilidade cominada, decorrente da suspensão dos direitos políticos, tem escalão constitucional. Por essa razão, advertimos ao leitor que, quando da aplicação prática da pena de inabilitação, deve-se guardar na retentiva a justaposição possível das outras sanções (suspensão dos direitos políticos e inelegibilidade prevista no art. 1º, inc. I, "e", da LC nº 64/90), cuja existência tem relevância na correta aplicação das normas jurídicas envolvidas.

desconhecimento da Justiça Eleitoral, obter validamente o registro de candidatura numa determinada eleição, o certo é que a inabilitação continua a subsistir pelo prazo legal de cinco anos, alcançando as eleições porventura existentes dentro desse período. Levando-se na devida conta que, para concorrer a outro cargo, terá o nacional de obter novo registro de candidatura, poderá novamente a questão ser suscitada, em desproveito para o inabilitado. Claro que a decisão negativa da concessão desse outro registro de candidatura não traz nenhuma implicação em relação ao mandato anteriormente obtido, desde que, naturalmente, não tenha havido necessidade de desincompatibilização, quando por, vontade própria, o inabilitado abdicou do cargo eletivo conquistado.

CAPTAÇÃO ILÍCITA DE SUFRÁGIO

§1 Conceito de captação de sufrágio (art. 41-A da Lei nº 9.504/97)

A Lei nº 9.840, de 28 de setembro de 1999, trouxe em seu corpo uma norma de iniciativa popular, acrescendo à Lei nº 9.504/97 o art. 41-A, que estabeleceu uma nova previsão de ato ilícito: a denominada *captação de sufrágio*. Segundo o texto legal, ressalvado o disposto no art. 26 e seus incisos, constitui captação de sufrágio, vedada por esta Lei, o candidato doar, oferecer, prometer, ou entregar, ao eleitor, com o fim de obter-lhe o voto, bem ou vantagem pessoal de qualquer natureza, inclusive emprego ou função pública, desde o registro da candidatura até o dia da eleição, inclusive, sob pena de multa de mil a cinquenta mil UFIR, e cassação do registro ou do diploma, observado o procedimento previsto no art. 22 da Lei Complementar nº 64, de 18 de maio de 1990.

O chamado macroprocesso eleitoral é o procedimento pelo qual os candidatos habilitados pela Justiça Eleitoral buscam captar os votos dos eleitores, com a finalidade de serem eleitos para os mandatos eletivos em disputa. Os candidatos, entendidos tais aqueles que estejam registrados perante a Justiça Eleitoral, devem buscar captar o voto dos eleitores através de propaganda eleitoral, comícios, debates nos meios de comunicação social, exposição de suas ideias e ideologia etc. O convencimento dos eleitores é, em uma última análise, o fim da campanha eleitoral.

Porém, o convencimento dos eleitores não pode ser feito de qualquer modo, por meio de técnicas e formas que quebrem o equilíbrio da disputa entre os candidatos e que viciem a vontade livre e soberana dos cidadãos votantes. Assim, são repelidos pelo ordenamento jurídico o uso abusivo do poder econômico ou político, o uso indevido dos meios de comunicação social, além de outras condutas a que a legislação atribui a pecha de ilícitas e, para inibi-las, impõe a sanção de inelegibilidade.

Como a vivência da legislação eleitoral estava ocorrendo de maneira insatisfatória, começou a surgir na sociedade organizada um sentimento cada vez mais forte contra a impunidade daqueles políticos beneficiários de condutas ilícitas, em detrimento da democracia e da plenitude do exercício do direito do voto. Afinal, às pessoas comuns, aos cidadãos que pagam os seus impostos, parecia absurdo que os processos judiciais eleitorais demorassem tanto, fossem lenientes com os infratores da legislação e, quando conseguissem efetivamente punir alguém, a sanção fosse inexequível por excesso de tempo na tramitação processual. Essa realidade gerou um sentimento de indignação, consubstanciado no projeto de lei de iniciativa popular, liderado pela Conferência Nacional dos Bispos do Brasil (CNBB) e por sindicatos de trabalhadores, que findou por resultar na edição do art. 41-A da Lei nº 9.504/97.

Constitui *captação ilícita de sufrágio*, prescreve o art. 41-A, o candidato doar, oferecer, prometer, ou entregar, ao eleitor, com o fim de obter-lhe o voto, bem ou vantagem pessoal de qualquer natureza, inclusive emprego ou função pública, desde o registro da candidatura até o dia da eleição. Também os atos de violência ou grave ameaça a pessoa, com o fim de obter-lhe o voto, conforme o §2º do art. 41-A, introduzido pela Lei nº 12.034/2009.

Há, portanto, duas formas de captação ilícita de sufrágio: uma, que submete a vontade do eleitor através de benefícios ofertados ou efetivamente dados em troca do voto; outra, que manieta a vontade através da coação por meio de grave ameaça ou atos de violência. A grave ameaça de que fala a norma é qualquer ameaça, não apenas de violência física. A coação pode se dar pela ameaça de demissão de emprego, pela retirada de um benefício dado ou qualquer limitação à esfera jurídica do eleitor, sempre com a finalidade de obter o seu voto.

Quem pode cometer o ato ilícito por meio de benefício é o candidato, e apenas ele. Se alguém, em nome dele, promete, doa, oferece ou entrega ao eleitor algum bem ou vantagem pessoal, com a finalidade de obter-lhe o voto, comete abuso de poder econômico ou corrupção, mas não captação de sufrágio. O candidato é que tem de ser flagrado praticando o ato ilícito, hipotisado naquele texto legal. Não poderá ser ele acusado de captação de sufrágio se outrem, ainda que em seu nome e em seu favor, estiver aliciando a vontade do eleitor. Para que a norma viesse a ter esse alcance, haveria de estar prescrevendo que *o candidato ou alguém por ele* captasse ilicitamente o sufrágio. Dado que não é possível emprestar interpretação elástica às normas que prescrevem sanções, apenas o candidato poderá realizar a conduta descrita no suporte fático da norma. A redação do texto legal, como se vê, limitou o campo material de sua incidência, condicionando apenas ao candidato a realização da conduta descrita como antijurídica.

Nada obstante, o Tribunal Superior Eleitoral atribuiu à norma jurídica um sentido que ela não possuía para fazer alcançar a sanção ao candidato que tenha concordado ou anuído com o ato ilícito: "Recurso especial. Inelegibilidade. Arts. 22 da LC nº 64/90 e 41-A da Lei nº 9.504/97. Caracterização. Cassação de diplomas. Prova. Enunciados sumulares do STF e STJ. Imprescindibilidade ou não de revisor. CPC, art. 397. Desprovimento. I. Resta caracterizada a captação de sufrágio prevista no art. 41-A da Lei nº 9.504/97, quando o candidato praticar, participar ou mesmo anuir explicitamente às condutas abusivas e ilícitas capituladas naquele artigo. II. Para a configuração do ilícito previsto no art. 22 da LC nº 64/90, as condutas vedadas podem ter sido praticadas antes ou após o registro da candidatura. III. Quanto à aferição do ilícito previsto no art. 41-A, esta Corte já decidiu que o termo inicial é o pedido do registro da candidatura. IV. Em ação de investigação judicial, irrelevante para o deslinde da matéria se a entidade assistencial é mantida com recurso público ou privado, sendo necessário aferir se houve ou não o abuso. V. Na legislação eleitoral há intervenção de revisor, essa intervenção é mais restrita e expressamente prevista, como, *verbi gratia*, quando se trata de recurso contra expedição de diploma, nos termos do art. 271, §1º, do Código Eleitoral — a respeito, REsp nº 14.736-RJ, rel. Min. Eduardo Alckmin, DJ de 7.2.97" (REsp nº 19.566/MG, rel. Min. Sálvio de Figueiredo. *Revista de Jurisprudência do TSE – RJTSE*, v. 13, t. 2, p. 278).[1] Portanto, o TSE admite enquadrar no descritor da norma os atos praticados por terceiros, desde que o candidato tenha explicitamente anuído às condutas que hipotisem captação de sufrágio. A interpretação ofertada ao texto legal é amplíssima, buscando trazer para a incidência da norma o maior número possível de fatos, a justificar um cumprimento imediato das consequências práticas da cassação de registro, inexistente para as hipóteses de abuso de poder econômico ou político.

Para que o ilícito ocorra, não há a necessidade de que o eleitor obtenha, de fato, vantagem pessoal ou algum bem do candidato. À incidência da norma basta a promessa ou o oferecimento de vantagem de qualquer natureza. A entrega ou a consumação do benefício prometido apenas qualifica o fato ilícito, vez que a prova da sua ocorrência fica mais facilitada. Todavia, o simples aliciamento da vontade do eleitor através de promessa de futura vantagem, em troca do seu voto, já é ato ilícito punível. Destarte, enquanto para que o abuso de poder econômico ou político ocorra tem de haver prova da sua repercussão para desequilibrar o processo eleitoral ("gravidade das circunstâncias"), à captação ilícita de sufrágio basta a prova do oferecimento ou da promessa de vantagem pessoal de qualquer natureza, para que ao candidato venha a ser aplicada a sanção de cancelamento do seu registro de candidatura. Noutro giro, o candidato pode até não consumar o seu intento de conspurcar a vontade do eleitor; pode, inclusive, sequer ser beneficiado pelo aliciamento que venha a fazer: pouco importa, ele terá realizado a conduta ilícita. A gravidade das circunstâncias, na captação de sufrágio, diz respeito à aplicação da sanção, como veremos adiante. Assim, não há possibilidade de *tentativa* na realização do tipo legal: havida a promessa de vantagem, a norma infalivelmente incide, juridicizando a conduta do candidato como ilícita e deflagrando os efeitos nela previstos. Claro que a efetivação da sanção depende, nessa hipótese, de decisão judicial transitada em julgado.

A vantagem pessoal oferecida ao eleitor pode ser de qualquer natureza: dinheiro, bicicletas, lotes de terreno, vestido de noiva, feira, cheque, cestas básicas, dentadura, sapatos, panelas etc. Além de bens materiais, vantagens imateriais como cargo ou emprego, público ou privado, ensejam a sanção prevista de perda do registro de candidatura. Como a simples oferta já implica a ocorrência da captação ilícita de sufrágio, os

---

[1] Todavia, o TSE já teve decisões vacilantes, mais conforme àquela norma jurídica: "Recurso ordinário em habeas-corpus. Trancamento de ação penal. Denúncia que descreve fatos já apurados em representação julgada improcedente. Corréus. Tratamento isonômico. O acusado se defende dos fatos narrados na inicial, e não da capitulação dada pelo Ministério Público. Precedentes. *O delito do art. 41-A da Lei nº 9.504/97 é exclusivo de candidato*... Atipicidade da conduta. O fato de a recorrente ter o hábito de doar gêneros alimentícios a filha de eleitor não caracteriza de per si delito previsto no art. 299 do Código Eleitoral. Recurso provido" (HC nº 46/SP, rel. Min. Ellen Gracie Northfleet, pub. *DJ*, p. 147, 11 out. 2002, grifamos). A matéria, porém, está pacificada: "Recurso contra expedição de diploma. Captação ilícita de sufrágio. (...) 2. A atual jurisprudência do Tribunal não exige a prova da participação direta, ou mesmo indireta, do candidato, para fins de aplicação do art. 41-A da Lei das Eleições, bastando o consentimento, a anuência, o conhecimento ou mesmo a ciência dos fatos que resultaram na prática do ilícito eleitoral, elementos esses que devem ser aferidos diante do respectivo contexto fático. No caso, a anuência, ou ciência, da candidata a toda a significativa operação de compra de votos é fruto do envolvimento de pessoas com quem tinha forte ligação familiar, econômica e política" (Ac. de 24.08.2010 no RCED nº 755, rel. Min. Arnaldo Versiani). E ainda: "3. A jurisprudência desta c. Corte Superior não exige a participação direta do candidato, bastando o consentimento, a anuência em relação aos fatos que resultaram na prática do ilícito eleitoral" (Ac. de 22.06.2010 no REspe nº 30.274, rel. Min. Marcelo Ribeiro).

bilhetes — muito comuns em eleições — autorizando o eleitor a apanhar feira ou cestas básicas em mercadinhos, ou tijolos e telhas em armazéns, irão ter muita importância para a efetiva inflição de pena aos candidatos corruptores.

A vantagem que constitui captação de sufrágio é aquela que não é coletiva (ou seja, que não é outorgada a um número indeterminado de pessoas) e que visa a cooptar o voto de um eleitor específico, individualizado, e não o de uma comunidade difusa. Se a vantagem outorgada transcender a pessoas determinadas, específicas, não haverá captação ilícita de sufrágio. Além disso, ainda que as pessoas sejam determináveis ou determinadas, é necessário que a vantagem outorgada seja individualmente usufruída, não as beneficiando coletivamente. Nessa segunda hipótese, em que a vantagem ofertada ou efetivamente dada não tem natureza pessoal, poder-se-á estar diante de abuso de poder econômico, a depender da probabilidade que tenha para influenciar o resultado do pleito (relação de causalidade). O Acórdão nº 19.176, de 16.10.2001 (rel. Ministro Sepúlveda Pertence, *Informativo TSE*, ano IV, n. 05, p. 07 *et seq.*, 04-10 mar. 2002) trouxe alguns delineamentos nesse sentido: "II – Captação ilícita de sufrágios (Lei nº 9.504/97, art. 41-A): não-caracterização. Não configura a captação ilícita de sufrágios, objeto do art. 41-A da Lei nº 9.504/97, o fato, documentado no 'protocolo de intenções' questionado no caso, firmado entre os representantes de diversas igrejas de determinado município — travestidos de membros do conselho ético de um partido político — e certos candidatos a prefeito e vice-prefeito que formalmente se comprometem, se eleitos, ao atendimento de reivindicações imputadas à 'comunidade evangélica' e explicitadas no instrumento, entre elas, a doação de um imóvel do patrimônio municipal, se não voltadas as promessas a satisfazer interesses individuais privados".

O Tribunal Superior Eleitoral caracteriza a captação de sufrágio quando presentes três elementos indispensáveis: (a) a prática de uma ação (doar, prometer etc.), (b) a existência de uma pessoa física (o eleitor), e (c) o resultado a que se propõe o agente (a obtenção do seu voto). Como naquele caso julgado se entendeu que os atos prometidos (cargos públicos e terreno municipal a ser doado para a comunidade evangélica) não configuravam vantagem pessoal para os subscritores do protocolo de intenções, deixou o TSE de caracterizar a existência de captação de sufrágio. Nesse passo, seguiu-se o entendimento segundo o qual nenhum dos atos prometidos implicava vantagem *pessoal* para os signatários do documento, porque seria fruída por certa *coletividade*.

É preciso aqui chamar a atenção para o fato de que não se podem colocar em um mesmo patamar as promessas, feitas em campanha, de construção de escolas, calçamentos de rua etc., que são legítimas e dizem respeito à justa aspiração da comunidade de eleitores, com as promessas de vantagem de natureza *privada*, ainda que seja para uma igreja ou denominação religiosa (que é pessoa jurídica privada, ainda que venha a representar uma comunidade de fiéis e se proponha a defender interesses públicos), com a finalidade de obtenção de apoio político e de captação de votos. Essa postura, eticamente reprovável, deixa de constituir captação ilícita de sufrágio por lhe falecer um pressuposto legalmente exigível: a promessa de *vantagem pessoal*. A vantagem ofertada é para pessoas indeterminadas, posto possam ser determináveis. Além disso, fruem do seu resultado coletivamente, e não individualmente.

Ademais, é necessário que se demonstre, para a caracterização do ilícito, que a finalidade da vantagem oferecida ou efetivamente dada seja a captação de sufrágio, é dizer, tenha fins explicitamente eleitorais. Não basta provar que houve a oferta de ganho, ou que tenha havido a entrega de algum bem ao eleitor individualmente caracterizado: é fundamental que haja a demonstração de que esse benefício ou promessa de benefício tenha a finalidade eleitoral de cooptar à sua vontade.[2] Sem esse *plus*, não estará também configurada a captação ilícita de sufrágio, consoante já se pronunciou o Tribunal Superior Eleitoral: "Representação (art. 41-A, da Lei nº 9.504/97). Termo inicial. Finalidade eleitoral. Caracterização. (...) Para a caracterização da conduta descrita no referido artigo é imprescindível a demonstração de que ela foi praticada com o fim de obter o voto do eleitor. O Tribunal não conheceu do recurso. Unânime" (Recurso Especial Eleitoral nº 19.229/MG, rel. Min. Fernando Neves, em 15.02.2001. *Informativo TSE*, ano III, n. 02, p. 1, 12-18 fev. 2001). Ao art. 41-A, consoante se vê, vem sendo aplicada a mesma interpretação outorgada ao art. 299 do Código Eleitoral, que tipifica criminalmente a *corrupção eleitoral*. De fato, para que resulte configurado o crime de corrupção eleitoral, necessário que o pedido de obtenção de voto seja *específico*, caracterizado pela intenção de cooptar a vontade do eleitor. "Recurso especial. Crime eleitoral. Art. 299 do Código Eleitoral. 1. Pedido de obtenção de voto efetuado de forma genérica, ou meramente implícito, não se enquadra na ação descrita no art. 299 do Código Eleitoral, que exige dolo específico, caracterizado pela intenção de obter a promessa de voto do eleitor. Recurso especial conhecido e provido" (Recurso Especial Eleitoral nº 16.108/MG, rel. Min. Maurício Corrêa. *DJ*, 17 dez. 1999. *Informativo TSE*, ano II, n. 01, p. 3, 31 jan./06 fev. 2000). É dizer, na linha jurisprudencial adotada pelo TSE, o *pedido genérico* ou implícito não ensejam as sanções do art. 299 do CE, tampouco do art. 41-A da Lei nº 9.504/97.

O difícil, do ponto de vista prático, é estremar o que seja pedido genérico de obtenção de voto, do que seja pedido específico. Se algum candidato distribui cestas de alimentos para várias pessoas, em um caminhão com vários adesivos e cartazes com o seu nome e foto pregados no veículo, sem que peça explicitamente votos para si, estará praticando captação ilícita de sufrágio? Da mesma forma, se um outro candidato é flagrado distribuindo tijolos e sacos de cimento para uma comunidade carente, sem que esteja pedindo votos, haverá captação de sufrágio? Nessas hipóteses, e em outras símiles, o pedido de votos decorre do gesto filantrópico, todavia não se enquadraria no pedido explícito exigido pelo TSE: seria um *pedido genérico de votos*, e como tal poderia configurar abuso de poder econômico, mas não se qualificaria como captação ilícita de sufrágio. Para afastar dúvidas, o §1º do art. 41-A da Lei nº 9.504/97 prescreveu que, para a caracterização da conduta ilícita, é desnecessário o pedido explícito de votos, "bastando a evidência do dolo, consistente no especial fim de agir". A redação legal é sofrível, porém expressa que à captação de sufrágio basta a demonstração do dolo, da

---

[2] Nesse sentido: "Captação ilícita de sufrágio. Art. 41-A da Lei nº 9.504/97. Descaracterização. Reexame de provas. Impossibilidade. Agravo desprovido. (...). 2. Não é possível concluir, diante das circunstâncias descritas no aresto impugnado, que o bem prometido teria sido condicionado ao voto dos beneficiários. (...). 4. Depreende-se do acórdão recorrido que, a despeito de o relator fazer referência ao tipo descrito no art. 73, IV, da Lei das Eleições, inexistiu a alegada desclassificação do ilícito do art. 41-A para a mencionada conduta vedada." *NE*: "a candidata teria participado de reunião com os moradores de determinada comunidade, com o propósito de inscrevê-los em um programa governamental, garantindo a todos os presentes a percepção de fogão ecológico. (...) ainda que a reunião tenha tido viés eleitoral, não é possível concluir, diante das circunstâncias descritas no aresto impugnado, que o bem prometido teria sido condicionado ao voto dos beneficiários, estando ausente o caráter mercantilístico que o art. 41-A da Lei nº 9.504/97 visa coibir" (Ac. de 20.05.2010 no AgR-REspe nº 36.132, rel. Min. Marcelo Ribeiro). E ainda: "Captação ilícita de sufrágio. Serviços médicos gratuitos. Ausência de provas. I – A caracterização da captação ilícita de sufrágio exige provas robustas de que a conduta tenha sido praticada em troca de votos" (Ac. de 13.04.2010 no ARCED nº 748, rel. Min. Ricardo Lewandowski).

vontade deliberada em cooptar a vontade do eleitor através de outorga de vantagem pessoal. E o dolo resta demonstrado pela atuação eleitoral de quem concede o benefício; é dizer, o benefício é dado em razão de uma finalidade eleitoral.[3]

De outra banda, para a captação de sufrágio deve haver a possibilidade concreta de determinação dos beneficiários. A indeterminabilidade afasta a captação de sufrágio e pode gerar, a depender da sua gravidade e extensão, abuso de poder político ou econômico. A jurisprudência do TSE, nesse tema, mais recentemente, já se decidiu que "A promessa de vantagem pessoal em troca de voto é parte da *fattispecie* integrante da norma, devendo se relacionar com o benefício a ser obtido concreta e individualmente por eleitor determinado, para fazer incidir o art. 41-A da Lei das Eleições".[4] De fato, sem que haja ao menos a *determinabilidade* do eleitor, não há como se falar em captação de sufrágio, de vez que a norma do art. 41-A tem como pressuposto de incidência a existência de *vantagem pessoal*. Não se pode supor que haja vantagem pessoal sem, ao menos, se ter como determinar quem seja o beneficiário, é dizer, o eleitor.

A distinção entre a captação ilícita de sufrágio e o abuso de poder econômico consiste justamente na percussão dos fatos ilícitos: no primeiro caso, há uma negociação direta com o eleitor, pela qual o candidato, ou mesmo alguém com a sua anuência, ofereça alguma vantagem pessoal em troca do voto; no segundo caso, são outorgadas vantagens pessoais, mas para um universo indeterminado de beneficiários, que necessitam gerar, para configurar a ilicitude, a potencialidade de influenciar o resultado do pleito, ou, na linguagem da LC nº 135, deverá ser observada a "gravidade das circunstâncias" (art. 22, inc. XVI, da LC nº 64/90).[5]

O art. 41-A prescreve que os fatos reputados como captação ilícita de sufrágio são aqueles que ocorrerem desde o registro de candidatura até a eleição. Temos que ler o texto do art. 41-A como se ele prescrevesse que a captação de sufrágio é vedada desde *o pedido de registro de candidatura*, que é quando nasce para o nacional o direito expectado de ser candidato, já podendo exercer algumas das faculdades próprias daqueles já reconhecidos como candidatos pela Justiça Eleitoral. O pré-candidato, mesmo tendo o seu pedido de registro negado, continua atuando *como se* (*als ob*) fosse candidato, tendo acesso ao horário eleitoral gratuito e quejandos. Ora, é certo que sem registro de candidatura não há elegibilidade, não podendo o nacional ser reputado validamente candidato. Nada obstante, ao pedir o registro de candidatura nasce para o candidato o direito expectativo à elegibilidade, podendo concorrer por sua conta e risco, consoante prescreve o art. 16-A da Lei nº 9.504/97.[6] Dessarte, acaso o juiz eleitoral negue ao interessado o

---

[3] "Aquisição e doação de pulverizador em momento crítico do período eleitoral por interposta pessoa. Utilização de cheque de empresa do candidato para a aquisição do equipamento. Especial fim de agir caracterizado. Desnecessidade de pedido expresso de voto" (TSE – AgR-REspe nº 35.804, rel. Min. Cármen Lúcia, Ac. de 18.03.2010). Outrossim: "Recurso contra expedição de diploma. Captação ilícita de sufrágio. Abuso do poder econômico. 1. As evidências e as circunstâncias averiguadas nos autos comprovam a montagem de esquema de compra de votos dentro de empresa de vigilância voltado à eleição de familiares do administrador desse negócio — beneficiários diretos e inequívocos do ilícito; essas mesmas evidências e circunstâncias, todavia, não permitem concluir pela participação, direta ou indireta, nem mesmo pela anuência do candidato a governador quanto à captação ilícita de sufrágio" (TSE – RCED nº 739, rel. Min. Arnaldo Versiani, no Ac. de 16.03.2010).

[4] TSE – REspe nº 35.770, rel. Min. Fernando Gonçalves, Ac. de 06.04.2010.

[5] Prescreve o art. 22, XVI, da LC nº 64/90: "para a configuração do ato abusivo, não será considerada a potencialidade de o fato alterar o resultado da eleição, mas apenas a gravidade das circunstâncias que o caracterizam".

[6] Prescreve o art. 16-A: "O candidato cujo registro esteja 'sub judice' poderá efetuar todos os atos relativos à campanha eleitoral, inclusive utilizar o horário eleitoral gratuito no rádio e na televisão e ter seu nome mantido

registro de sua candidatura, poderá ele praticar todos os atos de campanha, atuando *como se* fosse candidato. Note-se que o *pedido de registro de candidatura* já habilita o nacional, sob condição resolutiva: negado o registro em definitivo, ficam sem valor os votos dados, não havendo o cômputo para o quociente eleitoral em caso de eleição proporcional, afastando, nessa hipótese, a norma do §4º do art. 175 do Código Eleitoral.

Dissemos que o marco inicial em que a captação ilícita de sufrágio pode ocorrer é o momento do pedido de registro de candidatura. Não do registro efetivamente deferido, que seria consectário de um procedimento com prazos determinados pela legislação, mas apenas do pedido de registro, quando todos os pré-candidatos escolhidos em convenção partidária já manifestaram, perante a Justiça Eleitoral, o seu pleito de se lançarem candidatos a um mandato eletivo. Nesse sentido: "Representação (art. 41-A, da Lei nº 9.504/97). Termo inicial. Finalidade eleitoral. Caracterização. *O termo inicial do período de incidência do art. 41-A da Lei nº 9.504/97, é a data em que o registro da candidatura é requerido e não a do seu deferimento.* (...). O Tribunal não conheceu do recurso. Unânime" (Recurso Especial Eleitoral nº 19.229/MG, rel. Min. Fernando Neves, em 15.02.2001. *Informativo TSE*, ano III, n. 02, p. 1, 12-18 fev. 2001, grifei).

No que diz respeito à captação de sufrágio decorrente de atos de violência ou grave ameaça, a conduta pode ser cometida por qualquer pessoa vinculada ao candidato, atuando em seu nome. Há casos em que grupos políticos se apropriam do poder político por meio de atos intimidatórios, alguns fazendo uso de milícias armadas. Obrigam o eleitor a colocar propaganda eleitoral na parede da casa, submetendo-os por meio de coação. Aqui, há captação de sufrágio por ameaça. É dizer, ela não se consuma no momento do voto, mas durante o período eleitoral, através de qualquer ato intimidatório que tenha a finalidade de obter o voto do eleitor ou a sua adesão.

A ameaça ao eleitor é de qualquer natureza, não apenas de violência física. A violência psíquica é forma por vezes tão ou mais grave que aquela. Ameaçar retirar o benefício do programa social, ou demitir do emprego, ou tomar a posse de terreno. São vastas as possibilidades de enquadramento na conduta ilícita, ensejando a aplicação das sanções do art. 41-A.

§2 A sanção para a captação de sufrágio: multa, e cassação do registro ou diploma. Repensando a significação do prescritor do art. 41-A

A Lei Complementar nº 135 mudou o ordenamento jurídico eleitoral, desafiando uma interpretação dos diplomas eleitorais que se amoldem à nova ordem estabelecida, em que as inelegibilidades passaram a ter uma dimensão bem mais ampla e mais grave.

Quando o Tribunal Superior Eleitoral começou a construir a jurisprudência sobre o art. 41-A, a sanção de inelegibilidade raramente gerava resultados práticos na esfera jurídica do candidato infrator, que normalmente terminava se beneficiando da infração cometida. Ademais, o prazo de três anos era, de fato, insuficiente para inibir aventuras e estripulias praticadas por candidatos no afã de obterem o mandato eletivo

na urna eletrônica enquanto estiver sob essa condição, ficando a validade dos votos a ele atribuídos condicionada ao deferimento de seu registro por instância superior. Parágrafo único. O cômputo, para o respectivo partido ou coligação, dos votos atribuídos ao candidato cujo registro esteja 'sub judice' no dia da eleição fica condicionado ao deferimento do registro do candidato".

almejado. Assim, a interpretação outorgada àquele dispositivo passou a ser construída de modo a atender os reclamos da comunidade jurídica, desejosa de maior efetividade das sanções eleitorais.

Foi com essa diretriz que o TSE passou a interpretar que a cassação de registro de candidatura não se confundia com a inelegibilidade, afastando a necessidade de trânsito em julgado da decisão para gerar efeitos práticos, consoante determinava a revogada redação do art. 15 da LC nº 64/90. Nada obstante, com a entrada em vigor da LC nº 135, as inelegibilidades passaram todas a ter o prazo mínimo de oito anos, exacerbando-se sobremaneira a amplitude da sanção e contagiando diversas hipóteses de ilícitos eleitorais, inclusive a captação de sufrágio.

Essa mudança significativa no tratamento das inelegibilidades não ficou adstrita às disposições da Lei Complementar nº 64/90, mas se espargiu para a legislação eleitoral como um todo, sobretudo para a Lei nº 9.504/97, de vez que os ilícitos eleitorais por ela definidos passaram também a ser hipóteses de incidência da sanção de inelegibilidade. Assim, a captação de sufrágio, as condutas vedadas aos agentes públicos, a captação ilícita de recursos, os gastos indevidos de campanha foram assumidos pela LC nº 135, trazendo para o arco da sua incidência os tipos descritos naquela lei ordinária.

A captação ilícita de sufrágio é ato jurídico ilícito que gera inelegibilidade cominada potenciada por oito anos.[7] Porém, para que haja o efeito da inelegibilidade, é necessário que a "condenação" *implique cassação do registro ou do diploma*. E quando é que o ato ilícito gera a cassação do registro ou do diploma, tendo como consequência a inelegibilidade? Quando "a gravidade das circunstâncias que o caracterizam"[8] se fizer presente no caso concreto. Não estando presente a gravidade das circunstâncias, a sanção aplicável é a multa de mil a cinquenta mil UFIR. É dizer, a nova disciplina das inelegibilidades não pode ser segregada, devendo alcançar também a interpretação do art. 41-A, aproximando-o da mesma lógica que preside a interpretação das condutas vedadas aos agentes públicos.

As normas jurídicas são significações extraídas das proposições prescritivas. Não são elas o sentido de um único artigo de um determinado diploma legal, mas a significação dos textos positivados e dos princípios jurídicos que embebem o sistema, de modo que um artigo há de ser lido e compreendido dentro da estrutura total do ordenamento jurídico em que ele se insere como parte. São as normas jurídicas a totalidade significativa que forma uma unidade completa de sentido deôntico,[9] razão pela qual podemos falar serem elas *modelos jurídicos*, ou seja, o conteúdo normativo posto pelas fontes do direito. E os modelos jurídicos resultam de uma "pluralidade de normas entre si articuladas compondo um todo irredutível às suas partes componentes".[10] Essa a razão pela qual é já um truísmo o dizer-se que não se interpreta o direito em pedaços, como fosse um artigo de lei bastante em si para comportar completamente um sentido normativo. A proposição veiculada por um dispositivo dialoga com outros dispositivos do mesmo diploma legal e com outros dispositivos de outros diplomas do mesmo e de outro escalão hierárquico, compondo um todo prescritivo.

---

[7] Art. 1º, inc. I, alínea "j", da LC nº 64/90, com a redação dada pela LC nº 135/2010.
[8] Art. 22, inc. XVI, *in fine*, da LC nº 64/90, analogicamente.
[9] Vide o meu *Teoria da incidência da norma jurídica*: crítica ao realismo linguístico de Paulo de Barros Carvalho, 2. ed., p. 29 *et seq*.
[10] REALE. *Fontes e modelos do direito*: para um novo paradigma hermenêutico, p. 30.

Como nos adverte Reale, ao compreendermos o conteúdo da fonte do direito (leis, decretos, portarias etc.) como *modelos jurídicos*, temos uma estrutura significativa prescritiva que se projeta histórica e socialmente no tempo, até enquanto a fonte estiver em vigor, se vinculando à experiência jurídica, nada obstante "obedecendo às mutações fático-valorativas que nesta operam".[11] O sentido social conativo institucionalizado que é a norma jurídica é sempre *in fieri*, é dizer, sofre mutações em razão da dialética implicação entre fatos, valores e normas. Dirá Reale, então, que os modelos jurídicos "nunca deixam de ser *momentos da experiência jurídica mesma*, enquanto expressão do mundo da cultura".[12]

As razões que estavam à base da interpretação dada ao art. 41-A sofreram evidente mutação. O sistema jurídico eleitoral saiu da ausência de efetividade das suas normas jurídicas, que gerou a construção pretoriana da separação das consequências práticas decorrentes das inelegibilidades e da cassação do registro de candidatura, afastando assim a aplicação da antiga redação do art. 15 da LC nº 64/90 em face da captação ilícita de sufrágio. Agora, sem embargo, as normas eleitorais não apenas possuem efetividade como têm consequências drásticas, em uma inversão de paradigma que deve ser levado em conta na interpretação das normas jurídicas. É dizer, não há como interpretar mais o art. 41-A sem as lentes da LC nº 135, que impacta o sentido da norma veiculada pela legislação ordinária, inclusive porque à captação de sufrágio se atribuiu, quando cassar o registro ou o diploma, a sanção de inelegibilidade por oito anos; acaso, portanto, não seja o caso, pela "gravidade das circunstâncias", de cassação do registro ou diploma, aplicar-se-ia apenas a multa, cuja gradação pode ir de mil a cinquenta mil UFIR. É dizer, existe para o juiz eleitoral uma margem de ponderação na aplicação das sanções do art. 41-A; e assim deve ser, porque não é razoável nem proporcional que para condutas com gravidade e percussão distintas haja uma mesma sanção, sem que se faculte ao juiz, diante do contexto dos casos concretos, fazer a dosimetria da pena *lato sensu*.

A redação do art. 41-A, inclusive, separa nitidamente as duas sanções (multa e cassação do registro ou diploma) pelo uso de uma vírgula, a mostrar que a preposição "e" ali não está como conectivo multiplicador automático (multa, e cassação do registro

---

[11] REALE. *Fontes e modelos do direito*: para um novo paradigma hermenêutico, p. 39.
[12] REALE. *Fontes e modelos do direito*: para um novo paradigma hermenêutico, p. 49. Ao dizermos que a norma jurídica é sempre *in fieri* não estamos caindo no ceticismo da corrente analítica do direito, notadamente italiana, Tarello e Gusatini à frente, que reduz a fonte do direito (texto positivo, suporte físico textual) a meros signos vazios de significação, que seria construída pelo intérprete *tout court*. Assumo que os textos positivos possuem em si já um sentido normativo, que condiciona o intérprete e não lhe permite vagar livremente em um labirinto de significações quaisquer. Consoante adverte LUZZATI. *L'interprete e il legislatore*: saggio sulla certezza del diritto, p. 67, a norma *in fieri* nos põe em um processo em ato, aberto, que no futuro poderia também gerar decisões alternativas. Nada obstante, a norma *in fieri* "serve a definire *l'orizzonte cognitivo e operativo-decisionale* dei soggetti (giuridicamente informati) che partecipano alla creazione della norma e, in genere, di quanti sono chiamati a fornire argomenti pro o contro particolari interpretazioni delle leggi" (grifo original). A interpretação parte sempre, portanto, de um sentido preliminar que o texto traz consigo (norma *prima facie*), não sendo o papel do intérprete criar *ab ovo* novos sentidos, sem lastro no horizonte textual que se lhe põe ali, diante de si, reclamando compreensão. Interpreta-se algo; esse "algo" é isto que se põe intencionalmente para mim (*istidade*). Razão pela qual rejeito a lição de TARELLO. *L'interpretazione della legge*, p. 61-62 *passim*, para quem a interpretação é a atividade de atribuir um significado a um documento, inclusive podendo decidir pela atribuição de um "particolare significato", mesmo, digo eu, que isso implicasse uma violência simbólica. Tal esvaziamento de significação do texto nos levaria ao ceticismo total, é dizer, a um verdadeiro irracionalismo. Admitir que haja uma dinâmica da significação que é a norma jurídica não é admitir que qualquer sentido possa se converter abusivamente no sentido prescrito por um texto positivo, como bem o demonstra Jerzy Wróblewski (*Sentido e hecho en el derecho*, p. 100-104).

ou diploma), de modo que, em face da LC 135, deve-se ler "multa, e cassação do registro ou diploma em razão da gravidade das circunstâncias". Com essa interpretação, ganha em sentido a parte final da alínea "j" do inciso I do art. 1º da LC nº 64/90, com a redação da LC nº 135, que pode ser lida assim, em seu sentido deôntico completo: "são inelegíveis os que forem condenados, em decisão transitada em julgado ou proferida por órgão colegiado da Justiça Eleitoral, por captação de sufrágio que implique cassação do registro ou do diploma, pelo prazo de oito anos a contar da eleição".

De fato, não se pode colocar na mesma plana a promessa de vantagem pessoal feita a uma pessoa, para cooptar a sua vontade, e a doação de bens ou serviços para uma quantidade determinável de eleitores em troca de votos. A própria introdução do §10 ao art. 73 da Lei nº 9.504/97 milita em favor dessa interpretação do art. 41-A, sobretudo após o advento da LC nº 135, porque a vantagem dada pela Administração Pública através de programas sociais não previstos em lei ou mesmo sem execução orçamentária no ano anterior poderá, dada a gravidade das circunstâncias, desafiar apenas a aplicação de multa, consoante §§4º e 5º do mesmo art. 73.[13]

Objetar-se-á, talvez, que (a) o conectivo "e" seria sempre multiplicador; fosse uma ou outra sanção, o legislador teria feito uso do conectivo "ou-includente", é dizer, ou uma ou outra ou ambas; (b) a parte final da alínea "j" do inciso I do art. 1º da LC nº 64/90 estaria a se referir apenas às condutas vedadas, razão pela qual o verbo "implicar" está no plural ("que impliquem"); e (c) a "gravidade das circunstâncias" do inciso XV do art. 22 da LC nº 64/90 estaria se referindo apenas ao abuso de poder. Debalde, contudo.

Na redação do art. 41-A, o conectivo "e" não implica automatismo na aplicação de ambas as sanções, mesmo porque cuidou o legislador de separá-las com uma vírgula, quebrando a oração como fossem grupos unitários e independentes.[14] Resta

---

[13] Nesse sentido: "Investigação judicial. Abuso de poder. Uso indevido dos meios de comunicação social. Condutas vedadas. (...) 3. Comprovadas as práticas de condutas vedadas no âmbito da municipalidade, é de se reconhecer o evidente benefício à campanha dos candidatos de chapa majoritária, com a imposição da reprimenda prevista no §8º do art. 73 da Lei das Eleições. 4. Mesmo que a distribuição de bens não tenha caráter eleitoreiro, incide o §10 do art. 73 da Lei das Eleições, visto que ficou provada a distribuição gratuita de bens sem que se pudesse enquadrar tal entrega de benesses na exceção prevista no dispositivo legal. 5. Se a Corte de origem, examinando os fatos narrados na investigação judicial, não indicou no acórdão regional circunstâncias que permitissem inferir a gravidade/potencialidade das infrações cometidas pelos investigados, não há como se impor a pena de cassação, recomendando-se, apenas, a aplicação das sanções pecuniárias cabíveis, observado o princípio da proporcionalidade. Agravos regimentais desprovidos" (Agravo Regimental em Recurso Especial Eleitoral nº 35.590, Acórdão de 29.04.2010, rel. Min. Arnaldo Versiani, publicação: *Diário da Justiça Eletrônico – DJE*, p. 57-58, 24 maio 2010). E ainda: "Eleições 2010. Conduta vedada. Uso de bens e serviços. Multa. 1. O exame das condutas vedadas previstas no art. 73 da Lei das Eleições deve ser feito em dois momentos. Primeiro, verifica-se se o fato se enquadra nas hipóteses previstas, que, por definição legal, são 'tendentes a afetar a igualdade de oportunidades entre candidatos nos pleitos eleitorais'. Nesse momento, não cabe indagar sobre a potencialidade do fato. 2. Caracterizada a infração às hipóteses do art. 73 da Lei 9.504/97, é necessário verificar, de acordo com os princípios da razoabilidade e proporcionalidade, qual a sanção que deve ser aplicada. Nesse exame, cabe ao Judiciário dosar a multa prevista no §4º do mencionado art. 73, de acordo com a capacidade econômica do infrator, a gravidade da conduta e a repercussão que o fato atingiu. Em caso extremo, a sanção pode alcançar o registro ou o diploma do candidato beneficiado, na forma do §5º do referido artigo. 3. Representação julgada procedente" (Representação nº 295.986, Acórdão de 21.10.2010, rel. Min. Henrique Neves, publicação: *Diário da Justiça Eletrônico – DJE*, t. 220, p. 15, 17 nov. 2010).

[14] Consoante BECHARA. *Moderna gramática portuguesa*, p. 321, "algumas vezes 'e' aparece depois de pausa, introduzindo grupos unitários e orações". Celso Cunha e Lindley Cintra (*Nova gramática do português contemporâneo*, p. 598), estabelecem que uma das funções particulares da conjunção "e" é justamente "facilitar a passagem de uma ideia a outra, mesmo que não relacionadas", como se observa no chamado estilo bíblico, em que orações coordenativas autônomas se sucedem com o emprego daquela conjunção.

claro, portanto, que se gramaticalmente estamos diante de duas orações autônomas coordenativas unidas pela conjunção "e", juridicamente há razões sobejas para considerarmos que a norma veiculada pelo art. 41-A admite, em seu prescritor, o juízo de ponderação no momento da aplicação da sanção cabível à captação de sufrágio, que pode ir de uma simples multa de mil UFIR, na sua forma mais leve, à multa de 50 mil UFIR. Ademais, afora a aplicação da sanção pecuniária, poderá o juiz eleitoral aplicar a sanção de cassação do registro ou diploma, mercê da gravidade das circunstâncias, observando-se o contexto do caso concreto.

O verbo "implicar" no plural poderá ser lido como referindo-se não apenas às condutas vedadas, mas também a todas aquelas condutas ilícitas citadas no descritor da norma da alínea "j" do inciso I do art. 1º da LC nº 64/90. Essa seria a objeção mais débil, inclusive.

Finalmente, a assertiva segundo a qual o juízo de ponderação tomando em conta a "gravidade das circunstâncias" estaria circunscrita às formas de abuso de poder claudica justamente quando se leva em conta que toda a sistemática das sanções previstas na Lei nº 9.504/97 foi pautada na discricionariedade outorgada ao juiz eleitoral para definir, no caso concreto, a sanção pertinente: multa, cassação, e multa e cassação, cumuladas. "Gravidade das circunstâncias" é conceito jurídico indeterminado, é dizer, conceitos cuja referência semântica é ambígua ou imprecisa, de modo a reivindicar a colmatação pelo aplicador da norma. Trata-se de um conceito de experiência que deve ser analisado caso a caso, não havendo uma régua que possa ser usada para medir o que é *prima facie* gravíssimo, grave, relativamente grave ou infimamente grave. É apenas o contexto que fará o julgador analisar, dadas as circunstâncias e as decisões em casos símiles,[15] o que enseja a aplicação de uma sanção mais branda ou mais gravosa.

Nada tem a ver a *gravidade das circunstâncias* com o dolo, elemento subjetivo essencial para que haja ato ilícito eleitoral.[16] Na verdade, a gravidade da circunstância é aferida no momento da aplicação da sanção, devendo o juiz eleitoral verificar se há potencialidade para a conduta desequilibrar o pleito, ainda que, consoante a dicção legal, não seja apto para "alterar o resultado da eleição". Caberá, então, diante do caso concreto adjudicar um sentido ao termo jurídico indeterminado, embora esse poder não seja arbitrário, mas limitado por "ciertos *standards* valorativos, sociais, políticos, económicos, etc., a la luz de los cuales se aprecian y sopesan las consecuencias de la inclusión o exclusión".[17]

Destarte, e em conclusão, em face da LC nº 135, entendemos que a sanção prevista pelo art. 41-A, visando a fustigar os que cometerem a captação ilícita de sufrágio, é desdobrada em uma multa pecuniária e, eventualmente, na poda do registro de candidatura ou do diploma. A aplicação de multa entre 1.000 (mil) e 50.000 (cinquenta mil) unidades fiscais de referência (UFIR) é dosada de acordo com a prudente discrição

---

[15] Neste sentido, WRÓBLEWSKI. *Constitución y teoría general de la interpretación jurídica*, p. 42 passim.
[16] Erro em que incorreu COELHO. A mudança de paradigma decorrente da Lei Complementar nº 135. In: REIS; OLIVEIRA; CASTRO. *Ficha limpa*: lei complementar nº 135, de 4 de junho de 2010: interpretada por juristas e responsáveis pela iniciativa popular, p. 54. Segundo ele, "o dolo passa a integrar os requisitos para a declaração de inelegibilidade, tanto na condenação criminal quanto na condenação por improbidade e, ainda, na rejeição de contas" (p. 59). Na verdade, os atos ilícitos eleitorais que ensejam a inelegibilidade são sempre dolosos.
[17] CARRIÓ. *Notas sobre derecho y lenguaje*, p. 57.

judicial, em face da gravidade do caso concreto. Já a cassação do registro ou do diploma está na zona de discricionariedade judicial: ocorrida e comprovada a captação ilícita de sufrágio, além da multa, deve o juiz eleitoral analisar a gravidade das circunstâncias e, em sendo o caso, também cassar o registro de candidatura ou o diploma do apenado.

§3 Captação de sufrágio e abuso de poder econômico: a evolução pretoriana

No Recurso Especial Eleitoral nº 19.229/MG, foi submetida à cognição do TSE a ação de investigação judicial eleitoral proposta contra o candidato à reeleição para o cargo de prefeito municipal, por ter ele doado quatro tíquetes-refeição a uma eleitora e por ter solicitado à concessionária de água e esgoto que não suspendesse o fornecimento de água na residência dela. Note-se que o fato objeto da ação é potencialmente inofensivo para o equilíbrio da eleição: afinal, tratava-se da entrega de quatro tíquetes-refeição para uma única eleitora, bem como de um pedido para que o fornecimento de água lhe fosse suspenso. Não se tratava, portanto, de um esquema de grandes proporções eleitorais. Em razão disso, "ante a pequenez do fato", no dizer do Ministro Pertence, e porque "não estabelecida na inicial a clara imputação de uma conexão ideológica entre a doação e o objetivo de conseguir votos", haveria a própria inépcia da petição inicial (vide Acórdão nº 19.229, de 15.02.2001, *DJ*, 05 jun. 2001, rel. Min. Fernando Neves. *Informativo TSE*, ano III, n. 19, p. 4-6, 11-17 jun. 2001).

No Acórdão nº 16.242, de 1º.03.2001 (rel. designado Min. Nélson Jobim, *DJ* 22 jun. 2001. *Informativo TSE*, ano III, n. 21, p. 5-12, 25-30 jun. 2001, grifado por nós), o Tribunal Superior Eleitoral julgou uma ação de investigação judicial eleitoral proposta, por abuso de poder econômico, contra um candidato a deputado federal que havia doado, em uma partida de futebol realizada em cidade do interior, uma kombi para uma associação de bairro do município. O veículo doado era utilizado para fazer o transporte de doentes, idosos e entrega de cestas básicas, circulando com propaganda do candidato e uma inscrição chamando a atenção à origem da doação do veículo. A tônica do debate travado no plenário do Tribunal, durante o julgamento, dizia respeito à existência do nexo de causalidade entre o fato reputado ilícito (abuso de poder econômico) e o resultado das eleições. Durante o debate, o Ministro Nélson Jobim, querendo realçar a necessidade de se demonstrar, além das provas da ocorrência do fato abusivo, a relação entre os votos obtidos e o delito praticado, afirmou o seguinte: "Mas lembro que a lei complementar exige, para efeito da prática de abuso de poder econômico, o risco de perturbação da livre manifestação popular. É isso que tem que ser demonstrado. Ou seja, *quando a captação de sufrágio foi criada pelo art. 41-A da Lei nº 9.840/99*, não se falou de inelegibilidade, *e sim em captação do sufrágio com o fim de obter o voto*. No caso concreto poder-se-ia pensar em captação de sufrágio, mas *captação de sufrágio não leva à inelegibilidade*, que exige o risco de perturbação da livre manifestação popular. Esta é a diferença fundamental. Ou seja, se estivéssemos perante a captação de sufrágio, sim, porque estaríamos discutindo o problema com o fim de obter o voto do art. 41-A; todavia, não é a hipótese".

Como se pode observar, naquele primeiro aresto, o TSE exigia que os fatos narrados como sendo de captação de sufrágio fossem relevantes e influíssem no resultado da eleição; no segundo, a relação de causalidade entre o delito praticado e o resultado das eleições passa a ser considerada apenas para o caso de abuso de poder econômico, sendo própria para a captação de sufrágio apenas a discussão sobre a *finalidade* de obtenção de votos, e não sobre a sua *probabilidade* de modificar o resultado eleitoral ("risco de perturbação da livre manifestação popular", como dito pelo Ministro Jobim).

Ora, se a norma do art. 41-A prevê como ilícita a conduta do candidato de apenas prometer uma vantagem pessoal de qualquer natureza, com a finalidade de obter do eleitor o voto, está claro que não se há falar em relação de causalidade ou em gravidade do ato do candidato para que a norma incida. Havida a promessa — note-se, basta a promessa —, consumado está o tipo da captação ilícita de sufrágio. A potencialidade ou gravidade das circunstâncias é matéria afeta à dosimetria da pena. Seja como for, parece-nos que, tanto na hipótese de abuso de poder econômico, como na de captação de sufrágio, se busca coibir a *perturbação da livre manifestação popular*, sendo essa joeira retórica utilizada naquele julgamento sem densidade alguma para servir de critério para apartar ambos os ilícitos eleitorais. Quem oferece ou promete vantagem pessoal ao eleitor, com o fito de lhe obter o voto, está perturbando a livre manifestação popular, corrompendo, assim, a vontade a ser manifestada pelo eleitor.

O que sobreleva daquele aresto glosado é a afirmação clara de que *a captação de sufrágio não enseja a inelegibilidade*, mas apenas o cancelamento do registro. Tal posicionamento do TSE foi se repetindo *ad nauseam* quando o assunto é a sanção de cassação do registro, prevista para as condutas vedadas ao agente público (art. 73 da Lei nº 9.504/97) e para a captação de sufrágio (art. 41-A): "Representação. captação ilegal de sufrágio. art. 41-A da lei n. 9.504/97. Inconstitucionalidade parcial afastada. Infração configurada. Imediata cassação do diploma. – Segundo já teve ocasião de assentar esta Corte, *a cassação do diploma por infração ao art. 41-A da Lei n. 9.504/97 não implica declaração de inelegibilidade. O escopo do legislador, nessa hipótese, é o de afastar imediatamente da disputa aquele que no curso da campanha eleitoral incidiu no tipo captação de sufrágio vedada por lei. Inconstitucionalidade parcial da norma afastada.* – Apanhados os fatos tais como descritos pela decisão recorrida, resta configurada a infração prevista no art. 41-A da Lei n. 9.504/97, uma vez evidenciado que a candidata ofereceu ou prometeu dinheiro a determinado grupo de eleitores em troca de voto. Recurso especial eleitoral conhecido e provido parcialmente" (REsp nº 19.644/SE, rel. Min. Barros Monteiro, pub. *DJ*, p. 190, 14 fev. 2003, grifos apostos).

Com o advento da LC nº 135, a captação de sufrágio passou a gerar também a sanção de inelegibilidade cominada potenciada por oito anos. Com isso, demonstrou-se claramente o erro da jurisprudência e da doutrina em diferençar a captação de sufrágio do abuso de poder pelos efeitos jurídicos, consoante já mostramos acima.

A captação de sufrágio é a promessa ou concessão de vantagem pessoal ou econômica ao eleitor em troca do seu voto. O abuso de poder econômico é a efetiva concessão de vantagem econômica a um grupo indeterminado de pessoas, com finalidade eleitoral. Na captação de sufrágio, há o pedido expresso de voto, ainda que sub-repticiamente; no abuso de poder não há necessidade de pedido de votos, pois o benefício é dado em escala, tendo o candidato a vantagem eleitoral pelo bem que faz, pela imagem positiva que cria. Se um empregador faz depósito na conta dos seus empregados, sem que haja uma contraprestação, e pede votos em favor de um candidato, há captação de sufrágio;[18] se faz a benesse e ele mesmo sai candidato, sem que venha a pedir votos, não pratica captação de sufrágio, mas eventualmente abuso de poder econômico. No primeiro caso, a benesse é dada em troca do voto; no segundo, é dada para melhorar a imagem do empregador com a finalidade eleitoral. São sutilezas relevantes que a prática vai mostrando, embora muitas vezes desconsideradas pela jurisprudência, que confunde ambos os conceitos, quando não os mistura.[19]

Nem o abuso de poder nem a captação de sufrágio admitem tentativa. No caso do abuso de poder, há de existir a entrega do benefício em larga escala ou a prática de atos administrativos tendentes a beneficiar concretamente uma candidatura; no caso da captação de sufrágio, há de existir a promessa concreta ou a entrega do benefício.[20] Se há distribuição à farta de cestas básicas, sem pedido de voto, estamos diante de abuso de poder econômico; se houver pedido de voto, há captação de sufrágio.[21] A intensidade da sanção da captação de sufrágio, nesse caso, depende da "gravidade das circunstâncias".

§4 Cassação de registro *vs.* inelegibilidade

O eixo do ordenamento jurídico eleitoral é a elegibilidade, que é o direito subjetivo público de ser votado. A afirmação é um truísmo, conquanto deva sempre ser relembrada, porque não se faz sobre ela a análise devida, tampouco se faz a extração de todas as consequências que ela encerra.

---

[18] "Recurso contra expedição de diploma. Captação ilícita de sufrágio. Abuso do poder econômico. Cassação de diploma. Candidata ao cargo de deputado federal. 1. Caracteriza captação ilícita de sufrágio o depósito de quantia em dinheiro em contas-salário de inúmeros empregados de empresa de vigilância, quando desvinculado de qualquer prestação de serviços, seja para a própria empresa, que é administrada por cunhado da candidata, seja para campanha eleitoral. 2. A atual jurisprudência do Tribunal não exige a prova da participação direta, ou mesmo indireta, do candidato, para fins de aplicação do art. 41-A da Lei das Eleições, bastando o consentimento, a anuência, o conhecimento ou mesmo a ciência dos fatos que resultaram na prática do ilícito eleitoral, elementos esses que devem ser aferidos diante do respectivo contexto fático. No caso, a anuência, ou ciência, da candidata a toda a significativa operação de compra de votos é fruto do envolvimento de pessoas com quem tinha forte ligação familiar, econômica e política" (Ac. de 24.08.2010 no RCED nº 755, rel. Min. Arnaldo Versiani).

[19] "1. A utilização da estrutura de empresa de considerável porte para a realização de campanha eleitoral em favor de candidato, mediante a convocação de 1000 (mil) funcionários para reuniões nas quais houve pedido de votos e disponibilização de material de propaganda, bem como a distribuição posterior de fichas de cadastros nas quais cada empregado deveria indicar ao menos dez pessoas, configura abuso do poder econômico, com potencial lesivo ao pleito eleitoral. 2. Tais condutas também configuram captação ilícita de sufrágio, na linha de entendimento da Corte, com ressalva do ponto de vista do relator. (...) 6. Recurso Ordinário desprovido, para manter a cassação do diploma, a imposição de multa e a declaração de inelegibilidade por 8 (oito) anos, com base nos arts. 41-A da Lei nº 9.504/97 e 22, XIV e XVI, da LC nº 64/90, com a nova redação da LC nº 135/2010, em razão da prática de abuso do poder econômico e captação ilícita de sufrágio. 7. Recursos especiais prejudicados" (Recurso Ordinário nº 437.764, Acórdão de 17.11.2011, rel. Min. Marcelo Henriques Ribeiro de Oliveira, publicação: *Diário da Justiça Eletrônico – DJE*, t. 232, p. 34-35, 09 dez. 2011).

[20] "Art. 41-A da lei nº 9.504/97. Captação ilícita de sufrágio. (...) Apreensão de cestas básicas antes da distribuição. Participação ou anuência dos candidatos. Conjunto probatório insuficiente. (...) 3. Para a configuração da captação ilícita de sufrágio, é necessária a demonstração cabal de entrega ou promessa de benesse em troca de votos, além da comprovação da participação direta ou indireta do candidato beneficiário nos fatos tidos por ilegais" (Ac. de 03.08.2010 no REspe nº 36.694, rel. Min. Marcelo Ribeiro). Outrossim: "2. Na espécie, houve promessa de doação de bem (quarenta reais mensais) a eleitores (conduta típica), acompanhada de pedido de votos, consubstanciado na vinculação do recebimento da benesse à reeleição dos agravantes (fim de obter voto), situação esta que o então prefeito, candidato à reeleição, comprovadamente tinha ciência (participação ou anuência do candidato)" (Ac. de 1º.06.2010 no AgR-REspe nº 35.932, rel. Min. Aldir Passarinho Junior).

[21] "Captação ilícita de sufrágio. Serviços médicos gratuitos. Ausência de provas. I – A caracterização da captação ilícita de sufrágio exige provas robustas de que a conduta tenha sido praticada em troca de votos" (Ac. de 13.04.2010 no ARCED nº 748, rel. Min. Ricardo Lewandowski).

A primeira coisa que o estudioso do Direito faz quando se encontra com a afirmação da existência de um direito subjetivo é automaticamente se perguntar sobre a sua origem. Se há um efeito jurídico é porque antes houve um fato jurídico que o fez nascer. E o fato jurídico é sempre produto da incidência de uma norma jurídica sobre o seu suporte fático concretizado na realidade fenomênica. Quando alguém se afirma proprietário de um imóvel, por exemplo, é porque antes houve um ato jurídico que lhe deu origem, como o negócio de compra e venda, registrado em cartório.

Quando a teoria clássica da elegibilidade afirmava que todos os brasileiros são elegíveis, não se dava conta que a própria Constituição Federal havia fixado pressupostos para o seu nascimento, denominados de condições de elegibilidade (CF/88, art. 14, §3º). Assim, se o nacional não está filiado a um partido político ou não realizou o seu alistamento eleitoral, não há como adquirir o direito de ser votado, concorrendo validamente em um prélio eleitoral. Ao nascimento da elegibilidade é necessário o preenchimento das condições fixadas naquele dispositivo constitucional; porém isso apenas não é suficiente.

Além das condições de elegibilidade nominadas textualmente pela Carta, há outras inominadas, previstas na própria Constituição Federal (alfabetização, *v.g.*) ou na legislação infraconstitucional (escolha em convenção partidária, *e.g.*). Todos esses pressupostos previstos no ordenamento jurídico são condições para o nascimento da elegibilidade, sem os quais não há falar em direito de ser votado.

Essas observações iniciais já nos fazem refletir sobre a situação jurídica de quem não possui, por exemplo, a idade mínima de 16 anos, para facultativamente se inscrever no corpo de eleitores. Não possuindo as condições de elegibilidade em minha esfera jurídica, qual a minha situação jurídica do ponto de vista eleitoral? Por evidente, não se pode afirmar seriamente, após uma análise superficial do ordenamento jurídico, que todos os brasileiros são elegíveis. Não sendo elegíveis (*rectius*, não possuindo ainda o direito de ser votado), em que situação estariam? Essa simples pergunta vem desafiando os espíritos mais argutos da teoria clássica, sem que sobre ela surja uma resposta minimamente satisfatória. Há quem diga que quem não possui as condições de elegibilidade não é inelegível, mas sim seria "não elegível". Formulações como essas terminam por abrir mão da afirmada onipresença da elegibilidade, sempre pressuposta teoricamente, ao mesmo tempo que buscam dar sustentação a outro senso comum teórico dos eleitoralistas: aquele segundo o qual *toda inelegibilidade seria uma sanção*.

Os autores que sempre trataram das inelegibilidades nunca tiveram dúvidas em defini-las como sanção que obsta o nacional a concorrer a um mandato eletivo validamente. Outra coisa não é a inelegibilidade: o impedimento para a existência de uma candidatura válida. Quem pode concorrer a um mandato eletivo é elegível; quem não pode, é inelegível. Essa afirmação simples traduz a máxima verdade jurídica, respaldada pelo nosso ordenamento.

Dissemos que a elegibilidade é o direito subjetivo de ser votado. Qual o fato jurídico que a faz nascer? Respondemos: o registro de candidatura. As chamadas condições de elegibilidade são pressupostos do ato jurídico do registro de candidatura, verdadeiras *condições de registrabilidade*. Assim como quem não possui registro no corpo de eleitores (alistamento) não detém o direito de votar, quem não possui registro de candidatura não é portador do direito de ser votado.

A questão recorrente que se impõe é: quem não possui registro de candidatura, não podendo validamente ser votado, está em que situação jurídica? No ordenamento jurídico há apenas uma resposta possível: é ele inelegível.

A inelegibilidade é o estado jurídico negativo de quem não possui elegibilidade, seja porque nunca a teve seja porque a perdeu. Quem não tem elegibilidade, por não possuir o registro de candidatura em razão da ausência de algum dos seus pressupostos, é originariamente inelegível, ou seja, não possui *ab ovo* o direito de ser votado. Trata-se da *inelegibilidade inata*, comum a todos aqueles que não preencham qualquer das condições de elegibilidade, próprias ou impróprias, ou mesmo que não preencham algum pressuposto de admissibilidade do processo de pedido de registro de candidatura.

A par da inelegibilidade inata, há a inelegibilidade decorrente de algum fato ilícito, aplicada como sanção que obsta o nacional de concorrer validamente a um mandato eletivo, que apenas pode ser prevista por lei complementar, na forma do §9º do art. 14 da CF/88. Denomino essa sanção de *inelegibilidade cominada*, que pode ser de duas espécies: *simples* ou *potenciada*. A inelegibilidade cominada simples é aquela que impede o nacional de concorrer na eleição em que o ilícito ocorreu ("nessa" eleição), enquanto a inelegibilidade cominada potenciada é aquela que obsta o nacional de concorrer ao mandato eletivo em um determinado trato de tempo certo ou indeterminado, dependente de alguma condição extintiva. Essas espécies de inelegibilidade não são criações doutrinárias cerebrinas, mas decorrem de uma análise caso por caso das hipóteses previstas no ordenamento jurídico, consoante demonstrei desde 1998. Naquela época, quando falei em inelegibilidade cominada simples, afirmei da ausência dela, no direito positivo brasileiro de então, apontando a possibilidade de o legislador vir a criá-la, como de fato criou através da Lei nº 9.504/97, ao fixar para as condutas vedadas aos agentes públicos a cassação do registro de candidatura como sanção.

Seja como for, há quatro espécies de inelegibilidade cominada no direito positivo brasileiro: (a) simples; (b) simples e potenciada; (c) potenciada pura; e (d) duplamente potenciada. A LC nº 135 criou a inelegibilidade processual, sobre a qual já tratei nesta obra.

A inelegibilidade cominada potenciada pode alcançar mais de uma eleição, dependendo do tempo de sua aplicação prevista pelo ordenamento, cujo prazo mínimo é agora de oito anos. Essa a razão pela qual pode existir, em uma eleição seguinte àquela em que veio a ser aplicada, o obstáculo-sanção para o deferimento do registro de candidatura, ainda que o nacional seja portador de todas as condições de elegibilidade, típicas e atípicas, e preencha os pressupostos de desenvolvimento regular do processo, fixados pela legislação ordinária.

Com a introdução do art. 41-A na Lei das Eleições, prescrevendo a sanção da cassação do registro de candidatura para a hipótese de captação ilícita de sufrágio, houve quem buscasse ver aí uma inovação importante no Direito Eleitoral, sobretudo para salvaguardar o dispositivo de sua patente inconstitucionalidade, por ter sido introduzido no sistema por lei ordinária, em desabrida afronta ao §9º do art. 14 da Constituição de 1988. O Tribunal Superior Eleitoral construiu jurisprudência sustentando de modo *ad hoc* a existência da diferença entre cassação de registro de candidatura e inelegibilidade, não apenas para acatar a constitucionalidade do dispositivo viciado como também para, com maior severidade, afastar diques legais contra a execução imediata das decisões judiciais, a exemplo do art. 15 da LC nº 64/90.

Sem aqui fazermos uma análise sobre esses aspectos processuais, convém assentar que se criou um estranho debate emotivo em torno do art. 41-A, como se a norma por ele veiculada fosse a salvação da democracia brasileira, como ocorreu com a chamada "lei dos fichas limpas". Com isso, o tema deixou de ser tratado nos limites da razão e passou a ser encarado como um totem sagrado, contra o qual não se podia falar sob pena de anátema. Ocorre que, se no discurso religioso a fala monológica da autoridade põe fim ao debate, no discurso científico ou doutrinário apenas há espaço para o discurso dialógico, em que devem prevalecer os melhores argumentos postos de modo público e partilhado.[22] Assim, se a jurisprudência pode se furtar ao enfrentamento a respeito dos critérios de discrímen entre inelegibilidade e cassação de registro, sob o pálio do argumento de autoridade de se tratar o debate de mero academicismo, o mesmo não se pode dar em sede doutrinária. Aqui, o debate não pode ser silenciado por uma última palavra da autoridade competente.

Existe diferença entre a sanção de inelegibilidade e a sanção de cassação de registro de candidatura? Sim, de fato ela existe. Mas em que ela consiste? A resposta a essa pergunta há de ser feita com observância do que se passa no mundo jurídico. Como demonstrou a genialidade de Pontes de Miranda, o mundo jurídico possui três planos distintos: existência, validade e eficácia. Os fatos do mundo ingressam na intimidade do mundo jurídico pela incidência da norma, que apenas ocorre se o seu suporte fático suficiente estiver preenchido. Sendo ato humano volitivo (ato jurídico *lato sensu*), ingressa no mundo jurídico (existe, portanto), posto possa ser inválido. A invalidade decorre da ausência de elementos do suporte fático que não sejam nucleares, essenciais para a existência do ato jurídico, porém termina por torná-lo defeituoso. Desse modo, pode o ato jurídico existir, válida ou invalidamente, tendo ou não efeitos jurídicos. Há atos jurídicos nulos com efeitos jurídicos (o casamento putativo sempre foi o exemplo clássico), posto que o normal seja a cassação dos efeitos tão logo decretada a nulidade.

Transportando esses conceitos rusticamente expostos para o nosso tema, voltamos a afirmar que o registro de candidatura é o ato jurídico que faz nascer o direito de ser votado (elegibilidade). O ato jurídico do registro de candidatura possui como único pressuposto de existência a sua prática por juiz eleitoral. Se o registro for editado por delegado de partido político, membro do Ministério Público, juiz desvestido de atribuições eleitorais, o ato não é jurídico, tendo apenas aparência de juridicidade. Para que o ato de registro ingresse no mundo jurídico há de ser editado por juiz eleitoral, em exercício de jurisdição especializada. *Quid juris* se o Tribunal Regional Eleitoral registrasse, em supressão de instância, a candidatura de um concorrente ao cargo de prefeito? O ato existiria, embora nulamente, pela incompetência absoluta do órgão da Justiça Eleitoral para editá-lo. Mas se trataria de ato jurídico existente, que poderia ter efeitos acaso não impugnado adequadamente.

As condições de elegibilidade, consoante já afirmei, são verdadeiras condições de registrabilidade, atuando como pressupostos de validade do registro de candidatura. Da mesma maneira ocorre com os pressupostos de desenvolvimento regular do processo de pedido de registro. Se o nacional não possui filiação partidária no partido que o indicou em convenção e pede o registro de sua candidatura, evidentemente que lhe

---

[22] Sobre esse aspecto das proposições teóricas, *vide* o meu *Teoria da incidência da norma jurídica*: crítica ao realismo-lingüístico de Paulo de Barros Carvalho, p. 141 *et seq*.

falece um pressuposto à sua concessão. Ainda assim se, por equívoco, for deferido o seu pedido de registro, há (existe) o ato jurídico de registro de candidatura, ainda que invalidamente, fazendo surgir o direito de ser votado (elegibilidade). A nulidade do registro apenas gerará a cassação dos efeitos do ato jurídico se for ele cancelado, por decisão judicial desconstitutiva.

Grosso modo, poderíamos didaticamente trabalhar com o seguinte quadro, que nos auxiliará na exposição sobre o tema:

Plano da existência	*Plano da validade*	*Plano da eficácia*
(Pressuposto: jurisdição eleitoral) *Ato jurídico do registro de candidatura*	- Condições de elegibilidade; - Inexistência de Inelegibilidade potenciada; - Pressupostos de desenvolvimento regular do processo.	Elegibilidade (direito de ser votado)

Quando a norma jurídica prescreve a sanção de inelegibilidade, atua no plano da eficácia do fato jurídico, cortando o efeito do registro de candidatura. Em se tratando de inelegibilidade cominada potenciada, que alcance futura eleição, atingirá o possível registro de candidatura para aquela eleição no plano da validade e, possivelmente (se for suscitada em ação de impugnação de registro), no plano da eficácia. Peço atenção ao ponto, que muitas vezes gera confusão teórica, com vitandas consequências práticas.

De outra banda, quando a norma prescreve a cassação do registro de candidatura, atua no plano da existência do fato jurídico, excluindo-o do mundo jurídico juntamente com os seus efeitos. Assim, a cassação do registro implica a poda da elegibilidade que se tinha, gerando para o nacional a inelegibilidade. A agressão à esfera jurídica do candidato é mais grave, conforme se observa.

Penso que os exemplos poderão nos ajudar a compreender melhor esses conceitos, assim como a utilidade prática a que se prestam. O recurso contra a diplomação (RCD) interposto em razão da ausência de uma das condições constitucionais de elegibilidade, não submetida ao pálio da preclusão, ataca a nulidade do registro de candidatura por défice em um pressuposto de validade do ato jurídico, ensejando a sua poda, juntamente com o diploma. O cancelamento do ato jurídico do registro (plano da existência) enseja a cassação do direito de ser votado (plano da eficácia), restaurando a inelegibilidade inata de que era portador o nacional.

Os exemplos aqui podem ser multiplicados. Entretanto, atendo-nos ao que de perto nos interessa, voltemos às consequências do art. 41-A. Havendo captação ilícita de sufrágio declarada em sentença, haverá a cassação do registro de candidatura (plano da existência), cortando-se o direito de ser votado (plano da eficácia). Aqui, a cassação do registro é sanção que mutila a elegibilidade, gerando a inelegibilidade cominada simples, apenas para "essa" eleição em que o ilícito se deu[23] e inelegibilidade cominada potenciada por oito anos, essa última como efeito anexo da sentença de procedência. Não há como se fugir desse resultado. A cassação de registro gera sim a sanção de inelegibilidade cominada simples, razão pela qual violava a mancheias a norma cogente do §9º do art. 14 da CF/88.

Como sempre temos enfatizado, ressente-se o Direito Eleitoral de estudos teóricos que façam reflexões sobre a natureza dos seus institutos, buscando aprofundar dogmaticamente o seu estatuto epistemológico. Lamentavelmente, continuamos a reproduzir acriticamente as decisões do Tribunal Superior Eleitoral, tratando como doutrina irretocável o que é apenas uma posição de momento da jurisprudência produzida. É nesse contexto que pretendo dialogar com o artigo escrito por Márlon Jacinto Reis,[24] publicado bem antes do seu livro, para reiterar algumas posições teóricas por mim assumidas desde 1998, quando expus pela primeira vez, a minha teoria da inelegibilidade.

Márlon Jacinto Reis inicia por afirmar não ser correto que toda e qualquer circunstância capaz de afastar do nacional o Direito Eleitoral passivo constitui obrigatoriamente uma inelegibilidade. Para ele, há condições outras que, além das inelegibilidades, podem afastar de alguém a possibilidade de ascender ao mandato eletivo, citando como exemplo aquelas elencadas no art. 14, §3º, da CF/88. Desenvolvendo o seu raciocínio, assevera que "toda e qualquer inelegibilidade tem essa mesma finalidade (prevista no §9º do art. 14 da CF/88, agregamos) de estabelecer o 'mínimo moral', fora do qual devem ser afastados os pleiteantes de cargos eletivos".[25] Partindo dessa premissa, passa ele a expor a sua definição de inelegibilidade: "as inelegibilidades visam a impedir o acesso aos mandatos por parte daqueles que: a) podem ser eleitoralmente beneficiados por sua posição na estrutura do Poder Público; b) podem tirar proveito eleitoral de relações de parentesco com os titulares do poder; c) lançaram mão de meios ilícitos e indignos para a obtenção do sufrágio, capazes de influir no resultado do pleito; ou d) praticaram atos outros capazes de indicar objetivamente sua inaptidão para a prática de atos de gestão pública".[26]

De outro lado, existiria a sanção de cassação do registro de candidatura por simples ofensa à regra administrativa eleitoral (como a ausência de documento necessário à instrução do pedido de registro, por exemplo). Entre essas *regras administrativas eleitorais* deveriam estar, sempre segundo Márlon Jacinto Reis, aquelas que garantiriam a lisura

---

[23] REIS. *Direito eleitoral brasileiro*, p. 240, fez afirmação que impressiona pelo *non sense*: na ânsia de militar contra a natureza sancionatória da inelegibilidade cominada, asseverou que o abuso de poder previsto no art. 22, inc. XIV, da LC nº 64/90, geraria uma sanção (a cassação do diploma) e uma outra situação, que segundo ele não seria sanção, que denominou de "condição negativa de eficácia futura" (a inelegibilidade por oito anos). Observe-se como o engajamento político com uma ideologia compromete o compromisso teórico com a ciência. Na verdade, trata-se de uma asserção teoricamente obtusa e insustentável o dizer que a cassação de registro seria uma sanção, porém a inelegibilidade não o seria, mesmo provindo ambos de um mesmo ato jurídico ilícito. Aliás, mesmo grave erro argumentativo cometido no voto do relator das ADCS nºs 29 e 30 e ADI nº 4.578, Ministro Luiz Fux, quando asseverou que a inelegibilidade seria tão somente a "imposição de um novo requisito negativo para que o cidadão possa candidatar-se a cargo eletivo".

[24] A Constitucionalidade do Art. 41-A da Lei das Eleições. *Paraná Eleitoral*, Curitiba, p. 115-123.

[25] A constitucionalidade do Art. 41-A da Lei das Eleições. *Paraná Eleitoral*, Curitiba, p. 117.

[26] A constitucionalidade do Art. 41-A da Lei das Eleições. *Paraná Eleitoral*, Curitiba, p. 117.

do "jogo democrático", impedindo que os eleitores tivessem violado o direito à formação livre de suas opções.[27] Nesse passo de sua exposição, assevera que "as inelegibilidades têm destino certo, qual seja a proteção do futuro mandato", razão pela qual teria ela uma "incapacidade técnica de embasar medidas eficazes, céleres e suficientes para garantir a correta ordenação dos trabalhos eleitorais". Nessa toada, arrisca uma interessante conclusão: "enquanto as inelegibilidades tutelam o futuro mandato, o bem protegido pelo art. 41-A é a lisura na administração das eleições. Daí decorre a sua natureza puramente administrativa, além de todas as demais consequências práticas de sua aplicabilidade, dentre as quais avulta em importância a exequibilidade imediata das decisões".[28]

Fez-se, dessarte, uma distinção entre a *inelegibilidade* e a *cassação administrativa*, que seriam "ontologicamente distintas", sendo que "a inelegibilidade seria sempre uma sanção prévia ao requerimento do registro".[29] Não gerando a cassação do registro a sanção de inelegibilidade, seria constitucional o art. 41-A da Lei das Eleições, conforme reiterada jurisprudência do Tribunal Superior Eleitoral.

Poderíamos evitar um debate teórico mais profundo, buscando impugnar os argumentos expostos a partir de seus próprios fundamentos. Penso, entretanto, que o melhor seria enfrentar as questões postas utilizando-me de duas estratégias diversas: em primeiro lugar, faremos uma análise dos próprios pressupostos utilizados na argumentação analisada; ao depois, faremos uma abordagem simplificada através da teoria da inelegibilidade proposta por mim em meus escritos.

Márlon Jacinto Reis afirma que as inelegibilidades visam a impedir o acesso aos mandatos por parte daqueles que: (a) podem ser eleitoralmente beneficiados por sua posição na estrutura do Poder Público; (b) podem tirar proveito eleitoral de relações de parentesco com os titulares do poder; (c) lançaram mão de meios ilícitos e indignos para a obtenção do sufrágio, capazes de influir no resultado do pleito; ou (d) praticaram atos outros capazes de indicar objetivamente sua inaptidão para a prática de atos de gestão pública. Ora, as condutas vedadas aos agentes públicos, previstas no art. 73 da Lei das Eleições, hipotisam atos praticados por gestores públicos que lançam mão de meios ilícitos e indignos para a obtenção do sufrágio, capazes de influir no resultado do pleito, além de indicarem objetivamente a inaptidão do agente público (ou do beneficiário do ato ilícito) para a prática de atos de gestão pública. A esses atos a norma jurídica impõe a sanção de cassação do registro de candidatura, não prevendo a consequência de inelegibilidade. Desse modo, os critérios de discrímen apontados entre inelegibilidade e cassação do registro (sanção administrativa) não resistem firmemente à primeira aproximação analítica. É insustentável, sendo verdadeira petição de princípio, a afirmação de que haveria uma *distinção ontológica* entre essas citadas sanções administrativas (cassação de registro de candidatura) e as inelegibilidades. Em que ela assentaria?

---

[27] A constitucionalidade do Art. 41-A da Lei das Eleições. *Paraná Eleitoral*, Curitiba, p. 119.
[28] A constitucionalidade do Art. 41-A da Lei das Eleições. *Paraná Eleitoral*, Curitiba, p. 119.
[29] A constitucionalidade do Art. 41-A da Lei das Eleições. *Paraná Eleitoral*, Curitiba, p. 120. Note-se, naquele momento em que defendia a constitucionalidade do art. 41-A, Márlon Reis não tinha dúvidas da óbvia natureza sancionatória das inelegibilidades.

Do mesmo modo, podemos asseverar que quem pratica captação de sufrágio está indicando objetivamente a sua inaptidão para a prática de gestão pública, lançando mão de meios indignos e ilícitos para a obtenção de sufrágio. Ou seja, trata-se de um conceito de inelegibilidade que apanha as sanções aplicadas às condutas vedadas aos agentes públicos e à captação ilícita de sufrágio, esmaecendo profundamente a qualificação para elas de sanções administrativas.

Lamentamos a repetição proposital das frases entabuladas no texto pendente de análise, porém tem ela a serventia de demonstrar a sua inaptidão para a formulação consequente da distinção proposta.

Outro ponto frágil diz respeito à qualificação de *normas administrativas eleitorais* como aquelas que garantam a lisura do "jogo democrático", impedindo que os eleitores tenham violado o direito à formação livre de suas opções, e de *normas sobre inelegibilidade* como aquelas que estabelecem o "mínimo moral", fora do qual devem ser afastados os pleiteantes de cargos eletivos. Sinceramente, a distinção é insustentável, pois ambas as espécies de normas (supondo que existisse a distinção proposta) teriam a mesma finalidade: com esteio em um "mínimo moral", afastar os candidatos de cargos eletivos, garantindo a lisura do "jogo democrático". Noutro giro, nem se sublinhe aqui o equívoco em definir os termos jurídicos não pelo seu conteúdo, mas pelos seus efeitos.

Finalmente, afirma-se que a inelegibilidade é anterior ao registro, diversamente da sanção administrativa de cassação. Basta se pensar na inelegibilidade decorrente de abuso de poder econômico, praticado após o registro de candidatura, surpreendido por uma ação de investigação judicial eleitoral ou por uma ação de impugnação de mandato eletivo. Evidente que a inelegibilidade será cominada após o registro de candidatura, ao contrário do sustentado por Márlon Jacinto Reis.

Há distinção entre abuso de poder econômico ou político e captação ilícita de sufrágio. Embora sejam condutas eleitorais ilícitas, elas têm descrição normativa diferente. Sobre isso, pensamos que não há divergências significativas na doutrina e na jurisprudência. A questão delicada diz respeito aos efeitos jurídicos desses fatos ilícitos. A jurisprudência do TSE, visando dar foros de constitucionalidade ao art. 41-A, que introduziu a captação ilícita de sufrágio, considerou que a sanção de cassação do registro de candidatura não se equiparava à inelegibilidade. Márlon Jacinto Reis buscou fundar a suposta diferença na diversidade de natureza das normas jurídicas: a cassação do registro de candidatura seria uma sanção administrativa, com maior eficiência do que a inelegibilidade. Ora, faltou explicar o porquê da cassação do registro possuir natureza administrativa e a inelegibilidade, não. Parte a teoria de uma afirmação que precisaria ser provada.

Em verdade, a inelegibilidade outra coisa não é que o efeito jurídico que obsta o nacional de concorrer validamente a um mandato eletivo, seja em razão de um défice nos pressupostos à sua concessão (ausência de alguma condição de elegibilidade) seja em razão da aplicação de alguma sanção eleitoral (por abuso de poder político, por exemplo) ou de outra natureza (condenação penal transitada em julgado, *v.g.*). Qualquer impedimento — insista-se! — que impeça o nacional de concorrer ao mandato eletivo denomina-se *inelegibilidade*. É certo que a doutrina, aprisionada ao paradigma da teoria clássica de que toda inelegibilidade teria a natureza de sanção (*inelegibilidade cominada*), tardou a admitir expressamente a existência da *inelegibilidade inata*, comum aos que não tinham o registro de candidatura por falta de alguma das condições próprias ou impróprias de elegibilidade.

Não há possibilidade de se erigir uma construção teórica séria e consequente a partir da constatação simplista, aqui e ali também encontrada na jurisprudência, de que a inelegibilidade se ocuparia da preservação do "mínimo moral", enquanto a cassação do registro *tout court* buscaria cuidar do respeito ao "jogo democrático". Com as vênias devidas, trata-se de uma distinção absolutamente infundada, justamente porque a finalidade de qualquer sanção eleitoral, independentemente do nome que se lhe dê, será justamente atender ambos os princípios, que não se excluem, mas se complementam. Não há como preservar o jogo democrático sem a garantia da conservação do mínimo moral e vice-versa.

Márlon Jacinto Reis, nada obstante, assevera que a "prova inconcussa da existência de distinção entre a inelegibilidade e a cassação do registro reside no fato de que a renúncia do candidato eleito a quem se atribua, p.e., a prática de abuso de poder econômico afasta a possibilidade da sua cassação, mas não impede a declaração da inelegibilidade".[30] Ora, a renúncia do candidato implica o cancelamento do registro de candidatura, gerando a sua inelegibilidade inata (impossibilidade de concorrer no pleito específico, sem que houvesse aplicação de sanção). Se houver, independentemente da sua renúncia, a aplicação de inelegibilidade cominada (simples ou potenciada), há o *plus* da sanção, decorrente da decisão judicial de natureza constitutiva. Noutras palavras, o ato jurídico lícito (renúncia da candidatura, com o cancelamento do registro) gera a inelegibilidade inata; o ato jurídico ilícito (o abuso de poder declarado judicialmente) gera a sanção de inelegibilidade cominada, constituída pela sentença. A prova inconcussa apresentada é concussa. Bastaria a atenção ao que se dá no plano da existência do fato jurídico para se observar sem assombro o seu reflexo no plano da eficácia.

Um dos erros teóricos que mais desserviram ao desenvolvimento do Direito Eleitoral foi o trato das inelegibilidades sem a preocupação com a teoria do fato jurídico e sem o cuidado com o conceito de elegibilidade. Se a elegibilidade é o direito de ser votado, a perda ou ausência do *ius honorum* geraria qual situação jurídica para o nacional? Qual o fato jurídico que faz surgir o direito de ser votado? Essas questões, verdadeiros problemas científicos, foram deixadas de lado, gerando a absurdidade de se considerar a cassação do registro como sanção que não gera a perda do direito de ser votado, ou seja, a inelegibilidade. Conclusão forçada para salvar a constitucionalidade do art. 41-A da Lei nº 9.504/97.

É fundamental rejeitarmos a tese segundo a qual se deve dar foros de constitucionalidade a qualquer norma, mesmo que nascida da iniciativa popular, em nome da moralidade nas eleições. A moralidade não pode ser flácida, construída por sobre a adulteração do ordenamento jurídico e da manipulação dos seus institutos. A efetividade das normas constitucionais incoa com o respeito ao seu sentido e alcance. Menoscabar a norma do art. 14, §9º da CF/88, antes, como menoscabar o princípio da irretroatividade da lei ou a proteção do ato jurídico perfeito, do direito adquirido e da coisa julgada, para defender a constitucionalidade de artigos da LC nº 135, é exercício de militância política, não exercício de ciência jurídica. E aqui não se trata de legalismo

---

[30] A constitucionalidade do Art. 41-A da Lei das Eleições. *Paraná Eleitoral*, Curitiba, p. 120.

obtuso, mas de sério compromisso com o texto constitucional, que serve de resguardo para a plenitude democrática. Quando começamos a fragilizar a Constituição, ainda que com as melhores das intenções, passamos a admitir a sua relativização, abrindo caminho para o autoritarismo e para as aventuras voluntaristas. Se quisermos construir um sistema de garantias eleitorais sério, que o façamos com respeito à Constituição.

§5 Ação de investigação judicial eleitoral e captação de sufrágio

Ao fato jurídico ilícito da captação de sufrágio, a norma do art. 41-A da Lei nº 9.504/97 prescreve a aplicação de multa de mil a cinquenta mil UFIR, e cassação do registro ou diploma, analisando-se a gravidade das circunstâncias. Essa norma é de direito material. A parte final do texto normativo, que estipula a norma que define o remédio processual próprio para a aplicação jurisdicional da sanção de cassação do registro à captação de sufrágio — "observado o procedimento previsto no art. 22 da Lei Complementar 64, de 18 de maio de 1990" —, é norma de direito processual. Embora postas no mesmo texto, a diferença das suas naturezas ressalta.

Havia quem dissesse que o art. 41-A teria criado uma *representação*, que seria processada pelo rito da ação de investigação judicial eleitoral (AIJE), mas que com ela não se confundiria, razão pela qual não seria aplicável os incisos XIV, com a sua anterior redação, e XV, revogado pela LC nº 135, ambos do art. 22, com a redação original da LC nº 64/90. É evidente, sem embargo, o equívoco daquela construção teórica, cuja finalidade seria evitar a aplicação do anterior art. 15 da LC nº 64/90, que exigia o trânsito em julgado da decisão que decretasse a inelegibilidade. Hoje, com a nova redação do art. 15 e do art. 22, inc. XIV, a discussão perdeu o sentido para os eleitoralistas ideologicamente militantes. Em verdade, a ação de direito material cabível contra a captação de sufrágio deve ser manejada através da ação processual própria, que é a ação de investigação judicial eleitoral. A ação processual é continente; a ação de direito material, conteúdo. A ação processual diz respeito à forma, ao rito; a ação de direito material, ao objeto litigioso, a *res in iudicium deducta*. Pontes de Miranda ensinava: "A *ação* exerce-se principalmente por meio de 'ação' (remédio jurídico processual), isto é, exercendo-se a pretensão à tutela jurídica, que o Estado criou. A ação [no sentido de direito material] exerce-se, porém, de outros modos. Nem sempre é preciso ir-se contra o Estado para que ele, que prometeu a tutela jurídica, a preste; nem, portanto, estabelecer-se relação jurídica processual, na qual o juiz haja de entregar, afinal, a prestação jurisdicional. A ação [no sentido de direito material] nada tem com a pretensão à tutela jurídica".[31]

O texto original do inciso XIV do art. 22 da LC nº 64/90 era a causa da confusão, sobretudo porque retirava da decisão que aplicasse a inelegibilidade a possibilidade de imediata satisfatividade. Havia ali uma mistura de normas de direito material com normas processuais no seu corpo, que terminou induzindo a erro os seus intérpretes. Quando a norma prescrevia que *julgada procedente a representação, o tribunal declarará a inelegibilidade do representado...*, estava se referindo à AIJE proposta por abuso de poder econômico, abuso de poder político e uso indevido dos veículos ou meios de

---

[31] *Tratado das ações*, t. I, p. 110-11. Sobre o tema, *vide* ainda: SILVA. *Curso de processo civil*. 4. ed., v. 1, p. 73-109; ASSIS. *Cumulação de ações*, p. 61-72.

comunicação social, previstos no art. 1º, inciso I, alínea "d", e art. 22, *caput*, ambos da mesma LC nº 64/90. Se a representação (designação dada à ação de direito processual) fosse proposta, no entanto, contra a captação ilícita de sufrágio, não incidia a revogada norma do inciso XIV do art. 22 da LC nº 64/90, porque não se estaria manejando contra o abuso de poder econômico ou político. A sentença procedente, nessa última hipótese, aplica a sanção prevista no art. 41-A: a cassação de registro ou do diploma e a multa. E não se aplicava a sanção de inelegibilidade cominada potenciada por quê? Porque ao fato jurídico ilícito de captação de sufrágio era apenas irrogada, pela norma jurídica de direito material do art. 41-A, a cassação de registro de candidatura (inelegibilidade cominada simples).

Com a LC nº 135, houve mudança na redação daqueles dispositivos, superando assim as razões extrajurídicas que implicavam as mudanças na leitura dogmática dos textos normativos. O art. 15 da LC nº 64/90 dispensa o trânsito em julgado para a imediata aplicação dos efeitos da decisão que decreta a inelegibilidade;[32] nada obstante, o §2º do art.257 do Código Eleitoral concede efeito suspensivo ao recurso ordinário.[33] Basta a publicação da decisão proferida por órgão colegiado que decidir o recurso ordinário para que seja negado ou cancelado o registro (ali, efeito declaratório negativo; aqui, efeito desconstitutivo).[34] A norma do art. 16-A da Lei nº 9.504/97, porém, concede ao candidato, ou quem lhe faça as vezes (*como se* fosse candidato por ter pedido o registro), uma *imunidade* até a proclamação dos resultados. É norma que pré-exclui a incidência do art. 15 da LC nº 64/90 até a proclamação dos resultados da eleição, na parte em que prescreve a sua imediata efetividade após a publicação da decisão do órgão colegiado que decreta a inelegibilidade. É dizer, enquanto durar o período eleitoral, o candidato, ou quem lhe faça às vezes, pode concorrer normalmente, mesmo estando com o registro negado ou cassado. Terminada a eleição com a proclamação do resultado, acaso eleito não poderá ser diplomado, ficando os seus votos em separado na urna eletrônica, não sendo computado para nenhuma finalidade enquanto não se decide em definitivo a sua situação jurídica.[35]

A captação de sufrágio gera, como efeito seu, o cancelamento do registro de candidatura, tornando nulos os votos que sejam dados ao infrator, através da ação de investigação judicial eleitoral. O cancelamento do registro de candidatura é a desconstituição do ato jurídico que faz nascer a elegibilidade. Seu efeito é imediato: o

---

[32] "Art. 15. Transitada em julgado ou publicada a decisão proferida por órgão colegiado que declarar a inelegibilidade do candidato, ser-lhe-á negado registro, ou cancelado, se já tiver sido feito, ou declarado nulo o diploma, se já expedido. Parágrafo único. A decisão a que se refere o caput, independentemente da apresentação de recurso, deverá ser comunicada, de imediato, ao Ministério Público Eleitoral e ao órgão da Justiça Eleitoral competente para o registro de candidatura e expedição de diploma do réu. (Incluído pela Lei Complementar nº 135, de 2010)."

[33] "Art. 257, §2º. O recurso ordinário interposto contra decisão proferida por juiz eleitoral ou por Tribunal Regional Eleitoral que resulte em cassação de registro, afastamento do titular ou perda de mandato eletivo será recebido pelo Tribunal competente com efeito suspensivo."

[34] "Captação ilícita de sufrágio. Abuso do poder político. Caracterização. Potencialidade. Cassação do registro após a eleição. Negado provimento. (...). 8. O art. 22, XV, da Lei Complementar nº 64/90 – vigente à época dos fatos — não se aplica ao caso concreto, uma vez que a captação ilícita de sufrágio acarreta cassação do registro ou diploma, ainda que a decisão tenha sido prolatada após a eleição" (TSE – REspe nº 257271, Ac. de 24.03.2011, rel. Min. Aldir Passarinho Junior).

[35] Correta, quanto ao ponto, ESMERALDO. *Processo eleitoral*, p. 147, lembrando que o candidato continuará a concorrer por sua conta e risco.

candidato deixa de ter registro, atuando apenas *como se* (*als ob*) fosse candidato.[36] A força desconstitutiva da decisão ocorre no plano do pensamento, como efeito perlocucionário do ato de fala decisório. É efeito desde já. O que fica suspenso é a elevada carga mandamental da decisão, consistente na ordem de afastamento do candidato, nada obstante apenas até a proclamação dos resultados, quando não mais incide o art. 16-A da Lei nº 9.504/97, ou até o julgamento do recurso ordinário interposto contra a decisão.

O cancelamento do registro de candidatura gera a inelegibilidade cominada simples, para a eleição em que o ilícito se deu. É efeito interno ao conteúdo da sentença de procedência. Já a inelegibilidade cominada potenciada de oito anos é efeito excluso, anexado àquela decisão que declarou a captação de sufrágio e cassou o registro e o diploma. A sua eficácia ocorre apenas a partir da decisão do órgão colegiado ou do trânsito em julgado da decisão, consoante prescreve o art. 1º, I, "j" da LC nº 64/90.

À captação de sufrágio basta o provar que houve a promessa de vantagem pessoal com a finalidade de obtenção do voto, sem necessidade de demonstrar a relação de causalidade entre o delito e o resultado das eleições. Já no caso de abuso de poder econômico ou político não basta a prova do ato abusivo, fazendo-se necessária a demonstração da probabilidade de que o ato vicie a eleição ("a gravidade das circunstâncias" da nova redação do art. 22, XVI, da LC nº 64/90), tendo como resultado uma sentença que decreta a inelegibilidade por oito anos, porém com a cassação do registro ou diploma ficando dependente da decisão do órgão colegiado.

Esse ponto é importante: na captação de sufrágio, a inelegibilidade cominada potenciada (plano da eficácia) é efeito da cassação de registro de candidatura (plano da existência); no abuso de poder político ou econômico, é o inverso que se dá: a cassação do registro ou diploma (plano da existência) é consequência da inelegibilidade cominada potenciada decretada por órgão colegiado ou que tenha transitado em julgado (plano da eficácia).

Seja como for, consolidou-se no Tribunal Superior Eleitoral o entendimento de que a representação de que trata o art. 41-A da Lei nº 9.504/97 não se confunde com a ação de investigação judicial eleitoral, ainda que adote o seu rito. Ao nosso sentir, contudo, essa questão perdeu inteiramente o interesse prático, uma vez que a Lei nº 12.034/09 uniformizou os prazos dos recursos em três dias, mesmo nas representações por captação ilícita de sufrágio.

O prazo para ingressar com a representação do art. 41-A é do pedido de registro de candidatura até a diplomação dos eleitos (art. 41-A, §3º), cabendo da sentença ou decisão do TRE recurso no prazo de três dias (art. 41-A, §4º), devendo, em caso de sentença de procedência da ação, o recorrente desde logo requerer a suspensão dos seus efeitos, sob pena de preclusão (art. 26-C da LC nº 64/90).

---

[36] VAIHINGER. *A filosofia do como se*: sistema das ficções teóricas, práticas e religiosas da humanidade, na base do positivismo idealista, p. 157, ensina: "A base do método é a seguinte: uma vez que as leis não podem enquadrar todos os casos singulares em suas fórmulas, contemplam-se alguns casos especiais de natureza não comum *como se* estes pertencessem àquelas. Ou, em razão de um interesse prático qualquer, subsume-se um caso singular em um conceito geral, ao qual, no fundo, não pertence".

A JUSTIÇA ELEITORAL E A NATUREZA DE SUA ATIVIDADE

§1 Introdução

Analisamos nos capítulos antecedentes a teoria das inelegibilidades, cujo valor é angular para o direito eleitoral. Buscamos elaborar uma teoria fundada no direito positivo brasileiro, com o escopo precípuo de compatibilizar os diversos textos legais existentes, os quais são produzidos aos borbotões sem qualquer preocupação com a coerência do ordenamento jurídico. Como nossa legislação flutua ao sabor dos interesses políticos dominantes, temos um emaranhado de leis editadas em épocas e circunstâncias políticas muito diferentes, elaboradas em regimes de exceção (exemplo do Código Eleitoral) e em períodos democráticos mais recentes. Por isso, não raro as normas colidem entre si, ou deixam as mais perigosas lacunas, originando incertezas e inseguranças vitandas para os candidatos, notadamente os de menor influência política.

Se tal ocorre com o Direito Eleitoral, com o Direito Processual Eleitoral não é diferente. As poucas ações típicas são regradas de modo achavascado, com erros, contradições e justaposições gritantes, que levam a confusões doutrinárias e jurisprudenciais. Tais problemas graves, que tornam o ordenamento jurídico eleitoral de difícil trato, têm levado, ainda, a notáveis dissensos na atividade de interpretação e aplicação dos institutos eleitorais, notadamente quanto ao papel desempenhado pelo juiz eleitoral em sua atividade.

Teremos agora o cuidado de analisar a estrutura da Justiça Eleitoral e a natureza da atividade desenvolvida pelo juiz eleitoral, bem como fixar conceitos essenciais à compreensão do ordenamento jurídico, como a distinção entre recursos e impugnações. Tais termos jurídicos são a cotio empregados de forma assistemática e polissêmica na legislação, gerando por vezes algumas disputas teóricas desnecessárias.

§2 Organização da justiça eleitoral

A Justiça Eleitoral é órgão jurisdicional, concebido com a finalidade de cuidar da organização, execução e controle dos processos de escolha dos candidatos a mandatos eletivos (eleições), bem como dos processos de plebiscito e referendo. Não está a Justiça Eleitoral inserida como apêndice do Poder Executivo, tampouco submetida à esfera de atuação do Poder Legislativo. Trata-se de um órgão de natureza jurisdicional, engastado na estrutura do Poder Judiciário, consoante prescreve o art. 92, inc. V, da Constituição Federal de 1988.

É certo que as eleições, como processo licitatório de escolha entre candidatos a cargos eletivos, poderiam ser confiadas, pela Carta, aos Poderes Executivo e Legislativo, dando a um deles, ou a ambos, a atribuição de organizar, fiscalizar e executar o prélio eleitoral, notadamente pela natureza política do acesso aos principais cargos desses dois poderes. Outra possibilidade seria a afetação dessas atribuições a um órgão criado exclusivamente para essa finalidade, não vinculado hierarquicamente a qualquer dos poderes, com autonomia para organizar o processo eleitoral. Tais possibilidades, entrementes, não seriam aconselháveis à realidade brasileira. Por primeiro, desnecessário salientar que o envolvimento dos Poderes Executivo e Legislativo na organização e execução do processo eleitoral traria grave suspeição sobre a sua seriedade e isenção, dando ensanchas a perigosas manifestações de corrupção eleitoral. É natural que aqueles que estejam no poder queiram nele permanecer, ainda mais se dispõem de meios para influenciar decisivamente no resultado do certame, quer pela via de disposição sobre as regras do jogo, quer pela facilidade em conduzir em proveito próprio o processo de eleição.

Doutra banda, em nada aconselharia a criação de um órgão apenas para a condução das eleições, desvinculado dos dois poderes políticos, tanto pela complexidade de sua estrutura, como pelo alto custo ao erário da nação.

A melhor solução, adotada através do Decreto nº 21.076, de 21 de fevereiro de 1932, expedido pelo regime de exceção getulista, foi a instituição de uma Justiça Eleitoral, cujas atribuições não ficariam circunscritas apenas ao julgamento dos dissídios judiciais, mas extravasariam para aspectos administrativos, de organização, fiscalização e execução das eleições.

A solução se revela a mais consentânea com a nossa realidade sociopolítica, mercê de várias razões: em primeiro lugar, restou confiada a um poder desinteressado a licitação de acesso aos mandatos eletivos, tornando mais equilibrada a disputa. Outrossim, aproveitando-se da estrutura local do Poder Judiciário, em parte solucionou-se o dilema da criação de uma estrutura cara e inchada, com a finalidade de atuar mais efetivamente apenas de biênio em biênio. *Last, but not least*, justapôs vantajosamente, em um único órgão, as atribuições administrativas e jurisdicionais, possibilitando uma importante harmonia na efetivação das normas eleitorais.[1] À Justiça Eleitoral brasileira, portanto, foi confiada não apenas a resolução dos conflitos de interesses exsurgidos no prélio eleitoral, mas também a competência para organizar e administrar o processo eleitoral, além da função de editar regulamentos normativos para as eleições. Assim, a Justiça Eleitoral exerce uma atividade administrativo-fiscalizadora das eleições, compositiva de conflitos e legislativa.[2]

---

[1] É bem verdade que essa diversidade de atribuições terminou gerando incompreensão em relação ao papel desempenhado pelo juiz eleitoral, que faz as vezes de administrador e de magistrado. Não raro encontramos certa mixórdia no trato da natureza da atividade do juiz eleitoral, com graves implicações práticas para o manejo das normas eleitorais.

[2] BITENCOURT. *Eleições municipais (breves anotações à Lei nº 9.100/95)*, p. 5.

Por outro lado, curial gizar que a Justiça Eleitoral é estruturada hierarquicamente, de modo que as instâncias superiores possuem prevalência sobre as inferiores, inclusive sob o aspecto administrativo. Dada a competência híbrida da Justiça Eleitoral, todos os atos de organização, fiscalização e consecução das eleições são subordinados aos órgãos superiores, os quais supervisionam e fiscalizam os inferiores. Da mesma maneira que o juiz eleitoral tem a obrigação funcional de fazer cumprir as determinações dos tribunais regionais eleitorais, a esses cabe o mesmo dever em relação às ordens e provimentos do Tribunal Superior Eleitoral, mercê da necessidade de uniformização dos procedimentos. Exemplo notável disso é o disposto no art. 17, §3º, do CE, segundo o qual os provimentos da lavra do corregedor-geral vinculam os corregedores regionais, que lhes devem dar imediato e preciso cumprimento.

São órgãos da Justiça Eleitoral, consoante o art. 118 da CF/88: Tribunal Superior Eleitoral, os tribunais regionais eleitorais, os juízes eleitorais e as juntas eleitorais.

Tais órgãos da Justiça Eleitoral se submetem ao *princípio da periodicidade da investidura das funções eleitorais*, segundo o qual não há magistrados permanentemente investidos nas atribuições de juiz eleitoral, sendo elas exercidas temporariamente. De fato, o juiz eleitoral é o juiz de direito que exerce, por empréstimo, as funções eleitorais naquelas comarcas em que funciona a sede da zona eleitoral — pois há comarcas que são eleitoralmente *termos* de outras comarcas, vale dizer, fazem parte do território da zona eleitoral, que tem por sede a comarca mais importante. Logo, o juiz exerce a função eleitoral enquanto responder pela titularidade daquela comarca a que corresponde a sede da zona eleitoral, desvestindo-se dessas atribuições tão logo ingresse em férias, ou licença, ou mesmo seja promovido para uma outra comarca na qual não haja sede de zona eleitoral. Outrossim, os membros dos tribunais regionais e do Tribunal Superior Eleitoral são todos eles periodicamente mudados, de maneira que o corpo de juízes eleitorais é temporário e alternado.

O art. 121, §2º, da CF/88 positiva esse princípio jurídico, prescrevendo que os juízes dos tribunais eleitorais, salvo motivo justificado, servirão por dois anos, no mínimo, e nunca por mais de dois biênios (quatro anos) consecutivos, sendo os substitutos escolhidos pelo mesmo processo, em número igual ao constitucionalmente fixado para a mesma categoria (juízes togados, advogados etc.). Note-se que o cômputo do biênio será ininterrupto, sem desconto de qualquer afastamento, nem mesmo o decorrente de licença, férias ou licença especial (art. 14, §1º, do Código Eleitoral). Nada obstante, o próprio Código Eleitoral curou em prescrever uma exceção ao cômputo ininterrupto: no caso de impedimento decorrente de candidatura a cargo eletivo, na circunscrição, de seu cônjuge, parente consanguíneo legítimo ou ilegítimo, ou afim, até o 2º grau (§3º do art. 14 do CE). Todavia, parece-nos que tal exceção não foi recepcionada pela Constituição Federal, haja vista que o §2º do art. 121 da CF/88 estabelece que os substitutos dos membros do TSE serão escolhidos na mesma ocasião e pelo mesmo processo (conforme o art. 15 do CE), tendo como única exceção a substituição antecipada, em caso de o titular, por motivo justificado, abdicar de servir os dois anos de investidura em função eleitoral. Logo, se a Carta prevê apenas essa possibilidade de excepcionar a regra geral, não há dúvidas que deixou ela de recepcionar, nessa parte, o Código Eleitoral, de maneira que o membro do Tribunal (Superior ou Regional) Eleitoral, que se houver impedido de funcionar num dado prélio eleitoral, em virtude de possuir relações de parentesco com determinado candidato em sua circunscrição, nem por isso deixará de ter esse tempo de afastamento computado para efeito do transcurso do biênio de exercício das suas funções eleitorais.

2.1 Do Tribunal Superior Eleitoral

2.1.1 Composição e *quorum*

O Tribunal Superior Eleitoral será composto de, *no mínimo*, sete membros. Assim, a Constituição, em seu art. 119, fixa o limite base do número de membros do TSE, deixando para a Lei Complementar a possibilidade de aumentar o número de membros, consoante preceitua o art. 121, *caput*, da CF/88, naturalmente respeitadas as regras constitucionais de escolha desses membros e de assunção dos postos de presidente, vice-presidente e corregedor-geral eleitoral (parágrafo único do art. 119 da CF/88).

O Tribunal Superior Eleitoral, assim, é minimamente composto, mediante eleição, pelo voto secreto, de três juízes, entre os ministros do Supremo Tribunal Federal e de dois juízes, entre os ministros do Superior Tribunal de Justiça. Completam a estrutura do TSE, por nomeação do presidente da República, dois juízes entre seis advogados de notável saber jurídico e idoneidade moral, indicados pelo Supremo Tribunal Federal.

O presidente do TSE, assim como o seu vice-presidente, serão eleitos pelos próprios membros desse Tribunal, entre os ministros do STF. Já o corregedor eleitoral, por sua vez, será eleito entre os juízes do STJ. Essas as condições básicas de habilitação para os cargos de direção do Tribunal Superior Eleitoral, estampadas no parágrafo único do art. 119 da CF/88.

Além dessas condições, há aqueloutras estipuladas pelo Código Eleitoral. Deveras, o art. 16, §1º, do CE veda possam fazer parte do TSE, em uma mesma composição, cidadãos que tenham entre si parentesco, ainda que por afinidade, até o quarto grau, seja o vínculo legítimo ou ilegítimo, excluindo-se nesse caso o que tiver sido escolhido por último. Portanto, qualquer relação civil de parentesco impede a presença de dois ministros na mesma composição do TSE, independentemente da categoria da qual provenham (quer da magistratura, quer da advocacia).

Outra condição de habilitação, já agora específica para os membros provenientes da advocacia, diz respeito à necessidade de desincompatibilização do advogado indicado de cargo demissível *ad nutum* que ocupe, ou de função de direção, sócio ou proprietário de empresa beneficiada com subvenção, privilégio, isenção ou favor em virtude de contrato com a Administração Pública, ou de mandato de caráter político, seja federal, estadual ou municipal (§2º do art. 16 do CE). Observe-se, pois, que o advogado apenas estará habilitado *para ser nomeado* pelo presidente da República se, quando do ato de nomeação, não estiver exercendo as funções elencadas pelo preceito sob glosa. A desincompatibilização, portanto, deve ser aferida no momento da nomeação e não quando da posse. *Quid juris* se a desincompatibilização apenas for promovida após o ato de nomeação? O ato administrativo é nulo, mercê do défice na esfera jurídica do nomeado. O que poderá ocorrer é a necessidade de expedição de novo ato, convalidando o primeiro, já agora observados os pressupostos estabelecidos por lei.

Outra questão é a superveniência da incompatibilidade, advinda após o advogado ter assumido a qualidade de juiz eleitoral. Não há dúvidas que estará ele em situação de conflito com a legislação, devendo afastar-se da condição de membro da Corte Eleitoral. A incompatibilidade não se dá para a posse apenas no cargo de juiz, mas sobretudo para o seu exercício.

Aspecto importante diz respeito ao *quorum necessário para as deliberações do TSE*. Segundo o art. 19 do CE, a deliberação será por maioria de votos, em sessão pública, com a maioria de seus membros. Entretanto, há quatro hipóteses em que a deliberação deverá contar necessariamente com a presença de todos os seus membros, em *quorum qualificado*: I) quando houver necessidade de interpretação do Código Eleitoral em face da Constituição; II) quando se discutir cassação de registro de partido político; III) quando houver qualquer recurso importando a anulação geral das eleições; e IV) quando houver recurso que importe perda do diploma do candidato eleito. Vejamos em breves linhas tais espécies:

I) A necessidade de *quorum* qualificado surge toda vez que as normas federais (Código Eleitoral, lei eleitoral do ano, Resoluções do TSE etc.), aplicáveis às eleições, tiverem a sua constitucionalidade examinada. Não apenas o Código Eleitoral, dissemos, porque há inúmeras normas que também regem as eleições, muitas delas revogando o Código, ou apenas afastando a sua incidência para aquela específica eleição. Em casos que tais, o sentido é o mesmo, e diz respeito à análise da constitucionalidade da matéria deduzida em juízo. Já mostramos, em capítulo próprio deste livro, o que devemos compreender por *matéria constitucional*, de maneira a tornar nítida a sua subsunção à hipótese aqui aventada. Logo, quando houver discussão sobre as condições de elegibilidade próprias e impróprias constitucionais, ou sobre alguma inelegibilidade cominada pela Carta, dúvidas não há da necessidade da presença de todos os membros do TSE. Outrossim, quando a norma federal ferir alguma das garantias do art. 5º da CF/88, como aquela que garante o contraditório e a ampla defesa.

II) A cassação de registro de partido político é medida grave, porque expurga a agremiação do mundo jurídico, tornando-a clandestina e ilegal. A cassação do registro implica consequências graves para os seus filiados, os quais ficariam impedidos de apresentar validamente a sua candidatura, mercê da proibição de candidatos avulsos, sem vinculação a algum partido. Tão grave é a cassação para o regime democrático, que se faz imperiosa a participação de todos os membros do TSE nas deliberações e julgamento sobre a matéria.

III) Diz-se que há a anulação geral de uma eleição com vistas à circunscrição eleitoral. A generalidade aí está limitada à circunscrição: nacional, nas eleições presidenciais; estadual, nas eleições gerais; e municipal, nas eleições locais. A nulidade de uma urna (sessão eleitoral), ou de algumas, sem implicar nulidade que contamine a eleição como um todo, não é nulidade geral, de maneira que essa regra não incidiria. A nulidade que contaminaria toda a eleição é aquela prevista no art. 224 do CE, quando mais da metade dos votos na respectiva circunscrição forem nulos, implicando a necessidade de se proceder a nova eleição.

IV) A perda do diploma pode decorrer do manejo da ação de impugnação de registro de candidatura, da ação de investigação judicial eleitoral, da ação de impugnação de mandato eletivo e do recurso contra diplomação, mercê do disposto no art. 15 da LC nº 64/90. Sendo assim, para o julgamento de qualquer dessas ações eleitorais, o TSE terá de contar com a totalidade dos seus membros.

Em face do princípio da hierarquia, os tribunais regionais e juízes eleitorais devem dar imediato cumprimento às decisões, mandados, instruções e outros atos emanados do Tribunal Superior Eleitoral (art. 21 do CE). A norma, que em um primeiro momento é clara, pode gerar alguma confusão por parte dos tribunais, por empolgarem em demasia o seu conteúdo. Diz o preceito — e diz muito bem — que os tribunais e juízes eleitorais devem dar cumprimento às decisões, mandados e instruções emanados do TSE, ou seja, decisões e ordens dadas de modo específico, dirigidas às autoridades de menor hierarquia. Não é a ordem clandestina, verbal, sub-reptícia que deve ser atendida, pois ela é um nada jurídico. Não raro há os que, investido em funções eleitorais nos tribunais regionais, põem-se acima da lei, deitando-se a dar ordens verbais, inclusive por telefone, num arremedo de exercício regular das nobres funções conferidas à magistratura eleitoral. A submissão dos órgãos inferiores aos órgãos superiores implica a submissão de ambos aos princípios retores da legalidade, da publicidade e de quantos existam para serem observados. Sem que tal se dê, a ordem deve ser encarada como ato arbitrário, ilícito, passível de incumprimento.

2.1.2 Competência. O problema da ação rescisória

A competência jurisdicional e administrativa do Tribunal Superior Eleitoral está definida, respectivamente, nos arts. 22 e 23 do Código Eleitoral. Analisemos algumas delas.

É da competência do TSE processar e julgar, originariamente, o registro e a cassação do registro de partidos políticos e dos seus diretórios nacionais. Note-se, todavia, que atualmente, com a redação do art. 8º da Lei dos Partidos Políticos (Lei nº 9.096/95), o registro dos partidos políticos é feito diretamente no Registro Civil das Pessoas Jurídicas, da Capital Federal, apenas restando submetido ao TSE o registro dos respectivos estatutos das agremiações, as quais já estarão registradas com sua própria sigla partidária.

Também é da competência do TSE o registro, e a sua cassação, dos candidatos a cargos eletivos de presidente e vice-presidente da República. Tal norma é repetida no art. 89, inc. I, do CE, positivando aquele princípio segundo o qual *o registro de candidatura é homologado na circunscrição em que se dá a disputa eleitoral*.

Outra importante regra é aquela segundo a qual é da competência do TSE julgar originariamente a *ação rescisória*, nos casos de inelegibilidade, desde que intentada dentro do prazo de 120 (cento e vinte) dias de decisão irrecorrível, possibilitando-se o exercício do mandato eletivo até o seu trânsito em julgado (art. 22, inc. I, alínea "j" do CE, acrescentada pela Lei Complementar nº 86, de 14.05.1996).

Tem-se dito, muito a cotio, que a ação rescisória é incompatível com o direito eleitoral, sobretudo por criar amarras à celeridade que os ritos processuais eleitorais devem ter.[3] Embora as eminentes lições de política legislativa sejam corretas, temos

---

[3] Com esse entendimento, *vide* Torquato Jardim (*Direito eleitoral positivo*, p. 141); Tito Costa (*Recursos em matéria eleitoral*, p. 77) e, mais recentemente, Pedro Henrique Távora Niess (*Ação rescisória eleitoral*, p. 14-16).

presente que a ação rescisória, em si mesma considerada, não traria empeço à celeridade dos feitos eleitorais, até mesmo porque sua propositura apenas se daria após o trânsito em julgado da decisão judicial contra a qual seria ela manejada. Por certo que a redação da alínea "j", do inc. I, do art. 22 do CE possui um cínico preceito em sua parte final, ao suspender os efeitos da sentença atacada por ação rescisória, permitindo o exercício do mandato, por quem o tenha perdido em virtude da decretação de sua inelegibilidade. Mas tal determinação foi de resto já tolhida liminarmente pelo Supremo Tribunal Federal, que pôs cobro ao excesso ilícito do legislador. Nesse pormenor da lei, estaremos todos concordes em trautear essa patologia do instituto, que afronta às escâncaras o princípio da coisa julgada e o próprio Estado Democrático de Direito, sem que isso signifique, por si mesmo, a rejeição completa da ação rescisória nos rincões eleitorais.

A ação rescisória eleitoral foi introduzida no ordenamento jurídico por uma norma obscura, de má procedência, redigida à sorrelfa, sem preocupações técnicas com a sua aplicabilidade. Vejamos, em breves linhas, alguns aspectos problemáticos da interpretação desse preceito. Por primeiro, sublinhe-se que a ação rescisória eleitoral apenas tem cabimento em uma única hipótese: quando a sentença atacada versar sobre inelegibilidade. Logo, tendo a decisão rescindenda declarado ou decretado a inelegibilidade inata ou cominada do nacional, e havendo a existência de um dos pressupostos do art. 485 do Código de Processo Civil, tem cabimento o manejo da ação rescisória, que deverá, em sua petição inicial, demonstrar *quantum satis* a existência desses pressupostos.

Dissemos caber a ação rescisória contra as inelegibilidades inatas e inelegibilidades cominadas, partindo da teoria segundo a qual a inelegibilidade é ausência, perda ou obstáculo-sanção à elegibilidade. Mesmo os eminentes eleitoralistas que adotam a teoria clássica, admitem corretamente o manejo da rescisória naquelas hipóteses de inelegibilidade inata, chamadas por alguns de *não elegibilidade* ou de *inelegibilidade imprópria*. De fato, trata-se de um daqueles casos teóricos de fronteira, em que se aviva o problema da rejeição doutrinária da inelegibilidade inata. Pedro Henrique Távora Niess,[4] que melhor deu tratamento teórico à ação rescisória eleitoral, aduz que no conceito de inelegibilidade — para os fins da rescisória — se inserem, por óbvio, as chamadas incompatibilidades previstas na Lei Complementar nº 64, de 18 de maio de 1990, como também a ausência das condições de elegibilidade já que, em tal caso, não se pode eleger o candidato validamente (CF, art. 14, §3º).

A distinção entre a inelegibilidade inata e a inelegibilidade cominada (simples e potenciada) serve também de adminículo para justificar a necessidade e a utilidade da ação rescisória no Direito Eleitoral. Sendo verdade que o julgamento favorável desta ação poderá não trazer benefício prático para efeito de tempestiva devolução do exercício do mandato ao candidato reputado inelegível, o certo porém é que ela, sendo julgada procedente, poderá cortar cerce a decretação de inelegibilidade cominada potenciada (cominação para eleições futuras), permitindo ao demandante requerer o registro de candidatura nas próximas eleições que desejar disputar. Assim, por exemplo, se o candidato tem a sua inelegibilidade decretada, para a eleição na qual disputou e para as eleições a serem realizadas nos próximos três anos, por abuso de poder econômico

---

[4] *Ação rescisória eleitoral*, p. 28.

praticado nas eleições municipais, poderá modificar esse impedimento através da ação rescisória, sendo-lhe possível agora disputar algum cargo eletivo nas eleições gerais. Consoante se vê, a ação rescisória eleitoral possui utilidade prática para o inelegível, independentemente daquela mais rente aos olhos, de permissão para o exercício imediato do mandato reputado ilícito.

O problema maior da ação rescisória, e por isso dela cuidamos aqui, diz respeito à competência do Tribunal Superior Eleitoral para julgá-la e processá-la. De fato, conforme a redação da norma introduzida pela Lei Complementar nº 86/96, cabe ao TSE a competência para processar e julgar as ações rescisórias, atacando as decisões transitadas em julgado provenientes dos tribunais regionais ou dos juízes eleitorais. Contra tal preceito tem havido fortes críticas, as quais poderíamos resumir, *comoditatis causa*, naquelas por Pedro Henrique Niess,[5] quais sejam: (a) os tribunais apenas poderiam rescindir decisões a cujo respeito teriam se pronunciado definitivamente, ou que, decidida em primeiro grau por sentença irrecorrida, competir-lhes-ia conhecer se interposto recurso; e (b) apenas contra decisão que tivesse por conteúdo a inelegibilidade do candidato caberia a rescisória, sendo de se admitir também, segundo ele, quando as decisões rescindendas reconhecessem a elegibilidade do candidato.

As críticas merecem, segundo pensamos, obtempero. Quanto à primeira delas, nada impediria que a lei complementar pudesse criar a ação rescisória eleitoral, determinando a competência apenas do TSE para julgá-la, quer a decisão rescindenda fosse do Tribunal Regional Eleitoral, quer fosse ela prolatada pelo juiz eleitoral de primeira instância. Não há qualquer razão que viesse a desnaturar a técnica adotada pelo legislador, inclusive porque não é da natureza da ação rescisória, consoante se faz supor, que seja ela conhecida e julgada apenas pelo tribunal competente para conhecer do recurso interponível contra a decisão judicial, por ser ela uma ação autônoma, com a finalidade de rescindir uma decisão contra a qual já não mais caiba recurso. Logo, o critério de competência para conhecer dessa ação não pode, senão por expressa determinação legal, ser retirado por indução da competência para conhecer do recurso.[6] Se razões de ordem técnica apontaram solução própria na órbita do processo civil, outras razões podem muito bem incentivar uma outra solução na seara do processo eleitoral, a justificar, em razão do relevo da matéria em jogo, que o Tribunal Superior Eleitoral conheça diretamente de causas que, transitadas em julgado, não foram conhecidas por tribunais de menor escalão hierárquico.

Sem embargo, um outro argumento, já agora mais afeto ao direito eleitoral, adorna de razão a posição sustentada por Pedro Henrique Távora Niess, em seu belo estudo.[7] Segundo pondera: "Se fosse permitido ao TSE rescindir acórdãos dos TREs, admitir-se-ia que aquele Colegiado se pronunciasse sobre matéria que constitucionalmente não lhe é dado conhecer por intermédio de recurso — a relativa à inelegibilidade nas eleições municipais". É certo que não se pode, como tem feito parte da doutrina, retirar do inc. III do §4º do art. 121 da CF/88 a regra segundo a qual não cabe recurso para o TSE das decisões que versarem sobre inelegibilidade ou expedição de diploma em eleições

---

[5] *Ação rescisória eleitoral*, p. 25-27.
[6] Por todos, dando conta de aspectos históricos da fixação da competência da ação rescisória, *vide* José Carlos Barbosa Moreira (*Comentários ao Código de Processo Civil*, t. V, p. 199 *et seq.*).
[7] *Ibidem*.

municipais. Todavia, uma outra razão nos leva a acatar a impossibilidade do manejo da ação rescisória para rescindir decisões transitadas em julgado proferidas pelos juízes eleitorais, nas eleições municipais, ou pelo TRE, na eleição geral ou municipal, conforme ponderação do Ministro Sepúlveda Pertence,[8] a respeito da possibilidade de julgamento pelo TSE de rescisórias opostas contra decisões de primeiro grau: "Teria, em conseqüência, transferido para o Tribunal Superior Eleitoral o julgamento da rescisória contra qualquer julgado da Justiça Eleitoral, fosse ele de primeiro ou de segundo grau? Teria, noutros termos, criado uma impugnação *per saltum*, com o longo prazo de 120 dias, contra qualquer decisão, de qualquer instância, da Justiça Eleitoral? E mais: teria com isso rompido as restrições da Constituição à possibilidade de revisão pelo TSE das decisões dos TREs?". Nessa toada, prossegue o Ministro: "No curso da discussão, já antecipei um exemplo que não é de laboratório: matéria de inelegibilidade, decidida à base de uma questão de fato em eleições municipais. Essa é, em princípio, decisão que não pode chegar ao TSE. Chegaria, no entanto, se, a pretexto de falsidade ou de erro de fato ou de documento novo, se pudesse trazer, *per saltum*, ao TSE, o que a ele não poderia chegar pelas vias recursais previstas na Constituição". Por essas razões, tão bem explicitadas pelo Ministro Pertence, restou modificada a jurisprudência do TSE, bem como também a posição doutrinária diversa por mim sustentada, no sentido de que *não cabe ação rescisória eleitoral de julgados dos TREs e do primeiro grau*. Seria esse um meio, não admitido pelo Texto Constitucional, de o TSE se imiscuir em análise de matéria de fato, cujo conhecimento seria afeto em última instância aos TREs.

Cabendo ação rescisória contra os julgados apenas do TSE, devemos afastar então a afirmativa (b), acima exposta — segundo a qual apenas em caso de inelegibilidade do candidato poderia ser manejada —, porque não condiz com a interpretação mais reta do preceito sob análise. A ação rescisória, segundo a LC nº 86/96, é cabível apenas em caso de inelegibilidade do candidato, porém, como averbamos em diversas oportunidades neste livro, o conceito de elegibilidade não pertence ao *mesmerismo*, como se fosse um fluído fantasmagórico, sem densidade própria. Assim não é. A elegibilidade é o direito de ser votado, de praticar atos de campanha, nascido do fato jurídico do registro de candidatura. Já a inelegibilidade é a ausência, perda ou obstáculo-sanção ao direito de ser votado, implicando a impossibilidade de registrar a candidatura ou o cancelamento do ato registral. Assim, sendo a ação rescisória eleitoral apenas cabível contra sentenças que declarem ou decretem a inelegibilidade do nacional, não poderia ser ela manejada contra decisões que dessem pela elegibilidade do candidato, vez que o direito de ser votado é uma faculdade positiva posta na sua esfera jurídica, advinda de uma decisão contra a qual o ordenamento não admite rescisão.

Se a sentença decide pela inelegibilidade do nacional, em apoucamento do seu direito político, é curial possa ele buscar adquirir sua elegibilidade, como precioso direito subjetivo público. Assim, o ordenamento jurídico terminou por dar ao nacional mais um remédio jurídico em defesa de seu direito de ser votado, e não, como seria errado

---

[8] Vide Acórdão nº 106, de 16.11.2000, rel. Min. Fernando Neves, pub. *DJ*, 02 fev. 2001 e *Informativo TSE*, ano III, n. 1, 5-11 fev. 2001, assim ementado: "Ação rescisória. Questão de ordem. Rescisão de decisões de primeiro e segundo graus. Art. 22, inciso I, letra *j* do Código Eleitoral. Arts. 102, I, *j*; e 105, I, *e* da Constituição da República. Competência dos tribunais superiores para processar e julgar originariamente as ações de seus julgados. 1. Ao Tribunal Superior Eleitoral compete apenas processar e julgar originariamente a ação rescisória de seus julgados, não das decisões proferidas pelas cortes regionais ou, eventualmente, de sentenças de primeiro grau".

supor, criado mais um remédio para atacar a sua esfera jurídica. A ação rescisória ataca apenas a inelegibilidade, não sendo de se manejá-la contra a elegibilidade reconhecida judicialmente e transitada em julgado.

2.2 Tribunais regionais eleitorais

A composição do Tribunal Regional Eleitoral dos Estados é fixada, mediante eleição, de dois juízes, dentre os desembargadores do Tribunal de Justiça, de dois juízes de Direito, escolhidos pelo Tribunal de Justiça, de um juiz federal, indicado pelo Tribunal Regional Federal, além de dois advogados, nomeados pelo presidente da República, dentre seis advogados de notável saber jurídico e idoneidade moral, indicados pelo Tribunal de Justiça (art. 120 da CF/88 e art. 25 do CE).

O presidente e o vice-presidente do TRE serão eleitos por este dentre os dois desembargadores indicados pelo Tribunal de Justiça. Por vezes, os regimentos internos atribuem ao vice-presidente a função de corregedor regional, nada obstante existam tribunais regionais que afetem esse cargo ao juiz federal.

A competência do TRE é fixada pelos arts. 29 e 30 do Código Eleitoral, com as alterações previstas pela Constituição Federal.

Segundo o §1º do art. 120 da CF/88, os tribunais regionais eleitorais serão compostos, também, de dois juízes, nomeados pelo presidente da República, dentre seis advogados de notável saber jurídico e idoneidade moral, indicados pelo Tribunal de Justiça. Não fixou a Carta nenhum outro requisito para os juízes provenientes da classe dos advogados, que não o notável saber jurídico e a idoneidade moral. Logo, a indicação da lista tríplice dos advogados para as duas vagas do Tribunal Regional Eleitoral é de competência do Tribunal de Justiça do Estado, respeitando os requisitos fixados na Constituição Federal: idoneidade moral e notável saber jurídico. Em uma palavra: o Tribunal de Justiça indica os advogados e o presidente da República nomeia aquele de sua preferência, dentre os encaminhados na lista tríplice.

Nada obstante, o Tribunal Superior Eleitoral fixou normas regulamentando a investidura dos membros dos tribunais regionais eleitorais, trazendo para si competência que não lhe teria sido expressamente outorgada pela Constituição Federal (art. 121 da CF/88) tampouco pelo Código Eleitoral. De fato, o Código Eleitoral, que é de 1965, afora a competência genérica do inciso IX, apenas outorgou competência ao TSE para enviar ao presidente da República a lista tríplice organizada pelo Tribunal de Justiça (art. 23, inc. XI), observada a norma do seu art. 25, que fixa os mesmos requisitos da Constituição Federal: notável saber jurídico e idoneidade moral.

A rigor, portanto, não teria competência o Tribunal Superior Eleitoral para fixar requisitos outros, além daqueles já expressamente constituídos pela Constituição Federal e pelo Código Eleitoral. A nomeação dos membros dos tribunais regionais eleitorais é matéria afeta ao Tribunal de Justiça do Estado e ao presidente da República. Ao TSE apenas competiria a função de encaminhar a lista adrede preparada, com a indicação de advogados que, no sentir dos desembargadores do Tribunal de Justiça, preencham os requisitos constitucionais. E entre eles, não seria ocioso dizê-lo, não se encontra a necessidade de efetivo exercício da advocacia pelo prazo de dez anos.

A Resolução-TSE nº 20.958/01, que regulamenta a investidura dos membros dos tribunais regionais eleitorais, determina, no parágrafo único do seu art. 12, que a lista organizada pelo Tribunal de Justiça do Estado deverá ser encaminhada ao TSE, acompanhada de alguns documentos. Entre eles, encontram-se os seguintes, na numeração dos seus incisos: (VI) comprovante de mais de dez anos de efetiva atividade profissional para juiz da classe de advogado; (VII) ofício do Tribunal de Justiça do Estado, com as indicações dos nomes dos candidatos da classe dos advogados e da data da sessão em que foram escolhidos; (VIII) certidão negativa de sanção disciplinar da Seção da Ordem dos Advogados do Brasil (OAB) em que estiver inscrito o integrante da lista tríplice; (IX) quando o candidato houver ocupado cargo ou função que gere incompatibilidade temporária com a advocacia, deverá, ainda, apresentar comprovação de seu pedido de licenciamento profissional à OAB (art. 12 da Lei nº 8.906/94) e da publicação da exoneração do cargo ou função; e (X) comprovação do efetivo exercício da advocacia pela inscrição na OAB, observado o disposto no art. 5º do Estatuto daquela instituição.

O §2º do art. 16 do Código Eleitoral determina que não pode ser nomeado para o TRE o advogado ocupante de cargo público de que seja demissível *ad nutum*, ou que seja diretor, proprietário ou sócio de empresa beneficiada com subvenção, privilégio, isenção ou favor em virtude de contrato com a Administração Pública, ou que exerça mandato de caráter político. Ora, essa restrição de ordem legal decorre de um possível ou potencial envolvimento político daquele que seria juiz eleitoral, razão pela qual se impõe a ele a necessidade de se desincompatibilizar para poder fazer parte do corpo do Tribunal Regional Eleitoral. Parece-nos evidente, portanto, que aquele advogado que esteja exercendo cargo público, desde que preencha os pressupostos constitucionais (idoneidade moral e notável saber jurídico), pode ser nomeado para compor o Tribunal Regional Eleitoral pela classe dos advogados, como inclusive dispõe o inciso IX do art. 12 da Resolução-TSE nº 20.958/01, segundo o qual, quando o candidato houver ocupado cargo ou função que gere incompatibilidade temporária com a advocacia, deverá, ainda, apresentar comprovação de seu pedido de licenciamento profissional à OAB (art. 12 da Lei nº 8.906/94) e da publicação da exoneração do cargo ou função.

Está claro que a norma do Código Eleitoral, bem como a da Resolução nº 20.958/01, não impossibilita aquele advogado que tenha exercido função pública, ocupando cargo ou emprego de confiança, de ser indicado para nomeação do presidente da República. Imaginemos, apenas para argumentar, a seguinte hipótese: um advogado conceituado vem a ser convidado, por exemplo, para ser Ministro da Justiça ou diretor-geral do Supremo Tribunal Federal, ocupando o cargo por oito anos. Posteriormente, deixando de ocupar o cargo, vem a ser indicado pelo Tribunal de Justiça do Estado para ocupar a vaga destinada à advocacia no Tribunal Regional Eleitoral. Estará ele impossibilitado? Para o TSE, sim, a não ser que demonstrasse, no cômputo geral de sua vida profissional, possuir aquele tempo de exercício efetivo da advocacia, como se vê no ELT/TO, rel. Min. Nélson Jobim, pub. *DJ*, 14 maio 2001, p. 617: "Lista tríplice. impugnação. Hipótese na qual o candidato, no cômputo geral de tempo, tem mais de dez anos de advocacia, apesar de ter exercido cargo incompatível com a advocacia durante certo período. O fato de ter ocupado durante algum tempo cargo de Assessor Jurídico do TRE/TO não inabilita o candidato para o cargo de Juiz Efetivo. Importa que esteja inscrito na Ordem e que, no cômputo geral, tenha atuado como advogado pelo menos durante dez anos. Lista aprovada".

A Resolução nº 20.958/01 prescreveu a necessidade de comprovação do efetivo exercício da advocacia, demonstrada pela inscrição na OAB (art. 12, parágrafo único, inciso X). Essa exigência de dez anos de efetivo exercício não tem previsão constitucional nem legal. Aliás, dela não cuidou a Resolução-TSE nº 9.177/1972, que versava sobre a investidura e o exercício dos membros dos tribunais eleitorais. É criação da recente regulamentação, em exasperação da competência do TSE e do poder regulamentar.

Ademais, note-se que a própria Lei Orgânica da Magistratura (Lei Complementar nº 79, de 14 de março de 1979) manteve-se fiel à norma do Código Eleitoral, sendo recepcionada pela Constituição de 1988, ao dispor em seu art. 9º que os tribunais regionais eleitorais, com sede na capital do Estado em que tenham jurisdição e no Distrito Federal, compõem-se de quatro juízes eleitos, pelo voto secreto, pelo respectivo Tribunal de Justiça, sendo dois dentre desembargadores e dois dentre juízes de direito; um juiz federal, escolhido pelo Tribunal Federal de Recursos, e na Seção Judiciária houver mais de um, e, por nomeação do presidente da República, de dois dentre seis cidadãos de notável saber jurídico e idoneidade moral, indicados pelo Tribunal de Justiça. Assim, o direito positivo brasileiro sistematicamente dispõe sobre os requisitos exigíveis para os advogados que desejem concorrer ao cargo de juiz efetivo dos tribunais regionais eleitorais, não se encontrando entre eles o prazo de dez anos de efetivo exercício da advocacia, provado ano a ano, na forma disposta no Regulamento do Estatuto da OAB.

As decisões dos Tribunais Regionais sobre quaisquer ações que importem cassação de registro, anulação geral de eleições ou perda de diplomas somente poderão ser tomadas com a presença de todos os seus membros, prescreve o art. 28, §4º, do Código Eleitoral.

2.3 Dos juízes eleitorais

Os juízes eleitorais são magistrados togados, pertencentes à carreira da Justiça Estadual. Exercem a função eleitoral quando lotados em comarcas de única vara, que sejam sede de zona eleitoral, ou quando sejam designados pelo TRE, no caso de comarca com mais de uma vara. O exercício da função eleitoral deve ser feito por magistrado de posse de todas as garantias constitucionais da investidura no cargo, sendo exercido contemporaneamente à atividade jurisdicional comum, nada obstante, em data fixada no calendário eleitoral, devam os primeiros feitos ter preferência sobre os últimos.

2.4 Das juntas eleitorais

Na apuração das eleições, o julgamento sobre a validade do voto dado pelo eleitor é da competência das juntas eleitorais, compostas de três a cinco membros, sempre sob a presidência do juiz eleitoral. A junta eleitoral, de conseguinte, é o juízo próprio perante o qual se impugna o voto reputado nulo e contra o qual se interpõe recurso parcial, em caso de decisão contrária à impugnação. Sua razão de ser e funcionamento se cingem a essa oportunidade, ficando sua função sobremaneira apoucada com a introdução das urnas eletrônicas, vez que a discussão sobre a nulidade de votos inexiste. Apenas se diante da impossibilidade de utilização de urnas eletrônicas — ou porque quebrou e não havia outra substituta, ou por algum problema técnico que impeça o seu uso — é que será a junta eleitoral necessária, dada a contingência de se utilizar a urna tradicional, com as formas tradicionais de apuração.

Por isso, em que pese haja a necessidade de nomeação das juntas eleitorais, diante das quais serão retirados os lacres das urnas eletrônicas e feita a apuração informatizada, o correto é que podemos antever o seu futuro desuso, diante do esvaziamento das tradicionais formas de apuração.

§3 Distinção entre atividade administrativo-judicial e atividade jurisdicional (voluntária e contenciosa)

Essas atribuições concentradas tornaram obscura, por vezes, a compreensão da natureza de determinadas normas jurídicas, pois o entrelaçamento de regras de direito processual e regras de natureza administrativa, ambas destinadas à Justiça Eleitoral, passou a gerar incompreensão e discussões despropositadas, com imenso prejuízo para a inteligibilidade dos institutos jurídicos estudados. Alguns exemplos das atividades díspares atribuídas à Justiça Eleitoral podem ser encontrados ao azar, demonstrando as dificuldades de acomodar todas as funções desenvolvidas pelo juiz eleitoral nas categorias clássicas do Processo Civil, como a jurisdição contenciosa e a jurisdição voluntária.

O art. 120 do Código Eleitoral, por exemplo, é norma pela qual se outorga ao juiz eleitoral, sessenta dias antes do pleito, a competência para nomear as mesas receptoras dos votos. Tal atividade, nada obstante realizada pelo magistrado, não tem o condão de torná-la jurisdicional, ainda que adotemos o conceito de jurisdição com base no critério subjetivo da participação do juiz, pois não há jurisdição sem provocação da parte ou interessado. Se em tal exemplo podemos constatar, como veremos mais adiante, a natureza administrativa da atividade do juiz eleitoral, noutros avultará a sua aproximação com atividades também desenvolvidas pelo Ministério Público, como é o caso, *exempli gratia*, do art. 35 da novel Lei dos Partidos Políticos (Lei nº 9.096/95), pelo qual se outorgou competência ao Tribunal Superior Eleitoral ou aos tribunais regionais eleitorais para fazerem verdadeira investigação judicial eleitoral nas contas do partido político, por denúncia fundamentada de filiado ou delegado de partido, de representação do procurador-geral ou regional eleitoral ou de iniciativa de ofício do corregedor eleitoral. Tal investigação não possui natureza jurisdicional, sendo realizada sem contraditório, apenas com a finalidade inquisitorial de pôr a descoberto vícios jurídicos, os quais ensejem a propositura de ações próprias.

Tem faltado à doutrina um critério claro para fazer a distinção entre as diversas formas assumidas pela atividade do juiz eleitoral, máxime pelo fato de haver sub-repticiamente, para alguns, e claramente, para outros, a rejeição da jurisdição voluntária como verdadeira jurisdição, tal qual a contenciosa. Embora não nos seja permitido o aprofundamento desse problema teórico de direito processual, desde já salientamos que tomamos a jurisdição voluntária como verdadeira atividade jurisdicional, caracterizada pela *passividade processual do juiz*, entendida em duplo sentido: no de que não pode iniciar o procedimento por sua iniciativa (*nemo judex sine actore*); e, pela sua atitude de imparcialidade, neutralidade e distanciamento, no sentido de que deve estar em posição de superioridade e estraneidade em relação às partes, não aplicando o direito objetivo em seu próprio interesse (*nemo judex in causa sua*).[9]

---

[9] CAPPELLETTI. *Juízes legisladores?*, p. 74-75. Acresça-se a essas duas características, comuns às duas formas de jurisdição, a do equânime tratamento às partes (*audiatur et altera pars*), como característica pertinente à jurisdição

A fixação dessa premissa tem a finalidade de tomar posição ante uma antiga dissensão teórica, de maneira a não deixar dúvidas de que a atividade judicial desenvolvida para a aplicação do direito objetivo a um caso concreto deduzido, ainda que dele não deflua nenhuma litigiosidade, é de natureza jurisdicional, sendo regida pelos mesmos princípios fundantes da moderna teoria geral do processo civil. O professor pernambucano Elcias Ferreira da Costa,[10] por ter descurado dela, precipitou por borrar a importante e ineliminável distinção entre *atividade administrativa do juiz eleitoral* e *atividade de jurisdição voluntária*, vale dizer, pôs no mesmo plano o direito material e o processual, tornando o magistrado, em todos os casos em que não houvesse a instauração de litígio, o sujeito passivo de uma relação de direito material formada entre ele e o requerente (do alistamento, do registro etc.). Como ensina: "o indivíduo, titular de direito subjetivo público, promove o exercício de seu direito, mediante a efetuação de um ato jurídico *em sentido estrito*, a saber, o alistamento, o registro, a votação, a apuração, atos que pretende devam ser admitidos ou reconhecidos pelo juiz. *A atuação do juiz, nesses fatos, é de natureza administrativa. O direito de ação somente começa, quando alguém considerando-se obstacularizado no exercício ou no reconhecimento de algum dos seus direitos subjetivos públicos, em decorrência de alguma decisão do juiz, se dirige ao tribunal a que esteja subordinado para que o tribunal dê concreção ao seu direito subjetivo público, que, pretende, tenha sido obstacularizado pelo juiz".* E conclui: *"Aqui, este, como funcionário que age em nome do Estado, surge como real sujeito passivo de uma relação processual"*.

Por essa doutrina, como se pode observar através do exemplo utilizado pelo eminente autor, se o eleitor impugna o título eleitoral de outro eleitor e o juiz eleitoral rejeita a impugnação, surgiria a oportunidade de uma ação processual, proposta junto ao tribunal, denominada pela legislação eleitoral de "recurso", ficando o juiz na qualidade de réu. Tal assertiva surpreendente, sustentada em virtude de o professor pernambucano reputar que sem lide não há jurisdição, só é possível por ele sustentar que entre o juiz e o impugnante formar-se-ia uma relação jurídica de direito material litigiosa, cujo conflito de interesses, pela rejeição da impugnação, faria surgir a ação processual (denominado de recurso pelo Código Eleitoral). Mas o raciocínio levaria à conclusão de que o juiz eleitoral, apenas esporadicamente, exerceria atividade jurisdicional (ou seja, apenas quando houvesse a dedução de um litígio perante ele), pois sua atividade, por essa óptica, no comum das vezes, seria de cunho eminentemente administrativo, como sujeito passivo de um direito público subjetivo material de determinados sujeitos de direito (eleitor, candidato, partido etc.). Tal lição, em que pese a sua excepcional origem, nos parece não deva ser acolhida, inclusive por deixar de explicar a natureza, por exemplo, da impugnação exercida pelo eleitor contra um outro. Se a relação, que pela impugnação se forma, for entre impugnante e juiz, qual será o papel reservado ao impugnado? Qual a sua relação com o impugnante? A doutrina glosada silencia a esse respeito.

contenciosa. Tem cabida aqui a observação de Ovídio Baptista da Silva (*Curso de processo civil*, v. 1, p. 34), para quem o que efetivamente caracteriza a atividade jurisdicional é imparcialidade do juiz e sua estraneidade com relação ao interesse que tutela com sua sentença. "De modo que há, também na jurisdição voluntária, uma forma especial de *atuação do direito objetivo*, realizada por órgão público que sobrepaira aos interesses, como terceiro imparcial, e que tem, como o juiz da jurisdição contenciosa, essa mesma atuação como objetivo final de sua atividade" (grifo original).

[10] *Direito eleitoral*, p. 131 *et seq.*, grifamos.

Em verdade, o imbróglio entre a *atividade de jurisdição voluntária* e a *atividade administrativa* exercida pelo juiz eleitoral é a origem da confusão instalada na doutrina e jurisprudência, com sérias consequências para a inteligência de importantes institutos de direito eleitoral. Deveras, há inúmeras normas impondo ao juiz eleitoral o exercício de função administrativa, para organizar todo o procedimento eleitoral, tornando possível o exercício do voto pelos eleitores. Dessarte, quando nomeia mesários, ou indica os locais para a instalação de sessões eleitorais, ou quando fiscaliza seus subordinados, exerce atividade meramente administrativa, como administrador do prélio eleitoral. Não é outro, inclusive, o entendimento do eminente Torquato Jardim,[11] para quem o processo eleitoral é um processo administrativo, e o que o singulariza é a *unicidade* do órgão administrativo executor e do órgão judiciário incumbido do seu controle judicial. De um lado, assevera, é ato administrativo a portaria do juiz estabelecendo os locais permitidos à propaganda política. De outro, a determinação do juiz para que o candidato retirasse propaganda de local não autorizado é exercício de poder de polícia inerente à administração. Por fim, conclui, julgar a conduta, se contrária à lei ou não, e, em caso afirmativo, aplicar a pena, é ato jurisdicional. As três funções exercidas pelo mesmo órgão.

Observe-se, de conseguinte, ainda nos valendo da exposição de Elcias Ferreira da Costa, que a mistura da atividade jurisdicional com a atividade administrativa termina por induzi-lo a pôr na mesma gaveta atos distintos, tais como o alistamento, o registro, a votação e a apuração.[12] Com isso, pensamos haver mistura entre o exercício da pretensão à tutela jurídica (pedido de registro e pedido de alistamento) e o resultado da tutela jurídica (o registro, o alistamento), com atos do eleitor (exercício do direito ao voto) e da mesa apuradora (apuração).

O processualista italiano Gian Antonio Michele,[13] criticando a conceituação chiovendiana de jurisdição, baseada no caráter substitutivo da vontade das partes pela vontade do Estado-Juiz, lembra que o elemento saliente do conceito de jurisdição está na imparcialidade do órgão jurisdicional, que é por si suficiente para distinguir a "jurisdição" da "administração". Assim, se houver *referibilidade do interesse tutelado ao órgão estatal que atua*, não há atividade jurisdicional, pois ela apenas se dá se faltar ao juiz a qualidade de parte (de parcialidade, portanto), pois ele, "en verdad, no es el sujeto pasivo de una relación jurídica directa con el sujeto, respecto del cual la providencia de jurisdicción voluntaria produce los efectos propios. *El juez, por otro lado, no puede tampoco ser considerado como el sujeto pasivo respecto de un derecho público subjetivo, diverso de la acción, en cuanto él no es, en absoluto, el portador de un interés que deba estar subordinado al del titular del derecho mismo.* También, en el proceso de jurisdicción voluntaria la obligación del juez de proveer tiene, a lo sumo, como corrispondiente, un poder instrumental y no implica, por tanto, ninguna relación directa entre parte y juez".[14]

---

[11] *Direito eleitoral positivo*, p. 122.

[12] Pensamos ser necessário dar tratamento distinto a diferentes atos jurídicos: o registro e o alistamento são efeitos constitutivos da decisão do juiz no procedimento de jurisdição voluntária instaurado pelo requerimento do interessado, obtendo a prestação jurisdicional pretendida. Já a votação é ato do eleitor em exercício do seu direito político, oponível *erga omnes*, sem que se instaure entre ele e o magistrado qualquer relação jurídica. A apuração é procedimento administrativo complexo, sem que haja ato decisório do juiz (que só se pronunciará judicialmente se houver alguma impugnação, ou seja, o início de um processo de conhecimento de rito especial).

[13] *In:* MICHELI. *Derecho procesal civil*, p. 19-23.

[14] *Idem*, p. 16, grifos apostos.

Para que possamos observar quando o juiz eleitoral está atuando *como* juiz — é dizer, exercendo atividade jurisdicional —, e não como *administrador judicialiforme*, mister perquirir a referibilidade do interesse tutelado à sua atuação: se a regra jurídica for dirigida a ele, de modo a lhe outorgar o poder-dever de agir para a consecução da finalidade normativa, estará ele agindo na qualidade de administrador do processo eleitoral; se, ao revés, a atuação judicial for provocada por um interessado, com o escopo de aplicar o direito objetivo, para fazer valer o seu direito subjetivo, estaremos diante de uma atividade jurisdicional, pela qual o juiz agirá autoritativa e imparcialmente.

O juiz age como *administrador judicialiforme* quando, por exemplo, determina os lugares onde funcionarão as mesas receptoras (art. 135, *caput*, do CE). Para a execução/cumprimento dessa regra, há alguns cuidados que ele deverá tomar, como escolher preferencialmente edifícios públicos (§2º), sendo vedado o uso de propriedade pertencente a candidato, ou localizadas em fazendas (§§4º e 5º). Observe-se que a regra é dirigida ao juiz como administrador da eleição, havendo uma pertinência entre o interesse tutelado e a sua atuação: é ele quem é o destinatário da norma, a única pessoa com competência para cumpri-la, com ampla margem de discricionariedade, limitada apenas por essas proibições legais. Apenas se o juiz eleitoral exceder o exercício de sua discrição nascerá uma relação de direito material entre ele, como sujeito passivo, e os interessados, como sujeitos ativos. Ocorrendo essa situação, poderá o interessado exercer contra ele a sua pretensão de direito material, exigindo sejam observados os limites da sua discricionariedade. Ao exercício da exigibilidade do interessado contra o ato administrativo do juiz eleitoral dá-se o nome de *reclamação*.

O §7º do art. 135 do CE traz hipótese de reclamação, cujo não atendimento dará ensejo a recurso administrativo para o TRE (§8º). A matéria é unicamente administrativa, pois o juiz tem relação de referibilidade com o interesse que ele deve atuar. O mesmo acontece com a atividade administrativa judicialiforme de nomeação da mesa receptora (art. 120 do CE). Se o juiz eleitoral não se jungir aos limites impostos pela lei, poderá qualquer partido político lhe *reclamar* o cumprimento devido da regra que lhe foi dirigida (art. 121 do CE). A reclamação, desse modo, não pode ser confundida com a impugnação. Enquanto aquela é exercício da pretensão de direito material contra o sujeito passivo (o juiz eleitoral), essa é exercício da pretensão à tutela jurídica, de natureza pré-processual, com a finalidade de suscitar litígio, para aplicação do direito objetivo ao caso concreto.

Joel José Cândido[15] propõe a adoção de um rito processual para a reclamação, tomando-a como impugnação eleitoral. Leciona o eleitoralista gaúcho: "Como se viu, membros da junta eleitoral, escrutinadores e auxiliares podem ser *impugnados*. Mesmo assim, o Código tratou muito mal a parte processual dessas impugnações, o que dificulta e quase impede, na prática, o uso dessas medidas. Com isso, não lucra o direito eleitoral e sua Justiça". Nesse contexto, ao tratar igualmente os institutos, colocou a autoalegação de impedimento do mesário (art. 120, §4º, do CE) como sendo uma espécie de impugnação. Outrossim, passou a tratar a reclamação prevista no art. 121 do Código Eleitoral como espécie de impugnação, propondo a criação de um rito processual pelo qual se abre prazo de defesa para o impugnado (naturalmente, o mesário). O mesmo se dá com a reclamação do art. 38 do CE, supondo o eminente eleitoralista necessária a defesa do impugnado (o escrutinador).

---

[15] *Direito eleitoral brasileiro*, p. 171-172, grifamos.

Ora, nesses casos, o ato fustigado é ato administrativo do juiz eleitoral, exercido discricionariamente, dentro dos limites legais, como sói acontecer com todo exercício de discrição. O escrutinador e o mesário são designados por ele, em cumprimento de norma de direito material, competindo-lhe manter ou não sua escolha. O art. 121, *v.g.*, já traz o rito suficiente da reclamação: os legitimados (partidos políticos) poderão reclamar ao juiz eleitoral; se o fizerem, tem ele 02 dias para resolver se mantém ou não a decisão administrativa (= designação). Não há necessidade de oitiva do Ministério Público, pois o ato do juiz aí é administrativo. Se não reformar a designação, caberá recurso administrativo para o TRE. Mas poderia o TRE substituir a discricionariedade do juiz eleitoral pela sua? Há duas hipóteses: (a) se o juiz exceder os limites de sua discrição, *e.g.*, nomeando uma das pessoas descritas no §1º do art. 120 do CE, o TRE poderá fazê-lo, pois o ato não foi discricionário, mas sim arbitrário, podendo ser mondado aos limites impostos por lei; e (b) se não se configurar nenhuma hipótese impeditiva, não poderá ser sindicado o ato, à falta de justo motivo para sua modificação (não haveria como se motivar o ato administrativo do TRE).

Realçada a diferença entre atividade jurisdicional e administrativa do juiz eleitoral, exalçando sua utilidade prática, podemos agora nos preocupar mais de perto com o tema que nos animou a desenvolver essas reflexões: o discrímen jurídico entre impugnação e recurso eleitoral.

O legislador eleitoral, à falta de uma preocupação mais cuidadosa com os termos jurídicos por ele utilizados, por vezes faz uso de um mesmo signo para designar realidades distintas, tornando indeterminado o conceito jurídico, mercê de sua ambiguidade. Nesses casos, ao intérprete e aplicador do direito tem cabimento o cuidado em precisar o significado com qual o termo jurídico está sendo manipulado, de modo a evitar confusões conceptuais, as quais empanam o discurso científico e dificultam a perfeita realização do direito objetivo. Para tanto, deverá ser afastada a ambiguidade, ou pela análise do contexto em que a expressão é empregada, ou pela estipulação do significado do termo, vale dizer, pela explicitação do sentido em que ele é utilizado.[16]

No direito eleitoral, principalmente pela edição de leis casuísticas para cada e determinada eleição, surgem intensos problemas de ambiguidade dos termos jurídicos, que são aplicados pelo legislador sem qualquer cuidado, a mais da vez de modo grosseiramente equivocado, como, por exemplo, a denominação de "recurso" à ação prevista contra a diplomação do candidato (CE, art. 262). E tal problema linguístico deixa de ser apenas isso, um problema linguístico, quando se misturam institutos com princípios específicos e distintos, como a ação (impugnação; no direito processual eleitoral) e o recurso, causando, já agora, problemas jurídicos relevantes.

Tito Costa, em precioso livro sobre os recursos eleitorais,[17] procura formular a distinção entre impugnação e recurso. Segundo ele, "*impugnação* é ato de oposição, de contradição, de refutação, comum no âmbito do direito eleitoral e nas mais diversas fases do processo eleitoral. Pode ser manifestada antes ou depois de ser tomada uma decisão, ou praticado um ato. (...). A impugnação tem estreito liame com a preclusão, pois que na ausência daquela poderá ocorrer esta. A impugnação, em geral, é pressuposto

---

[16] GÓMEZ; BRUERA. *Analisis del lenguage jurídico*, p. 65 *et seq.*
[17] *Recursos em matéria eleitoral*, p. 50 *et seq.*

para evitar-se a preclusão". Já o recurso seria a "medida de que se vale o interessado depois de praticado um ato ou tomada uma decisão. Pode também ser manifestado oralmente, como a impugnação, mas para ter seguimento deve ser confirmado, dentro dos prazos legais, por petição escrita ou fundamentada". Finalmente, averba o ilustre advogado: "O que deve merecer maior atenção dos delegados e fiscais de partidos é que a impugnação — oral ou escrita — por si só, não vai além da sua manifestação, deixando de existir, uma vez praticado o ato ou mantida a deliberação que a tenha ensejado. Para que a deliberação impugnada seja apreciada pela instância superior, será indispensável usar-se o outro remédio processual, o recurso, do qual a impugnação foi um ato preparatório, um pressuposto indispensável".

A definição elaborada por Tito Costa enseja algumas importantes considerações. Em primeiro lugar, parece-nos claro que o critério cronológico presidiu a construção da definição esboçada, pois há uma preocupação em enquadrar a impugnação como ato de refutação, manifestado *antes ou depois* da tomada de uma decisão, ou da prática de um ato. Não se indaga sobre a natureza do ato impugnado, deixando entrever que poderia ser um ato judicial (decisão), embora sem uma maior elucidação quanto ao ponto. A definição de recurso também não difere desse vício: não se aponta qual a natureza do ato impugnado, que talvez fosse importante critério de distinção, como o é no processo civil, apenas consignando que seria interposto *após* a prática de um ato ou a tomada de uma decisão. Malgrado isso, Tito Costa procura correlacionar a impugnação com o recurso, dizendo ser aquela um ato preparatório do recurso, seu pressuposto indispensável.[18]

§4 Tipos de impugnação

Antes de nos atermos à distinção entre impugnação e recurso, necessário é saber se o Código Eleitoral apenas utiliza o termo "impugnação" para designar atos jurídicos que conotem as mesmas propriedades, ou o faz de modo ambíguo, colocando sob o mesmo signo atos jurídicos de natureza diversa. Peguemos ao azar alguns exemplos, os quais servirão de amostras para o nosso estudo. O art. 52, §2º, do CE prescreve que, no caso de perda ou extravio do título eleitoral, havendo requerimento de segunda via, o juiz eleitoral fará publicar na imprensa ou por edital, pelo prazo de 05 dias, a notícia do extravio ou perda e do requerimento da segunda via. Se não houver *impugnação*, findo este prazo, deferirá o pedido. De outra parte, o art. 57 do CE estatui que o requerimento de transferência de domicílio eleitoral será imediatamente publicado na imprensa oficial ou cartório, podendo os interessados *impugná-los* no prazo de 10 dias. Outrossim, o art. 25 da Resolução nº 15.374/89 do TSE dispõe que, afixada em cartório a lista de eleitores novos ou transferidos, ou de pedidos de segunda via, bem assim de outras alterações de situação do eleitor, contar-se-á prazo de 03 dias para *impugnação* do deferimento do alistamento, da transferência, da expedição da segunda via, ou da alteração da situação do eleitor.

---

[18] Pinto Ferreira (*Código Eleitoral comentado*, p. 279) adota integralmente a definição de Tito Costa. Já Elcias Ferreira da Costa (*op. cit.*), Lauro Barretto (*Investigação judicial eleitoral e ação de impugnação de mandato eletivo*) e Joel José Cândido (*op. cit.*) sequer abordaram o importante problema, tratando das impugnações e recursos sem preocupação com suas naturezas jurídicas.

Tais exemplos já nos servem para mostrar que, sob o rótulo comum de impugnação, escondem-se atos jurídicos de naturezas distintas. A impugnação prevista no art. 52, §2º, do CE é espécie de contestação processual, pois o impugnante nada requer de novo, senão que apenas se opõe a pretensão deduzida pelo eleitor. Obviamente que tal contestação não tem por escopo preservar um direito subjetivo do impugnante ante o impugnado, senão que, sendo o direito subjetivo advindo do alistamento exercível *erga omnes*, convém que também haja uma legitimidade ampla para se impugnar o exercício de um pretenso direito desse jaez, pois a legitimidade das eleições é sempre o bem maior perseguido, e ela seria conspurcada pelo voto dado por eleitor ilegítimo. Daí por que se outorga aos interessados a legitimidade concorrente e disjuntiva de figurar como parte no processo, representando a sociedade, como uma espécie de gestor processual do seu interesse.[19] Tal, outrossim, o que ocorre no caso do art. 57 do CE, em que a impugnação não tem outro fim, senão refutar o requerimento do impugnado.

O art. 25 da Res. nº 15.374/89 do TSE, diferentemente dos casos anteriores, institui a impugnação não contra requerimento de interessado, mas contra decisão judicial proferida em processo de jurisdição voluntária. Impugna-se o *deferimento* do alistamento, da transferência etc. Assim, sua finalidade é desconstituir a decisão judicial. Estamos diante de uma ação processual, de natureza parecida com a rescisória, pela qual se investe contra resolução judicial, que pôs fim a processo de jurisdição voluntária, do qual o impugnante não era parte. Nada obstante, o beneficiado da decisão impugnada não poderá se pronunciar, defendendo-se apenas pela via recursal, se o juiz exercer o seu juízo de retratação (parágrafo único do art. 25).

Fica claramente demonstrado que o conceito de impugnação é ambíguo, devendo o intérprete da norma fazer a distinção entre essas formas previstas, as quais são de dois tipos: *impugnação-contestatória* e *ação de impugnação*. A primeira visa afrontar pretensão deduzida em juízo por algum requerente; a segunda tem por escopo deduzir pretensão própria do impugnante, podendo ser deduzida contra ato judicial prolatado em processo em que não era parte, ou incidentalmente, noutro processo, com a finalidade de alcançar determinado efeito jurídico, ou autonomamente, a fim de alcançar a tutela de interesse juridicamente protegido.

Compreendido este ponto, que será de muita valia para a análise do recurso contra diplomação, poderemos agora distinguir as impugnações dos recursos.

§5 Distinção entre impugnação e recurso

O que caracteriza ontologicamente o recurso é ser ele uma impugnativa à sentença, dentro da mesma relação processual. Na dicção precisa de Nelson Nery Júnior:[20] "Quer dizer, se a impugnabilidade da decisão judicial se verifica no mesmo processo, em

---

[19] Nesse sentido, Elcias Ferreira da Costa (*op. cit.*, p. 132, *verbis*): "Assim, por exemplo, o eleitor, que impugna o título de outro eleitor, exerce, embora em nível administrativo [*nós diríamos, em nível judicial*], de modo análogo ao que ocorre quando se propõe uma ação popular, função de *substituto processual da sociedade*, melhor dizendo, da nação, porquanto é esta interessa que se venha a expungir do Corpo Eleitoral os incapazes a qualquer título. Como se sabe, o substituto processual está legitimado para defender o direito de outrem..." (grifos do autor). A quem sustente inexistir substituição processual passiva, basta lembrar o caso do assistente simples que se insere no processo, em tempo ainda de contestar, sem que o réu, parte principal, conteste. O assistente poderá contestar, passando a ser gestor processual do assistido.

[20] *Princípios fundamentais*: teoria geral dos recursos, p. 55.

continuação do procedimento onde foi ela proferida, estaremos diante de um recurso; ao revés, se a impugnabilidade se verifica em processo distinto, nada tendo a ver com a continuação do procedimento de onde adveio a decisão impugnada, estaremos diante de uma ação de impugnação".

Assim, o recurso é uma impugnação à decisão judicial, *dentro* da mesma relação processual, antes do seu trânsito em julgado formal. Apenas as partes do processo podem interpô-lo, à exceção do terceiro prejudicado, que para tanto venha a ser atingido pelos efeitos reflexos da sentença em sua relação de direito material com uma das partes, se as houver. Volvamos ao exemplo do art. 57 do CE. Se o eleitor que pediu a sua transferência tiver seu pleito negado, poderá interpor recurso no prazo de 03 dias (§2º). Mas se o pleito foi deferido, e não houve a impugnação-contestatória, prevista no *caput* do artigo, poderá o delegado de partido *recorrer* da decisão. Ora, obviamente que tal insurgência contra a resolução judicial não pode ser tida por um verdadeiro recurso, pois o delegado de partido não foi parte (não exerceu a impugnação-contestatória), não podendo ser considerado um terceiro prejudicado, no sentido consagrado em processo civil. Logo, a impugnativa utilizada por ele é uma ação de impugnação não mais contra o requerimento do eleitor, mas já agora contra a decisão judicial. Embora sob a forma de recurso, o que o delegado de partido exercita é uma ação assemelhada à do art. 25 da Res. nº 15.374/89 do TSE.

Poderíamos indagar: mas não haveria possibilidade de recurso de terceiro prejudicado no direito processual eleitoral? Obviamente que sim. O partido político a que se filia o réu da ação de impugnação de mandato eletivo, dado seu interesse juridicamente relevante no desacolhimento, pela sentença, da impugnação formulada pelo impugnante, poderá intervir no processo na qualidade de assistente simples.[21] Se assim é, em não ingressando como assistente na relação processual, poderá, se a decisão lhe for prejudicial, recorrer na qualidade de terceiro prejudicado, ou ingressar como assistente do recorrente.

§6 Conclusão

As observações que se seguiram ilustram bem os inúmeros problemas existentes na seara do Direito Eleitoral. Muitas normas são editadas, e os aspectos técnicos ficam sempre prejudicados, criando inúmeros obstáculos ao fiel entendimento do ordenamento jurídico.

Bem sei que a abordagem adotada por mim não é tecnicamente tranquila, até porque parti de algumas proposições teóricas problemáticas, ainda não vulgarizadas nos estudos processuais. Optei assim mesmo por perlustrar esse caminho metodológico, ainda que sujeito a incompreensões, movido por duas ideias básicas: (a) o estudo da jurisdição é devedor da jurisprudência dos conceitos, partindo de afirmações teóricas preconcebidas, as quais são infirmadas pela realidade jurídica. Reduzir o conceito de jurisdição à lide, como procedeu Carnellutti, é proceder a um corte nos procedimentos

---

[21] Pedro Henrique Távora Niess (*Direitos políticos*: condições de elegibilidade e inelegibilidades, p. 182). A legitimidade assistencial do partido político resulta do fato de os efeitos reflexos da sentença, em caso de derrota do candidato eleito, atingirem a relação de direito material eleitoral do réu com o partido, com consequências prejudiciais para este.

judiciais, apartando-os através de um discrímen escolhido ao azar, dentre outros possíveis, cujo principal defeito é deixar de fora da atividade jurisdicional uma série de procedimentos importantes, que não se subsumem ao conceito de lide. Outrossim, (b) levamos na devida conta ser abusivo destinar um capítulo deste livro ao estudo teórico do conceito de jurisdição, fugindo de sua finalidade eminentemente prática. O que queríamos salientar, aqui já foi devidamente protuberado, de modo a poder ser manejado pelos operadores do Direito em sua prática eleitoral.

DIREITO PROCESSUAL ELEITORAL

§1 Inaplicabilidade das técnicas da tutela coletiva ao direito processual eleitoral

Não se aplica ao direito processual eleitoral o microssistema da tutela coletiva. Em que pesem as eleições para mandatos eletivos tenham evidente interesse coletivo e transindividual, as relações jurídicas de direito material eleitoral foram construídas pelo legislador no modelo privatístico dos direitos absolutos, com evidente repercussão nas técnicas processuais utilizadas para a sua proteção, bem como sobre a regulação dos legitimados ativos e passivos à causa, à coisa julgada, à impossibilidade de conexão ou continência, à litisconsorciação e aos demais institutos.

Poderíamos estranhar essa solução legislativa, talvez decorrente de um ordenamento jurídico construído em retalhos, sem uma preocupação sistemática e com sobreposição de diplomas e dispositivos editados em épocas diferentes, atendendo a necessidades políticas não raro casuísticas e episódicas. O resultado final não poderia, por certo, trazer um produto de qualidade elevada. Some-se a isso o desejo latente, não manifesto, de controle do processo político pelos grupos hegemônicos, formados pela elite de comando dos principais partidos políticos.

De outro lado, a própria Justiça Eleitoral, em nome da celeridade dos procedimentos e observando a natureza do macroprocesso eleitoral (eleições), tem contribuído para o tratamento do direito eleitoral nos moldes clássicos do conceito de relação jurídica de direito público, excluindo dos legitimados *ad causam* os eleitores, as associações e sindicatos, além de vetar o uso de institutos processuais como o *amicus curie*.[1]

O processo eleitoral é o mecanismo democrático de escolha dos representantes dos eleitores por meio do exercício do voto (sufrágio universal). Inicia-se formalmente com as convenções dos partidos políticos para a escolha dos seus candidatos e se encerra com a diplomação dos eleitos. Há uma duração determinada do prélio eleitoral, exigindo

---

[1] TSE – Questão de Ordem na Pet. nº 12333, rel. Min. Maria Thereza de Assis Moura, Sessão plenária do dia 19 de abril de 2016. Disponível em: <https://youtu.be/kNRr3-mQoAs>.

da Justiça Eleitoral a organização e fiscalização de todo o procedimento, dos partidos políticos e candidatos a observância de uma rede de normas jurídicas disciplinando propaganda eleitoral, gastos de campanha, prestação de contas, etc., além das ações judiciais eleitorais, cujos prazos são estreitos e a celeridade exigida.

Essa complexa e dispendiosa organização do procedimento de escolha dos representantes do povo gera a necessidade de limitar o âmbito de litigiosidade das matérias eleitorais, por si mesmas já geradoras de combativa atuação dos envolvidos na busca da assunção ou conservação do poder político.

O trato de tempo determinado do prélio eleitoral, a exigência de prazos exíguos e sumarização formal dos processos judiciais eleitorais, além da necessidade de pacificação social dos embates políticos, faz com que o direito processual eleitoral seja um instrumento de realização da segurança jurídica e da legitimação política.[2]

Quando se tem falado da *tutela coletiva no direito eleitoral*, no mais da vez voltam-se os olhos para o espaço ampliado de controle social e de fiscalização das eleições, compreendidos como instrumentos postos à disposição de entidades associativas, corporativas e sindicais, além de uma ampliação à participação dos eleitores como legitimados ativos das ações eleitorais.[3] Diante do já elevado grau de contenciosidade dos processos eleitorais, a legislação e a Justiça Eleitoral têm rejeitado possam terceiros ingressar com ações eleitorais, ficando a legitimidade *ad causam* ativa exclusivamente atribuída aos candidatos, partidos políticos, coligações e Ministério Público Eleitoral.

Há, porém, quem sustente a aplicação do microssistema das tutelas coletivas ao direito processual eleitoral, propondo a utilização das suas técnicas, como a admissão da causa de pedir móvel e pedido fungível nas ações contra abuso de poder econômico e político, fraude e corrupção, a inversão do ônus da prova, a coisa julgada *secundum eventum probationes*,[4] além da admissão do inquérito civil público, etc. Na verdade, a adoção dessas técnicas aumentaria desmedidamente a já exponencial litigiosidade do processo eleitoral, gerando em algumas situações a crescente eternização da impugnabilidade dos mandatos eletivos, cujo efeito reflexo já se tem feito sentir na prática política da vida democrática brasileira: uma demasiada perda de legitimidade dos mandatos eletivos e uma constante subversão da vontade expressa nas urnas pelo exercício do sufrágio em favor de uma preocupante insegurança jurídica.

Essa já invasiva atuação da Justiça Eleitoral, decorrente da eficácia imediata dos efeitos mandamentais da sentença de procedência das ações de cassação dos mandatos eletivos, cuja origem foi o *moralismo eleitoral*, terminou provocando a reação legislativa de outorga de efeito suspensivo a recursos ordinários interpostos contra as decisões de procedência (art. 257, §2º, do CE, com a redação que lhe deu a Lei nº 13.165, de 2015), buscando reduzir a abusiva prática de idas-e-vindas de titulares de mandatos eletivos, gerando a descontinuidade administrativa em muitos municípios, por exemplo.

---

[2] Com razão, YARSHELL, Flavio. Distribuição dinâmica do ônus da prova no processo eleitoral? In: TAVARES, André Ramos; AGRA, Walber de Moura; PEREIRA, Luiz Fernando (Coord.). *O direito eleitoral e o novo Código de Processo Civil*. Belo Horizonte: Fórum, 2016. p. 269-277.

[3] Nesse sentido, PEREIRA, Rodolfo Viana. *Tutela coletiva do direito eleitoral*: controle e fiscalização das eleições, p.130 ss. Para o autor mineiro: "Assim, nada melhor do que instituir uma ampla esfera pública de controle que conte com novos agentes fiscalizadores, já que o que está em questão é a capacidade de se trazer à luz e à apreciação do Poder Judiciário vícios que geraram indelevelmente a manipulação da vontade popular, contribuindo, com isso, para a formação inadequada dos quadros representativos".

[4] RODRIGUES, Marcelo Abelha; JORGE, Flávio Cheim. *Manual de direito eleitoral*. p. 284.

O direito coletivo a eleições limpas é tutelado não apenas pela atuação dos próprios partidos políticos, como também pelo Ministério Público Eleitoral e pelo poder de polícia de que dispõe a atividade administrativa da Justiça Eleitoral para promover a lisura do prélio. Para que pudéssemos adotar, no atual estágio do direito eleitoral brasileiro, técnicas de tutela coletiva, seria necessária uma reforma em todo o sistema eleitoral, não apenas na disciplina do direito processual eleitoral. Parece-nos, sem embargo, que nada acresceria à democracia e à melhora das nossas práticas eleitorais, sobretudo porque tem sido uma experiência nossa a dependência ou vinculação de associações e sindicatos com partidos políticos, no mais da vez sendo uns a extensão dos outros.

É nessa ordem de ideias que o art. 105-A da Lei nº 9.504/97, acrescido pelo art. 4º da Lei nº 12.034/2009, prescreveu que em matéria eleitoral não são aplicáveis os procedimentos previstos na Lei nº 7.347, de 24 de julho de 1985, notadamente o inquérito civil público.[5] A norma foi veiculada pelos excessos que vinham sendo cometidos por representantes do Ministério Público Eleitoral, atuando de modo a limitar a liberdade e autonomia dos partidos políticos, além de transformar o processo eleitoral em reduto de práticas macarthistas que asfixiam as liberdades públicas. Já há muitos instrumentos de fiscalização do processo eleitoral, inclusive da própria Justiça Eleitoral, quando atua como administradora das eleições, tanto no controle da propaganda eleitoral quanto no processo de fiscalização da captação e aplicação dos recursos, além da prestação de contas de partidos e candidatos.

§2 Reunião das ações eleitorais

Uma das modificações introduzidas pela minirreforma eleitoral de 2015, nascida em um dos contextos políticos mais delicados e conturbados da história do país, foi no campo do direito processual eleitoral, com a introdução do instituto da *reunião das ações eleitorais sobre os mesmos fatos*. E não foi sem razão e sem méritos essa nova disciplina, que visa a simplificar o caótico cipoal de ações eleitorais propostas sobre os mesmos fatos, por vezes com as mesmas provas, sendo julgadas em momentos distintos e com o indesejável risco de decisões díspares, contraditórias e confusas.

É certo que o Código Eleitoral não carece mais de reformas episódicas, no mais da vez gerando contrassentidos deônticos. O ideal seria a edição de um novo Código Eleitoral, com uma parte dedicada ao direito processual eleitoral, tratando-o

---

[5] Sustentando a inconstitucionalidade dessa norma, em razão das premissas assumidas de aplicação do microssistema da tutela coletiva ao direito eleitoral, RODRIGUES, Marcelo Abelha; JORGE, Flávio Cheim. A limitação à utilização do inquérito civil no direito eleitoral: a inconstitucionalidade do art. 105-A da Lei 9.504/97. In: *Revista de Processo*: "Todas as demandas tutelam um interesse supraindividual e, de forma mediata ou imediata, o sufrágio popular — já que têm por escopo a proteção à liberdade de escolha do eleitor, a isonomia, a normalidade e legitimidade do pleito eleitoral, a probidade administrativa, a moralidade das eleições etc.". E seguem: "Ora, se é verdade que o bem tutelado é metaindividual e se o legitimado para postular a sua tutela é um ente coletivo, como poderia a Lei das Eleições vedar a utilização do inquérito civil público para subsidiar essas ações coletivas eleitorais? Onde o legislador constitucional não fez restrições (antes o contrário, porque o art. 129, III, da CF/1988 contém uma norma de encerramento), jamais poderia fazê-las o legislador infraconstitucional, sobretudo de forma fisiológica e protetiva de interesses particulares". É preciso dizer, nada obstante, que no Brasil temos vivido o *inconstitucionalismo*: tudo o que não se acomode a determinado ponto de vista jurídico ou político passa a ser inconstitucional mediante a invocação de princípios jurídicos rarefeitos em sua carga semântica e sem qualquer positividade.

sistematicamente e em conformidade com todos os avanços ocorridos desde 1965 e consumados no novo Código de Processo Civil de 2015.

Neste breve texto faremos uma análise do art. 96-B da Lei nº 9.504/97, com a redação introduzida pela Lei nº 13.165, de 2015, buscando refletir sobre a sua abrangência, as suas implicações e os problemas que eventualmente possam surgir a partir da sua aplicação pela Justiça Eleitoral.

2.1 Natureza jurídica da reunião de ações

Um mesmo fato ou conjunto de fatos pode ser causa de pedir de diversas ações eleitorais. Um candidato que se utiliza de um serviço público para cabalar para si votos pode sofrer o ajuizamento de uma ação de investigação judicial eleitoral (AIJE) por abuso de poder político, uma representação por conduta vedada aos agentes públicos, uma ação de impugnação de mandato eletivo (AIME), acaso eleito, como também recurso contra a expedição de diploma (RCED). Normalmente, não raro todas essas ações terminavam sendo propostas com as mesmas provas, a mesma redação, os mesmos pedidos, gerando uma infinidade de atos processuais repetidos e desnecessários, cuja irracionalidade ressaltava.

A jurisprudência do Tribunal Superior Eleitoral rejeitou, ao longo do tempo, as tentativas de unificação dos processos por meio da invocação da conexão ou da continência. Distinções sibilinas foram feitas, a partir de uma equivocada teoria da inelegibilidade, para justificar a diferença substancial entre essas demandas, chegando-se até a ser dito que a AIJE seria uma ação diferente da AIME porque naquela haveria a decretação de inelegibilidade enquanto nessa, a cassação do mandato. Com essa distinção infundada dogmaticamente houve uma autorização para que a prática forense gestasse toda a sorte de ações baseadas em um único fato, gerando uma carga de trabalho tão excessiva quanto desnecessária para a Justiça Eleitoral.

A norma veiculada pelo art. 96-B adoece desse mesmo pressuposto jurídico equivocado, é dizer, a ideia de que ações eleitorais sobre os mesmos fatos, com as mesmas partes e com as mesmas consequências jurídicas práticas não seriam caso simplesmente de litispendência *tout court*. Na prática, a lógica que presidiu a elaboração do texto legal é a de que estaríamos frente a ações diferentes, porém tendo por objeto os mesmos fatos.[6] O mesmo se diga das mesmas ações propostas por legitimados diferentes, que suscitariam normalmente a união por meio da conexão ou continência, também negada pela jurisprudência eleitoral, o que gerava duplicidade de atos e de decisões. Em alguns casos os juízes ou relatores faziam uma só assentada, porém tratando em seguida cada ação como se autônoma processualmente fosse.

A *reunião de ações sobre os mesmos fatos* trata-as como fossem elas diferentes ações processuais. A *reunião* não seria causada pela conexão ou continência, que continuariam a ser institutos estranhos ao direito processual eleitoral. Esse ponto é importante para

---

[6] A rigor, o sistema processual eleitoral poderia ser simplificado com a fusão de todas as representações, da AIME, AIJE e RCED em uma única, que poderíamos denominar de ação de inelegibilidade, podendo ser proposta do registro de candidatura até quinze dias depois da diplomação. Teríamos apenas a ação de impugnação de candidatura e essa ação de inelegibilidade, que atenderiam muito bem às necessidades de tutela do direito objetivo. A profusão de remédios processuais decorre da irracionalidade de um sistema feito em retalhos.

a compreensão dos dispositivos examinados: os *mesmos fatos* que seriam a causa dos diferentes remédios processuais são os *fatos brutos*, a situação da vida que gerou a pretensão das partes em alcançar determinados efeitos jurídicos processuais: os mesmos fatos brutos ocorridos no mundo empírico gerariam múltiplas incidências normativas, fazendo nascer diversos fatos jurídicos ilícitos a ensejar mais de uma ação processual. Os fatos brutos de pedir voto e dar vantagens a eleitores reivindicam, em tese, a incidência da norma da captação ilícita de sufrágio e do abuso de poder econômico, fazendo nascer dois fatos jurídicos ilícitos distintos. Para que haja a reunião não se olhará a causa de pedir remota (o fato jurídico) nem a causa de pedir próxima (a violação de um direito subjetivo ou de um bem da vida tutelado), porém apenas os *fatos brutos* que estão à base de alguns elementos dos suportes fáticos abstratos daqueles fatos jurídicos ilícitos eleitorais.

A natureza jurídica da *reunião de ações sobre os mesmos fatos* é diversa, portanto, da conexão e da continência, tendo características próprias, específicas do direito eleitoral.[7] Cumpre-nos, então, analisar as suas implicações sem os condicionamentos teóricos daqueles institutos processuais de todos já bem conhecidos.

2.2 A extinção da mandamentalidade antecipada das ações eleitorais de cassação

A conexão e a continência têm como núcleo atrativo das ações para serem processadas simultaneamente o conceito de causa de pedir. Para a doutrina processual, há duas espécies de causa de pedir: a próxima e a remota. A causa de pedir remota seria o fato jurídico ou a relação jurídica básica da qual dimanaria o direito subjetivo ou a pretensão ou o bem da vida violados, em caso de litígio. A causa de pedir próxima seria justamente a violação do direito, pretensão ou bem da vida, que ensejaria a busca da proteção judicial, mediante o exercício da pretensão à tutela jurídica.[8]

A causa de pedir remota é o fato jurídico ou relação jurídica básica alegados, que dão suporte à invocação do direito subjetivo violado e dizem da ilicitude da violação que se alega existir e contra a qual se pede a tutela jurídica. Em uma ação de despejo, a causa de pedir remota é o contrato de locação; a próxima, os alugueres não pagos. Na reivindicatória, a causa de pedir remota é o título que ensancha o direito de propriedade; a próxima, o não reconhecimento do direito de propriedade por aquele que detém a posse do imóvel ilicitamente. Na ação penal por homicídio, a causa de pedir remota é

---

[7] Partindo da premissa de que as ações eleitorais seriam ações coletivas e aplicando os conceitos de conexão e continência ao art. 96-B, a interpretação problemática de RODRIGUES, Marcelo Abelha. Notas sobre a semelhança e identidade de causas no direito processual eleitoral (art. 96-B da Lei nº 9.504/97). In: TAVARES, André Ramos; AGRA, Walber de Moura; PEREIRA, Luiz Fernando (Coord.). *O direito eleitoral e o novo Código de Processo Civil*. Belo Horizonte: Fórum, 2016. p. 175-191. Há equívoco no exemplo formulado pelo autor ao colocar o cabo eleitoral que teria comprado votos como sujeito passivo da ação contra a captação ilícita de sufrágio. Compreendendo tratar-se de conexão e continência, incide no mesmo equívoco PEREIRA, Luiz Fernando Casagrande. Impactos do NCPC e da reforma eleitoral nas ações eleitorais. In: TAVARES, André Ramos; AGRA, Walber de Moura; PEREIRA, Luiz Fernando (Coord.). *O direito eleitoral e o novo Código de Processo Civil*. Belo Horizonte: Fórum, 2016. p. 139-163.

[8] Didaticamente, PASSOS, José Joaquim Calmon de. *Comentários ao código de processo civil*, vol. III, p. 157-162: "Remota, a que se vincula ao fato matriz da relação jurídica. Próxima, a que se relaciona com o dever (lato senso) do titular da situação de desvantagem ou daquele de quem se deve ou pode exigir determinado ato ou comportamento".

o bem da vida tutelado; a causa de pedir próxima, a sua violação através da conduta delitiva: homicídio, latrocínio, lesão corporal seguida de morte, etc.

Nas ações eleitorais propostas com a finalidade de inflição da sanção de inelegibilidade, a causa de pedir remota é a higidez das liberdades democráticas, exercidas isentas de pressões ilícitas que as conspurquem. A causa de pedir próxima é a conduta ilícita: captação ilícita de sufrágio, abuso de poder econômico, abuso de poder político, captação ilícita de recursos, etc. O que há de específico aqui, porém, é que os remendos da legislação eleitoral e as invencionices da jurisprudência criaram vários ilícitos eleitorais formados em sua tipicidade pelo mesmo núcleo fático, gerando múltiplas incidências de hipóteses ilícitas a um só tempo e com consequências jurídicas, desde a Lei da Ficha Limpa (LC nº 135), idênticas.

Ocorre que os condicionamentos mentais e conceituais formados anteriormente à vigência da LC nº 135 continuam presentes na interpretação do sistema jurídico eleitoral atual, gerando soluções indevidas. Antes das mudanças da Lei da Ficha Limpa era comum que o mesmo fato ensejasse o ajuizamento de AIJE e representação por conduta vedada aos agentes públicos. Como a via do art. 73 da Lei nº 9.504/97 era mais rápida para a produção de eventuais efeitos jurídicos, a duplicidade de remédios processuais refletia a estratégia jurídica de se tentar resultados favoráveis por meios distintos, todas fundadas no mesmo conjunto fático e probatório. A partir da LC nº 135, porém, houve uniformização de sanções para essas hipóteses ilícitas, com tratamento processual idêntico, agora enfatizados pela Lei nº 13.165/2015, que atribuiu efeito suspensivo aos recursos ordinários interpostos contra as decisões que cassem o registro, o diploma do candidato ou o mandato do eleito.[9] É dizer, não compete mais ao juízo originário cassar os mandatos eletivos com efeitos mandamentais antecipados. É do tribunal do recurso a competência para a expedição da ordem que efetiva a desconstitutividade do mandato, de modo que as ações passaram a ser desconstitutivas/mandamentais.

Tanto a captação ilícita de sufrágio quanto as condutas vedadas aos agentes públicos perderam a razão fundamental que as diferençava dos demais ilícitos eleitorais previstos na redação original da LC nº 64/90: a imediata eficácia prática advinda da sentença de procedência da ação eleitoral proposta contra aqueles ilícitos.

2.3 Quais os fatos que ensejam a reunião das ações?

A identidade ou mesmidade dos fatos é que provoca a reunião das ações processuais. Dissemos que um mesmo fato ou conjunto de fatos pode ser elemento do suporte fático de diversas normas jurídicas. São esses fatos brutos, vistos como fatos apenas, que servem à reunião das ações processuais. Se falássemos em conexão, não seria possível reunir as ações cuja causa de pedir seria fatos jurídicos diferentes, embora com o mesmo estrato fático. Se um candidato entrar com uma ação de investigação judicial eleitoral alegando abuso de poder político pela distribuição de cestas básicas de programas sociais, ingressar com esteio nesse mesmo fato com uma representação por conduta vedada de agentes públicos e, ainda, com uma representação por compra

---

[9] Art. 257. §2º. "O recurso ordinário interposto contra decisão proferida por juiz eleitoral ou por Tribunal Regional Eleitoral que resulte em cassação de registro, afastamento do titular ou perda de mandato eletivo será recebido pelo Tribunal competente com efeito suspensivo".

de votos (art. 41-A), estaremos com três ações propostas sob o mesmo estrato de fato, mas com causas de pedir diferentes: na primeira, além da entrega das cestas básicas, há que se demonstrar a potencialidade de interferir no resultado das eleições ou a gravidade das circunstâncias; na segunda, há de se demonstrar que o ato foi praticado por agente público, podendo exigir potencialidade para a aplicação das sanções mais graves; a terceira, por fim, que a entrega tenha sido em troca de votos, mediante pedido.

Os fatos jurídicos eleitorais ilícitos, portanto, têm para a composição dos respectivos suportes fáticos a entrega daquelas cestas básicas *mais* outros elementos que os diferenciam, que dizem da sua diferença específica.

Há um outro aspecto importante em nossas considerações: para diferenciar um ato ilícito do outro passam a ser fundamentais os chamados sucessos históricos ou fatos simples, como o local, a data, o número de pessoas, a forma, os meios utilizados. Se em relação ao conceito de causa de pedir os sucessos históricos não são relevantes, para a reunião dos processos eleitorais eles se entremostram fundamentais, porque, embora não preencham o suporte fático das normas jurídicas, trazem informações fáticas ancilares para a delimitação do campo de incidência normativo.[10]

Voltemos ao exemplo dado para continuarmos as nossas reflexões. No comum dos casos, na prática do foro, o autor costuma entrar com uma ação processual descrevendo o conjunto fático sem atenção aos aspectos que, com maior ou menor intensificação, podem diferençar um ilícito eleitoral de outro, pedindo, assim, todas as sanções possíveis e imagináveis. Há também os que optam por ingressar com mais de uma ação processual, usando momentos e ritos diferentes, com base naqueles mesmos fatos, enfatizando a descrição de aspectos que auxiliam na distinção entre abuso de poder e captação de sufrágio, por exemplo.

Ora, nessa segunda hipótese, o Tribunal Superior Eleitoral vinha negando houvesse conexão ou continência e, com isso, mantinham separadas as ações processuais. Com a norma do art. 96-B, teríamos a reunião dos processos não porque fossem conexas as ações, mas porque fundadas em um mesmo conjunto de fatos que, a rigor, seria a um só tempo mais de um fato jurídico ilícito, conforme os sucessos históricos descritos.

2.4 Fatos brutos, sucessos históricos e causa de pedir

O tema dos sucessos históricos que não formam parte da causa de pedir tem interesse, no processo civil, para a delimitação dos efeitos preclusivos da coisa julgada. Como as mesmas ações materiais propostas por diferentes ações processuais eram consideradas diferentes na Justiça Eleitoral, o tema dos sucessos históricos ou fato simples nunca atraiu a atenção dos estudiosos do direito processual eleitoral.

Se o candidato entrega uma cesta básica para uma pessoa em troca do seu voto, haveria captação de sufrágio. Se a entrega é feita em nome do candidato por agente público e cestas de programas sociais, há captação de sufrágio e conduta vedada aos agentes públicos. Assim também se forem três, quatro ou cinco cestas. Se for uma grande quantidade de cestas básicas entregues, ainda que sem o expresso pedido de

---

[10] Conforme ASSIS, Araken. *Cumulação de ações*. p. 120-121. Em idêntico sentido, TUCCI, José Rogério Cruz. *"Causa petendi" no processo civil*, p. 126.

votos, poderá haver abuso de poder econômico e político, além de conduta vedada de maior potencialidade. "Grande quantidade" é conceito de experiência, sendo um conceito jurídico indeterminado. Cem cestas básicas em uma comunidade de duzentas mil pessoas é uma pequena quantidade; o mesmo não se pode dizer se a comunidade é de duzentas pessoas apenas. Os sucessos históricos ou situações circunstanciais não formam parte da causa de pedir, já o dissemos, porém são aí fundamentais para delimitar a sua extensão.

Admitamos que esse mesmo candidato que fez doação de cestas básicas para cabalar votos tenha também usado médicos e dentistas para dar atendimento aos seus eleitores em troca dos seus votos. Proposta uma única ação processual teríamos apenas uma causa de pedir (ato ilícito de compra de votos, *v.g.*) ou teríamos cumulação de ações de direito material (captação de sufrágio por entrega de cestas básicas e captação de sufrágio em troca de serviços de saúde)? A resposta a essa pergunta, no direito processual civil, seria extremamente relevante para os institutos da conexão, continência, coisa julgada e cúmulo de ações. Para o direito eleitoral, porém, carecem de relevo, exceto na rara hipótese de trânsito em julgado precoce da sentença de procedência por perda de prazo recursal, quando a matéria da coisa julgada pode surgir e suscitar essas questões. No normal da prática forense, porém, tal não se dá.

Imaginemos que o autor da ação ingresse com uma representação por captação de sufrágio em razão da entrega de cestas básicas e uma outra em razão do oferecimento de serviços de saúde. Haveria aí os mesmos fatos ou fatos diferentes? Haveria aí a mesma causa de pedir ou causas de pedir diferentes? Se a legislação tivesse adotado o instituto da conexão, as ações teriam que tramitar conjuntamente, em *simultaneus processus*, pois ambas teriam a mesma causa de pedir (compra de votos), embora sendo diversos os sucessos históricos ou circunstâncias fáticas.

Nada obstante, por estarmos diante de *fatos brutos* diferentes (entrega de cestas básicas e prestação de serviços de saúde), não haveria meios de se fazer a reunião de ações processuais sem que se estivesse descumprindo os limites textuais do art. 96-B. Insisto no ponto: "fatos idênticos" não é o mesmo que causa de pedir, razão pela qual lembrou Ovídio Baptista da Silva que os sucessos históricos eram considerados pela doutrina como irrelevantes para a identificação da demanda.[11] Para o direito processual eleitoral, que desconhece os institutos da conexão e continência, importa para a identificação da demanda para efeito de reunião de ações processuais justamente os sucessos históricos ou fatos simples.

Ganha em importância, então, o conceito de *fatos brutos*, que são aqueles, na verdade, que são tomados em sério pela norma veiculada no art. 96-B.

Fatos brutos são os fatos do mundo que não ingressaram no mundo jurídico, é dizer, que não sofrem ou ainda não sofreram a incidência de uma norma jurídica que lhes deu significação jurídica. Noutras palavras, os fatos brutos são aqueles analisados sem a rede de significação jurídica institucionalizada.[12] No caso da teoria do fato

---

[11] SILVA, Ovídio Baptista da. "Limites objetivos da coisa julgada no direito brasileiro atual". In: *Sentença e coisa julgada*. 2. ed., Porto Alegre: Sérgio Antônio Fabris Editor, 1988, p. 163: "o conjunto de fatos e circunstâncias, espacial e temporalmente determinados, a que a doutrina chama *sucessos históricos*, de um modo geral, são irrelevantes para a identificação da demanda".

[12] A distinção entre fatos brutos e fatos institucionais foi muito bem construída por Searle, em obra que escreveu sobre a construção da realidade social. Um boa análise da teoria de Searle pode ser lida em WISNEWSKI, Jeremy J. "Rules and Realism: Remarks on the Poverty of Brute Facts", In: Sorites, Issue, pp. 74-81.

jurídico, poderíamos dizer que os fatos brutos são os que não foram juridicizados ou que serão decompostos logicamente no descritor de uma norma jurídica, apanhando notas características para ingressarem sozinhos ou com outros fatos no mundo jurídico. A pessoa que oferece ou dá um determinado bem em troca de votos realiza um fato bruto, cuja descrição passa a integrar o antecedente de uma norma jurídica. Ocorrido no mundo fenomênico aquele fato, incide a norma sobre os elementos fatuais da esquematização criada por ela e o juridiciza.

Quando o autor ingressa com uma ação judicial, na petição inicial ele descreve um conjunto de fatos conforme a previsão da norma jurídica, é dizer, o fato jurídico que está à base do seu direito controvertido, naturalmente narrando sucessos históricos em que aqueles elementos fatuais do suporte fático da norma jurídica se inserem. A petição inicial descreve, então, os fatos relevantes, que formam a causa de pedir e os fatos ditos simples, que emolduram ou ornamentam aqueles acessoriamente. A promessa de um óculos em troca do voto é o fato bruto; o fato jurídico ilícito é a captação de sufrágio, causa de pedir da ação. É também captação de sufrágio a entrega de bicicletas pelo mesmo candidato, sendo causa de pedir que ensejaria a conexão entre a ação proposta contra o primeiro fato e a proposta contra esse último fato. Nada obstante, não poderiam ser reunidas as ações porque, embora tenham a mesma causa de pedir, os fatos brutos afirmados nas diferentes ações eleitorais são distintos.

2.5 Ações com idênticos fatos e momentos da sua reunião

O candidato A comprou votos com a entrega de óculos, por dinheiro e por distribuição de dentadura. O candidato B, o Partido C e o Ministério Público Eleitoral ingressaram concorrentemente com AIJEs contra o candidato A. A causa de pedir é a mesma, porém poderia ocorrer que cada um ingressasse contra os fatos isolados (óculos, dinheiro e dentaduras, respectivamente). Como a narrativa do fato jurídico ilícito de captação de sufrágio (causa de pedir) é baseada cada qual através de diferentes circunstâncias fáticas ou sucessos históricos (óculos, dinheiro e dentaduras), não haveria como serem reunidas em razão da diversidade de fatos narrados.

Se o candidato B, porém, ingressar com a ação baseada em duas circunstâncias de fato (dentadura e óculos, *e.g.*), atrairá a reunião de outra ação que narre ao menos um desses fatos brutos.

Os §§2º e 3º do art. 96-B disciplinam o momento em que, propostas as ações com fatos idênticos, poderiam ser reunidas. A regra é simples: propostas ações com fatos idênticos antes ou depois de decisão sem trânsito em julgado, haverá reunião das ações no estado em que se encontram, seguindo o procedimento da mais adiantada, agora com o autor da ação mais nova como litisconsorte ativo, ingressando na relação processual dali por diante. Se encerrada a instrução, é desse momento que o litisconsórcio se formará. Se julgada e em grau de recurso, será a partir desse instante que haverá litisconsorciação.

Sendo sobre os mesmos fatos já objeto de apreciação em outra ação com decisão trânsita em julgado, ainda que seja diferente a causa de pedir, deverá ser arquivada, salvo se apresentadas outras ou novas provas. Ou seja, a ação eleitoral trânsita em julgado poderá ver superada a coisa julgada material se a nova ação sobre os mesmos fatos for proposta com outras ou novas provas que tenham pertinência e um mínimo de seriedade. A imutabilidade da coisa julgada material eleitoral fica condicionada, portanto, inclusive quanto aos seus efeitos preclusivos.[13]

Quanto à competência, a norma atribuiu a força atrativa àquele juiz ou relator que primeiro recebeu as ações com os mesmos fatos. Note-se: não o que despachou, mas o que recebeu. O recebimento de que se trata aqui é o sorteio para o relator, quando as ações forem originariamente ajuizadas nos tribunais. Há, porém, uma exceção a essa norma. Como as ações de investigação judicial eleitoral têm, por força do art. 22, inc. I, da LC nº 64/90, o Corregedor como relator, a sua competência é absoluta, de modo que a AIJE atrai para a competência do corregedor as demais ações e representações propostas sobre os mesmos fatos.

2.6 Conexão e continência das ações eleitorais?

A questão da reunião das ações eleitorais passou apenas recentemente a ocupar as preocupações do Tribunal Superior Eleitoral, havendo o surgimento de decisões aqui e ali determinando a reunião de ações com a mesma causa de pedir, a teor do art. 103 do CPC-73. A matéria passou a ser suscitada nas eleições presidenciais de 2014, envolvendo, sobretudo, representações eleitorais sobre propaganda.[14]

Tratando as ações das mesmas partes, da mesma causa de pedir, do mesmo pedido e dos mesmos fatos brutos, como quando o mesmo vídeo é objeto de diferentes representações, há litispendência; se outro é o auto impugnando a mesma propaganda, por exemplo, teríamos em tese conexão. No processo civil eleitoral, porém, a reunião dessas representações de propaganda eleitoral decorreria não da conexão, mas porque tratavam dos *mesmos fatos brutos*. Fosse em razão da conexão, todas as representações fundadas na causa de pedir da propaganda ilícita, tendo os mesmos pedidos, gerariam a reunião. O que o TSE na verdade pretendeu foi aquilo que o art. 96-B normatizou: *a reunião das ações eleitorais decorre da mesmidade dos sucessos históricos, não da identidade das causas de pedir*. Acaso estivéssemos tratando de conexão e continência, não haveria como haver a reunião de ações tramitando em diferentes fases.[15]

É certo que poderemos ter a tendência de uma criatividade interpretativa judicial, misturando-se as normas sobre conexão do CPC-73 com as normas sobre reunião de ações de idênticos fatos, criando-se aquilo que a doutrina adora nominar quando a natureza jurídica é problemática: uma conexão *sui generis*, com o amálgama de dois regimes distintos: conexão com mesmidade fatual. Mas essa seria uma solução problemática e não satisfaria ao direito processual eleitoral. Basta pensar nos exemplos que hipotisei anteriormente, sobre captação de sufrágio por óculos, dentaduras e dinheiro, em momentos distintos envolvendo o mesmo candidato. Fosse aplicada a conexão, toda captação de sufrágio em determinada eleição envolvendo o mesmo candidato, ainda que em razão de fatos diferentes, faria prevento o relator.

---

[13] Sobre o efeito preclusivo da coisa julgada, *vide* MOREIRA, José Carlos Barbosa. Os limites objetivos da coisa julgada no sistema do novo código de processo civil. In: *Temas de direito processual*, p.90 ss. Essa questão mereceria uma digressão à parte, mas desborda dos limites que nos impusemos ao escrever o presente artigo.

[14] RP – Representação nº 112509, Decisão monocrática de 3.9.2014, Relator(a): Min. Tarcisio Vieira De Carvalho Neto, Publicação: MURAL – Publicado no Mural – 04.09.2014 – Horário 18:00.

[15] AI – Agravo de Instrumento nº 48972, Decisão monocrática de 19.12.2013, Relator(a): Min. Luciana Christina Guimarães Lóssio, Publicação: *DJE – Diário de justiça eletrônico* – 03.02.2014 – Página 290.

§3 Aplicação do novo Código de Processo Civil

O novo Código de Processo Civil se aplica ao direito processual eleitoral naquilo que for com ele compatível. A bem de ver, já existe um microssistema processual eleitoral, constituído por normas dispersas no Código Eleitoral, Lei Complementar nº 64/90 e Lei nº 9.504/97, que é complementado subsidiariamente pelo Código de Processo Civil.

Passaremos a examinar aspectos que têm sido objeto de elevada preocupação e reflexão dos processualistas em relação ao novo código, os quais devem ser tratados em relação ao processo civil eleitoral.

3.1 Negócios jurídicos processuais

Um dos temas que mais têm sido objeto de estudo e debates sobre o novo código de processo civil é o do negócio jurídico processual. Para muitos, o processo passaria a ser mais democrático e construído por meio da colaboração das partes entre si e delas com o juiz. Até onde aí haja uma real novidade não é objeto da minha indagação aqui; fato é que a doutrina mais qualificada assim tem tratado essa matéria.

Em texto ainda não publicado em revista especializada, chamei a atenção que os negócios jurídicos processuais não eram desconhecidos dos ordenamentos jurídicos anteriores ao que ora entrou em vigor, nada obstante poucos processualistas tivessem deitado os olhos sobre a teoria do fato jurídico aplicada ao direito processual. O que é hoje é novidade doutrinária não é novidade temática; o novo aqui é a preocupação que o relevante tema passou a despertar. Chamei a atenção para o importante ponto cujos negócios jurídicos processuais são *inter partes* e não, como a cotio sustentado, entre as partes e o juiz. No novo código de processo civil há apenas uma hipótese do que denominei de *negócio jurídico preterpolar*: a calendarização dos prazos processuais. Aqui, e somente aqui, o juiz negocia com as partes também prerrogativas suas e celebram um negócio unilateral plurissubjetivo de distribuição do tempo do processo para todos os membros da relação processual angular, com linearidade tracejada entre as partes.[16]

Dentro do campo de interesse dos negócios jurídicos processuais avultam alguns temas de assomado valor: a colaboração probatória e a distribuição do ônus da prova, a calendarização, a limitação prévia do campo de cognição judicial, a transação judicial. Note-se: no campo temático dos negócios jurídicos processuais se inclui, indevidamente, o negócio jurídico pré-processual, encambulhando-se os planos e os conceitos. Se as partes celebram negócio jurídico *fora* do processo, dispondo sobre questões processuais — desde a eleição de foro até os limites de cognição, as exceções reservadas e a distribuição do ônus da prova —, de negócios processuais não se tratam: estamos no campo do direito material pré-processual.

No direito eleitoral é de se perguntar se as partes poderiam celebrar negócios jurídicos sobre: (a) propaganda eleitoral, (b) limites de gastos de campanha, (c) ingresso ou não de ações eleitorais sobre determinadas questões, (d) ônus da prova, (e) transação judicial, etc. Há, nesses exemplos citados ao acaso, hipóteses de direito material e pré-processual.

---

[16] Vide COSTA, Adriano Soares da. Fatos jurídicos processuais: anotações sobre o plano da existência I. Disponível em: <https://www.academia.edu/22534830/FATOS_JURIDICOS_PROCESSUAIS_ANOTAÇÕES_SOBRE_O_PLANO_DA_EXISTÊNCIA_I_>. Acesso em: 29 mar. 2016.

Os negócios jurídicos podem ir até onde podem as parte dispor. Onde haja norma cogente, o campo para as declarações de vontade ponentes de normas negociais é limitado ou nenhum. O negócio está na vontade a manifestar, posto a vontade manifestada possa ser adrede disposta pelo ordenamento jurídico. Basta pensar na hipótese de derrelicção de bem imóvel urbano.[17] Há negócio jurídico unilateral por exteriorização material de vontade decisória; a vontade de abandonar é presumida por lei, não se descendo a psique do proprietário.

No direito eleitoral há margem para que surjam declarações de vontade negociais em que os interessados possam dispor sobre aspectos do processo eleitoral *lato sensu*. Os concorrentes poderiam livremente dispor sobre limites para a propaganda eleitoral permitida ou para os gastos de campanha a serem fixados perante a Justiça Eleitoral. Não é esperado, porém, que isso venha a ocorrer quando o que está em jogo é o poder e a sua conquista por grupos políticos que apenas existem para essa finalidade.

Se há algo que não se deve esperar entre partidos políticos e candidatos em disputas eleitorais é colaboração. Não a há. Então, as hipóteses de negócios jurídicos pré-processuais são apenas teoricamente possíveis, mas inexistentes ou impensáveis na prática das disputas políticas.

Normalmente, o interesse jurídico na celebração de negócios jurídicos processuais surge quando, no final das eleições, há pendentes um sem-número de representações contra propaganda eleitoral ou pedidos de exercício de direito de resposta, propostos uns contra os outros em grande volume; podem as partes desejar encerrar esses litígios que teriam o potencial negativo de picotar os últimos programas eleitorais no rádio e televisão. É no cálculo dos interesses dos candidatos que pode se abrir a oportunidade de negócio jurídico processual de extinção de todos os procedimentos pendentes sobre esses temas.

Poderiam os candidatos transacionar em ações eleitorais cuja pretensão deduzida em juízo seja a decretação da inelegibilidade? Não é incomum que adversários nas eleições gerais tornem-se aliados nas eleições municipais seguintes, gerando a perda do interesse no resultado do processo. A resposta apenas pode ser uma: é ilícito acordo entre as partes para extinguir processo proposto contra a prática de supostos atos ilícitos eleitorais, porque os interesses em jogo são indisponíveis.

Ação eleitoral não pode ser moeda de troca política, tampouco pode a Justiça Eleitoral acatar acordo de vontade entre as partes cujo objeto seja justamente a não apuração de ilícitos eleitorais.

Sustento que a ação de impugnação de mandato eletivo, por exemplo, tem a sua natureza próxima à ação popular, nada obstante sem que sobre ela incida o microssistema da tutela coletiva. De resto, assim se dá com as demais ações que tenham por objeto a inelegibilidade do candidato por abuso de poder econômico, abuso de poder político, captação de sufrágio, captação ilícita de recursos, etc. Se nessas ações não houver interesse das partes em continuarem com o processo, cabe ao Ministério Público Eleitoral dar sequência ao processo, salvo se houver entendimento de que a

---

[17] Sobre o tema: COSTA, Adriano Soares da. Distinção entre ato jurídico stricto sensu e negócio jurídico unilateral: breves anotações à margem de Pontes de Miranda. *Revista de direito privado*. v. 64, ano 16. São Paulo: RT, out.-dez., 2005, p. 105-115.

ação proposta seja temerária. Afinal, não poderia o Ministério Público ser compelido a dar sequência a uma ação cuja pretensão deduzida seja insustentável.

O ponto fundamental aqui, nada obstante, é enfatizar que a vontade negocial não tem cabida em tema de tamanha gravidade, cujos interesses são indisponíveis. Exercida a pretensão à tutela jurídica à decretação de inelegibilidade, não cabem às partes transacionar, transigir. Vontade negocial é vontade em celebrar composição sobre objeto lícito e possível. Não seria o caso, por evidente.

Para encerrar essas breves anotações, gostaria de sublinhar que o código de processo civil trouxe importantes mudanças, dando relevo — ao menos no plano teórico e das boas intenções — ao que denominaram de democratização do processo, seja lá o que essa expressão signifique. Na verdade, o exercício da função jurisdicional está longe de ser democrática, até mesmo pela sua própria natureza: o processo decisório do Estado-Juiz não é pautado no assembleísmo e nas escolhas majoritárias, mas fundado nas melhores razões e nas provas produzidas nos autos. E, seria ocioso dizer, as melhores razões jurídicas são aquelas que homenageiam o ordenamento jurídico aplicável ao objeto litigioso.

Acordos celebrados entre os candidatos, mediante impulso do Poder Judiciário, sobre aspectos das eleições, como transporte de eleitores, por exemplo, não têm natureza processual; são negócios jurídicos de direito material eleitoral sobre tema afeto aos cuidados do poder polícia do juiz eleitoral, atividade tipicamente administrativa. O juiz autoriza o negócio jurídico e o fiscaliza.

Consoante se observa, de conseguinte, os negócios jurídicos processuais eleitorais têm campo limitadíssimo de aplicação, não trazendo para o direito eleitoral qualquer mudança significativa.

3.2 Contagem de prazos processuais

No direito processual eleitoral, a contagem dos prazos deve observar — supletiva e subsidiariamente — o regime instituído pelo Código de Processo Civil quando a contagem for em dias, em que serão computados somente os dias úteis (arts. 15 e 219 do CPC-2015). A exceção é contagem do prazo no período eleitoral, em que vige a regra especial do art. 16 da Lei Complementar nº 64/90,[18] com as achegas daquela veiculada pelo art. 58-A da Lei nº 9.504/97.[19]

No período que vai do prazo de encerramento para pedido de registro de candidatura até a proclamação dos eleitos, a contagem dos prazos observa exclusivamente a legislação eleitoral; encerrada a eleição, proclamados os resultados, incide a contagem do novo Código de Processo Civil. Ali, regra especial de escalão superior — veiculada por lei complementar — que se sobrepõe à norma geral mais recente de escalão inferior.[20]

---

[18] Art. 16. Os prazos a que se referem o artigo 3º e seguintes desta lei complementar são peremptórios e contínuos e correm em secretaria ou Cartório e, a partir da data do encerramento do prazo para registro de candidatos, não se suspendem aos sábados, domingos e feriados.

[19] Art. 58-A. Os pedidos de direito de resposta e as representações por propaganda eleitoral irregular em rádio, televisão e internet tramitarão preferencialmente em relação aos demais processos em curso na Justiça Eleitoral.

[20] Essa, aliás, é a interpretação que deve ser aplicada a todos os institutos processuais. No mesmo sentido, YARSHELL, Flávio. Distribuição dinâmica do ônus da prova no processo eleitoral?, cit., p. 270: "a aplicação

3.3 Distribuição do ônus da prova e fundamentação das decisões judiciais

As normas sobre o ônus da prova no processo civil eleitoral permanecem intocadas: é exclusivamente ônus de quem alega a produção da prova. A natureza sancionatória das ações eleitorais impede que possa haver inversão do ônus probatório, não podendo haver negócios jurídicos pré-processuais ou processuais sobre essa matéria quando o objeto litigioso for fato ilícito gerador de inelegibilidade, cassação de registro ou de mandato eletivo.

Quanto à fundamentação das decisões judiciais, tem inteira aplicação a disciplina do §1º do art. 489 do CPC-2015. Não se justifica, em matéria eleitoral de elevada gravidade e repercussão social, que o juiz decida sem expor minudentemente as razões do seu convencimento, limitando-se à indicação, à reprodução ou à paráfrase de ato normativo, sem explicar sua relação com a causa ou a questão decidida. Apontar a norma que incidiu sem que se demonstre por que motivo incidiu é negligenciar a prestação da tutela jurídica.

Um dos aspectos relevantes trazidos pelo novo CPC é o respeito aos precedentes como parâmetro a ser utilizado e seguido pelo juiz, sendo causa da nulidade da sua decisão deixar de seguir enunciado de súmula, jurisprudência ou precedente invocado pela parte, sem demonstrar a existência de distinção no caso em julgamento ou a superação do entendimento (inciso VI do §1º do art. 489). Ocorre, porém, que a Justiça Eleitoral não tem formado precedentes capazes de vincular as decisões posteriores do próprio tribunal que a proferiu, não sendo raro que na mesma sessão de julgamento mudem posições jurídicas há pouco assumidas.

Para muitos, o direito processual eleitoral seria o direito do caso, o que o levaria a um irracionalismo consentido. Não é assim, porém, porque se assim fosse a riqueza e complexidade das circunstâncias da vida levariam ao próprio processo civil não passar de ser objeto de estudo de um *praxismo* descompromissado com a sua compreensão e sistematização. Essa admissibilidade resignada do irracionalismo jurídico tem sido encarada com naturalidade preocupante pela comunidade jurídica, justamente porque o processo político mereceria uma calibração caso por caso. Não por outra razão, aqui e ali são vistas decisões judiciais havidas como pontos fora da curva que se justificariam em razão dos sujeitos envolvidos, da sua reputação e da sua vida pregressa.

O *praxismo*, desse modo, termina sendo não apenas um traço da infância da dogmática eleitoral, mas também, e, sobretudo, meio de descompromisso com os precedentes, o pensamento sistemático e a racionalidade da prestação jurisdicional.

§4 As cargas das eficácias das sentenças de procedência nas ações eleitorais de cassação de mandato eletivo e a realização de novas eleições

A judicialização das eleições tornou-se crescente na medida em que a classe política perdeu muito da sua legitimidade no imaginário popular, a cassação dos mandatos

---

supletiva e subsidiária do CPC/2015 poderá ocorrer desde que, sendo omissa a lei especial, a norma geral não contradiga a prevalência do escopo social, que tem em mira a pacificação decorrente da consolidação do pleito (dado específico do processo eleitoral)".

eletivos passou ser vista como uma necessidade profilática do processo democrático e o poder passou a mudar de mãos com facilidade, gerando o que denominei de "república dos derrotados", em que o candidato perde a eleição, mas assume o poder por decisão judicial. A percepção de que o eleitor passou a ser substituído com naturalidade pela toga gerou a busca da via rápida da inversão do resultado das urnas: o voto relativizado em seu valor nos levou a uma absurda transição do regime democrático do sufrágio popular pela democracia da burocracia judiciária. A esse movimento, gestado inclusive por meio de instrumentos legislativos demagógicos, como a Lei da Ficha Limpa, chegou a ser saudado por alguns, no campo processual, como a aplicação ao direito processual eleitoral da lógica da tutela coletiva.[21]

Essa judicialização crescente e descontrolada gerou uma mudança de rumos na minirreforma de 2015: atribuiu-se efeito suspensivo aos recursos ordinários contra decisões que cassam registro de candidatura ou diploma (art. 257, §2º, do CE), determinou-se a realização de novas eleições em caso de cassação de mandato eletivo (art. 224, §3º, do CE) e impôs aos tribunais que, em ações ou recursos que tratem de cassação de registro ou diploma, a composição da Corte tenha que estar completa (art. 28, §4 º, do CE).

No campo do direito processual eleitoral, em achegas àquela busca de efetividade da intervenção política da burocracia estatal togada, concedeu-se às sentenças judiciais de procedência eficácia mandamental imediata e coetânea à publicação da decisão que cassasse o registro de candidatura ou o diploma nos casos de captação de sufrágio, *e.g.* Esses efeitos práticos imediatos, decorrentes da sentença, foram retirados pela legislação eleitoral. Agora, há de se aguardar os efeitos suspensivos da recorribilidade ordinária.

Essa mudança do direito positivo impõe uma explicação no campo processual. Não havia se dado conta a doutrina processual eleitoral de que há ilícitos eleitorais em que a sanção preponderante é a cassação do registro ou diploma, sendo a inelegibilidade uma coima exterior ao ato ilícito, que adere à sentença de procedência como efeito anexo *ope legis*. De modo diverso, ilícitos há em que a sanção é a cominação de inelegibilidade e, conjuntamente ou não, a cassação do registro de candidatura ou diploma.

Assim, a sentença de procedência contra a prática do ato ilícito eleitoral terá os seus efeitos conforme a ação de direito material cuja afirmação ensejou o exercício da pretensão à tutela jurídica. No caso de abuso de poder econômico, por exemplo, a sentença tem como efeito preponderante a decretação da inelegibilidade do candidato

---

[21] A tese da aplicação do microssistema da tutela coletiva ao direito processual mal esconde um compromisso ideológico com uma visão interventiva estatal e das organizações sociais — chamados por muitos de coletivos sociais, à moda bolchevique —, que claramente tem inspiração nos dogmas políticos da esquerda, em que o indivíduo perde valor em face da dimensão coletiva. A defesa da aplicação da tutela coletiva ao direito processual eleitoral se reveste de uma legitimação da substituição da vontade popular do eleitor, portanto individual, pela vontade do aparelho burocrático estatal — ainda que togado — cada vez mais interventivo. Essa concepção é facilmente extraída, por exemplo, de RODRIGUES, Marcelo Abelha; JORGE, Flávio Cheim. *Manual de direito eleitoral*, p. 280 ss. No dizer desses autores, com a Constituição de 1988 "houve uma supervalorização do coletivo em detrimento do direito individualista, com uma franca atuação e intervenção do Estado na proteção dos direitos coletivos; o reconhecimento de que a isonomia só seria alcançada com a presença atuante do Estado em todos os setores; o reconhecimento de que nenhum direito individual poderia se sobrepor ao coletivo etc.". As raízes do pensamento comum aos inimigos das sociedades abertas estão aí presentes discursivamente, lembrando a filosofia política de Jean-Jacques Rousseau, um dos mais influentes pais das tiranias modernas e contemporâneas, como mostrado por Isaiha Berlin, Karl Popper e, entre nós, José Guilherme Merquior.

(carga 5), sendo a eficácia mandamental de afastamento do eleito 3, dado que a ordem é expedida depois, seja porque dependente de decisão colegiada, seja porque submetida ao efeito suspensivo do recurso ordinário (art. 267, §2º, do CE). A sentenças que cassavam o diploma pela prática de captação ilícita de sufrágio já expediam mandado tão logo prolatada, sendo então a mandamentalidade imediata (carga 4) à decretação de cassação do diploma (força desconstitutiva). Agora, com a introdução do efeito suspensivo ao recurso ordinário (art. 257, §2º, do CE), a mandamentalidade passou a ser posterior, é dizer, mediata no futuro,[22] descendo para a carga 3, em desproveito da declaratividade, que subiu a 4.

Noutras palavras, a outorga de efeito suspensivo ao recurso ordinário pela Lei nº 13.165, de 2015) modificou a distribuição das cargas eficaciais da sentença de procedência das ações eleitorais por captação de sufrágio, condutas vedadas aos agentes públicas, etc.

A ordem emitida quando da cassação do mandato eletivo é para que haja o afastamento do indevidamente eleito. Aí se esgota a eficácia mandamental da sentença. Quem assumirá o exercício do mandato eletivo com o afastamento não é matéria da *res in iudicium deducta*, do objeto litigioso, mas de disciplina constitucional ou legal, conforme reja o direito positivo. Assim, em caso de votação inferior a 50% do eleitorado em favor do eleito, pretorianamente se construiu a solução de colocar o segundo colocado em seu lugar, como fosse uma solução positivada. Não o era. Agora, porém, já não mais há possibilidade de interpretação nesse sentido: haverá sempre necessidade de novas eleições em caso de cassação de mandato eletivo majoritário[23] (direta, como regra geral, ou indireta, acaso a vacância ocorra nos seis meses do fim do mandato[24]), assumindo provisoriamente o exercício da função o presidente do Poder Legislativo.

De toda a sorte, com a aplicação da teoria quinária das cargas eficaciais podemos compreender com mais clareza essas modificações dos efeitos das sentenças eleitorais decorrentes da minirreforma de 2015.

---

[22] *Vide* PONTES DE MIRANDA, F. C. *Tratado das ações*. Tomo VI. p. 5.
[23] Art. 224. §3º A decisão da Justiça Eleitoral que importe o indeferimento do registro, a cassação do diploma ou a perda do mandato de candidato eleito em pleito majoritário acarreta, após o trânsito em julgado, a realização de novas eleições, independentemente do número de votos anulados. (*Incluído pela Lei nº 13.165, de 2015*)
[24] Art. 224. §4º. A eleição a que se refere o §3º correrá a expensas da Justiça Eleitoral e será: (*Incluído pela Lei nº 13.165, de 2015*): I – indireta, se a vacância do cargo ocorrer a menos de seis meses do final do mandato; (*Incluído pela Lei nº 13.165, de 2015*); II – direta, nos demais casos. (*Incluído pela Lei nº 13.165, de 2015*)

AÇÃO DE IMPUGNAÇÃO DE REGISTRO DE CANDIDATO

§1 Do pedido de registro de candidato

Antes do registro da candidatura pela Justiça Eleitoral, inexiste ainda o estado jurídico de candidato. A candidatura e a condição de candidato são efeitos jurídicos do registro, operado em virtude da sentença constitutiva prolatada no processo de pedido de registro de candidatos. Nada obstante, após a escolha do filiado que será indicado como candidato a cargo eletivo, já surgem em sua esfera jurídica alguns efeitos importantes, como direitos subjetivos oponíveis a outros filiados, que poderiam pleitear essa condição. Assim, é de todo oportuno, do ponto de vista jurídico, distinguir a condição de candidato (após o registro pela Justiça Eleitoral) da condição de pré-candidato (após a escolha na convenção do partido e antes do registro da candidatura).

Após a sua indicação na convenção do partido, o pré-candidato não mais poderá ser substituído, sem seu consentimento, por outro filiado, pois lhe nasceu, já com a sua indicação pela agremiação da qual é filiado, o direito público subjetivo a pleitear o registro de sua candidatura. Assim, não poderia mais ser preterido, senão por sua própria desistência em participar do prélio eleitoral ou pela rejeição, em sede de ação de pedido de registro de candidato, da viabilidade de seu registro, mercê da ausência de algum pressuposto legal, a induzir sua inelegibilidade relativa ou absoluta.

O pedido de registro de candidatura poderá ser feito pelo partido político, através de seu presidente ou delegado devidamente habilitado para esse fim pela direção partidária (art. 94 do CE), ou mesmo pelo próprio pré-candidato, como reiteradamente já tem decidido a jurisprudência (BE-TSE 268/1290). Tal pedido será realizado através de formulários adrede preparados pelo TSE, no qual constarão a qualificação do pré-candidato e do partido ou coligação, a sua variação nominal — em caso de eleição proporcional —, além de outros requisitos legalmente exigíveis. Deverá, outrossim, ser instruído com os documentos indicados pelos art. 94, §1º, do CE, e art. 11, §1º, da Lei Eleitoral nº 9.504/97, ou seja: (a) cópia autêntica da ata da convenção que houver feito a escolha do candidato, a qual deverá ser conferida com o original na secretaria do Tribunal ou cartório eleitoral, devendo estar acompanhada de cópia digitada ou datilografada; (b) autorização de pré-candidato, em documento com assinatura reconhecida por tabelião, pois a sua expressa declaração de vontade é essencial para se lançar candidato; (c) certidão fornecida pelo cartório eleitoral da zona de inscrição, comprovando sua qualidade de eleitor ou que requereu a sua transferência no prazo de um ano antes do pleito; (d) prova da filiação partidária; (e) certidões criminais fornecidas pelos órgãos de distribuição da Justiça Eleitoral, Federal e Estadual; (f) declaração de bens assinada pelo candidato; (g) certidão de quitação eleitoral, além daqueles outros documentos exigidos pela Resolução nº 23.455/2016.

Requerido o registro de candidatos, o juiz eleitoral determinará seja publicado edital, dando publicidade das solicitações de registro. Ao depois do prazo de 05 dias para impugnação, se transcorrido *in albis*, sem que nenhum dos legitimados impugne o pedido, o juiz deverá abrir vista ao representante do Ministério Público, para que este opine sobre o pleito, na qualidade de *custos legis*. De posse desses elementos necessários à sua cognição, o magistrado poderá determinar a realização de diligências, no escopo de aclarar dúvidas acaso existentes. Com todos os esclarecimentos concluídos, decidirá o juiz eleitoral, acolhendo ou não o pedido de registro. Em acolhendo, a sentença terá efeito preponderantemente constitutivo do estado jurídico de candidato, além da mandamentalidade da realização do registro.

Poderá, nada obstante, ser indeferida a pretensão do requerente, sob o fundamento da inelegibilidade do pré-candidato, ou mesmo da ausência ou nulidade insanável de alguns dos documentos essenciais acostados ao pedido. Tal decisão seria declaratória negativa do direito do pré-candidato ao registro de sua candidatura, com a declaratividade incidental da sua inelegibilidade inata. Aqui, obviamente, não há falar-se em coisa julgada, mercê da linearidade da relação processual. Nada obstante, inolvidável que tal declaração afeta o *status* do pré-candidato, pois se fez claro (de + claro) a ausência de seu *ius honorum*.

Meditemos, por um breve instante, sobre essa hipótese de indeferimento, já que a doutrina não a tem tratado com a devida ênfase.

A cognição judicial existente quando do pedido de registro de candidatura, do qual não houve impugnação, poderá surpreender *ex officio* algumas das inelegibilidades previstas pelo ordenamento jurídico, ficando o juiz eleitoral na obrigação de declará-las. E quais seriam essas inelegibilidades? Em primeiro lugar, é preciso ter em mente que há inelegibilidades que ocorrem *ipso iure* e inelegibilidades que são dependentes de decisão judicial que as decrete. Aquelas são declaradas pela sentença, pois já existem como fato jurídico no mundo do direito, bastando apenas o reconhecimento judicial de sua existência, enquanto essas são constituídas pela resolução judicial, vale dizer, são efeitos da sentença desconstitutiva do estado anterior de elegibilidade. Também há constitutividade da inelegibilidade cominada, ou seja, daquela irrogada ao nacional como sanção pela prática de algum ato ilícito eleitoral.

Dada a limitação imposta à cognição judicial pelos elementos trazidos aos autos através do pedido de registro de candidatura (art. 141 do CPC, aplicável também aos processos de jurisdição voluntária), poderá o juiz buscar elementos de convicção através de diligências, de modo a descobrir algum tipo de *inelegibilidade originária* (aquela decorrente da ausência de direito de ser votado por falta de alguma condição de elegibilidade), ou de alguma espécie de *inelegibilidade cominada* (aquela advinda da posterior perda da elegibilidade, ou de preceito proibitivo de sua aquisição), passível de ser declarada. Se o juiz eleitoral, por exemplo, observar que o pré-candidato é analfabeto, poderá fazer prova pericial dessa sua condição subjetiva, declarando sua inelegibilidade originária, pois apenas pode ser votado quem é alfabetizado.[1] Dessarte, quando a Constituição Federal, no §4º do art. 14, estabeleceu, ao lado dos inalistáveis, os analfabetos como inelegíveis, pôs o ser alfabetizado como condição de elegibilidade, portanto, como pressuposto para se adquirir o direito de ser votado.

Da mesma forma, se o juiz eleitoral descobrir que o pré-candidato, tendo sido eleito noutra oportunidade, foi condenado a ressarcir o erário em sede de ação popular, com a decretação da suspensão de seus direitos políticos, *declarará* a sua inelegibilidade cominada, indeferindo o pedido. Assim também se ficar evidenciada sua condenação por ilícito penal, ainda que estando sob efeito do livramento condicional (inelegibilidade cominada).

Nessa oportunidade, então, não fica o juiz eleitoral na obrigação de deferir o pedido de registro, ainda que não haja impugnação, servindo-se ele do prescrito no art. 23 da LC nº 64/90 para atuar na formação de sua *notio*. Aqui cabe a ele exercer sua cognição judicial, podendo, nos limites reduzidos do objeto do processo, encontrar fatos que ocasionem o indeferimento do pedido. Se não houver nenhum fato desse jaez, e estando o processo regularmente instruído, o juiz deverá deferir o pedido de registro de candidato, cabendo, dessa decisão, recurso apenas do Ministério Público, já que a via aberta para os demais interessados atacarem o pedido de registro de candidatura é a ação de impugnação (AIRC). Se esta não for manejada, preclui para os legitimados a faculdade de insurgência contra o pedido de registro.

Pode ocorrer que o nacional possua todas as condições de elegibilidade necessárias para o registro de sua candidatura, não incida em nenhuma espécie de inelegibilidade cominada, e ainda assim venha a ter o seu pedido de registro indeferido, haja ou não haja impugnação contra ele. De fato, se o pedido de registro não vier acompanhado dos documentos exigidos pela legislação eleitoral, é evidente que haverá uma *irregularidade formal*, cuja existência inibe o seu deferimento. Nesse caso, a Justiça Eleitoral não julgará o mérito do pleito, mas, em preliminar, rejeitará a viabilidade do remédio jurídico ajuizado, mercê da ausência de regularidade formal. Em razão disso, e tendo em vista que a elegibilidade não pode ser postergada, senão em havendo ausência de algum dos seus pressupostos, ou existência de alguma inelegibilidade, poderá a Justiça Eleitoral conhecer do pedido de registro, dês que o interessado faça a oportuna juntada dos documentos faltantes, na primeira oportunidade concedida pelo julgador para essa finalidade. Todavia, não cumprindo o candidato esse prazo judicial, penso que poderá ainda assim apresentar validamente o documento omisso, desde que o faça antes do julgamento do processo e apresente justificativa séria para a sua desídia. Do contrário, deverá o juiz eleitoral indeferir o pedido de registro de candidatura.

É preciso, nesse tema, ter presente que a documentação exigida apenas tem por escopo espelhar a existência das condições de elegibilidade. A *ausência da prova* não significa a *inexistência do pressuposto*, razão pela qual, convém bisar, deveria a documentação ausente ser admitida, ainda que juntada fora do prazo das diligências

---

[1] Nesse sentido, o excelente artigo de ALVES. O teste de alfabetização do pré-candidato a cargo eletivo: a concretização do art. 14, §4º da Constituição Federal. *Revista de Informação Legislativa, passim*.

determinadas pela Justiça Eleitoral, embora desde que se procedesse antes do julgamento e mediante apresentação de justificativa relevante. Essa, parece-nos, seria a melhor solução para tal problema usual, que privilegia a elegibilidade expectada pelo nacional. Nada obstante, julgo oportuno salientar que o TSE tem entendido de modo diverso, sendo rigoroso quanto à observância dos prazos oferecidos pela legislação eleitoral.

§2 Pedido de registro, notícia de inelegibilidade e impugnação ao pedido de registro

O pedido de registro de candidatura é uma ação de jurisdição voluntária, sem espaço para o estabelecimento de contraditório.[2] Forma-se a relação processual linearmente entre requerente e juiz eleitoral, sem que haja angularização, ou seja, sem a existência de um polo passivo (autor; juiz; réu).[3] Se não houver a impugnação

---

[2] Nesse mesmo sentido, por nós defendido desde a nossa obra *Direito processual eleitoral*, de 1996, *vide* Sérgio Sérvulo da Cunha (*Manual das eleições*: comentários à Lei nº 9.504/97 e à Lei Complementar nº 64/90, p. 307): "O pedido de registro de candidatura é verdadeira ação (movimento no sentido da satisfação de um direito) constitutiva; quando requer um título à autoridade, exercita-se direito formativo, em ação constitutiva de espécie que pode ser designada como ação de outorga. A decisão que nega o título (no caso, o registro como candidato) é sentença de rejeição, cuja declaratividade Pontes de Miranda já apontou". Outrossim, *vide* Marcos Ramayana (*Direito eleitoral*, p. 185-186).

[3] Sobre a desnecessidade de angularização da relação jurídica processual, tem-se dito pouco, principalmente pela existência do dogma carnelluttiano intocável da atividade jurisdicional como compositiva de conflitos. O pedido de alistamento de eleitor, nos moldes do art. 45 do CE, será processado sem necessidade de citação de outra parte. Nada obstante, da decisão ofertada poderão recorrer o alistando, se houve indeferimento, e o delegado de partido, se houve deferimento. A linearidade da relação processual ressalta, nada obstante possa ser outorgada legitimidade recursal a terceiro interessado. Sem aprofundar aqui o problema, que não é objeto central de nossas preocupações, basta relembrar a lição de Pontes de Miranda (*Comentários ao Código de Processo Civil*, t. I, p. XXVI), segundo a qual: "A relação jurídica processual perfaz-se com a citação do réu (angularidade necessária), ou desde o despacho na petição, ou depois de passar em julgado, formalmente, esse despacho. Mostramos neste livro, como em outros, que não há solução *a priori*. A relação pode surgir desde o despacho ou do seu trânsito em julgado (o que depende do chamado 'efeito' do recurso admitido), porque a relação pode ser só entre autor e Estado (angularidade não-necessária). Note-se que (1) isso obedece ao grau de cultura política do povo e (2) os sistemas jurídicos ainda possuem (e hão de possuir sempre, é de esperar-se) relações de *uma só linha*, devido à desnecessidade de angularidade" (grifos do autor). E tal fenômeno, como se vê, não é privilégio do Direito Eleitoral. Tempos atrás houve muita celeuma pela criação da ação declaratória de constitucionalidade (Emenda Constitucional nº 03/93), máxime pelo fato de não haver polo passivo, e, segundo alguns, ferir o princípio do contraditório. Sobre isso, pronunciou-se magistralmente o Ministro Gilmar Ferreira Mendes (A Ação Declaratória de Constitucionalidade: inovação da Emenda Constitucional 3/93. *Cadernos de Direito Constitucional e Ciência Política*, p. 99-100), aduzindo: "Em verdade, sabe-se com von Gneist, desde 1879, que a idéia, segundo a qual, como pressuposto de qualquer pronunciamento jurisdicional, devem existir dois sujeitos que discutam sobre direitos subjetivos, assenta-se em uma petição de princípio civilista (*civilistische petitio principi*). Já no primeiro quartel do deste século afirmava Triepel que os processos de controle de normas deveriam ser concebidos como *processos objetivos* (grifei). (...) Em tempos mais recentes, passou-se a reconhecer, expressamente, a natureza objetiva dos processos de controle abstrato de normas (*objektive Verfahren*), que não conhece partes (*Verfahren ohne Beteiligte*) e podem ser instaurados independentemente da demonstração de um interesse jurídico específico. A ação declaratória de constitucionalidade configura típico *processo objetivo*, destinado a elidir a insegurança jurídica ou o estado de incerteza sobre a legitimidade da lei ou ato normativo federal. Os eventuais requerentes atuam no interesse de preservação da segurança jurídica e não na defesa de um interesse próprio. Tem-se, aqui, tal como na ação direta de inconstitucionalidade, *um processo sem partes, no qual existe um requerente, mas inexiste requerido*. Tal como na ação direta de inconstitucionalidade, os requerentes são titulares da ação de constitucionalidade apenas para o efeito de provocar, ou não, o Supremo Tribunal" (novamente grifei). A confusão que está à base de toda a celeuma, ressumbra nitidamente, dá-se pela *coextensividade conceptual* entre jurisdição e lide, fruto de resquícios da doutrina de Carnellutti, expurgada por ele em escritos mais maduros, após sucessivos reparos que desautorizaram a seriedade da hipostasiação da lide como pedra de toque do conceito de jurisdição.

prevista no art. 3º da LC nº 64/90, tudo acontece como descrevemos acima, sem maiores complexidades processuais.

Há, contudo, a possibilidade de que o eleitor ou associação constituída com a finalidade de fiscalizar o processo eleitoral deem ao juiz eleitoral *notícia de inelegibilidade*, em que o eleitor informa ao juiz eleitoral a existência de uma inelegibilidade pré-constituída, provada documentalmente ou não, que poderia ser conhecida de ofício (*e.g.*, condenação criminal, ausência de filiação partidária, falta de domicílio eleitoral na circunscrição do pleito, inelegibilidade reflexa, ausência de desincompatibilização etc.).

Entendo que a *mera notícia de inelegibilidade* pode ser proposta por qualquer pessoa, sem necessidade de petição subscrita por advogado ou juntada de provas.

Nada obstante a possibilidade de noticiar-se a inelegibilidade, a publicação dos requerimentos de registro de candidato dá ensejo a que os legitimados do art. 3º da LC nº 64/90 ajuízem uma ação autônoma de impugnação desses pedidos de registro, dentro do prazo de 05 dias. Nesse momento ocorre um fenômeno processual peculiar, pelo qual aquele pedido fica a depender da solução da ação incidental intentada. Dessarte, a ação de impugnação de registro de candidato (AIRC) é incidental à ação de pedido de registro, suscitando a questão prejudicial da inexistência do direito subjetivo do pré-candidato ao registro, mercê de sua inelegibilidade ou da ausência de alguns dos documentos exigidos legalmente. Temos, de conseguinte, duas ações autônomas, que têm finalidades diferentes e contrapostas: (a) a *ação de pedido de registro de candidato*, de jurisdição voluntária, com legitimados definidos no art. 94 do CE; e (b) a *ação de impugnação de registro de candidato*, de jurisdição contenciosa, proposta incidentalmente à ação de pedido de registro.

Ambas as ações são autuadas em conjunto (autos apensos) e obedecem a um procedimento uniforme; dada a prejudicialidade da AIRC ao pedido de registro, terminam por ser julgadas em uma só sentença formal, posto que materialmente existam duas sentenças (tal qual ocorre com a sentença que julga a ação e a reconvenção, p.ex.).[4] Essa solução foi acatada pelo §2º do art. 47 da Resolução nº 21.608/2004, que determinou que a impugnação, a notícia de inelegibilidade, o registro do candidato e as questões relativas a homonímia serão julgados em uma só decisão.

O pedido de registro deverá ser apresentado obrigatoriamente em meio magnético gerado pelo Sistema de Candidaturas – Módulo Externo (CANDex), desenvolvido pelo Tribunal Superior Eleitoral, acompanhado das vias impressas dos formulários

---

[4] Esse fenômeno é bem próximo ao instituído pela Lei nº 9.079/95, que adotou a ação monitória em nosso Direito. Lá, como aqui, se os interessados não ajuizarem uma ação incidental, não haverá contraditório, que apenas surge posteriormente, como ônus colocado pela lei aos legitimados. Claro que tal comparação tem apenas o escopo de mostrar, *grosso modo*, o que ocorre no Direito Eleitoral, pois os embargos, em ação monitória, surgem como *técnica de inversão do contraditório*, enquanto na AIRC inexiste inversão alguma, mercê do fato de seus legitimados não serem sujeitos passivos na ação de pedido de registro de candidato, a qual, segundo salientamos, apenas estabelece um processo objetivo (relação processual linear). No sentido aqui sustentado a respeito da ação monitória, *vide* Salvatore Satta (*Direito processual civil*, v. 2, p. 685-696), Chiovenda (*Principii di Diritto Processuale Civile*, p. 210-221), Piero Calamandrei (Il procedimento monitorio nella legislazione italiana. *In*: CALAMANDREI; CAPPELLETTI. *Opere giuridiche*, v. 9, p. 9-153), Crisanto Mandrioli (*Corso di diritto processuale civile*, v. 2, p. 169-199), Ferruccio Tommaseo (*Appunti di diritto processuale civile*: nozioni introduttive, p. 24-29). Na doutrina pátria, principalmente, José Rogério Cruz e Tucci (*Ação monitória*. São Paulo: Revista dos Tribunais, esp. cap. IV) e J. E. Carreira Alvim (*Ação monitória e temas polêmicos da reforma processual*, esp. cap. I). Este último autor, divergindo dos demais, entende que os embargos têm natureza de contestação (cf. p. 58), mas sem razão.

Demonstrativo de Regularidade de Atos Partidários (DRAP) e Requerimento de Registro de Candidatura (RRC), emitidos pelo sistema e assinados pelos requerentes. O DRAP é o processo guarda-chuva que diz respeito às agremiações e atos partidários, como a convenção e deliberação sobre coligação. O RCC é o procedimento de registro de cada candidato individualmente, onde deverão constar os documentos que comprovem o preenchimento das condições de elegibilidade, além daqueles exigidos pela legislação eleitoral, como certidões negativas, certidão de quitação eleitoral, fotografias para as urnas-e, declaração de bens etc.

O DRAP traz questões preliminares a serem resolvidas,[5] que deverão ser analisadas e decidas para possibilitar o conhecimento daquelas individuais, relativas a cada candidato e constantes no RCC.[6] Resolvidas as questões preliminares do DRAP, passam a ser analisadas aquelas relativas ao pedido individual de cada candidato.

No processo principal (DRAP), o Cartório Eleitoral deverá verificar e certificar a comprovação da situação jurídica do partido político na circunscrição, a legitimidade do subscritor para representar o partido político ou coligação, a informação sobre o valor máximo de gastos (que é fundamental para a análise de eventual abuso de poder), a observância dos percentuais para partidos individuais ou coligações do número de candidatos relativo ao número de cadeiras a serem ocupadas nas eleições proporcionais, bem como o percentual mínimo de 30% para a candidatura de cada sexo.

No processo individual de registro de candidatura (RCC) devem constar as seguintes informações: autorização do candidato, o número de fac-símile e o endereço completo nos quais o candidato receberá intimações, notificações e comunicados da Justiça Eleitoral, os dados pessoais: título de eleitor, nome completo, data de nascimento, Unidade da Federação e Município de nascimento, nacionalidade, sexo, estado civil, ocupação, número da carteira de identidade com órgão expedidor e Unidade da Federação, número de registro no Cadastro de Pessoa Física (CPF), endereço completo e números de telefone, além dos dados do candidato: partido político, cargo pleiteado, número do candidato, nome para constar da urna eletrônica, se é candidato à reeleição, qual cargo eletivo ocupa e a quais eleições já concorreu.

As condições de elegibilidade e as causas de inelegibilidade, prescreve o §10 do art. 11 da Lei nº 9.504, devem ser aferidas no momento da formalização do pedido de registro da candidatura, ressalvadas as alterações, fáticas ou jurídicas, supervenientes ao registro que afastem a inelegibilidade.[7] Enquanto estiver tramitando o pedido de

---

[5] As questões prévias são aquelas cuja solução é logicamente anterior à de outra, ligadas ambas por um vínculo de subordinação. Podem ser *preliminares*, que são aquelas cuja solução faz depender a existência de outras, ou *prejudiciais*, cuja solução condiciona o sentido ou o conteúdo de outras. A questão preliminar poderá impedir a análise da questão subordinada; a prejudicial apenas condiciona o sentido da subordinada. A ausência de uma condição da ação impede o conhecimento do mérito, razão pela qual é uma questão preliminar; a declaração de paternidade condiciona o direito ou não aos alimentos, razão pela qual é uma questão prejudicial. Sobre o tema, por todos, MOREIRA. Questões prejudiciais e questões preliminares. *In*: MOREIRA. *Direito processual civil*: ensaios e pareceres, p. 73 *et seq*.

[6] Sem razão, GOMES. *Direito eleitoral*. 8. ed., p. 242, para quem "o processo geral é prejudicial em relação aos individuais". Na verdade, ele é preliminar, naquele sentido estipulado pela doutrina processual.

[7] Ac.-TSE, de 28.04.2011, no RO nº 927.112: cumpre à Justiça Eleitoral, enquanto não cessada a jurisdição relativamente ao registro de candidato, levar em conta fato superveniente, na forma do §10 do art. 11. Ac.-TSE, de 22.03.2011, no RO nº 223.666: afastamento da inelegibilidade no caso de procedência de pedido de revisão pelo TCU. Ac.-TSE, de 12.11.2008, no ED-ED-REspe nº 29.200: a sentença judicial homologatória da opção pela nacionalidade brasileira possui efeitos *ex tunc* e, ainda que prolatada em momento posterior ao pedido de

registro de candidatura, sem que haja trânsito em julgado, poderá ser superada a causa de inelegibilidade e deferido o registro.[8] Nada obstante, se houve o trânsito em julgado da decisão que indeferiu o registro de candidatura, cessa a possibilidade de sanação do impedimento.

§3 Da ação de impugnação de registro de candidato

O art. 3º da LC nº 64/90 prescreve que caberá a qualquer candidato, a partido político, coligação ou ao representante do Ministério Público (que não tenha, nos dois anos anteriores, disputado mandato eletivo, integrado diretório de partido político ou exercido atividade político-partidária),[9] no prazo de cinco dias, contados da publicação do pedido de registro de candidato, impugná-lo em petição fundamentada. Logo, o *dies a quo* para a propositura da AIRC é a publicação do edital que dê ciência do aforamento do pedido de registro dos pré-candidatos. Desse modo, ofereceu o legislador, àqueles legitimados, uma via adequada para atacar o pedido de registro de candidatura. Obviamente que o efeito pretendido pela AIRC visa à improcedência desse pedido, que é vergastado pela *pretensão à declaração negativa do direito público subjetivo do pré-candidato ao registro*, quer pela sua inelegibilidade (inata ou cominada), quer pela ausência de um dos documentos exigidos na legislação. Portanto, impugna-se o pedido de registro, tendo por escopo esvaziar a candidatura pleiteada pelo pré-candidato, ou seja, por aquele que foi escolhido em convenção partidária.

O *ius honorum*, como direito de ser votado, é efeito do fato jurídico do registro de candidatura, dependente do preenchimento de todas as condições de elegibilidade (filiação partidária, ser alfabetizado, ter idade mínima para ocupar determinado cargo, estar desincompatibilizado etc.). Quem preenche as condições de elegibilidade pode pleitear em juízo o registro de sua candidatura, pessoalmente ou através do partido político pelo qual irá concorrer, após ter sido escolhido em convenção. Feito o pedido judicialmente, nasce para os legitimados, indicados por lei, o direito subjetivo a impugnar a candidatura pleiteada, no prazo de 05 (cinco) dias. Esse prazo é peremptório, não admitindo elastério, de modo que o não exercício dessa faculdade implica a perda do direito a impugnar, vale dizer, implica a sua decadência. Sendo decadencial esse prazo, deve ser conhecido de ofício pelo juiz eleitoral, abordando seu manejo serôdio.

O direito subjetivo a impugnar o pedido de registro nasce já exigível, dotado de pretensão. A ação de direito material, que tem por escopo atuá-lo frente ao sujeito passivo, é apenas exercitável judicialmente, não o podendo ser extrajudicialmente.[10]

---

registro de candidatura, permite o deferimento superveniente deste. Por outro lado, em descompasso com essa norma, que deveria ter interpretação ampla, consoante o seu sentido *prima facie*: Ac.-TSE, de 29.09.2010, no AgR-REspe nº 139.831: obtenção de quitação eleitoral inviabilizada quando a prestação de contas de campanha se der após o pedido de registro de candidatura.

[8] Ac.-TSE, de 28.09.2010, no AgR-RO nº 91.145: não impedimento do deferimento do pedido de registro de candidatura pela circunstância de a nova cautelar ter sido proposta na pendência de recurso ordinário no processo de registro.

[9] Lei Complementar nº 75/93, art. 80.

[10] Adotamos aqui a teoria de Pontes de Miranda sobre o conceito de ação, exposta em sua rica obra e só agora mais estudada pelos juristas brasileiros. Em virtude dos limites deste nosso livro, que não nos permite aprofundamento quanto ao ponto, indicamos a leitura de Ovídio Baptista da Silva (*Curso de processo civil*, v. 1, p. 59 *et seq*.) e de Araken de Assis (*Cumulação de ações*, esp. p. 61-67), que buscam expor a teoria do mestre

De modo que, nesse passo, é assaz relevante perquirir qual o escopo dessa ação, vale dizer, quais os efeitos preponderantes por ela produzíveis. Pedro Henrique Távora Niess[11] afirma que a ação de impugnação de registro de candidato (AIRC) é declaratória, aduzindo que o juiz é chamado a se pronunciar a respeito de situação preexistente que o impugnante alega projetar-se sobre as pretensões eleitorais do impugnado, *tornando-o inelegível*, e que, portanto, o exclui da disputa de que deseja participar. Assevera mais, que essa ação tem por alvo uma decisão de cunho declaratório, com efeito *ex tunc*, que valerá como preceito, como norma jurídica concreta. Desse modo, conclui tratar-se de uma ação civil de conhecimento, de conteúdo declaratório.

Ademais, a AIRC tem também outros efeitos, além do efeito meramente declaratório da inelegibilidade do pré-candidato impugnado. E para demonstrar esta assertiva, necessário, antes de tudo, perguntar sobre o que pretende o impugnante, prioritariamente, quando exercita seu direito de impugnar através da AIRC.

Em primeiro lugar, e de modo preponderante, busca o impugnante o indeferimento do pedido de registro do pré-candidato, ou seja, busca a declaração negativa do seu *direito ao registro da candidatura*, com a consequente rejeição da viabilidade eleitoral do impugnado. Esse o efeito preponderante da AIRC: *a declaração da inexistência do direito do pré-candidato ao registro de sua candidatura*. Faltante uma das condições de elegibilidade, não nasce o direito a registrar-se.

Além desse efeito preponderante, há outros efeitos pretendidos, tendo em vista que não há ação pura, de apenas um efeito. Todas elas possuem, além do principal, outros efeitos relevantes, que enchem o seu conteúdo e não podem ser desprezados.[12]

Assim, há duas hipóteses que levam ao indeferimento do pedido de pré-candidato à realização de seu registro: (a) a sua inelegibilidade, declarada ou decretada — a depender da hipótese concreta; e (b) a ausência de algum documento exigido por lei para fundamentar o pedido de registro, que inviabiliza a apreciação do seu requerimento, terminando por ser ele rejeitado (hipótese assemelhada ao indeferimento do pedido, sem julgamento do mérito).

Quanto à inelegibilidade, que poderá ser apreendida como questão prévia à análise do direito ao registro de candidatura, ela poderá, em sede de AIRC, ser declarada,

---

alagoano, além das obras do próprio Pontes de Miranda (*Tratado das ações*, t. I, esp. capítulos I e II; *Comentários ao Código de Processo Civil*, t. I, esp. os capítulos sobre "Ação" e "Jurisdição"). Quanto à afirmação que originou essa notação, *vide* Pontes de Miranda (*Tratado das ações*, t. I, p. 110), que ensina: "Sempre que a pretensão só se pode exercer em 'ação' [processual], há pretensão sem exigibilidade extrajudicial e há ação (judicial). Pode dar-se que ela não tenha aquela e a ação ainda não tenha nascido; então, a pretensão existe: é pretensão sem exigibilidade extrajudicial e de exigibilidade judicial *futura*. A exigibilidade potencial basta ao conceito de pretensão" (grifos do autor).

[11] *Direitos políticos*: condições de elegibilidade e inelegibilidades, p. 120.

[12] A grande contribuição de Pontes de Miranda para a ciência processual foi o ter demonstrado que as sentenças não se limitam a possuir apenas um efeito, mas, ao contrário, possuem elas *sempre* mais de um efeito, sistematizados na teoria quinária das cargas eficaciais. Embora não adotemos totalmente o rigor dessa brilhante teoria, pela tentativa de *matematização* dos pesos eficaciais (em constantes matemáticas de 1 a 5), ressumbra afirmar da sua indiscutível utilidade, pois facilita em muito a compreensão de determinados problemas jurídicos, inexplicáveis pela teoria tripartite. E tal importância não passou despercebida ao jurisconsulto de Alagoas: "A preocupação da ciência do direito até há pouco foi a de conceituar as ações e classificá-las como se cada uma delas só tivesse uma eficácia: uma fosse declarativa; outra, constitutiva; outra, condenatória; outra, mandamental; outra, executiva. O que nos cumpre é vermos o que as enche, mostrarmos o que nelas prepondera e lhes dá lugar numa das cinco classes, e o que vem, dentro delas, em espectração de efeitos" (*Tratado das ações*, t. I, p. 117).

porque já existente; ou constituída, porquanto gerada pela decisão proferida nesta ação.[13] Vejamos cuidadosamente essas situações.

Como já frisamos anteriormente, e explicitamos detalhadamente no capítulo próprio, a inelegibilidade pode ser originária ou cominada. Sempre que originária, bastará ser declarada pela sentença, pois ela existe *ipso iure*, quer dizer, no plano do direito material, pelo só fato da ausência do direito de ser votado, insatisfeitas algumas das condições de elegibilidade. A decisão judicial aí é meramente certificativa da ausência do *ius honorum*, ou seja, da falta de elegibilidade. Assim, no caso concreto, bastará o pré-candidato estar em situação de incompatibilidade, ou não ser filiado a partido político validamente, ou não ser eleitor na circunscrição eleitoral, ou ser analfabeto, ou não ter a idade mínima exigível, ou ter os seus direitos políticos suspensos por decisão anterior ainda em vigor,[14] que terá a sua inelegibilidade declarada. Com a sentença, de conseguinte, certifica-se que inexiste o direito a ser votado, portanto, que é inelegível o pré-candidato. Como diz Pontes de Miranda,[15] textualmente, o que se colima, com a ação declarativa, é estabelecer-se a *certeza* no mundo jurídico, ou para se dar por *certa* a existência da relação jurídica ou autenticidade do documento, o que se *mostra* no mundo jurídico; ou para se dar por *certo* que a relação jurídica não existe, ou que é falso o documento. Afastam-se dúvidas, de modo que há sempre o enunciado existencial: é, ou não é.

Logo se vê, portanto, que, em se tratando de inelegibilidade inata, um dos efeitos relevantes da sentença será o *declaratório negativo do ius honorum*, pois *toda inelegibilidade é estado negativo da existência de elegibilidade*, do direito a ser votado. Não sendo inata a inelegibilidade, mas sim *cominada* como censura à prática de algum ato eleitoral ilícito, a questão ganha um pouco mais em complexidade. Há duas hipóteses: (a) a sentença poderá conhecer de inelegibilidade cominada *causada por outro ato, que não ela própria*, quando ela então terá, como efeito imediato, a declaratoriedade da inelegibilidade ocorrida anteriormente à sua prolatação. Um vereador, *v.g.*, que pleiteasse o registro de sua candidatura a prefeito cumprindo todas as condições de elegibilidade, mas que tivesse sofrido condenação criminal no curso do mandato, tornar-se-ia inelegível (por cominação legal), bastando o juiz eleitoral declarar a inelegibilidade decorrente da condenação criminal (art. 15, inc. III, da CF/88, que é causa de perda do *ius sufragii* e do *ius honorum*).[16] Além da hipótese anterior, pode ocorrer a hipótese (b), quando antes da sentença inexista alguma sanção de inelegibilidade, sendo esse ato judicial o seu causador. Nesta hipótese, a decisão será constitutiva da inelegibilidade cominada,[17]

---

[13] Adotando o nosso entendimento, a didática obra de Marcos Ramayana (*Direito eleitoral*, p. 186).

[14] Pense-se na suspensão dos direitos políticos decorrente de decisão proferida em ação popular, objeto de nossa reflexão no §13 deste capítulo.

[15] *Tratado das ações*, t. II, p. 5.

[16] Com a entrada em vigor da LC nº 135, a inelegibilidade iniciaria com a decisão penal condenatória de órgão colegiado, mesmo sem trânsito em julgado (art. 1º, inc. I, alínea "e", da LC nº 64/90). Ora, sendo efeito anexo à condenação criminal, com a natureza de pena acessória, é evidente que não poderia a lei complementar, nesta hipótese, contrariar à Constituição Federal; é dizer, apenas poderia ter efetividade a inelegibilidade decorrente de condenação criminal após o trânsito em julgado da decisão, dando-se plena eficácia ao art. 15, III, da CF/88.

[17] Conforme já vimos em lugar próprio, as inelegibilidades originais são naturais a todos os eleitores, sendo superadas através do registro de candidatura, quando nasce a elegibilidade. Já a inelegibilidade cominada é sempre uma sanção aplicada àqueles que praticaram ou foram beneficiários de atos eleitorais ilícitos, podendo proibir o deferimento do registro ou cassar seus efeitos, se já concedido.

cancelando também o registro (se proferida depois do seu deferimento), ou apenas impedindo seu deferimento, pela declaração negativa do direito ao registro (se proferida quando do julgamento do pedido registral). Veja-se o caso, por exemplo, dos detentores de cargo na Administração Pública direta, indireta ou fundacional, que beneficiarem a si ou a terceiros, pelo abuso de poder econômico ou político, *apurado em processo* (no caso específico, na AIRC), com sentença trânsita em julgado, reputados inelegíveis para as eleições que se realizarem nos três anos seguintes ao término do seu mandato (art. 1º, inc. I, alínea "h", da LC nº 64/90).[18] Obviamente que a sentença *constitui* o estado de inelegibilidade cominada, pois é pelo processo que se apura se houve ou não o abuso de poder econômico ou político, a ensejar a sentença que irroga a pena de inelegibilidade ao nacional. Se não houver sentença, ou se esta não for denegatória do pedido, não haverá inelegibilidade, pois não é ela, em casos que tais, originada *ipso iure*, porém dependente de sentença.

Como expõe Pontes de Miranda,[19] "seja constitutiva positiva (criativa), seja modificativa, seja constitutiva negativa (extintiva, desconstitutiva), a ação, o que se supõe é que *o efeito provém da sentença*, quer ele seja *ex nunc*, quer *ex tunc*" (grifei). Esse também é o entendimento de Giuseppe Chiovenda,[20] que em sua obra clássica ensinava: "Constitutiva é, ao revés, a sentença enquanto da declaração judicial de um direito derive certo efeito jurídico, do qual a sentença aparece como título ou causa". Para Chiovenda, portanto, o critério para se observar a constitutividade da sentença é ser ela ou não o título que originou os efeitos jurídicos, "bastando vedere che dopo la sentenza o esiste uno stato giuridico che prima non era, o viceversa, perché la sentenza ci paia quella che immediatamente opera, o produce, o costituisce quell'effetto".[21]

---

[18] O TSE tem entendido que a ação de impugnação de registro de candidatura é de cognição sumária, razão pela qual não admitiria fossem atacados atos ilícitos eleitorais ou com percussão eleitoral, como abuso de poder econômico ou abuso de poder político, por exemplo. Como demonstramos adiante, não há razão jurídica para essa restrição, ainda mais quando existe cognição plena e exauriente, por exemplo, para a AIRC fundada em inelegibilidade reflexa do art. 14, §7º, da CF/88, em caso de união estável ou de simulação de fim de casamento ou união estável (art. 1º, inc. I, alínea "n", da LC nº 64/90).

[19] *Tratado das ações*, t. III, p. 11.

[20] *Principii di diritti processuale civile*, p. 179 *et seq*. As traduções foram feitas por mim do original italiano.

[21] *Principii di diritti processuale civile*, p. 183. A dificuldade de assimilação, por parte da doutrina, da distinção entre declaração e constituição do estado de inelegibilidade tem origem na própria depuração da sentença constitutiva como espécie autônoma de sentença. É preciso entender que durante muito tempo não houve aceitação da sentença constitutiva como espécie de provimento jurisdicional, ou porque não se aceitava sua existência como distinta da declaratividade (*v.g.*, ROCCO. *La sentencia civil*, p. 211 *et seq.*, que averba: "Apesare del creciente favor con que casi sin contradicción ha sido acogido la novísima categoría de sentencias por la doctrina alemana e italiana, declaramos abiertamente que así como hemos rechazado por su impropiedad técnica el concepto de una categoría de derechos, consistente en la pura facultad de producir un efecto jurídico [derechos del poder judicial o derechos potestativos], rechazamos también por impropio e infructuoso el concepto de una categoría de sentencias, cuya función no consiste en la declaración del derecho, sino en el cambio de las relaciones jurídicas existentes [sentencias constitutivas]"), ou porque, embora considerando existente, não reputavam de natureza propriamente jurisdicional, mas sim de natureza administrativa (*e.g.*, CALAMANDREI. Limiti fra giurisdizione e amministrazione nella sentenza civile. *In*: CALAMANDREI; CAPPELLETTI. *Opere giuridiche*, v. 1, p. 79, que averba: "se si accetta il concetto di sentenza costitutiva quale è costruito dai suoi sostenitori, bisogna a mio avviso ammettere che la sentenza costitutiva risulta dalla somma di un'attività giurisdizionale con una conseguente attività non giurisdizionale"). Tal visão resulta do reducionismo da atividade jurisdicional à atividade declarativa do juiz, sem a percepção de que a sentença possui normalmente a produção de mais de um efeito, sendo declarativa, condenatória, constitutiva, mandamental ou executiva pela preponderância de um desses efeitos sobre os outros. Aí também se encontra a raiz da exclusão, ainda hoje em moda, da atividade de jurisdição voluntária como vera atividade jurisdicional. Seja como for, e no que é pertinente ao tema aqui abordado, fica assentado, como ponto hoje pacífico, que o efeito constitutivo é autônomo, sendo "necessário

Se é verdade que o art. 15 da LC nº 64/90 utiliza a expressão "declarar a inelegibilidade", não menos verdade é que o art. 22, inc. XIV, do mesmo diploma legal se utiliza das expressões "declarará a inelegibilidade" e "cominando-lhe sanções de inelegibilidade". Há, da parte do legislador, evidente confusão técnica, comum em sede de textos legislativos, e superável pela interpretação com base em pressupostos teóricos.

A inelegibilidade inata (ou originária) nunca tem natureza sancionatória,[22] vez que é apenas a ausência da elegibilidade, ou seja, é uma situação jurídica comum a todos os nacionais que não tenham o registro de sua candidatura. Decorre ela da falta de alguma das condições de elegibilidade, que gera um défice no suporte fáctico do fato jurídico que origina o direito subjetivo público de ser votado. Assim, a inelegibilidade originária será apenas declarada pela sentença que a reconheça existente, como algo anterior à resolução judicial (p.ex., a sentença que reconhece a inelegibilidade decorrente da falta de domicílio eleitoral na circunscrição). Assim também, *exempli gratia*, a inelegibilidade inata decorrente da ocupação de cargo público (art. 1º, inc. II, alínea "a", numeral 1) protege a igualdade de disputa eleitoral, sem constituir-se em sanção aos inelegíveis *in casu* ou relativos. Ocupando tal cargo, ou dele não se desincompatibilizando no prazo legal, o nacional não preencherá uma das condições de elegibilidade, pelo que a sentença declarará a inelegibilidade originária, decorrente da ausência de um dos pressupostos do direito ao registro.

Doutra banda, as inelegibilidades cominadas são sempre estipuladas em lei como sanção por ato praticado contra a legitimidade e moralidade das eleições, como ocorre quando há abuso de poder econômico ou fraude. Nesse caso, a inelegibilidade é aplicada como pecha na esfera jurídica do infrator, visando coibir a prática de atos desse jaez. Nada obstante, não é pelo fato de haver sanção que a sentença será de natureza condenatória. Se é verdade que a sentença condenatória tem por fito a aplicação de sanção, também deve-se guardar na retentiva que nem toda sanção é aplicada por sentença condenatória. A nulidade e a anulabilidade são efeitos da sentença constitutiva, sem embargo de sua natureza sancionatória.[23] De modo que a hipótese do art. 22, inc. XIV, da LC nº 64/90 deve ser vista como efeito constitutivo de inelegibilidade, por

---

admitir na sentença constitutiva, unidas no mesmo ato, uma declaração e, conjuntamente, uma atividade tendente a produzir mudança na situação jurídica deduzida em juízo. A necessidade de distinguir esses dois momentos, ou elementos, contidos no mesmo ato, vem a ser confirmada pela possibilidade — pelo menos do ponto de vista lógico — de que, à declaração dos pressupostos aos quais se subordina a lei a legitimidade da mudança, nem sempre se siga a consequente decisão da mudança" (LIEBMAN. *Eficácia e autoridade da sentença*, p. 26-27).

[22] Em sentido contrário, embora sem maiores considerações, Alberto Rollo e Enir Braga (*Inelegibilidade à luz da jurisprudência*, p. 18), para quem "por definição, a inelegibilidade é sanção que atinge a capacidade política passiva, ou seja, a de ser votado". Nada obstante o uso corrente do conceito de inelegibilidade como sanção, de longa tradição, a LC nº 135 fez com que muitos, inclusive o Supremo Tribunal Federal, por sua maioria, chegassem ao absurdo de negar a natureza sancionatória das inelegibilidades cominadas.

[23] Nesse sentido, o escólio do professor da Universidade Federal de Alagoas, Marcos Bernardes de Mello, em precioso livro (*Teoria do fato jurídico*: plano da validade, p. 46): "A invalidade, por isso, tem o caráter de uma sanção que o ordenamento jurídico adota para punir certa espécie de ato contrário a direito (= ilícito). É verdade que aparenta diferenças relativamente às sanções que, de modo positivo, punem diretamente as pessoas, impondo-lhes ônus (como a perda da liberdade) e obrigações reparativas (como as de indenizar), porque a invalidade, em qualquer de seus graus (= nulidade ou anulabilidade), tem efeitos negativos, frustrantes dos fins a que se prestam, regularmente, os atos jurídicos. Mas só aparenta. Em essência, não há diferenças. Em qualquer das espécies há punição ao infrator da norma, só que a invalidade, se o não alcança em sua pessoa, diretamente, ou seus bens, o atinge, recusando-lhe possa obter o objetivo colimado com a prática do ato jurídico invalidado".

período de três anos subsequentes, em sanção pelo abuso de poder econômico ou de autoridade etc.

§4 Petição inicial da AIRC: o problema da causa de pedir

4.1 Ausência de limites probatórios: comparação com a AIJE

A ação de impugnação de registro de candidato (AIRC) deve atender os requisitos do art. 319 do CPC. Desse modo, deve indicar o órgão judicial para o qual está sendo dirigida, qualificar as partes, narrar os fatos e fundamentos jurídicos que ensejam a propositura da ação, deduzir pedido certo, juntar as provas documentais e requerer a produção das provas necessárias, além de ser subscrita por advogado inscrito na OAB, com procuração nos autos outorgada por um dos legitimados.

Um dos temas mais importantes sobre a AIRC, que vem sendo negligenciado pela doutrina, diz respeito aos fatos que constituem a sua causa de pedir, ou seja, ao complexo de fatos que dá ensanchas ao ajuizamento da ação. Vez por outra, em razão desse absenteísmo teórico, têm-se visto algumas decisões judiciais que impõem limites severos ao manejo da ação de impugnação de registro de candidato, tendo por motivação o equivocado argumento de que ela apenas se prestaria para atacar as inelegibilidades flagrantes, havidas tais aquelas já fundamentadas em provas pré-constituídas, sem necessidade de dilação probatória.

Com esse entendimento trazido no bolso do colete, há quem afirme que a AIRC apenas se prestaria para impugnar: (a) a ausência das condições de elegibilidade; (b) a carência de algum documento legalmente exigido e omisso no pedido de registro; e (c) a existência de alguma inelegibilidade previamente constituída por outra decisão (sentença penal transitada em julgado; decisão negativa do Tribunal de Contas ou do Legislativo, rejeitando as contas prestadas; ação eleitoral de pleitos anteriores, com efeitos ainda em vigor; etc.). Chamo a atenção que essa linha, inclusive, vem sendo adotada pela jurisprudência.[24]

Tal posição reducionista é sem base jurídica, merecendo com veemência toda a objurgação possível. A uma, porque impõe timidez ao uso dessa importante ação de direito material; a duas, porque desatende ao ordenamento jurídico positivo, que não impôs limites probatórios ao remédio jurídico processual (procedimento); e, a três, porque tal tese parte de uma má compreensão da finalidade da ação de investigação judicial eleitoral (AIJE), inflacionada indevidamente, em perda de utilidade prática de ambas as ações.

O art. 3º da LC nº 64/90 previu uma ação de direito material, cuja finalidade seria tutelar a pretensão declaratória negativa do direito de alguém ao registro de candidatura, vergastando o pleito daquele indicado em convenção partidária e requerente do registro. A ação de impugnação de registro de candidatura, destarte, tem por finalidade atacar o pedido de registro feito por quem, em razão de sua inelegibilidade (inata ou cominada) ou da falta de algum documento essencial, não possa obter o registro de sua candidatura, ganhando o direito de ser votado. Tal impugnação (ação de direito material), consoante dicção precisa do preceito, deve ser feita em petição fundamentada (remédio jurídico

---

[24] Adotando nosso pensamento, CERQUEIRA. *Direito eleitoral brasileiro*, p. 351.

processual, "ação" processual), na qual serão especificados, desde logo, os *meios de prova* com que pretende demonstrar a veracidade do alegado, arrolando testemunhas, se for o caso, no máximo de seis (§3º do art. 3º).

Mais enfático ainda, acerca da possibilidade ampla de dilações probatórias, o art. 4º prescreve que, na contestação do impugnado, poderão ser juntados documentos, indicado rol de testemunhas e requerida a *produção de outras provas*, inclusive documentais.

Note-se, da leitura das normas citadas, que o legislador permitiu a possibilidade de produção de provas testemunhais (no máximo de seis), documentais, bem como de *outras provas*, vale dizer, periciais, depoimento pessoal das partes etc. Sendo tão clara a determinação legal, de onde poderia sacar o exegeta a interpretação segundo a qual a AIRC não admitiria o amplo debate das matérias deduzidas, agitando fatos ainda não provados com antecedência, de cuja existência tivessem as partes que debater para formar a convicção judicial do magistrado? Noutro giro, com que base legal se poderia sustentar a inviabilidade da AIRC para manietar atos de abuso de poder econômico, ou de abuso de poder de político, ocorridos antes de seu ajuizamento?

A confusão existente, em verdade, não decorre da própria AIRC, mas da impressionante azáfama com que se tem havido a doutrina e a jurisprudência no tratamento dispensado à ação de investigação judicial eleitoral, causada por um portentoso equívoco teórico, qual seja, a negação da natureza judicial do remédio previsto no art. 22 da LC nº 64/90.[25] Nada obstante, tanto a AIRC como a AIJE admitem ampla cognição, tendo o Tribunal Superior Eleitoral, inclusive, transformado o rito do art. 3º da LC nº 64/90 em procedimento ordinário das ações eleitorais, razão pela qual a própria AIME adotaria esse rito. Ora, se a ação de impugnação de mandato eletivo tem como causa de pedir o abuso de poder econômico, por que não poderia a ação de impugnação de registro de candidatura também ter idêntica causa de pedir, já que ambas possuem o mesmo rito?[26]

Afora esse aspecto, um outro, envolvendo também a AIJE, traz repercussão no estudo da AIRC. É que não se tem chegado a um consenso sobre o *dies a quo* de propositura da ação de investigação. Há quem sustente que a AIJE pode ser proposta a qualquer tempo antes da diplomação, não havendo, por isso mesmo, nenhum marco inicial para o seu ajuizamento, de modo que, mesmo antes da indicação dos pré-candidatos em convenção, já se poderia atacá-los através dessa ação, bastando para isso qualquer manifestação do demandado, no sentido de desejar concorrer às eleições. Desse modo, *e.g.*, se alguém exercesse o cargo de governador de Estado e manifestasse o seu desejo de no futuro concorrer à reeleição, já poderia ser atacado pela AIJE, acaso praticasse algum ato de abuso de poder nesse período.

---

[25] Sobre o tema, *vide* o capítulo que dedicamos à AIJE. Hoje, contudo, com o avanço teórico, já não há mais quem negue a natureza de ação da investigação judicial eleitoral.

[26] "Questão de Ordem. Ação de impugnação de mandato eletivo. Art. 14, §10, da Constituição Federal. Procedimento. Rito ordinário. Código de Processo Civil. Não-observância. Processo eleitoral. Celeridade. Rito ordinário da Lei Complementar n.º 64/90. Registro de candidato. Adoção. Eleições 2004. 1. O rito ordinário que deve ser observado na tramitação da ação de impugnação de mandato eletivo, até a sentença, é o da Lei Complementar n.º 64/90, não o do Código de Processo Civil, cujas disposições são aplicáveis apenas subsidiariamente. 2. As peculiaridades do processo eleitoral — em especial o prazo certo do mandato — exigem a adoção dos procedimentos céleres próprios do Direito Eleitoral, respeitadas, sempre, as garantias do contraditório e da ampla defesa" (TSE-Resolução nº 21.634/04).

Esse raciocínio, parece-nos, não pode ser acolhido, por desatender a algumas exigências legais intransponíveis. Ora, a AIJE apenas pode ser ajuizada *contra candidato beneficiado* por abuso de poder econômico, abuso de poder político, uso indevido dos meios de comunicação social etc., na forma do *caput* do art. 22 da LC nº 64/90. Se a ação deve ter, obrigatoriamente, como um dos sujeitos passivos, *o candidato beneficiado pelo abuso de poder*, além de quem lhe deu causa — se não foi apenas ele próprio —, resta claro, de uma luminosidade solar, que *não pode ser a AIJE proposta contra quem ainda não tenha sido indicado em convenção partidária e pedido o registro de sua candidatura, qualificando-se como pré-candidato oficial*. Por essa razão, com supedâneo em nosso direito positivo, entendo que *a AIJE deve ser proposta contra os fatos ilícitos ocorridos após o pedido de registro de candidatura, podendo ser manejada até a diplomação*.

Sendo assim, temos que advertir que o abuso de poder econômico ou abuso de poder político praticado antes do pedido de registro de candidatura, além daquelas inelegibilidades não reputadas constitucionais, devem ser atacados pela ação de impugnação de registro de candidatura, sob pena de preclusão. *A AIRC é a ação própria, concebida pelo ordenamento jurídico, para fustigar os fatos geradores de inelegibilidade ocorridos antes do pedido de registro de candidatura*, inclusive, e com maioria de razão, aqueles previstos pela Lei Complementar nº 64/90, de escalão infraconstitucional, mercê da possibilidade legal de sua preclusão.[27]

Para demonstrar a inexistência dessa limitação da AIRC apenas para ferir as inelegibilidades que já possuam prova pré-constituída, basta uma comparação ligeira das normas de ambas as ações:

---

[27] Em sentido contrário, reproduzindo a jurisprudência do TSE (ESMERALDO, Elmana Viana Lucena. *Processo eleitoral*: sistematização das ações eleitorais. 2. ed. Leme: J. H. Mizuno, 2012. p. 261): "Assim, em sede de AIRC, só podem ser arguidas as inelegibilidades originárias ou já constituídas (cominadas) por outra decisão anterior". Nesse sentido: "4. A ação de investigação judicial eleitoral constitui instrumento idôneo à apuração de atos abusivos, ainda que anteriores ao registro de candidatura. Precedentes" (TSE, RO nº 1.362/PR, *Dje*, 06 abr. 2009, p. 45). GOMES. *Direito eleitoral*. 8. ed., p. 274, discorda dos nossos argumentos, entendendo que o fato de ser "improrrogável o prazo para julgamento dos respectivos pedidos e AIRCs", além da "necessidade de se cumprir à risca o calendário eleitoral", impediria que fosse a ação de impugnação de registro de candidatura meio adequado para atacar abuso de poder econômico ou político. Nada obstante, a própria previsão legal de ampla dilação probatória afasta esse argumento, que é *contra legem*.

AIRC	AIJE
Art. 3º, §3º, da LC nº 64/90 – O impugnante especificará, desde logo, os meios de prova com que pretende demonstrar a veracidade do alegado, arrolando testemunhas, se for o caso, no máximo de 6 (seis).	Art. 22, caput, da LC nº 64/90 – Qualquer partido político, coligação, candidato ou Ministério Público Eleitoral poderá representar à Justiça Eleitoral, diretamente ao Corregedor-Geral ou Regional, relatando fatos e indicando provas, indícios e circunstâncias e pedir abertura de investigação judicial para apurar uso indevido, desvio ou abuso do poder econômico ou do poder de autoridade, ou utilização indevida de veículos ou meio de comunicação social, em benefício de candidato ou partido político, obedecido o seguinte rito:
Art. 4º da LC nº 64/90 – A partir da data em que terminar o prazo para impugnação, passará a correr, após devida notificação, o prazo de 7 (sete) dias para que o candidato, partido político ou coligação possa contestá-la, juntar documentos, indicar rol de testemunhas e requerer a produção de outras provas, inclusive documentais, que se encontrarem em poder de terceiros, de repartições públicas ou em procedimentos judiciais, ou administrativos, salvo processos em tramitação em segredo de justiça.	Art. 22, inc. I, da LC nº 64/90 – O Corregedor, que terá as mesmas atribuições do relator em processos judiciais, ao despachar a inicial, adotará as seguintes providências: a) ordenará que se notifique o representado do conteúdo da petição, entregando-se-lhe a segunda via apresentada pelo representante com as cópias dos documentos, a fim de que, no prazo de 5 (cinco) dias, ofereça ampla defesa, juntada de documentos e rol de testemunhas, se cabível.

Como se pode observar *ictu oculis*, as normas sobre a AIRC são bem mais explícitas sobre o cabimento de *todas* as provas admitidas pelo direito processual civil, que é aplicável subsidiariamente ao direito processual eleitoral; doutra banda, dada a redação sofrível consumada para as disposições sobre a AIJE, seria lícito, embora impertinente, discutir-se sobre o não cabimento de outras provas, que não as documentais e testemunhais, nesse remédio processual específico. Ou seja, se alguma dúvida fosse agitada sobre a existência de limitações probatórias, não deveria recair sobre a AIRC, mas sim sobre a AIJE.

Todavia, conquanto a timidez do legislador tenha empanado o sentido que ele atribuiu aos preceitos cotejados, não há negar a clareza meridiana da possibilidade de dilações probatórias em sede de AIRC, tornando injustificável a tese reducionista, que não tem suporte na legislação em vigor, nem tampouco na sã interpretação das normas postas.

Outro grave erro interpretativo, a incentivar a limitação do uso da AIRC, tem sido aquele nominalista, de entender que a *representação* aludida pelo art. 1º, inc. I, alínea "d", da LC nº 64/90 estaria se referindo apenas à AIJE, de modo que apenas por essa outra ação poderia o abuso de poder econômico ser manietado.[28] Ora, o signo *representação*, previsto no art. 1º, inc. I, letra "d", da LC nº 64/90 está aí por *petição inicial*, tal como ocorre no art. 3º, *caput* ("petição fundamentada"), e no art. 22, inc. I ("despachar a *inicial*") e sua alínea "a" ("conteúdo da petição"), todos da LC nº 64/90. Logo, não seria producente argumentar que o abuso de poder econômico apenas poderia ser vergastado pela AIJE, com base na palavra "representação", presente no art. 1º, inc. I, alínea "d", da Lei Complementar. Pior ainda, quando, com base nesse argumento, se saca aqueloutro da necessidade de prova pré-constituída para instruir a AIRC, contrariando a própria dicção do texto legal glosado.

É preciso entender que os fatos descritos no art. 1º, inciso I, da LC nº 64/90, os quais ensejam a inelegibilidade, podem ser atacados, em sua integralidade, tanto pela AIJE como pela AIRC. A diferença entre ambas, quanto ao conteúdo da ação, está no momento em que tais fatos ocorreram: se forem praticados antes do pedido de registro de candidatura, cabe a AIRC; se praticados entre o registro e a diplomação, é a AIJE que tem cabida.

As alíneas "d", "h" e "i", do inc. I do art. 1º da LC nº 64/90 são normas de direito material, que estabelecem causas de inelegibilidade. Desse modo, nada dizem do rito processual adotado para serem levadas a juízo, pois tal matéria é afeta às normas processuais próprias, que regrarão o modo de exercício da pretensão à tutela jurídica. As ações previstas para combater tais fatos ilícitos, estipuladas nas normas pertinentes, foram regradas nos arts. 3º e 22 do mesmo diploma, com os ritos processuais ali definidos para o seu ajuizamento. Se, ao tratar da AIRC, o legislador não elencou, em *numerus clausus*, os fatos que a ensejam, apenas a criando como meio de fustigar o pedido de registro, não haverá como o intérprete lhe subtrair a possibilidade de trazer à colação quaisquer fatos geradores de inelegibilidade, quando mais se se leva em conta que as provas, a serem produzidas, não precisam ser pré-constituídas, dada a literalidade do preceito dos arts. 3º e 4º da LC nº 64/90.

---

[28] Notável, nesse particular, o equívoco do Tribunal Superior Eleitoral, em algumas decisões com essa fundamentação: "Registro de candidato. Inelegibilidade. Abuso de poder econômico. LC 64/90, art. 1º, I, alínea 'd'. A impugnação ao pedido de registro de candidatura, fundada em abuso de poder econômico, deve vir instruída com decisão da Justiça Eleitoral, com trânsito em julgado, sendo inadmissível a apuração dos fatos no processo de registro. Recurso ordinário desprovido" (Acórdão nº 11.346, de 31.08.1990, rel. Min. Célio Borja, *RJTSE*, 2(3)/111). Outrossim: "Registro de candidatura. Impugnação. Abuso de poder econômico. Inelegibilidades previstas no art. 1º, inc. I, letras 'h' e 'i' da Lei Complementar nº 64, de 1990. I – No caso, o juiz-Relator do feito decidiu que a competência para apurar o alegado abuso do poder econômico é do Corregedor, nos termos do art. 22 da Lei Complementar nº 64, de 1990, tendo permanecido irrecorrida a sua decisão. II – Ademais, segundo se depreende do art. 1º, I, 'd', da Lei Complementar nº 64, de 1990, o processo de registro é inadequado para apuração da causa de inelegibilidade consubstanciada no abuso de poder econômico. III – Finalmente, inocorrem as causas de inelegibilidade, previstas no art. 1º, inciso I, 'h' e 'i', da citada Lei Complementar, porquanto o acórdão recorrido faz convincente demonstração de que o recorrido, após 30 de abril do corrente ano, não exerceu cargo de direção nas empresas indicadas pelo recorrente, bem como da inexistência de condenação criminal capaz de provocar inelegibilidade. IV – Recurso não conhecido quanto ao abuso de poder econômico e desprovido quanto ao mais" (Acórdão nº 12.085, de 05.08.1994, rel. Min. Antônio de Pádua Ribeiro, publicado em sessão no dia 05.08.1994). E, ainda mais recentemente, *vide*: "Registro de candidatura. Inelegibilidade. Abuso de poder econômico. LC nº 64/90. O processo de registro não é adequado para apuração da causa de inelegibilidade consubstanciada no abuso de poder econômico, haja vista a existência de procedimento específico, conforme se depreende do art. 22 da LC nº 64/90. Recurso a que se negou provimento. (Acórdão nº 92, de 4.9.98, Recurso Ordinário nº 92, Classe 27ª/PR (Curitiba). Relator: Ministro Eduardo Alckmin)". No mesmo sentido os Acórdãos nºs 100, de 02.09.1998, e 98, de 22.09.1998.

Insistamos ainda mais um pouco sobre esse tema. Um mesmo fato jurídico, ainda que ilícito, pode ensejar duas ou mais ações; bem assim, um mesmo resultado ou efeito jurídico pretendido pode ser obtido por meio de duas ou mais ações. Em casos que tais estamos diante da chamada *concorrência de ações*. No primeiro caso, estamos diante da concorrência de ações por fluência, ou causalística; no segundo, da concorrência de ações por fim, ou finalística.[29] Como é ressabido, quando o interessado possui mais de uma ação ao seu dispor, pode ele escolher qualquer uma delas, ficando apenas proibido de exercitar as demais se, em relação a primeira, houver julgamento do mérito.[30]

Quando a Lei Complementar nº 64/90 estabeleceu, em seu art. 1º, tipos geradores de inelegibilidade, não se preocupou em estabelecer quais as ações cabíveis para fustigá-los, deixando tal matéria para os arts. 3º e 22. Ali dispôs sobre ações cabíveis para impedir a concessão do registro de candidatura, ou mesmo para cancelá-lo, em caso de inelegibilidade do candidato, bastando para isso a leitura atenta do art. 15 desse mesmo diploma legal. Logo, é necessário, para se compreender quais os fatos ilícitos que geram as respectivas ações, que se faça uma análise do que sobre elas dispõs o ordenamento jurídico. Vendo o art. 22, *caput*, da LC nº 64/90, sabemos que a AIJE cabe para irrogar a inelegibilidade contra quem pratique abuso de poder econômico ou político, uso indevido dos meios de comunicação social e uso indevido de transportes. Outrossim, ver-se-á de uma maneira clara que a AIRC tem cabimento para impossibilitar a concessão do registro de candidatura àquele que não atenda os pressupostos legais (as chamadas condições de elegibilidade), ou que não junte os documentos necessários em seu pedido de registro, ou ainda que tenha praticado algum ato ilícito que o torne inidôneo para concorrer a um mandato eletivo (inelegibilidade cominada decorrente de abuso de poder, corrupção, fraude, uso ilegal dos meios de comunicação social etc.).

A mesma finalidade (inelegibilidade) pode ser obtida por meio de qualquer uma dessas ações. Ambas possuem quase o mesmo rito, variando apenas alguns prazos. O que estabelece a diferença entre elas é o período em que podem ser propostas e o tempo em que os fatos atacados ocorreram: a AIRC apenas pode ser proposta cinco dias após a publicação do edital que comunica os pedidos de registro, atacando fatos que lhe sejam anteriores; e a AIJE pode ser proposta entre o registro e a diplomação, atacando fatos posteriores ao registro e ocorridos até o dia da eleição.

AIRC	AIJE
Pode ser proposta até cinco dias após intimação por edital dos pedidos de registro de candidatura.	Pode ser proposta entre o registro de candidatura e a diplomação. Entre os legitimados passivos deve constar obrigatoriamente algum candidato.
Pode atacar qualquer fato ilícito gerador de inelegibilidade cominada; a ausência de alguma condição de elegibilidade; e a omissão de algum documento indispensável.	Pode atacar qualquer dos fatos ilícitos previstos no art. 22, *caput*, da LC nº 64/90, bem assim aqueles previstos no art. 1º, inc. I, alíneas "d", "e" e "h".

---

[29] Assim, *vide* Pontes de Miranda (*Tratado das ações*, t. I, p. 144).
[30] Por todos, SANTOS. *Primeiras linhas de processo civil*, v. 1, p. 186.

Note-se, por fim, como já averbei, que o Tribunal Superior Eleitoral, através da Resolução nº 21.634/2004, resolvendo questão de ordem suscitada pelo Ministro Fernando Neves, definiu que no rito da ação de impugnação de registro de candidato (AIRC) seria reputado o *rito ordinário do direito processual eleitoral*, inclusive a ser aplicado para a ação de impugnação de mandato eletivo (AIME), que ataca, como se sabe, o abuso de poder econômico, a corrupção (captação de sufrágio) e a fraude (art. 14, §10, da CF/88). Em sua fundamentação, asseverou o Ministro Gilmar Ferreira Mendes não haver nenhuma dúvida quanto à necessária observância dos princípios do contraditório e da ampla defesa, bastando "a leitura dos arts. 3º a 6º da referida LC nº 64/90, que preveem vários mecanismos de produção de provas e de manifestação das partes". Com isso, firmou-se no art. 90, §1º, da Resolução nº 21.635/2004, que a ação de impugnação de mandato eletivo, até a conclusão para sentença, observará o procedimento previsto na Lei Complementar nº 64/90 para o registro de candidaturas.

Ora, se o rito da AIRC serve para a declaração da prática de abuso de poder econômico através da AIME, por que não servirá para os mesmos fins através da própria AIRC? Pensamos que está aberto o caminho para a revisão da jurisprudência do TSE também neste ponto, em importante avanço na busca de efetividade das normas sobre inelegibilidade.

4.2 A AIRC e o problema da cognição sumária

Das ações eleitorais típicas (AIRC, AIJE, RCD e AIME), apenas o recurso contra a expedição de diploma possui limitação na cognição do objeto litigioso. De fato, por força do art. 262 do Código Eleitoral, a inelegibilidade do candidato eleito apenas pode ser suscitada se fundada em prova pré-constituída, seja documental ou decorrente de uma decisão anterior (art. 262, incs. I e IV).

A doutrina, no estudo da cognição judicial, não obteve ainda um consenso, inclusive terminológico, para explicar a qualidade e a quantidade do conhecimento das matérias objeto de determinado processo. Kazuo Watanabe, em sua preciosa obra sobre o tema,[31] classifica a cognição em dois planos distintos: *horizontal* (extensão, amplitude) e *vertical* (profundidade). No plano horizontal, a cognição pode ser plena ou parcial (limitada), segundo a extensão permitida; no plano vertical, doutra banda, pode ser exauriente (completa) ou sumária (incompleta).

Giuseppe Chiovenda,[32] por outro lado, não se preocupa com a área de cognição propriamente dita, mas sim com o plano do seu corte ou seccionamento. Se na análise das questões da causa houvesse um corte horizontal, limitando a profundidade do seu conhecimento, teríamos uma cognição superficial ou incompleta; se, ao revés, o corte fosse vertical, de cima para baixo, teríamos uma limitação da extensão da matéria, sendo a cognição parcial ou limitada.

Como se pode perceber, ambas as classificações são essencialmente assemelhadas, distando apenas em razão do ângulo pelo qual apreciam o mesmo fenômeno. Se excluíssemos a problemática da horizontalidade e verticalidade, veríamos que a classificação de ambos é idêntica, sem qualquer dissemelhança digna de menção.

---

[31] *Da cognição no processo civil*, p. 83 *et seq.*

[32] *Instituições de direito processual civil*, v. 1, p. 290-291. Entre nós, *vide* Ovídio Batista da Silva (*Comentários ao Código de Processo Civil*, v. 11, p. 30).

Tal qual o mandado de segurança, o recurso contra diplomação sofre uma limitação quanto às provas admitidas. Ou seja, embora se permita que a ação possa abranger todas as questões possíveis (cognição plena), fica limitada quanto aos meios de prova dos fatos alegados, razão pela qual apenas superficialmente podem ser eles conhecidos (cognição superficial ou incompleta). Faz-se um corte horizontal na cognição, inibindo os embates probatórios no decorrer do procedimento. A sumariedade da cognição, destarte, é quanto à profundidade do debate admitido, possibilitando às partes, a depender da ação concreta, a propositura de uma ação plenária futura.[33]

Quanto à ação de impugnação de registro de candidatura (AIRC), o legislador não impôs qualquer limitação das matérias a serem atacadas (corte vertical), nem tampouco acerca da profundidade das questões a serem debatidas (corte horizontal). Assim, *qualquer fato capaz de infirmar a pretensão do pré-candidato, gerando o indeferimento do pedido de registro, pode ser suscitado pela AIRC, em debate pleno e exauriente das questões trazidas aos autos*, conforme assentado na Resolução-TSE nº 21.634/2004. Não por outra razão, a ação de impugnação de registro de candidatura tem sido adequadamente utilizada para manietar a inelegibilidade inata decorrente da existência de união estável entre o candidato e o chefe do Poder Executivo, com ampla dilação probatória.

4.3 Sobre a causa de pedir

Há três espécies de fatos que podem ensejar a AIRC: (a) a inelegibilidade inata, decorrente da ausência de alguma condição de elegibilidade; (b) a inelegibilidade cominada, procedente de algum ato reputado ilícito pelo ordenamento; e (c) a falta de algum documento legalmente exigível para o pedido de registro, não suprida em tempo hábil.

Quanto às espécies (a) e (c) a doutrina e a jurisprudência não têm polemizado, sendo matéria pacífica o seu cabimento. O pomo da discórdia é quanto à possibilidade de a AIRC ser meio de impugnação do pedido de registro, esgrimindo contra a pretensão do pré-candidato à prática de algum ato ilícito, de cuja apuração dependa a existência de dilações probatórias. Ou seja, admite-se que a inelegibilidade cominada, documentalmente provada, possa ser suscitada em sede de AIRC (inabilitação para mandato eletivo; perda do mandato por infringência do disposto nos incisos I e II do art. 58 da CF/88; rejeição da prestação de contas por irregularidade insanável; abertura de processo de liquidação judicial ou extrajudicial, em relação aos seus diretores, administradores ou representantes dos últimos doze meses; etc.). Portanto, os fatos ilícitos previstos na legislação, aos quais seja cominada a inelegibilidade, podem ser suscitados pela ação de impugnação de registro de candidatura, pouco importando se as normas prescritoras sejam constitucionais ou não.

---

[33] Curiosamente, Kazuo Watanabe (*ibidem*, p. 89-90) classifica o mandado de segurança como sendo de cognição plena e exauriente *secundum eventum probationis*, pois, segundo ele, em tal caso a cognição poderá ser exauriente, embora condicionada "à profundidade da cognição que o magistrado conseguir, eventualmente, estabelecer com base nas provas existentes nos autos". Ora, a simples limitação das provas admitidas no processo já impõe corte na cognição do magistrado, que não poderá ser aprofundada, senão na medida da produção da prova autorizada. Assim, pensamos não se possa falar em cognição exauriente, mas tão apenas em cognição sumária superficial ou incompleta.

Se é assim, por que motivo a inelegibilidade decorrente de abuso de poder econômico, abuso de poder político, uso indevido dos meios de comunicação social e dos meios de transporte, fraude, corrupção etc. ficaria excluída da AIRC? Como já vimos, a LC nº 64/90 não impôs nenhuma causa de limitação da cognição dos fatos alegados nessa ação, nem tampouco prescreveu qualquer espécie de poda dos meios probatórios. Ao revés, mencionou o cabimento das provas documentais, testemunhais, bem como a possibilidade de se requerer *a produção de outras provas* (art. 4º da LC nº 64/90).

Logo, rigorosamente falando, não existe qualquer empeço de ordem legal ou jurídica para o amplo uso da AIRC com a finalidade de impugnar o pedido de registro de candidatura, podendo suscitar todos os fatos ocorridos antes do registro, os quais possam gerar a sanção de inelegibilidade ou a denegação da pretensão registral do pré-candidato. A emasculação da AIRC procedida por alguns é fruto, como vimos, de preconceitos atávicos, sendo um fetiche que deve ser fustigado com força, em razão de seus deletérios efeitos na seara eleitoral. *Quem subtrai da AIRC a sua vocação, incentiva todo o tipo de fraude que denigre e desequilibra as eleições.*

4.4 AIRC e abuso de poder econômico: a posição do TSE

O Tribunal Superior Eleitoral já decidiu, embora sem formar uma corrente jurisprudencial consistente, no sentido de que a ação de impugnação de registro de candidato (AIRC) é meio hábil de atacar a prática de abuso de poder econômico e político anterior ao registro: "Recurso especial. Argüição de abuso de poder político e econômico. Impugnação ao registro. Prazo decadencial. Extinção do processo. Art. 3º da LC 64.90. Em se tratando de alegação de abuso de poder político e econômico, que teria ocorrido em praça pública, à vista de todos, antes do registro, e mesmo da escolha dos candidatos a Senador, a governador e a vice-governador, é fora de dúvida que, *não tendo ela sido veiculada por meio de impugnação ao registro das respectivas candidaturas, verificou-se a decadência*, razão pela qual outro não poderia ter sido o desfecho da representação serodiamente manifestada, senão a extinção do processo. Recurso não conhecido" (Acórdão nº 12.676, de 18.06.1996, rel. Min. Ilmar Galvão, *DJU*, 16 ago. 1996, *JTSE*, 8/2, p. 119, abr./jun. 1997, com grifos meus).

Esse aresto discute, basicamente, a possibilidade ou não de manejo da AIRC para atacar a prática de abuso de poder econômico e político ocorrida antes do registro de candidatura. O Ministro Diniz de Andrada, voto vencido, sustentava a tese aqui vergastada, segundo a qual a AIRC seria uma ação imprópria para magoar ou surpreender qualquer abuso de poder anterior ao registro. Vem a pelo aqui expor os argumentos que assoalharam o seu voto vencido: "A representação [AIJE] não possui um marco inicial. Tem, conforme a nossa jurisprudência, um marco final (Acórdão nº 12.603 – DJ de 8 de setembro de 1995). Na prática, é comum as apurações de abuso de poder surgirem ao tempo em que ocorrem os registros dos candidatos, mas isso não significa que elas não possam ter lugar antes ou depois de tais registros. É preciso ter em conta que o objetivo da representação é uma investigação, a qual só vai produzir conseqüências no mundo jurídico quando houver o trânsito em julgado da sua procedência. Só aí é que aparecer a inelegibilidade prevista na lei complementar. Assim, afirmar-se que os fatos argüidos na representação, e já de conhecimento do representante, deviam ser alegados em impugnação ao registro das candidaturas dos representados não me parece homenagear-se o lógico. As situações são diversas. Na representação, pretende-se um investigação; na impugnação ao registro, investe-se contra a candidatura especificamente".[34]

Consoante já exaustivamente visto, tanto a representação (*rectius*, a ação de investigação judicial) como a ação de impugnação de registro de candidatura são ações de direito material, com escopos bem específicos. Mais que isso: é erro supor seja a AIJE uma mera investigação, quando sua finalidade e, do ponto de vista processual, o seu rito denunciam sua real natureza de ação, submetida ao princípio do contraditório e da ampla defesa.

Quanto à ação de impugnação de registro de candidatura, no que toca à possibilidade de atacar o abuso de poder econômico ou abuso de poder político ocorrido antes do registro, assim se pronunciou o voto vencedor proferido pelo Ministro Ilmar Galvão: "Não obstante a LC nº 64/90 não haja sido expressa a respeito, é fora de dúvida que a impugnação ao registro, além da argüição de inelegibilidade, pode ser feita mediante alegação de abuso do poder econômico ou político, praticado em detrimento da liberdade de voto, antes da convenção partidária ou do registro". E conclui: "Veja-se que, de acordo com os parágrafos do referido art. 3º e, ainda, com os arts. 4º e 8º da referida LC nº 64/90, o candidato será notificado para contestar, querendo, a impugnação, que será julgada após a mais ampla fase instrutória, com a produção de prova oral, documental e, até mesmo, busca e apreensão de documentos em poder de terceiros. Além disso, a decisão proferida pelo juiz ou Tribunal poderá ser atacada por meio de recursos ordinário e especial".[35] Ou seja, valeu-se dos mesmos argumentos utilizados para transformar o rito da AIRC em "ordinário", a ser também utilizado para o manejo da AIME.

O raciocínio que serviu de lastro ao voto condutor é simples: atém-se à lei; cumpre-a sem escamotear a clareza do texto legal. E, embora não o diga, rejeita o pensamento segundo o qual a mora do processo da AIRC traria consequências à administração das eleições, em razão da incerteza quanto aos registros deferidos para a confecção das cédulas ou alimentação das urnas eletrônicas. A fragilidade desse entendimento está no fato de que a data fixada para o deferimento ou o indeferimento dos registros não é peremptória, uma vez que, admitindo seja ela cumprida pelo Juízo Eleitoral originário, ainda assim a relação processual persiste com a interposição de recursos, remanescendo a incerteza jurídica quanto à viabilidade da candidatura impugnada ("correrá por sua conta e risco", do art. 61, parágrafo único, da Resolução nº 21.608/2004). Se, em razão da mora no processo da AIRC, houver possibilidade de os prazos administrativos serem descumpridos, não haverá gravame, porque o pedido de registro é suficiente para que o pré-candidato venha a praticar os atos de campanha, ainda que o próprio pedido de registro seja indeferido (art. 60 da Resolução nº 21.608/2004).

Não por outra razão, o Ministro Fernando Neves assentou, no Recurso Ordinário nº 61/PR: "Não obstante a LC 64/90 não sido expressa a respeito, é fora de dúvida que a impugnação ao registro, além da arguição de inelegibilidade, pode ser feita mediante a alegação de abuso do poder econômico ou político, praticado em detrimento da liberdade

---

[34] *JTSE*, 8/2, p. 123, abr./jun. 1997.
[35] *JTSE*, 8/2, p. 124, abr./jun. 1997.

de voto, antes da convenção partidária ou do registro".[36] Com esse fundamento, assentou que não se poderia atacar fatos anteriores ao registro de candidatura através da ação de impugnação de mandato eletivo, uma vez que "as consequências desses alegados fatos na elegibilidade do recorrente deveriam ter sido consideradas por ocasião do registro de candidatura", aceitando os argumentos que estamos defendendo faz já alguns anos, em grande proveito para a efetividade do processo de impugnação ao registro de candidatura.

§5 Legitimados para agir

De acordo com o art. 3º, *caput*, da LC nº 64/90, são legitimados para propor a AIRC qualquer candidato, o partido político, coligação e o representante do Ministério Público. O eleitor é parte ilegítima para manejar a AIRC, apenas podendo apresentar uma representação, dirigida ao Ministério Público Eleitoral (dando notícia de inelegibilidade), manifestando conhecimento de fato que provoque o indeferimento do pedido de registro. Se o órgão ministerial entender bem fundada a representação, que deverá vir acompanhada de provas, ou indicar o local onde elas possam ser obtidas, poderá então propor, no prazo legal, a ação de impugnação de registro de candidatura.

Em relação aos partidos políticos, penso que não são eles legitimados, se pertencentes a alguma coligação. Desse modo, apenas poderia o partido político impugnar a candidatura por si mesmo, ou em litisconsórcio com algum candidato interessado, exceto quando coligado. Em casos que tais, as coligações são reputadas partidos temporários, substituindo-os em todos os direitos e obrigações, como se fossem absorvidos em sua individualidade. No que se refere ao problema da legitimidade para propor a AIRC, tem sido esse o entendimento do TSE, cuja postura é uníssona no sentido de rejeitar seja concorrente a legitimidade dos partidos políticos e das coligações a que integrem: "Registro de candidatura. Impugnação por partido coligado atuando isoladamente. Ilegitimidade reconhecida pela instância *a quo*. A partir do pedido de registro das candidaturas, à coligação são atribuídas as prerrogativas e obrigações de partido político no que se refere ao processo eleitoral, devendo funcionar como um só partido no relacionamento com a Justiça Eleitoral (Lei nº 9.504/97, art. 6º, §1º)" (Acórdão nº 345, de 29.09.1998, RO, Classe 27ª/AM, rel. Min. Costa Porto. *Ementário-Decisões do TSE/1998*, p. 48, out. 1998). Outrossim: "Coligação. Recurso. Segundo entendimento do Tribunal Superior Eleitoral, formada a coligação, essa ou os próprios candidatos terão legitimidade para postular perante a Justiça Eleitoral, nos processos de registros. Ressalva o ponto de vista do relator que admite a legitimidade concorrente dos partidos" (Acórdão nº 363, de 28.09.1998, RO, Classe 27ª/PA, rel. Min. Eduardo Ribeiro. *Ementário-Decisões do TSE/1998*, p. 157-158, set. 1998). E ainda: "Partido. Coligação. Lei nº 9.504/97, art. 6º, §1º. Consoante a jurisprudência do Tribunal Superior Eleitoral, a coligação e não o partido isoladamente é que tem legitimidade para postular, perante a Justiça Eleitoral, em relação a matérias que se refiram ao pleito a cujo propósito aquela se formou" (Agravo Regimental no Agravo de Instrumento nº 1.452/DF, rel. Min. Eduardo Ribeiro. *Informativo TSE*, ano I, n. 05, p. 3, 07-13 jun. 1999; e *DJ*, 13 nov. 1998).

---

[36] *JTSE*, 13/3, jul./set. 2002 *apud* PINTO. *Direito eleitoral*: improbidade administrativa e responsabilidade fiscal, p. 177.

O candidato é legitimado para agir, mesmo que não tenha ainda o seu próprio registro deferido. De fato, é necessário ter presente que, quando do momento oportuno para o ajuizamento dessa ação, os candidatos, todos eles, ainda não terão o seu pedido apreciado pela Justiça Eleitoral, de maneira que não estarão de posse do registro de sua candidatura. Sendo assim, para efeito de ação de impugnação de registro de candidatura, *a legitimidade ativa é aferida através de dois aspectos indissociáveis, os quais deverão ser preenchidos pelo impugnante: (a) a sua indicação em convenção partidária, provada através da ata da convenção do partido; e (b) o seu pedido de registro de candidatura.*

Sabe-se que ninguém pode concorrer a um mandato eletivo, senão quando indicado por partido político. Vale dizer, no Direito Eleitoral brasileiro não se admitem candidaturas avulsas, desligadas de uma dada agremiação partidária. Desse modo, ainda que um eleitor desfiliado de algum partido político — ou mesmo filiado, mas sem ter seu nome homologado em convenção — pleiteie o registro de sua candidatura, não será parte legítima para propor a AIRC, eis que ausente um requisito básico, elementar, que demonstre *quantum satis* a viabilidade do seu pedido de registro.

Não estamos sustentando aqui, por inoportuno, que apenas têm legitimidade para propor a AIRC aqueles que possuam as condições de elegibilidade próprias e impróprias demonstradas, ou que tenham regulados os pedidos de registro, com a presença de todos os documentos exigidos. Se assim fosse, apenas teriam legitimidade aqueles com o pedido de registro já analisado e deferido. Tampouco afirmamos, por desarrazoado, que os que tenham o pedido de registro indeferido deixariam de ser parte legítima, pois à legitimidade basta a condição de pré-candidato. Se ao depois veio a perder essa condição, em virtude de renúncia, substituição ou indeferimento do pedido de registro, não altera em absoluto o atendimento da exigência legal. *O imperioso, todavia, é que cumpra tal requisito quando da propositura da demanda.*

A *condição de pré-candidato* é qualificada pela indicação em convenção partidária, quando o seu nome é homologado pelos convencionais, com a especificação do cargo para o qual irá concorrer e do número que o identificará perante o eleitorado.[37] A par disso, necessário que tenha providenciado o pedido do registro de sua candidatura, buscando viabilizar a obtenção da sua elegibilidade. Sem a indicação em convenção, *demonstrada pela ata oficial do partido político,* lavrada na forma dos estatutos, não há pré-candidatura, sendo inane, natimorto, o pedido de registro de candidatura.

Assim, a primeira providência que o juiz eleitoral deve tomar, quando da propositura da AIRC, é a verificação do cumprimento desses dois requisitos. Não havendo nos autos nenhuma ata da convenção indicando o impugnante como candidato do seu partido, ou não havendo pedido de registro de sua candidatura, solicitado por ele ou por seu partido, não terá o impugnante legitimidade de agir, devendo ser indeferida *in limine* a ação de impugnação de registro de candidatura.

Finalmente, averbe-se que legitimidade de agir não se confunde com capacidade postulacional. Apenas o impugnante devidamente representado por advogado pode

---

[37] "Recurso ordinário. Registro de candidatura. Candidato não escolhido em convenção partidária. Impossibilidade. Excetuada a hipótese de candidatura nata, *é conditio sine qua non* para a concessão do registro a escolha do nome do candidato em convenção partidária. Recurso ordinário não conhecido" (Acórdão nº 165, de 1º.09.1998, RO, Classe 27ª/AL, rel. Min. Maurício Corrêa. *Ementário-Decisões do TSE*, p. 148, set. 1998). Note-se que as candidaturas natas foram abolidas pelo STF, que as reputou inconstitucionais.

ajuizar ação de impugnação de registro de candidato, sendo defeso ao delegado de partido ou coligação, ou mesmo o pré-candidato, em nome próprio, subscrevendo a petição, ingressar em juízo.

§6 Litisconsórcio facultativo ativo e reunião de ações.

O §1º do art. 3º da LC nº 64/90 prescreve que a impugnação por parte do candidato, partido político ou coligação não impede a ação do Ministério Público no mesmo sentido. Dessarte, a legitimidade de agir de cada uma dessas pessoas é *concorrente* (ou seja, existe para todas ao mesmo tempo) e *disjuntiva*, podendo ser exercida por cada uma delas independentemente. Advirta-se, todavia, que *a legitimidade da coligação partidária exclui a do partido político coligado*, uma vez que a coligação faz as vezes de partido político temporário, albergando os interesses comuns das agremiações. Não raro os partidos nanicos, que compõem as coligações para acrescer o tempo do horário eleitoral gratuito, são utilizados com a finalidade de impugnar determinadas candidaturas, poupando as agremiações mais representativas de terem a sua sigla vinculada ao ato de agressão jurídica. Tal atitude deve ser reprochada, sobretudo com o fito de não se perder a seriedade das ações propostas, atolando os tribunais de demandas inúteis, com caráter meramente político.

Doutra banda, deve ser sublinhado que não pode o partido político (ou a coligação) investir contra a candidatura de um seu filiado. Não haveria interesse de agir, além da quebra da vontade expressa nas convenções pelos demais filiados. Nada impede, entretanto, que os pré-candidatos impugnem pedidos de registro de seus colegas partidários, eis que disputam espaço no próprio partido e frente à comunidade votante. Só não poderão impugnar pré-candidato a eleições majoritárias, ante a falta de interesse de agir e a necessidade de submissão à vontade da maioria convencional.[38]

Dessarte, não há óbice a que a coligação ou o partido político — desde que este não esteja coligado — ingresse, juntamente com o candidato, com a ação em *litisconsórcio facultativo ativo*. Não se aplica o prazo em dobro para os litisconsortes, ainda que com defensores diferentes.

Havendo diversas ações de impugnação de registro de um mesmo candidato, interpostas por pessoas diferentes, deverão ser reunidas (art.96-B da Lei nº 9.504/97), para um julgamento comum, de modo a facilitar a prestação jurisdicional e tornar mais célere o feito, com escabelo no art. 55 do CPC.

§7 Da tutela de urgência

Antecipar a tutela é produzir de imediato, em cognição sumária, os efeitos que a sentença de procedência provavelmente teria; vale dizer, conceder inicial e provisoriamente o que foi pedido em definitivo pelo demandante. Naturalmente que tal outorga de efeitos adiantados apenas ocorreria em razão do pressuposto da existência de fundado receio de dano irreparável ou de difícil reparação. Portanto, ante a possibilidade de o resultado do processo ser improfícuo, em razão da perda de seu

---

[38] Nesse sentido, Tito Costa (*Recursos em matéria eleitoral*, p. 134).

objeto, pela consumação fáctica do conteúdo do direito subjetivo afirmado pelo autor, é que se possibilita ao juiz, no exercício de sua discricionariedade judicial, antecipar ou não a tutela.

Em sede de ações tipicamente eleitorais (ação de impugnação de registro de candidato, ação de investigação judicial eleitoral, recurso contra diplomação e ação de impugnação de mandato eletivo) não tem cabimento a antecipação da tutela, por dois fundamentos básicos: (a) as ações tipicamente eleitorais são impedidas de adiantar seus efeitos, mediante liminares ou antecipação de tutela, pela proibição contida nos arts. 216 do CE e 257, §2º, do CE. Segundo esses dispositivos, a inelegibilidade de candidato, com a consequente anulação da diplomação e registro, apenas pode ocorrer quando julgado o recurso ordinário interposto contra a sentença de procedência ou quando julgado pelo TSE o recurso contra a expedição de diploma. Tais dispositivos não podem ser apenas havidos como dispondo sobre a concessão de efeito suspensivo a recurso eleitoral, pois eles têm amplitude maior, é dizer: mais do que dar efeito suspensivo a recursos eleitorais, visam impedir a consecução, ainda que provisória, de impedimento ao pré-candidato ou candidato concorrerem às eleições. Obviamente que, se isso ocorresse, haveria irreversibilidade da situação negativa do candidato, com gravame definitivo para o prélio eleitoral. E, também, (b) pela própria compostura interna da antecipação da tutela, tal qual regrada pelo art. 300, §3º, do CPC, pelo qual é vedada a concessão da tutela de urgência quando houver perigo de irreversibilidade do provimento. Como todas as ações tipicamente eleitorais visam obstruir ou findar o exercício de mandato eletivo (quer desde o nascedouro, quer já quando diplomado o candidato eleito), seria de todo impertinente a antecipação de tutela.

Ademais, com a permissão para que o pré-candidato possa participar do prélio eleitoral a partir do pedido de registro de candidatura, por sua conta e risco em caso de indeferimento, não há mais falar na necessidade de concessão de registro de candidatura provisório, conforme sustentado nas edições anteriores desta obra.

§8 Resposta do réu

Transcorrido o prazo de 05 dias para o exercício da pretensão à tutela jurídica pelos legitimados a impugnar, e após a devida notificação, abrir-se-á o prazo de 07 dias para que o candidato, partido político ou coligação possa contestá-la. Aqui surge já uma questão relevante: essas pessoas seriam legitimadas para autonomamente contestar? Quem é o sujeito passivo da ação de impugnação de registro de candidato?

A questão é intrincada, mercê da relação onfálica existente entre o candidato e o partido político, pois apenas se pode concorrer a eleições se houver vinculação partidária, que é, inclusive, condição nuclear de elegibilidade. Portanto, do ponto de vista do direito material, há uma intimidade profunda entre o pré-candidato e o partido político, de modo a ser muito difícil e artificial buscar uma separação de interesses entre os dois. Tanto assim que cabe ao partido ou ao candidato o pedido de registro de candidatura. Por isso, inegável que, se se fustiga o pedido de registro de candidatura, de certo modo está-se a fustigar o próprio partido patrocinador do candidato.

Nada obstante, em se tratando de registro de candidatura, os próprios pré-candidatos do mesmo partido podem proporcionar impugnações entre si, o que possibilita, nesse caso, perceber alguns matizes de separação entre o interesse do partido em possuir e lançar um candidato viável e elegível, e o interesse pessoal do próprio candidato, em buscar participar do pleito eleitoral, ainda que se sabendo da possibilidade de ter contra si decretada uma inelegibilidade superveniente, p.ex., podendo causar prejuízo ao partido. Há, assim, nesse particular ao menos, como distinguir os interesses entre ambos, de modo a compreender que o sujeito passivo da relação de direito material é o candidato, e apenas mediatamente o partido político, pelas consequências jurídicas que poderá vir a sofrer. Por isso, entendo que o legitimado passivo da AIRC é o candidato, sendo *legitimados extraordinários*, se esse não contestar, o partido ou a coligação. Com esse pensamento, obrigo-me a rejeitar a possibilidade de um *litisconsórcio passivo* em sede de AIRC, apenas podendo haver, por parte do partido ou coligação, a intervenção no processo como assistente litisconsorcial,[39] em virtude dos efeitos reflexos da sentença de procedência, que poderão prejudicar a relação do partido com o candidato, com prejuízo maior para o primeiro.

Questão importante diz respeito à necessidade de litisconsorciação do candidato à majoritária e do seu respectivo vice. Nessa hipótese, é curial lembrar que aqui ocorre o que denominamos de *candidatura plurissubjetiva*. A candidatura majoritária ocorre em chapa, sendo juridicamente uno o registro de candidatura, nada obstante com dois membros diversos. Sabe-se — embora não seja despiciendo lembrar — que a inelegibilidade é uma sanção de natureza pessoal, não contagiando o outro membro da chapa. Sem embargo, inelegível que seja um dos membros, a AIRC ocasionará défice na chapa, tendo de ser indeferido o registro de ambos os candidatos — a titular e a vice, como expressamente determinou o parágrafo único do art. 61 da Resolução nº 21.608/2004. Note-se, nesse diapasão, que o indeferimento do registro não é efeito reflexo da sentença prolatada em sede de AIRC, senão que é o seu efeito principal, incluso, razão pela qual o vice haveria de ser citado como litisconsorte necessário passivo, sob pena de nulidade processual insanável. O desfalque na membridade da chapa, causada pela inelegibilidade de um dos candidatos, enseja o seu indeferimento, razão pela qual os dois membros da chapa majoritária haveriam de ser chamados como réus no processo. Todavia, o TSE passou a tratar o vice como uma candidatura acessória, dependente da principal, de modo que a impugnação da chapa por inelegibilidade do titular, ou por abuso de poder econômico ou político, não precisaria ter o vice no polo passivo para alcançá-lo em seus efeitos.[40]

Ao contestar, o impugnado deverá arguir toda a matéria de defesa, quer processual, quer material, expondo razões de fato e de direito, bem como especificando

---

[39] O instituto da assistência litisconsorcial é francamente possível em sede de direito processual eleitoral, tanto mais no caso agora analisado. Se a sentença da AIRC for desfavorável ao pré-candidato, os efeitos reflexos da sentença atingirão a relação jurídica prejudicial existente entre o pré-candidato e o partido, de modo que o partido político, embora não tendo legitimidade ordinária para contestar, terá legitimidade para intervir como assistente. Como se sabe, há efeito reflexo da sentença quando há uma relação de prejudicialidade-dependência entre a relação controvertida, objeto do processo, e uma relação de direito material que tenha o terceiro com o sujeito ativo ou passivo. A repercussão da sentença na esfera jurídica do terceiro, ocorrida por circunstâncias acidentais, coloca-o como terceiro juridicamente interessado, numa relação de dependência jurídica relativamente à relação que fora objeto da sentença *inter alios. Vide*, sobre isso, Ovídio Baptista da Silva (Eficácia da sentença e coisa julgada. *In*: SILVA. *Sentença e coisa julgada*, especialmente p. 105-116).

[40] "Citação do vice-prefeito – Ausência – Relação de subordinação – Nulidade – Inexistência. 1. A situação jurídica do prefeito é subordinante em relação a seu vice, não configurando litisconsórcio passivo necessário. Recurso não conhecido" (Acórdão nº 19.540, de 16.10.2001 *apud* PINTO, Djalma. *Direito eleitoral*: improbidade administrativa e responsabilidade fiscal, p. 183).

as provas que pretende produzir. Antes de discutir o mérito poderá alegar as matérias pertinentes elencadas no art. 337 do CPC, como a inépcia da inicial, litispendência, coisa julgada, reunião de ações, incapacidade da parte, defeito de representação e carência de ação.

Se correr em branco o prazo para contestar, sem a produção da resposta do impugnado, não incidem os efeitos da revelia (art. 345, inc. II, do CPC), porque a inelegibilidade é matéria de ordem pública, não podendo as partes disporem a esse respeito.[41] *Mesmo revel, poderá o impugnado atuar posteriormente no processo*, não mais para contestar a pretensão do impugnante, *no sentido técnico do termo, mas para defender-se quanto às questões jurídicas agitadas no processo, que podem ser debatidas integralmente pelo demandado*. É preciso aqui lembrar que os efeitos da revelia respeitam apenas a irrevisibilidade, pelo réu, da veracidade dos fatos alegados pelo autor, ficando aberto o caminho para se debater sobre a norma que incidiu, ou mesmo se ela efetivamente incidiu, sobre os fatos reputados verdadeiros, ou, ainda, sobre a existência dos direitos subjetivos afirmados em face desses mesmos fatos. É preciso distinguir o que há de *alegação* (afirmação) de ocorrência fáctica e, estribado nela, o que há de declaração de vontade (*postulação*) feita pelo demandante. Se houve alegação de fato sem valor para a postulação, tais fatos não passam de meros sucessos históricos, irrelevantes para o desenho do objeto litigioso.[42] Se as afirmações concernem a fatos relevantes, quanto a elas incide o efeito da revelia, não se tratando de direitos indisponíveis. Já quanto às afirmações da incidência da norma sobre tais fatos, e as postulações disso decorrentes, não se há falar em efeito de revelia, podendo o réu enfrentá-las a todo tempo.[43]

Dessarte, se se alegar contra o impugnado, *exempli gratia*, que ele praticou abuso de poder econômico, e não houve contestação, poderá o réu, posteriormente, noutra fase do processo, discutir a veracidade desses fatos (art. 345, inc. II, do CPC), naturalmente com as limitações probatórias — decorrentes da preclusão da faculdade de indicar os meios de prova pelos quais sustentaria seu direito de ser votado (elegibilidade) —, além de poder enfrentar todas as questões jurídicas vertidas no processo, que não precluem pela ausência de contestação. Seja como for, observando o juiz eleitoral que, mesmo em face da inércia do réu, não se verificaram os efeitos da revelia, designará dia para

---

[41] Nesse sentido, Pedro Henrique Távora Niess (*op. cit.*, p. 105-106). Para Pontes de Miranda (*Comentários ao Código de Processo Civil*, 2. ed., t. IV, p. 265), "Direitos indisponíveis é direito que não pode ser retirado da pessoa, quer pela alienação, quer pela renúncia, quer pela diminuição ou substituição do seu conteúdo".

[42] Averba Araken de Assis (*Cumulação de ações*, p. 120-121): "Outra questão, porém, consiste em indagar quais fatos gozam de relevância para distinguir a causa de pedir. Em princípio, desprezando-se os fatos simples, vale dizer, aqueles que, de per si, não preenchem o suporte fáctico. Se, p.ex., o adultério se consumou de manhã, ou à noite; se o dia estava ensolarado, ou chovia; se o marido embriagou-se nesta ou naquela bodega; se o acidente ocorreu no início desta rua, ou no fim daquela; se numa sexta-feira, ou num sábado; tudo isto, conjunto de circunstanciais da *causa petendi*, completa-a, mas não a constitui, de modo a que, na falta de uma dessas circunstâncias, não se ter uma causa servível à caracterização da ação material".

[43] Útil, nesse particular, a explicação sempre precisa de Pontes de Miranda (*op. cit.*, t. IV, p. 256-57): "*As afirmações são comunicações de conhecimento* (julgamento de fato), *e não comunicações de vontade*, como pretendia Friedrich Stein..., no que se distinguem do exercício da pretensão à tutela jurídica. Se peço a meu amigo B que, com a sua amizade, consiga que o editor A me devolva originais de um livro e lhe explico (*ex, plico*) o que se passou, meu pedido é declaração de vontade a B [postulação], criadora de relação moral entre mim e ele, pela promessa de ajudar-me, implícita na noção de amizade, mas fatos que exponho [afirmação, alegação], não; são conteúdo, fato, de julgamentos empíricos, ditos de fato" (grifos originais). Com esse exemplo simples, quer Pontes de Miranda gizar até onde vai o efeito da revelia, que pertine às alegações de fato (comunicação de conhecimento), não as afirmações jurídicas ou postulações (declaração de vontade).

audiência, tendo em vista que as provas a serem produzidas pelo impugnante devem ser de logo especificadas na exordial, não incidindo o art. 348 do CPC.

Após a contestação, deve o juiz eleitoral ouvir o Ministério Público, se a ação não foi por ele proposta, atuando o órgão ministerial como *custos legis*.

§9 Do julgamento conforme o estado do processo

Contestada a ação pelo impugnado, o juiz eleitoral deverá observar se ocorreu qualquer das hipóteses previstas nos arts. 485 e 287, inc. III, "a", do CPC, declarando extinto o processo. Portanto, extingue-se o processo sem julgamento do mérito: (a) quando o juiz indeferir a petição inicial, por ser ela inepta (lhe faltar pedido ou causa de pedir ou da narração dos fatos não decorrer logicamente a conclusão), ou quando a parte for manifestamente ilegítima (ação proposta por eleitor ou por delegado de partido não credenciado), quando o autor carecer de interesse processual (candidato a vereador do partido político que impugna a candidatura de filiado do mesmo partido ao cargo de prefeito), quando o juiz verificar desde logo a decadência (AIRC proposta serodiamente, com a decadência do direito de impugnar), ou quando a AIRC não é proposta subscrita por advogado habilitado pela OAB, constituído por instrumento procuratório acostado à exordial;[44] (b) quando se verificar a ausência de pressupostos de constituição e de desenvolvimento válido e regular do processo; (c) quando houver coisa julgada ou litispendência; e (d) quando não ocorrerem quaisquer das condições da ação.

Obviamente que o juiz eleitoral deverá ter imenso cuidado, em havendo qualquer defeito sanável na petição inicial, para abrir de imediato, antes da intimação do impugnado, prazo de até 03 dias (que é o prazo usual para se propor impugnações e se interpor recursos eleitorais) para que o demandante a emende ou complete (art. 321 do CPC, c/c art. 258 do CE). Não sendo cumprida a diligência, o juiz deverá indeferir a petição inicial, pela sua precariedade (parágrafo único do art. 321 do CPC). Nessas hipóteses, quando a ação for proposta originariamente nos tribunais (TRE ou TSE), o relator terá de pôr em mesa para a votação, não sendo de sua exclusiva competência a decisão sobre o indeferimento da ação. O juiz natural, em sede de julgamento originário dos tribunais, é o colegiado.

Passada esta fase após a contestação, deverá observar o julgador se já há possibilidade de decidir a ação, tratando-se de matéria apenas de direito e sendo as provas protestadas irrelevantes (art. 5º da LC nº 64/90). Aqui deverá o juiz eleitoral prestigiar de modo eloquente o princípio da economia processual, tão cara ao direito processual eleitoral.[45] Se a questão controvertida girar apenas sobre matéria de direito,

---

[44] O TSE tem entendido que o delegado de partido político pode deduzir ação de impugnação de registro de candidato, exercendo a função de advogado junto à Justiça Eleitoral (cf. NIESS, *op. cit.*, p. 110). Sem razão, no entanto, pois o que a lei lhe outorga é a possibilidade de apresentar em juízo o partido político, como órgão seu. Quem representa está ali por outrem; quem presenta, não, está ali em nome próprio, por ser parte do presentado (o sócio, que presenta a sociedade; o prefeito ou procurador municipal, que presenta o Município etc.). A capacidade de estar em juízo e a legitimidade *ad causam* não são o mesmo que capacidade postulacional. Essa, apenas os habilitados para advogar a possuem. Se o delegado é advogado, pode subscrever a petição, advogando em causa própria, confundindo-se nele a função de advogado e de parte (partido político, no caso).

[45] Citado pelo Acórdão TRE/AL nº 2.102, DOE/AL 29.08.1996, rel. Juíza Elizabeth Carvalho Nascimento, assim ementado: "Recurso contra decisão do juiz eleitoral da 27ª Zona (Mata Grande) que julgou improcedente ação

vale dizer, sobre o significado jurídico de fatos já comprovados, desnecessárias as dilações probatórias, que em nada acrescentarão à cognição do juiz. Outrossim, se as provas protestadas forem irrelevantes, ou porque o fato que enseja a aplicação da norma já está demonstrado, ou porque o fato indemonstrado é sem importância para o caso concreto, desnecessária será a produção de provas outras, além daquelas já produzidas na exordial e na contestação.

Assim ocorrendo, deverá o juiz eleitoral julgar imediatamente a ação de impugnação de registro de candidato, dando pela sua procedência ou improcedência, de acordo com a convicção aflorada dos debates constantes dos autos. Não havendo condições de julgar desde logo a ação, o juiz deverá designar os 04 dias seguintes para inquirição de testemunhas do impugnante e do impugnado (art. 5º, *caput*, da LC). Embora a lei seja silente, aqui também é o momento para o juiz eleitoral decidir sobre a necessidade de prova pericial, obviamente cabível no presente rito processual, de *plena cognitio*, nada obstante a sua sumariedade quanto a prazos.[46] Em julgamento originário nos tribunais, vale a mesma observação: deverá o processo ser julgado pelo colegiado, que é o juiz natural, sendo incompetente o relator para fazê-lo sozinho, como se fora um juiz singular.

§10 Da audiência de instrução

O processo civil eleitoral não tem por escopo conciliar as partes envolvidas, de modo que não há falar-se em conciliação promovida pelo juiz eleitoral, mercê da indisponibilidade dos interesses debatidos.

Aberta a audiência de instrução no dia seguinte ao encerramento do prazo para a contestação, ou no dia seguinte à contestação, sendo esta proposta antes do prazo de 07 dias concedidos por lei, o juiz declarará aberta a audiência, iniciando a instrução com o depoimento pessoal das partes, e inquirindo as testemunhas, arroladas em número máximo de 06 para cada um (art. 3º, §3º, da LC nº 64/90).

Aplicam-se à instrução do processo civil eleitoral as normas do CPC. As testemunhas serão inquiridas separadas e sucessivamente, na mesma assentada; primeiro as do impugnante e depois as do réu, providenciando de modo que uma não ouça as outras. Será ela qualificada, sendo lícito à parte contraditá-la, arguindo-lhe a incapacidade, o impedimento ou a suspeição. Negando a testemunha os fatos imputados, poderá ser provada a contradita com documentos ou com testemunhas apresentadas, com esse propósito, no ato e inquiridas em separado. Sendo provados os fatos, o juiz eleitoral a dispensará de testemunhar, ou lhe tomará o depoimento como declaração, independentemente de compromisso.

Compromissada a testemunha, o juiz a inquirirá, cabendo às partes, primeiro a que a arrolou, fazer perguntas tendentes a esclarecer ou completar o depoimento.

---

de impugnação de pedido de registro de candidato ao cargo eletivo de prefeito. (...) Nulidade, argüida sem o indicador do prejuízo, não é de se conhecer. Julgamento antecipado da lide. Cabimento...".

[46] O próprio art. 270, §1º, do CE deixa entrever essa possibilidade, ao admitir como meio de prova, em sede de recurso inominado para o TRE, as perícias processadas perante o juiz eleitoral da zona, com citação dos partidos que concorreram ao pleito e do representante do Ministério Público. A sumariedade da AIRC não é material (quanto às matérias a serem deduzidas ou a sua extensão), mas apenas relativa à agilidade do procedimento, que não deve se estender indevidamente.

Poderá o juiz eleitoral proceder a todas as diligências que determinar, de ofício ou a requerimento das partes, nos 05 dias subsequentes à instrução (art. 5º, §2º, da LC). Poderá ainda ouvir terceiros, referidos pelas partes ou pelas testemunhas, como conhecedores de fatos ou circunstâncias que possam influir na decisão da causa.

Terminado o prazo de dilação probatória, as partes e o Ministério Público poderão apresentar alegações finais, no prazo comum de 05 dias. Deverão enfrentar as questões agitadas durante todo o processo, assoalhando melhor suas pretensões e argumentações, já agora com todos os elementos de convicção judicial entranhados nos autos.

§11 Sentença e motivos de indeferimento do registro de candidatura

Com fundamento em todas as questões debatidas nos autos, deverá o juiz eleitoral decidir a ação proposta, nos limites em que ela foi deduzida, mercê do princípio da adstrição do juiz ao pedido das partes (art. 141 e art. 492 do CPC).

Como acima procuramos demonstrar, a sentença de procedência da AIRC terá eficácia preponderantemente declaratória negativa do direito do pré-candidato ao registro. Ou seja, dirá ela que o pré-candidato não possui o direito subjetivo ao registro de candidatura. Efeito relevante, outrossim, será a declaração ou decretação da inelegibilidade do impugnado, consoante se trate de inelegibilidade originária ou cominada.

A declaração negativa do direito do impugnado ao registro de candidatura faz coisa julgada, apanhando como efeito preclusivo da coisa julgada quer a declaração de inelegibilidade, quer a sua criação (inelegibilidade cominada). Vale dizer: se a sentença for o título jurídico do qual surgiu a inelegibilidade (*inelegibilidade cominada dependente de sentença*), é nessa parte constitutiva, fazendo coisa julgada a declaração negativa, ínsita nessa sentença, do direito do impugnado ao registro de sua candidatura. E aqui é de bom alvitre lembrar que os efeitos da coisa julgada ocorrem *inter partes*,[47] nada obstante possa haver efeitos, notadamente os constitutivos, que prevaleçam *erga omnes*, pois tudo que se cria, ou se transforma, ou se extingue, no mundo jurídico, ocorre frente a todos, como fato da vida mesma.

Quais são os motivos que podem gerar o indeferimento do pedido de registro de candidatura? São três as hipóteses: (a) a ausência de alguma condição de inelegibilidade; (b) a existência de alguma inelegibilidade cominada; e (c) a falta de algum documento considerado essencial, por determinação legal, acompanhando o pedido de registro. Além dessas três possibilidades, há ainda uma outra, em caso de *candidatura plurissubjetiva* (para cargos majoritários): (d) a necessária *completude da chapa*, como corolário inafastável do princípio da indivisibilidade da chapa.

---

[47] Não adoto a teoria de Liebman, seguida pela maioria da processualística brasileira, a respeito da coisa julgada, que seria uma qualidade a se ajuntar aos efeitos da sentença. A coisa julgada material é a indiscutibilidade noutro processo da declaração proferida em sentença. Mas nem de longe adota-se aqui a teoria tedesca, reproduzida por Celso Neves (*Coisa julgada*), da coextensividade entre a coisa julgada e a declaratoriedade da sentença. Há declaração que não faz coisa julgada, ao passo que há outras que se tornam indiscutíveis. Mas não há coisa julgada material sem declaratividade. A questão mereceria ser aprofundada, mas este livro não a comporta. Para uma análise aproximada de nosso ponto de vista, *vide* Ovídio Baptista da Silva (*Sentença e coisa julgada*), obra importantíssima, na qual se discute com invulgar brilho a questão, com enfoque supedaneado na teoria de Pontes de Miranda.

Ora, se ocorrerem quaisquer das hipóteses acima elencadas, o juiz eleitoral deverá negar o registro, indeferindo o pedido feito pelo pré-candidato. Seria estulta, destarte, a decisão que reconhecesse a ausência de alguma das condições de elegibilidade, ou a presença da inelegibilidade cominada, ou a omissão da juntada de documento essencial, ou ainda a incompletude da chapa em eleições majoritárias, e, ainda assim, deferisse o registro de candidatura. O juiz eleitoral, em casos que tais, procederia como o artista que, finalizando o quadro que cuidadosamente pintou, jogasse nele um balde de tinta branca. Vale dizer, seria uma atitude que orçaria pelo absurdo, por contraditória.

Como tantas vezes afirmamos, a elegibilidade (direito de ser votado) nasce do ato jurídico do registro de candidatura. As condições de elegibilidade são pressupostos para que nasça o direito subjetivo ao registro de candidatura. Se alguma condição de elegibilidade (ou de registrabilidade) está ausente no caso concreto, não haverá direito ao registro, devendo a pretensão do pré-candidato ser indeferida. Do mesmo modo, a existência de uma inelegibilidade cominada enseja um obstáculo para a concessão do registro de candidatura, sendo ela uma sanção aplicada ao nacional, que impede o nascimento do seu direito de ser votado. Dessarte, nessas hipóteses, bem como nas outras apontadas, haverá sempre um motivo pelo qual não poderá ser concedido o registro de candidatura, devendo a sentença indeferir o seu pedido. Tal decisão implica o não reconhecimento, pela justiça eleitoral, da qualidade de candidato do nacional, razão pela qual restará ele impedido de praticar qualquer ato de campanha, como sói acontecer: participar do guia eleitoral gratuito, constar o seu nome nas cédulas eleitorais ou nas urnas eletrônicas etc. Apenas se houver recurso dessa decisão, com a concessão de registro provisório pelo juízo *ad quem*, é que poderá o nacional praticar tais atos, mercê dessa medida liminar concedida.

Finalmente, embora não seja efeito natural da sentença, mas propriamente consequência da inelegibilidade do pré-candidato, poderá o partido político ou a coligação, que requerer o registro do candidato considerado inelegível, dar-lhe substituto, mesmo que a decisão passada em julgado tenha sido proferida após o termo final do prazo de registro, caso em que a respectiva comissão executiva do partido político fará a escolha do novo candidato, nos termos da legislação vigorante e do estatuto dos partidos.

§12 Breve notícia sobre a fase recursal

Contra as decisões interlocutórias tem cabimento o recurso de agravo, em sua forma retida, salvo em caso de grave lesão à esfera jurídica do interessado, quando caberá agravo de instrumento perante o TRE, na forma do art. 522 do Código de Processo Civil, sempre no prazo comum de três dias.

De outra banda, da publicação da sentença em cartório, nos três dias após a conclusão, correrá o prazo idêntico de três dias para a apresentação de recurso contra a sentença, nas eleições municipais. Não sendo a sentença prolatada no tríduo legal, as partes deverão ser intimadas dela por edital. Tal recurso inominado será interposto para o Tribunal Regional Eleitoral perante o juiz sentenciante, deduzindo todos os argumentos contrários à decisão judicial. Protocolizado o recurso no cartório, passará a correr igual prazo para apresentação das contrarrazões.

É fundamental que o recurso contra a sentença de procedência da ação de impugnação do registro de candidato peça expressamente que o Tribunal *ad quem* conceda a suspensão da decisão proferida pelo órgão colegiado, conforme o art. 26-C da LC nº 64/90.[48] É dizer, da sentença de procedência da AIRC prolatada pelo juiz eleitoral, em eleições municipais, não há incidência do art. 26-C; é da decisão do Tribunal Regional Eleitoral que caberá recurso com o pedido de antecipação da tutela recursal, suspendendo os efeitos da decisão que reconheceu ou decretou a inelegibilidade cominada e, mercê disso, a negativa do registro de candidatura.

É de se lembrar que o candidato que teve o registro indeferido tem *imunidade processual* até a proclamação dos eleitos, podendo concorrer nas eleições *como se* fosse candidato, em razão do art. 16-A da Lei nº 9.504/97.[49]

Não poderá o juiz, recebidas as contrarrazões do recorrido, exercer o juízo de retratabilidade, mercê da falta de espeque legal para tanto. Imediatamente, deverá fazer remessa dos autos ao TRE, onde serão autuados com a capa do Tribunal e apresentados ao seu presidente, que os distribuirá ao relator, mandando imediatamente abrir vista ao procurador regional eleitoral. Findo o prazo de dois dias, os autos serão enviados ao relator, acompanhados ou não do parecer, que os porá em mesa para julgamento em três dias, independentemente de publicação em pauta. Por isso mesmo, devem os advogados dos demandantes acompanhar a tramitação de recurso, pois não serão intimados do dia do julgamento. A celeridade processual faz com que tenha de haver vigilância por parte dos interessados, para que eles não venham a perder nenhum prazo processual.

Na sessão de julgamento, após o relatório do recurso, é facultado às partes, ouvido o procurador eleitoral, sustentarem suas razões oralmente, pelo prazo improrrogável de 10 minutos (art. 272 do CE).

Ao depois, o relator proferirá o seu voto, sendo tomados os votos dos demais juízes. Proclamado o resultado, o Tribunal se reunirá para a lavratura do acórdão, sendo este lido e publicado ao término da sessão, passando a correr o tríduo legal para a interposição de recurso especial, se o couber. Sobre o trâmite do recurso inominado, *vide* arts. 8º a 11 da LC nº 64/90.

§13 Da AIRC proposta originariamente nos tribunais

Tratando-se de eleições gerais (deputado estadual, deputado federal, senador, governador de Estado e do Distrito Federal), compete ao TRE registrar a candidatura, de modo a ser ajuizada perante ele a impugnação ao pedido de registro de candidato.

Nesse caso, caberá ao relator dirigir o processo até o término da dilação probatória, como fazendo as vezes do juiz eleitoral singular, mercê do disposto no art. 13, *caput*,

---

[48] "Art. 26-C. O órgão colegiado do tribunal ao qual couber a apreciação do recurso contra as decisões colegiadas a que se referem as alíneas d, e, h, j, l e n do inciso I do art. 1º poderá, em caráter cautelar, suspender a inelegibilidade sempre que existir plausibilidade da pretensão recursal e desde que a providência tenha sido expressamente requerida, sob pena de preclusão, por ocasião da interposição do recurso."

[49] "Art. 16-A. O candidato cujo registro esteja *sub judice* poderá efetuar todos os atos relativos à campanha eleitoral, inclusive utilizar o horário eleitoral gratuito no rádio e na televisão e ter seu nome mantido na urna eletrônica enquanto estiver sob essa condição, ficando a validade dos votos a ele atribuídos condicionada ao deferimento de seu registro por instância superior. Parágrafo único. O cômputo, para o respectivo partido ou coligação, dos votos atribuídos ao candidato cujo registro esteja *sub judice* no dia da eleição fica condicionado ao deferimento do registro do candidato."

da LC nº 64/90. Assim, tanto o pedido de registro de candidato, quanto a ação de impugnação de registro de candidatura (AIRC) serão processados pelo relator, que poderá requerer diligências e, ao depois, colocar em mesa para julgamento. Tal como ocorre na instância singela, o pedido de registro deverá ser julgado independentemente de interposição da AIRC ("com ou sem impugnação"), com as cautelas devidas, em virtude da possibilidade de serem, nessa oportunidade, surpreendidas algumas hipóteses de inelegibilidade cominada.

A AIRC, se proposta, será conduzida pelo relator do processo até o término das dilações probatórias, sendo ele o juiz da instrução (cf. art. 218 do RISTJ, p.ex.). Realizada a instrução probatória e deduzidas as alegações finais, será a AIRC julgada em 03 dias, independentemente de publicação em pauta. Proceder-se-á ao julgamento na mesma forma utilizada para o recurso inominado, acima explicitada (art. 14 da LC).

CAPÍTULO 10

DO RECURSO (AÇÃO) CONTRA DIPLOMAÇÃO

§1 Recurso ou ação contra diplomação?

No atual estágio do direito eleitoral é inadmissível se imiscua o remédio jurídico previsto no art. 262 do CE entre os recursos eleitorais. Que o legislador classifique mal determinado instituto, nenhuma novidade há, pois não é ele jurista, mas o demiurgo do ordenamento jurídico, pela feitura das normas legais. As funções definitória e classificatória dos institutos cabem ao jurista, ao estudioso do Direito, inobstante caiba ao legislador a função classificatória do fáctico, vale dizer, o transformar determinado fato em relevante para o Direito, prevendo-o no suporte fáctico das normas jurídicas.[1] Se o estudioso do Direito tivesse que admitir como correta qualquer classificação jurídica posta pelo legislador, como produto pronto e acabado, o próprio Direito não seria uma ciência, sendo despicienda a contribuição kelseniana em separar o direito-norma (linguagem prescritiva) do direito-ciência (linguagem descritiva), sendo aquele objeto de estudo deste.

Além do mais, a norma jurídica não pode ser interpretada isoladamente, como portadora, por si, de significação. Qualquer norma jurídica só possui sentido jurídico se compreendida dentro de um ordenamento jurídico, que lhe dá validade e sustentação. Sem referência ao ordenamento jurídico, a norma é uma proposição sem sentido, pois, inobstante possua sentido linguístico (como proposição expressa em determinada língua, dentro de determinadas normas gramaticais), não possuirá significado normativo,

---

[1] Nesse sentido, Pontes de Miranda (*Tratado de direito privado*, t. I, p. 21): "Só o direito separa os fatos que ele faz serem jurídicos, precisando linhas entre o jurídico e o *aquém* ou *além* do jurídico (não-jurídico), como tira, ou acrescenta, ou altera alguns desses fatos para os fazer jurídicos; de modo que, ainda no tocante aos fatos do suporte fáctico das regras jurídicas, o direito procede a *esquematização do mundo físico*, a fim de o fazer, até certo ponto e dentro de limites precisos, jurídico (*princípio da esquematização do fáctico*)". Assim, também, Lourival Vilanova (*As estruturas lógicas e o sistema do direito positivo*, p. 46): "Nem tudo do real tem acolhida no universo das proposições. No campo do direito, especialmente, a hipótese [de incidência] apesar de sua descritividade, é *qualificadora normativa do fáctico*. O fato se torna fato jurídico porque ingressa no universo do direito através da porta aberta que é a hipótese. E o que determina quais propriedades entram, quais não entram, é o ato-de-valoração que preside à feitura da hipótese da norma."

porquanto aparteada do seu fundamento de validade, que lhe dá possibilidade lógica de existir validamente, com eficácia e efetividade.

O art. 262 do CE dispõe ser cabível recurso contra diplomação (RCED) somente nos casos de inelegibilidade superveniente ou de natureza constitucional e de falta de condição de elegibilidade.[2] A primeira pergunta a ser feita, para compreender a natureza desse remédio, é justamente quanto à natureza do ato por ele fustigado. Como é cediço, os recursos são impugnativas manejadas, dentro da mesma relação processual, contra decisão judicial. Dessarte, se o ato contra o qual é exercitado o remédio jurídico não for uma decisão judicial, restará claro não se tratar ele de recurso, mas de uma verdadeira ação autônoma. Cabe-nos, então, metodicamente aferir se a diplomação é ou não uma verdadeira decisão judicial.

O art. 215 do CE dispõe que os candidatos eleitos, assim como os suplentes, receberão diplomas da Justiça Eleitoral competente. Do diploma deverá constar o nome do candidato, a indicação da legenda sob a qual concorreu, o cargo para o qual foi eleito ou a sua classificação como suplente, e, facultativamente, outros dados (parágrafo único).

Ora, o diploma é expedido após o procedimento administrativo de apuração das eleições (em que não há requerentes, mas envolvidos ou participantes na qualidade de candidatos ou delegados de partidos políticos) e de proclamação dos resultados, como *ato certificador* do resultado eleitoral. O juiz eleitoral, na qualidade de administrador do processo eleitoral, apenas confirma o resultado sufragado nas urnas, como consequência da vontade dos eleitores. Não contribui ele diretamente para esse resultado, senão que apenas exerce suas funções para que a soberania popular seja exercitada livremente, sem empeços outros que venham de viciar a eleição e a escolha legítima dos representantes do povo.

A atividade de julgar pressupõe que o juiz declare sua vontade, através de cognição condicionada pelo pedido da parte ou requerente (art. 141 do CPC), aplicando o direito objetivo ao caso concreto deduzido. Na diplomação o juiz nada julga: *comunica conhecimento* quando proclama os resultados; e *certifica* tal resultado, para os candidatos eleitos e suplentes, através do diploma. A comunicação de conhecimento é afirmação de que algo ocorreu, reportando-se a fatos. Tem a função de historiar sucessos ocorridos com relevo jurídico. Essa comunicação de conhecimento feita pela proclamação de resultados é certificada pela expedição do diploma.[3]

Tito Costa, analisando a natureza da diplomação, leciona[4] que o ato de diplomação emanado do presidente do TSE não é uma decisão em sentido verdadeiramente processual, revestindo-se mais de natureza administrativa. Todavia, adverte com escabelo no princípio constitucional da inafastabilidade do controle jurisdicional, que, por se tratar de ato de consequências jurídicas e políticas evidentes, não se poderia

---

[2] Redação dada pela Lei nº 12.891, de 2013.
[3] O diploma dos eleitos tem a mesma natureza e feição do diploma concedido aos bacharéis de cursos universitários. O diploma, tanto aqui como ali, apenas certifica um fato ocorrido, a que o direito atribuiu efeitos (não ao diploma, mas ao fato certificado por ele). No direito eleitoral, o diploma certifica o resultado obtido nas urnas pelo candidato; no direito administrativo, o diploma certifica o resultado obtido pelo bacharelando com o término do curso. O ser eleito é efeito dos votos obtidos, fato certificado pelo diploma; o ser formado (bacharel) é efeito das notas obtidas nas disciplinas cursadas durante a faculdade, fato certificado pelo diploma universitário. Adotando esse entendimento: PINTO. *Direito eleitoral*: improbidade administrativa e responsabilidade fiscal, p. 222; RAMAYANA. *Direito eleitoral*, p. 403-404; e CERQUEIRA. *Direito eleitoral brasileiro*, p. 628.
[4] *Recursos em matéria eleitoral*, p. 123-125.

admitir que não comportasse revisão por outra instância jurídica. Desse modo, conclui: "Embora a diplomação não se configure um ato judicial propriamente dito, revestindo-se mais de feições de um ato administrativo, ele é o ponto culminante de todo um sucessivo complexo de atos administrativo-judiciais relativos ao procedimento eleitoral como um todo, que vai desde a escolha dos candidatos em convenção partidária, até sua eleição, proclamação e diplomação".

Mas há ainda outros argumentos que militam em favor da tese de que não há recurso, mas ação contra a diplomação. Quem recorre de uma decisão quer vê-la reformada, (a) ou porque ela está formalmente imperfeita, (b) ou porque seu conteúdo afronta o direito objetivo. Se formalmente imperfeita, deverá ser pedida sua nulidade, quer por vício intrínseco, quer por ter sido pronunciada com *error in procedendo*. Se o conteúdo decisório afrontou o direito objetivo aplicado à espécie e invocado pelo requerente, cabe sua reforma pelo órgão *ad quem*, se não possuir o *iudex a quo* a possibilidade de retratação.

No caso da diplomação, isso não ocorre. Quem "recorre" contra a diplomação *não recorre contra o ato de expedição de diploma em si*, mas contra situações anteriores que viciaram o resultado da eleição, vale dizer, o ato certificado pelo diploma. De modo que *não é contra o diploma que se maneja o remédio do art. 262 do CE*, mas contra os fatos por ele previstos, que afrontam a legitimidade do resultado eleitoral. Questionado o resultado certificado, com a sua nulidade, obviamente que se esvazia o ato certificador (o diploma).[5] A diplomação, desse modo, serve apenas como *dies a quo* para se ajuizar o remédio jurídico contrário aos fatos previstos no art. 262, os quais serão logo mais analisados por nós.

Por essa razão, é de má técnica afirmar que a diplomação transita em julgado, porquanto (a) não há *res in iudicium deducta* para se tornar *res iudicata*, e (b) não há litígio, ou partes contrapostas, para que opere o efeito da coisa julgada material. Dizer que, enquanto pendentes estiverem os recursos parciais, não transita em julgado a diplomação é confundir planos distintos. O que não possui foros de definitividade, sem que o ser ou não ser definitivo tenha algo a ver com os efeitos da coisa julgada (porque nada se julgou), é *o resultado da eleição*, impugnado pelo interessado e ainda pendente, via interposição de recurso parcial contra a decisão que indeferiu tal impugnação. Se o interessado não impugnou o alistamento eleitoral, a votação ou a apuração, precluiu-lhe a faculdade de fazê-lo, não podendo enfrentar as nulidades existentes nessa fase por via de recurso contra diplomação.[6] Não se pode, portanto, confundir coisa julgada (exceção de direito processual) com a preclusão máxima de direito material (decadência). Se não houve impugnação das nulidades eleitorais no momento oportuno, decaiu da faculdade de fazê-lo o interessado. Se houve a impugnação, e também recurso da decisão que veio a ser proferida, a *eficácia da diplomação* é que poderá ser cortada cerce, se vier a ser dado provimento ao recurso parcial interposto.[7] A linguagem jurídica deve ser a mais

---

[5] O mesmo ocorre com a sentença que homologa transação entre as partes, em determinado processo. Se o acordo é nulo, mesmo não cabendo mais a ação rescisória, pode o interessado propor ação de nulidade do acordo de direito material homologado em juízo. Se houver a nulidade, a sentença permanece íntegra, mas finda por murchar pela desconstituição do negócio por ela envolvido (sentença homologatória envolvente).

[6] "Recurso – Matéria Preclusa. Recurso contra diplomação, invocando-se ocorrência de fraudes e falsidades nas fases de alistamento e votação. Matéria já examinada pelo Tribunal Regional em outro recurso. Preclusão reconhecida. – Recurso de que não se conhece – Ac.6.367 – BE 319/58".

[7] "Diplomação. Alegação de ocorrência de erro na contagem de votos e na classificação final de candidatos indemonstrada (CE, art. 262, III). – A existência de Recurso Parcial pendente de julgamento não impede a

precisa possível, de modo a afastar tais inconvenientes aqui apontados, que terminam por deformar os institutos jurídicos, toldando o seu maior conhecimento.

O Ministro Sepúlveda Pertence[8] já teve oportunidade de afirmar, lapidarmente, que o recurso de diplomação é a ação impugnatória de diploma em primeiro grau pelos tribunais. Haveremos de mais adiante buscar aprofundar as consequências dessa lição pretoriana. Antes, porém, ainda precisamos enfrentar uma outra questão importante: embora não seja recurso, o remédio previsto no art. 262 deve ser processado em rito próprio de recursos. Como superar essa incompatibilidade e quais as suas consequências práticas?

§2 A ação processada como recurso: consequências

O fato jurídico nasce da significação dada a determinados fatos da vida por uma norma jurídica específica, que, reputando-os relevantes, qualifica-os de jurídicos, prevendo efeitos que deles dimanam. Entre esses possíveis efeitos está a formação de relação jurídica, dela provindo direitos subjetivos, pretensões e ações de direito material. O direito subjetivo é a vantagem posta pelo ordenamento jurídico na esfera jurídica de alguém, com a limitação da esfera jurídica de outrem. Sendo intersubjetivas as relações jurídicas, só há direito subjetivo frente a alguém que tem o dever, seu correlato. O direito subjetivo se adelgaça com a exigibilidade (pretensão) de que o obrigado *lato sensu* atenda ao direito subjetivo por sua própria vontade. Se o obrigado não respeita o direito exigível, violando-o, faz nascer a ação de direito material, que é o poder de ir contra o devedor, fazendo-o respeitar o direito subjetivo violado contra sua própria vontade.[9]

A norma do art. 262 é norma de direito material. Por ela se cria o direito subjetivo a impugnar inelegibilidade, errônea interpretação de lei quanto à aplicação do sistema de representação proporcional etc., já nascendo dotado de exigibilidade (pretensão). A ação de direito material apenas nasce com a diplomação (termo *a quo*), embora somente possa ser exercitada judicialmente, através da ação processual, que possui o rito idêntico aos recursos. De conseguinte, o rito processual nada diz da natureza de

---

diplomação de candidatos considerados eleitos, *por não haver trânsito em julgado, nos termos do art. 261, §5º, do atual Código Eleitoral* (Precedentes, dentre outros: Acórdãos nºs 7.684, 8.715, 8.726, 8.763). – Recurso Ordinário não conhecido por falta de adequada fundamentação" (*BE*, 439/131, grifei).

[8] *JTSE*, 3/95/155-56.

[9] Como demonstra Ovídio Baptista da Silva (*Curso de processo civil*, v. 1, p. 62, 65): "O exigir é conteúdo da pretensão, não podendo prescindir do *agir voluntário do obrigado*, ao passo que a *ação de direito material* — novo conceito de que ainda não tratamos — é um agir do titular do direito *para sua realização, independentemente da vontade ou do comportamento do obrigado*. (...) A distinção fundamental entre *pretensão* e *ação de direito material* está em que a pretensão — enquanto exigência — supõe que a realização ainda se dê como resultado de um agir do próprio obrigado, prestando, satisfazendo, a obrigação. Enquanto exijo, em exercício da pretensão, espero o cumprimento, mediante *ato voluntário* do obrigado, ainda não *ajo para a satisfação*, com prescindência de qualquer ato de cumprimento por parte do sujeito passivo. A partir do momento que o devedor, *premido por minha exigência*, mesmo assim não cumpre a obrigação, nasce-me a *ação*. Já agora posso *agir para a satisfação*, sem contar mais com a ação voluntária do obrigado cumprindo a obrigação. A ação de direito material é, pois, o exercício do próprio direito por ato de seu titular, independentemente de qualquer atividade voluntária do obrigado" (grifos originais). Basta aqui aduzir que a ação de direito material, com o monopólio da jurisdição pelo Estado, apenas pode ser exercida, na maioria dos casos, através da "ação" processual (remédio jurídico processual). Assim, a ação processual é o veículo da ação de direito material, quando exercitável em juízo. Há casos de ação de direito material que podem ser atuados extrajudicialmente, como ocorre com a compensação, *v.g.* Sobre a importância dessa distinção, *vide* Fábio Konder Comparato (Execução de crédito pecuniário: o risco da privatização do processo judicial. *In*: COMPARATO. *Direito público*: estudos e pareceres, p. 305-314).

direito material da ação, não alterando o que ela é. Uma coisa é a natureza da ação de direito material; outra, é a natureza da ação processual, que é a forma, ou veículo, por meio da qual se atua aquela em juízo.[10] Se o legislador deu forma de recurso ao que é ação, não mudou sua natureza, inobstante tenha lhe dado rito impróprio.

Pontes de Miranda, com sua acuidade, foi quem primeiro procedeu com clareza à distinção entre ação de direito material e ação processual, tirando as consequências teóricas necessárias desse discrímen. Segundo ele, remédio jurídico processual é que toca ao processo. Fácil é verificá-lo quando se está no campo do direito internacional privado: se o indivíduo tem pretensão e ação, no sentido de direito material, responde a lei dominadora do negócio jurídico; qual o remédio processual que cabe (a "ação" processual), responde a lei do foro. Quando se diz "as ações são especiais ou ordinárias", distinguiram-se remédios, e não pretensões. As categorias "ações reais, ações pessoais" pertencem ao direito material.[11]

No caso específico do recurso contra a diplomação, deu-se a uma ação de direito material a atuação judicial através do rito de recurso. Tal solução legislativa foi de má técnica, uma vez que suprimiu parcela da cognição judicial do juízo competente, além de limitar os meios de provas dos fatos deduzidos.

Os recursos são interpostos contra as decisões judiciais, devolvendo o conhecimento da matéria, total ou parcialmente. De uma decisão em ação de impugnação de registro de candidato (AIRC), prolatada por juiz eleitoral, cabe recurso ordinário para o TRE, devolvendo o conhecimento integral da matéria. Do acórdão proferido pelo TRE, caberá recurso especial, pelo qual se debaterão possíveis afrontas à legislação federal ou dissenso jurisprudencial. Como se tomou o remédio jurídico contra a diplomação como recurso, partindo do pressuposto que a diplomação fosse uma decisão judicial, cortou-se a possibilidade de maior debate sobre o litígio. Como a diplomação *não é* decisão, não chegando a enfrentar, p.ex., a inelegibilidade do candidato, o recurso contra diplomação dela irá tratar originariamente, isto é, pela primeira vez, sendo julgado pelo TRE, suprimindo-se a instância do juiz eleitoral (obviamente em caso de eleição municipal, que é o cenário com o qual estamos trabalhando).

---

[10] Sobre o tema, Ovídio Baptista da Silva (*Curso de processo civil*, v. 2, p. 129-146), que averba: "Enquanto figura geométrica, portanto abstrata, o cubo não pode ser classificado, ou adjetivado. Se, no entanto, aludirmos a um cubo de gelo, ou de ouro, ou de papel, estaremos aludindo à *substância* e não mais à pura *forma*. Da mesma maneira, se dizemos que a ação é constitutiva, condenatória ou declaratória, estamos a indicar não mais a forma e sim a substância, não mais o processo, mas a sua substância, que é o conflito que lhe dá conteúdo. Uma ação é constitutiva não porque a doutrina ou as leis de processo assim o desejem, mas porque ela reflete o direito (e a pretensão de direito material) a constituir ou desconstituir determinada relação jurídica" (p. 136).

[11] PONTES DE MIRANDA. *Comentários ao Código de Processo Civil*, t. I, p. 136-137.

Juiz Eleitoral	Tribunal Regional	Tribunal Superior
Diplomação (ato administrativo sem conteúdo decisório. Não há julgamento).	*Recurso contra* diplomação (quando pela 1ª vez serão impugnados os fatos).	*Recurso especial* (que apenas debaterá questão federal, não podendo julgar a justiça ou não da decisão do TRE).
Omissis	*Diplomação nas eleições gerais* (ato administrativo sem conteúdo decisório. Não há julgamento).	*Recurso contra diplomação* (admitido pela jurisprudência com supedâneo no art. 76, II, "a", do CE, quando pela 1ª vez as questões serão debatidas).
Omissis	*Omissis*	*Diplomação* (eleição presidencial). Qual será a medida cabível contra esse ato administrativo, já que não se admite recurso para o STF que não seja o Extraordinário, ou o recurso ordinário em HC e MS? Tem-se admitido pela doutrina Mandado de Segurança.
Sentença (julgando todas as matérias trazidas à cognição judicial pelo requerente, p.ex., através da AIRC).	*Recurso ordinário* (fustigando a decisão e devolvendo ao Tribunal as questões debatidas).	*Recurso especial* (debatendo as questões federais). Dessa decisão, recurso extraordinário.
Omissis	*Sentença* (p.ex., em AIRC nas eleições gerais).	*Recurso ordinário* (debatendo todas as questões, quer sejam jurídicas, quer sejam fácticas). Dessa decisão, recurso extraordinário.
Omissis	*Omissis*	*Sentença* (p.ex., em AIME), seria irrecorrível? Não caberia recurso ordinário ou mandado de segurança, sucedâneo desse recurso? Ou mesmo medida cautelar? Teria de ser apenas recurso extraordinário, com suas limitações conhecidas?

O que esse quadro comparativo pretende demonstrar é que, *ao se impor à ação contra diplomação o rito de recurso, suprimiram-se instâncias que, se fosse utilizado o rito de uma ação*, não seriam suprimidas. Assim, tomando-se a diplomação, feita pelo juiz eleitoral, como verdadeira decisão, e não apenas como *ato certificador sem carga decisória*, tirou-se dele a cognição ampla dos fatos ilícitos apontados (inelegibilidades, *v.g.*), jogando-a para o TRE. Perdeu-se, dessarte, uma boa oportunidade de conhecimento e julgamento do *thema decidendum*, por aquele que estaria mais rente aos fatos a serem julgados: o juiz eleitoral natural. Doutra banda, ficou o recorrente de diplomação apoucado de uma instância, que de modo mais apropriado curaria em julgar a impugnação. E, não é ocioso lembrar, tal impugnativa não se dá contra a diplomação propriamente, mas sim contra fatos que lhe são anteriores.

§3 Natureza da ação (recurso) contra diplomação

Quando aqui se diz que a ação (recurso) contra diplomação não é manejada propriamente atacando a diplomação, se quer afirmar peremptoriamente que a diplomação, enquanto ato apenas certificador, não possui vícios intrínsecos capazes de prejudicar sua validade. O que é prejudicial para os demais candidatos, e para a sociedade como um todo, não é a diplomação de candidato que obteve vitória viciada, mas o resultado eleitoral obtido com fraude à lei ou *contra legem*. Pela comprovação desses fatos é que se esvazia o diploma, sendo desconstituídos os seus efeitos *ex nunc*.

O art. 15 da LC nº 64/90 prescreve a nulidade do diploma, se procedente a ação de impugnação de registro de candidato, ou a ação de investigação judicial eleitoral, ou mesmo a ação de impugnação de mandato eletivo. Na verdade, de nulidade não se trata. O diploma, em si, como ato certificador do resultado da eleição, não possui vício algum provocado pela decisão que declarar (ou decretar) a inelegibilidade do candidato proclamado e diplomado eleito. Ou há nulidade do diploma, causada pelo desatendimento das normas próprias (art. 215 do CE), como a incompetência do órgão diplomador, ou não há vício algum, de modo que seria injurídico falar-se em sua nulidade.

Tenhamos em mente que o diploma, no recurso contra a expedição do diploma (RCED), possui eficácia *enquanto o Tribunal Superior não decidir* o remédio ajuizado contra ele, podendo o diplomado exercer o seu mandato em toda a sua plenitude (art. 216 do CE). Com o recurso contra a diplomação, já o dissemos, não se ataca o diploma propriamente, mas fatos anteriores à sua expedição, os quais apenas podem ser magoados após a diplomação. Se admitirmos que a inelegibilidade do candidato torna nulo o diploma, teremos de admitir uma espécie de *nulidade superveniente*, inadmitida em nosso ordenamento jurídico: o diploma era válido, mas, com a sentença que declarou ou decretou a inelegibilidade, tornou-se nulo.

Emilio Betti[12] procura distinguir a invalidade originária, coetânea ao ato jurídico reputado nulo, da nulidade sobrevinda (superveniente) à conclusão do negócio e da nulidade pendente ou suspensa. Ensina o saudoso mestre peninsular que a *invalidade superveniente* é uma sorte de caducidade que pode afetar todos os negócios com efeitos

---

[12] *Teoría general del negocio jurídico*, p. 347-381.

diferidos. Em especial, estão sujeitos à invalidade superveniente os atos e negócios que são parte de um suporte fáctico (*supuesto de hecho*) complexo, de formação sucessiva. Tais negócios não alcançam sua vigência enquanto não se fazem completos todos os elementos de seu suporte fáctico abstrato em que se enquadram (precisamente porque o efeito não pode logicamente produzir-se antes de sua fonte geradora, que é o suporte total de formação do negócio jurídico). E, portanto, requer a permanência dos pressupostos que lhe são necessários até o momento em que o suporte fáctico se completa. Por conseguinte, com anterioridade deste momento, a eficácia do negócio não é segura.[13]

Ora, logo se observa que a invalidade superveniente não é superveniente ao ato jurídico já existente no mundo jurídico, mas superveniente ao início da concretização do suporte fáctico complexo e anterior ao nascimento do ato jurídico. Se para a formação do ato jurídico é necessário que ocorram no mundo os fatos A, B, C e D, e apenas ocorreram os fatos A e B, ou A, B e C, não incidiu a norma, não nascendo ainda o ato jurídico. Se sobrevier uma outra norma, pondo a ocorrência do fato C como défice no suporte fáctico, tornando nulo o ato jurídico dele proveniente, haverá nulidade, mas anterior à própria existência do ato jurídico, de modo que não poderá invocar o interessado a garantia do ato jurídico perfeito, que no Brasil tem sede constitucional. Por isso, não parece ser procedente a lição do grande mestre italiano, pela confusão existente aí entre o mundo fáctico e o mundo jurídico: a *facttispecie* está ainda no plano fáctico; enquanto não se formar totalmente, se subsumindo à norma jurídica, não nasce ainda o fato jurídico *lato sensu*, de modo a ser equivocado o falar-se em nulidade superveniente.

Outro tipo de nulidade, não coeva ao ato jurídico, seria a invalidade pendente ou suspensa. Segundo Betti, os negócios jurídicos cuja eficácia se encontre subordinada a um evento futuro e incerto (seja este uma condição prevista neles ou um elemento constitutivo de um suporte fáctico complexo em que o negócio, por sua natureza, se enquadra) pode dar lugar a esse fenômeno da nulidade pendente. Ora, os exemplos oferecidos para comprovar a peculiaridade dessa espécie de nulidade são desanimadores. Apenas para demonstrá-lo, vejamos o primeiro exemplo citado por Betti. Nas hipóteses de efeitos diferidos, uma invalidade suspensa se produz, antes de tudo, quando, no momento em que o negócio se realiza, falte ainda um pressuposto que lhe seja necessário, o qual, por outra parte, não há de ser dos que devem existir desde o começo, senão de tal natureza, que possa também se agregar mais tarde; como a legitimação. Assim, o legado de coisa alheia, segundo o art. 651 do CC italiano, regularmente nulo enquanto tal, se convalida se a coisa legada se encontra em propriedade do testador no momento de sua morte.[14] Ora, não é a invalidade que é pendente ou suspensa: ela existe tal qual, produzindo seus efeitos, naturalmente cortados cerce se houver a convalidação posterior, por outro ato ou negócio jurídico. A anulabilidade aí existente poderá ser corrigida pela legitimação futura do testador. De conseguinte, a invalidade se dá *sic et nunc*, até que se convalide o ato jurídico. Por isso, é de todo impróprio o falar-se aí em suspensividade ou pendência da invalidade.

---

[13] BETTI. *Teoría general del negocio jurídico*, p. 362-363.
[14] BETTI. *Teoría general del negocio jurídico*, p. 364.

Como diz Marcos Bernardes de Mello,[15] "no Direito brasileiro essa classificação não tem pertinência. Toda invalidade é originária; sua causa deve existir, ao menos, por ocasião de sua concretização do ato jurídico. Causas de invalidade surgidas posteriormente não afetam a validade, embora possam implicar a resolução do ato jurídico".[16]

Ora, a decisão sobre o recurso contra diplomação é *condição resolutiva* dos efeitos do diploma. Como é ressabido, a condição são determinações temporais que atuam no plano da eficácia do ato jurídico. Portanto, a condição não tem qualquer referência ao plano da existência ou validade do ato jurídico, senão que toca apenas à sua eficácia, ou para suspendê-la (condição suspensiva) ou para resolvê-la, isto é, solver a eficácia (condição resolutiva). Como mostra Pontes de Miranda, a condição atinge, na sua concepção, a eficácia do ato jurídico; não o próprio ato jurídico, em sua existência. Em verdade, a condição resolutiva atinge a eficácia do ato jurídico, *ex nunc*: "verificada a condição (resolutiva), para todos os efeitos, se extingue o direito" (art. 119 do CC de 1916). *Não há*, aí, *retroatividade*; e a condição resolutória opera como convenção de extinção de efeitos: na condição suspensiva, a eficácia começa; na resolutiva, cessa a eficácia *mais* o que ela tenha de atingir, no plano da existência, quiçá o próprio efeito mínimo do ato jurídico mesmo: "Há, portanto, algo de subentendido: a condição resolutiva corta, no plano da eficácia, a continuidade, mas pode ser que a *conventio*, que nela há, também extinga, no plano da existência, o ato jurídico mesmo, por ir cortar-lhe todo efeito, inclusive a vinculação". E, continuando seu pensamento, afirma Pontes de Miranda que, comparando-se o que se passa com as condições resolutivas, quando atingem toda a eficácia, e o que se passa com as nulidades, vê-se bem que o direito tolera que entre no mundo jurídico o suporte fáctico deficiente, com a consequência da nulidade do ato jurídico, que, de regra, não produz nenhum efeito, mas repele que se confunda a resolução de toda a eficácia com a resolução do ato jurídico mesmo. Por quê? Porque o nulo, se bem que ainda esteja exposto a que a lei sanatória o faça válido, com a decretação da nulidade cai no não ser, ao passo que a resolução de toda a eficácia, sem ressurgimento possível de efeito, é a negação mesma da posteridade eficacial do ato jurídico, porém não dele mesmo.[17]

A diplomação, dessarte, tem seus efeitos condicionados à condição resolutiva da decisão judicial que aponte a ocorrência de um dos fatos do art. 262 do CE. Se assim não compreendido esse artigo, o art. 15 da Lei das Inelegibilidades é inconstitucional, pois torna nulo o ato jurídico da diplomação, se houver posterior decretação de

---

[15] *Teoria do fato jurídico*: plano da validade, p. 69-70.

[16] Um exemplo de nulidade realmente superveniente ao negócio jurídico é o constante no Direito italiano pretérito, que, à pena de *ergástulo* (prisão perpétua), acrescia a pena acessória de nulidade do testamento que houvesse sido feito antes da sentença penal. Tal exemplo é impertinente perante o nosso Direito pátrio, pois a proteção ao direito adquirido e ao ato jurídico perfeito possui sede constitucional, de modo que nenhuma lei ordinária pode fustigá-la, sob pena de ser inquinada de inconstitucionalidade. Outrossim, já agora quanto à lição de Marcos Mello, penso que a resolução que poderá ocorrer por fato que ensejaria a invalidade é a resolução por incumprimento contratual, que vicia a execução do contrato, e que, portanto, nada tem a ver com a nulidade propriamente dita. O contrato regularmente realizado, em que um dos contratantes passa a agir com dolo na sua execução (p. 70), tem o dolo como causa de resolução contratual, e não como causa de sua invalidade. Ao mesmo fato o Direito deu efeitos distintos. O mesmo ocorre com o evento da morte de um homem: pode ser tipo do homicídio, suporte fáctico de norma de sucessão hereditária, de norma de Direito Comercial etc. Um só é o fato, mas juridicamente se revestirá de várias formas jurídicas, dependendo do ponto de vista normativo em que for analisado.

[17] *Tratado de direito privado*, t. V, p. 104, 142-143.

inelegibilidade de candidato diplomado. Tanto não se trata de nulidade do diploma, mas de sua *resolubilidade eficacial ex nunc*, que os atos praticados pelo candidato diplomado e empossado não se tornam nulos pela perda do mandato.[18]

Dessarte, guardando tais lições na retentiva, podemos compreender que a ação (recurso) contra diplomação tem por fito a reforma do resultado das eleições, certificado pelo diploma. Sendo assim, a ação (recurso) contra diplomação terá *eficácia preponderante desconstitutiva do efeito certificativo do diploma*, além de outros efeitos relevantes, dependentes da hipótese legal analisada.

§4 Hipóteses ensejadoras do recurso contra diplomação

O art. 262 do Código Eleitoral prescreve apenas caber recurso contra a expedição de diploma somente nos casos de inelegibilidade superveniente ou de natureza constitucional e de falta de condição de elegibilidade.

A inelegibilidade é ausência ou perda da elegibilidade. É conceito negativo, que diz respeito à inexistência do direito de ser votado (*ius honorum*). A nova redação dada ao art. 262 do Código Eleitoral põe a inelegibilidade superveniente ao registro de candidatura como razão pela qual pode ser interposto o recurso contra diplomação, agora explicitando que também a inelegibilidade inata, decorrente da falta originária de elegibilidade, enseja a sua interposição recursal. Seja *inata* a inelegibilidade, seja ela *cominada*, o certo é que tem cabido o manejo do RCED, dês que possua ela (a) natureza constitucional ou (b) seja posterior ao registro da candidatura, conforme sustentamos doutrinariamente desde a primeira edição deste livro.

Quando o eleitor deseja obter o direito de ser votado, há de cumprir as condições de elegibilidade necessárias para o cargo que pretende concorrer. Se não preenchê-las, terá declarada a ausência do direito ao registro de sua candidatura, quer porque algum legitimado lhe opôs a AIRC, quer porquanto o juiz eleitoral atuou de ofício, surpreendendo alguma razão para indeferir o pedido de registro da candidatura. Pode ocorrer, todavia, que o registro seja deferido ao nacional, mesmo lhe faltando alguma das condições de elegibilidade. Nesse caso, o registro de candidato é eficaz, em que pese ser inválido. Mas a invalidade apenas poderá ser decretada em oportunidade própria, eis que a matéria ficou preclusa pela não oposição da AIRC, cuja finalidade é justamente trautear a ausência de alguma das condições de elegibilidade, além de declarar a existência de alguma inelegibilidade cominada previamente aplicada ao pré-candidato. Em casos tais, é justamente o recurso contra diplomação o remédio jurídico próprio para atacar a inelegibilidade inata, existente pelo fato de o candidato não possuir um dos pressupostos constitucionais de elegibilidade. Se o pressuposto ausente for de natureza apenas legal, operou-se a preclusão, sendo incabível o movimento desse remédio jurídico, de maneira a restar convalidado o registro de candidato anteriormente deferido.

---

[18] Nesse sentido, embora entenda tratar-se de invalidade do diploma, Fávila Ribeiro (*Direito eleitoral*. 3. ed., p. 466), que averba: "Pelo que pode ser observado, a invalidade de diplomas que acaso ocorrer em decorrência do provimento de recurso contra diplomação ou de recurso que modifique a distribuição dos sufrágios tem eficácia *ex nunc*, a significar que os atos anteriormente praticados no desempenho do mandato representativo e as remunerações recebidas não são atingidos. Tem-se como legítimo o desempenho do mandato até a produção do ato decisório que o invalide".

Outrossim, alguma das hipóteses de inelegibilidade cominada poderá ocorrer após a concessão do registro de candidatura, como o abuso de poder político, *exempli gratia*. Em tais situações ilícitas, censuradas pelo direito objetivo, poderão os legitimados ativos interpor o RCED, respaldados em provas pré-constituídas, com a finalidade de obter a resolução dos efeitos do diploma eleitoral.

O grande problema prático no manejo do recurso contra diplomação, sorvido da experiência jurisprudencial, consiste justamente na falta de critério discriminatório para definir quais são as inelegibilidades constitucionais, apartando-as das que não são.

As condições de elegibilidade são constitucionais ou infraconstitucionais. Aquelas elencadas apenas na Constituição Federal não precluem, mercê dos arts. 223 e 259 do CE. Malgrado isso, quando uma lei ordinária dispõe sobre as condições de elegibilidade previstas na Constituição, especificando o campo material de sua aplicação e enchendo seu conceito, passa a integrar o texto constitucional, sendo reputada, para efeito da não incidência da preclusão, espécie de *matéria constitucional*. Destarte, quando uma lei ordinária dispõe sobre filiação partidária, prescrevendo sua nulidade (p.ex., art. 22, parágrafo único da LPP), naturalmente afeta o art. 14, §3º, inc. V, da CF/88, segundo o qual será elegível quem for filiado.

Perdendo-se a filiação partidária, não há meios de se obter a elegibilidade. O *ser* ou *não ser* filiado, como condição de elegibilidade, é matéria prevista na Constituição; o *como ser* ou *como deixar de sê-lo*, é estatuição prescrita em lei ordinária. Sem embargo, como os critérios para a filiação partidária são estabelecidos pela lei ordinária, em complementação da norma de escalão constitucional, não há negar que estamos frente a uma *matéria constitucional*, não sendo encoberta pelo efeito da preclusão.

Da mesma maneira, é inelegível, no território de jurisdição do titular, o seu cônjuge (art. 14, §7º, da CF/88, e art. 1º, §3º, da LC nº 64/90), mas as normas sobre o fim da sociedade conjugal são de direito civil (lei ordinária, portanto): ninguém poderá afirmar que o divórcio fraudulento não pode ser objeto de recurso contra diplomação, sob o argumento de que a matéria não é *estritamente* constitucional.[19] Como dito, o *ser* ou *não ser* cônjuge para efeito de inelegibilidade é matéria constitucional; tanto quanto o *como ser* e o *como deixar de sê-lo*, em que pese prescritos por lei ordinária.

Com a nova redação do art. 262 do CE, tornou-se desnecessária a discussão que havia sobre a inelegibilidade constitucional, útil para distar daquelas inatas advindas da ausência de condição de elegibilidade de natureza legal. Agora, como a ausência das condições de elegibilidade passou a ser hipótese de interposição de recurso contra diplomação ao lado daquelas supervenientes, ficou obsoleta a menção àquelas de natureza constitucional, já abrangidas pelas duas.

---

[19] Alberto Rollo e Enir Braga (*op. cit.*, p. 45-52): "[Inelegibilidade de parentesco]. Trata-se de inelegibilidade de índole constitucional porque prevista no §7º do art. 14 da Constituição Federal". Interessantíssimo, sob esse prisma, o Acórdão do TSE nº 12.089, de 09.08.1994, com a seguinte ementa: "Inelegibilidade. Constituição Federal, art. 14, §7º. Ex-cônjuge de Governador. Separação Judicial. Sentença homologatória. Efeitos retroativos. Fins eleitorais. Inaplicabilidade da exceção contida no art. 8º, Lei nº 6.515/77. Desincompatibilização. Inocorrência. – A decisão que julga a separação é definitiva. Produz seus efeitos com o trânsito em julgado. – Inocorrendo a desincompatibilização do Governador, no prazo legal, torna-se inelegível seu cônjuge, uma vez que, à época, ainda não estava separada judicialmente. – Recursos a que se nega provimento" (*Info.Bibl.*, Maceió, v. 2, n. 4, p. 73, fev. 1996).

§5 Legitimados *ad causam* e litisconsórcio necessário passivo

Não há norma expressa sobre a legitimidade *ad causam* ativa em ação (recurso) contra diplomação. A jurisprudência tem admitido como legitimados para agir: (a) os partidos políticos; (b) as coligações; (c) os candidatos registrados; e (d) o Ministério Público.

O simples eleitor carece de legitimidade para manejar esse remédio jurídico, conforme tem firmado a jurisprudência: "Diplomação. Recurso. Falta de legítimo interesse. Aquele que não concorreu a qualquer cargo, nas últimas eleições, não tem legítimo interesse para recorrer de diplomação dos eleitos, mesmo porque não o tinha para impugnar o registro das candidaturas. Precedentes do TSE. Recurso não conhecido".[20]

Ora, interesse em que o pleito eleitoral seja conforme o ordenamento jurídico todos têm, pois como eleitores participam do prélio e têm o desejo de verem a soberania popular respeitada. O que pode faltar — e a jurisprudência assim tem entendido —, é legitimidade *ad causam* ativa para o eleitor, que não possui direito, pretensão e ação contra a diplomação do candidato inelegível.

Questão relevante, em recurso contra diplomação, diz respeito à ocorrência ou não de *litisconsórcio necessário passivo* entre o recorrido e o seu partido político.[21] Tem prevalecido, jurisprudencialmente, o entendimento segundo o qual o recurso contra diplomação apenas pode ser manejado contra o candidato eleito e o partido político, em litisconsórcio necessário, (a) para qualquer eleição[22] ou (b) apenas para a eleição proporcional.[23]

Em verdade, o *ser majoritária ou proporcional a eleição é questão irrelevante para o problema da existência ou não de litisconsórcio necessário entre o candidato e o seu partido político*. O fato de, na eleição proporcional, a nulidade dos votos de um candidato afetar o seu partido político na fixação do quociente partidário apenas demonstra a dependência das relações jurídicas envolvidas, sem demonstrar a existência de pressuposto algum da formação de litisconsórcio. Se o locatário, *exempli gratia*, perder uma ação de despejo movida pelo locador, haverá evidente prejuízo para o sublocatário, que sofrerá as consequências aviltantes do despejo, nada obstante não haja entre os dois — locatário e sublocatário — qualquer necessidade de formação de litisconsórcio passivo necessário. A prejudicialidade-dependência das relações jurídicas não enseja a litisconsorciação obrigatória, senão em casos expressamente previstos em lei. Mas aí já não em razão da prejudicialidade propriamente, porém mercê de outro interesse tutelado pelo ordenamento.

---

[20] BE-TSE, n. 433/470.

[21] Sustentamos, na edição anterior, a ocorrência de litisconsórcio necessário passivo, com supedâneo nas lições de Tito Costa (*op. cit*, p. 134-135), citando o BE-TSE 307/114 (*vide Direito processual eleitoral*, Ciência Jurídica, p. 112). Nada obstante, na mesma edição também assumi a posição mais correta, que agora uniformemente defendo (*op. cit*., p. 239, nota 38. Nesta obra, *vide* capítulo 11).

[22] Joel José Cândido (*op. cit*., p. 219): "A jurisprudência tem entendido que no Recurso Contra a Diplomação há litisconsórcio necessário (CPC, art. 47), devendo o partido político ser chamado a integrar a lide, dado o seu indiscutível interesse nos votos que ali se discute. Assim sendo, pouco importa a eleição, se majoritária ou proporcional".

[23] Tito Costa (*op. cit*., p. 134): "Em casos de recurso contra diplomação, em que os votos atribuídos ao recorrido interessam diretamente ao Partido pelo qual concorreu, por força do sistema proporcional vigente no Brasil, ocorre *litisconsórcio necessário*".

Para que se verifique a necessidade de litisconsórcio entre o candidato atacado e o seu partido político, é preciso estejam presentes os pressupostos legais do art. 113 do CPC: (a.1) a presença de uma relação jurídica inconsútil e (a.2) uniformidade da decisão ou (b) disposição legal impositiva da necessariedade. Como magistralmente ensina Cândido Rangel Dinamarco,[24] "Ao exigir o litisconsórcio em certos casos, ou seja, ao editar a regra da necessariedade, a lei toma em consideração certos *fatores de aglutinação* que aconselham ou mesmo tornam indispensável a exigência. Esses fatores de aglutinação decorrem das realidades disciplinadas pelo direito substancial (a incindibilidade da situação jurídica) ou da conveniência, sempre meta-processual, de que o processo tenha maior abrangência (o litisconsórcio por força de lei específica)".

Dessarte, é necessário observar, em cada caso concreto, as estipulações do direito substancial, para se apreender se a relação jurídica litigiosa é inconsútil, ou se a lei reguladora exigiu a litisconsorciação. No pertinente ao recurso contra diplomação, já podemos antecipadamente averbar a inexigibilidade legal para a formação do litisconsórcio passivo, de modo que apenas em conformidade com as hipóteses do art. 262 do CE é que se poderá aferir a indivisibilidade da relação entre o candidato e o partido político.

Quando o recurso contra diplomação for interposto em virtude de inelegibilidade do candidato, não há necessidade de litisconsórcio, pois a inelegibilidade decretada (ou declarada) atinge apenas o recorrido, com a cassação dos efeitos do diploma. Se o candidato recorrido pleitear cargo majoritário, a nulidade dos seus votos não traz qualquer consequência negativa para o partido político, senão a perda do poder político decorrente da resolução dos efeitos do diploma. Assim também se se tratar de cargo preenchido por eleição proporcional, a procedência do recurso contra diplomação, que declarar a inelegibilidade do candidato vitorioso, não implicará em nulidade dos seus votos, como prescreve o §3º do art. 174 do CE, com influência negativa na composição do quociente partidário ("Serão nulos, para todos os efeitos, os votos dados a candidatos inelegíveis ou não registrados"), mercê do que prescreve o art. 175, §4º, do CE ("O disposto no parágrafo anterior não se aplica quando a decisão de inelegibilidade ou de cancelamento de registro for proferida após a realização da eleição a que concorreu o candidato alcançado pela sentença, caso em que os votos serão contados para o partido pelo qual tiver sido feito o seu registro"). O interesse do partido político aqui foi protegido pela norma jurídica, tendo em vista que a decisão procedente poderia atingir a sua esfera jurídica, diminuindo o número de possíveis cadeiras a ocupar na Casa legislativa.

Sendo o recurso contra diplomação proposto apenas após a eleição, obviamente que a inelegibilidade do candidato demandado não ocasionará a nulidade dos seus votos, os quais continuarão sendo computados para formação do quociente partidário. Subtraem-se os efeitos do diploma, ficando o candidato eleito impedido de exercer seu cargo, mercê da perda da elegibilidade; sem embargo, o partido político pelo qual concorreu não perde a soma dos seus votos, mantendo o mesmo número de cadeiras legislativas.

---

[24] *Litisconsórcio*, p. 159.

Note-se que, se inexistisse o preceito do art. 175, §4º, do CE, pelo qual são válidos para o partido político os votos conferidos a seu candidato declarado inelegível apenas após as eleições, ainda assim não seria caso de litisconsorciação, pois tão só haveria uma *relação de dependência-prejudicialidade* entre a relação deduzida em juízo (entre o candidato e o autor do Recurso, na fiscalização das eleições) e a relação do candidato com o seu partido político. Os efeitos da decisão proferida em recurso contra diplomação, em casos tais, atingiriam o partido político apenas reflexamente,[25] não sendo efeito natural seu o apoucamento do quociente partidário. A possibilidade de o partido político sofrer prejuízo pela nulidade dos votos, se ainda aplicável fosse o §3º do art. 175 ao recurso contra diplomação, não seria motivo para a formação de litisconsórcio: a nulidade dos votos era efeito anexo da decisão, independentemente de pronunciamento explícito judicial. O objeto litigioso seria apenas a inelegibilidade do candidato, com a consequente resolução dos efeitos do diploma. A nulidade dos votos não fazia parte da *res deducta*, sendo mera decorrência do julgamento procedente. Por onde se vê que o partido político tinha interesse jurídico, mas apenas para ingressar nos autos como assistente litisconsorcial. Mas essa questão está hoje superada, sendo apenas ainda hoje sustentada por desatenção ao ordenamento jurídico, não mais podendo se admitir a invocação de vetustos arestos em defesa da necessidade de litisconsórcio passivo.[26]

Mercê do disposto neste §4º do art. 175 do CE, nas hipóteses previstas nos incisos I e IV do art. 262 do CE, o objeto do recurso contra diplomação é a inelegibilidade do candidato, com a consequente resolução dos efeitos do diploma, como sanção pessoal aplicada ao demandado. De conseguinte, quando o recurso contra diplomação for manejado contra inelegibilidade do candidato, o partido político será um terceiro interessado, podendo participar do processo na qualidade de *assistente litisconsorcial*.

Podem os candidatos de um partido político recorrerem da diplomação de um candidato do mesmo partido? Podem.

---

[25] Sobre os efeitos reflexos, interessa-nos lembrar a lição de Ovídio Baptista da Silva (Eficácia da sentença e coisa julgada. *In*: SILVA. *Sentença e coisa julgada*, p. 110): "o campo da eficácia reflexa está limitado, apenas, a uma área bem menor e mais próxima da relação jurídica que constitui objeto da decisão, só apanhando aqueles terceiros que tenham uma vinculação jurídica com o objeto do primeiro processo, ou seja, com a relação controvertida na causa, sob a forma de uma vínculo de prejudicialidade-dependência. (...) A peculiaridade essencial dessa repercussão da sentença na esfera jurídica de terceiros decorre, não de uma previsão legal, mas de *circunstâncias acidentais* que colocam determinados sujeitos, chamados pela doutrina, *terceiros juridicamente interessados*, numa relação de dependência jurídica relativamente à relação que fora objeto da sentença *inter alios*" (grifos do autor).

[26] O Acórdão nº 5.700, proferido pelo TSE em recurso contra diplomação nº 325, Classe V, Alagoas (Maceió), tendo por relator o Ministro José Boselli (*BE-TSE*, n. 307, p. 114-116, fev. 1977), passou a ser o condutor de diversas decisões subsequentes, sendo ainda hoje citado acriticamente pela doutrina e jurisprudência como esteio à tese da necessidade de formação de litisconsórcio passivo entre o candidato e seu partido político. Sem embargo, a motivação do voto do relator, condutor da decisão, se baseia justamente na disposição do §3º do art. 175 do CE, que prescreve a nulidade, para todos os efeitos, dos votos obtidos por candidato inelegível. Afirma o Ministro Barros Barreto, em seu voto: "Ora, o antes citado §3º do art. 175 do Código Eleitoral dita, peremptoriamente, a nulidade, *para todos os efeitos*, dos votos dados a candidatos inelegíveis. Não me consta que a prática jurisprudencial haja, na interpretação desta norma, admitido qualquer vez, a diferenciação ventilada pelo recorrente. A nulidade é taxativa, para todos os efeitos. O voto assim nulo não poderá, a toda evidência, valer para a legenda". Pois bem, com o advento, em 1983, da Lei nº 7.179, acresceu-se o §4º a este artigo, pelo qual reputaram-se válidos os votos obtidos por candidato inelegível, desde que a sua inelegibilidade fosse declarada ou decretada após as eleições. Assim, o candidato perde o mandato, mas o seu partido não perde os votos para cômputo do quociente partidário. O antigo argumento perdeu o viço, pois a legislação inovou em ponto crucial, olvidado pela doutrina e jurisprudência.

Ao longo do tempo, formou-se pacífica jurisprudência negando tal possibilidade, endossada pela melhor doutrina. Nada obstante, da mesma forma que o problema do litisconsórcio passivo necessário, esse problema precisa ser repensado. De fato, o argumento principal nessa matéria é o de que faleceria ao candidato do mesmo partido ou coligação, para cargos proporcionais, interesse de agir contra outro candidato de seu partido, em razão de que a nulidade dos votos do candidato declarado inelegível prejudicaria o partido como um todo, inclusive o próprio recorrente. Por isso, o Ministro Barros Barreto[27] argumentou: "Realmente, reconhecer-se legitimidade a candidato para recorrer contra diplomação de eleito do próprio Partido, imporá que se tenha subsistentes, para a legenda, os votos fornecidos ao impugnado. Caso contrário, não haveria o legítimo interesse que é condição inarredável à propositura da demanda".

Ora, como sobejamente já vimos, o §4º do art. 175 do CE não nulifica os votos de candidato declarado inelegível, mantendo-os no cômputo dos partidos políticos. Assim, não há mais aquela autofagia, de que nos fala o presente aresto,[28] quando um candidato argui a inelegibilidade de outro concorrente do mesmo partido, mercê de que os votos obtidos pelo demandado não serão subtraídos do seu partido político. Assim, *não há mais nenhum impedimento a que candidato recorra contra a diplomação de seu concorrente, ambos da mesma agremiação política*.

A respeito da desnecessidade de litisconsorciação do diplomado com a sua agremiação política, eis o que vêm decidindo os tribunais: "Recurso contra expedição de diploma. Questão de ordem. Litisconsórcio. Coligação. O Tribunal, ao apreciar o recurso contra expedição de diploma, conheceu da questão de ordem submetida pelo Relator e considerou que não há razão para a citação da coligação, conforme requerido pela Procuradoria-Geral Eleitoral. Em relação às eleições majoritárias, a eventual cassação do diploma atingirá apenas o interessado e, eventualmente, o que com ele haja sido eleito na qualidade de vice. Presentes todos esses no processo, não há razão para que o integre também a coligação por que hajam sido eleitos. Tanto mais que a coligação, tratando-se de eleição majoritária, não tem mais razão de ser após as eleições. Unânime" (Recurso contra Expedição de Diploma nº 584, rel. Min. Eduardo Ribeiro, em 08.06.1999, *Informativo TSE*, ano I, n. 5, p. 1, 07-13 jun. 1999).

Questão diversa sobre litisconsórcio, de passagem ferida na ementa acima citada, é aquela em relação à necessidade ou não de sua formação, na eleição majoritária, entre o titular e o seu vice. Noutro giro, para ser mais claro, indaga-se: na eleição majoritária, é necessária a formação de litisconsórcio entre os componentes da chapa: candidatos a titular (presidente da República, Governador de Estado e Prefeito Municipal) e seus respectivos Vices?

A resposta a essa pergunta não é tão simples, como o seria se estivéssemos versando sobre a ação de impugnação de registro de candidatura (AIRC) e ação de investigação judicial eleitoral (AIJE), quando a afirmativa se imporia. Lá, nessas duas ações eleitorais, estaríamos diante de ataque direto à relação inconsútil formada pelos

---

[27] BE-TSE, 307-116.

[28] "Tal permissibilidade — salvo a hipótese de ilógica e inadmissível autofagia — pressupõe subsistentes os votos dados às legendas a que pertençam os contendores (ambos do mesmo partido). De outra forma criar-se-ia uma antinomia inconciliável entre a *ação* e o *resultado*, pela afetação da própria legenda, destinatária inafastável dos votos atribuídos a todos os candidatos que a integram no momento do pleito" (*BE-TSE*, 307-116).

membros da chapa, ou para indeferir o pedido de registro de candidatura (AIRC), ou para cancelar o registro já deferido (AIJE, com as achegas do art. 15 da LC nº 64/90). Aqui, no recurso contra diplomação (RCED), poderão ocorrer situações diferentes, as quais merecerão solução também diversa.

Em se tratando de recurso contra diplomação proposto em razão da *inelegibilidade pessoal*[29] de um dos candidatos que compõem a chapa, por fato ilícito (ou lícito, mas que resulte na inelegibilidade inata de um deles) que não lhes traga um proveito comum (*e.g.*, sentença criminal transitada em julgado contra um deles, ausência de alguma condição de elegibilidade etc.), não haverá necessidade da formação de litisconsórcio. Nesse caso, embora eleita a chapa, o diploma concedido a cada um deles é autônomo, de modo que a poda dos efeitos de um deles não enseja a resolução dos efeitos do diploma do outro. Se o candidato a prefeito não possuía domicílio eleitoral na circunscrição do pleito, e tal fato não foi suscitado quando do pedido de registro de candidatura, poderia ser ele atacado pelo recurso contra diplomação. Aqui, o produto da eleição não foi obtido de modo ilícito, tendo concorrido o prefeito enquanto possuía elegibilidade, decorrente do registro de candidatura que recebeu, que, embora inválido, era existente e eficaz ao tempo da votação. O recurso contra a expedição de diploma atacaria, portanto, apenas a diplomação do prefeito, que concorrera na eleição sem uma das condições de elegibilidade (aquela do art. 14, §3º, inciso IV, da CF/88), por estar inatamente inelegível. O vice, nesse caso trazido como exemplo, não tinha nada que pudesse lhe ser irrogado, de modo que o seu diploma não haveria porque ter seus efeitos podados. Aqui, nesse caso, *o produto da eleição passou a ser autônomo, de modo que o diploma do vice remanesceria íntegro*, podendo vir posteriormente a assumir o mandato do titular, acaso restasse declarada a inelegibilidade desse último, com a consequente perda dos efeitos do seu diploma.

Sobre essa hipótese há precioso acórdão do Tribunal Superior Eleitoral: "Eleições 1996. Prefeita Municipal. Cassação. Mandado de segurança. Vice-prefeito. Perda do diploma decorrente da procedência de recurso contra a diplomação da prefeita por falta de domicílio eleitoral. Diplomação do segundo colocado no pleito. Não-ocorrência de trânsito em julgado com relação ao vice-prefeito, que não foi parte no processo. Inexistência de litisconsórcio passivo necessário por se tratar de inelegibilidade de natureza pessoal. Ausência de vício que maculasse a legitimidade da eleição. Validade da votação porquanto a inelegibilidade foi declarada após a realização da eleição, momento em que a chapa estava completa. A cassação do diploma da prefeita, que não atinge a do vice-prefeito. Art. 18 da LC nº 64/90. Precedente do TSE. Admissibilidade de utilização da via mandamental para defesa de direito de terceiro prejudicado. Concessão da ordem para determinar a manutenção do diploma do impetrante como vice-prefeito. Nesse entendimento, o Tribunal recebeu os embargos de declaração e declarou a nulidade do julgamento do mandado de segurança, determinando a imediata inclusão do feito em pauta para novo julgamento. Também, o Tribunal determinou que o impetrante permaneça no exercício do cargo de prefeito até que ocorra novo julgamento

---

[29] Evidentemente, toda inelegibilidade é pessoal, no sentido de ser uma situação que desbasta a esfera jurídica de alguém especificamente. Tanto a inelegibilidade inata, como a cominada, dizem respeito a situação jurídica específica e própria do nacional, que não contagia qualquer outra pessoa. Quando empregamos aqui essa expressão, queremos nos referir à inelegibilidade que decorre de um fato (lícito ou ilícito) atribuído exclusivamente ao nacional, que não alcance a mais ninguém. Se o fato, ao revés, por sua ilicitude aproveita a outrem, também quem dele se beneficiou será sancionado com a inelegibilidade.

do mandado de segurança. Unânime" (Mandado de Segurança nº 2.672/MA, rel. Min. Eduardo Alckmin, em 23.05.2000, *Informativo TSE*, ano II, n. 17, p. 2, 22-28 maio 2000).[30]

É possível, sem embargo, que a inelegibilidade contamine a chapa como um todo. Se a eleição decorreu de abuso de poder econômico ou político, praticado pelo titular da chapa, é evidente que os votos obtidos por meio escuso seriam imprestáveis também para o vice, que obteria vantagem da ilicitude praticada. Aqui, o produto da eleição estaria contaminado para a chapa como um todo, cabendo recurso contra a diplomação em litisconsórcio necessário: "Recurso contra expedição de diploma. Prefeito. Matéria fática. Vice-prefeito. Votação reflexa. Cassação. Não é possível reapreciação da matéria de prova em recurso especial (Súmula nº 7/STJ e 279/STF). Por se tratar de eleição vinculada, a situação jurídica do vice-prefeito é alcançada pela cassação do diploma do prefeito de sua chapa. Recurso especial interposto pelo candidato que ficou em 2º lugar nas eleições para prefeito de Viana/ES provido. Nesse entendimento, o Tribunal reformou o acórdão recorrido e determinou a cassação do diploma do prefeito de Viana/ES, alcançando também o título outorgado ao vice-prefeito. Unânime" (Recurso Especial Eleitoral nº 15.817/ES, rel. Min. Eduardo Vidigal, em 02.05.2000, *Informativo TSE*, ano II, n. 14, p. 2, 1º-7 maio 2000). Observe-se que nessa última hipótese seriam ambos os membros da chapa majoritária beneficiários da ilicitude, incidindo para ambos a inelegibilidade prevista na Lei Complementar nº 64/90.

Nada obstante, entende atualmente o TSE que o destino da chapa há de ser comum aos dois candidatos (titular e vice), mesmo em se tratando de inelegibilidade pessoal de um deles, razão pela qual haveria sempre a necessidade de formação de litisconsórcio entre eles.[31]

§6 Rito processual

Tendo em vista a natureza de ação de direito material atuada em juízo através de rito recursal, o Tribunal Superior Eleitoral passou, em lenta construção pretoriana, a

---

[30] No mesmo sentido: "Mandado de segurança. Recurso contra a diplomação do prefeito. Citação. Vice-prefeito. O recurso contra expedição do diploma do prefeito visa atacar uma relação jurídica particular. Assim, verifica-se ser perfeitamente possível o tratamento da situação litigiosa sem a presença do vice, compondo a relação processual nos autos. A decisão atinge exclusivamente a situação do prefeito, atinge reflexamente a situação do vice-prefeito, que está na dependência da situação jurídica do prefeito. Logo, não há falar-se em litisconsórcio necessário. Com esse entendimento, por maioria, o Tribunal indeferiu o mandado de segurança; vencido o Min. Garcia Vieira" (Mandado de Segurança nº 2.672/MA, rel. Min. Costa Porto, em 27.06.2000, *Informativo TSE*, ano II, n. 22, p. 1, 26-29 jun. 2000).

[31] "Recurso contra expedição de diploma. Ausência. Citação. Vice-prefeito. Litisconsórcio passivo necessário. [...] II – O atual entendimento do TSE determina o litisconsórcio passivo necessário entre o prefeito e seu vice nos processos que poderão acarretar a perda do mandato eletivo, como é o caso do recurso contra expedição de diploma" (Ac. de 13.04.2010 no AgR-AI nº 11.963, rel. Min. Ricardo Lewandowski). Outrossim: "Recurso contra expedição de diploma. Vice. Polo passivo. Decadência. 1. Está pacificada a jurisprudência do Tribunal Superior Eleitoral no sentido de que o vice deve figurar no polo passivo das demandas em que se postula a cassação de registro, diploma ou mandato, uma vez que há litisconsórcio necessário entre os integrantes da chapa majoritária, considerada a possibilidade de o vice ser afetado pela eficácia da decisão. 2. Consolidada essa orientação jurisprudencial, exige-se que o vice seja indicado, na inicial, para figurar no polo passivo da relação processual ou que a eventual providência de emenda do exordial ocorra no prazo para ajuizamento da respectiva ação eleitoral, sob pena de decadência. 3. Não cabe converter o feito em diligência – para que o autor seja intimado a promover a citação do vice –, sob pena de se dilatar o prazo de três dias, contados da diplomação, para propositura do recurso contra expedição de diploma" (Ac. de 02.02.2010 no AgR-REspe nº 35.942, rel. Min. Arnaldo Versiani).

ampliar o campo de cognição judicial no recurso contra a expedição de diploma (RCED), admitindo ampla dilação probatória, desde que as provas a serem produzidas sejam requeridas na interposição do recurso e nas suas contrarrazões, como demonstram os recentes precedentes: AI nº 8.062, rel. Min. Caputo Bastos, publicado no *DJ*, 18 ago. 2008; REspe nº 25.968, rel. Min. Carlos Ayres Britto, publicado no *DJ*, 1º jul. 2008; RCED nº 766, rel. Min. Marcelo Ribeiro, publicado no *DJ*, 28 mar. 2008; AG nº 7.059, rel. Min. Carlos Ayres Britto, publicado no *DJI*, 14 fev. 2008.

Deste modo, em que pese a necessidade de vir o recurso contra a diplomação acompanhado de prova pré-constituída, como condição de sua procedibilidade, não mais ficará o tribunal competente para julgá-lo a ela limitado para a formação da sua convicção, podendo as partes requerer ampla produção de provas, inclusive de natureza testemunhal, devendo o relator ouvi-las em assentada designada para esta finalidade ou, acaso resulte mais adequada à celeridade processual e à sua economicidade, determinar a expedição de carta de ordem para que o juízo *a quo* colha os seus respectivos depoimentos.

É certo, porém, que não é suficiente o pedido genérico de produção de prova. Haverá a parte de demonstrar a sua necessidade, especificando claramente aquelas que pretende produzir: "Agravo regimental. Agravo de instrumento. Eleições 2004. Recurso especial. RCED. Art. 270 do Código Eleitoral. Pedido genérico de produção de provas. Não-cabimento. (...) 2. Em Recurso Contra Expedição de Diploma, as provas devem, em regra, ser apresentadas juntamente com a peça exordial. Não obstante, é admissível que o autor apenas especifique de plano as provas que pretende ver produzidas. Nesse sentido: AgRgRCEd nº 613, rel. Min. Carlos Veloso, *DJ* de 7.5.2003. 3..." (AAG/DF, rel. Min. José Delgado, *DJ*, v. 1, p. 115, 08 ago. 2006).

Diante disso, após as contrarrazões recursais, que possuem natureza de contestação, deverá o relator analisar os pedidos de produção de prova, verificando os seus fundamentos e a sua real necessidade. Então, decidirá pelo cabimento ou não da prova requerida, cuja decisão denegatória poderá ser desafiada através de recurso a ser interposto em 24 horas (art. 270, §2º, do Código Eleitoral).

Sendo deferida, designará o relator data para serem ouvidas as testemunhas ou expedirá carta de ordem para que o juízo *a quo* o faça, devendo desde logo especificar prazo para que seja ela cumprida e devolvida ao tribunal competente. Posteriormente, poderão as partes pedir diligência ou, em sendo o caso, apresentar alegações finais, nos prazos e forma do rito ordinário eleitoral (art. 3º ss. da LC nº 64/90).

Concluída a instrução processual, confeccionará o relator o seu relatório, sendo encaminhado o processo ao revisor designado, para posteriormente ser levado a julgamento pela Corte, na data fixada em publicação em órgão oficial, para a qual serão intimadas as partes.

AÇÃO DE INVESTIGAÇÃO JUDICIAL ELEITORAL

§1 A investigação judicial como ação

O art. 327, §2º, do CE dava a qualquer eleitor ou partido político a faculdade de se dirigir ao corregedor-geral ou regional, relatando fatos e indicando provas, e pedir abertura de investigação para apurar ato indevido do poder econômico, desvio ou abuso do poder de autoridade, em benefício de candidato ou de partido político. Tal investigação judicial tinha natureza pré-processual de inquérito, de cunho administrativo, que servia para produzir as provas necessárias para posterior manejo de recurso contra diplomação (art. 262, inc. IV, do CE), possuindo a corregedoria poderes semelhantes aos das Comissões Parlamentares de Inquérito. Como asseverava Fávila Ribeiro, terminadas as investigações deveria a corregedoria ou o órgão a que tivesse sido cometida a investigação apresentar relatório conclusivo, sobre a procedência das imputações sobre abuso de poder econômico, indicando as providências que fossem cabíveis, quanto à repercussão sobre o pleito e sobre a existência de crime eleitoral a demandar a apuração de responsabilidades. Como peça de instrução, não envolveria conteúdo decisório, que deveria promanar do órgão judiciário competente, em julgamento regular.[1]

Tão acostumados estavam os operadores do Direito Eleitoral com essa sistemática, que tardaram a perceber a inovação trazida pela Lei Complementar nº 64/90, cujos preceitos, inobstante preservando a terminologia *investigação judicial*, criaram uma nova ação de direito material, exercitada contra os que pratiquem e sejam beneficiados pelo abuso de poder econômico ou político, em detrimento da liberdade do voto.

O estudioso que primeiro observou a novidade, principalmente com vistas ao aspecto político da nova feição do instituto, foi o consagrado eleitoralista Fávila Ribeiro, que verberou contra as inovações, obtemperando a Lei Complementar nº 64, de 18 de maio de 1990, na prática teria abolido o inquérito judicial, embora transmitindo a ideia de

---

[1] *Direito eleitoral*, 3. ed., p. 276.

um maior aprofundamento, ao referir-se no art. 19 às *investigações jurisdicionais realizadas pelo corregedor-geral e corregedores regionais eleitorais*. Desse modo, concluiu: "As atividades de investigação se eclipsaram, desaparecendo toda funcionalidade administrativa que lhe era inerente e com ela a capacidade de esmiuçar todos os pontos onde pudessem ser encontrados dados elucidativos dos cometimentos ilícitos e de seus responsáveis, para ulterior instauração do procedimento judicial".[2]

Sem querer entrar no debate sobre a qualidade da inovação trazida a conduto da LC nº 64/90, há de se ter em mente que a nova lei se amolda à atual Constituição, à medida que busca preservar o contraditório e a ampla defesa, dilapidados em uma investigação judicial de poderes quase ilimitados, os quais poderiam ser utilizados de modo a amesquinhar a vontade da soberania popular obtida nas urnas. Penso que a solução adotada tornou mais responsável o exercício do direito potestativo de representação, com os acautelamentos desse novel diploma legal. Doutra banda, é de se por em relevo que as mudanças não foram, quanto aos poderes do juiz eleitoral, assim tão grandes como possam parecer à primeira vista.

Nada obstante, é de se observar que a Lei dos Partidos Políticos (Lei nº 9.096/95), em seu art. 35, terminou por criar um inquérito judicial com a finalidade de apurar qualquer ato que viole as prescrições legais ou estatutárias a que, em matéria financeira, os partidos ou seus filiados estejam sujeitos, podendo inclusive o TRE ou TSE determinar a quebra de sigilo bancário. A abertura de investigação pode ser pedida por filiado ou delegado de partido, representação do procurador-geral ou regional ou mesmo de iniciativa do corregedor. Tal investigação tem natureza administrativa, não tendo qualquer relação com a ação de investigação judicial eleitoral, objeto de nossas reflexões.

Mesmo com as agudas observações de Fávila Ribeiro sobre as mudanças ocorridas nesse procedimento de investigação, previsto originalmente pelo art. 237, §2º, do CE, houve ainda quem tivesse dúvidas sobre a natureza da representação prevista no art. 22 da LC nº 64/90, não a reputando como exercício da pretensão à tutela jurídica (ação processual). Exemplo notável dessa tendência encontra-se na importante obra de Joel José Cândido,[3] para quem, tanto naquele procedimento original do Código Eleitoral como no sistema da lei complementar, não se estaria diante de uma ação: "Nas ações o objetivo é certo e aqui não é, dependendo da época do julgamento o efeito será um ou outro. Nas ações há sentença ou acórdão, dependendo da instância, e aqui o rito processual não mencionou nenhum desses termos; mencionou-os quando se referiu à ação de impugnação de pedido de registro de candidatura". Desse modo, conclui: "Tem-se que admitir, porém, que se trata de uma *Investigação Judicial atípica, com carga decisória relevante*, de consistência constitutiva negativa (no caso em que cassa o registro) e carga declaratória (no caso em que declara a inelegibilidade por três anos), o que é invulgar no ordenamento jurídico brasileiro".

O art. 19 da LC nº 64/90 dispõe que as transgressões pertinentes à origem de valores pecuniários, abuso de poder econômico ou político, em detrimento da liberdade de voto, serão apuradas mediante investigações jurisdicionais realizadas pelo corregedor-geral e corregedores regionais eleitorais. Mas essas transgressões devem

---

[2] *Abuso de poder no direito eleitoral* apud BARRETTO. *Investigação judicial eleitoral e ação de impugnação de mandato eletivo*, p. 20-22.
[3] *Direito eleitoral brasileiro*. 6. ed., p. 128.

ser apuradas mediante "procedimento sumaríssimo", provocado por representação à Justiça Eleitoral, feita por qualquer partido político, coligação, candidato ou Ministério Público, com relato de fatos, indicação de provas, indícios e circunstâncias, com o rito estabelecido no art. 22 da LC nº 64/90.

Tais disposições dão a real impressão de que a atividade dos legitimados, representando à Justiça Eleitoral, tem apenas o escopo de informar ou comunicar a ocorrência de um fato ilícito, deixando por conta do Poder Judiciário a condução inquisitorial da busca da apuração dos fatos, através de um procedimento investigatório, nos moldes do inquérito policial. Mas a leitura do rito processual estabelecido no art. 22 demonstra justamente o contrário, ou seja, que a representação é uma ação processual, pela qual se deduz em juízo o direito subjetivo, a pretensão e a ação de direito material à decretação da inelegibilidade do candidato. Assim, no plano do direito material, o abuso de poder econômico ou político, as transgressões pertinentes à origem de valores pecuniários, ou utilização indevida de veículos ou meios de comunicação social, em benefício de candidato ou de partido político (art. 19 c/c art. 22 da LC nº 64/90), fazem nascer o direito subjetivo, a pretensão e a ação de tornar inelegível o candidato beneficiado. Tal pretensão nasce para os legitimados a agir (Ministério Público, partido político, coligação e candidatos).[4]

Um dos princípios mais importantes em processo civil, que será mais adiante examinado com detença, é o princípio da adstrição do juiz ao pedido das partes, segundo o qual cabe à atividade judicial decisória o ater-se, limitar-se, aos contornos fixados pela postulação das partes, de modo que não se pode julgar nem mais, nem menos, nem fora do que foi pedido. Tal princípio da correspondência entre o pedido e o pronunciamento (*corrispondenza tra il chiesto e il pronunciato*, dos italianos) é de suma importância, pois significa que o autor tem o poder de determinar o âmbito do objeto do processo ao propor a demanda, exercitando a ação processual, mais precisamente ao alegar os fatos constitutivos e os fatos lesivos do seu direito afirmado.[5]

Ora, quem vem a juízo com espeque no art. 22 da LC nº 64/90 não vem pedir que seja aberto um inquérito de faceta administrativa, mas sim vem deduzir sua pretensão a que o juiz decrete a inelegibilidade do réu, daquele apontado para figurar no polo passivo da relação processual (quem abusou do poder econômico e quem foi beneficiado pelo abuso, *v.g.*). Logo, instala-se um contraditório, dando-se oportunidade a que o demandado deduza sua contestação (defesa), além das dilações probatórias que visam a demonstrar a verdade dos fatos alegados.

---

[4] Obviamente que estamos deixando implícito que a legitimidade *ad causam* é instituto de mérito, de direito material, e não de direito processual. Um dos grandes erros dos que adotam as condições da ação como pressuposto para o julgamento de mérito (e nisso o Código de Processo Civil andou muito mal) é justamente a desatenção ao fato de que o interesse de agir e a legitimação à causa apenas podem ser observados na relação de direito material posta em causa, portanto na *res in iudicium deducta*. Sobre isso, *vide* Ovídio Baptista da Silva (*Curso de processo civil*, v. 1, p. 85-92).

[5] Na dicção abalizada de Crisanto Mandrioli (*Corso di diritto processuale civile*, v. 1, p. 91): "In conclusione, la regola fondamentale enunciata dall'art. 112 c.p.c. — la chiami, in conformità alla rubrica di questo articolo, regola o principio della *corrispondenza tra il chiesto e il pronunciato*; o la si chiami regola o principio della *disponibilità dell'oggetto del processo* — si sostanzia in ciò che *il potere di determinare l'ambito dell'oggetto del processo, in modo vincolante per il giudice, spetta a chi propone la domanda, il quale lo esercita con la proposizione della domanda stessa, ma più precisamente soltanto con quella parte dell'ato medesimo nella quale egli afferma o allega i fatti costitutivi e fatti lesivi, escluso invece ogni rilievo, sotto questo profilo, a quella parte dell'atto in cui quei fatti sono riferiti alle norme giuridiche*" (grifos do autor).

O que se busca através da AIJE é a declaração da ocorrência do fato jurídico ilícito do abuso de poder econômico ou do abuso do poder político, com a decretação da inelegibilidade do candidato para *essa* e para os oito próximos anos (inelegibilidade cominada simples e potenciada). Assim, tanto na AIRC como na AIJE o objeto litigioso é certo: a primeira busca a declaração negativa do direito subjetivo do pré-candidato ao registro, enquanto a segunda pretende a declaração da existência do fato ilícito do abuso de poder econômico ou político. Ambas, em virtude dessas declarações, ou por sobre elas, buscam a decretação ou declaração da inelegibilidade do candidato — conforme se trate de inelegibilidade inata ou cominada. No caso da ação de investigação judicial eleitoral, a inelegibilidade é sempre *ope iudicis*, é dizer, depende de decisão judicial que expressamente a comine, criando o estado negativo de perda da elegibilidade.

Um outro argumento em favor da natureza administrativa da AIJE refere-se ao fato de não ter a LC nº 64/90 chamado a investigação judicial eleitoral de *ação*; nem a defesa, de *contestação*; tampouco a decisão judicial, de *sentença* ou *acórdão*. De fato, a técnica legislativa não foi a melhor, gerando ainda hoje insegurança aos seus aplicadores. Todavia, se considerarmos que os nomes são rótulos que pomos sobre as coisas para designá-las, verificaremos que o ato de dar nomes às coisas apenas será vinculante para todos a partir de uma convenção intersubjetiva. Assim, o ato de nomear não explicita a essência da coisa nomeada, de modo que podemos apor rótulos convencionais sobre determinada garrafa sem que isso modifique o seu conteúdo. Didaticamente poderíamos exemplificar que, chamando de cadeira a um cinzeiro, nem por isso o objeto sobre o qual ponho o cigarro deixará de ser o que ele é, apenas pelo fato de tê-lo nominado de modo alheio ao que convencionalmente se lho chama.[6] Guardando isso na retentiva, podemos entender o porquê da ambiguidade na aplicação de determinadas palavras, superável pela estipulação da maneira que elas devem ser utilizadas, pela definição de sua referência semântica (o objeto ou classe de objetos por elas designados). Assim, o CPC, visando delimitar o uso da palavra "sentença", utilizou-a para nominar os atos terminativos do processo, com ou sem julgamento do mérito.[7] Ora, a própria LC nº 64/90

---

[6] Cf. GRAU. *Direito, conceitos e normas jurídicas*, p. 58 *et seq*. Nesse sentido, vale a pena lembrar que a concepção ontológica da linguagem, segundo a qual a realidade tem relação íntima e ineliminável com as palavras que lhe designam, foi afastada pela filosofia da linguagem, suplantada pela posição nominalista, que "permite compreender que as palavras não são engendradas pela realidade, vale dizer, que as coisas não possuem uma essência imutável, por via da qual seja possível estabelecer uma perfeita congruência entre as palavras e os objetos nominados... A filosofia analítica, concebendo a linguagem como sistema de símbolos, sustenta que a relação entre as palavras e a realidade é determinada de forma arbitrária, ou seja, é possível eleger qualquer símbolo para indicar qualquer objeto, ou qualquer classe de objetos, agrupados de acordo com propriedades que, convencionalmente, são tomadas por pressuposto para uso de determinada palavra" (SOUZA. *O papel da ideologia no preenchimento das lacunas no direito*, p. 13-14). Também o realismo moderado (Aristóteles, São Tomás de Aquino etc.), quanto à arbitrariedade dos signos, entende de modo idêntico, nada obstante tenha o conceito (essência) dos objetos como realidade universal no intelecto humano e como realidade individual nas próprias coisas, de modo que não seriam os conceitos meras propriedades existentes apenas enquanto referentes a um nome: "Observemos em que sentido os termos são sinais *convencionais*: Que o homem se sirva de palavras para exprimir os conceitos de seu espírito, isto lhe é *natural*, deriva de faculdades e inclinações próprias de sua essência; mas que *tais* palavras ou termos signifiquem *tais* conceitos, eis o que não decorre da instituição da própria natureza, mas sim de uma *disposição arbitrária do homem*" (MARITAIN. *Elementos de filosofia II*: a ordem dos conceitos, lógica menor, p. 70, grifos originais). Sobre a posição nominalista, muito instigante é a leitura de Stuart Mill (*Sistema de lógica dedutiva e indutiva*, especialmente p. 140 *et seq.*).

[7] Nada obstante haja sentença sem que haja encerramento da relação processual, como ocorre com a sentença que decreta a falência, prolatada *initio litis*. Mais recentemente, porém, o próprio Código de Processo Civil mudou a definição de sentença (Lei nº 11.232, de 2005), passando ela a ser "o ato do juiz que implica alguma das situações

utiliza o termo julgamento ("julgada procedente", conforme o art. 22, incs. XIV), no sentido de ato processual do juiz que põe fim ao processo com pronunciamento sobre o mérito. Se alguém vem a chamar a esse ato de *decisão*, dizendo não ser sentença, nem por isso ele deixa de ser o que é: ato que extingue o processo com julgamento de mérito. Além do mais, não passou despercebido a Joel Cândido que o procedimento nominado de investigação tem *carga decisória* constitutiva negativa ou declaratória. Havendo essa carga decisória, temos que admitir que o procedimento visa a mais do que apenas perquirir: tem por fito julgar, após a garantia do contraditório e da ampla defesa.[8]

Dessarte, penso que o art. 19 da LC nº 64/90 criou nova ação de direito material, processada de acordo com a ação processual prevista no art. 22 da mesma norma. Por isso, deve ser sempre salientado que a sua petição inicial deverá cumprir todas as exigências previstas para qualquer ação, inclusive no que concerne à necessidade de vir subscrita por advogado regularmente inscrito na OAB, sem impedimentos ao exercício de sua capacidade postulatória.[9]

§2 Efeitos da ação de investigação

A ação de investigação judicial eleitoral (AIJE) tem seus efeitos previstos no art. 22, inc. XIV da LC nº 64/90. São eles: (a) decretar a inelegibilidade, para *essa* eleição, do representado e de quantos hajam contribuído para a prática do ato; (b) cominação de sanção de inelegibilidade para as eleições a se realizarem nos oito anos subsequentes à eleição em que se verificou; e (c) cassação do registro do candidato diretamente beneficiado pela interferência do poder econômico, pelo desvio ou abuso do poder de autoridade, pelo uso indevido dos meios de comunicação, pela captação ilícita de sufrágio (art. 41-A da Lei nº 9.504/97) e pela captação ilícita de recursos e gastos indevidos de campanha (art. 30-A da Lei nº 9.504/97).

Para um melhor aproveitamento do entendimento dessas causas de pedir, passemos a analisá-las em separado. Antes, porém, devemos fazer uma observação fundamental: há variações dos efeitos das sentenças eleitorais conforme sejam as pretensões

---

previstas nos arts. 267 e 269", evitando-se o conceito de ato que põe fim ao processo, justamente porque a execução de título executivo judicial passou a se dar nos mesmos autos, como uma outra fase da mesma relação processual.

[8] No sentido aqui defendido, da natureza da investigação judicial eleitoral, *vide* também as lições de Pedro Henrique Távora Niess (*Direitos políticos*: condições de elegibilidade e inelegibilidades, p. 168-174) e, ainda, fazendo menção expressa às nossas observações, *vide* Lauro Barretto (*Investigação judicial eleitoral e ação de impugnação de mandato eletivo*, 2. ed., p. 33-34). Mais recentemente, também Joel Cândido (*Inelegibilidades no direito brasileiro*, Edipro, p. 354) modificou o seu entendimento, acatando que a AIJE é "processo que examina mérito e o julga, e não só investiga fatos sem julgá-los".

[9] "Eleitoral. ação de investigação judicial eleitoral. Natureza Jurídica. Capacidade Postulatória. – A providência a que se refere o art. 22, da Lei Complementar nº 64/90 tem nítida natureza da ação judicial, daí porque se exige do autor da ação a capacidade postulatória que é privativa dos inscritos na OAB; – O dispositivo do *caput* do art. 22, da lei em referência, deve ser interpretado em harmonia com a regra insculpida em seu inciso XIV, que demonstra às escâncaras não se tratar de mera investigação destituída de pedido e julgamento. Ao oposto, trata-se de remédio jurídico processual posto à disposição dos interessados para afastar do pleito candidatos que hajam cometido abuso de poder político ou econômico; – Nestas circunstâncias não é dado ao autor agir pessoalmente, senão representado por advogado, salvo se aquele é titular de capacidade postulatória; – Se a "representação" foi firmada pelo interessado, destituído de capacidade postulatória, não há como se ingressar no mérito da postulação; – Extinção do processo sem julgamento do mérito" (Acórdão nº 2.343-TRE/AL, rel. juiz Paulo Roberto de Oliveira Lima, pub. *DOE*, p. 25, 30 ago. 1998).

deduzidas em juízo. O primeiro aspecto a termos presente é que existem ações eleitorais cuja finalidade é a cassação do registro de candidatura ou o diploma, não estando no conteúdo da sentença de procedência o efeito da sanção de inelegibilidade, senão como efeito anexo predisposto pelo ordenamento jurídico. Na captação ilícita de sufrágio a sentença de procedência cassa o registro ou o diploma, além de multa. Não se decreta a inelegibilidade; essa sanção é colada à sentença como efeito anexo determinado pela LC 64/90.

Há ações, porém, em que são buscados os efeitos da inelegibilidade cominada e, em decorrência dela, a cassação do registro ou diploma. Ambos os efeitos, nesse caso, formam parte do conteúdo da sentença, devendo ser proclamados pelo juiz. No abuso de poder econômico, a ação eleitoral busca a declaração da prática do ilícito, decretação da sua inelegibilidade e a cassação do registro de candidatura ou diploma.

Se um candidato a governador de Estado tem julgada procedente contra si uma ação eleitoral por abuso de poder político, o efeito da decretação de inelegibilidade é imediato, porque a decisão é de órgão colegiado. Nada obstante, se houver recurso ordinário interposto incide o art. 257, §2º, do CE, suspendendo o efeito mandamental decorrente da cassação de registro ou diploma.

Nas ações eleitorais, todavia, em que se busca a cassação do registro de candidatura ou o diploma, não há declaração (*rectius*, decretação) de inelegibilidade como efeito próprio: a inelegibilidade anexa-se a essa decisão judicial, não se aplicando o art. 15 da LC nº 64/90. Nessas hipóteses, compete ao legislador definir caso por caso conforme a técnica legislativa que adotar. Atualmente, no caso de captação de sufrágio, por exemplo, o efeito anexo da inelegibilidade apenas se cola à decisão de procedência prolatada por órgão colegiado ou, em qualquer decisão, quando transitar em julgado (art. 1º, inc. I, "j", da LC nº 64/90, com a redação da LC nº 135).

2.1 Decretação de inelegibilidade do representado, para *essa* eleição, e de quantos hajam contribuído para a prática do ato

A inelegibilidade cominada simples, para eleição em que o ilícito ocorreu, surgiu em estado puro com a introdução do art. 41-A da Lei nº 9.504/97. Ali, previa-se a cassação do registro de candidatura ou o diploma, sem que houvesse dilatação temporal da inelegibilidade, alcançando outras eleições. Era o produto mais bem acabado do que denominei de *moralismo eleitoral*,[10] decorrente da sede de efetividade e das cassações de mandatos eletivos obtidas rapidamente.

A LC 135, conhecida como Lei da Ficha Limpa, trouxe a aparente uniformização das sanções de inelegibilidade pelo prazo de oito anos, mantendo a inelegibilidade cominada simples com eficácia imediata para as hipóteses de captação ilícita de sufrágio, condutas vedadas aos agentes públicos, etc, enquanto deixou que a inelegibilidade

---

[10] Com a adesão de ESPÍNDOLA, Ruy Samuel. "Abuso do poder regulamentar e TSE : contas eleitorais rejeitadas e quitação eleitoral : as eleições de 2012 (reflexos do "moralismo eleitoral")". Revista Brasileira de Direito Eleitoral. Falando em direito eleitoral do inimigo, a excelente obra de FERREIRA, Marcelo Ramos Peregrino. O controle de convencionalidade da lei da ficham limpa: direitos políticos e inelegibilidade. pp.235 ss. Outrossim: FERREIRA, Marcelo Ramos Peregrino e FARIA, Fernando de Castro." Garantismo eleitoral", Empório do direito, mai./2015.

cominada potenciada ficasse dependente do trânsito em julgado ou de decisão de órgão colegiado (art. 1º, inc. I, "j", da LC 64/90).

Diante da prática da vulgarização da cassação de mandato eletivo, sem que houvesse qualquer mudança substantiva na qualidade da nossa democracia,[11] houve na minirreforma eleitoral de 2015 a previsão de efeito suspensivo outorgado ao recurso ordinário, impedindo os efeitos imediatos da cassaão de registro de candidatura ou do diploma sem o julgamento da impugnativa. Com isso, o ordenamento jurídico voltou a não mais ter a previsão de inelegibilidade cominada simples em estado puro, ficando os seus efeitos dependentes do julgamento do recurso ordinário, conforme o art. 257, §2º, do Código Eleitoral.

2.2 Cominação de sanção de inelegibilidade

A cominação de sanção de inelegibilidade poderia dar a falsa impressão de condenatoriedade da sentença, ante a utilização do termo "sanção" precedido do verbo "cominar". Mas em verdade aqui não há efeito condenatório relevante, pois a condenação diz respeito — e historicamente está vinculada — à relação de direito das obrigações. Pela sentença condenatória típica se declara o direito do demandante e se comina (condenação) ao devedor para que solva sua obrigação, voluntariamente. Já tivemos ensejo de mostrar que a sentença condenatória nada mais faz do que criar um título executivo, dando ao autor da ação uma expectativa de cumprimento da obrigação por parte do demandado, que, por sua recalcitração, verá contra si o exercício da ação de execução. A condenação tem um efeito perlocucionário coativo; a sua função é atuar na psique do condenado para que solva ou para que aja de tal ou qual modo.

A sentença de condenação, desse modo, apenas admoesta o devedor para adimplir voluntariamente (e é justamente esse o seu conteúdo de direito material, o comina à prestação do devedor mediante a coação pela abertura da via executiva), em respeito à autonomia privada, que é a grande pilastra da ideologia burguesa no Direito, pela qual se reluta em ver o Estado invadir a esfera jurídica privada para tirar de seu patrimônio aquilo que deveria estar no patrimônio alheio.[12] A própria sentença penal, costumeiramente chamada de condenatória, não possui efeito condenatório, mas sim carga preponderante mandamental. Por ela declara-se o acusado como incurso no crime definido na norma penal, constitui-se sua pena (pela dosimetria) e ordena-se o cumprimento da pena, mandando subtrair sua liberdade, ou prestar serviços à comunidade, ou pagar determinado valor de pena pecuniária. A chamada execução penal não é verdadeira execução: é cumprimento do mandado judicial. Tais avanços acerca dos efeitos da sentença ainda são novidades científicas, de modo que não se tornaram moeda corrente no seio da doutrina, como instrumental seguro a explicar fenômenos jurídicos de difícil compreensão com os paradigmas teóricos, forjados no começo do século, e já superados.

---

[11] Os exemplos notáveis dos chamados "Mensalão" e "Petrolão" deixam clara a ausência de mudança das práticas políticas nas campanhas eleitorais.

[12] Adotando o mesmo entendimento defendido desde 1996 por mim, Ovídio Baptista da Silva (A ação condenatória como categoria processual. *In*: SILVA. *Da sentença liminar à nulidade da sentença*, p. 233 *et seq.*) e Fábio Cardoso Machado (*Jurisdição, condenação e tutela jurisdicional, passim*).

A inelegibilidade é sempre eficácia declaratória da sentença, se for criada *ope legis*; ou é sempre efeito constitutivo da sentença, se não existia antes, tendo surgido como eficácia natural da resolução judicial, que é o fato jurídico da qual ela dimana. Dessarte, a inelegibilidade cominada não possui natureza ou características diferentes da inelegibilidade inata. Toda inelegibilidade é ausência, obstáculo ou perda do *ius honorum*, podendo ocorrer durante um período breve (para *"essa* eleição"), durante um período determinado (para as eleições que ocorrerem nos próximos oito anos), ou indefinidamente (enquanto não se preencham as condições de elegibilidade, ou enquanto não desaparecida a causa da cominação, ou ainda em caso da chamada *inelegibilidade processual*, criada pela LC nº 135).

No caso específico da ação de investigação judicial eleitoral, a sentença é constitutiva do estado de inelegibilidade, pois a inelegibilidade cominada (simples e potenciada) é daquela que não surge da incidência da norma jurídica apenas, precisando que a resolução judicial inove no mundo jurídico, criando uma sanção que menoscabe a elegibilidade do representado, ou lhe obstaculize a sua obtenção.

2.3 Cassação do registro de candidato

A cassação do registro de candidato se dá com o trânsito em julgado da sentença ou a partir da decisão do recurso ordinário, subtraindo do nacional, em virtude da decretação de inelegibilidade, o seu direito de se candidatar ou o seu mandato. A cassação, por conseguinte, poda o ato jurídico registral do mundo jurídico, tornando-o nenhum, inexistente. Não se lhe cerceia apenas a eficácia, nem se lhe conspurca a validade. Mais do que isso, se lhe desfalca a própria existência, expelindo-o do mundo jurídico. A cassação não se confunde com a sua nulidade. Se houve concessão do registro, sem que estivessem presentes os pressupostos de registrabilidade, há nulidade; mas se todas as condições de elegibilidade constavam quando do pedido de registro, foi ele realizado validamente, podendo ser cortado cerce acaso seja cominada ao candidato a inelegibilidade decorrente da prática de algum ato eleitoral ilícito.

Mas é necessário salientar que a cassação do registro se refere à candidatura na qual o abuso de poder econômico ou a captação ilícita de sufrágio se deu. Realmente, como a AIJE pode demorar em sua tramitação, até a obtenção do trânsito em julgado ou até que haja decisão do recurso ordinário, poderá ocorrer que o candidato acusado, ou quem contribuiu para o abuso do poder em favor dele e também foi acionado, resolva concorrer nas eleições seguintes, obtendo novo registro de candidatura, já agora para o novel pleito. É de se ver que, em havendo o trânsito em julgado da AIJE após a concessão desse novo registro, não será ele cassado, eis que os efeitos da sentença se referem ao prélio eleitoral anterior. A cassação desse novo registro de candidatura em outra eleição apenas ocorrerá se eleito o candidato, mediante impugnação por meio de recurso contra a diplomação (RCD).

Como já averbamos noutras oportunidades, o registro de candidatura faz nascer, em uma eleição específica, o direito de ser votado para um determinado mandato eletivo. Se para uma eleição for deferido o registro de candidatura, não significa que para as eleições seguintes o nacional terá a mesma sorte. Basta imaginar a hipótese de um candidato analfabeto, que foi registrado e eleito sem que ninguém o tivesse impugnado. Nas eleições seguintes, se conservar a condição de analfabeto, poderá ser impugnado e ter o seu registro de candidatura negado. Por isso, se a AIJE decreta a inelegibilidade de um candidato por oito anos após o pleito, esse efeito da sentença apenas terá efetividade se houver impugnação do pedido de registro, ainda que seja *ex officio* a sua negativa pelo juiz eleitoral.

Desse modo, para que o novo registro de candidatura, referente à eleição seguinte, seja cancelado, faz-se mister que, em sendo o réu eleito, seja proposto em seu desfavor o recurso contra diplomação, com esteio no art. 262 do CE. De fato, a inelegibilidade cominada potenciada, que lhe seja fustigada naquela AIJE, alcança as eleições que ocorrerem nos oito anos subsequentes, mas não terá efetividade quanto à nova eleição se não houver o manejo de remédio jurídico hábil a executá-la. A decretação (constituição sancionadora) de inelegibilidade cominada potenciada atua no plano do discurso (plano normativo), não possuindo por si efeitos concretos. Para que eles se deflagrem, é necessário que a decisão possua carga mandamental relevante, o que não ocorre enquanto não houver decisão do órgão colegiado ou trânsito em julgado. Logo, para que haja esse efeito concreto, no plano fáctico, mister é que seja interposto o recurso contra a diplomação, para cassar os efeitos do diploma concedido ao candidato inelegível na outra eleição. Se tal remédio não for manejado, a inelegibilidade cominada potenciada não surtirá efeitos práticos, podendo o candidato inelegível exercer seu mandato integralmente.

A cassação do registro de candidatura pode ocorrer também em decorrência da sentença que declara a captação ilícita de sufrágio do candidato. Nesse caso, como conteúdo e efeito preponderante da sentença. No caso de captação de sufrágio, a cassação de registro de candidatura ocorrerá apenas após a eleição, em razão do art. 16-A da Lei nº 9.504/97, independentemente de a decisão ser ou não de órgão colegiado. Ou seja, enquanto o candidato estiver disputando a eleição, não haverá cassação do registro, em razão de uma imunidade processual criada inicialmente pela jurisprudência do TSE e positivada no art. 16-A. Todavia, tendo sido eleito, a imunidade cessará, sendo imediatamente executada a decisão, com a cassação do registro e o impedimento da sua diplomação, se não houver a interposição de recurso ordinário. Se já tiver sido diplomado, será também o seu diploma cassado e, se já estiver exercendo o mandato, será também ele cassado.

Momento da decisão (art. 41-A)	Efeitos
Decisão proferida entre o pedido de registro de candidatura e a proclamação dos eleitos.	Declaração da prática do ato de captação ilícita de sufrágio e desconstituição do registro de candidatura. Eficácia mandamental protraída até a data posterior à eleição, determinando os efeitos práticos: afastamento do eleito e condicionamento da validade dos votos até decisão modificativa de instância superior.
Decisão proferida após a proclamação dos eleitos.	Declaração da prática do ato de captação ilícita de sufrágio e desconstituição do registro de candidatura, além da eficácia mandamental imediata, determinando a cassação do registro e do diploma, além da perda do mandato eletivo, se já estiver no seu exercício, dependente de decisão em recurso ordinário, acaso interposto.

Os efeitos da AIJE, na hipótese do art. 30-A da Lei nº 9.504/97, são idênticos àqueles do art. 41-A, após as eleições, com imediato cumprimento do seu efeito mandamental ou, em caso de interposição de recurso ordinário, após o seu julgamento.

§3 Hipóteses de cabimento

A ação de investigação judicial eleitoral não se circunscreve àquelas hipóteses do art. 1º, inc. I, letra "d", da LC nº 64/90. Enquanto esse dispositivo ensancha o manejo tanto da ação de impugnação de mandato eletivo (AIME), como da própria AIJE, é no art. 22, *caput*, da mesma Lei Complementar onde encontramos os fatos jurídicos ilícitos que geram inelegibilidade, dando azo ao ajuizamento da AIJE. Assim, ainda que em breves linhas, é de bom alvitre tratar dos fatos jurídicos ilícitos que ensejam o cabimento dessa ação, quais sejam: (a) transgressões pertinentes à origem de valores pecuniários; (b) uso indevido, desvio ou abuso do poder econômico ou político (de autoridade), em detrimento da liberdade do voto; (c) utilização indevida dos veículos ou meios de comunicação social; (d) captação ilícita de sufrágio; (e) captação ilícita de recursos ou gastos indevidos de campanha.

3.1 Transgressões quanto à origem de valores pecuniários

A lei que regula cada eleição específica sempre cuida em normatizar sobre os gastos despendidos com as campanhas eleitorais. Já a Lei nº 8.713/93, que estabeleceu normas para as eleições de 1994, modificou a antiga sistemática que proibia que os candidatos a cargo eletivo efetuassem, individualmente, despesas de caráter eleitoral, e vedando aos partidos políticos o recebimento de auxílio ou recursos provenientes de empresas privadas. Tal modificação foi originada pelo fim do cinismo e hipocrisia envolvendo essa matéria, quando das denúncias graves levadas a cabo pelo próprio irmão do então presidente da República, as quais culminaram com a abertura de uma CPI, na qual ficaram comprovadas as vultosas quantias doadas em campanhas eleitorais, pondo a nu a distância abissal existente entre a legislação e os fatos por ela regidos. Sabe-se que a CPI resultou no impedimento do presidente da República, que foi apeado do cargo, mas também serviu para mostrar as entranhas das campanhas eleitorais, em que milhões em dinheiro são investidos despudoradamente e à sorrelfa.

A legislação, tão grave foram as denúncias, terminou por se amoldar à realidade, corretamente admitindo a possibilidade de capital privado ser doado aos partidos políticos, já não mais às escondidas, mas de modo público, com controle dos órgão competentes. A atual Lei nº 9.504/97, que rege a eleição de 1998, trata da matéria nos seus arts. 17 a 32.

Importante instrumento, posto à disposição da Justiça Eleitoral para a fiscalização da vida financeira dos partidos políticos, foi a criação da *investigação financeira dos partidos políticos* pelo art. 35 da Lei dos Partidos Políticos (Lei nº 9.096/95). Por meio dela, pode a Justiça Eleitoral apurar qualquer ato que viole prescrições legais ou estatutárias a que, em matéria financeira, os partidos e seus filiados estejam sujeitos. Entre essas normas, obviamente, encontram-se as da lei eleitoral.

A hipótese de transgressão quanto à origem dos valores pecuniários gastos em campanha eleitoral foi contemplada e aperfeiçoada com a introdução do art. 30-A na Lei nº 9.504/97, a principal inovação trazida pela Lei nº 11.300/2006. O seu §2º criou a captação ilícita de recursos para fins eleitorais, que é toda aquela que esteja em desacordo com a Lei nº 9.504/97, advinda de qualquer daquelas entidades previstas no seu art. 24 ou, ainda que de origem em si mesma não vedada, sejam recursos que não transitem pela conta obrigatória do candidato (caixa dois ou recursos não contabilizados) e, ao mesmo tempo, sejam aplicados indevidamente na campanha eleitoral, guardada a distinção com a hipótese de abuso de poder econômico, prevista no §3º do art. 22.

Outrossim, reputam-se gastos ilícitos de recursos para fins eleitorais aqueles realizados sem a observância das normas da Lei nº 9.504/97, como gastos para a confecção de brindes, *bottons*, bonés, outorga de prêmios, doações para eleitores ou pessoas jurídicas (associações, por exemplo), pagamento de artistas para a realização de eventos em prol da candidatura etc.

A representação prevista do art. 30-A é ação de direito material processada, no que couber (prescreve a lei), pelo rito da ação de investigação judicial eleitoral (AIJE), devendo ser proposta no prazo de 15 (quinze) dias após a diplomação. Ou seja, utilizar-se-á o rito da AIJE, porém tendo como efeito principal a desconstituição do registro de candidatura ou diploma, cuja eficácia mandamental é imediata, havendo afastamento do eleito. A inelegibilidade cominada de oito anos é efeito anexo do art. 1º, inc. I, alínea "j", da LC nº 64/90.

Inegável, portanto, que a sanção de cassação do diploma dos eleitos, ou o impedimento a que seja emitido em seu favor, é espécie de inelegibilidade cominada simples, razão pela qual o art. 30-A padecia da mesma inconstitucionalidade do art. 41-A e do art. 73 da Lei nº 9.504/97.

3.2 Abuso de poder econômico ou político

Não há negar que o poder econômico e o poder político influenciam as eleições, eis que são fatos inelimináveis da vida em sociedade, como o carisma, a influência cultural sobre outros, a dependência econômica etc. O ordenamento jurídico não pode amolgá-los, eis que são fatos sociologicamente apreendidos, frutos do convívio social e do regime econômico capitalista por nós adotado. Nada obstante, embora não os possa proscrever da vida, pode o direito positivo impor contornos ao seu exercício legítimo, tornando ilícito, e por isso mesmo abusivo, todo uso nocivo do poder econômico ou do poder político, que contamina a liberdade do voto e o resultado legítimo das eleições.

Assim, pode o partido político obter recursos, quer públicos (fundo partidário) quer privados, com a finalidade de divulgar suas ideias, a plataforma política de seus candidatos; porém, não poderão, esses e aqueles, utilizar tais recursos — ou outros, auferidos ilegalmente — no sentido de comprar votos, ou adquirir a preferência do eleitorado explorando sua miséria, fome e falta de instrução. Se isso ocorrer, como distribuição de alimentos, dentaduras, sapatos, telhado, tijolo, e mais o que o engenho humano possa criar a fim de obter votos, haverá evidente abuso de poder econômico, punível com a inelegibilidade dos que o praticaram e de seus beneficiários.

Abuso do poder político é o uso indevido de cargo ou função pública, com a finalidade de obter votos para determinado candidato. Sua gravidade consiste na utilização do *munus* público para influenciar o eleitorado, com desvio de finalidade. Necessário que os fatos apontados como abusivos, entrementes, encartem-se nas hipóteses legais de improbidade administrativa (Lei nº 8.429/92), de modo que o exercício de atividade pública possa se caracterizar como ilícito do ponto de vista eleitoral.

Por certo que há aqueles que vislumbram, hipocritamente, uma Administração distanciada do prélio eleitoral, esquecidos que estão que o administrador público é um ser político, filiado a um partido, ambos buscando a mantença do poder, como exercício legítimo da atividade democrática. Eis o motivo pelo qual o que deve ser afastado é o abuso do poder político, não o seu uso legítimo. Se o administrador atuou bem, executando obras e serviços em prol da sociedade, não pode ser impedido de mostrá-los em sua campanha eleitoral, sob o bisonho pretexto de prática de abuso de poder.

Assim, o administrador pode e deve pleitear votos para seus correligionários com base em sua atuação frente à Administração Pública, pois se assim como a má gestão da coisa pública será explorada contra o grupo político ligado ao administrador, a boa gestão deve ser exposta como motivação para a continuidade administrativa. Não se pode deslembrar que a Administração Pública não é politicamente assexuada, sendo julgada nas urnas pelo que foi feito e pelo que deixou de sê-lo. Esse é o sentido mais profundo da democracia, e seria absurdo ser tolhido o candidato da situação mostrar, em sua campanha, as conquistas apreendidas. Do mesmo modo, deve ser garantido aos partidos de oposição o direito de exprobrar a atuação dos que estão no exercício do mandato, buscando mostrar também os desmazelos, inércia e improbidade dos atuais mandatários e de seus candidatos.

Abuso de poder político, portanto, deve ser visto como a atividade ímproba do administrador, com a finalidade de influenciar no pleito eleitoral de modo ilícito, desequilibrando a disputa. Sem improbidade, não há abuso de poder político: "Ação popular. Condenação que não desabona o impugnado. *Inexistente conotação de improbidade no ato impugnado, não há lugar para incidência da alínea 'h', inc.I, art. 1º da LC 64/90"* (RJTSE, 3/95/306 et seq., grifei).

Já o *abuso de poder econômico* consiste na vantagem dada a uma coletividade de eleitores, indeterminada ou determinável, beneficiando-os pessoalmente ou não, com a finalidade de obter-lhes o voto. Para que a atuação do candidato, ou alguém em seu benefício, seja considerada abusiva, necessário que haja probabilidade de influenciar no resultado do pleito, ou seja, que haja relação de causalidade entre o ato praticado e a percussão no resultado das eleições. Desse modo, o conceito de abuso de poder, econômico ou político, é relacional: apenas há abuso juridicamente relevante se, concretamente, trouxer possibilidade de modificar o resultado da eleição. Assim, apenas no contexto do caso concreto poderá ser observada a existência de abuso relevante para incoar a sanção de inelegibilidade.

Note-se, destarte, que um mesmo ato abusivo pode trazer repercussão na eleição de vereador, não trazendo para a de prefeito, do mesmo modo que poderá trazer consequências para a eleição de prefeito de um município menor e, ao contrário, consequência alguma em um município maior. Aqui, haverá espaço para a ponderação judicial no momento da aplicação das normas ao caso concreto, sendo relevante, para a solução do litígio, o próprio resultado da eleição, para saber se houve repercussão em face da manifestação do eleitor através do voto.

Outra forma de se configurar o abuso de poder econômico ou político é através do uso de transporte de pessoas, no período eleitoral, que é matéria regulada pela Lei nº 6.091/74, que dispõe sobre o fornecimento gratuito de transporte, em dias de eleição, a eleitores residentes em zonas rurais. Veda essa norma, aos candidatos ou órgãos partidários, ou a qualquer pessoa, o fornecimento de transporte ou refeição aos eleitores da zona urbana e rural, cabendo à Justiça Eleitoral providenciar os meios necessários para que o eleitor exercite livremente seu direito de votar. Reputa-se crime a utilização, em campanha eleitoral, no decurso de 90 dias que antecedem o pleito, de veículos e embarcações pertencentes à União, Estados e Municípios e respectivas autarquias e sociedades de economia mista (art. 11, inc. V).

3.3 Uso indevido dos veículos e meios de comunicação social

A propaganda eleitoral tem recebido criterioso cuidado do legislador, pois nunca o acesso à informação foi tão fácil, e tão perigosa a sua manipulação. Assim, tem-se procurado encontrar formas para obstar a utilização indevida dos meios de comunicação pública, que como tais são explorados por particulares através de concessões públicas, buscando impedir sejam beneficiados grupos ou agremiações partidárias. As normas anuais sobre eleição trazem regras específicas sobre o tema, com a finalidade de permitir, de modo equânime, o sadio uso dos meios de comunicação, para que os partidos e seus candidatos se deem a conhecer, bem como possam mostrar seus ideários e projetos políticos (*vide* Lei nº 9.504/97, art. 36 e segs.).

Não constitui uso indevido dos veículos e meios de comunicação a utilização de imagens — quer pelos candidatos de oposição, quer pelos candidatos ligados à situação — de obras e bens públicos, ou da execução regular dos serviços públicos, com a finalidade de informar aos eleitores os erros ou acertos da Administração Pública. Tal procedimento é totalmente compatível com o regime democrático, mercê do fato notório de que a propaganda eleitoral gratuita tem a finalidade de debater ideias contrapostas, levando a comunidade a refletir sobre a política administrativa adotada pelos governantes, bem como da conveniência ou não de sua continuidade.

A respeito desse tema, gize-se, não são invocáveis os arts. 346 e 377 do CE, eis que ambos tratam de ilícito praticado por agente público em relação ao uso indevido de bens ou serviços públicos, em benefício de partido ou organização de caráter político. Tal fato é tipificado como ilícito penal, com detenção de até 6 (seis) meses para os infratores. Entrementes, o uso dos serviços e bens públicos coibidos pela norma diz respeito ao desvio de finalidade para beneficiar determinado candidato. Ou seja, o uso do serviço ou do bem público deverá ser, em si mesmo, ilegal, como a utilização de um prédio público para reunião de cabos eleitorais, ou para realização de comícios etc. Se o servidor, ou o bem público, são filmados em seu uso (ou atividade) legais, não há fato típico que enseje vergasta alguma, sendo lícita a veiculação de tais imagens filmadas. É o caso de enfermeiros bem trajados em um corredor limpo de hospital, ou de agentes sanitários visitando estabelecimentos comerciais, ou alunos se nutrindo com merenda escolar etc. Tais imagens são levadas ao público como demonstração de que o partido político que está no poder tem uma folha de serviços prestados, zelando pela coisa pública. Da mesma maneira, é lícito sejam levadas ao ar imagens de prédios públicos danificados, escolas dilapidadas, servidores ociosos nas repartições públicas etc. A população tem que ter acesso às duas visões expostas na propaganda eleitoral, de modo a poder sopesar a qualidade de sua administração, escolhendo ou não pela continuidade administrativa.

Doutra banda, o que não deve ser encorajado é o uso de propaganda institucional dos Entes Públicos com a finalidade de influir no certame eleitoral, com massivas informações à população de obras ou serviços que estão sendo realizados, ou mesmo que ainda *serão* realizados. Após as convenções dos partidos políticos, quando se inicia o período de propaganda eleitoral lícita, deve a Justiça Eleitoral fiscalizar com rigor as peças publicitárias veiculadas pelo poder público, de modo a proibir e coibir os excessos, apenas admitindo aquelas peças que sejam eminentemente informativas, necessárias para alguma finalidade coletiva. Sobre esse tema, mais uma vez remetemos o leitor para os nossos comentários à Lei Eleitoral Anual.

3.4 Captação ilícita de sufrágio

Hipótese longamente tratada em capítulo próprio desta obra.

3.5 Captação ilícita de recursos e gastos indevidos de campanha

Podem propor a AIJE com lastro no art. 30-A: (a) qualquer partido político que não tenha se coligado ou a coligação, representando os partidos políticos coligados; (b) os candidatos; e (c) o representante do Ministério Público Eleitoral (RO nº 1.596/MG, rel. Min. Joaquim Barbosa, *DJE*, 16 mar. 2009; RESPE nº 1.540/PA, rel. Min. Félix Fischer, *DJE*, 1º jun. 2009).

A AIJE, nestas hipóteses do art. 30-A, será proposta contra o candidato que tenha praticado ou sido beneficiário da arrecadação ou aplicação ilícita de recursos eleitorais. Em caso de eleição proporcional, poderá ser proposta a ação também contra candidato que não tenha sido eleito, com a finalidade de cassar o seu diploma de suplente: "A ação de investigação judicial com fulcro no art. 30-A pode ser proposta em desfavor do candidato não eleito, uma vez que o bem jurídico tutelado pela norma é a moralidade das eleições, não havendo falar na capacidade de influenciar no resultado do pleito. No caso, a sanção de negativa de outorga do diploma ou sua cassação prevista no §2º do art. 30-A também alcança o recorrente na sua condição de suplente" (RESPE nº 1.540/PA, rel. Min. Félix Fischer, *DJE*, 1º jun. 2009).

Nesta mesma decisão, o TSE também deixou assentado que não haverá necessidade, para a aplicação da sanção de cassação do diploma do candidato, da demonstração da capacidade de a conduta ilícita influenciar o resultado do pleito. Nada obstante, o ilícito haverá de ter relevância, em homenagem ao princípio (ou postulado) da proporcionalidade: "Não havendo, necessariamente, nexo de causalidade entre a prestação de contas de campanha (ou os erros dela decorrentes) e a legitimidade do pleito, exigir prova de potencialidade seria tornar inócua a previsão contida no art. 30-A, limitado-o a mais uma hipótese de abuso de poder. O bem jurídico tutelado pela norma revela que o que está em jogo é o princípio constitucional da moralidade (CF, art. 14, §9º). Para a incidência do art. 30-A da Lei 9.504/97, necessária prova da proporcionalidade (relevância jurídica) do ilícito praticado pelo candidato e não da potencialidade do dano em relação ao pleito eleitoral. Nestes termos, a sanção de negativa de outorga do diploma ou de sua cassação (§2º do art. 30-A) deve ser proporcional à gravidade da conduta e à lesão perpetrada ao bem jurídico protegido" (RESPE nº 1.540/PA, rel. Min. Félix Fischer, *DJE*, 1º jun. 2009).

Ademais, tendo em vista que a jurisprudência estremou a cassação do registro ou diploma da sanção de inelegibilidade, além de não haver necessidade da demonstração do nexo de causalidade entre a conduta ilícita e o resultado do pleito, também haverá, como consequência daquela distinção de efeitos, a execução imediata da sentença de procedência, com a cassação do diploma do candidato eleito (ou não, na hipótese de eleição proporcional), independentemente de coisa julgada material: "Mandado de segurança. Ação de investigação judicial eleitoral. Art. 30-A da Lei nº 9.504/97. Execução imediata. Agravo regimental improvido. Por não versar sobre inelegibilidade o art. 30-A da Lei das Eleições, a execução deve ser imediata, nos termos do art. 41-A e 73 da mesma lei" (AgRgMS nº 3.567/MG, rel. Min. Cezar Peluso, *DJ*, fl. 8, 12 fev. 2008).

§4 Legitimados para agir (ativa e passivamente)

O art. 22, *caput*, da LC nº 64/90 dispõe que qualquer partido político, coligação, candidato ou o Ministério Público poderá representar à Justiça Eleitoral contra abuso de poder econômico ou político, uso indevido dos meios de comunicação social ou captação ilícita de sufrágio. Define-se aqui a legitimidade *ad causam* ativa para propor a ação de investigação judicial eleitoral (AIJE). Antes de analisarmos essa disposição, convém confrontá-la com a do seu art. 20, segundo o qual o candidato, partido político ou coligação são partes legítimas para denunciar os culpados e promover-lhes a responsabilidade. Houve quem exprobrasse a existência dos dois dispositivos, sem perceber que o art. 20 não cuida da ação de investigação judicial eleitoral, mas da legitimidade para apresentar ao Ministério Público — e, por isso mesmo, ele não consta entre os legitimados — notícia-crime (existência de prática de ilícito penal), a ser apurada para ensejar a ação penal cabível. Os crimes eleitorais são de ação penal pública (art. 355 do CE), competindo ao MP, privativamente, promovê-la.

São legitimados para propor a ação de investigação judicial eleitoral, concorrente e disjuntivamente, de acordo com o entendimento do Tribunal Superior Eleitoral: (a) qualquer partido político (que tenha ou não participado das eleições, uma vez que a norma foi a mais abrangente possível, não competindo ao intérprete fazer distinções onde a lei não fez); (b) coligações (que apenas existem em virtude de pleitos eleitorais específicos, de modo que delas fazem parte os partidos que estejam concorrendo eleitoralmente); (c) candidatos (compreendidos como tais, também, os pré-candidatos: aqueles que tenham sido escolhidos em convenção para concorrer a determinado cargo eletivo e que ainda não tenham obtido o registro, mas tenham a expectativa jurídica de obtê-lo); e (d) Ministério Público (desde que não possua o impedimento do art. 3º, §2º, da LC, segundo o qual não poderá impugnar o registro de candidato o representante do Ministério Público que, nos 4 anos anteriores, tenha disputado cargo eletivo, integrado diretório de partido ou exercido atividade político-partidária). O eleitor não possui legitimidade para agir, podendo dar notícia da prática de atos ilícitos eleitorais ao Ministério Público, que poderá propor eventualmente a ação, acaso existam indícios suficientes que embasem a pretensão.

Questão de interesse surge quanto à legitimidade passiva *ad causam*, ou seja, sobre quem pode ser acionado através da AIJE.

Durante muito tempo se compreendeu que os efeitos da AIJE apenas alcançariam aquelas pessoas efetivamente culpadas pela prática do ato vergastado, não podendo alcançar os que não tivessem concorrido para o abuso de poder econômico, ou uso ilegal de transporte, nada obstante fossem beneficiados por esses fatos ilícitos. Mas desde o advento do Acórdão nº 12.030 (rel. Min. Sepúlveda Pertence, *DJU*, 16 set. 1991), houve uma nova linha jurisprudencial adotada pelo TSE, segundo a qual: "A perda de mandato que pode decorrer da ação de impugnação, não é uma pena cuja imposição devesse resultar da apuração de crime eleitoral de responsabilidade do mandatário, mas, sim, consequência do comprometimento da legitimidade da eleição, por vício de abuso do poder econômico, corrupção ou fraude. Por isso, nem o art. 14, §10 (da Constituição), nem o princípio do *due process of law*, ainda que se lhe empreste o conceito substantivo que ganhou na América do Norte, subordinam a perda do mandato à responsabilidade pessoal do candidato eleito nas práticas viciosas que, comprometendo o pleito, a determinem".[13]

Tal raciocínio corretíssimo, que põe em segunda plana a responsabilidade pessoal do candidato, avultando o benefício que do fato ilícito lhe advenha, cumpre o desiderato de obter uma eleição fundada nos princípios da moralidade e da liberdade do voto. Dessarte, as pessoas que por si, ou em nome de determinada instituição, beneficiarem ilicitamente um candidato determinado serão partes legítimas para figurarem no polo passivo da AIJE.[14]

---

[13] *JTSE*, 3/95/168.
[14] De todo pertinente aqui a transcrição do voto do juiz Paulo César Salomão do TRE/RJ, que pela sua perfeição e elegância de estilo, merece os maiores encômios: "O legislador, na verdade, quer punir aqueles que praticaram o abuso do poder econômico, político ou de autoridade e quem se beneficiou dele, sendo totalmente irrelevante se este abuso determinou ou não a vitória no pleito. O 'benefício' a que se refere a lei, obviamente, não se traduz na vitória do candidato e, sim, o obtido pelo candidato, destinatário do abuso do poder econômico,

Por essa razão, fica evidenciado que *a ação de investigação judicial eleitoral pode ser proposta contra*: (a) os candidatos beneficiados pelo abuso de poder econômico e político, ou pela utilização indevida de transportes e meios de comunicação (nesse caso, compreenda-se o signo *candidato* em sentido amplo, como aquele que pediu o registro da candidatura e foi indicado em ata da convenção partidária), e (b) qualquer pessoa, candidato ou não candidato, que beneficie ilicitamente algum candidato, ou mesmo aspirante a candidato (que depois venha a obter seu registro), pela prática de atos proibidos por lei, de modo a influenciar indevidamente na vontade do eleitor, menoscabando sua liberdade de voto.

Note-se: a causa de pedir de AIJE é o abuso de poder em benefício de determinado candidato. Não cabe a AIJE, portanto, contra ato prejudicial ao candidato, como, por exemplo, eventual propaganda contrária a uma candidatura, feita através de panfletos que denigram a honra do candidato. Aqui, pode haver propaganda ilegal e até mesmo crime eleitoral, mas por certo não se trata de fato contra o qual possa ser manejada a AIJE, salvo se se demonstra que (a) se está diante de abuso de poder econômico e (b) houve uma candidatura beneficiária. Ou, ainda, que se está diante de gastos ilícitos de campanha, é dizer, diante de uma propaganda eleitoral não contabilizada na prestação de contas do candidato (art. 30-A).

A AIJE, em razão de preceito legal, tem como sujeito passivo ineliminável o pré-candidato, entendido como tal aquele nacional que tenha sido indicado em ata de convenção partidária e que tenha pedido o registro de sua candidatura. Não possuindo essa qualidade, não pode ser sujeito passivo da ação de investigação judicial eleitoral. Se um deputado federal, antes das convenções, distribui cestas básicas, não pode ser manietado pela AIJE, porque não é ainda candidato. Agora, ao pedir o registro de sua candidatura, contra os atos ilícitos praticados, com a finalidade de obtenção de benefícios eleitorais indevidos, poderá ser manietado pela ação de impugnação de registro de candidatura (AIRC). Como veremos em lugar próprio, a AIJE não se presta para atacar atos ilícitos ocorridos antes do pedido de registro de candidatura, mesmo que durante as realizações das convenções.

Se o abuso de poder econômico, ou a prática de qualquer fato ilícito que enseje a propositura da AIJE, for cometido por pessoa que não o candidato, visando beneficiá-lo, ocorrerá a formação de litisconsórcio passivo necessário, pois, para que se decrete a inelegibilidade do representado e de quantos hajam contribuído para a prática do ato, necessário que todos sejam citados para contestar a ação, em exercício de seu direito de defesa. Se não forem citados, os efeitos naturais da sentença não os alcançam, eis que são terceiros em relação ao processo, e, como tal, não se submetem à autoridade da *res iudicata*. Ademais, aos litigantes, em processo judicial ou administrativo, e aos acusados em geral são assegurados o contraditório e a ampla defesa, com os meios e recursos a ela inerentes (art. 5º, inc. LV, da CF/88). Pertinente, mais uma vez, a lição de Pedro Henrique Távora Niess, para quem não poderão ser punidos com a sanção

---

pouco importando que venha a se eleger ou não, porque o objetivo ou a *ratio legis* é punir — repita-se — aqueles que praticaram o abuso, como também o que obteve o 'benefício'. O 'benefício' representa o proveito econômico ou político, obtido pelo candidato na propaganda eleitoral ilegal. O resultado eleitoral, vitória ou não, é desconsiderado pelo legislador, por razões óbvias, porque o que ele busca é a manutenção do equilíbrio na competição entre os candidatos. O objetivo é excluir da disputa eleitoral todos os que contribuíram e foram beneficiados pelo abuso ou uso do poder econômico ou político" (*JTSE*, 3/95/167-68).

de inelegibilidade aqueles que não forem formalmente acusados e processados com a garantia de utilização das faculdades reconhecidas ao representado. Insólita e arbitrária seria a sentença que condenasse quem não fosse parte na causa, sem o devido processo legal: uma testemunha, um terceiro referido.[15]

A esses terceiros prejudicados caberia o recurso previsto no art. 257 do CE, afrontando a sentença na qualidade de terceiro prejudicado. Outrossim, com o advento da Lei Complementar nº 86, de 14 de maio de 1996, caberá ação rescisória no prazo de 120 dias da decisão irrecorrível, pois, como adverte Pontes de Miranda,[16] também podem intentar a ação rescisória os terceiros, com *interesse jurídico* no resultado: "Não são rescindíveis somente as sentenças que fazem coisa julgada material, razão maior para se ter de repelir a assimilação da legitimação ativa ao fato de ser pessoa atingida pelo efeito da coisa julgada material. Exatamente a coisa julgada material é só entre as partes".

Como a AIJE tem por escopo a decretação da inelegibilidade do candidato que praticou abuso de poder econômico, bem como dos terceiros que concorreram para a prática do ato ilícito, não há falar-se em formação de litisconsórcio necessário com o partido político ao qual o candidato é filiado. Pode o partido político intervir no processo como assistente litisconsorcial, mercê da dependência da relação jurídica com o candidato e da relação jurídica objeto da AIJE. Tal qual ocorre com o recurso contra diplomação, fundado no art. 262, incs. I e IV, e com a AIME, não há falar-se em formação de litisconsórcio entre o candidato e o seu partido político, pois não há indivisibilidade das relações jurídicas envolvidas, tampouco unitariedade de destinos. Observe-se, alfim, o que dissemos sobre o tema ao tratarmos do recurso contra diplomação.

Outra questão diz respeito à necessidade de formação de litisconsórcio, quando se tratar de eleições majoritárias para cargos do Poder Executivo, entre o candidato principal da chapa e seu candidato a vice. Esse é um dos temas mais delicados na prática processual eleitoral, com idas e vindas do Tribunal Superior Eleitoral, tendo já firmado posição no sentido da desnecessidade de litisconsorciação, por considerar o vice como uma candidatura acessória, para, posteriormente, definir-se pela necessidade de formação do litisconsórcio, por ser inconsútil a relação jurídica entre o titular e o vice ao formar a chapa, devendo obrigatoriamente ambos serem chamados a compor a relação processual.[17] Nada obstante, se a sanção alcançar exclusivamente uma das partes, como é o caso da aplicação de multa, dispensável é a formação do litisconsórcio.[18]

---

[15] *Op. cit.*, p. 164.

[16] *Comentários ao Código de Processo Civil*, t. VI, p. 239-240.

[17] "Investigação judicial eleitoral – Chapa de prefeito e vice-prefeito – Citação do vice. A citação do Vice-Prefeito há de ocorrer no prazo assinado para a formalização da investigação eleitoral. Não afasta o defeito a circunstância de haver sido intimado para integrar a lide na fase recursal, apresentando petição ratificadora da defesa do titular, sem requerer a produção de prova" (Agravo Regimental em Recurso Especial Eleitoral nº 34.693, Acórdão de 18.08.2011, rel. Min. Marco Aurélio Mendes de Farias Mello, publicação: *Diário da Justiça Eletrônico – DJE*, p. 56-57, 03 out. 2011).

[18] "Agravo regimental. Agravo de instrumento. Recurso especial. AIJE. Intimação. Vice. Litisconsorte passivo. Sanção. Multa. Desnecessidade. Violação. Arts. 128 e 460 do CPC. Ausência. Propaganda eleitoral irregular. Prévio conhecimento. Súmula nº 182/STJ. Desprovimento. 1. Não há falar na nulidade do feito por ausência de citação do vice para figurar no polo passivo, na condição de litisconsorte, quando a ação de investigação judicial eleitoral foi julgada procedente com lastro em ilícitos que não implicaram a cassação de registro ou diploma do titular do cargo majoritário, mas apenas a aplicação de multa. 2. Consoante pacífica jurisprudência desta Corte 'a penalidade de multa é consequência natural do ilícito, podendo ser aplicada pelo juiz independentemente de

Ora, como já é consabido, a inelegibilidade é uma sanção de natureza pessoal. Se um membro da chapa tem a sua inelegibilidade decretada, ela não trespassa para a esfera jurídica do outro membro, contagiando-o (art. 18 da LC nº 64/90). Em razão da unicidade e indivisibilidade da chapa, tenho bastas vezes insistido ser a relação de direito material entre o candidato titular e o vice, enquanto membros da chapa, inconsútil. Essa *incindibilidade* da relação entre os membros da chapa, firmada pelas normas do Código Eleitoral, deve ser analisada sistematicamente com a *pessoalidade* da inelegibilidade, que não contagia o outro membro se não for dela beneficiário. De fato, há circunstâncias em que se pode articular remédio processual diretamente contra a chapa (a AIRC, *e.g.*), em razão da inelegibilidade inata de um dos seus membros. A inelegibilidade decretada contra um dos membros da chapa não a desnatura imediatamente, podendo haver, sem solução de continuidade, a *substituição de candidatura*.

Porém, quando a ação for proposta por ilícitos eleitorais que beneficiam a chapa como um todo, pouco importando a participação de ambos os membros (como no caso da AIJE por abuso de poder econômico, *v.g.*), é inegável que haverá identidade de destinos, uma vez que o candidato beneficiário do abuso de poder, ainda que não o tenha praticado, será alcançado pela inelegibilidade. Nesse caso, admitida a existência (ou não) de abuso de poder econômico ou político, ambos terão indefectivelmente destino comum, recebendo a mesma sorte processual, ou para serem absolvidos ou para serem sancionados. É dizer, além de necessário, será o litisconsórcio também unitário.

Observando atentamente as características do litisconsórcio, a doutrina processual brasileira trouxe luzes a alguns pontos ainda não resolvidos pela doutrina europeia. De fato, a doutrina pátria fez separar nitidamente a existência de dois momentos distintos no litisconsórcio necessário: de um lado, a indispensável presença de todos os legitimados no processo, e, doutra banda, a solução necessariamente única da causa para todos os litisconsortes participantes da relação processual.[19] Essa percepção fez separar duas espécies de litisconsórcio necessário: aquele em que a decisão haveria de ser homogênea para os litisconsortes (unitário); e aquele em que a decisão poderia ser diversa para os legitimados obrigatoriamente chamados ao processo (comum ou simples).

Logo se observou, sem embargo, que a *unitariedade* poderia ocorrer sem que houvesse *necessariedade* do litisconsórcio. A diferença substantiva, portanto, entre litisconsórcio necessário e litisconsórcio unitário, é que aquele ocorrerá quando, sem a presença de todos os colegitimados, o provimento não puder produzir os efeitos que lhe são próprios;[20] enquanto esse ocorrerá quando houver relações substanciais plurissubjetivas que não comportem fragmentação de apreciação.[21] Tais relações

---

pedido expresso na exordial, não havendo que se falar em violação aos arts. 128 e 460 do CPC ou sentença extra petita' (AgRgREspe nº 24.932/RJ, DJ de 29.6.2007, rel. Min. Gerardo Grossi)" (Agravo Regimental em Agravo de Instrumento nº 184.175, Acórdão de 04.08.2011, rel. Min. Marcelo Henriques Ribeiro de Oliveira, publicação: *Diário da Justiça Eletrônico – DJE*, p. 17, 22 ago. 2011).

[19] DINAMARCO. *Litisconsórcio*, p. 121 *et seq.*
[20] DINAMARCO. *Litisconsórcio*, p. 184.
[21] DINAMARCO. *Litisconsórcio*, p. 136. No mesmo sentido, MOREIRA. *Litisconsórcio unitário*, p. 143, que adverte: "Quando a situação jurídica substancial é plurissubjetiva, isto é, abrange mais de duas posições jurídicas individuais, e a seu respeito se litiga em juízo, o resultado a que se visa no feito não pode às vezes deixar de produzir-se a um só tempo e de modo igual para todos os titulares situados no mesmo lado. Isso decorre da maneira pela qual essas posições jurídicas individuais se inserem na situação global. Semelhante inserção é

plurissubjetivas podem necessariamente exigir o litisconsórcio, provocando uma decisão homogênea (litisconsórcio necessário unitário), ou possibilitar, por vontade dos interessados, que haja a litisconsorciação; mas, em havendo, a decisão terá de ser homogênea para os colegitimados (litisconsórcio facultativo unitário).

Sobre essa última espécie de litisconsórcio, ensina-nos Ovídio Baptista da Silva: "Em muitos casos, a relação jurídica é igualmente unitária, no sentido de constituir-se em verdadeira comunhão de direitos e obrigações, mas a lei admite que seus componentes possam estar em juízo como demandantes ou demandados, separadamente, não tornando obrigatória a formação do litisconsórcio. Tem-se, então, casos de litisconsórcio facultativo. Entretanto, dada a natureza unitária da relação litigiosa, *quando* a demanda for proposta por dois ou mais autores contra dois ou mais réus, a sentença há de ser necessariamente uniforme para todos os litisconsortes". E, mais adiante, arremata o jurista gaúcho: "O que particularmente distingue essa espécie de litisconsórcio é o fato de se tratar de demanda com *pluralidade de legitimados que, todavia, não estão obrigados a se unirem em litisconsórcio necessário. Se o fizerem, porém, a causa haverá de ter tratamento uniforme para todos os litisconsortes*".[22]

Essa a razão pela qual, no passado, víamos decisões judiciais rejeitando a litisconsorciação necessária entre os membros da chapa majoritária em sede de AIJE, de recurso contra a diplomação e até em sede de AIME, entendendo que após a eleição cada qual era titular do seu diploma autonomamente: "Recurso especial. Tempestividade. Ação de impugnação de mandato eletivo. Prefeito. Citação. Litisconsórcio necessário. Inexistência. Ante a comprovação de ocorrência de feriado, é de se reconhecer a tempestividade do recurso. A ação de impugnação de mandato eletivo contra o prefeito visa atacar uma relação jurídica particular. Assim, verifica-se ser perfeitamente possível o tratamento da situação litigiosa sem a presença do vice, compondo a relação processual nos autos" (Recurso Especial Eleitoral nº 15.597/ES, rel. Min. Edson Vidigal, em 20.06.2000, *Informativo TSE*, ano II, n. 21, 19-25 jun. 2000). E ainda: "recurso contra expedição de diploma. Questão de ordem. Litisconsórcio. Coligação. (...) Em relação as eleições majoritárias, a eventual cassação do diploma atingirá apenas o interessado e, *eventualmente*, o que com ele haja sido eleito na qualidade de vice" (Recurso contra Expedição de Diploma nº 584/MT, rel. Min. Eduardo Ribeiro, em 08.06.1999, *Informativo TSE*, Brasília, ano I, n. 5, 07-13 jun. 1999, com grifos meus).

A jurisprudência eleitoral, atenta à circunstância de que a relação jurídica plurissubjetiva da chapa majoritária faz comum o destino de ambos, converte a unitariedade do litisconsórcio também em necessariedade. Ora, compreendemos que, a rigor, a AIJE bem poderia ser proposta apenas contra o titular da chapa, embora, sem que o vice fizesse parte da relação processual, não lhe alcançariam eventuais efeitos da sentença de procedência. É dizer, no que se refere especificamente à ação de investigação judicial

---

uniforme e *tem de manter-se* uniforme sob pena de tornar impossível a subsistência da própria situação global. Daí haver entre as várias posições individuais uma vinculação tão íntima que qualquer evolução ou será *homogênea* ou *impraticável*" (grifos originais).

[22] *Curso de processo civil*. 5. ed., v. 1, p. 259 *et seq.*, com grifos meus. *Vide*, ainda, Arruda Alvim (*Manual de direito processual civil*, v. 2, p. 101 *et seq.*); BARBI. *Comentarios ao Código de Processo Civil*: Lei n. 5.869, de 11 de janeiro de 1973, v. 1, p. 168; MARQUES. *Instituições de direito processual civil*, v. 2, p. 214; e, na doutrina estrangeira, por todos, MILLÁN. *Litisconsorcio necesario*: concepto e tratamiento procesal. 2. ed. Barcelona: Bosch, 1992. p. 28 *et seq.*, em que trata do "litisconsorcio cuasi-necesario".

eleitoral (AIJE), pensamos realmente não ser necessária a formação de litisconsórcio entre os membros da chapa, quando houver acusação da prática de abuso de poder econômico ou político. Entrementes, sendo o vice chamado a integrar o processo como litisconsorte do titular, não poderá recusar-se, passando ele a fazer parte da relação processual, tendo homogeneidade de destino com o outro membro da chapa (unitariedade).

Essa, porém, não é a compreensão do Tribunal Superior Eleitoral, que agora toma como necessário o litisconsórcio entre o titular e o vice que completa a chapa, nas eleições majoritárias.[23]

O vice é eleito para ocupar e exercer o cargo de vice. A ausência do titular, pela perda do mandato, impõe a sua substituição pelo outro membro da chapa. Esse truísmo é importante, uma vez que os suplentes de senador não são eleitos para ocupar e exercer cargo algum: apenas poderão assumir o mandato se o titular vier a falecer, ou se licenciar, gozar férias ou abandonar o mandato etc. Mas, enquanto suplentes, sequer são agentes públicos, não mantendo qualquer vínculo jurídico com o poder público. O candidato a vice, quando eleito, exerce o mandato de vice, é remunerado, mantém vínculo jurídico com o poder público e exerce função pública. Embora a principal finalidade do mandato de vice seja a substituição, eventual ou definitivamente, do ocupante do cargo principal, ele possui atribuições próprias, delegadas pelo titular do mandato e que podem ser definidas em lei complementar, conforme determinação constitucional.

Ademais disso, com a eleição, titular e vice passam a ser senhores dos seus mandatos, sem embargo da origem comum da legitimidade de seus cargos: as eleições. Nesse sentido: "Recurso especial. Pleito majoritário. Expedição de diploma. Falecimento do candidato eleito. 1. Os efeitos da diplomação do candidato pela justiça eleitoral são meramente declaratórios, já que os constitutivos evidenciam-se com o resultado favorável das urnas. 2. O falecimento do candidato eleito ao cargo de prefeito, ainda que antes da expedição do diploma, transfere ao vice-prefeito o direito subjetivo ao mandato como titular. 3. Recurso não conhecido" (REsp nº 15.069, rel. Min. Maurício Corrêa, *DJ*, p. 52582, 07 out. 1997; *Revista de Jurisprudência do TSE – RJTSE*, v. 9, t. 4, p. 194).[24] Não é o vice um acessório ou um estepe do titular, tendo mandato autônomo. Assim não fosse, nessas hipóteses de falecimento do titular antes de tomar posse, deveria ser convocada nova eleição, pela qualidade absolutamente coadjuvante e dependente da condição de vice. Afinal, falecendo antes da posse aquele que recebeu os votos, porque haveria de assumir o vice com ele eleito, que apenas possui o diploma de vice? Os critérios devem ser idênticos.

O Tribunal Superior Eleitoral, no passado, entre tantas idas e vindas, chegou a adotar uma posição intermediária em relação ao problema da necessidade de formação de litisconsórcio entre os membros da chapa. De um lado, passou a entender que o litisconsórcio seria facultativo; todavia, se o vice não fosse chamado a compor o polo

---

[23] "3. Nas ações eleitorais que possam implicar perda do registro ou diploma, há litisconsórcio passivo necessário entre titular e vice da chapa majoritária. Na espécie, o vice-prefeito foi citado dentro do prazo decadencial de ajuizamento da AIJE. Desse modo, não houve decadência do direito de ação nem violação do art. 47 do CPC" (Recurso Especial Eleitoral nº 156.459, Acórdão de 14.06.2011, rel. Min. Fátima Nancy Andrighi, publicação: *Diário da Justiça Eletrônico – DJE*, p. 92, 30 ago. 2011).

[24] No mesmo sentido: "Vice-prefeito. Diplomação e posse no cargo de prefeito.o falecimento do candidato eleito para o cargo de prefeito, ainda que antes da expedição do diploma, transfere ao vice-prefeito o direito subjetivo ao mandato como titular" (AAG nº 2.081/SP, rel. Min. Eduardo Ribeiro, *DJ*, p. 125, 24 mar. 2000).

passivo da ação, não lhe poderia ser irrogada a sanção de inelegibilidade, mercê do art. 18 da LC nº 64/90. Nada obstante, em decorrência da nulidade dos votos do titular da chapa, seria cassado conjuntamente o seu registro de candidatura ou o diploma, acaso a chapa fosse eleita. É dizer, perderia o registro de candidatura ou o diploma, mas não ficaria inelegível. Nesse sentido, "Recurso especial. Eleição 2000. Ação de investigação judicial eleitoral. Desnecessidade da citação do vice como litisconsorte passivo necessário. Provimento do apelo. I – A norma eleitoral resguarda a lisura do pleito, garantindo que o exercício do mandato será desempenhado por aquele que foi legitimamente eleito na chapa apresentada à escolha popular. II – Na linha jurisprudencial desta Corte, *a nulidade da votação do prefeito implica a nulidade da votação do vice-prefeito, sem que haja necessidade de este integrar a relação processual na qualidade de litisconsorte. Entretanto, a declaração de inelegibilidade de um dos candidatos não atinge o outro componente da chapa majoritária que não integrou a relação processual*" (REsp 21.148/MG, rel. Min. Peçanha Martins, *DJ*, p. 157, 08 ago. 2003, grifos apostos).[25]

A fundamentação dessas decisões judiciais impunha erradamente temperamentos à incidência das normas processuais no Direito Eleitoral, que receberia o influxo de princípios estranhos a outras searas jurídicas, em razão dos interesses materiais em conflito. Nesse sentido, averbou o Ministro Sálvio de Figueiredo Teixeira que os "institutos processuais muitas vezes ganham nova feição no âmbito do Direito Eleitoral, em face dos princípios, normas e características peculiares deste ramo da ciência jurídica".[26] Parece-nos, todavia, que essa concepção, que grassa aqui e ali, tem gerado uma grande insegurança na vivência do Direito Eleitoral, que ficaria apartado das demais disciplinas jurídicas, sendo construído por conceitos jurídicos próprios, os quais não teriam uma precisa formulação. Como conciliar, do ponto de vista processual, que os efeitos de uma decisão judicial possam alcançar parcialmente aquele que não foi parte do processo, justamente em seu capítulo mais incisivo (a cassação do registro ou do diploma), apenas restando ele protegido para as eleições futuras? Nota-se, com absoluta clareza, que aquela interpretação dada ao art. 18 da LC nº 64/90 era apenas literal, sem se prender ao fim e aos valores que aquela norma visava tutelar. Aqui, mais uma vez, toma-se a inelegibilidade como uma sanção que pode ser postergada, porque o que conta mesmo — e que os nossos tempos pós-modernos impõem — é a efetividade da castração do mandato eletivo, com a cassação do registro ou do diploma.

Todavia, atualmente esta matéria está pacificada no TSE, havendo necessidade de citação do vice para compor a lide na qualidade de litisconsórcio passivo.

§5 De quando se pode interpor a AIJE

A LC nº 64/90 não fixou o momento apropriado para o ajuizamento da AIJE, nem quanto ao seu *dies a quo*, nem quanto ao seu *dies ad quem*. Mas a lacuna legal não é sem consequências práticas, pois a Justiça Eleitoral, como jurisdição especializada, não pode conhecer de ações que tornem indefinidamente em aberto o resultado eleitoral, com o franqueamento de oportunidades infindáveis para o ataque ao mandato obtido nas

---

[25] Em igual sentido: REsp nº 19.541/MG (rel. Min. Sálvio de Figueiredo Teixeira, *DJ*, p. 191, 08 mar. 2002) e REsp nº 21.169/RN (rel. Min. Ellen Gracie, *DJ*, p. 103, 26 set. 2003).

[26] REsp nº 19.541/MG.

urnas. Nem a democracia, nem a sanidade do procedimento eleitoral sobreviveriam a essas facilidades todas, pois não haveria a necessária segurança dos eleitos quanto à legitimidade dos seus cargos, ficando sua atividade sempre limitada, com o peso excessivo da possibilidade concreta e constante da perda de seu mandato. Ademais, a própria jurisdição eleitoral se esgota quando da diplomação dos eleitos, estendendo-se apenas em quatro hipóteses: com a interposição da ação de impugnação de mandato eletivo (AIME), do recurso (ação) contra diplomação, da representação do art. 30-A da Lei nº 9.504/97 e da ação rescisória.

Tendo em vista este balizamento proporcionado pela diplomação, que põe marcos à atividade da Justiça Eleitoral, penso que a AIJE apenas poderá ser exercitada até a diplomação dos candidatos, quando ainda subsistiria competência para a Justiça Eleitoral conhecer de *fatos ocorridos no dia da eleição*, os quais ensejariam a decretação da inelegibilidade do candidato vitorioso ou a cassação do registro, pelo reconhecimento da captação de sufrágio. Após a emissão do ato administrativo de certificação (o diploma), apenas caberia a AIJE por captação ilícita de recursos ou gastos e ilícitos de campanha, prevista no art. 30-A da Lei nº 9.504/97.[27]

A regra, de conseguinte, é no sentido de que a AIJE pode ser exercitada depois do dia da eleição, mas não o poderá após a diplomação. *A diplomação, dessarte, é o termo final para a interposição da AIJE, exceto quanto* à *captação ilícita de recursos e gastos ilícitos de campanha.*

E qual seria o termo inicial? Como averbei acima, a jurisdição eleitoral — no sentido técnico do termo, porquanto a Justiça Eleitoral exerce atividade administrativa e atividade jurisdicional, sendo, quanto a essa atividade administrativa, ininterrupta — se inicia com o registro de candidato, terminando com a diplomação. Desse modo, *o pedido de registro de candidato, mesmo que pendente de recurso, é o* dies a quo *para a propositura da ação de investigação judicial eleitoral.*

Não nos parecem procedentes as diversas respeitáveis opiniões no sentido de que a época da propositura pode anteceder ao deferimento dos registros, quando a ação for ajuizada contra não candidato. Tal assertiva contraria preceito legal expresso, que põe o candidato na qualidade de sujeito passivo da AIJE. De fato, quem interpõe essa ação tem a pretensão de atacar abuso de poder econômico ou político que

---

[27] Nesse sentido aqui defendido, antes da vigência do art. 30-A: "Representação por abuso de poder econômico (Lei Complementar nº 64/90, art. 22): pode ser ajuizada até a data da diplomação dos candidatos eleitos. Precedentes: recurso nº 12.531, rel. Min. Galvão, DJU 1º.9.95; recurso nº 12.603, rel. Min. Andrada, DJU 8.9.95" (Acórdão nº 11.994, REspEl, rel. Torquato Jardim, jul. un. em 12.12.1995, pub. *DJ*, p. 3045, 16 fev. 1996). Sem embargo, o Tribunal Superior Eleitoral também já decidiu, por conduto do mesmo relator, que a ação de investigação judicial eleitoral não está sujeita a prazo prescricional, nem a prazo decadencial, podendo ser intentada a qualquer tempo após a diplomação. É o que se observa na seguinte ementa: "Representação do art. 22, LC nº 64/90: não está sujeita a prazo decadencial ou prescricional dada sua natureza diversa da ação penal comum ou eleitoral. A sanção de inelegibilidade decorre de comprometimento da lisura do pleito eleitoral. A pena por crime pode ser aplicada sem prejuízo da sanção por inelegibilidade" (Acórdão nº 11.925 em ROrd., rel. Torquato Jardim, jul. un. em 14.03.1996, pub. *DJ*, p. 9428, 29 mar. 1996). Ora, ou há prazo decadencial para o exercício do direito de representação, e este se encerra na data da diplomação, ou não há, e pode-se ingressar a qualquer tempo com a AIJE, mesmo que não exercida a AIME ou o recurso contra diplomação. A segunda alternativa é contra os princípios, pois cancela a utilidade e razão de ser da ação de impugnação de mandato eletivo, que é condicionada ao prazo de quinze dias, contados a partir da diplomação. Outrossim, não seria razoável que o mandato eletivo ficasse sempre sujeito a cuteladas, criando insegurança no exercício da democracia indireta, ameaçada por intermináveis ações eleitorais. Nesse sentido, em monografia sobre o tema, Torquato Jardim (*Direito eleitoral positivo*, p. 149).

beneficie ilicitamente algum candidato, para inocular em sua esfera jurídica a sanção de inelegibilidade. Não haveria sentido em se acionar alguém que, embora desejando lançar-se candidato a algum cargo, não tenha ainda sido indicado pelo partido político em convenção, tendo pedido à Justiça Eleitoral o seu registro de candidatura. Ainda que venha praticando atos ilícitos com fins eleitorais, não se reveste da qualidade de candidato, podendo nunca vir a sê-lo, em razão da sua não indicação em convenção. Não se pode obliterar, tampouco esmaecer, a finalidade para qual foi instituída a AIJE: preservar a legalidade e moralidade da disputa. Se alguém, desejando ser candidato, porfia por distribuir benesses, nem por isso tal ato terá efeito eleitoral. Sendo ele agente público, e estando se valendo de bens públicos para tal fim espúrio, poderá ser acionado na Justiça Comum, por improbidade administrativa. Apenas quando se revestir da qualidade de pré-candidato, ou seja, quando for indicado em convenção, na forma da ata, e houver pedido o registro de candidatura, é que poderá ser sujeito passivo da AIJE. E os atos ilícitos praticados antes do pedido de registro? Podem ser atacados pela ação de impugnação de registro de candidatura (AIRC), que é uma ação de rito sumário, mas de cognição plena e exauriente. Se nessa oportunidade não forem os atos ilegais atacados, precluem, naturalmente, se não forem de escalão constitucional.

Se houver, por exemplo, a utilização indevida de propaganda publicitária da Administração Pública, antes do período próprio para o registro de candidatura, com a finalidade de beneficiar a pessoa que viria a ser, posteriormente, escolhida como candidato do partido do governo, há abuso de pode político, passível de ser atacado por AIRC.[28] Os fatos ocorreram antes das convenções partidárias, mas podem ser objeto da ação de impugnação de registro de candidato, pois beneficiaram indevidamente o futuro candidato da situação, em detrimento da liberdade do voto. *Os fatos ocorreram antes do registro de candidato; a AIJE apenas após o registro poderia ser ajuizada, pois se o beneficiado não conseguir ser indicado em convenção partidária, benefício algum obteve, pois sequer concorreu a cargo eletivo.* Logo, a AIJE não poderá abarcar tais fatos, por serem tratados como matéria infraconstitucional, preclusa após o registro da candidatura.

Ora, os não candidatos, que podem figurar no polo passivo da AIJE, são aqueles que beneficiaram o candidato (após o seu pedido de registro), formando com ele um litisconsórcio necessário não unitário.

O abuso de poder econômico e o abuso de poder político são hipóteses causadoras de inelegibilidade, e como tais previstas na Lei Complementar nº 64/90. Destarte, se ocorrerem antes do registro, e não forem suscitadas quando da AIRC, precluirá a faculdade de vergastá-las por meio de AIJE, eis que não são causa de inelegibilidades decorrentes de preceito constitucional.

Desse modo, cremos que a AIJE pode ser ajuizada em qualquer tempo, desde que entre o registro de candidato e a diplomação. Nem antes, nem depois.

Analisando essa minha posição, o eminente eleitoralista Lauro Barretto, na segunda edição de sua respeitável obra,[29] aguçadamente obtempera: "Segundo este

---

[28] Lembrando sempre que a jurisprudência do TSE limita, sem razão alguma, a cognição da AIRC às inelegibilidades previamente decretadas por decisões anteriores, nada obstante admita quando se trata, por exemplo, de inelegibilidade reflexa proveniente do §7º do art. 14 da CF/88.

[29] *Investigação judicial eleitoral e ação de impugnação de mandato eletivo*. 2. ed., p. 45. Ressalte-se, por ser azado, que os seus comentários são ao meu livro *Direito processual eleitoral*, publicado quando ainda não tinha eu formulado minha compreensão da teoria da inelegibilidade, tendo por base o fato jurídico do registro de candidatura.

entendimento, seria necessário aguardar o registro do candidato, de nada valendo a possibilidade de suspensão liminar dos atos de abuso de poder previstas na LC nº 64/90". E arremata: "Na prática, contudo, a Justiça Eleitoral tem acatado as representações a essa investigação antes mesmo do registro dos candidatos. Foi o que aconteceu, por exemplo, com a representação do PT (Partido dos Trabalhadores) contra o Presidente Fernando Henrique Cardoso, referente aos abusos de poder verificados na convenção do PMDB, realizada em março de 1998, que desprezou a tese de candidatura própria à sucessão presidencial."

De fato, o Tribunal Superior Eleitoral, bem como alguns tribunais regionais eleitorais, têm recebido a ação proposta pelos legitimados, mesmo quando não haja ainda registro de qualquer candidatura. Mas tal posição não merece achegas; ao revés, deve ser repelida. E por que motivo? Consoante bem afirmou o próprio Lauro Barretto,[30] a AIJE alcança os candidatos diretamente beneficiados pelo abuso de poder e todos aqueles, candidatos ou não, que tenham contribuído para a prática do ato. Aqui é que reside o busílis do problema: *os terceiros apenas são legitimados passivos se tiverem contribuído para a prática do ato que beneficiou ilicitamente o candidato.* Mas, antes das convenções e do pedido de registro, como se pode aferir se já há candidato a ser beneficiado? Como já visto, apenas alguém é candidato a um cargo eletivo quando obtém o registro de sua candidatura. Pode ele até intimamente desejar lançar-se candidato; pode até ser reconhecido como tal pelos seus seguidores, mas legalmente apenas será candidato quando tiver o seu registro de candidatura deferido.

A dificuldade que ainda hoje se tem para se aceitar esse posicionamento deve-se ao paradigma da teoria clássica, que não consegue delimitar bem os conceitos com os quais trabalha. O presidente da República, antes de ser indicado em convenção partidária e pedir o registro de sua (re)candidatura, apenas possui expectativa de fato de ser candidato. Após ser indicado em convenção e pedir o registro perante a Justiça Eleitoral, pode atuar como candidato, pois já tem a expectativa de direito, ou seja, já está expectando a consumação do processo de registro para ser, legalmente, candidato. Os atos abusivos, que acaso tivesse praticado em convenção nacional do partido político, podem ser atacados por meio de ação de impugnação de registro de candidatura (AIRC). Tal ação tem finalidade eleitoral, para impossibilitar a consumação de uma candidatura ilegítima.

Todavia, se houvesse abuso na convenção do partido, com uso da máquina para beneficiar o pré-candidato, poderia o interessado provocar o juiz eleitoral ou o corregedor eleitoral, a depender da eleição, para que eles tomassem as providências administrativas necessárias à paralisação dos atos ilegais, exercendo o seu poder de polícia, com esteio no art. 20 da LC nº 64/90.[31] Porém, a propositura da AIJE, penso, seria

---

[30] *Op. cit.*, p. 38.
[31] Lembro que esse preceito nada tem a ver com a AIJE, mas sim com ilícitos eleitorais penais, conforme já fiz ver noutra oportunidade. Quero chamar a atenção, outrossim, para o fato de que, no exemplo referido por Lauro Barretto, sequer se estava diante de uma convenção prevista pela legislação eleitoral, com a finalidade de deliberar legitimamente sobre coligações e escolhas de candidatos. Era uma convenção nacional do PMDB, anterior ao período eleitoral, cujo efeito legal era inócuo, já que não vinculava a verdadeira convenção, a ser realizada em junho, para escolha dos candidatos. O presidente da República, se tivesse praticado alguma irregularidade, com o fim de influenciar o resultado da convenção, teria praticado algum ato de improbidade, ou algum ilícito penal. Entrementes, não teria praticado na qualidade de candidato, sendo defeso à Justiça Eleitoral, naquele instante, pronunciar-se sobre a questão. Apenas em sede de AIRC é que seria o momento oportuno de se aprofundar a existência de algum ato ilícito, praticado com o fim de granjear vantagem eleitoral.

inviável, mercê da ilegitimidade passiva das partes: quem seria o candidato beneficiado? Como ele seria juridicamente qualificado como tal? Eis as questões que a teoria clássica não poderia responder.

Para demonstrar com clareza o que quero dizer, raciocinemos *ab absurdum*. Um governador de Estado, no início do terceiro ano de mandato, é flagrado destinando recursos em excesso para um determinado município, visando se tornar mais popular naquela localidade. Mais ainda: é fotografado distribuindo leite e merenda escolar, em solenidades pagas pelo dinheiro público. Indago: caberia a propositura de AIJE contra o governador de Estado, levando-se em conta que a eleição, na qual pretende ele sair candidato à reeleição, apenas ocorrerá no ano seguinte? Será esse o momento oportuno para a Justiça Eleitoral se manifestar? Se nós admitirmos que sim, estaremos concordando que a AIJE pode ser proposta a todo tempo, em período eleitoral ou não, contra qualquer *suposto candidato futuro*. Basta alguém sonhar, por exemplo, que algum empresário concorrerá às eleições, e poderá propor contra ele a AIJE, alegando, *e.g.*, que ele está fazendo doações a determinada comunidade carente, a dois anos antes da eleição, buscando cooptar ilicitamente a vontade dos eleitores.

Como, para a doutrina clássica, não existem critérios objetivos para se determinar quem poderia juridicamente ser qualificado como "candidato", seria havido como tal, para efeito da ação de investigação judicial eleitoral, quem supostamente tivesse interesse em se candidatar. Nesse diapasão, todos os detentores de mandato eletivo poderiam, a todo tempo, verem-se incomodados por ações dessa natureza, abarrotando a Justiça Eleitoral de processos inócuos e sem finalidade eleitoral legítima. Descambaríamos para o subjetivismo e para o patrulhamento ostensivo das ações de qualquer cidadão com aumento de popularidade.

O Ministro Eduardo Alckmin se pronunciou no sentido de que o ato caracterizador de abuso econômico ou político há de ter, como finalidade, beneficiar candidato ou partido. Isto não significa, prossegue ele, que somente ato praticado após a escolha do candidato pode configurar abuso: "Qualquer ação, mesmo praticada antes do período de convenções, que potencialmente possa interferir no resultado das eleições, favorecendo partido ou futuro candidato, há de ser considerada". E concluiu, no sentido por mim advogado nesta obra: "*O pedido de registro de candidatura apenas define o momento a partir do qual torna-se relevante apurar o ato de abuso*, não o seu cometimento. Com efeito, somente após evidenciada a condição de candidato do beneficiário do ato de abuso é que, para o Direito Eleitoral, torna-se relevante apurá-los, mas disso não se extrai que os atos anteriormente praticados sejam irrelevantes".[32]

O problema continuaria assim ainda em aberto. Se é certo que a ação de investigação judicial eleitoral apenas poderia ser ajuizada depois do pedido de registro de candidatura, haveria algum marco temporal para definir quais os fatos que poderiam ser atacados por meio dela? O Ministro Edson Vidigal trouxe importante contribuição ao debate, ao chamar a atenção para o fato de que, "na ação de investigação judicial eleitoral, o abuso de poder de autoridade deve ser observado sob a ótica da possível interferência no processo eleitoral, quero dizer naquele período a partir do qual ocorrem as desincompatibilizações". E prossegue: "A má condução da coisa pública há que ser

---

[32] Acórdão nº 15.373, de 24.09.1998, *Informativo TSE*, ano III, n. 14, p. 6, 07-13 maio 2001.

considerada se a sua finalidade foi influenciar o eleitorado, com vistas a beneficiar o agente público ou seu parente. Tanto que a Constituição estabelece os prazos em que considera que o abuso de poder político não se realiza, em tese, dentro dos prazos em que o agente público se mantém afastado por força da desincompatibilização". Mais ainda: "A norma infraconstitucional, Lei nº 9.504/97, art. 73, V, VI e VII, relaciona quais os atos administrativos que não podem ser praticados nos três meses anteriores à data da eleição". E ainda: "Quanto aos atos praticados antes, ou seja, a partir dos seis meses que antecedem as eleições, quando se iniciam as desincompatibilizações, consigno que também se inserem na possibilidade da investigação judicial para fins de inelegibilidade". E arremata: "Não considero, no entanto, lógico que as ações anteriores a esse período, delimitado claramente pela Constituição Federal, art. 14, §§7º e 9º — as quais podem configurar, em tese, improbidade administrativa ou outros ilícitos penais —, tenham que ser objeto de investigação judicial eleitoral para fins de inelegibilidade".[33] [34]

Volto a repetir: a AIJE tem por sujeito passivo o candidato, ou seja, aquele que, ao menos, já tenha sido indicado em convenção partidária e já tenha feito o pedido do registro de sua candidatura. Sem atender a esses dois pressupostos mínimos, não há sequer expectativa de direito, não havendo elegibilidade. Os terceiros, legitimados passivos, apenas são partes enquanto tiverem ligação com a prática do ato reputado ilícito. Não por outro motivo, em que pese os respeitáveis argumentos de Lauro Barretto e da doutrina que com ele comunga, penso que *a AIJE apenas pode ser proposta após o pedido de registro de candidatura e antes da diplomação dos eleitos.*

Essa regra não se aplica, porém, à ação de investigação judicial eleitoral proposta em razão do art. 30-A da Lei nº 9.504/97, introduzido pela Lei nº 11.300/2006. Como assentou o Tribunal Superior Eleitoral, diferentemente das hipóteses de abuso de poder econômico, abuso de poder político e captação de sufrágio, que têm como termo *ad quem* para a propositura da AIJE a diplomação dos eleitos — justamente porque posteriormente se poderá ajuizar a AIME ou o recurso contra a diplomação (RCD) contra esses fatos ilícitos —, a captação ilícita de recursos ou os gastos ilícitos eleitorais apenas poderão ser atacados pela AIJE prevista no art. 30-A, que deve ser proposta em até quinze dias contados da diplomação.

Deste modo, podemos fazer o seguinte quadro com os prazos fatais para o ajuizamento da AIJE:

---

[33] *Idem*, p. 13. *Vide*, ainda, o Recurso Ordinário nº 71, de Roraima, julgado em 09.06.1998, relatado pelo Ministro Costa Porto, assim ementado: "Recurso ordinário. Representação. Abuso de poder econômico, de autoridade e uso indevido dos meios de comunicação social. Incompetência: não compete à Justiça Eleitoral decidir pela improbidade do administrador que ainda não é candidato. Ofensa ao princípio da ampla defesa e do contraditório. Recurso conhecido e provido" (RO nº 71, *DJU*, 1º jul. 1998).
[34] Nesse caso apreciado pelo Acórdão nº 15.373, de 24.09.1998, ocorreu a absurda situação de a ação de investigação judicial eleitoral ser julgada antes do período de registro de candidatura, consoante noticiado pelo Ministro Eduardo Alckmin (p. 16). É dizer, houve sentença decretando a inelegibilidade do candidato e a cassação de registro de candidatura de quem não era ainda registrado, não sendo assim candidato. Esse procedimento foi objeto de ácida crítica do Ministro Néri da Silveira.

Hipóteses de AIJE/Representação	Prazo final
Abuso de poder econômico e/ou político →	Até a diplomação, exclusive
Captação de sufrágio →	Até a diplomação, exclusive
Condutas vedadas aos agentes públicos →	Até a data das eleições
Captação ilícita de recursos e/ou gastos eleitorais indevidos →	Quinze dias após a diplomação

§6 Rito processual

6.1 Juízo competente

A ação será ajuizada perante o juiz eleitoral, nas eleições municipais; perante o corregedor-regional, nas eleições gerais (exceto quando versar sobre o art. 30-A e 41-A, que será processada pelos juízes auxiliares); e ante o corregedor-geral, nas eleições presidenciais. Em cada uma dessas instâncias, serão eles que instruirão o processo, mas apenas o juiz eleitoral julgará monocraticamente o processo que instruir. Os corregedores exercerão as atribuições de relator (art. 22, inc. I, da LC nº 64/90), sendo a ação julgada pelo colegiado (inc. XII do art. 22).

De todo impertinente aqui, do ponto de vista jurídico, a opinião recorrente de que, quando das eleições gerais, deveria o juiz eleitoral fazer as vezes do corregedor-regional, instruindo o processo para julgamento pelo Tribunal; julgamento esse, inclusive, do qual ele não tomaria parte. Essa técnica de instrução processual afastaria princípios jurídicos relevantes, como o da *imediatidade* e o da *identidade física do juiz*. Como ensina Moacyr Amaral Santos:[35] "Na produção das provas, põe-se o juiz em contato imediato com as partes e com as testemunhas, tomando-lhes os depoimentos (CPC, art. 452, nº I). E para que as virtudes desses dois princípios alcancem os efeitos desejados, o mesmo juiz que presidiu a produção da prova deverá proferir a decisão da causa (CPC, art. 132)".

Se é verdade que tais princípios não podem e não devem ser absolutizados, não menos verdade é que, quanto possível, devam eles ser respeitados, de modo a que o julgamento não se configure em algo mecânico, pela distância do juiz em relação aos fatos postos em causa. Ademais, se necessário, poderá o corregedor se valer de cartas de ordem, com o fim de que o juiz eleitoral colha algumas provas.

6.2 Petição inicial

A petição inicial deverá vir revestida dos requisitos do art. 282 do CPC, tendo como causa de pedir fato certo, descrito de modo claro, que se subsuma àqueles descritos no art. 22 da LC nº 64/90. Cabendo o ônus da prova ao demandante, inclusive porque

---

[35] *Primeiras linhas de direito processual civil*, v. 2, p. 355.

o exercício temerário ou como manifesta má-fé da AIJE constitui ilícito penal tipificado no art. 25 da LC nº 64/90, deverá ele apresentar provas que assoalhem suas alegações. A petição deverá vir subscrita por advogado devidamente habilitado, com capacidade postulatória para defender os interesses de seu constituinte.

Tendo em vista a natureza da AIJE, e tratando-se ela de verdadeira ação,[36] não pode ser utilizada para a investigação de fatos incertos, como se fosse um inquérito administrativo à procura de indícios incriminadores, os quais seriam utilizados para acusar ulteriormente algum candidato. Em verdade, por sua natureza de remédio jurídico processual, há de ser proposta com causa de pedir definida e explícita, bem como com provas — ainda que indiciárias — dos fatos reputados como ilícitos eleitorais. Sua finalidade legal é já a irrogação da inelegibilidade aos infratores da legislação eleitoral, com base em substrato probatório mínimo que assegure a viabilidade do desenvolvimento regular desta ação.

Quem ingressar com a ação de investigação judicial eleitoral deve fazê-lo com seriedade, pois estará atacando a elegibilidade de concorrente ao exercício de um mandato político. Assim, a ação deverá ser proposta com redação escorreita, demonstração clara dos fatos ou conjunto de fatos apontados como ilegais (local, circunstâncias, pessoas envolvidas etc.), e especificação do abuso cometido, pelo qual se desequilibrou, ainda que reflexamente, a isonomia da disputa. Comunica-se ao juiz eleitoral, dessarte, conhecimento de fatos reputados ilícitos, os quais viciaram o equilíbrio da disputa pelo voto popular ou mesmo viciaram o próprio exercício do voto, através de abuso de poder econômico ou político e utilização indevida de veículos ou meios de comunicação social. Não basta a mera afirmação, ou a afirmação despregada de provas minimamente hábeis para comprová-la, apenas no escopo de induzir o juiz eleitoral a cascavilhar em busca de elementos de convicção.

Quem ajuíza a AIJE deve expor causa de pedir apta a produzir a inelegibilidade do candidato demandado, trazendo suporte probatório aos fatos descritos como ocorridos. Não se pode propor essa ação de investigação como arma contra a democracia, de forma a iniciar um processo inquisitorial sem fatos concretos, fundado em ilações e conjecturas, no afã de, por via oblíqua, utilizar o Poder Judiciário para perseguições mesquinhas e absurdas. Se algum dos legitimados ingressa com a AIJE, *exempli gratia*, alegando que o candidato atacado abusou de seu poder econômico, há de apontar situações concretas que evidenciem a ocorrência de tal fato, bem como deduzir um suporte probatório razoável que aponte minimamente para a verossimilhança do alegado, ou solicitar que a Justiça requisite, às pessoas que possam detê-los em suas mãos, a juntada aos autos de elementos concretos de convicção. Mas não poderá afirmar tal fato e, sub-repticiamente, induzir o juiz eleitoral a buscar provas outras, sobre fatos alheios aos indicados na exordial. Haveria aí excesso absurdo, desbordando da causa de pedir. Em casos que tais, existiria dedução de pretensão temerária ou em manifesta má-fé, punível na forma do art. 25 da LC nº 64/90.

A petição inicial deve deduzir fatos precisos, os quais são qualificados de ilícitos, porque constituem hipóteses de abuso de poder econômico ou político. *São fatos concretos, específicos, crus*: fulano, no dia tal, distribuiu caminhões de cestas básicas, em

---

[36] NIESS, *op. cit.*, p. 168; RIBEIRO, *op. cit.*, p. 264.

local determinado. *Tais fatos, em estado bruto, devem ser provados*: há testemunhas, há documentos toscos que indiciariamente comprovam o alegado etc. O réu será citado para defender-se desses fatos, provados através daqueles instrumentos. Há, assim, a garantia plena do direito de defesa, que não pode ser manietado por ardilosos procedimentos do patrocinador da ação. Outras provas poderão exsurgir no decorrer do processo, mas são provas relativas a esses fatos, não a outros, dos quais o réu não se defendeu, nem foi acionado. Pode ocorrer, e não é defeso em face do art. 23 da LC nº 64/90, que alguns fatos não trazidos aos autos, porém ligados aos deduzidos na peça vestibular, sejam trazidos ao processo pelo juiz eleitoral, sem que isso repute inovação indevida na lide. Nada obstante, há de se garantir ampla defesa sobre esses novos fatos, com garantia ao contraditório. Se se acusa o candidato de ter distribuído, no povoado da região, uma grande quantidade de alimentos, poderá ocorrer que se demonstre, no curso da ação, que também ele assim procedeu noutro povoado, distribuindo dentaduras, ou tijolos. O que será vedado é, nessa ação, diante de uma assertiva inespecífica de prática de fraude, sair o juiz eleitoral perquirindo, à sorrelfa, fatos concretos não deduzidos, apenas com intuito investigativo. A AIJE não é panaceia de perseguição política, mas remédio de proteção à democracia.

Aqui prevalecem as mesmas regras do processo civil. Se os fatos concretos não foram objeto da ação, outra deverá ser proposta, contendo aqueles fatos. Se for oportuno, poderão ser julgadas conjuntamente através da conexão. Não sendo, seguem autonomamente seu destino. Assim, se o candidato é acusado de distribuir pneus, óculos e vestidos de noiva, de forma a constituir abuso do poder econômico, bem poderá ser acionado apenas por causa de um desses fatos, ou por todos eles. Mas cada fato, por si, constituindo independentemente hipótese de abuso, poderá ser atacado na mesma demanda. Não poderia, entrementes, ser iniciado um processo com espeque na distribuição em larga escala de óculos, e, em seu bojo, sem que constasse da petição inicial, também viesse a ser apurada a distribuição de propaganda eleitoral ilegal. Há distinção na espécie fáctica, devendo a segunda hipótese, já que não ventilada na ação, ser objeto de uma outra demanda, na qual possa o réu defender-se. Tal o procedimento correto, que preserva o direito constitucional de defesa dos acusados em geral,[37] não tornando letra morta aquela disposição do art. 25 da LC.

Pedro Henrique Távora Niess, mercê de sua larga experiência na seara eleitoral, ensina com precisão que a representação será feita por meio de petição fundamentada, na qual o representante relatará os fatos que o conduzem à convicção de que houve indevida influência do poder econômico ou abuso do poder político ou administrativo, em benefício de candidato, ou de partido político, que figurará como representado. Essa narrativa, prossegue ele, deverá ser acompanhada de indicação de provas, indícios e circunstâncias capazes de demonstrar, se aproveitadas, a configuração da prática de

---

[37] Se alguém ingressa com uma ação de divórcio baseado em adultério apenas, não poderá, no decorrer do processo, sustentar também a prática de sevícias. Ambos são causas autônomas do divórcio, devendo ser explicitamente aventadas na ação. Não si sendo, apenas através de outra demanda poder-se-á suscitar essa última hipótese. O tema aqui suscitado é bem delicado, e mereceria uma longa consideração de ordem teórica e prática. De fato, há aqui relevante problema acerca dos limites objetivos da coisa julgada, não pacificado ainda na doutrina processual. Infelizmente, dada a natureza deste livro, não poderei me deter aqui como seria curial, apenas expondo minhas conclusões, desvestidas das premissas que longamente tenho meditado nesses últimos seis anos. De toda sorte, está em preparo meu livro de *teoria geral do processo civil*, no qual enfrento à larga essas questões cruciais.

ato coibido, como a utilização indevida de veículos ou meios de comunicação social. Continuando a sua exposição, afirma que não será necessário que tais fatos já estejam suficientemente provados por ocasião do oferecimento da representação, porque apurá-los é o que objetiva o processo, mas será preciso que as indicações constantes da inicial lancem no espírito do seu destinatário a suspeita de que possam ter ocorrido, requisito que o Código Eleitoral chamou de "seriedade da denúncia". Desse modo, conclui: "Daí porque a exigência da indicação mencionada, que também atende ao princípio da lealdade que informa a teoria geral do processo, possibilitando ao representado munir-se da contraprova".[38]

O Direito Processual Eleitoral deve avivar nos operadores práticos essas lições, para que não se incentive a utilização improfícua e infame de tão importante remédio processual. A vindita, o espírito emulativo, o gosto pelas assacadilhas pessoais devem ser reprimidos, evitando o uso dessas ações como moeda de troca eleitoreira, para futuras negociações políticas. A democracia deve ser sempre o bem maior perseguido, devendo o juiz eleitoral ir de encontro a tais abusos no manejo da AIJE.

Além dessas razões de ordem moral e política, há uma motivação jurídica bastante importante para a submissão ao princípio da congruência. É que a AIJE apenas pode ser proposta dentro daquele período entre o pedido de registro da candidatura e a diplomação dos candidatos. Dessarte, não poderia uma ação de investigação judicial eleitoral, proposta tempestivamente, ser utilizada para a apuração de fatos não narrados quando de seu ajuizamento, como meio para superar a desídia dos interessados. Assim, se a AIJE investe contra o abuso de poder econômico ocorrido pela distribuição de cestas básicas no dia da eleição, não poderia ser ela também utilizada, como saco sem fundo, para abarcar o abuso de poder político ocorrido pela utilização indevida de prédios públicos, vez que não constava tal fato na causa de pedir da ação originalmente proposta. Outra ação teria de ser interposta.

Não estamos aqui advogando um excessivo apego às normas processuais ordinárias. Quem conhece e vivencia as ações eleitorais sabe, com clareza, que boa parte delas tem um fundo muito mais de produção de efeitos políticos do que propriamente o alcance de fins jurídicos. Por vezes aciona-se o candidato com o escopo de constrangê-lo em palanque, ou nas propagandas eleitorais gratuitas. Assim, não raro a AIJE é manejada para molestar o candidato, não podendo ser meio de perseguição mesquinha e ardilosa, sendo defeso que, em nome da limpeza eleitoral, se lhe invada a esfera jurídica, ablegando o princípio da ampla defesa e do contraditório.

As formalidades processuais não são cunhadas por mera chinesice, porém para garantir a igualdade processual, o direito de defesa e o devido processo legal. Não se queira, talvez por má-fé ou mesmo por desconhecimento, asseverar que o Direito Processual Eleitoral está fora do âmbito de incidência desses princípios fundantes de nosso ordenamento constitucional. Quem assim o diz, demonstra espírito despótico e crença perigosa nos juízos de exceção, confiando a proteção do Estado Democrático de Direito aos mais toscos processos sumários, pelos quais se negam ao acusado as mais comezinhas garantias procedimentais. Logo, rechaço veementemente a opinião dos que, por comodismo e ausência de coragem cívica, preferem ver a AIJE desvirtuada de suas reais finalidades, sendo utilizada como o mais espúrio meio de agressão pessoal.

---

[38] *Op. cit.*, p. 154-155.

Doutra banda, se a petição inicial vier redigida com clareza e viço, demonstrando os fatos increpados de abusivos e ilegais, não restarão dúvidas de sua propriedade e de seu escopo protecionista da igualdade e moralidade eleitoral. Aqueles fatos não alegados pelas partes, que podem ser trazidos aos autos pelo juiz eleitoral, devem guardar inteira relação com os já deduzidos, sob pena de transformar a AIJE em uma máquina de moer adversários políticos.

6.3 Tutela de urgência ou medida acautelatória?

Recebendo a exordial, e desde que o juiz eleitoral ou corregedor (dependendo da instância em que for proposta), existindo provas suficientes, se convença da verossimilhança da alegação do autor, sendo relevante o fundamento e havendo receio de dano irreparável (com a ineficiência da medida), determinará que se suspenda o ato afirmado pelo autor, que deu motivo à representação.

Embora os pressupostos sejam idênticos aos da tutela de urgência, a medida cautelar prevista no art. 22, inc. I, alínea "b", da LC nº 64/90 com esse instituto não se confunde, pois ambos têm finalidades diversas. Enquanto a tutela antecipada visa obviar o perigo de dano irreparável que brota da vida mesma, concedendo *initio litis* os efeitos satisfativos apenas possíveis com a sentença de procedência (antecipação parcial ou total da eficácia sentencial), a medida cautelar da LC nº 64/90 tem por escopo acautelar o direito subjetivo público do autor à liberdade do voto, oponível *erga omnes* e violado pelo réu (*periculum in mora*). Por ela não se antecipam os efeitos da sentença (pois ela, em sede de AIJE, não tem efeito quanto à paralisação do ilícito vergastado, mas sim quanto à decretação da inelegibilidade dos representados, com a sua perda do registro[39]).

A AIJE não visa impedir a prática do abuso econômico, *v.g.*, mas sim punir aqueles que praticaram tal abuso. Porém, para acautelar a legitimidade das eleições, poderá o magistrado determinar a suspensão da prática dos atos afirmados pelo autor em sua petição, estribados em provas suficientes para a formação da sua cognição sumária, desde que haja convencimento de sua verossimilhança. É o quanto basta. Desnecessário perquirir-se da possibilidade ou não de ineficiência da decisão final, se não for concedida a medida cautelar, porque, conforme já dissemos, não há aqui antecipação da tutela, sendo independentes a medida cautelar e os efeitos definitivos da sentença. Se a sentença for procedente ou improcedente, consequência alguma acarretará na liminar concedida (como, por exemplo, sua revogação *ex tunc* ou *ex nunc*). Se os fatos hipoteticamente eram abusivos, e o juiz mandou-os suspender, pode ocorrer que fique demonstrado, com o contraditório, sua inocorrência. Em não ocorrendo, nada se suspendeu efetivamente, não havendo o que se revogar em concreto.

Contra a decisão que concede a medida acautelatória não há previsão de nenhum recurso, dada a frugalidade com que se houve o legislador na exposição do procedimento da AIJE. O art. 265 do CE não poderia ser aplicado sem incentivar a morosidade processual, mercê da subida integral dos autos no caso do seu manejo, atuando com efeito paralisante sob o andamento do processo. Como, por outro lado, a

---

[39] Sobre o tema, em face do Código de Processo Civil de 2015: COSTA, Adriano Soares da. "Morte processual da ação cautelar?". In: GOUVEIA FILHO, Roberto Campos et al (orgs.). *Tutela provisória*. p.23 ss.

concessão da liminar acautelatória pode trazer danos irreparáveis ao réu, tem integral cabimento o manejo de alguma medida inibitória dos efeitos da decisão interlocutória, notadamente o uso do mandado de segurança. Nesse particular, o *mandamus* funciona como sucedâneo do recurso processual inexistente, sendo meio legítimo de ataque ao gravame provocado pela decisão que acolheu o pedido da medida acautelatória adscrito na AIJE. O que seria de todo modo aberrante, ferindo o direito de defesa do réu, seria a impossibilidade de manejar ele algum remédio contra uma decisão que, às escâncaras, traria um *minus* à sua esfera jurídica. Destarte, o mandado de segurança seria impetrado perante o juízo *ad quem*, dirigido ao Presidente do Tribunal competente, pedindo a reforma da decisão vergastada, bem assim a sua suspensão provisória, até a sentença definitiva do MS. Para tanto, deve o impetrante exalçar a existência dos pressupostos obrigatórios de toda inibitória: o *periculum in mora* e o *fumus boni juris*.[40]

Diga-se, alfim, que o mandado de segurança será o meio próprio para reproche das decisões interlocutórias em sede de AIJE, como aquela que permite ou inadmite a produção de determinada prova, ou aquela que traga em concreto algum gravame à parte etc.

6.4 Despacho inicial e indeferimento liminar da petição

Se não for o caso de representação, ou ainda que sendo, lhe faltarem alguns dos requisitos da LC, o juiz eleitoral deverá indeferir desde logo a inicial, não dando sequência a uma lide temerária. Portanto, caberá ao juiz observar (a) se o autor cumpriu os requisitos do art. 319 do CPC, ou seja, se apontou individualmente o réu, qualificando-o (ou ao menos apontando características suas que o possam individualizar); (b) se deduziu precisamente os fatos e os fundamentos jurídicos do pedido, se formulou de modo claro o pedido, com espeque no art. 22, *caput*, da LC; (c) se fez juntar provas com que pretende demonstrar a verdade dos fatos alegados; e (d) se pediu a citação dos réus ou de todos os litisconsortes passivos necessários. Se forem esses os vícios, será de bom alvitre o juiz conceder ao autor prazo exíguo para corrigir o *petitum*, tendo em vista o princípio da economia processual e o relevo da questão deduzida.

Da decisão do juiz eleitoral, que indeferir a ação de investigação, não caberá recurso algum, pois a própria Lei Complementar facultou sua reproposição, já agora para o Tribunal (art. 22, inc. II). O mesmo ocorrerá se o corregedor, em processo de sua competência originária, indeferir a ação ou retardar a solução do processo.

Se não for indeferida liminarmente a ação, deverá o juiz ordenar a citação ("notificação") do representado (e dos litisconsortes necessários, se houver quem tenha dado causa ao benefício ilegal para o candidato), entregando-se-lhe a segunda via apresentada pelo representante com as cópias dos documentos, a fim de que, no prazo de 05 dias, ofereça contestação ("ampla defesa", diz a Lei), juntando documentos e rol de testemunhas, se cabível (art. 22, inc. I, alínea "a").

---

[40] Sobre as inibitórias, e sua função preservativa da instância superior (*ad jurisdictionem conservanda*!), *vide* Ovídio Baptista da Silva (*Do processo cautelar*, p. 15-30, especialmente p. 26) e Giuseppe Chiovenda (Sulla provvisoria esecuzione delle sentenze e sulle inibitorie. *In*: CHIOVENDA. *Saggi di diritto processuale civile*, v. 2, p. 311, 312).

6.5 Contestação e dilação probatória

Findo o prazo para notificação, com ou sem defesa, abrir-se-á o prazo de 05 dias para inquirição, em uma só assentada, de testemunhas arroladas, pelo representante e pelo representado, até o máximo de 06 (seis) para cada um, as quais comparecerão independentemente de intimação (art. 22, inc. XV).

A contestação deverá alegar toda a matéria de defesa, expondo as razões de fato e de direito com que impugna o pedido do autor e especificando as provas que pretende produzir (art. 336 do CPC). Antes de discutir o mérito, compete alegar uma daquelas matérias previstas no art. 337 do CPC, que obstacula o julgamento de mérito (ou provoca o seu julgamento antecipado, como é o caso da decadência — ou preclusão —, operada pelo não exercício tempestivo do direito potestativo de representar).

As testemunhas arroladas pelas partes serão ouvidas em uma só assentada, devendo comparecer independentemente de intimação. Nada obstante, é de bom alvitre que o juiz eleitoral tome providências para que as testemunhas compareçam, chamando a atenção das partes para sua responsabilidade. Nos três dias subsequentes à oitiva, poderá o juiz proceder a todas as diligências que determinar, de ofício ou a requerimento das partes. Nessa oportunidade, poderá ouvir alguma testemunha arrolada e que não tenha comparecido, bem como a terceiros, referidos pelas partes, ou terceiros que possam auxiliar na decisão da ação. Tem inteira aplicação aqui o CPC, devendo ser observadas suas normas.

Se qualquer documento necessário para a formação da convicção judicial estiver de posse de terceiro, o juiz eleitoral poderá mandar depositá-lo em juízo ou requisitar cópias. Não comparecendo o terceiro, ou não exibindo o documento, sem justa causa, o juiz poderá expedir contra ele mandado de prisão, além de instaurar processo por crime de desobediência.

6.6 Alegações finais

Encerrado o prazo da dilação probatória, as partes, inclusive o Ministério Público, poderão apresentar as alegações finais em 02 dias, deduzindo novos argumentos em prol de seus interesses, já agora com espeque em todo manancial probatório deduzido durante a instrução.

É imperioso que o juiz eleitoral não permita a subversão do procedimento estipulado pela Lei Complementar. Deveras, seria de todo absurda a juntada de novos documentos nessa oportunidade, ou a realização de prova pericial, quando já encerrada a fase probatória. Feriria o princípio do contraditório, *v.g.*, o procedimento que admitisse, após a oitiva das partes e das testemunhas, sem que houvesse qualquer pedido anterior de prova pericial, que nas alegações finais, ou mesmo após a audiência, se juntassem novos documentos a serem periciados, numa mixórdia lamentável.

Encerrada a oitiva das partes e testemunhas, termina a fase probatória, cabendo apenas a realização das últimas alegações, quando será apreciado pelas partes todo o manancial de provas produzidas, com a finalidade de sustentar a veracidade de suas pretensões. O processo, de conseguinte, é sempre um ir para frente, seguindo um rito preestabelecido, sem idas e vindas desnecessárias, as quais criam uma insegurança jurídica vitanda, ferindo o *due process of law*.

6.7 Da valoração probatória e do julgamento

Segundo o art. 23 da LC, o juiz eleitoral ou o Tribunal, quando do julgamento, formará sua convicção pela livre apreciação dos fatos públicos e notórios, dos indícios e presunções e prova produzida, atentando para circunstâncias ou fatos, *ainda que não indicados ou alegados pelas partes*, mas que preservem o interesse público de lisura eleitoral.

Esse artigo, relevantíssimo pela extensão de poderes concedidos ao juiz eleitoral, não tem sido interpretado com o devido cuidado, dentro de um embasamento teórico adequado. Por vezes, observam-se certas afirmações a seu respeito, cujo conteúdo impressiona pela ausência de lastros postos em torno desse poder concedido ao magistrado, sendo endeusada a sua onisciência, como se, não sendo adotados cuidados legais, não resvalaria ele para algo de pernicioso, afrontando o direito de defesa do representado. Tentemos, desse modo, justificar esse artigo diante do princípio constitucional do contraditório, bem como ante o princípio dispositivo.

Na verdade, a possibilidade de o juiz formar sua livre convicção, atentando para circunstâncias ou fatos, *ainda que não indicados ou alegados pelas partes*, é uma técnica processual nova em nosso Direito Processual positivo, nada obstante seja ela suficientemente estudada em doutrina, pelo relevo que vem granjeando principalmente na Itália, ante a sua adoção cada vez maior naquele País. Para compreendermos suas implicações, meditemos um pouco sobre o tema.

6.7.1 O princípio da demanda e da adstrição do juiz ao pedido das partes

O processo começa por iniciativa da parte, sendo a atividade jurisdicional movimentada pela vontade do interessado, que requer determinado provimento, respaldado em argumentos fácticos e jurídicos. A atividade de se ir a juízo, em exercício da pretensão à tutela jurídica, tem o condão de limitar o objeto da cognição judicial, pois cabe ao demandante valorar a parcela da realidade relevante para sua esfera jurídica, a necessitar de uma decisão. Pelo monopólio da jurisdição, o Estado-juiz obrigou-se a aplicar o direito objetivo ao caso concreto, como função específica sua, exercida autoritativamente.

O dever decisório do juiz, como contrapartida ao direito subjetivo público à tutela jurídica, que toda pessoa possui, tem como limite e razão de ser a ação deduzida pelo interessado, devendo haver uma correlação entre a demanda proposta e a pronúncia judicial. Assim, de início há de se distinguir o *princípio da demanda*, segundo o qual não há jurisdição sem provocação, do *princípio da adstrição do juiz ao pedido da parte*, consagrado no art. 141 do CPC, e corolário do primeiro princípio. A jurisdição não é, portanto, uma atividade espontânea, mas provocada (*nemo iudex sine actore*), e, pela mesma razão de ser incoada por iniciativa do interessado, como uma atividade devida pelo Estado-juiz, é que ela deverá ser prestada de acordo e na medida em que foi pedida, efetuando-se precisamente sobre aquele direito afirmado, e não sobre outro. Desse modo, cabe ao autor dispor da atividade jurisdicional, vinculando o juiz apenas na medida em que se estender tal disposição.

O *princípio da disponibilidade da tutela jurisdicional* deve ser compreendido em seus limites precisos. A pretensão à tutela jurídica é indisponível pelos seus titulares, não podendo ser ela renunciada. Nada obstante, é facultado aos seus titulares o ir a juízo, dispondo quanto à extensão do objeto do processo, da *res in iudicium deducta*. Por isso, mais interessante o referir-se ao *princípio da disponibilidade do objeto do processo*, que terá seus limites fixados pela disponibilidade do direito substancial tutelado.

O vínculo do juiz ao pedido da parte pode se manifestar em dois planos: o vínculo quanto ao *juízo de direito* e o vínculo quanto ao *juízo de fato*. O juízo de direito diz respeito à valoração jurídica dos fatos alegados pelo autor, ou seja, na dicção de Crisanto Mandrioli,[41] de quem estamos expondo o pensamento, "occorre contrapporre la generalità della volontà astratta di legge alla specificità dei fatti constitutivi". Ora, a análise do direito objetivo, e sua aplicação aos fatos deduzidos pelo autor, é atividade intelectiva livre do juiz, que não possui peias, senão aquelas postas pelo próprio elastério interpretativo admitido pela norma, para subsumir os fatos deduzidos às prescrições que ele reputar tenham incidido no caso concreto. Tal verdade fora eternizada pelo princípio romano *jura novit Curia*, segundo o qual, o juiz conhece o direito, no sentido de que o juiz tem liberdade para aplicar o direito por ele interpretado. Numa palavra: "il giudice è libero di applicare le norme di diritto che meglio ritiene adattabili al caso concreto, ossia di mutare la qualificazione giuridica, o nomen juris".[42]

No concernente ao juízo de fato, a legislação não contém um enunciado explícito da exclusividade da parte na possibilidade de alegar os fatos constitutivos do seu direito invocado. Apenas dispõe que o juiz decidirá a lide nos limites em que foi proposta, sendo defeso conhecer de questões não suscitadas, a cujo respeito a lei exige a iniciativa da parte (arts. 141, 490 e 492 do CPC-2015). Em virtude desse princípio da adstrição do juiz ao pedido das partes, tem-se entendido que o Julgador deve decidir sobre todos os fatos que sejam alegados ou afirmados na demanda (*judex secundum alligata judicare debet*), mas sobre eles pode aplicar a norma mais adequada, tenha sido ou não indicada na demanda. O juiz é livre para interpretar a norma jurídica, e conformar os fatos deduzidos pelo autor ao direito positivo.

Desse modo, para que fique bem claro o que até aqui se disse, deixo assentado que a jurisdição é uma atividade provocada (princípio da demanda) e que o juiz resta jungido aos fatos e pedidos deduzidos pelo demandante. Ou seja, o princípio da correspondência entre o pedido e o pronunciamento (*corrispondenza tra il chiesto e il pronunciato*) opera sobretudo com respeito aos fatos, isto é, vincula o juiz, no sentido de que ele não pode investigar outros fatos senão aqueles alegados, pois o vínculo judicial consiste principalmente na alegação de fato.

Tais vinculações do juiz são aceitas pela quase totalidade dos juristas, à exceção de alguns autores modernos, que propugnam pela liberdade de o Julgador poder livremente perquirir sobre a matéria fáctica, inclusive sob a alegação de que o princípio da demanda sobrevive como direito privado de cada pessoa; mas a liberdade de investigação judicial deveria ser ampliada, como consequência da natureza publicística do processo.[43]

Aqui, precisamente, é de todo importante fazer uma distinção entre a *liberdade do juiz de investigar os fatos deduzidos pelas partes* e sua *liberdade de investigar fatos outros, alheios* à *alegação do autor*, com o fito de livremente perquirir, sem os limites impostos pela

---

[41] *Corso di diritto processuale civile*, v. 1, p. 86.
[42] *Ibidem*, p. 87.
[43] Vide CAPPELLETTI. *Juízes legisladores?*, p. 13-16.

ação. Esse segundo problema não tem sido cogitado pela doutrina, porque impensável, até a edição da LC nº 64/90, pudesse existir essa possibilidade tão radical, com quebra do princípio da adstrição do juiz ao pedido da parte. Mercê disso, fixemo-nos por um momento na questão da liberdade de o juiz investigar livremente os fatos deduzidos pelo autor, ou, noutro giro, a liberdade de o juiz oferecer provas para os fatos alegados. Como bem o diz Mandrioli, o problema nodal está no saber-se se o *Iudex*, ao formar o seu conhecimento acerca da verdade dos fatos afirmados na demanda do autor ou na contrademanda do réu, pode servir-se apenas das provas que lhe são oferecidas pelas partes, ou pode, por sua própria iniciativa (de ofício, como se diz) utilizar ou de qualquer modo dispor por sua iniciativa da produção de prova que lhe pareça útil para o julgamento.[44]

6.7.2 Princípio dispositivo e princípio inquisitório

O princípio dispositivo diferencia-se do princípio inquisitório pelo fato de, quanto ao primeiro, não se facultarem ao juiz iniciativas probatórias, enquanto, pela inquisitoriedade, se lhe franqueia a busca pessoal da averiguação dos fatos alegados pela parte, no intuito de apreender a *verdade real* no caso concreto.

Para o princípio dispositivo pouco importa quem tenha o poder de produzir as provas — se a própria parte ou se outro órgão, como o Ministério Público, desde que ao juiz não seja permitida tal perquirição. Como diz Enrico T. Liebman, tanto o sistema dispositivo, quanto aquele que atribui ao Ministério Público poder ativo na instrução, possuem em comum o deixar o juiz em uma posição estranha à tratação e passiva ante a iniciativa dos outros sujeitos do processo, de modo a poder julgar, com um máximo de imparcialidade, seja sobre a admissibilidade, a relevância e a atendibilidade da prova proposta pela parte ou pelo Ministério Público, seja apreciando o resultado probatório.[45]

Do exposto, percebe-se nitidamente que ambos os princípios, ainda que antagônicos quanto à liberdade do juiz para a produção de prova, ainda assim têm como tronco comum o princípio da congruência entre o pedido e a sentença, de modo a não poder o magistrado, em hipótese alguma, avançar além das afirmações fácticas feitas pelas partes. Se elas são verdadeiras ou falsas, é questão que, no princípio inquisitório, ficaria franqueada ao juiz investigar e obter outros meios de prova além daqueles deduzidos pelas partes. Mas, em nenhuma hipótese, poderia o juiz extrapassar os limites impostos à sua cognição pela ação processual. Se a parte B propõe uma ação dizendo-se credora de A, não poderia o juiz, *moto proprio* e afastando-se da lide, obter provas da dívida de B para com A, julgando extintos ambos os créditos pela compensação.

Ainda assim, não poucos se insurgiram contra a sua adoção pela legislação, como se houve Liebman, que categoricamente verberou: "Restringindo-se o domínio, para acrescer, ao invés, o poder inquisitório do juiz, significaria em substância atenuar a distinção entre função jurisdicional e função administrativa e introduziria no processo

---

[44] *Ibidem*, p. 97.
[45] Fundamento del principio dispositivo. *In*: LIEBMAN. *Problemi del processo civile*, p. 10. No original: "tanto il sistema dispositivo, quanto quello che attribuisce al pubblico ministero poteri attivi nell'instruzione, hanno in comune di lasciare il giudice in una posizione estranea alla trattazione e passiva di fronte alle iniziative di altri soggetti del processo, in modo da potere col massimo d'imparzialità sia decidere intorno all'ammissibilità, alla rilevanza e all'attendibilità delle prove proposte dalle parti o dal pubblico ministero, sia apprezzarne il risultato probatorio".

uma tendência paternalística, que não merece nenhum encorajamento". E a seguir: "A imparcialidade do juiz é o bem precioso que deve ser preservado em todo caso, ainda que com sacrifício do poder de iniciativa instrutória do juiz".[46]

Ferruccio Tommaseo[47] se põe no meio-termo nesse debate, entendendo que razões de ordem pública podem ensejar a adoção do princípio inquisitório, vale dizer, em causas na qual o âmbito de exigência publicística, o *interest rei publicae*, se funda sobre a oportunidade da pacificação social, que apenas pode ser conseguida com uma solução objetivamente justa. Enquanto o processo de prevalente interesse privado deve ser presidido pelo princípio dispositivo, pois tende ele ao acordo e conciliação das partes, o processo de prevalente interesse público deveria ser presidido pelo princípio inquisitório. Tal discrímen, sem embargo, baseado na natureza do interesse envolvido, é debalde, dada a vaguidade desse termo.

6.7.3 O conteúdo jurídico do art. 23 da LC nº 64/90

Postas essas premissas teóricas, podemos observar o excesso do legislador de 90, que, a pretexto de criar um mecanismo forte para a cognição judicial, terminou por admitir que o juiz eleitoral forme sua convicção atentando para fatos que, ainda que não indicados nem alegados pelas partes, possam servir para a Justiça Eleitoral preservar a lisura das eleições. Tal norma, com sua aparente casca moralizadora, terminou por outorgar ao juiz eleitoral poderes fortíssimos, os quais devem ser compatibilizados com o art. 5º, inc. LV, da CF/88, sob pena de ferir o Estado Democrático de Direito.

Se ao juiz é dado fundar sua decisão em fatos não alegados pelas partes, não se segue daí que sejam eles totalmente estranhos aos deduzidos na AIJE, pois não se pode deslembrar que esse remédio jurídico não tem por escopo a investigação livre de todo o prélio eleitoral, senão que apenas busca imputar a inelegibilidade cominada aos candidatos que agirem ilicitamente, ou forem beneficiados por alguma atividade dolosa. Ademais, caberá aos acionados o direito ao contraditório, ou seja, ao conhecimento prévio dos fatos apurados contra qualquer deles, para que possa ser exercido o seu direito de defesa plenamente. Não poderia o juiz, após as alegações finais, sem que em nenhum momento determinado fato fosse agitado no processo, se valer dele para, sem que a parte prejudicada pudesse falar e deduzir prova em contrário, julgar o processo, decretando a inelegibilidade cominada. Isso seria um rematado absurdo, a ferir a consciência jurídica de nosso País.

Assim, adotando o legislador o princípio inquisitório extremado, deve-se compatibilizá-lo com a CF/88, de modo a que o juiz, limitado pelo pedido da causa, apenas possa ir em busca de fatos e provas outros, contíguos aos já deduzidos, nada obstante com o direito assegurado às partes de acesso à prova produzida pelo juiz, antes que ele profira qualquer julgamento. E isso, é claro, depois que sua imparcialidade ficou amplamente prejudicada, mercê dessa atividade persecutória desnecessária, ainda mais quando o Ministério Público possui hoje um plexo muito largo de poderes para exercer tal investigação.

---

[46] *Ibidem*, p. 16, 17, respectivamente.
[47] *Appunti di diritto processuale civile*: nozioni introduttive, p. 48. *Vide*, outrossim, CARNELLUTTI. *La puebra civil*, p. 19 *et seq.*

6.7.4 Da sentença em caso de abuso de poder econômico ou político e do recurso ordinário

Após a valoração das provas, nos termos acima gizados, o juiz eleitoral decidirá a causa, nos termos do art. 22, inc. XIV, da LC nº 64/90. Sobre os efeitos espraiados pela sentença, já vimos de falar em páginas atrás. Todavia, em razão de alguns equívocos aos que se assistiram na prática forense, faz-se mister relembrar alguns aspectos importantes.

Se a sentença sobre abuso de poder econômico ou político transitar em julgado antes da diplomação dos eleitos, terá por efeito o cancelamento do registro de candidatura, tornando nenhuma (inexistente) a proclamação dos resultados. Os votos do candidato inelegível são reputados nulos, não sendo computados para qualquer efeito. Se, doutra banda, o trânsito em julgado da sentença de procedência ocorrer após a diplomação, ou for de órgão colegiado a decisão, haverá imediatamente a cassação do diploma, após o julgamento do recurso ordinário.[48] É dizer, *o que a decisão aqui visará é à resolubilidade dos efeitos da diplomação em decorrência da prévia decretação de inelegibilidade*.

Já quando a AIJE é proposta contra captação de sufrágio ou captação ilícita de recursos, há outra situação jurídica. Nessas ações, a AIJE visa primeiro à cassação do registro ou diploma, sendo a inelegibilidade um efeito anexo da sentença, conforme o art. 1º, inciso I, alínea "j" da LC nº 64/90. Assim, para a imediata cassação do registro ou diploma há necessidade de julgamento do recurso ordinário; proferida antes da proclamação dos resultados, candidato (ou *como se* fosse candidato) tem *imunidade processual*, mercê do art. 16-A da Lei nº 9.504/97.

Assim, (a) a sentença da AIJE declarará a ocorrência do fato jurídico ilícito do abuso de poder econômico ou político, *v.g.*, decretará a inelegibilidade cominada simples (para essa eleição) e potenciada (para as eleições que ocorram nos próximos oito anos, a contar da eleição em que o fato ilícito se deu), cassando imediatamente o diploma após o julgamento do recurso ordinário ou o seu trânsito em julgado. É uma sentença, de conseguinte, com eficácia relevante constitutiva negativa (a inflição da pena de inelegibilidade), com relevante eficácia mandamental, dependente de decisão de do recurso ordinário ou do trânsito em julgado, pela qual, emasculada a eficácia do diploma, se ordena a poda do mandato e a substituição do eleito.

De outra banda, (b) a sentença da AIJE, em caso de captação ilícita de sufrágio, captação ilícita de recursos e gastos indevidos de campanha declarará a ocorrência do fato ilícito eleitoral, decretando a cassação do registro ou diploma e aplicando multa, ou, se for o caso, na situação do art. 41-A, apenas aplicando multa.[49] A eficácia mandamental é preponderante; a ação visa precipuamente ao afastamento do candidato, pela cassação do registro, ou à cassação do eleito, pela cassação do diploma. O efeito desconstitutivo é eficácia imediata, seguida da declaratividade ou condenatoriedade, a depender de aplicação ou não de multa. O efeito da inelegibilidade não é conteúdo da sentença; é eficácia anexa, automaticamente colada pelo art. 1º, inciso I, alínea "j", da LC nº 64/90.

O recurso ordinário cabível contra a sentença prolatada em sede de AIJE deve ser fundado no art. 265 do CE, no prazo de três dias para a interposição.

---

[48] Art.257, §2º, do CE.
[49] *Vide* o capítulo sobre a captação de sufrágio e a interpretação que demos ao art. 41-A após a entrada em vigor da LC nº 135/2010.

AÇÃO DE IMPUGNAÇÃO DE MANDATO ELETIVO

§1 Existe no mundo jurídico a AIME?

A pergunta que inicia este capítulo poderia parecer descabida, mercê do disposto no art. 14, §10, da CF/88, segundo o qual "o mandato eletivo poderá ser impugnado ante a justiça eleitoral no prazo de quinze dias contados da diplomação, instruída a ação com provas de abuso do poder econômico, corrupção ou fraude". Nada obstante, um de nossos mais brilhantes juristas, o professor Fábio Konder Comparato, em um parecer ainda hoje atual emitido sobre o tema,[1] sustentou a tese da inexistência da ação de impugnação de mandato eletivo (AIME), mesmo em face daquela norma constitucional.

Embora pudéssemos analisar essa questão como pano de fundo no desenvolvimento do nosso tema, respondendo a essa pergunta de modo oblíquo, através do próprio desvelar dos aspectos referentes à AIME, parece-nos bastante oportuna a utilização das reflexões do professor Fábio Konder Comparato como ponto de partida de nossas meditações. Ao assim procedermos, o fazemos com o fim de explicitar uma das maiores dificuldades da doutrina eleitoralista, que é a indisposição para o enfrentamento das questões jurídicas mais complexas, sobretudo aquelas que dizem respeito ao estatuto teórico do próprio Direito Eleitoral e de seus institutos.

Não raro vemos as mais profundas questões serem obviadas ou, quando tratadas, abordadas de forma excessivamente simplista, sem qualquer problematização mais densa, de maneira a enriquecer o estudo e alcance dos institutos jurídicos eleitorais. Não por outra razão, ainda hoje, passadas três décadas da redemocratização do Brasil, nossa doutrina eleitoral limita-se, salvo honrosas exceções, a simplesmente reproduzir, de modo bem comportado, as decisões do Tribunal Superior Eleitoral, demonstrando que ainda não passamos da infância teórica dos nossos estudos.

Segundo demonstra Fábio Konder Comparato, "a mais longeva tradição na esfera jurídica da vida privada consistiu em dissolver o direito subjetivo (ou a pretensão) na

---

[1] Impugnação de eleição de governador de Estado. *In*: COMPARATO. *Direito público*: estudos e pareceres, p. 166 *et seq.*

ação judicial, ou vice-versa. No direito romano existia a *actio*, sem que a *jurisprudentia* houvesse sentido a necessidade de elaborar a noção de direito subjetivo. As pessoas tinham direitos, na medida em que podiam propor ações judiciais, as quais existiam em *numerus clausus*". Pois bem, para ele, "toda a teoria, dita moderna, da ação civil fundou-se, pois, na relação entre o direito privado e a jurisdição estatal, ora submetendo esta última àquele (a ação seria mera projeção do direito subjetivo substancial), ora procurando esvaziar o direito subjetivo material de todo conteúdo concreto, transformando-o em simples pressuposto do direito de agir em juízo. Daí por que as condições da ação, notadamente a legitimidade ativa, foram consideradas, na doutrina processualista, mesmo entre os mais ardorosos defensores da ação como direito abstrato, sob a ótica privatística. Foi dito, assim, que o direito de agir em juízo só existe para proteger direitos próprios e interesses legítimos, vale dizer reconhecidos pelo direito material como pertencentes ao autor". Prosseguindo a sua exposição, afirma: "Mas é no campo do direito público, especialmente constitucional, que o princípio individualista da legitimidade *ad causam* se revela completamente inadequado. É que, aqui, não se cuida apenas de direitos individuais, mas também de direitos de categorias sociais e, sobretudo, do *relacionamento harmônico entre os Poderes do Estado*. Neste último setor, não há interesses próprios de indivíduos contra o Estado, mas o interesse público de respeito às normas de organização estatal. Aqui, portanto, tal como no sistema jurídico romano, é a ação que cria o direito material, é o remédio que precede o direito. Mas o remédio só pode ser criado por lei".[2]

Seguindo sua lúcida exposição, Fábio Konder Comparato aplica aquela compreensão da *actio* no direito romano ao problema da AIME: "Pois bem, para que uma ação judicial exista no ordenamento jurídico, é indispensável que se definam em lei os seus elementos essenciais, a saber: a) quem são as partes legítimas; b) qual o provimento judicial demandável; e c) qual a autoridade judiciária competente". Finalmente, afirma: "Ora, a norma do art. 14, §10, da Constituição Federal somente indica o elemento essencial mencionado sob a letra *b* acima: o provimento judicial demandável é a 'impugnação de mandato (eleitoral)'. *Impugnar* é termo técnico que significa atacar ou contestar a existência, validade ou eficácia de um algum direito ou pretensão. Temos, portanto, que a norma prevista na mencionada norma constitucional é de natureza constitutiva".[3]

Tal argumentação, aqui condensada no que há de essencial, impõe violento ataque à AIME, tal qual manejada em nossa prática forense. Segundo a autorizada lição do autor cujo pensamento se expõe, a ação de impugnação de mandato eletivo apenas teria existência jurídica quando da edição de uma lei que regulamentasse essa norma constitucional, dispondo sobre quais seriam as pessoas com legitimidade para agir e qual órgão do Poder Judiciário teria competência para conhecer e julgar a demanda, tendo em vista que a competência jurisdicional não poderia, em seu sentir, ser fixada por "raciocínio analógico ou dedutivo".[4]

---

[2] Impugnação de eleição de governador de Estado. *In*: COMPARATO. *Direito público*: estudos e pareceres, p. 167-70.

[3] Impugnação de eleição de governador de Estado. *In*: COMPARATO. *Direito público*: estudos e pareceres, p. 170-71.

[4] Impugnação de eleição de governador de Estado. *In*: COMPARATO. *Direito público*: estudos e pareceres, p. 175.

Em que pese o relevo das sérias indagações suscitadas pelo eminente professor Comparato, passaremos a refutar respeitosamente as premissas e as conclusões expostas, buscando encontrar fundamentos teóricos seguros para sustentar não apenas a existência da ação de impugnação de mandato eletivo em nosso ordenamento jurídico, como também a presença de todos os requisitos necessários para a sua utilização na prática forense. Antes, porém, de iniciarmos essa análise, alguns aspectos necessitam de plano ser sublinhados.

Diante de ausência de regulamentação da norma constitucional que criou a AIME, dispondo sobre normas processuais que definissem os contornos do seu rito, o Tribunal Superior Eleitoral resolveu colmatar a lacuna legislativa através da adoção do rito da ação de impugnação de registro de candidato (AIRC), previsto no art. 3º e seguintes da Lei Complementar nº 64/90, consoante a Resolução nº 21.634/2004, rel. Min. Fernando Neves, cuja ementa foi assim lavrada: "Questão de Ordem. Ação de impugnação de mandato eletivo. Art. 14, §10, da Constituição Federal. Procedimento. Rito ordinário. Código de Processo Civil. Não-observância. Processo eleitoral. Celeridade. Rito ordinário da Lei Complementar nº 64/90. Registro de candidato. Adoção. Eleições 2004. 1. O rito ordinário que deve ser observado na tramitação da ação de impugnação de mandato eletivo, até a sentença, é o da Lei Complementar nº 64/90, não o do Código de Processo Civil, cujas disposições são aplicáveis apenas subsidiariamente. 2. As peculiaridades do processo eleitoral — em especial o prazo certo do mandato — exigem a adoção dos procedimentos céleres próprios do Direito Eleitoral, respeitadas, sempre, as garantias do contraditório e da ampla defesa". Posteriormente, foi editada a Resolução-TSE nº 21.635/2004, que disciplinava as eleições de 2004, ratificando a inovação jurisprudencial e dando-lhe contornos normativos.

Com essa atividade legislativa, pretendeu o TSE sair dos graves problemas apontados originalmente por Fábio Konder Comparato, visando a dar musculatura ao importante remédio criado pela Constituição para combater os atos ilícitos praticados em desfavor da liberdade do voto. A seguir, faremos uma análise de todos esses aspectos relevantes para a AIME.

1.1 Da competência da Justiça Eleitoral para conhecer e julgar a AIME

A afirmação segundo a qual a competência dos órgãos jurisdicionais está submetida à reserva legal, e que, portanto, não poderia ser fixada por meio de raciocínio analógico ou dedutivo é uma *petitio principii*, sendo justamente o que precisa ser provado, não podendo ser adotado sem senões. Que a competência dos órgãos jurisdicionais é matéria legal, dúvidas não há; mas que, por sê-lo, seria vedado apreendê-la por meio de raciocínio dedutivo ou analógico, é algo com o qual não podemos concordar. Em primeiro lugar, pela própria compostura das normas jurídicas, as quais, enquanto proposições linguísticas, hão de ser *sempre* interpretadas, ou seja, apreendidas por meio de intelecções.[5] Outrossim, dada a estrutura escalonada (ou hierarquizada) do sistema normativo, uma norma há de ser sempre interpretada em confronto com o ordenamento,

---

[5] *Vide* a introdução do capítulo 1 desta obra.

que é um conjunto de princípios e regras jurídicas axiologicamente hierarquizadas.[6] Para a formulação da norma jurídica concreta — levando-se na devida conta que a norma jurídica é significação desembaraçada dos signos, vale dizer, dos sinais estampados na folha de papel[7] — é necessária a interpretação dos textos legais, sendo tal interpretação sustentada por meio de valorações. Assim, o raciocínio analógico é um dos meios pelos quais encontramos e sustentamos a norma jurídica concreta. E, juridicamente, é de todo inoportuno afastar, em certas circunstâncias, a sua utilização, sob o fundamento de ser ele uma forma menos afortunada de raciocínio indutivo,[8] a não ser naquelas situações expressamente vedadas por lei (como ocorre em relação às normas penais, *e.g.*).

Basta pensarmos no mandado de segurança coletivo, criado pela novel Carta, sem que houvesse preocupação em fixar qual o órgão judicial competente para julgá-lo. Nada obstante, a doutrina e a jurisprudência têm se valido do raciocínio analógico para aplicar-lhe, em tudo, as normas sobre mandado de segurança, pois, como acentua o saudoso Alfredo Buzaid,[9] o mandado de segurança coletivo carece de legislação ordinária. À míngua de regulamentação legal, devem-se aplicar, no que couber, as normas da Lei nº 1.533/51. E não se diga que estamos diante de uma mesma ação processual, pois não nos seria lícito advogar a identidade de legitimados ativos, nem mesmo de causa de pedir, porquanto no Coletivo o interesse transindividual é o que prepondera. Ambas são ações autônomas, com características próprias. Não fosse assim, obviamente não haveria por que motivo a Constituição Federal fazer o discrímen, criando a espécie nova. Ademais, o mandado de segurança coletivo não poderia ter a sua aplicação postergada, em face do disposto no art. 5º, §1º, da CF/88, segundo o qual "as normas definidoras de direitos e garantias individuais têm aplicação imediata".

Quanto à ação de impugnação de mandato eletivo, necessário acentuar que há normas constitucionais e infraconstitucionais que apontam para a competência da Justiça Eleitoral. Ora, das decisões dos Tribunais Regionais Eleitorais somente caberá recurso quando versarem sobre inelegibilidade ou expedição de diplomas (art. 121, §4º, inc. III, da CF/88) e quando anularem ou decretarem a perda de mandato eletivo (art. 121, §4º, inc. IV, da CF/88). Indaga-se: se da decisão que desse pela procedência da AIME, anulando o diploma (na dicção do art. 15 da LC nº 64/90), coubesse recurso,

---

[6] Com toda razão demonstra Juarez Freitas, em excelente livro (*A interpretação sistemática do direito*, São Paulo: Malheiros, p. 15-16), que interpretar é hierarquizar sentidos teleológicos dos princípios, das normas e dos valores, mais do que simplesmente esclarecê-los. Ademais, "interpretar o Direito é, invariavelmente, realizar uma sistematização daquilo que aparece como fragmentário e isolado. (...) Frise-se que qualquer norma singular só se esclarece plenamente na totalidade das normas, dos valores e dos princípios jurídicos. Isolada, por maior que clareza que aparente ter o seu enunciado, torna-se obscura e ininteligível".

[7] Como aduz Eros Grau (Prefácio. *In*: FREITAS. *A interpretação sistemática do direito*, p. 13), "diremos ser, a *interpretação*, uma atividade *que se presta a transformar disposições (textos, enunciados) em normas*. As normas, portanto, resultam da interpretação; e o ordenamento, no seu valor histórico-concreto, é um conjunto de interpretações, isto é, conjunto de normas; o conjunto das disposições (textos, enunciados) é apenas o *ordenamento em potência*, um *conjunto de possibilidades de interpretações*, um *conjunto de normas potenciais*" (grifos do autor).

[8] É o que afirmam Chaïm Perelman e Lucie Olbrechts-Tyteca (*Trattato dell'argomentazione: la nuova retórica*, p. 392), aduzindo: "Si ammette, piú o meno esplicitamente, che l'analogia faccia parte di una serie, identità-somiglianza-analogia, di cui essa constituisce il gradino meno significativo. Il suo unico valore sarebbe quello di permettere la formulazione di un'ipotesi da verificarse per induzione" ("Se admite, mais ou menos explicitamente, que a analogia faz parte de uma série, identidade-semelhança-analogia, da qual ela constitui-se o grau menos significativo. O seu único valor seria aquele de permitir a formulação de uma hipótese de verificação por indução").

[9] *Considerações sobre o mandado de segurança coletivo*, p. 135.

qual o órgão competente para dele conhecer, tendo em vista o disposto no art. 121, §4º, da CF/88? Obviamente que a Justiça Eleitoral. Se ela tem competência para conhecer do recurso, é trivial que tenha competência para julgar a ação, originante da relação processual continuada (devolvida) pelo recurso interposto.[10] Não há como se fugir desse raciocínio, inclusive porque a norma infraconstitucional que desse, *v.g.*, à Justiça Comum a competência para julgar a AIME seria de contornos obviamente inconstitucionais.

Além dessa dedução retirada da Constituição, há outra de não menor valor, já agora apreendida na LC nº 64/90. O art. 22, inc. XIV, dessa Lei determina que, se a AIJE for julgada procedente após a eleição do candidato, serão remetidas cópias do processo ao Ministério Público Eleitoral, para que ele proponha ou a ação de impugnação de mandato eletivo ou o recurso contra a diplomação. Se incumbe ao *Ministério Público Eleitoral* propor a AIME, obviamente que compete à *Justiça Eleitoral* dela conhecer e julgar. E veja-se que a LC nº 64/94 aproximou as duas ações (a AIME e o recurso contra a diplomação), tendo em vista a finalidade comum de ambas: a resolução dos efeitos do diploma.

Assentado ser da competência da Justiça Eleitoral o julgamento da AIME, vigora a regra comum, segundo a qual é da competência do órgão eleitoral que expediu o diploma conhecer das ações ajuizadas contra ele. Assim, nas eleições municipais, compete ao juiz eleitoral; nas eleições gerais, compete ao TRE; e, nas eleições presidenciais, compete ao TSE conhecê-la e julgá-la.[11]

1.2 Da legitimidade *ad causam*

Segundo Fábio Konder Comparato, a Constituição foi omissa na indicação das pessoas legítimas para propor a ação de impugnação de mandato eletivo. Sobre esse problema específico, afirma: "Indagar sobre quem tem o *direito de impugnar* um mandato eleitoral significa *perquirir qual o interesse que está em jogo e a quem pertence ele*. Ora, é de supina evidência que a regularidade ou irregularidade do reconhecimento de mandatos eleitorais é questão de interesse público e não privado. Não são direitos de particulares sobre sua pessoa e bens que estão em jogo, mas o próprio funcionamento dos órgãos estatais providos pelo voto popular, sejam eles de representação política ou não". E prossegue: "Os interesses públicos são defendidos, em nosso sistema jurídico, em ações públicas, cujo titular é, em princípio, apenas o Ministério Público e não o sujeito particular. E, mesmo assim, não tem o representante do Ministério Público legitimidade para propor ações públicas, a não ser nos casos específicos em lei". E conclui: "Ou seja, enquanto as ações privadas existem independentemente de previsão legal específica, por força da regra constante no art. 75 do Código Civil, as ações públicas são criadas unicamente por lei, em cada caso".[12]

---

[10] Sobre o efeito devolutivo dos recursos, *vide* capítulo 13 deste livro.
[11] No mesmo sentido, *vide* RIBEIRO. *Abuso de poder no direito eleitoral*, p. 180; BARRETTO. *Investigação judicial eleitoral e ação de impugnação de mandato eletivo*, p. 39-42 (em transcrição de argumentos do Acórdão-TSE nº 11.951, de maio de 1991) e CÂNDIDO. *Direito eleitoral brasileiro*, p. 234; entre outros autores. "É competente o Juiz de primeiro grau para conhecer, processar e julgar a investigação judicial (lei cit., art. 24), conforme a regra geral de que competente para a ação de impugnação de mandato eletivo é o Juízo que diploma o candidato (Rec. nº 9.436, Min. Sepúlveda Pertence, *DJU*, de 19.3.92)" (*JTSE*, 3/95/137).
[12] Impugnação de eleição de governador de Estado. *In*: COMPARATO. *Direito público*: estudos e pareceres, p. 175.

A primeira questão importante, que de imediato a análise do pensamento exposto suscita, é a afirmação segundo a qual há uma correlação entre o *direito de impugnar o mandato eleitoral, o interesse que está em jogo* e *a quem pertence o interesse*. Já aqui faz-se mister indagar em que plano se encontra o *direito de impugnar*, vale dizer, se essa expressão corresponde ao *direito de ação* (*rectius*, direito à tutela jurídica). Tal indagação não é sem importância, pois ou se compreende que a Constituição Federal criou o direito substancial de impugnar o mandato eletivo, exercitável por meio da ação de impugnação de mandato eletivo, ou então, por outro giro, se entende que ela criou uma ação à qual não corresponde nenhum direito material. Fábio Konder Comparato parece ter optado pela segunda alternativa, ao afirmar que "aqui (no direito público), portanto, tal como no sistema jurídico romano, é a ação que cria o direito material, é o remédio que precede o direito. Mas o remédio só pode ser criado por lei".[13]

Comparato deixou-se impressionar pela visão de Windscheid sobre a precedência da ação sobre os direitos nos primórdios do direito romano, cuja consequência foi a sua conhecida doutrina da *actio* romana, conceito que fez estremar de sua principal descoberta teórica, a pretensão (*Anspruch*), e da ação processual moderna, denominada por ele de *Klage*. Como muito bem demonstrou Giovanni Pugliese, em seu célebre ensaio de introdução à célebre polêmica entre Windscheid e Müther, a base da teoria de Windscheid seria justamente a contraposição entre o ordenamento jurídico moderno e o ordenamento romano. Para os modernos, o direito subjetivo seria *prius* e a ação seria posterior, criada por ele; para os romanos se daria justamente o inverso. Todavia, o fato de o ordenamento romano, até o século II depois de Cristo, nascer de várias fontes, que não eram todas autoritativas, não dá razão a Windscheid. Consoante afirma Pugliese, "desde o momento em que o Pretor começou a expedir editos e a ser vinculado por eles (a enunciação formal desse vínculo ocorreu com a *lex Cornelia* do século I antes de Cristo), as cláusulas do edito assumiram um valor normativo, de modo que não se pode afirmar a respeito, com Windscheid, que ao cidadão lhe importava saber o que dissera o tribunal e não o que dissera o direito, senão que lhe importava o que dissera o edito, como fonte de um direito especial".[14] Justamente por isso, Pugliese chega a uma conclusão demolidora: "Se ve, pues, que en ninguna época y en ningún campo del derecho romano, la tesis de Windscheid encuentra correspondencia precisa en la realidad".[15]

Segundo já afirmamos em capítulos precedentes, é de todo útil distinguir a ação de direito material da ação processual, para que se evitem confusões de institutos de planos jurídicos diversos. O direito de impugnar o mandato eletivo é direito potestativo, situado no plano substancial, exercitável contra o candidato eleito que tenha praticado abuso de poder econômico, corrupção ou fraude. Tal direito potestativo corresponde ao interesse da coletividade, dos portadores de cidadania (aqueles que possuem *ius sufragii*), de que as eleições sejam as mais legítimas possíveis, norteadas pelo princípio da isonomia entre os concorrentes e pelo princípio da moralidade. De conseguinte, o

---

[13] Impugnação de eleição de governador de Estado. *In*: COMPARATO. *Direito público*: estudos e pareceres, p. 170.
[14] PUGLIESE. Introducción. *In*: WINDSCHEID; MUTHER. *Polemica sobre la "actio"*, p. XXIV. *Vide*, outrossim, do mesmo autor: Azione. *In*: PUGLIESE. *Scritti giuridici scelti*: diritto romano, v. 1, p. 275 *et seq*.
[15] Introducción. *In*: WINDSCHEID; MUTHER. *Polemica sobre la "actio"*, p. XXV.

interesse que está em jogo é o interesse dos cidadãos na legitimidade do resultado eleitoral, sendo os seus portadores (*a quem pertence o interesse*) os próprios detentores do direito ao voto, ou seja, todos os eleitores.[16]

O fato de o interesse na existência de eleições legítimas se encontrar difuso na massa de eleitores não significa que a legitimidade de agir seja outorgada a todos, indistintamente. É que o interesse de agir pode existir sem que o interessado seja legitimado para a causa. Quem tem interesse de agir pode não ter legitimidade para agir.[17] Basta observar que a declaração de inconstitucionalidade de uma lei interessa juridicamente, *a priori*, a uma massa de pessoas, se não pelo benefício concreto que dela possa advir, ao menos porque interessa juridicamente a todos a preservação da validade e coerência do ordenamento jurídico (ainda que tenhamos de entender a coerência como algo desejável, mas concretamente apenas possível por meio de superações interpretativas sistematizadoras).[18] Sem embargo, apenas às pessoas e entidades apontadas pelo art. 103 da CF/88 foi outorgada legitimidade *ad causam* para a ADIn.

De toda sorte, necessário ter em mente que tanto o interesse de agir quanto a legitimidade à causa são institutos de direito material, portanto de mérito, e não condições da ação, como sustenta a doutrina eclética do direito abstrato de ação. Quando indago sobre se a parte que ajuizou a ação processual é legítima, pergunto-me sobre se há pertinência subjetiva entre o direito material afirmado e a parte que se afirma como seu titular. Se o juiz conclui inexistir essa pertinência, declarará não ser ela, em tese, o titular do direito afirmado, abstendo-se de dizer se há ou não o direito subjetivo. É o mesmo fenômeno que se dá quando o juiz observa, por cogitação da parte, que a ação está prescrita. Sem declarar ou não a existência do direito subjetivo, apenas afirma que, se ele existisse, não poderia ser pleiteado por ação, mercê da prescrição. Ou seja, como o autor não demonstrou, no caso da legitimidade *ad causam*, essa faculdade, o juiz sequer analisa se o direito existe ou não. Nada obstante, julgou o mérito, pois afirmou que, ainda se houvesse o direito subjetivo, não seria o autor da ação processual o seu titular, falecendo-lhe direito, pretensão e ação de direito material.[19]

---

[16] No que respeita à ação popular, como instrumento dado ao povo para controlar e fiscalizar a coisa pública, diz-nos José Afonso da Silva (*Ação popular constitucional*, p. 86): "A doutrina reconhece, quase sem discrepância, que a ação popular é um instituto de natureza política e essencialmente democrático. Em síntese, prevalece a seguinte tese: 'Mediante tal instituto atua-se uma forma de participação do cidadão na vida pública. Essa participação importa numa derrogação do princípio, segundo o qual o exercício dos direitos cabe ao sujeito que lhe é titular ou a quem o represente' (*Enciclopédia Italiana*, v. 5, verb.: *Azione Popolare*). A tese parece-nos verdadeira na sua primeira parte, mas contém uma incoerência irredutível, quando acrescenta ser uma derrogação do princípio de que os direitos devem ser exercidos pelo seu titular. Ora, a democracia constitucional é um sistema político sob o qual o povo participa, direta ou indiretamente, do processo do poder. Por outro lado, é incontrastável que a função de fiscalização e controle da gestão da coisa pública se insere na esfera do poder político, *que, nas democracias, é atributo do povo*. Só isso já é bastante para demonstrar que é exercida pelo próprio titular do poder que a fundamenta" (grifei).

[17] Pensemos no sublocatário, que possui interesse de agir para consignar os alugueres atrasados e não pagos pelo locatário, contra quem tramita ação de despejo. Como terceiro na relação processual, terá legitimidade apenas para intervir na qualidade de assistente simples, mercê dos efeitos reflexos que poderão advir negativamente da sentença de procedência do despejo, atingindo seu contrato de sublocação. Há o interesse de agir, mas não há legitimidade para tanto.

[18] FREITAS, *op. cit.*, especialmente o capítulo 3, referente às antinomias.

[19] Nesse sentido, SILVA. *Curso de processo civil*, v. 1, p. 87-92; SATTA. *Direito processual civil*, v. 1, p. 170-171 ("De tudo quanto assinalamos procede que a decisão sobre a legitimação é sempre uma decisão de mérito, e negá-la equivale a contrariar o direito"); COMPARATO, *op. cit.*, p. 170, nota de rodapé n. 06.

É importantíssimo afirmar, então, que a ação de impugnação de mandato eletivo é ação de direito material, exercitável contra o candidato eleito indevidamente, e atualizada pelo remédio jurídico processual (ação processual abstrata, genérica e universal),[20] o qual é manejado contra o Estado-Juiz.[21] Logo, quer isso dizer que a criação de uma ação de direito material há de possuir, no plano substancial, uma vinculação com o direito subjetivo, ou interesse coletivo, ou interesse difuso. E, nesse passo, já não se pode afirmar, como fez Fábio Konder Comparato, que as ações materiais de direito público precedam o direito subjetivo, ou o interesse difuso tutelado, ou o interesse coletivo protegido. Não era assim sequer no direito romano, como demonstramos com base em Giovanni Pugliese. As ações têm por escopo a inflamação do direito ou do interesse (coletivo ou difuso), tal qual diziam os apologetas da teoria civilista da ação (que falavam da ação processual, pensando na ação de direito material). Se se cria uma ação, é porque há algum interesse anterior a merecer proteção. Se houve a criação da ação de impugnação de mandato eletivo, foi porque o interesse difuso a eleições legítimas necessitava de um novo mecanismo de defesa, uma nova ação contra o candidato eleito beneficiado pelo abuso de poder econômico, corrupção ou fraude.

Postas essas premissas, podemos enfrentar a questão da legitimidade *ad causam* para propor a AIME. A Constituição Federal silenciou quanto às pessoas que poderiam exercitá-la, por reputar que todos os eleitores são partes legítimas para agir, criando uma espécie de ação popular eleitoral. *Além dos eleitores*, têm legitimidade o Ministério Público Eleitoral (art. 22, inc. XV, da LC nº 64/90), os candidatos (na qualidade de eleitores), e os partidos políticos, na qualidade de fiscais do processo eleitoral (art. 131 do CE, v.g.).

Há respeitáveis opiniões no sentido de conceder aos eleitores a legitimidade ativa para a propositura da AIME, sustentando que ao processo civil eleitoral seria aplicável o microssistema da tutela coletiva. Como dissemos no capítulo sobre o direito processual

---

[20] É curioso observar que Fábio Konder Comparato (Execução de crédito pecuniário: o risco da privatização do processo judicial. *In*: COMPARATO. *Direito público*: estudos e pareceres, p. 305 *et seq.*) bem perto andou da admissão do conceito de ação de direito material, quando mostrou a importância do conceito windscheidiano de pretensão (*Anspruch*). Sobre a pretensão de direito material na doutrina alemã, *vide* Harm Peter Westermann [*Código Civil alemão*: direito das obrigações: parte geral, p. 17 (*BGB Schuldrecht*: allgemeiner teil) Trad. Armindo Edgar Laux]. Finalmente, veja-se opinião de José Afonso da Silva (*op. cit.*, p. 78-79), que mistura os planos de direito material e processual: "A Constituição conferiu a qualquer cidadão o direito de propor ação popular que vise a anular atos lesivos ao patrimônio de entidades públicas. Instituiu, assim, um remédio processual, mediante o qual o cidadão participa da alta missão política de fiscalizar a gestão dos negócios públicos. Aparece a ação popular, destarte, como instrumento pelo qual qualquer cidadão fica investido de legitimidade para o exercício de um poder de natureza essencialmente política... Trata-se de um direito público, subjetivo, autônomo, abstrato e genérico, da categoria dos direitos políticos". Ora, se a Constituição a confere ao cidadão visando atacar ato lesivo ao patrimônio público, onde está sua abstração? Não percebeu o douto constitucionalista que a ação popular é manejável contra quem lesou o patrimônio público, ao passo que se vale, dado o monopólio estatal da jurisdição, do remédio jurídico processual (ação processual) contra o Estado-Juiz, que prometeu justiça e tem o dever de aplicar o direito objetivo ao caso concreto deduzido, como função autoritativa específica.

[21] Essa visão da natureza pública da relação processual, e sua autonomia ante a relação jurídica objeto do processo, talvez tenha sido a maior contribuição de Adolf Wach para o Direito Processual. Em seu livro *Vorträge* über *die Reichs – Civilprocessordnung* (na tradução castelhana de Ernesto Krotoschin: *Conferencias sobre la ordenanza procesal civil alemana*, p. 59-60), ensina o grande processualista: "La relación ente el juez y las partes no se puede someter a un principio *simple*. El *interés privado* y el *interés oficial* influyen de modo igualmente decisivo. La relación de litigio, *el proceso, es una relación jurídico-pública*: una relación entre el Estado administrador de justicia y *los litigantes* que buscan protección jurídica. *El objeto del litigio* es de naturaleza puramente jurídico-privada: *una relación jurídica sólo entre el demandante y el demandado*" (grifei).

eleitoral, há inconvenientes insuperáveis para dilargar o rol dos legitamados ativos, sendo adequada a interpretação dada pelo TSE, inclusive quanto a rejeição ao ingresso em juízo do *amicus curie*.[22]

§2 Natureza da ação e seus efeitos

Quando se indaga sobre a natureza de uma ação, propõe-se a descobrir quais seus efeitos jurídicos, ou seja, se declaratório, condenatório, constitutivo, mandamental ou executivo. Todas as ações possuem sempre mais de um efeito, sendo um deles o principal, ou de carga preponderante, que as qualifica. Além desse efeito preponderante, há a presença de efeitos fortes (chamados de imediatos e mediatos), a par dos efeitos jurídicos mínimos, que são os quase irrelevantes.[23] Pelo princípio da congruência, ou da adstrição do juiz ao pedido das partes, a sentença de procedência possui a mesma carga eficacial da ação proposta, de modo que há uma simetria perfeita entre uma e outra.

A ação de impugnação de mandato eletivo tem por escopo impugnar mandato eletivo. Essa tautologia nada diz sobre a sua natureza, a não ser a obviedade de que com ela busca-se a desconstituição do mandato obtido pelo candidato diplomado. Na ação de impugnação de mandato eletivo, busca-se desconstituir a relação jurídica base da qual o mandato seja consequência. Essa afirmação é importantíssima, porque a jurisprudência do TSE vinha erradamente se firmado no sentido que a finalidade exclusiva da AIME seria atacar o mandato eletivo, razão pela qual não teria o condão de aplicar ao candidato eleito ilegitimamente a sanção de inelegibilidade.

Em verdade, consoante veremos adiante, a razão dessa interpretação decorreu da busca de efetividade a qualquer custo pela Corte, com a proscrição gradual da sanção de inelegibilidade, que teria o inconveniente de atrair a incidência do art. 15 da LC nº 64/90, com a sua revogada redação, que protraia os efeitos práticos da sentença para o seu trânsito em julgado. A AIME, segundo essa corrente jurisprudencial hoje superada, não desconstituiria nem o registro de candidatura nem o diploma, mas o mandato eletivo. Com isso, duas consequências práticas importantes foram alcançadas: (a) a sentença não geraria inelegibilidade, tendo execução imediata, e (b) não haveria a nulidade dos votos, razão pela qual não incidiria a norma prevista no art. 224 do Código Eleitoral, com a consequência prática de que o segundo colocado nas eleições assumiria imediatamente o mandato, independentemente do percentual de votos válidos que tivesse obtido.[24]

---

[22] Mudamos, com isso, o entendimento que sustentávamos desde a primeira edição desta obra, sem a devida atenção à inviabilidade prática da adoção da tutela coletiva no Direito Eleitoral.

[23] Cf. Pontes de Miranda (*Tratado das ações*, t. I, especialmente p. 179 *et seq.*).

[24] Esse posicionamento do TSE sempre foi movediço, de modo que terminou prevalecendo a compreensão de que a cassação do mandato decorre, sim, da nulidade dos votos obtidos com abuso de poder econômico, corrupção ou fraude. Nesse sentido: "8. No julgamento do MS nº 3.649/GO, rel. Min. Cezar Peluso, sessão de 18.12.2007, o TSE concedeu a segurança, a fim de reconhecer a aplicabilidade do art. 224 do Código Eleitoral, em caso de procedência de AIME, com a consequente anulação dos votos conferidos aos candidatos que tiveram seus mandatos cassados" (Ac. de 04.03.2008 no REspe nº 28.391, rel. Min. José Delgado). A decisão a que o Ministro Delgado fez menção é a seguinte: "1. Mandado de segurança e medida cautelar. Julgamento conjunto. Dupla vacância dos cargos de prefeito e de vice. Questão prejudicial ao exame de mérito. Efeito da decisão pela procedência da AIME. Anulação dos votos. Concessão da segurança. Indeferimento da medida cautelar. Agravos regimentais prejudicados. Devido ao liame indissolúvel entre o mandato eletivo e o voto, constitui efeito da decisão pela procedência da AIME a anulação dos votos dados ao candidato cassado. Se

Tratou-se de uma verdadeira reconstrução pretoriana da estrutura e finalidade da AIME, voltada exclusivamente para a obtenção de efetividade, sem qualquer preocupação com a coerência mínima dos institutos jurídicos.

Como os conceitos utilizados no direito eleitoral são sabidamente frouxos, terminam sendo utilizados com significações estranhas, a ponto de subverter o seu sentido original e desidratá-los totalmente. Assim, estávamos vivenciando o processo de decrepitude da inelegibilidade, que já não atendia às necessidades assistemáticas do TSE, na sua busca incessante de resultados. Com a LC nº 135, as inelegibilidades passaram da desidratação ao agigantamento, com a crescente hipermoralização do Direito Eleitoral, de modo que passou a ter como prazo mínimo oito anos. É dizer, tudo quanto se construiu para afastar a inelegibilidade da AIME perdeu, agora, a sua razão de ser, de modo que a jurisprudência agora retoma sem assombros ao seu leito normal. E o resultado a que estamos chegando, lamentavelmente, é o da crescente deterioração da segurança jurídica e esgarçamento da legitimidade democrática dos mandatos, com a judicialização da nossa democracia.

2.1 Conceito de relação jurídica

Todas as relações jurídicas são intersubjetivas, ou seja, entre pessoas. Há relações entre o homem e a coisa, entre o homem e o tempo, entre o homem e o espaço, mas a relação que se qualifica de jurídica, adjetivada pela incidência da norma sobre o seu suporte fáctico, é a relação entre pessoas, umas perante as outras, do tipo aRb.[25]

Quando a norma jurídica apanha uma relação intersubjetiva de conteúdo fáctico e, pela sua relevância para o Direito, a transforma em relação jurídica, faz surgir uma *relação jurídica básica*. A relação jurídica básica confunde-se com o fato jurídico, não sendo eficácia dele. Se duas pessoas declaram a vontade convergente de compra e venda de um imóvel, a emissão dessas vontades é relação inter-humana, negócio jurídico de compra e venda e relação jurídica básica. Não é efeito do negócio jurídico a relação entre os seus polos (ativo e passivo); ao revés, é a sua pedra angular. Como diz Pontes de Miranda,[26] "relação jurídica básica é o resultado da juridicização de relação inter-humana. (...) As regras jurídicas são regras para as relações inter-humanas. As relações inter-humanas

---

a nulidade atingir mais da metade dos votos, aplica-se o art. 224 do Código Eleitoral. 2. Dupla vacância dos cargos de prefeito e de vice por causa eleitoral. Aplicação obrigatória do art. 81 da Constituição da República. Impossibilidade. Precedentes do STF. O art. 81, §1º, da Constituição da República, não se aplica aos municípios. 3. Dupla vacância dos cargos de prefeito e de vice por causa eleitoral. A renovação das eleições em razão de dupla vacância dos cargos do Executivo será realizada de forma direta, nos termos do art. 224 do Código Eleitoral." NE: Trecho do voto do relator: "o fato de a Constituição ter atribuído à ação o *nomen iuris* de 'ação de impugnação de mandato eletivo', não lhe afasta o conteúdo normativo capaz de ensejar o reconhecimento da nulidade dos votos obtidos com os gravíssimos vícios decorrentes de abuso do poder econômico, corrupção ou fraude, maculadores, que são, da vontade do eleitor" (Ac. de 18.12.2007 no MS e no AgRgMS nº 3.649, rel. Min. Cezar Peluso).

[25] Como ensina Lourival Vilanova (*As estruturas lógicas e o sistema do direito positivo*, p. 35, 37): "Sob o estrito ponto-de-vista lógico-formal, um mesmo termo de uma relação qualquer R pode ocupar as duas posições na estrutura relacional: xRx (assim nas *relações reflexivas* de identidade, de igualdade). No direito, porém, formalizando a estrutura relacional da norma teremos que *um sujeito qualquer* S^1 mantém *uma relação qualquer* R em face de outro sujeito qualquer S^2. Podemos formular o deôntico da norma com os esquemas '$S^1 R S^2$', ou 'R ($S^1 S^2$)". Continuando, chama tais relações, diferentes das *reflexas*, de *relações conversas*, ou seja, aquelas em que "o relacional deôntico no direito é entre sujeitos diferentes, como termos de uma relação estatuída".

[26] *Tratado de direito privado*, t. I, p. 118, 120.

são fatos do mundo; a regra jurídica fá-las jurídicas. Não se podem confundir com os seus efeitos. Onde os fatos jurídicos correm, todas as relações que deles emanam são eficácia, porém o fato jurídico em si pode *já ser* relação jurídica".

Deve-se separar a relação jurídica básica da chamada relação intrajurídica ou eficacial. A *relação eficacial* é efeito do fato jurídico, criado livremente pelo Direito. Enquanto a relação jurídica básica é a relação inter-humana que o Direito fez jurídica, a relação eficacial é criação do Direito, como efeitos emanados dos fatos jurídicos (direito/ dever; pretensão/obrigação; ação/situação passiva de acionado; exceção/situação passiva de exceptuado etc.). Um exemplo elucidativo: o acordo de vontades que resultou no crédito de A diante de B é negócio jurídico (relação jurídica básica); o crédito surgido, e o respectivo débito, são efeitos desse fato jurídico (relação intrajurídica). Se A faz cessão de seu crédito para C, modificou-se o termo ativo da relação jurídica básica, de modo que ela deixou de existir, fazendo surgir uma nova relação, já agora entre C e B. O crédito cedido continuou íntegro, só que com um novo titular. Em resumo: a relação intrajurídica continuou subsistente, em que pese agora dentro de uma nova relação jurídica básica.[27]

Há acontecimentos, relevantes para o Direito, vinculados a determinadas pessoas, aparentando não criar nenhuma relação jurídica ante outras pessoas, estranhas a eles. Nada obstante, pode a norma jurídica tratá-los como se fossem fatos jurídicos originantes de relação intrajurídica: ora, se alego possuir um direito subjetivo, tal direito apenas pode existir como limitação da esfera jurídica alheia, de conseguinte, apenas existe perante outra(s) pessoa(s). O nascimento faz surgir a personalidade jurídica; a idade de 18 anos, a capacidade civil absoluta. São acontecimentos isolados, referidos a pessoas determinadas. Mas a personalidade jurídica e a capacidade civil, deles resultantes, apenas existem em face de outras pessoas, *erga omnes*. A relação aí é uma relação jurídica básica entre a pessoa e o *alter*, ou seja, todos.

2.2 Relação jurídica da qual o diplomado é polo (termo)

Tanto o direito de votar como o direito de ser votado são direitos absolutos. O direito a votar (*ius singulii*) é efeito do fato jurídico do alistamento, exercitável contra todos. Assim também o direito de ser votado (*ius honorum*), que nasce do ato jurídico do registro de candidatura. A relação jurídica é relação jurídica básica, tendo como polo a pessoa que se alistou ou se registrou e o *alter*, tal qual ocorre com o direito de propriedade.

Quem se candidatou e obteve, através da eleição, o mandato eletivo, *não* viu nascer o seu direito do fato jurídico da diplomação, eis que o diploma apenas certifica, declara o resultado obtido pelo diplomado nas urnas. Di-lo irreprochavelmente Joel José Cândido:[28] "A diplomação é apenas o ato eleitoral declaratório da outorga de mandato, cujo exercício se dá com a investidura no cargo correspondente". Logo, o fato originante da relação intrajurídica de candidato eleito é a relação jurídica básica da votação. O diploma certifica o resultado eleitoral e a posse inicia o exercício das

---

[27] Como diz Pontes de Miranda (*op. cit.*, p. 119), "Toda relação jurídica que se prende ao fato jurídico *anterior* é efeito, sim, mais algum outro fato que se fez vir".
[28] *Direito eleitoral brasileiro*, p. 235.

atribuições do cargo. O direito de exercer o mandato eletivo é direito absoluto, *erga omnes*, exercitável contra todos.

Induvidosa a existência de relações jurídicas outras envolvendo o mandatário eleito. Pense-se na relação jurídica existente entre ele e o órgão do qual o cargo faz parte (Presidência, Ministério, Secretaria etc.), de onde dimanam direitos e deveres próprios (remuneração, férias, obrigatoriedade de comparecimento etc.). Nada há de estranho nisso. O Direito conhece inúmeras relações entre diferentes relações jurídicas.[29] Sem embargo, o que nos interessa aqui é a relação jurídica básica originada da votação, entre os eleitores (votantes ou não) e o candidato eleito. É dessa relação jurídica, certificada pelo diploma, que surge a relação intrajurídica, formada pelo direito *erga omnes* do candidato eleito ao exercício de seu mandato e pelo dever de todos de suportar tal exercício. Mas essa relação é de ida e vinda, havendo direito de todos os cidadãos (e da população abstratamente considerada) ao exercício probo do mandato, entre outros tantos direitos assegurados constitucionalmente (basta ver o leque de princípios do art. 37, *caput*, da CF/88, de resto aplicável aos eleitos).

2.3 A impugnação de mandato eletivo como afronta à relação jurídica básica da votação

A ação de impugnação de mandato eletivo não ataca o diploma, mas atos ilícitos que lhe são anteriores. Essa afirmação é fundamental. O diploma não passa de ato administrativo certificativo do resultado eleitoral, pelo qual se declara a situação do candidato em relação aos votos digitados nas urnas. Desse modo, tanto na AIME como no RCD haverá identidade de efeitos, e, em nenhum caso, haverá ataque ao diploma. O diploma é existente, válido e eficaz. Se houver nulidade na relação jurídica básica (a votação), por abuso de poder econômico, fraude ou corrupção, não será inválido (nulo) o diploma, mas haverá resolução dos seus efeitos, ou seja, sua deseficacização *ex nunc*. Cassa-se o mandato eletivo, insista-se, porque a votação é nula. A causa da perda do mandato é a nulidade dos votos obtidos com a prática de abuso de poder, corrupção ou fraude, dos quais a diplomação e a posse dos eleitos são os resultados.

Essa a razão pela qual todas aquelas distinções teóricas não são acadêmicas, tendo consequências práticas importantíssimas, a cotio desrespeitadas pela jurisprudência. Se se admite que a ação de impugnação de mandato eletivo ataca o mandato eletivo pura e simplesmente, impõe-se acatar que o ataque seria a atos praticados pelo agente político no seu exercício, após a posse dos eleitos, cuja validade ou invalidade deve ser examinada de *per se*. Se houve declaração da vitória eleitoral de determinado candidato, e tal vitória se deu com fraude, não é o exercício do mandato que se ataca, mas a votação obtida fraudulentamente, que fez nascer o mandato que se quer retirar. De conseguinte, *não é o mandato que se vergasta veementemente, mas a ilicitude dos métodos para a sua obtenção*. A diferença ressalta e é de todo pertinente não embaralhá-la.

---

[29] Lourival Vilanova (*Causalidade e relação no direito*, p. 116 *et seq.*) demonstra diversas hipóteses desse fenômeno. Basta pensar na relação jurídica de personalidade, que invariavelmente se relaciona com outras relações jurídicas, pelo fato de o termo de todas as relações ser constituído por pessoas.

2.4 AIME e inelegibilidade

Questiona-se se a AIME torna inelegível o candidato contra o qual se impugna o mandato. Como tal consequência é relevante para a análise dos efeitos da ação de impugnação de mandato eletivo, passaremos a analisar essa questão detidamente, já agora com as lentes da LC nº 135/2010.

2.4.1 A inelegibilidade para *essa* eleição

A insegurança doutrinária sobre os efeitos da AIME decorre do conceito de inelegibilidade adotado pela teoria clássica, sempre vista como uma sanção sem contornos muito precisos. Se utilizarmos o conceito clássico de inelegibilidade como a impossibilidade de se concorrer validamente a um mandato eletivo, já teremos que qualquer sanção que implique a obstrução à candidatura ou a sua perda é já e sempre inelegibilidade. Não há *fato jurídico nulificante das eleições* que não gere o efeito da inelegibilidade, seja apenas para a eleição em que a ilicitude ocorreu (cominada simples), seja para aquelas eleições que ocorram nos anos subsequentes (cominada potenciada). Evidentemente, o mesmo não se pode dizer da perda de mandato eletivo. Se ela for resultado de improbidade administrativa, ação penal, inabilitação ou pena por crime de responsabilidade, nada terá a ver com a validade ou invalidade das eleições, razão pela qual não há falar em *fato jurídico nulificante das eleições* e, tampouco, em sua consequência jurídica: a inelegibilidade do candidato, com a perda do seu mandato.

Nem toda perda de mandato eletivo decorre da inelegibilidade do candidato, mas toda perda de mandato decorrente da nulidade das eleições por fato ilícito eleitoral resulta da inelegibilidade do candidato eleito. *Há uma relação biunívoca entre inelegibilidade e nulidade das eleições.* Quando a Constituição Federal prescreve o cabimento de ação de impugnação de mandato eletivo contra abuso de poder econômico, corrupção ou fraude, está atacando objetivamente fatos nulificantes das eleições. Nada obstante, é essa ligação onfálica entre a nulidade das eleições e o abuso de poder que se cortava para afastar a sanção de inelegibilidade (e com ela o inconveniente da antiga norma, já revogada, veiculada pela original redação do art. 15 da LC nº 64/90). Nada obstante, suprimido esse vínculo entre o abuso, a fraude ou a corrupção e o vício das eleições que geram a sua nulidade, como se justificar a cassação do mandato eletivo? Em verdade, *cassa-se o mandato porque os votos foram nulos em razão do abuso de poder, da corrupção ou da fraude.* Afastada a nulidade dos votos e a inelegibilidade do candidato, qual a razão jurídica da poda do mandato eletivo?

Qual o efeito jurídico do abuso de poder econômico? A resposta está nas normas de direito material, mais propriamente no art. 1º, inciso I, alínea "d", da LC nº 64/90: a inelegibilidade para a eleição em que houve a prática do ato ilícito e para aquela que ocorra no prazo de oito anos. Qual o remédio jurídico próprio para atacar o abuso de poder econômico? A resposta é dada por normas processuais, que dispõem sobre ritos: antes da diplomação, o abuso de poder pode ser atacado pela AIJE; até quinze dias depois da diplomação, pela AIME. A inelegibilidade, a perda de mandato, a cassação de diploma, por exemplo, são efeitos do fato jurídico ilícito de direito material. Os efeitos das ações judiciais são as sentenças declaratórias, constitutivas, condenatórias, mandamentais e executivas.

Dessarte, a eficácia da ação de impugnação de mandato eletivo, e da sentença que lhe der procedência, terá importante elemento constitutivo da inelegibilidade cominada simples do candidato eleito, de modo a perder o mandato obtido iniquamente (eficácia desconstitutiva preponderante). Com isso, já fica clarificado que a AIME tem por escopo a declaração da ocorrência de fatos ilícitos eleitorais, os quais viciaram o resultado das eleições, com a consequente decretação da inelegibilidade do candidato eleito. Tal inelegibilidade, portanto, é efeito constitutivo da sentença que declarou a ocorrência de abuso de poder econômico, fraude ou corrupção, que é o seu título jurídico originante (daí o porquê da relevância da constitutividade nesse caso). Com a inelegibilidade decretada, mondam-se *ex nunc* os efeitos declaratórios do diploma do candidato eleito, cassando-se o seu diploma imediatamente, sendo a decisão de órgão colegiado ou transitada em julgado, após o julgamento do recurso ordinário.[30]

Assim, nas eleições municipais, a sentença de procedência da AIME não tem eficácia imediata; a cassação do diploma é consequência da inelegibilidade reconhecida por órgão colegiado ou quando transitada em julgado.[31] De modo diverso, nas eleições gerais e na presidencial, em que o órgão competente originariamente é o Tribunal Regional Eleitoral ou o Tribunal Superior Eleitoral, respectivamente, a cassação tem efeito imediato, assim como o efeito mandamental de afastamento dos eleitos.

2.4.2 A inelegibilidade para as eleições futuras (inelegibilidade potenciada)

Já tivemos o ensejo de afirmar que a inelegibilidade cominada potenciada — aquela que resulta da perda ou suspensão da elegibilidade — tem sempre natureza sancionatória. É uma exacerbação da sanção eleitoral aplicada ao candidato mendaz, com a finalidade de excluí-lo provisoriamente da vida pública, enquanto durarem os seus efeitos.

Pois bem. A LC nº 64/90, em determinados preceitos, propicia essa potenciação da inelegibilidade do candidato, cuja eleição se deveu à utilização de meios proibidos pelo ordenamento. Além de se constituir inelegível para o pleito no qual concorreu, a lei prescreve a inelegibilidade por determinado trato de tempo futuro, de modo a agravar a suspensão do *ius honorum*. O art. 1º, inc. I, letra "d", desse diploma legal prescreve a decretação da inelegibilidade, para qualquer cargo, daqueles candidatos que tenham sido julgados por abuso de poder econômico ou político, para a eleição na qual concorrem ou tenham sido diplomados (vale dizer, *essa eleição*), bem como para as que se realizarem nos oito anos seguintes. Tal estatuição separa nitidamente as duas espécies de inelegibilidade: a imposta para a própria eleição, e a imposta por um determinado trato de tempo lineal.[32]

---

[30] Art. 257, §2º, do CE.
[31] "Art. 15. Transitada em julgado ou publicada a decisão proferida por órgão colegiado que declarar a inelegibilidade do candidato, ser-lhe-á negado registro, ou cancelado, se já tiver sido feito, ou declarado nulo o diploma, se já expedido".
[32] Sobre as espécies de inelegibilidade e as quatro técnicas de sua aplicação, faço digressão teórica nos capítulos sobre inelegibilidade e captação de sufrágio.

A AIME aplica ambas as espécies de inelegibilidade, em caso de abuso de poder econômico; quando se trata de corrupção ou fraude, apenas se aplica a inelegibilidade cominada simples, para a eleição em que o ilícito se deu.

A argumentação negativa da possibilidade de a AIME possuir o efeito da inelegibilidade de oito anos em caso de abuso de poder econômico se baseia em dois pilares: (a) na falta de expressa disposição legal em sentido positivo, ou seja, mercê de existir essa lacuna no ordenamento jurídico; e (b) no fato de a inelegibilidade ser uma sanção, de modo que as normas que a instituírem terão sempre de ser interpretadas e aplicadas restritivamente.

Tratemos rapidamente das duas premissas.

Quando se fala em lacuna da lei, tal expressão deve ser entendida em sentido próprio. A lacuna nunca é da lei singular, mas de todo o ordenamento jurídico, pois se a lei não apresenta hipótese específica, o sistema jurídico poderá colmatá-la. Apenas em caso de impossibilidade de integração da norma jurídica pela interpretação hierarquizadora sistemática é que se poderá falar em lacuna no Direito. Hoje, diferentemente da visão positivista até pouco prevalente, já não se sustenta a completude do ordenamento jurídico, tendo em vista as inúmeras facetas impostas pela vida moderna ao Direito, que sempre se encontra aquém das situações relevantes a serem regradas. Muitos argumentos têm surgido para explicar as lacunas do Direito, as quais já são admitidas, inclusive, como vantajosas para uma concepção jurídica sistematizadora. Não por outra razão, alerta-nos Juarez Freitas[33] das vantagens em se considerar o sistema jurídico como um sistema aberto, pois se entende que "a abertura supõe a preexistência latente de soluções admissíveis para as *inevitáveis lacunas e antinomias*. Certamente, não se está pensando aqui na abertura patrocinada pelas cláusulas gerais, senão que naquela abertura de natureza epistemológica, derivada da própria indeterminação, intencional ou não, dos enunciados semânticos em matéria jurídica".

Já não se aceita mais, mercê dos avanços obtidos pela teoria geral do direito, que se perpetue a visão reducionista do ordenamento, como um plexo de normas jurídicas hierarquizadas. Hoje, cada vez mais cresce em importância a percepção dos *princípios* como espécie do gênero normas jurídicas, com densidade própria, ao lado da outra espécie de normas: as regras jurídicas. Nesse sentido, tem sido relevantíssimo o estudo levado a cabo por Ronald Dworkin,[34] que demonstra, em inúmeros casos concretos, a aplicação de princípios jurídicos em solução de problemas aparentemente insolúveis.[35] De modo que os chamados casos difíceis — lacuna e antinomia — apenas podem ser superados por uma interpretação sistemática que privilegie regras e princípios jurídicos, como componentes ineliminavéis do ordenamento jurídico.

Como já demos a entender, as normas jurídicas não podem ser apreendidas apenas em sua unicidade, pois fazem elas parte de um todo, que lhes serve de fundamento de validade, bem como lhes deixa prenhes de sentido para o mundo social por elas regrado. De modo que não se pode dizer, em virtude de expressa determinação do

---

[33] *A interpretação sistemática do direito*, p. 36, grifos apostos.
[34] *Los derechos en serio*, especialmente os capítulos 2 e 3.
[35] Pelo próprio objeto de nosso estudo, seria de má técnica o debater temas polêmicos outros, que apenas desviaria a atenção do núcleo do problema abordado. Nada obstante, indicamos ao leitor a análise realizada no capítulo 3 desta obra.

art. 14, §10, da CF/88, que não existe previsão legal de decretação de inelegibilidade futura em sede de AIME, pois (a) cabe à legislação infraconstitucional regrar essa novel ação; e (b) a legislação referente à inelegibilidade, embora sem fazer menção expressa a ela, poderá servir para colmatar os vazios deixados pela Carta Magna.

Ora, a ação de impugnação de mandato eletivo exsurge motivada pela existência de abuso de poder econômico, corrupção ou fraude. O §9º do art. 14 da CF/88 encaminha à Lei Complementar o estabelecimento de fatos outros a ensejar a inelegibilidade, no escopo de preservar as eleições contra a influência do abuso do poder econômico. A LC nº 64/90, que cumpriu esse preceito constitucional, concebeu duas hipóteses em que o abuso de poder econômico geraria inelegibilidade: em caso de processo com a finalidade de apurar o abuso de poder econômico praticado por particulares, bem assim em caso de processo para apurar a prática de abuso de poder econômico praticado por detentores de cargo público. Na primeira hipótese, a LC fez menção à representação como ato vestibular do processo; na segunda, não nominou a peça inicial.

O fato de o art. 1º, inc. I, alínea "d", da LC nº 64/90 ter se valido do signo "representação", somado ao uso do verbo "representar" no art. 22, *caput*, do mesmo diploma legal, gerou a interpretação segundo a qual ambos os artigos estariam tratando de uma só e mesma coisa: a ação de investigação judicial eleitoral (AIJE). Tal entendimento, firmado pela literalidade da interpretação, fez surgir a ideia, hoje aceita acriticamente, de que apenas por meio da AIJE se poderia aplicar a inelegibilidade para futuras eleições, pelo óbvio fato, já explicitado, de ter a Constituição silenciado sobre esse efeito quanto à AIME.

Nada obstante, essa interpretação literal traz um sério problema hermenêutico: no caso do abuso de poder econômico de que trata o art. 1º, inc. I, alínea "h", da LC nº 64/90, a qual processo estaria a norma se referindo? Aqui ressalta o fato de que pode ser tanto o processo originado pela AIJE, como o originado pela AIME, pois ambas as ações têm por supedâneo a prática de abuso de poder econômico. Logo, já teríamos que assentar uma relevantíssima premissa: *o abuso de poder econômico praticado por detentores de cargo público é passível de ensejar a ação de impugnação de mandato eletivo*, sem necessidade de prévia interposição de AIJE.

Temos clara, de conseguinte, uma hipótese de abuso de poder econômico a ser atacada possivelmente por meio de AIME, com a sua sentença de procedência podendo decretar a inelegibilidade para *essa* eleição e para a que se realizaria nos oito anos seguintes (inelegibilidade cominada potenciada). Só essa hipótese já desmente as posições acima expostas, as quais renegam possa a AIME decretar esse tipo de inelegibilidade.[36]

Se, nesse exemplo, tanto a AIJE como a AIME poderiam ser exercidas para apuração do poder econômico, com a consequente decretação de inelegibilidade para *essa* e para a futura eleição, por que razão haveria de ser diferente na hipótese do art. 1º, inc. I, alínea "d", da LC nº 64/90? Apenas pelo fato de a presença do signo "representação" aparecer nesse texto legal? Basta ter-se presente que "representação" está aí por "petição", sendo signos empregados como sinônimos. É o mesmo fenômeno ocorrente no art. 77, inc. I, do Código Eleitoral, no qual se lê: "O juiz eleitoral processará a exclusão pela

---

[36] No mesmo sentido, NIESS, Pedro Henrique Távora. *Ação de impugnação de mandato eletivo*, p. 89.

forma seguinte: I – mandará autuar a *petição* ou *representação* com os documentos que a instruírem". Donde se vê ser o apego ao termo jurídico "representação", conscientemente ou não, a única razão da confusão reinante, fundada ela unicamente no significado com o qual os juristas empregam tal expressão legal. Nesse passo, é de bom alvitre lembrar a lição precisa de Genaro Carrió:[37] "Pienso que en parte no desdeñable las disputas entre los juristas están contaminadas por falta de claridad acerca de cómo deben tomarse ciertos enunciados que típicamente aparecen en la teoría jurídica. Mientras no se ilumine este aspecto del problema quedará cerrada toda posibilidad de superar los múltiples desacuerdos que tales enunciados generan. Si no tenemos en claro cuál es el fondo o la raíz de las discrepancias, vale decir, por qué se discute, será estéril todo esfuerzo de argumentación racional y las disidencias persistirán, quizás agravadas. Obtener claridad acerca de esto no es, por cierto, condición suficiente para eliminar el desacuerdo, pero sí condición necesaria".

Temos, assim, que o signo *representação*, utilizado na alínea "d" do inc. I do art. 1º da LC nº 64/90, é sinônimo do termo *petição*, de modo que tem utilidade para designar tanto a peça vestibular da ação de investigação judicial eleitoral, como da ação de impugnação de mandato eletivo. Tanto é desse modo, que o art. 22, *caput*, da mesma Lei, se ocupa em definir em quais casos tem cabimento a AIJE, nitidamente tratando-a de modo diferenciado, enquanto remédio processual. Em conclusão, podemos dizer que *o art. 1º, inc. I, alínea "d" da LC nº 64/90 dispôs sobre a hipótese abstrata de inelegibilidade (suporte fáctico abstrato; descritor; hipótese de incidência), que pode ser decretada em sentença prolatada na ação de impugnação de mandato eletivo (AIME), prevista no art. 14, §10, da CF/88, ou na ação de investigação judicial eleitoral, prevista no art. 22, caput, da LC nº 64/90.*

Nada obstante, mesmo em face dessa argumentação expendida, poder-se-ia suscitar uma outra objeção também já referida: sendo a inelegibilidade uma sanção, a norma teria de ser interpretada restritivamente. Tal objeção não mereceria acovilhamento, porquanto a interpretação restritiva ou extensiva é feita em relação ao texto da lei, ao seu sentido gramatical. Aqui não se ampliou ou diminuiu sentido gramatical algum: aplicaram-se sistematicamente as diversas disposições legais, de modo a não admitir a contradição de encontrarmos uma hipótese de abuso de poder econômico atacável por AIJE, gerando a inelegibilidade cominada simples e potenciada do candidato, e uma outra, apenas atacável por AIME, sem que houvesse nenhuma justificativa plausível, como bem anota Joel José Cândido.[38]

De toda sorte, quadra salientar que, além da interpretação sistemática, a interpretação teleológica serve de adminículo à tese aqui defendida. As inelegibilidades previstas nos artigos mencionados têm por escopo espancar o abuso de poder econômico de nossa vida política, de modo que o resultado eleitoral seja o mais lídimo possível. Seria equívoco da LC nº 64/90 dar tratamento diferenciado às hipóteses de abuso de poder econômico, beneficiando a sabendas o infrator. Seria aplaudir a fraude à lei, o descumprimento dos preceitos legais, sem qualquer justificativa moralmente legítima. Cabe-nos aqui, por absoluta propriedade, a reprodução de uma nota de rodapé escrita por Antônio Carlos Mendes: "O Min. José Paulo Sepúlveda Pertence, então Procurador-Geral da República, acentuou essa característica da interpretação pretoriana das

---

[37] *Notas sobre derecho y lenguaje*, p. 25.
[38] *Op. cit.*

inelegibilidades. Disse: 'Na hermenêutica das normas de inelegibilidade, essa colenda Corte, prestigiada pelo egrégio Supremo Tribunal Federal, tem dado *particular realce à interpretação teleológica, no sentido de dimensionar-lhes o alcance, menos à base de sua estrita literalidade do que de modo a ajustá-lo aos fins da restrição, nelas imposta, à capacidade passiva*' (*Pareceres da Procuradoria-Geral da República*, op. cit., p. 242). O Tribunal Superior Eleitoral fixou diretriz segundo a qual a 'casuística' das inelegibilidades não impede a aplicação dos métodos de interpretação visando a adaptação da 'letra' do preceito às finalidades do ordenamento jurídico: 'Matéria de direito público, à qual *não se pode aplicar, à risca, o preceito da interpretação estrita dos dispositivos* que instituem exceções às regras gerais firmadas pela Constituição Federal, pois *o fim para que foi inserto o artigo da lei sobreleva a tudo. Inadmissibilidade de interpretação estrita, que entrava a realização plena do escopo visado pelo texto*' (TSE, Res. n. 11.174, BE 368/200 ou a Res. n 10.019, BE 299, In: *Cadernos de Direito Constitucional e Eleitoral*, n. 1, p. 127)".[39]

De todo o exposto, podemos concluir nossas observações, afirmando que a AIME pode ser manejada nas hipóteses do art. 1º da LC nº 64/90, contra os fatos previstos no art. 14, §10, da CF/88, tendo a sentença de procedência o efeito de decretar a inelegibilidade para *essa* eleição e para a eleição futura, nos casos previstos em lei. E, adotando esse mesmo pensamento, o Tribunal Superior Eleitoral assim se pronunciou: "Ação de impugnação de mandato eletivo. Perda de mandato e inelegibilidade. Da procedência da ação de impugnação de mandato eletivo poderá resultar, além da perda do mandato, a inelegibilidade, por três anos. O prazo dessa se contará da data das eleições em que se deram os fatos que serviram de fundamento à ação. Com esse entendimento, o Tribunal deu provimento ao recurso para extingui-lo, por reconhecer que, quando do julgamento perante o órgão regional, já desaparecera o objeto do processo. Unânime" (Recurso Ordinário nº 379/MT, rel. Min. Eduardo Ribeiro, em 05.06.2000, *Informativo TSE*, ano II, n. 19, p. 4, 05-11 jun. 2000).[40]

É certo, porém, que apenas poderão ser inelegíveis os candidatos que sejam acusados de abuso de poder econômico; se o abuso for praticado por terceiros em seu benefício, há perda de mandato eletivo, porém sem a sanção de inelegibilidade por oito anos.[41]

§3 Cabimento

A ação de impugnação de mandato eletivo deve ser manejada quando houver, em benefício do candidato eleito, os seguintes atos ilícitos: (a) abuso do poder econômico; (b) fraude; ou (c) corrupção.

---

[39] *Introdução à teoria das inelegibilidades*, p. 144, grifos apostos.

[40] No mesmo sentido aqui defendido: "Ação de impugnação de mandato eletivo. Abuso de poder. (...) Recurso ordinário provido para: (1) cassar os mandatos do governador e do vice-governador (art. 14, §10, da CF); (2) declarar a inelegibilidade do governador para as eleições que se realizarem nos três anos seguintes ao pleito (LC no 64/90, art. 1º, I, 'd' e "h")" (Ac. nº 510, de 06.11.2001, rel. Min. Nelson Jobim).

[41] Nesse sentido: "Ação de impugnação de mandato eletivo. Atos abusivos praticados pelo prefeito à época da eleição e não pelos candidatos. Cassação de diplomas. Impossibilidade de ser decretada a inelegibilidade dos candidatos eleitos porque, apesar de beneficiados, não praticaram os atos abusivos. Recurso conhecido e provido para reformar o aresto regional na parte em que decretou a inelegibilidade dos recorrentes" (Ac. nº 15.762, de 17.08.2000, rel. Min. Fernando Neves).

Já falamos sobre o abuso do poder econômico quando tratamos da AIJE, cabendo-nos agora apenas ferir essas duas outras hipóteses constitucionais. Antes, porém, é de todo útil observar a possibilidade de manejo da AIME contra fatos ocorridos mesmo antes do registro de candidatos, pois os fatos ensejadores de sua propositura são apontados em sede constitucional, logo não sendo passível de sofrerem o efeito da preclusão. A jurisprudência tem perlustrado esse entendimento: "Preclusão. Inexiste preclusão, na ação constitucional de impugnação de mandato eletivo, quanto aos fatos, provas, indícios ou circunstâncias idôneos e suficientes com que se instruirá a ação, porque não objetos de impugnações prévias, no curso da campanha eleitoral".[42]

No caso da AIME, diversamente do que ocorre com a AIJE, discute-se sobre a possibilidade de seu manejo para atacar o abuso de poder político, diante das hipóteses exaustivas previstas no §10 do art. 14 da CF/88. A jurisprudência do TSE passou a admitir o uso da AIME para combater o denominado abuso de poder político com conteúdo econômico, é dizer, o abuso de poder causado por agente público, no exercício das suas funções políticas, cujo conteúdo seja de percussão econômica, como a entrega de bens para uma determinada coletividade com fins eleitorais. Embora o abuso seja político em razão do sujeito que o pratica, o seu conteúdo é nitidamente econômico, interferindo no equilíbrio do pleito, razão pela qual desafia a AIME (*vide* o RO nº 1.497/PB, rel. Min. Eros Roberto Grau, *DJE*, p. 21-22, 02 dez. 2008).

É preciso, destarte, fazer-se a distinção entre (a) abuso de poder político *stricto sensu*, que é aquele em que a atuação do agente público é ilícita por desequilibrar o processo eleitoral, com o uso impróprio do seu cargo ou função pública em favor de uma determinada candidatura (*e.g.*, a permissão de uso de prédio público para fins eleitorais, o uso da posição hierárquica para a intimidação de servidores públicos, dirigindo-lhes "ameaças de perdas de cargos, rompimentos de contratos, redução e supressão de salários, dentre outras represálias" — *vide* REspe nº 28.459/BA, rel. Min. Marcelo Ribeiro, *DJE*, p. 22, 17 set. 2008); e (b) abuso de poder político com conteúdo econômico, que ocorre com a utilização de bens ou recursos públicos destinados em sua aplicação para fins eleitorais, como, *e.g.*, subsidiar o pagamento de contas de água com dinheiro público (REspe nº 28.581/MG, rel. Min. Félix Fischer, *DJE*, 23 set. 2008) ou mesmo a utilização de programas governamentais para distribuir recursos públicos, "mediante a entrega de cheques a determinadas pessoas, visando à obtenção de benefícios eleitorais" (REspe nº 1.497/PB, rel. Eros Grau, *DJE*, p. 21-22, 02 dez. 2008), a doação de grande quantidade de óculos para a população carente, entre outras práticas abusivas de conteúdo econômico feitas por agente público.

Consoante didática ementa: "Recurso Especial Eleitoral. Ação de impugnação de mandato eletivo. §10 do artigo 14 da Constituição Federal: causas ensejadoras. 1. O abuso de poder exclusivamente político não dá ensejo ao ajuizamento da ação de impugnação de mandato eletivo (§10 do artigo 14 da Constituição Federal). 2. Se o abuso de poder político consistir em conduta configuradora de abuso de poder econômico ou corrupção (entendida essa no sentido coloquial e não tecnicamente penal), é possível o manejo da ação de impugnação de mandato eletivo. 3. Há abuso de poder econômico ou corrupção na utilização de empresa concessionária de serviço público para o transporte

---

[42] *JTSE*, 3/95/132.

de eleitores, a título gratuito, em benefício de determinada campanha eleitoral" (REspe nº 28.040/BA, rel. Min. Carlos Ayres Britto, *DJE*, 1º jul. 2008).

3.1 Fraude

Fraude, no art. 14, §10, da CF/88, não está aí como termo técnico, devidamente concebido pela dogmática. Quem reduzir o signo fraude ao conceito de fraude à lei, desenvolvido pela doutrina, deixará de lado mecanismos não menos nocivos, aparentados seus: os atos simulados. Devemos, de conseguinte, subsumir ao conceito de fraude, para efeito de ajuizamento da ação de impugnação de mandato eletivo, a fraude à lei e a simulação de atos jurídicos.

Homero Prates[43] ensina que simular significa fingir, disfarçar, dar aparência de real ao que não existe. O fim de enganar é a característica fundamental de todas as formas de simulação. As partes, em geral, recorrem a um tal expediente, a um tal artifício, com o intuito de fazer crer na existência de um ato que ou não se realizou ou é diverso do praticado. E, concluindo seu pensamento, enuncia: "Em direito, ou em sentido técnico — que é o que nos ocupa — simulação é toda declaração de vontade, em divergência intencional dolosa com o querer íntimo das partes, destinada a fazer crer, com o fim de engano e normalmente de fraude, na existência de um negócio jurídico que não se quis em verdade constituir ou ocultar outro que efetivamente se teve em vista".[44]

Pontes de Miranda,[45] em cores vivas, chama a atenção que, em tal maquinação, algo se ostenta exteriormente, algo de exterior se mostra, enquanto diversamente algo de verdadeiramente intrínseco entendem os figurantes. Vale dizer: "ostenta-se o que não se queria; e deixa-se, inostensivo, aquilo que se quis".

Ao tempo das urnas de lona e da cédula de votação, em que o resultado das eleições era contado voto a voto e contabilizado em um mapa de votação, eram comuns fraudes eleitorais no dia da votação, como o mapismo (contabilização fraudulenta dos votos dados), as correntes eleitorais (o eleitor depositava na urna um voto falso e levava consigo a cédula verdadeira, fazendo com que cada eleitor que vendesse o voto depositasse na urna aquele previamente preenchido pelos cabos eleitorais do candidato e trouxesse uma cédula em branco), além do chamado voto formiguinha, em que se depositavam nas urnas antes do lacre, diversos votos.

Com o advento das urnas eletrônicas, essas formas de fraude no dia da eleição não mais existem. A tecnologia pôs fim àquelas práticas nocivas, de modo que os ilícitos deixaram de ser no ato de votação ou na apuração, agora automatizada, passando para ocorrer no momento anterior, com a compra de votos ou as mais variadas formas de abuso de poder. Desse modo, não se justifica mais a antiga jurisprudência do Tribunal Superior Eleitoral que ainda interpreta o §10 do art. 14 da CF/88 de modo angusto, limitando a fraude que enseja a AIME como sendo aquela que ocorre no dia da eleição, é dizer, como fraude relativa ao processo de votação,[46] consoante era antigamente o

---

[43] *Atos simulados e atos em fraude da lei*, p. 21.
[44] *Atos simulados e atos em fraude da lei*, p. 23-24.
[45] *Tratado de direito privado*, t. IV, p. 375.
[46] Os casos são raros e, em sua maioria, podem ser classificados como demandas temerárias, como ocorreu em Alagoas: "Governador. Ação de impugnação de mandato eletivo fundada em fraude no sistema de captação

mapismo e como passaram a ser as raras disputas sérias em torno da legalidade e normalidade do uso da urna eletrônica.[47]

Conservar a antiga interpretação, parece-nos, simplesmente torna vazio de conteúdo semântico o signo utilizado pelo texto constitucional, tirando-lhe a máxima efetividade. De um lado, então, é curial que faça uma nova leitura do texto constitucional, dando-lhe eficácia ampla; doutra banda, é fundamental estremar a fraude de outros ilícitos eleitorais, evitando dar-lhe uma amplitude semântica tão ampla que tudo caiba nela, a tal ponto de todos os ilícitos serem reputados como "fraudes à vontade do eleitor" e, por conseguinte, desafiarem o ajuizamento da ação de impugnação de mandato eletivo. Nem tanto ao mar nem tanto à terra.

As palavras da lei evoluem em seu sentido, como evolui a língua. Diacronicamente, as palavras têm história, e a convenção sobre o emprego delas muda conforme mude o contexto social, político ou moral. Desde Saussure sabe-se que a par do eixo sincrônico ou estático da língua, em que as palavras não têm passado, não se pode desprezar o seu eixo diacrônico ou evolutivo, analisando as mudanças que ocorrem na aplicação prática dos indivíduos, é dizer, na fala.[48] E esse aspecto de continuidade diacrônica é uma característica fundamental da linguagem, inclusive jurídica, que não fica estática no tempo, sem que acompanhe as mudanças de valores da comunidade do discurso. É nesse sentido que Eugenio Coseriu, seguindo o pensamento de Antonino Pagliaro, dirá que "A 'língua' pertence ao indivíduo e, ao mesmo tempo, à sua comunidade e no próprio indivíduo se apresenta como *alteridade*, como algo que pertence também a outros".[49] Essa característica coletiva e histórica da linguagem se entremostra muito presente na evolução dos institutos e conceitos jurídicos, razão pela qual compete ao intérprete analisar um dispositivo legal no contexto do ordenamento jurídico em que ele está inserido, cujas mutações de sentido são introduzidas, no mais da vez, por outros dispositivos ou diplomas legais que entram posteriormente em vigor.

É evidente, então, que a LC nº 135 impacta a interpretação das normas jurídicas que lhe eram anteriores, inclusive porque passou a criar normativamente uma hipótese

---

de votos e de totalização da urna eletrônica não comprovada. Inépcia da inicial. Ocorrência de preclusão para o questionamento de irregularidades e inconsistências nas urnas eletrônicas. Recurso ordinário desprovido. Prejudicado o recurso especial e o agravo retido. (...). 2. Alegações genéricas, sem imputação direta aos réus de conduta tendente a iludir eleitores para obtenção de resultado favorável no pleito por meio de fraude, não correspondem ao âmbito de cabimento da ação de impugnação de mandato eletivo, conforme preceitua o art. 14, §10, da Constituição Federal" (Ac. de 08.04.2010 no RO nº 2.335, rel. Min. Fernando Gonçalves).

[47] Nesse sentido tradicional: "Não é possível examinar a fraude em transferência de domicílio eleitoral em sede de ação de impugnação de mandato eletivo, porque o conceito de fraude, para fins desse remédio processual, é aquele relativo à votação, tendente a comprometer a legitimidade do pleito, operando-se, pois, a preclusão" (ARO nº 888/SP, rel. Min. Caputo Bastos, *Diário de Justiça – DJ*, v. 1, p. 90, 25 nov. 2005). E ainda: "A fraude que pode ensejar ação de impugnação de mandato é aquela que tem reflexos na votação ou na apuração de votos. 4. Agravo a que se nega provimento" (AG nº 3.009/PI, rel. Fernando Neves, *Diário de Justiça – DJ*, v. 1, p. 102, 16 nov. 2001). Outrossim: "Ação de impugnação de mandato eletivo. Art. 14, §10, da Constituição Federal. Decisão regional. Improcedência. Recurso ordinário. Fraude. Conceito relativo ao processo de votação. Precedentes da Casa. Abuso do poder econômico. Insuficiência. Provas. Exigência. Potencialidade. Influência. Pleito. 1. Conforme iterativa jurisprudência da Casa, a fraude a ser apurada em ação de impugnação de mandato eletivo diz respeito ao processo de votação, nela não se inserindo eventual fraude na transferência de domicílio eleitoral. 2. Para a configuração do abuso de poder, é necessário que o fato tenha potencialidade para influenciar o resultado do pleito. Agravo regimental a que se nega provimento" (ARO nº 896/SP, rel. Carlos Eduardo Caputo Bastos, *Diário de Justiça – DJ*, p. 99, 02 jun. 2006).

[48] Sobre o tema, SAUSSURE. *Curso de linguística geral*, p. 94 *et seq.*

[49] COSERIU. Sistema, norma e fala. In: *Teoria da linguagem e linguística geral*, p. 32.

de fraude fora do processo de votação, consoante se observa do art. 1º, inciso I, alínea "n" da LC nº 64/90. Diante desse novo contexto funcional provocado pelo legislador, fica o ordenamento jurídico eleitoral carente de uma interpretação operativa que dê conta dessa nova realidade e promova seja socialmente vivida a norma que dialogicamente se construa a partir do texto e dos seus novos contextos.[50] Mudou-se o processo eleitoral de votação com as urnas-e, tendo a tecnologia acabado em definitivo com as velhas práticas fraudulentas, e mudou-se a legislação eleitoral, agora impregnada de valores que tendem a um hipermoralismo da interpretação e vivência dos institutos eleitorais, exigindo uma maior efetividade das normas e uma aplicação condizente com essa mutação ocorrida desde 1990 para cá, quando entrou em vigor a LC nº 64/90.

Então, há de ser construída uma interpretação consensual do conceito de fraude, para os fins do art. 14, §10, da CF/88, que não seja nem tão angusto que deixe de ter aplicação e torne vazio de sentido o texto constitucional, nem tão largo que abarque todos os ilícitos eleitorais, até o ponto limite de tornar a ação de impugnação de mandato eletivo uma vala comum em que tudo caiba.

A compra de votos não é fraude, mas, sim, captação de sufrágio (art. 41-A); a obtenção de recursos de financiamento de fontes vedadas não é fraude, mas captação ilícita de recursos, assim como as despesas realizadas de modo desconforme à legislação são gastos ilícitos de recursos (art. 30-A). Não se pode, por conseguinte, subsumir ao conceito de fraude os fatos já hipotisados como sendo ilícitos eleitorais específicos, já tarifados pelo ordenamento jurídico. A fraude é fato ilícito *per se stante*, não podendo ser usada retoricamente para alargamento das hipóteses de cabimento da ação de impugnação de mandato eletivo. Tampouco a fraude é apenas, aqui, fraude à lei.

A fraude à lei é uma violação indireta, desatendendo à sua finalidade. Por meios dévios, acutila-se o bem da vida a que o ordenamento jurídico visava proteger, nada obstante não se desatenda à boca cheia o preceito legal. Por vezes bastas, a fraude à lei é feita com o cumprimento de alguma norma jurídica, adotada como pálio para o modo de agir, desatendendo assim a finalidade da outra norma, que é a fraudada. Como diz Pontes de Miranda, "Há fraude à lei sempre que se pratica ato que seria admitido por alguma regra que está no sistema jurídico, mas que pré-exclui resultado, positivo ou negativo, que outra regra jurídica, sob sanção à infração, determinava".[51] No direito tributário o tema da fraude ganha em relevo, gerando muitas discussões com a edição de leis antielisivas, estremando-se o que seja fraude à lei da fraude tributária.[52]

---

50 WRÓBLEWSKI. *Constitución y teoría general de la interpretación jurídica*, p. 39, ensina sobre a interpretação operativa e a mudança de contexto funcional: "El contexto funcional del derecho proporciona también factores relevantes sobre las reglas, valoraciones, opiniones diferentes en lo que respecta a los rasgos de la sociedad y del Estado, y de la 'voluntad' del legislador y de quien decide, considerados como relevantes para el significado de las reglas interpretadas. El caso típico de duda consiste en el conflicto entre las funciones de una regla utilizada en su significado *prima facie* y la *ratio legis* o los fines del legislador actual (como opuesto al histórico). Los elementos políticos del contexto funcional, suscitan dudas". A mudança da legislação, com a entronização de novos valores, evidentemente traz significativas mudanças no contexto funcional, semântico e linguístico da norma a ser interpretada.

51 PONTES DE MIRANDA. *Tratado de direito privado*, t. I, p. 48.

52 O art. 72 da Lei nº 4.502/64 prescreve que: "Fraude é toda ação ou omissão dolosa tendente a impedir ou retardar, total ou parcialmente, a ocorrência do fato gerador da obrigação tributária principal, ou a excluir ou modificar as suas características essenciais, de modo a reduzir o montante do imposto devido, ou a evitar ou diferir o seu pagamento". A fraude tributária não guarda conceitualmente correspondência biunívoca com o conceito de fraude à lei, como bem observou TÔRRES. *Direito tributário e direito privado*: autonomia privada,

Não se deve compreender a fraude do §10 do art. 14 da CF/88 como fraude à lei. A fraude eleitoral é ato ilícito doloso consistente na ação de enganar o eleitor, através de ardis que visem a conspurcar a sua vontade, ou a Justiça Eleitoral, através de atos que se adequem a um modelo jurídico, porém praticados visando dolosamente obviar a aplicação de uma outra norma cogente.

É fraude o ato de divulgar pesquisa eleitoral falsa, induzindo os eleitores a erro sobre a real situação dos candidatos quanto à intenção de voto;[53] também a divulgação de panfletos, na véspera da eleição, informando que o candidato é inelegível, sem o ser, ou que desistiu da candidatura, sem ter desistido.[54] Ademais, é fraude que pode ser atacada por meio de AIME a apresentação de documento falso que comprove a escolaridade no momento do pedido de registro de candidatura, ou, ainda, aquela feita para justificar a transferência de domicílio eleitoral.[55] Essas últimas não são praticadas para ludibriar o eleitor, mas a Justiça Eleitoral.

---

simulação, elusão tributária, p. 180. Aliás, coube a Pontes de Miranda advertir para o fato de que a fraude à lei não importa obrigatoriamente o dolo, a vontade deliberada em fraudar. Disse PONTES DE MIRANDA. *Tratado de direito privado*, t. I, p. 44: "Se a lei é tal que se lhe pode descobrir o resultado, positivo, ou negativo, que ela colima, e para alcançar esse fim determina a sanção, há-se de entender que a sanção apanha quaisquer infrações diretas ou indiretas. Donde ser indiferente ter havido, ou não, a intenção". Para o direito eleitoral, entendendo que a fraude independe do elemento volitivo, TOFFOLI. Breves considerações sobre a fraude ao direito eleitoral. *Revista Brasileira de Direito Eleitoral – RBDE*, n. 1, p. 45-61: "Dessa forma, considerando a carga de inegável interesse público desses princípios, a fraude no direito eleitoral independe da má-fé ou do elemento subjetivo, perfazendo-se no elemento objetivo, que é o desvirtuamento das finalidades do próprio sistema eleitoral".

[53] A divulgação de pesquisa verdadeira, porém não registrada, não é fraude, devendo ser atacada através da representação do art. 96 da Lei nº 9.504/97. Nesse sentido: "Recurso especial. Ação de impugnação de mandato eletivo. Art. 14, §10, da Constituição Federal. Divulgação de pesquisa eleitoral sem registro. [...] Eventual divulgação de pesquisa sem registro, com violação do art. 33 da Lei nº 9.504/97, deve ser apurada e punida por meio da representação prevista no art. 96 da Lei nº 9.504/97" (Ac. nº 21.291, de 19.08.2003, rel. Min. Fernando Neves).

[54] Não se trata de propaganda negativa ilícita, mas de fraude, divulgando para o eleitorado fato sabidamente inexistente ou inverídico. Trata-se de ardil que visa induzir o eleitor a erro, tirando-lhe o apetite em votar em um candidato que não poderá assumir o mandato ou que não mais estará concorrendo no pleito. "Ação de impugnação de mandato eletivo. Art. 14, §10, da Constituição da República. Candidato. Vereador. Distribuição. Folhetos. Véspera. Eleição. Notícia. Desistência. Candidato adversário. Fraude eleitoral. Configuração. Responsabilidade. Potencialidade. Comprovação. Reexame de fatos e provas. Impossibilidade. (...) 2. A fraude eleitoral a ser apurada na ação de impugnação de mandato eletivo não se deve restringir àquela sucedida no exato momento da votação ou da apuração dos votos, podendo-se configurar, também, por qualquer artifício ou ardil que induza o eleitor a erro, com possibilidade de influenciar sua vontade no momento do voto, favorecendo candidato ou prejudicando seu adversário. Agravo de instrumento provido. Recurso especial conhecido parcialmente, mas improvido" (Ac. nº 4.661, de 15.06.2004, rel. Min. Fernando Neves).

[55] Contra, pela interpretação angusta dada à norma: "Ação de impugnação de mandato eletivo. Eleição. Deputado federal. Alegação. Fraude. Transferência. Domicílio eleitoral. Não-cabimento. Ausência. Reflexo. Votação. Ausência. Matéria. Natureza constitucional. Possibilidade. Preclusão. 1. Em sede de impugnação de mandato eletivo, não cabe discussão acerca de fraude na transferência de domicílio eleitoral. (...) 3. '(...) domicílio eleitoral é condição de elegibilidade e não hipótese de inelegibilidade. Sua inexistência na época do registro da candidatura — de difícil comprovação agora — não configuraria, de qualquer forma, hipótese de inelegibilidade legal e muito menos constitucional (Constituição Federal, art. 14, §§4º a 9º; e Lei Complementar no 64/90, art. 1º, incisos I a VII)' (Ac. nº 12.039, de 15.08.91, rel. Min. Américo Luz)" (Ac. nº 888, de 18.10.2005, rel. Min. Caputo Bastos). Em verdade, a fraude na transferência do domicílio eleitoral pode causar a perda de uma das condições de elegibilidade, nesse caso em decorrência de um fato ilícito. Logo, estaremos aqui diante de uma inelegibilidade cominada simples, apenas para a eleição em que o ilícito se deu, gerando a perda de mandato eletivo. De outra banda, com a interpretação arrevesada que deu o Supremo Tribunal Federal à LC nº 135, chegou-se ao absurdo de apagar-se a linha divisória entre o lícito e o ilícito, de modo que as inelegibilidades teriam virado uma teoricamente monstruosa "condição negativa de elegibilidade". Assim, para o STF não haveria mais discrímen entre inelegibilidade e condições de elegibilidade, o que seria cômico, não fosse doutrinariamente trágico.

Outra fraude que pode ser atacada por meio de ação de impugnação de mandato eletivo é aquela do art. 1º, inciso I, alínea "n", em razão de simulação do fim do vínculo conjugal ou de união estável.[56] Trata-se, consoante se observa, também de fraude para ludibriar a Justiça Eleitoral, buscando dar cuteladas, por via oblíqua, no impedimento decorrente da inelegibilidade reflexa do §7º do art. 14 da CF/88.

Há, ainda, a fraude quando do afastamento da aplicação da alínea "g" do inciso I do art. 1º da LC nº 64/90 por atos legislativos imotivados, como quando a Câmara Municipal revoga decisão que rejeitou as contas do Chefe do Poder Executivo.[57] Outrossim, é fraude eleitoral, que pode ser atacada por meio de AIME, a indicação de candidato com reconhecido apelo popular, porém sabidamente inelegível por decisão judicial anterior e transitada em julgado, colocado para concorrer apenas para ludibriar a vontade do eleitor, sendo substituído às vésperas do pleito.[58]

3.2 Corrupção

A corrupção é corolário direto do abuso de poder econômico ou poder político. Está prevista no art. 299 do CE, como sendo a ação de "dar, oferecer, prometer, solicitar ou receber, para si ou para outrem, dinheiro, dádiva ou qualquer outra vantagem, para obter ou dar voto e para conseguir ou prometer abstenção, ainda que a oferta não seja aceita". Corrompe-se a vontade do eleitor, através do oferecimento de vantagens, viciando sua liberdade, mais da vez pela necessidade sua em relação à dádiva ofertada. Pune-se a corrupção de duas formas, ambas independentes e autônomas: enquanto ilícito penal eleitoral, pela restrição à liberdade do que lhe deu causa; como ilícito civil eleitoral, tomando-a como captação ilícita de sufrágio, com a análise da potencialidade do fato para a aplicação da sanção de perda do mandato eletivo.

Em caso de captação de sufrágio atacada através da ação de impugnação de mandato eletivo, a sentença de procedência fica limitada, após a análise da gravidade das circunstâncias, a aplicar a cassação do diploma, sem que se possa aplicar a multa, uma vez que o §10 do art. 14 da CF/88 não prevê essa sanção.[59]

---

[56] "Os que forem condenados, em decisão transitada em julgado ou proferida por órgão judicial colegiado, em razão de terem desfeito ou simulado desfazer vínculo conjugal ou de união estável para evitar caracterização de inelegibilidade, pelo prazo de 8 (oito) anos após a decisão que reconhecer a fraude" (Incluído pela Lei Complementar nº 135, de 2010).

[57] Vide Recurso Especial Eleitoral nº 29.684, lembrado por TOFFOLI, José Antônio Dias. Breves considerações sobre a fraude ao direito eleitoral. *Revista Brasileira de Direito Eleitoral – RBDE*, n. 1, p. 45-61: "Neste precedente, o candidato obteve a reprovação de 4 (quatro) contas anuais pela Câmara Municipal. No entanto, todos esses 4 (quatro) decretos foram revogados, sem nenhuma motivação, por um único decreto e, ato contínuo, as contas foram aprovadas, tudo a menos de três meses do prazo para registro de candidatura, na clara e inequívoca tentativa de esvaziar o sentido e o propósito da Lei das Inelegibilidades".

[58] Com certa razão (TOFFOLI. Breves considerações sobre a fraude ao direito eleitoral. *Revista Brasileira de Direito Eleitoral – RBDE*, n. 1, p. 45-61), porém sem a amplitude psicológica que concede ao falar em "sabendo-se inelegível". O fato há de ser objetivo: inelegibilidade por decisão anterior e transitada em julgado. Diz o Ministro do STF: "A fraude à lei, explicitada no sentido de se valer de um ato aparentemente lícito para se burlar o sistema jurídico, pode ficar ainda mais caracterizada se os partidos ou coligações escolherem em convenção partidária alguém que, mesmo sabendo-se inelegível, seja um excelente 'puxador de votos' e, após, resolva substituí-lo, às vésperas, por outrem".

[59] Nesse sentido: "Recurso especial. Ação de impugnação de mandato eletivo. Corrupção. Multa. (...) 2. A procedência da AIME enseja a cassação do mandato eletivo, não sendo cabível a imposição de multa a que se refere o art. 41-A da Lei nº 9.504/97, por falta de previsão no art. 14, §10, da Constituição Federal e na própria Lei nº 9.504/97" (Ac. de 06.12.2007 no REspe nº 28.186, rel. Min. Arnaldo Versiani).

§4 Das partes

São legitimados para propor a ação de impugnação de mandato de eletivo o representante do Ministério Público, os partidos políticos isolados, as coligações, os candidatos e os eleitores.

Quanto aos eleitores, a jurisprudência tem sido contrária à sua legitimação,[60] em razão da prática atávica de limitar a participação popular ampla nas questões públicas, em desdouro à democracia, herdada da experiência ditatorial vivida por nossa Nação, e infelizmente consolidada e incrustada na AIRC e na AIJE. Não por outro motivo, são tais limitações inaplicáveis à AIME, à falta de norma infraconstitucional que venha a mondar a legitimidade *ad causam* ativa dos eleitores.

O que nesse instante desejamos efetivamente tratar, mercê de já termos assentado nossa opinião sobre o problema da legitimação para agir, é sobre dois temas importantes acerca das partes processuais: (a) sobre a necessidade de litisconsorciação passiva da chapa formada para concorrer por cargo eletivo do Poder Executivo; e (b) sobre a existência ou não de legitimidade passiva do candidato que, embora não tendo concorrido para a prática de abuso de poder, corrupção ou fraude, venha a ser beneficiado por ela.

4.1 Litisconsórcio passivo

A obrigatoriedade de formação de chapa una e indivisível para concorrer à eleição majoritária é exigência expressa do art. 91 do Código Eleitoral. A indivisibilidade e unicidade da chapa fazem inconsútil a relação jurídica formada entre o titular e o seu vice, gerando para ambos a unitariedade dos efeitos da decisão que se pronuncie sobre a chapa ou sobre a situação individual de um dos seus membros. A litisconsorciação necessária decorre de expressa disposição legal ou da própria natureza da relação jurídica de direito material.

Em que pese o candidato a vice, diferentemente dos suplentes de senador, concorrer a um mandato próprio, entendeu anteriormente o Tribunal Superior Eleitoral que quem é votado é o candidato titular, razão pela qual exerceria sobre o vice uma relação de subordinação. Essa interpretação não levava em conta que, em verdade, do ponto de vista jurídico, vota-se na chapa e não no candidato. As candidaturas majoritárias, no Brasil, são plurissubjetivas. Essa emasculação do papel do candidato a vice propiciou que a sua presença na relação processual não apenas deixasse de ser obrigatória (litisconsórcio necessário) como também deixasse de ser solicitada (litisconsórcio facultativo), recebendo ele o influxo direto dos efeitos jurídicos de uma decisão prolatada em uma relação processual da qual ele não fez parte. Ou seja, criou-se erradamente em relação ao vice a possibilidade de ser atingido pelos efeitos diretos da decisão, sem exercício do seu direito de defesa.

Ainda que se admitisse que o vice fosse apenas acessório em relação à candidatura principal, dessa premissa não se poderia retirar a conclusão de que ele poderia ter um direito seu subtraído sem a observância da cláusula pétrea constitucional do devido

---

[60] "Ação de impugnação de mandato eletivo (Constituição Federal, art. 14, §11). Legitimidade *ad causam* (Lei Complementar nº 64/90, art. 22). Não têm legitimidade *ad causam* os apenas eleitores. Recurso conhecido e provido nesta parte" (*JTSE*, 3/95/132).

processual legal. Nada obstante, essas questões relevantes não comoveram o TSE, que, para não deixar dúvidas sobre o ponto, decidiu reiteradamente neste sentido: "Agravo regimental – Citação do vice-prefeito – Desnecessidade – Litisconsórcio necessário – Inexistência – Precedentes – Ausência de violação dos arts. 47 e 472 do CPC e art. 5º, LIV e LV, da Constituição da República. Agravo não provido" (ARESPE nº 20.138/MG, rel. Min. Fernando Neves, *Diário de Justiça – DJ*, p. 127, 23 maio 2003). Essa visão passou a ser novamente superada, voltando-se à escorreita tradição que exige a litisconsorciação necessária dos membros da chapa.[61]

Que seja necessário o litisconsórcio, penso não haver dúvidas. Mas que, a par de ser necessário, seja ele sempre unitário, aí é largo passo, que não pode ser dado em todas as hipóteses sem temperamentos. Há, sem embargo, o problema da chamada inelegibilidade pessoal, ou seja, aquela espécie de inelegibilidade que não decorre de ato ilícito, mas da ausência de alguma condição de elegibilidade (inelegibilidade inata). Segundo o art. 18 da LC nº 64/90, "a declaração de inelegibilidade do candidato à Presidência da República, Governador de Estado e do Distrito Federal e Prefeito Municipal não atingirá o candidato a Vice-Presidente, Vice-Governador ou Vice-Prefeito, assim como a destes não atingirá aqueles".

A norma do art. 18, já dissemos, se refere àquelas inelegibilidades que não decorrem de fatos ilícitos eleitorais (abuso de poder econômico ou político, corrupção, fraude, captação de sufrágio etc.), que viciam a vontade do eleitor e maculam o resultado do pleito. Sendo una e indivisível a *candidatura plurissubjetiva*, evidentemente que o voto viciado pela ilicitude gera efeitos negativos para ambos os membros, de vez que o proveito é compartilhado. Aqui haveria, sim, litisconsórcio necessário unitário. Já as inelegibilidades pessoais, que se referem apenas e tão somente a um dos membros da chapa (inelegibilidade inata ou mesmo algumas espécies de inelegibilidade cominada, como a decorrente do art. 15, inciso III, da CF/88, *verbi gratia*), não têm o condão de alcançar a esfera jurídica do outro membro da chapa registrada e eleita, passando ele a ser titular do seu diploma para todos os fins legais (inclusive a sucessão do titular inelegível, falecido ou que tenha renunciado), razão pela qual estaríamos diante de um litisconsórcio necessário simples.

O tema não é simples e merece ser tratado com a dignidade que possui, sem o simplismo de certas afirmações de duvidosa procedência, como aquela segundo a qual não se vota no vice, mas apenas no titular da chapa. Trata-se de um grave equívoco jurídico, sem base alguma em nosso ordenamento positivo, seja de escalão constitucional ou infraconstitucional. Para uma análise mais detida do tema, encaminhamos o leitor ao que escrevemos sobre o tema (capítulo 1, *supra*).

---

[61] "Cassação dos mandatos de prefeito e vice-prefeito por abuso de poder político. Corrupção. Ação de impugnação de mandato eletivo proposta tempestivamente apenas contra o prefeito. Litisconsórcio necessário unitário entre prefeito e vice-prefeito. Mudança jurisprudencial do Tribunal Superior Eleitoral a ser observada para novos processos a partir de 3.6.2008. Ação proposta em 22.12.2008. Impossibilidade de citação *ex officio* do vice-prefeito após o prazo decadencial da ação. Constituição da República, art. 14, §10. (...) Inaplicabilidade do art. 16 da Constituição da República. Razoabilidade" (Ac. de 17.02.2011 no AgR-REspe nº 462673364, rel. Min. Cármen Lúcia). Assim, voltou-se à anterior jurisprudência do TSE: "Agravo de instrumento. Ação de impugnação de mandato eletivo. Litisconsórcio necessário unitário. Na ação de impugnação de mandato eletivo, a citação do litisconsorte necessário há que ser feita no prazo decadencial de quinze dias a contar da diplomação (art. 14, §10, da Constituição Federal). Agravo a que se nega provimento" (Ac. nº 2.095, de 24.02.2000, rel. Min. Eduardo Alckmin).

É consabido que há candidaturas que apenas podem existir se feitas em conjunto, como se fossem uma única. É que a Constituição Federal, no §2º do art. 77, prescreveu que a eleição do presidente da República importará a do vice-presidente com ele registrado. Do mesmo modo, o candidato a senador deverá ser registrado com dois suplentes, mercê do disposto no seu art. 46, §3º, que prescreve que cada senador será eleito com dois suplentes.

Chamam-se *candidaturas plurissubjetivas* aquelas candidaturas registradas em chapa una e indivisível, para recebimento conjunto dos votos, de maneira que uma candidatura apenas será juridicamente possível com a outra ou as demais, dependendo da exigência legal. Ou seja, por determinação legal não se admite que apenas um nacional proponha o registro para candidatura que foi juridicamente concebida para ser dúplice ou plúrima. Enquanto para os cargos proporcionais a candidatura é unissubjetiva (embora em listas indicadas pela convenção), para os cargos majoritários há exigência de suplência constituída quando do pedido de registro, sem a qual não poderá ser ele deferido, vez que *o voto dado pelo eleitor não será, sob a óptica jurídica, apenas para o candidato principal, mas também para os que completam a chapa (art. 178 do CE)*.

Constituída a chapa majoritária, ainda que pendente de recurso a decisão que a deferiu, há elegibilidade de ambos os membros: elegibilidade para titular da candidatura principal (presidente da República, governador de Estado e prefeito de Município) e elegibilidade para o candidato a vice. Havendo declaração ou decretação, superveniente ao registro, de inelegibilidade de um dos seus membros, a chapa fica desfalcada, necessitando complemento no prazo decendiário.

A Resolução nº 21.608/2004 deu ênfase à indivisibilidade das candidaturas plurissubjetivas, prescrevendo que a validade dos votos atribuídos à chapa que esteja incompleta e *sub judice* no dia da eleição fica condicionada ao deferimento de seu registro, ou seja, o reconhecimento judicial de que seus integrantes estão aptos a concorrer (parágrafo único do art. 61). Desse modo, havendo o indeferimento originário da chapa em razão da inelegibilidade de um dos seus membros, e concorrendo ela *por sua conta e risco*, a validade dos seus votos depende do deferimento posterior do registro pelas instâncias superiores. Em sendo confirmado em todas as instâncias o indeferimento do registro, tem-se que a chapa nunca fora juridicamente consolidada, razão pela qual os votos que lhe tenham sido atribuídos são reputados nulos.[62] Nessa hipótese, embora a inelegibilidade de um dos membros não contagie o outro (art. 18 da LC nº 64/90), o indeferimento do registro de candidatura traz percussão para ambos os membros, porque juridicamente não havia se formado a chapa (plano da existência dos fatos jurídicos).

---

[62] O art. 16-A deve ser lido com o sentido daquela Resolução-TSE nº 21.608/2004, que o inspirou, é dizer, o condicionamento da validade dos votos para ambos os membros da chapa, em caso de inelegibilidades pessoais, apenas ocorreria se no dia da eleição a chapa estiver incompleta e *sub judice*. É uma redação mais completa e adequada do que a dada ao art. 16-A da Lei nº 9.504/97: "O candidato cujo registro esteja *sub judice* poderá efetuar todos os atos relativos à campanha eleitoral, inclusive utilizar o horário eleitoral gratuito no rádio e na televisão e ter seu nome mantido na urna eletrônica enquanto estiver sob essa condição, ficando a validade dos votos a ele atribuídos condicionada ao deferimento de seu registro por instância superior. (Incluído pela Lei nº 12.034, de 2009) Parágrafo único. O cômputo, para o respectivo partido ou coligação, dos votos atribuídos ao candidato cujo registro esteja *sub judice* no dia da eleição fica condicionado ao deferimento do registro do candidato. (Incluído pela Lei nº 12.034, de 2009)".

Agora, se o registro de candidatura for originariamente deferido, estará a chapa completa no dia da eleição, ainda que *sub judice*. Nesse caso, tendo havido o ato jurídico do registro de candidatura (plano da existência), haverá para os seus membros o nascimento do direito de ser votado (plano da eficácia), razão pela qual os votos que lhe sejam atribuídos serão válidos, ainda que posteriormente à eleição venha a instância superior indeferir o registro de candidatura, em razão de ausência de alguma condição de elegibilidade ou da presença de alguma inelegibilidade pessoal de um dos membros. Nesse caso, se inelegível era o candidato principal (presidente da República, governador de Estado ou prefeito de Município), assumirá o seu vice, porque não poderá ele ser contagiado pela inelegibilidade pessoal do outro membro, uma vez que no ato da votação estava a chapa completa, ainda que *sub judice*. A incidência da norma do parágrafo único do art. 61 da Resolução nº 21.608/2004 requer a presença contemporânea de dois requisitos: a incompletude da chapa pelo seu indeferimento e o estar ainda *sub judice*. Nada obstante, o posicionamento de parte da jurisprudência tem sido radical, fazendo chegar ao vice os efeitos da decisão que, apenas posteriormente à eleição, reconheça a inelegibilidade pessoal do titular (*v.g.*, a ausência de uma condição de elegibilidade), nulificando para ambos os votos recebidos. Embora seja apenas pessoal a inelegibilidade, a cassação do registro alcançaria equivocadamente a ambos: "Recurso especial. Litisconsórcio. Não-obrigatoriedade. Exceção. Inelegibilidade, art. 18, ce. Representação. Art. 73, VI, 'b', da lei nº 9.504/97. Cassação de registro e diploma. Recurso provido. I. Nos casos em que há cassação do registro do titular, antes do pleito, o partido tem a faculdade de substituir o candidato. Todavia, *se ocorrer a cassação do registro ou do diploma do titular após a eleição — seja fundada em causa personalíssima ou em abuso de poder —, maculada restará a chapa, perdendo o diploma tanto o titular como o vice, mesmo que este último não tenha sido parte no processo, sendo então desnecessária sua participação como litisconsorte. II. Na hipótese de decisão judicial que declarar inelegibilidade, esta só poderá atingir aquele que integrar a relação processual. III. Institutos processuais muitas vezes ganham nova feição no âmbito do Direito Eleitoral, em face dos princípios, normas e características peculiares deste ramo da ciência jurídica*" (REsp nº 19.541/MG, rel. Min. Sálvio de Figueiredo Teixeira, *DJ*, 08 mar. 2002, p. 191, grifos apostos).[63]

Assim, a manter-se esse entendimento estreito, a candidatura do vice passaria a ser totalmente dependente do candidato principal, sendo superada aquela consolidada jurisprudência segundo a qual a sorte dos eleitos, após a diplomação, seria independente, sendo cada um titular de seu próprio mandato. Nessa outra concepção, o vice continuaria dependente do titular, mesmo após a eleição, pouco importando tenha ou não dado causa à inelegibilidade dele: embora pessoal a inelegibilidade, não o alcançando, da cassação do registro e do diploma não escapa o vice. Cada vez mais, desse modo, se enfraqueceria a chapa, sendo o vice lamentavelmente um mero figurante.

Essa interpretação radical foi recentemente mitigada, admitindo-se que a inelegibilidade pessoal não contamina a chapa se ela se efetivar após as eleições e antes da diplomação ou posse dos eleitos. "Recurso contra expedição de diploma – Prefeito

---

[63] Pensamos que essa jurisprudência deva ser superada, dando-se ao candidato a vice o *status* de vero candidato e não, como antes, como fosse um mero adereço na chapa, ornando-a não se sabe para quê. O vice é tão votado quanto o titular, sendo a chapa una e indivisível.

– Perda de direitos políticos – Condenação criminal – Trânsito em julgado posterior à eleição – Condição de elegibilidade – Natureza pessoal – Eleição não maculada – Validade da votação – Situação em que não há litisconsórcio passivo necessário – Eleição reflexa do vice – Art. 15, III, da Constituição da República – Art. 18 da LC nº 64/90. 1. As condições de elegibilidade e as causas de inelegibilidades são aferidas com base na situação existente na data da eleição. 2. Por se tratar de questão de natureza pessoal, a suspensão dos direitos políticos do titular do Executivo Municipal não macula a legitimidade da eleição, sendo válida a votação porquanto a perda de condição de elegibilidade ocorreu após a realização da eleição, momento em que a chapa estava completa" (RESPE nº 21.273/SP, rel. Min. Fernando Neves, *Diário de Justiça – DJ*, p. 153, v. 1, 02 set. 2005).

Esse dado é relevante: não haverá cancelamento da chapa se a inelegibilidade pessoal apenas for constituída após as eleições, ou seja, se a chapa estava formada adequadamente no dia da votação. Se o candidato, membro da chapa, responde a um processo relativo às eleições gerais, tendo a sua inelegibilidade decretada, mas sem transitar em julgado até o dia da eleição municipal seguinte, poderá validamente ser eleito, porque naquela data do prélio ele estava elegível, não havendo contaminação da chapa.

Outra questão importante diz respeito à exigência ou não de formação de litisconsórcio necessário passivo com o partido político ou coligação da qual a chapa faça parte. Tem-se entendido, com vantagem, que não há formação de litisconsórcio com os partidos políticos, uma vez que a nulidade dos votos, decorrente da procedência da ação, não lhe traria prejuízo direto, senão apenas indiretamente, pela derrota da sua chapa. Tem-se admitido, quando se tratar de eleição majoritária, que o partido político, ou coligação, ingresse como assistente do candidato impugnado,[64] pelo interesse jurídico existente no desfecho do processo.

Finalmente, discute-se sobre a necessidade de litisconsórcio passivo entre o candidato impugnado e o seu partido político, quando se tratar de *eleição proporcional*. José Antônio Fichtner,[65] em estudo rigoroso, defende a necessariedade da formação de litisconsórcio, em casos que tais, aduzindo argumentos firmes, os quais transcrevemos: "O quociente eleitoral serve de instrumento à divisão das cadeiras disponíveis entre os concorrentes a cargo eletivo, permitindo que se diga que o resultado da eleição deriva do somatório dos votos dos Partidos ou Coligações e não dos candidatos, isoladamente considerados". Continuando: "Isso quer dizer que *a cadeira obtida pertence ao Partido ou Coligação e*, não, *propriamente, ao candidato eleito*. Assim é que, na hipótese de propositura de ação de impugnação de mandato eletivo contra candidato eleito pela votação proporcional, o Partido tem, necessariamente, que ser litisconsorte do candidato cujo está sendo impugnado. Tal afirmativa tanto mais é verdadeira quando se percebe que, *da ação proposta, pode resultar a nulidade dos votos obtidos pelo réu, com abuso de poder econômico, fraude ou corrupção*. A nulidade de tais votos, em verdade, constitui medida imperiosa de moralidade pública eleitoral, já que aqueles vícios desfazem por completo

---

[64] Assim, decisão do TSE: REspEl nº 9.557, de 09.06.1992, rel. Min. Hugo Gueiros, pub. *DJU*, p. 12468, 17 ago. 1992.

[65] Da legitimidade para a ação de impugnação de mandato eletivo. *Paraná Eleitoral*, n. 22, p. 39-40, abr./jun. 1996.

o necessário equilíbrio do pleito e não podem ser mantidos no cômputo final, sob pena de, eventualmente, beneficiarem e prejudicarem outros candidatos". E arremata: "Se já está convenientemente demonstrado que, em tal hipótese, o litisconsorte é necessário, a tarefa tendente à demonstração de que o mesmo litisconsórcio ostenta natureza unitária se vê facilitada. É que, nos termos da segunda parte do art. 47 do Código de Processo Civil, o magistrado não poderá considerar o mandato impugnado em relação ao candidato e, ao mesmo tempo, impedir que os efeitos daquela decisão se operem em relação ao partido pelo qual o candidato se elegeu" (grifei).

Os argumentos vertidos em favor da formação de litisconsórcio necessário passivo, entre os candidatos a cargos de votação proporcional e seus respectivos partidos políticos, são, na maioria dos casos, estruturados à semelhança da doutrina acima transcrita. E tal doutrina se sustenta em duas premissas fundamentais: (a) as cadeiras obtidas no Legislativo não pertencem ao candidato, mas ao partido político; e (b) a ação de impugnação de mandato eletivo tem por efeito nulificar os votos outorgados ao candidato demandado. Tais premissas induzem à conclusão de que (c) a nulidade dos votos ocasionadas pela AIME afeta os partidos políticos detentores das cadeiras no Legislativo, uma vez que prejudica o seu quociente partidário. A proposição (a) é parcialmente verdadeira; as proposições (b) e (c), falsas.

As cadeiras obtidas pelos partidos políticos apenas pertencem exclusivamente a eles se não concorreram fazendo parte de uma coligação. Se estava coligado com outros partidos políticos, a vaga pertence à coligação na ordem dos mais votados, exceto em caso de perda do mandato por infidelidade partidária, caso em que o suplente que assume é do partido político do qual fazia parte o infiel. A indicação do ocupante do cargo vago não diz respeito à pertença do cargo eletivo, mas ao quociente eleitoral, da mesma forma que a distribuição dos fundos partidários (art. 13 c/c art. 41, inc. II, da Lei nº 9.096/95 – LPP). Vago o cargo, a indicabilidade do suplente deve ser feita na conformidade do quociente eleitoral. É *o princípio da indicabilidade do suplente pela agremiação ou coligação na qual foi registrado e se elegeu o titular.*

Afirma-se, outrossim, que a AIME tem por finalidade nulificar os votos do candidato beneficiado por abuso de poder econômico, corrupção ou fraude. Sem razão, contudo. *A ação de impugnação de mandato eletivo não tem outra finalidade que decretar a inelegibilidade do candidato e cassar os efeitos do diploma.* A nulidade dos votos não seria efeito incluso, próprio, da sentença, mas efeito anexo, excluso, em virtude do disposto no art. 175, §3º, do Código Eleitoral, segundo o qual "serão nulos, para todos os efeitos, os votos dados a candidatos inelegíveis ou não registrados". Quem ajuíza a AIME não pede a nulidade dos votos: pede a inelegibilidade do candidato e a perda do mandato eletivo. A nulidade dos votos, quando muito, seria efeito que se cola à sentença, *ope legis*, independentemente de pronunciamento judicial. Malgrado isso, *no caso específico da AIME*, não há nulidade dos votos, mercê do disposto no art. 175, §4º, que dispõe: "O disposto no parágrafo anterior não se aplica quando a decisão de inelegibilidade, ou de cancelamento de registro, for proferida após a realização da eleição a que concorreu o candidato alcançado pela sentença, caso em que os votos serão contados para o partido pelo qual tiver sido feito o seu registro".

Vale dizer que, como a AIME é sempre proposta após a realização da eleição, a sua decisão sobre a inelegibilidade do candidato demandado não importa a nulidade dos votos auferidos pelo partido político através do qual ele concorreu, não havendo prejuízo algum para a agremiação na fixação do quociente partidário.[66]

Em virtude desses argumentos, não se pode concordar com a necessidade de formação de litisconsórcio passivo entre o candidato a cargo eletivo de votação proporcional e o seu partido político, ante a diversidade de tratamento jurídico a respeito da validade dos votos. Outrossim, ainda que os votos fossem anulados, como anexação dos efeitos do art. 175, §3º, do CE — fato que não ocorre, como visto —, não haveria necessidade de formação de litisconsórcio, pela inexistência de relação inconsútil entre o objeto litigioso (inelegibilidade do candidato) e a *res* não deduzida (nulidade de votos). O que haveria seria uma relação de prejudicialidade, cuja ocorrência ensejaria uma assistência litisconsorcial.

Assim, apenas para não deixar quaisquer dúvidas, concluímos que, *nas eleições proporcionais*, não há necessidade de formação de litisconsórcio entre o candidato e o seu partido político em sede de ação de impugnação de mandato eletivo, porque os votos consignados em favo do candidato reputado inelegível apenas são nulos para ele, nada obstante permaneçam válidos para os partidos políticos, sendo computados no cálculo do seu quociente eleitoral. Logo, não havendo prejuízo para o próprio partido político, é de evidência solar também inexistir para ele qualquer interesse de agir.

4.2 Benefício, pelo candidato eleito, de ato ilícito por ele não realizado

É de se indagar se a prática de corrupção, fraude ou abuso de poder econômico for cometida por pessoa que não o candidato, visando a beneficiá-lo, ensejaria a AIME, tal como ocorre com a ação de investigação judicial eleitoral. A questão posta tem inteira procedência, pois a ação de impugnação de mandato eletivo tem escopo preciso: *desvestir o candidato eleito de seu mandato obtido por meio ilícito*. Do ponto de vista estritamente lógico, haveremos de entender *ser impossível* o exercício da AIME contra quem, não sendo candidato, praticou o abuso de poder econômico, a corrupção ou a fraude, em benefício de candidato, com a consequente inexigibilidade de formação de litisconsórcio passivo necessário entre os candidatos e os terceiros que vieram a beneficiá-los, tendo em vista que a finalidade da AIME é desconstituição do mandato eletivo obtido por meios ilícitos. Sendo assim, quem não possui mandato não pode figurar, por ilegitimidade *ad causam* passiva, na relação processual.

A ação de impugnação de mandato eletivo tem como legitimado passivo *ad causam* apenas o candidato contra quem se objurga a prática de ato contrário a direito, ou, não o tendo praticado, dele tenha sido o beneficiário direto. Os que, não possuindo a qualidade de candidato, venham a proceder de modo contrário a direito, sofrerão as consequências penais cabíveis, ou então, para serem decretados inelegíveis, responderão à ação de investigação judicial eleitoral, que expressamente prevê a "inelegibilidade do representado e de quantos hajam contribuído para a prática do ato". Note-se que tal cominação de inelegibilidade para terceiros, promotores de atos incompatíveis

---

[66] *Vide* o reproche ácido de Fávila Ribeiro a esse dispositivo legal, introduzido no Código Eleitoral pela Lei nº 7.179/83 (*Direito eleitoral*. 4. ed., p. 484).

com a legislação eleitoral, possui sede no art. 22, inc. XIV, da LC nº 64/90, cuja posição topológica já denuncia ser efeito próprio e específico da AIJE.[67]

A jurisprudência muito avançou em prol desse entendimento, graças à rica passagem do Ministro Sepúlveda Pertence pelo Tribunal Superior Eleitoral, cujos efeitos se fizeram sentir em mudanças de antigas e reiteradas posições jurisprudenciais, muitas delas repetidas e seguidas apenas pela comodidade de se manter o *status quo ante*. Exemplo marcante disso está na nova postura do TSE quanto à decretação de inelegibilidade do candidato eleito beneficiado por abuso de poder econômico, corrupção e fraude, ainda quando ele não o tenha motivado ou concorrido para sua ocorrência. Partindo da correta premissa de apartar a ação de impugnação de mandato eletivo de qualquer repercussão na esfera penal, posto tratar-se de ação de natureza cível-eleitoral, colocou-se o tema metodologicamente em seu âmbito de tratamento próprio, subtraindo dele qualquer referência à culpa ou ao dolo, vale dizer, à prática de fato típico penal pelo candidato eleito. Nesse giro, pode-se prescindir de qualquer elemento volitivo ou subjetivo vinculado ao candidato eleito, sendo suficiente a demonstração objetiva de ter havido abuso de poder econômico, fraude ou corrupção, cuja finalidade seria trazer um *plus* à eleição do candidato.

Assim já se pronunciou o TSE: "A perda do mandato, que pode ocorrer da ação de impugnação, não é uma pena, cuja imposição devesse resultar da apuração de crime eleitoral de responsabilidade do mandatário, mas, sim, consequência do comprometimento da legitimidade da eleição, por vício de abuso do poder econômico, corrupção ou fraude. Por isso, nem o art. 14, §10 (da Constituição), nem o princípio do *due process of law*, ainda que se lhe empreste o conceito substantivo que ganhou na América do Norte, subordinam a perda do mandato à responsabilidade pessoal do candidato eleito nas práticas viciosas que, comprometendo o pleito, a determinem" (Acórdão-TSE nº 12.030, Min. Pertence, *DJU*, 16 set. 1991 apud JARDIM. *Direito eleitoral positivo*, p. 146).

Trivial seria dizer que o benefício auferido pelo candidato não necessita ser quantificado em votos, bastando a demonstração da potencialidade do fato ilícito para gerar um ganho, uma vantagem, em favor do candidato eleito. Não fosse assim, restaria a ação de impugnação de mandato eletivo esvaziada, tornando-se improfícuo e patético meio de preservação da legitimidade do resultado eleitoral.

§5 Prazo para ser ajuizada

A Constituição Federal, em seu art. 14, §10, fixou o prazo de 15 dias, contados em dias úteis a partir da diplomação (*dies a quo*), para o ajuizamento da ação de impugnação de mandato eletivo.

---

[67] Pedro Henrique Távora Niess (*Direitos políticos*..., p. 182) desfruta desse mesmo entendimento, quando averba: "No polo passivo da relação processual estará, exclusivamente, o candidato que, favorecido com o abuso de poder econômico, corrupção ou fraude, tenha logrado eleger-se, não sendo o caso de figurar como litisconsorte necessário a agremiação que lhe apoiou a candidatura". O próprio partido político não pode figurar na qualidade de litisconsorte passivo, tal qual os terceiros acima indigitados, porquanto a ação é apenas contra o detentor do mandato eletivo, em face da dicção da Carta Constitucional. Ao partido político restará a condição de assistente, tão só.

Com as mudanças introduzidas pela LC nº 64/90, não existe mais a necessidade de se ajuizar a AIME contra os mesmos fatos que ensejaram o ajuizamento da AIJE. É que a AIJE, agora, possui efetividade, consoante a nova redação tanto do art. 15 como do art. 22, inciso XIV, ambos da LC nº 64/90.

§6 Rito processual e execução imediata da decisão

A partir da Resolução-TSE nº 21.635/2004, que disciplinou a eleição de 2004, o rito da ação de impugnação de mandato eletivo passou a ser o previsto no art. 3º da Lei Complementar nº 64/90, destinado à ação de impugnação de registro de candidatura.

Antes de ingressar naquela resolução destinada às eleições de 2004, a definição judicial do rito da AIME foi objeto de uma questão de ordem, que originou a Resolução nº 21.634/2004, tendo por relator o Ministro Fernando Neves, com a seguinte ementa: "Questão de Ordem. Ação de impugnação de mandato eletivo. Art. 14, §10, da Constituição Federal. Procedimento. Rito ordinário. Código de Processo Civil. Não-observância. Processo eleitoral. Celeridade. Rito ordinário da Lei Complementar nº 64/90. Registro de candidato. Adoção. Eleições 2004. 1. O rito ordinário que deve ser observado na tramitação da ação de impugnação de mandato eletivo, até a sentença, é o da Lei Complementar nº 64/90, não o do Código de Processo Civil, cujas disposições são aplicáveis apenas subsidiariamente. 2. As peculiaridades do processo eleitoral — em especial o prazo certo do mandato — exigem a adoção dos procedimentos céleres próprios do Direito Eleitoral, respeitadas, sempre, as garantias do contraditório e da ampla defesa".

A solução dada pelo TSE visou colmatar o vazio legal, após quatorze anos de omissão legislativa, salvando a ação de impugnação de mandato eletivo da sua confusão histórica, enredada no rito ordinário do Código de Processo Civil, com a sua conhecida mora processual. É certo, porém, que não podemos deixar de observar, doutrinariamente, que mais uma vez o TSE abocanhou atribuição do Congresso Nacional, embora com a melhor das intenções. E o fez, mais uma vez, sem preocupação teórica alguma: bastavam-lhe os fins almejados, sem maiores cuidados com a justificativa dos meios empreendidos.

No direito processual civil brasileiro, do qual o direito processual faz parte, não há mais falar em rito ordinário. De modo que os encartados no próprio diploma processual ou em leis extravagantes, são ritos próprios, que fogem daquela estrutura idealmente estabelecida desde o direito romano (*obligatio + actio + litis contestatio + condemnatio*), respeitando aquela ideologia do *ordo iudiciorum privatorum*, em sua versão medieval, exposta supinamente por Ovídio Baptista da Silva.[68] Nada obstante esse dado elementar de teoria geral do processo, entendeu-se que o art. 3º seria o "rito ordinário da Lei Complementar", através de uma afirmação *ad hoc*, sem qualquer fundamentação, que não a citação de alguns eleitoralistas respeitáveis, todos sustentando a necessidade de adoção de algum rito processual em razão da deficiência conhecida daquele ordinário do CPC.

---

[68] SILVA. *Jurisdição e execução na tradição romano-canônica*. 2. ed., p. 25 *et seq.*, e, mais recentemente: *Processo e ideologia*: o paradigma do racionalismo, p. 131 *et seq.*

Não há um rito ordinário na Lei Complementar, tampouco em nenhuma outra lei extravagante. Ademais, por que não se adotar o rito da ação de investigação judicial eleitoral, tão parecido com o do art. 3º? O certo é que o TSE fez uma escolha política, inovando o ordenamento jurídico. Não aplicou direito anterior; criou-se *ex novo*.

Superada essa observação inicial, tem-se que o rito processual adotado se afeiçoa melhor ao processo eleitoral, facilitando sobremaneira aos operadores do direito a sua aplicação prática. Sem ingressar no mérito do seu defeito de origem, por falta de fundamentação jurídica, o certo é que foi um ganho para a efetividade da AIME.[69]

Outra questão importante diz respeito à execução das decisões proferidas em sede de ação de impugnação de mandato eletivo.

A ação de impugnação de mandato eletivo tem a eficácia preponderante desconstitutiva do mandato eletivo, pela retirada no mundo jurídico dos efeitos do diploma obtido ilicitamente. É preciso, porém, estremar com clareza o que é efeito jurídico da sentença de procedência e o que é efeito do fato jurídico de direito material, tacado pela ação. A ação é proposta contra o abuso de poder econômico, a corrupção ou a fraude que viciou o resultado das eleições, que são os fatos ilícitos que têm como efeito a inelegibilidade cominada do candidato eleito (art. 1º, inciso I, alínea "d", da LC nº 64/90) e a cassação dos efeitos do diploma (art. 15 da LC nº 64/90), com a consequente perda do mandato (§10 do art. 14 da CF/88).

O abuso de poder econômico nas eleições, fato ilícito que é, pode ser censurado pela ação de investigação judicial eleitoral e pela ação de impugnação de mandato eletivo. O efeito do abuso de poder é dado pelo direito material, podendo ter alguma variação prática dependente da ação proposta e do momento em que ocorre o seu julgamento. Se a AIJE for julgada antes da eleição, não terá efeitos práticos (mandamental, *tout court*), salvo se houver perda de prazo recursal e não mais couber recurso, em razão da *imunidade processual* dada pelo art. 16-A da Lei nº 9.504/97. Porém, posterior à proclamação do resultado, o efeito mandamental é imediato na AIJE, afastando-se o candidato, acaso eleito, com a cassação do diploma (força constitutiva da decisão), após o julgamento do recurso ordinário (art.257, §2º, do CE).

No caso da AIME, a sua decisão procedente sempre trará consequências para o candidato eleito, independentemente do momento em que transite em julgado dentro do exercício do mandato eletivo impugnado. A questão fundamental, que desde os anos 90 do século passado era controvertida na jurisprudência, é saber se os efeitos práticos da sentença têm eficácia imediata, independentemente da pendência de recurso. Com a vigência da LC nº 135, a matéria não mais tem controvérsia: a cassação do mandato tem efeito imediato, dependente da decisão do recurso ordinário interposto. Já a inelegibilidade por oito anos em caso de abuso de poder econômico é que apenas tem efetividade quando proferida por órgão colegiado ou após a formação da *res iudicata*.

---

[69] A crítica jurídica que faço decorre de uma opção metodológica adotada desde a primeira edição desta obra, pautada na análise séria dos postulados da dogmática jurídica. Ademais, embora reconheça o ganho da adoção do novo rito da AIME, pessoalmente refuto todo tipo de utilitarismo, que no fim das contas pode trazer mais males do que bem. Desagrada-me, sobretudo, a tendência legiferante do TSE, aumentada geometricamente, em invasão indevida da (in)atividade do Congresso Nacional, às vezes ingressando em perigosas porfias de sabor político, como ocorreu a criação da verticalização de coligações.

§7 Segredo de justiça

A Constituição determinou que a ação de impugnação de mandato eletivo tramitasse em segredo de justiça. Se a intenção era preservar o mandatário acionado, às claras terminou por prejudicá-lo, pois a *res in iudicium deducta* desperta curiosidade generalizada no seio da sociedade, dando azo a todo tipo de especulação, mais da vez fictícia. Conquanto isso, *legem habemus*! As partes, figurantes da relação processual, devem abster-se de trazer a público debates e fatos suscitados no processo, que ficarão restritos aos autos. Assim, devem as partes, os advogados e o Ministério Público evitar a prestação de declarações à imprensa sobre o conteúdo dos autos e o andamento do processo, preservando a determinação constitucional. Qualquer ato que frustre a norma implica sanções processuais, além de outras pertinentes.

§8 Ação temerária

Ação temerária é a ação emulativa, destituída de fundamentos fácticos ou jurídicos, exercitada apenas por cizânia. Temerária por lhe faltar possibilidade mínima de prosperar, mercê da ausência de elementos razoáveis de convicção para tornar plausível o interesse de exercitar a pretensão à tutela jurídica. Aciona-se por má-fé, por desejo de incomodar o adversário político, criar clima político desfavorável ao recém-diplomado, suscitando dúvidas infundadas sobre a legitimidade do resultado obtido nas urnas.

Tal ação, exercida assim, movimenta inutilmente a máquina judiciária, fá-la servir a interesses mesquinhos, os quais, a mancheias, não enobrecem a atividade jurisdicional; antes, tornam-na instrumento de paixões menores, de *vinditas vitandas*, que não ajudam a democracia, tampouco a educação política do povo. Por isso deve ser de todas as formas tolhida, respondendo quem assim proceder, na forma da lei (art. 25 da LC nº 64/90).

CAPÍTULO 13

RECURSOS ELEITORAIS

§1 Do conceito de recurso eleitoral

A relação jurídica processual tem início com o ajuizamento da ação processual, pela qual ingressa o autor em juízo, em exercício da pretensão à tutela jurídica, solicitando ao juiz que aplique o direito objetivo como função específica. Assim, é pela ação que se inicia a atividade jurisdicional do Estado, sendo por ela limitada, segundo o princípio da adstrição do juiz ao pedido da parte, estampado no art. 141 do CPC. A relação linear, formada pelo autor e pelo Estado, poderá se angularizar pelo chamamento do réu, através da *in ius vocatio* (citação). Nem sempre haverá necessidade dessa angularização, pois não raros casos existem de relação processual apenas linear, e o próprio Direito Eleitoral conhece muitos desses casos.

A sentença é entrega da prestação jurisdicional prometida pelo Estado quando monopolizou a aplicação autoritativa do direito objetivo. Nada obstante, dada a falibilidade humana, não raro a resolução judicial pode impor gravame aos que vieram a juízo, ou pelo não reconhecimento do direito subjetivo invocado, ou mesmo pela não aplicação da norma jurídica requerida, naqueles casos em que a manifestação judicial é elemento integrativo necessário do interesse invocado pelos requerentes. Pode ocorrer que, ainda no andamento do processo e antes da prolação da sentença, haja alguma decisão do juiz que venha a trazer algum prejuízo ao interessado, de modo a dificultar a dedução de sua causa em juízo. Em tais casos, admite-se o reexame da decisão através da interposição de recurso, vale dizer, para que o feito ou parte dele continue conhecido, não se tendo como definitiva a cognição incompleta, ou completa, que se operara. Como observa agudamente Pontes de Miranda,[1] tecnicamente, o recurso apenas retira o passar em julgado, formalmente, a resolução judicial, enquanto não se procede novo exame da questão deduzida, na parte em que foi devolvida pelo recorrente.

---

[1] *Comentários ao Código de Processo Civil*, t. VII, p. 4.

Ponto de supina importância, portanto, para a conceituação do recurso, é o elemento formal do trânsito em julgado da decisão atacada. Não é qualquer meio de impugnação das decisões judiciais que poderá ser classificado como recurso. A ação rescisória ataca o julgado, e não é recurso. De modo que há impugnativas das resoluções judiciais sob a forma de recurso e sob a forma de ação. O recurso cabe apenas na mesma relação processual, antes do trânsito em julgado formal da decisão. Não é outra a dicção de Nelson Néry Júnior,[2] que leciona: "Esse é o traço distintivo estabelecido pela divisão clássica entre os meios de impugnação das decisões judiciais: *recursos*, exercitáveis dentro da mesma relação processual contra decisões ainda não transitadas em julgado, e as *ações autônomas de impugnação*, voltadas principalmente contra as decisões já acobertadas pela autoridade da coisa julgada". Vale observar ainda, na esteira de José Carlos Barbosa Moreira,[3] que o denominador comum de todos os recursos "consiste em que o seu uso não dá ensejo à instauração de *novo processo*, senão que apenas produz a extensão do *mesmo processo* até então fluente".

Em última análise, são dois os critérios que qualificam uma impugnativa como recurso: (a) o critério material, ou seja, a irresignabilidade contra ato decisório do juiz; e (b) o critério formal, vale dizer, o exercício dessa irresignabilidade dentro da mesma relação processual, sem que disso resulte o surgimento de novo processo ou nova relação processual. Os recursos eleitorais possuem tais características, sendo o meio processual pelo qual se impugna, na mesma relação processual, decisão do juiz e da junta eleitoral (art. 265 do CE).

Tito Costa, em obra clássica,[4] propõe conceituar o recurso como "medida de que se vale o interessado depois de praticado um ato ou tomada uma decisão. Pode também ser manifestado oralmente, como a impugnação, mas para ter seguimento deve ser confirmado, dentro dos prazos legais, por petição escrita e fundamentada. (...) é a manifestação de inconformismo da parte vencida no pleito judicial que, por intermédio dele, postula o reexame da decisão que lhe tenha sido desfavorável". É interessante observar que o critério cronológico preside essa definição, inclusive se a colocarmos em diálogo com a definição proposta pelo eminente professor para o signo "impugnação". Diz o eleitoralista: "*Impugnação* é ato de oposição, de contradição, de refutação, comum no âmbito do Direito Eleitoral e nas mais diversas fases do processo eleitoral. Pode ser manifestada antes ou depois de ser tomada uma decisão, ou praticado um ato".

Tais conceitos merecem alguma atenção, pois são adotados por eminentes doutrinadores de Direito Eleitoral.[5] Para Tito Costa, então, tanto a impugnação, quanto o recurso, têm por finalidade se opor, refutar determinado ato, sendo exercido antes ou depois de sua prática. Não se preocupa a definição com a natureza desse ato reprochado (sentença, decisão interlocutória, ação processual, requerimento), ou mesmo com quem o pratica (juiz, parte, requerente, terceiro estranho ao processo). Basta-lhe apenas gizar o momento de sua prática: a impugnação, antes ou depois do ato ou decisão; o recurso, apenas depois de ser tomada uma decisão ou praticado um ato. Tal definição,

---

[2] *Princípios fundamentais*: teoria geral dos recursos, p. 36, grifos originais.
[3] *Comentários ao Código de Processo Civil*, t. V, p. 228, grifo aposto.
[4] *Recursos em matéria eleitoral*. 4. ed., p. 51-52.
[5] Cf. Pinto Ferreira (*Código Eleitoral comentado*, p. 279); Torquato Jardim (*Direito eleitoral positivo*, p. 129).

parece-nos, é insatisfatória, pois não consegue distanciar os dois signos que se quer delimitar, não havendo como se distinguir um instituto do outro.

Em verdade, a confusão conceptual entre impugnação e recurso remonta ao próprio Código Eleitoral, que atecnicamente fez uso desses termos jurídicos, sem qualquer preocupação com a natureza jurídica dos institutos por ele designados. Tivemos ensejo de demonstrar tais confusões conceituais em outra oportunidade nesta obra, quando procuramos alertar para o fato de que a legislação eleitoral se utiliza do signo "impugnação" com três sentidos diversos: como ação de impugnação (art. 14, §10, da CF/88), como impugnação-contestatória (art. 52, §2º, do CE) e como ação de impugnação de natureza rescisória (art. 25 da Res. nº 15.374/89). Tal polissemia normativa leva à ambiguidade na compreensão desses termos, de modo a toldar o discrímen existente entre eles.

Por outro lado, há ainda o disposto no §1º do art. 71 do Código Eleitoral, que, inobstante sem fazer uso do termo jurídico "impugnação", prescreve que a exclusão do eleitor poderá ser promovida *ex officio*, a requerimento de delegado de partido, ou de qualquer eleitor. A tal requerimento deu-se o nome de representação, que poderá ser contestada no prazo de 05 dias (art. 77, inc. II, do CE). Tal representação é vera ação processual, nominada de modo diverso por razões alheias a qualquer explicação lógica. Entretanto, aí se prescreve a atuação *ex officio* do magistrado, que dá, ele próprio, início ao processo. Ora, se há exclusão do eleitor feita de ofício pelo juiz, qual a natureza desse ato? Será constitucional essa competência conferida, ante o disposto no art. 5º, inc. LV, da CF/88, pelo qual é assegurado o contraditório e a ampla defesa do eleitor excluendo?[6]

---

[6] A atuação do juiz como terceiro desinteressado impele a nossa consciência jurídica a magoar-se, mercê da possibilidade de ele próprio iniciar o processo, deduzindo razões contra o excluendo, e, ao depois, também julgar a lide suscitada. Enrico Tullio Liebman, em instigante estudo (Fundamento del principio dispositivo. *In*: LIEBMAN. *Problemi del processo civile*, p. 3-17), demonstra que o princípio segundo o qual *iudex iudicare debet iuxta allegata et probata partium* passou a ser admitido pela doutrina, sobretudo como uma aplicação do mais geral princípio que reservava à vontade da parte a disposição de seu direito: "poiché spetta alle parti dispore dei loro rapporti giuridici privati, sembrava naturale che anche l'iniziativa processuale dovesse dipendere dalla loro libera volontà" (p. 3). Explica ele que só mais tarde surgiu a necessidade de se distinguir, de um lado, o direito exclusivo da parte de propor o processo e pedir a tutela jurisdicional do próprio interesse, e, de outro, a iniciativa da parte no desenvolvimento (*trattazione*) e instrução da causa. Tal distinção estaria no vigente Código de Processo italiano, no qual há norma sobre o princípio da demanda (art. 99 do CPC italiano), ou seja, da adstrição do juiz ao pedido da parte ("corrispondenza tra il chiesto e il pronunciato", previsto no art. 112 do CPC italiano e art. 141 do nosso CPC) e sobre a disponibilidade da prova (a qual, segundo Liebman, tem sua previsão no art. 115, que não prescreve só a proibição de o juiz utilizar o seu saber privado, mas codifica propriamente o princípio dispositivo, por aquilo que resguarda a prova). Mostra que ao princípio dispositivo se costuma contrapor o princípio inquisitório, segundo o qual compete ao juiz, ao invés da parte, o poder de iniciativa na *atividade instrutória*. Com efeito, quando o processo tem por objeto uma suposta relação indisponível (ou, como prefere Liebman, quando tem por objeto a atuação de uma norma jurídica de ordem pública), a regra normal que disciplina a instrução do processo sofre, porém, uma notável mudança: torna-se inadmissível o juramento; a confissão não vincula o juiz, que pode pesá-la livremente; e a iniciativa na produção e na proposição da prova não é mais reservada de modo exclusivo à parte. Sem embargo, do que mais de perto nos interessa aqui, Liebman preocupa-se com a *imparcialidade* do juiz, considerando-a uma qualidade que ele deve possuir para cumprir sua função jurisdicional, de modo que deve caber à parte a colocação do tema em juízo, para garantir "l'imparzialità del giudice nel giudicare". A decisão sobre ação implica uma decisão fundada em fatos controversos e, por isso, sobre prova que a resguarda, sendo próprio haver norma que preserve a imparcialidade desta decisão, excluindo da iniciativa do juiz a produção daquela prova. Assim, Liebman conclui seu estudo alertando que: "restringir o domínio, para acrescer ao invés o poder inquisitório do juiz, significaria em substância atenuar a distinção entre função administrativa e função jurisdicional e introduzir no processo uma tendência paternalista que não merece nenhum encorajamento... A imparcialidade do juiz é um bem precioso que deve ser preservado em todos os casos, ainda que com o sacrifício do poder de iniciativa instrutória do juiz, com consequência de que deve o princípio dispositivo não ser adotado pelo

Obviamente que a única interpretação cabível nesse caso seria a de que a atuação de ofício do juiz seria apenas para observar a ocorrência de alguma infração legal, de modo a, tomando ciência de possível ofensa prevista no art. 71 do CE, representar ao Ministério Público, a fim de que haja apuração dos fatos e propositura de competente ação, nos moldes do art. 77 do próprio CE.

Todavia, resolvendo o próprio juiz iniciar o processo, é de bom tom que o faça com esteio em certidão do escrivão eleitoral, dando conta da causa motriz da exclusão. Ao depois, deve citar o eleitor para que se defenda e, ouvido o MP, após as diligências necessárias, poderá decidir.

Do que acima foi dito, podemos concluir que *impugnação* é o exercício da pretensão à tutela jurídica pelos legalmente legitimados, tendo por escopo a aplicação do direito objetivo ao caso concreto deduzido em juízo, em exercício pelo juiz de sua função jurisdicional, na qualidade de terceiro imparcial e desinteressado.

Desdobrando essa definição proposta, podemos afirmar que a impugnação é *exercício da pretensão* à *tutela jurídica pelos legalmente legitimados* porque quem vai a juízo para demandar ou se defender exerce pretensão à tutela jurídica. Tanto quem peticiona como quem é chamado a compor o polo passivo da relação processual tem pretensão a que o juiz lhe aplique o direito objetivo, ainda que seja para lhe dizer que não tem direito, pretensão e ação de direito material, embora tenha exercido ação processual (= remédio jurídico) e contestação.[7] Desse modo, estamos abrangendo o conceito às espécies de impugnação apontadas.

Ademais, a impugnação *tem por escopo a aplicação do direito objetivo ao caso concreto deduzido em juízo*, porque o juiz atua em sua passividade processual, vale dizer, apenas pode julgar a ação, quer de jurisdição voluntária (*v.g.*, pedido de inscrição eleitoral), quer de jurisdição contenciosa (*e.g.*, impugnação de mandato eletivo), nos limites em que foi proposta (art. 141 do CPC). Ou seja, não pode iniciar ele o procedimento (*nemo judex sine actore*).

Finalmente, a impugnação provoca uma decisão *em exercício pelo juiz de sua função jurisdicional, na qualidade de terceiro imparcial e desinteressado*, pois a atividade jurisdicional possui como característica essencial a imparcialidade e estraneidade do juiz em face dos interesses deduzidos pelas partes, ou apenas pelo interessado. Portanto, a atitude do juiz há de ser de neutralidade, imparcialidade e distanciamento, no sentido de que deve estar em posição de superioridade, não aplicando o direito objetivo no seu próprio interesse. Por isso, a atividade do juiz quando nomeia escrutinadores é de natureza administrativa, e não jurisdicional, sendo refutada através de procedimento também administrativo (reclamação), pelo qual o juiz confirma ou modifica seu ato discricionário.[8]

---

tipo de processo ou matéria controversa, que poderia ser conferido a um distinto órgão público, requerente e inquirente" (p. 16-17). Tal órgão, sem dúvida, seria o Ministério Público.

[7] Sobre os conceitos de ação de direito material e ação processual, *vide* Pontes de Miranda (*Tratado das ações*, t. I, p. 109 *et seq*.) e Ovídio Baptista da Silva (*Curso de processo civil*, v. 2, p. 59 *et seq*.). Como lembra Pontes de Miranda, em lição lapidar (*Comentários ao Código de Processo Civil*, t. I, p. 128, 136 respectivamente): "Na 'ação'(de direito processual), o autor e o réu estão sujeitos à atividade do Estado, porque aquele exerce a pretensão à tutela jurídica e esse, com a citação, foi chamado a exercê-la. Daí a relação processual ser entre autor e o Estado e angularizar-se com a citação do réu (réu, Estado). (...) Parte é quem pediu a tutela jurídica ou para ela é citado (demandado também exerce pretensão à tutela jurídica, porque o Estado a prometeu a quem estaria no exercício da justiça de mão própria)".

[8] Sobre a passividade processual do juiz, Mauro Cappelletti (*Juízes legisladores?*, p. 74-75).

§2 Das normas gerais sobre recursos eleitorais

Como já assentamos acima, os recursos eleitorais são impugnativas às decisões judiciais, dentro da mesma relação processual, vale dizer, antes do trânsito em julgado formal do processo.

No sistema do Código Eleitoral e da Lei Complementar nº 64/90, a regra é o prazo geral de 3 dias para a interposição de recursos eleitorais. Já no sistema da Lei nº 9.504/97, a regra geral de prazo para a interposição de recurso é de 24 horas, para as hipóteses de pedido de direito de resposta e infrações às normas sobre propaganda eleitoral, nada obstante seja de três dias o prazo de recurso das sentenças proferidas nas ações de investigação judicial eleitoral (chamadas "representação" pela lei) nas hipóteses de condutas vedadas aos agentes públicos,[9] captação ilícita de sufrágio,[10] captação ilícita de recursos e gastos indevidos de campanha.[11]

2.1 Da irrecorribilidade em separado das interlocutórias

A indagação primeira a fazer, parece-nos, em matéria recursal, diz respeito ao saber-se sobre quais atos judiciais podem ser fustigados através da interposição de recurso. Dada a celeridade que o Direito Eleitoral requer, mercê da limitação temporal das eleições (que vão desde as convenções partidárias até a diplomação dos candidatos eleitos), os ritos adotados são, em sua esmagadora maioria, de cognição sumária, com diminuição dos prazos para a atuação em juízo. Por isso, em matéria recursal, há um princípio geral presidindo o processo civil eleitoral,[12] nada obstante comporte exceções: trata-se do *princípio da irrecorribilidade em separado das interlocutórias*. No direito processual eleitoral, as decisões proferidas pelo juiz no curso do processo, antes da entrega da prestação jurisdicional definitiva, são irrecorríveis, só podendo ser impugnadas quando da irresignação contra a sentença. Vejamos alguns exemplos: (a) A exclusão do eleitor e o cancelamento de sua inscrição eleitoral poderão ser requeridos nos termos do art. 77 do CE. O juiz receberá a petição, mandará autuá-la, citará o excluendo e os interessados (outro eleitor ou delegado de partido, conforme o art. 73) para contestarem no prazo de 05 dias, concedendo dilação probatória. Se o juiz vedar a produção de determinada prova (testemunhal, p.ex.), a parte prejudicada não terá oportunidade de recorrer dessa decisão interlocutória, devendo aguardar a decisão final, quando então poderá recorrer no prazo de 05 dias para o TRE (art. 80). (b) As impugnações propostas perante a junta eleitoral, por fiscais, delegados de partido e candidatos (art. 169 do CE) serão decididas de plano. Tal decisão é definitiva, cabendo recurso imediato, interposto verbalmente ou por escrito, que deverá ser fundamentado em 48 horas (art. 169, §2º).

Há inúmeras exceções a esse princípio geral, todavia, como o recurso inominado do art. 270, §2º, do CE, interposto contra a decisão do relator que rejeita a produção de prova, sendo tal decisão apreciada pelo pleno do Tribunal Regional. Caberá agravo de

---

[9]   Art. 73, §13, da Lei nº 9.504/97.
[10] Art. 41-A, §4º, da Lei nº 9.504/97.
[11] Art. 30-A, §3º, da Lei nº 9.504/97.
[12] Utilizo a expressão pouco técnica "processo civil eleitoral" para nomear o direito processual eleitoral, à falta de outra melhor, para apartá-lo do processo penal eleitoral e do processo eleitoral (as eleições).

instrumento eleitoral da decisão do presidente do TRE que denegar recurso especial (art. 279 do CE).

Não cabe recurso de agravo de instrumento contra decisão interlocutória nas ações eleitorais que tenham por objeto a cassação de registro de candidatura ou diplomação, sobretudo em face do regime deste recurso no CPC-2015. Devem os interessados em impugnar a decisão protestar formalmente para que conste em ata ou na gravação da audiência. Se há o inconveniente da postergação para o futuro de questões controvertidas relevantes que poderão, adiante, fazer retroceder a marcha processual, sobretudo no capítulo da produção de provas, ganha-se em celeridade. Acaso a decisão seja teratológica ou desfundamentada nos moldes delimitados pelo art. 489, §1º, do CPC-2015, poderá a parte que se sinta prejudicada impetrar mandado de segurança contra o ato judicial. De fato, basta se pensar na decisão que nega a oitiva de testemunha reputada essencial por uma das partes, ou aquela que impeça a produção de prova pericial necessária para espancar dúvidas consistentes suscitadas pelo interessado. Dado o clamoroso prejuízo que tenha que suportar a parte, poderá atacar o ato judicial por meio do *mandamus*.

2.2 Do efeito suspensivo (art. 216 do CE, art. 257, §2º, do CE e *imunidade processual* do art. 16-A da Lei nº 9.504/97). Suspensão da decisão que decreta a inelegibilidade (art. 26-C da LC nº 64/90)

O art. 257 do CE prescreve que os recursos eleitorais não terão efeito suspensivo. Chama-se efeito suspensivo a eficácia do recurso que obsta a produção das eficácias sentenciais, notadamente aquelas que têm repercussão fáctica (executiva e mandamental). Com percuciência, Pontes de Miranda[13] adverte que o efeito suspensivo é mais efeito da recorribilidade do que propriamente do recurso, porque, antes de se interpor, não se podem atender os futuros efeitos da sentença. De conseguinte, a suspensividade se inicia com a publicação da decisão impugnável por via recursal, tendo por termo a decisão que julga o recurso.[14] Limita-se, o efeito suspensivo, à parte da sentença que sofreu impugnação, podendo a que não foi fustigada ser executada definitivamente.[15]

Há quatro dispositivos em matéria eleitoral que têm relevo interpretativo quanto à suspensividade do recurso interposto. Tratam-se dos arts. 216 e 257, §2º, do CE, do art. 16-A da Lei nº 9.504/97 e do art. 26-C da LC nº 64/90. Segundo o art. 216 do CE, "enquanto o Tribunal Superior não decidir o recurso interposto contra a expedição do diploma, poderá o diplomado exercer o mandato em toda a sua plenitude". Já o art. 16-A da Lei nº 9.504/97 prescreve que "o candidato cujo registro esteja *sub judice* poderá efetuar todos os atos relativos à campanha eleitoral, inclusive utilizar o horário eleitoral gratuito no rádio e na televisão e ter seu nome mantido na urna eletrônica

---

[13] *Comentários ao Código de Processo Civil*, p. 16.
[14] Nesse sentido, NÉRY JÚNIOR, *op. cit.*, p. 209.
[15] Nelson Néry Júnior (*op. cit.*, p. 214) averba: "Entendemos ser possível a *execução definitiva* da parte da sentença já transitada em julgado, em se tratando de recurso parcial, desde que observadas certas condições: a) *cindibilidade dos capítulos de decisão*; b) *autonomia entre a parte da decisão que se pretende executar e a parte objeto da impugnação*; c) *a existência de litisconsórcio não unitário ou diversidade de interesses entre os litisconsortes, quando se tratar de recurso interposto por apenas um deles*" (grifos do autor).

enquanto estiver sob essa condição, ficando a validade dos votos a ele atribuídos condicionada ao deferimento de seu registro por instância superior. (Incluído pela Lei nº 12.034, de 2009)". Outrossim, prescreve o *caput* do art. 26-C que "o órgão colegiado do tribunal ao qual couber a apreciação do recurso contra as decisões colegiadas a que se referem as alíneas 'd', 'e', 'h', 'j', 'l' e 'n' do inciso I do art. 1º poderá, em caráter cautelar, suspender a inelegibilidade sempre que existir plausibilidade da pretensão recursal e desde que a providência tenha sido expressamente requerida, sob pena de preclusão, por ocasião da interposição do recurso. (Incluído pela Lei Complementar nº 135, de 2010)". E, finalmente, o Código Eleitoral, com a nova redação do art.257, §2º, prescreve que "o recurso ordinário interposto contra decisão proferida por juiz eleitoral ou por Tribunal Regional Eleitoral que resulte em cassação de registro, afastamento do titular ou perda de mandato eletivo será recebido pelo Tribunal competente com efeito suspensivo. (Incluído pela Lei nº 13.165, de 2015)".

Na prática, a conjugação desses dispositivos estabeleceu a (a) regra do efeito suspesivo do recurso ordinário da eficácia mandamental resultante da cassação do registro de candidatura ou do diploma, até o seu julgamento; (b) fixou a regra da dependência dos efeitos da inelegibilidade cominada da publicação da decisão do órgão colegiado ou do seu trânsito em julgado; e (c) manteve a suspensividade dos efeitos da decisão de procedência em recurso contra a expedição de diploma até o julgamento pelo Tribunal Superior Eleitoral.

Façamos uma análise de cada uma dessas hipóteses legais.

2.2.1 O art. 216 do Código Eleitoral

O art. 216 do CE permite ao diplomado o exercício de seu mandato até que o TSE decida o recurso interposto contra a diplomação. Ora, quando da edição dessa norma, o legislador tinha em vista o recurso contra diplomação previsto no art. 262 do CE, cabível contra as quatro hipóteses ali previstas. Desse modo, formou-se corrente tranquila a entender que o art. 216 concedia ao recurso do art. 262 efeito suspensivo, criando uma exceção àquela norma do art. 257 do CE, segundo a qual os recursos eleitorais apenas possuem efeito devolutivo. Não nos parece bem assim, entretanto. Para que haja efeito suspensivo é necessário que exista uma decisão anterior, recorrível e potencialmente eficaz. Ora, o art. 262 traz como pressuposto para a interposição do recurso contra diplomação a ocorrência de *fatos alheios* à própria diplomação. Em verdade, não se impugna propriamente a diplomação, mas fatos anteriores a ela mesma, os quais seriam seus antecedentes lógicos no processo eleitoral. E isso ocorre porque a diplomação não se reveste da natureza de uma *decisão judicial*, não passando de um ato administrativo certificador do resultado das urnas. Como bem o diz Tito Costa,[16] "o ato de diplomação emanado do presidente do TSE não é uma decisão em sentido verdadeiramente processual, revestindo-se mais de natureza administrativa. (...) Embora a diplomação não se configure um ato judicial propriamente dito, revestindo-se mais de feições de um ato administrativo, ele é o ponto culminante de todo um sucessivo complexo de atos administrativo-judiciais relativos ao procedimento eleitoral como um

---

[16] *Recursos em matéria eleitoral*. 4. ed., p. 112-113.

todo, que vai desde a escolha dos candidatos em convenção partidária, até sua eleição, proclamação e diplomação".

A ilação lógica a que somos obrigados a chegar é a de que o recurso contra diplomação não possui natureza recursal, tratando-se de uma verdadeira ação de impugnação, de rito sumário e cognição sumária *secundum eventus litis*. Embora, em virtude das disposições do Código Eleitoral, seja processada pelo procedimento afeto aos recursos, materialmente nada tem a ver com eles, de modo que, quando de seu ajuizamento, não há de se cogitar de devolutividade ou suspensividade do recurso contra diplomação. Sendo assim, qual o sentido do art. 216 do Código Eleitoral?

Ora, ajuizada a ação (recurso) contra diplomação, a sentença que a julgar deverá ficar adstrita ao pedido deduzido (art. 141 do CPC). Desse modo, para cada causa de pedir (inelegibilidade, errônea interpretação da lei quanto à aplicação do sistema de representação constitucional, erro de direito ou de fato na apuração etc.), haverá uma sentença com carga preponderante constitutiva negativa, pois todas elas levarão o demandante a formular esse pedido, além de outros possíveis. Pois bem, dessa sentença caberá recurso. Se for em eleições municipais, o recurso será o especial, para o TSE (art. 276, inc. I, "a").[17] Se versarem sobre diplomas nas eleições federais e estaduais, caberá recurso ordinário (art. 276, inc. II, "a").

Suponhamos que o recurso contra diplomação seja julgado procedente. Ora, sua eficácia seria desconstitutiva dos efeitos do diploma, de modo a impedir o exercício do mandato do candidato eleito. O recurso, seja especial ou ordinário, terá efeito suspensivo, de modo a obstar a execução provisória da decisão. Dessarte, a suspensividade não é do recurso contra a diplomação, que recurso não é, mas dos verdadeiros recursos interpostos (especial ou ordinário). Assim, o art. 216 está topologicamente mal posto, pois deveria constar como parágrafo do art. 257 do CE, com redação mais técnica.

Sobre a aplicação extensiva do art. 216 à ação de mandato eletivo eleitoral, havia corrente majoritária no TSE, iniciada pelo Ministro Diniz de Andrada, no *leading case* que veio a ser o AMC nº 15.216/MA publicado no *DJ*, 18 ago. 1995, p. 25.039, assim ementado: "Agravo Regimental. Ação de impugnação de mandato. Os diplomas expedidos são intocáveis até pronunciamento do TSE. A regra do artigo 216 do Código Eleitoral é de ser aplicada nas hipóteses de recursos contra a diplomação como nas de ação impugnatória de mandato, porque é a desconstituição deste que se visa obter em ambos os casos. Votos vencidos. Provimento".

Naquele *leading case*, o Ministro Pádua Ribeiro sustentou o *princípio da intangibilidade do mandato*, desdobramento natural do princípio constitucional da soberania popular, que sempre foi basilar ao Direito Eleitoral brasileiro, e que hoje caiu em desprestígio em razão da necessidade desmedida de se dar às ações eleitorais efetividade.

---

[17] Essa é a posição acolhida pela jurisprudência: *BE-TSE* 325/435 e *BE-TSE* 255/177. *Vide* Joel José Cândido (*Direito eleitoral brasileiro*. 6. ed., p. 224), para quem o recurso especial é adequado para "atacar decisão que versar sobre inelegibilidade e expedição de diploma para cargo municipal". Tal posicionamento advém do fato de se reputar que o recurso contra diplomação seria realmente recurso ordinário, de modo a caber o recurso especial contra acórdão proferido em sede de recurso contra diplomação. Em verdade, a decisão do TRE não é *totalmente* devolvida para o TSE, mas apenas nos estreitos limites das *quaestio juris*. Tal postura, portanto, nos leva a uma supressão de recurso ordinário (aquele que devolve toda a matéria, inclusive probatória, para o tribunal) contra decisão que indeferir a ação, nominada de recurso contra diplomação. Vale dizer, diminui o campo de irresignação da parte que sofrer prejuízo com a sentença desfavorável.

Hoje, sem embargo, repristinou-se o posicionamento defendido originariamente pelo então Ministro Torquato Jardim, inclusive neste acórdão ora glosado, segundo o qual: "em se tratando da ação constitucional de impugnação de mandato eletivo por abuso de poder econômico, corrupção ou fraude, que segue o rito ordinário do processo civil, salvo quanto aos prazos de recurso, descabe buscar os efeitos do art. 216 do Código Eleitoral ou do art. 15 da Lei Complementar nº 64/90, que cuidam, respectivamente, dos casos específicos do recurso contra a expedição de diploma e da ação de impugnação de registro de candidatura".

Atualmente, então, prevalece o entendimento jurisprudencial segundo o qual o recurso cabível contra a sentença em ação de impugnação de mandato eletivo é aquele do art. 257 do Código Eleitoral, não possuindo efeito suspensivo, que apenas poderá ser outorgado pelo Tribunal *ad quem* se for expressamente pedido, conforme o art. 26-C da LC nº 64/90. Sem que haja a suspensividade dos seus efeitos práticos, o cumprimento do efeito mandamental é imediato, com o afastamento do eleito do mandato eletivo e assunção do segundo colocado ou realização de nova eleição, a depender do número de votos nulos.

2.2.2 Art. 16-A da Lei nº 9.504/97

O registro de candidatura é o fato jurídico que faz nascer a elegibilidade. Pode ocorrer que o juiz eleitoral surpreenda a ausência de alguma condição de elegibilidade, ou a presença de alguma anterior sanção de inelegibilidade, ou, ainda, a falta de algum documento essencial para a incoação válida do processo de pedido de registro de candidatura. Nesses casos, ou ainda em razão da ação de impugnação de registro de candidatura julgada procedente, o juiz indeferirá o pedido de registro de candidatura, negando ao nacional a condição jurídica de candidato, é dizer, impedindo que nasça em sua esfera jurídica o direito de ser votado.

Nada obstante isso, por razões de ordem prática, a legislação eleitoral permite que o nacional possa concorrer ao mandato eletivo *como se (als ob)* fosse um vero candidato, praticando atos de campanha, realizando gastos eleitorais, captando recursos, pedindo voto em seu próprio nome. Tais atos são realizados porque a situação jurídica do nacional é de expectativa de direito, por meio de uma ficção jurídica, uma vez que poderia ele, eventualmente, ter em seu favor uma decisão futura favorável e, por não ter podido fazer propaganda eleitoral, ser submetido a um dano irreparável. Para evitar que ocorra esse dano, é que a legislação permite que possa o nacional concorrer sem registro de candidatura, podendo constar o seu nome na urna-e, porém sem que sejam válidos os votos outorgados até que obtenha decisão judicial favorável, que lhe conceda o registro.

Após o pedido de registro de candidatura, portanto, tem o nacional *imunidade processual*, de modo que pode concorrer *como se* fosse candidato, não podendo ter efeito prático nenhuma decisão, durante o pedido de registro até a proclamação dos eleitos, que lhe negue ou lhe casse o registro de candidatura, conforme expressa disposição do art. 16-A.[18] Nada obstante, os votos que tenha recebido não poderão ser computados

---

[18] "Art. 16-A. O candidato cujo registro esteja *sub judice* poderá efetuar todos os atos relativos à campanha eleitoral, inclusive utilizar o horário eleitoral gratuito no rádio e na televisão e ter seu nome mantido na urna eletrônica enquanto estiver sob essa condição, ficando a validade dos votos a ele atribuídos condicionada ao

em seu favor até que lhe sobrevenha decisão favorável, deferindo o registro e, com isso, validando a sua votação.

2.2.3 Suspensão da decisão que decreta a inelegibilidade (art. 26-C da LC nº 64/90)

A Lei Complementar nº 135/2010 trouxe inúmeras modificações à Lei Complementar nº 64/90, tendo como eixo o agravamento dos prazos de inelegibilidade, a imediatidade dos efeitos práticos das decisões judiciais e a postergação das garantias constitucionais, como a irretroatividade das leis e a imutabilidade das decisões cobertas pela imutabilidade da coisa julgada material. Esse traço do hipermoralismo eleitoral ganhou foros de (duvidosa) constitucionalidade através de surpreendente posicionamento do Supremo Tribunal Federal, que tentou esvaziar o conceito de inelegibilidade, escamoteando a sua natureza jurídica de sanção cominada a atos ilícitos eleitorais ou não eleitorais, porém com percussão para o processo eleitoral.

A inelegibilidade passou a ter efeitos imediatos, desde a publicação da decisão colegiada ou o seu trânsito em julgado, seja como efeito próprio (conteúdo da decisão) ou como efeito anexo, automaticamente soldado a ela. Pode o efeito da inelegibilidade ser suspenso, todavia, através de decisão do órgão colegiado *ad quem*, por meio de pedido expresso de tutela antecipada recursal feito quando da interposição do recurso, conforme prescreve o art. 26-C da LC nº 64/90.[19]

A má redação do texto normativo induziu alguns a erros lastimáveis, como o entendimento de que o pedido de suspensão da inelegibilidade tivesse natureza cautelar. Sem razão. A natureza é de tutela de urgência, para que se evite a ocorrência de dano irreparável em virtude da plausibilidade da pretensão recursal. Já Calamandrei advertira que o cálculo de probabilidade é comum nesses juízos interinos, com cláusula *rebus sic stantibus*, sem que a provisoriedade seja uma característica exclusiva da cautelaridade;[20] de fato, o que ocorre com juízos fundados em cálculo de probabilidade é que são eles decorrentes de cognição sumária, razão pela qual tendem a nascer provisórios, embora adiante possam ser definitivos, acaso não haja razões para infirmá-los,[21] como ocorre, por exemplo, com a nossa ação monitória.

---

deferimento de seu registro por instância superior. (Incluído pela Lei nº 12.034, de 2009). Parágrafo único. O cômputo, para o respectivo partido ou coligação, dos votos atribuídos ao candidato cujo registro esteja *sub judice* no dia da eleição fica condicionado ao deferimento do registro do candidato. (Incluído pela Lei nº 12.034, de 2009)".

[19] "Art. 26-C. O órgão colegiado do tribunal ao qual couber a apreciação do recurso contra as decisões colegiadas a que se referem as alíneas 'd', 'e', 'h', 'j', 'l' e 'n' do inciso I do art. 1º poderá, em caráter cautelar, suspender a inelegibilidade sempre que existir plausibilidade da pretensão recursal e desde que a providência tenha sido expressamente requerida, sob pena de preclusão, por ocasião da interposição do recurso. §1º. Conferido efeito suspensivo, o julgamento do recurso terá prioridade sobre todos os demais, à exceção dos de mandado de segurança e de habeas corpus. §2º. Mantida a condenação de que derivou a inelegibilidade ou revogada a suspensão liminar mencionada no caput, serão desconstituídos o registro ou o diploma eventualmente concedidos ao recorrente. §3º. A prática de atos manifestamente protelatórios por parte da defesa, ao longo da tramitação do recurso, acarretará a revogação do efeito suspensivo. (Artigo incluído pela Lei Complementar nº 135, de 2010)".

[20] CALAMANDREI. *Introducción al estudio sistematico de las providencias cautelares*, p. 36.

[21] CALAMANDREI. *Introducción al estudio sistematico de las providencias cautelares*, p. 39, assevera: "la provisoriedad de la primera providencia (*sumaria*) nace de la posibilidad de una ulterior providencia (*definitiva*), que puede eventualmente sobrevenir para anular o para modificar los efectos de la primera".

De fato, essas medidas provisionais são concedidas tendo-se em conta mais a confiança do juiz em que o pretendente venha a obter decisão final favorável que lhe reconheça, definitivamente, a pretensão pleiteada do que propriamente num suposto perigo de dano iminente. E esse cálculo de probabilidade está mais ligado às execuções provisórias do que às medidas cautelares, como nos adverte Ovídio Baptista da Silva.[22]

O art. 26-C, apesar da sua redação imprópria, expressa claramente a norma segundo a qual poderá o relator do órgão colegiado competente para apreciar o recurso conceder o efeito suspensivo da inelegibilidade, pedido expressamente pelo recorrente, sempre que existir a plausibilidade da pretensão recursal. É dizer, não observará o relator do recurso se há risco de dano irreparável acaso não defira a tutela antecipada pedida, porque no comum dos casos é possível que exista; o que deverá analisar é se a pretensão em que se funda o recurso é plausível, é dizer, se tem chances sobejas ou ao menos razoáveis de prosperar, se é séria juridicamente, não tendo caráter eminentemente procrastinatório.

Não se trata, portanto, da análise da existência ou não do *periculum in mora* ou do *fumus bonis juris*, requisitos típicos das medidas cautelares, mas, sim, da apreciação pelo relator apenas das chances de o recurso vir, ao final, ser acolhido, pela seriedade dos fundamentos deduzidos pelo recorrente. Trata-se, em última análise, de um juízo de prognose do relator ao analisar o pedido de efeito suspensivo da inelegibilidade.

A competência para analisar o pedido de suspensão dos efeitos inexos ou anexos de inelegibilidade é do relator do órgão colegiado ao qual é endereçado o recurso. É erro palmar interpretar o art. 26-C como se fosse do órgão colegiado inteiro a competência, seja da câmara, turma ou plenário.[23] A competência aí é definida pelos regimentos internos dos tribunais e normas processuais pertinentes.

O §2º do art. 26-C merece atenção. Dispõe que, mantida a decisão de que derivou a inelegibilidade ou revogada a suspensão liminar, serão desconstituídos o registro ou o diploma eventualmente concedidos ao recorrente. Tal norma não pode ser interpretada isoladamente. Há situações já constituídas que a revogação da liminar ou mesmo o improvimento do recurso não poderão alcançar.

Se o nacional foi condenado criminalmente por órgão colegiado após a outorga do diploma, por exemplo, não haverá meios de perder o mandato eletivo por ação eleitoral. A situação jurídica restou consolidada. A inelegibilidade terá efeito para as eleições que ocorram nos próximos oito anos ou enquanto durar o recurso sem antecipação de tutela, pela *inelegibilidade processual* decorrente.

2.2.4 Efeito suspensivo dos recursos ordinários em casos de cassação do registro ou diploma (art. 257, §2º, do CE)

Diante do volume crescente de cassação de mandatos eletivos, com a rotina de afastamento dos seus titulares, idas e vindas provenientes de reformas das decisões

---

[22] SILVA. *Do processo cautelar*, v. 11, p. 42-43 *passim*.
[23] Rata cometida por REIS. *Direito eleitoral brasileiro*, p. 291. Certa, nesse sentido, a decisão do TSE, no RO nº 51.190, de 09.11.2010, rel. Min. Cármen Lúcia Antunes Rocha, publicada em sessão, inclusive admitindo a suspensão da inelegibilidade através de manejo de *habeas corpus* contra decisão de natureza penal, que tinha como efeito anexo a incidência da alínea "e", inciso I, do art. 1º da LC nº 64/90.

ou outorga de efeito suspensivo aos recursos através de medidas cautelares, a Lei nº 13.165, de 2015, estipulou que o recurso ordinário interposto contra decisão proferida por juiz eleitoral ou por Tribunal Regional Eleitoral que resulte em cassação de registro, afastamento do titular ou perda de mandato eletivo será recebido pelo Tribunal competente com efeito suspensivo.

O efeito suspensivo da recorribilidade da decisão é quanto aos seus efeitos práticos mandamentais, imediatos aos da carga preponderante desconstitutiva do registro ou diploma. Não há suspensividade dos efeitos da inelegibilidade, senão a sua dependência de ser proferida por órgão colegiado ou advinda de decisão transitada em julgado, conforme a vigente redação do art. 15 da LC nº 64/90.

Na prática, o afastamento de prefeitos e vereadores apenas tem efeito imediato após a decisão nesse sentido proferida pelos tribunais regionais eleitorais e de governadores, senadores, deputados federais e estaduais, após decisão final do Tribunal Superior Eleitoral.

2.3 Da preclusão e dos prazos processuais

São preclusivos os prazos para interposição de recurso (art. 259 do CE). Interposto após o prazo definido por lei, não será ele conhecido por sua intempestividade. Desse modo, a inércia do legitimado a recorrer dá ensanchas à ocorrência da *preclusão temporal* da sua faculdade de exercer a sua pretensão recursal.

Naturalmente que o exercício da pretensão processual de recorrer apenas poderá ter a sua tempestividade aferida se ficar nitidamente definido o *dies a quo* de contagem do prazo. Incide, nessa parte, a regra do art. 1.003 do CPC, segundo a qual o prazo para a interposição de recurso conta-se da data em que os advogados, a sociedade de advogados, a Advocacia Pública, a Defensoria Pública ou o Ministério Público são intimados da decisão. Ainda segundo o Código de Processo Civil, reputa-se realizada a intimação na audiência quando nela é proferida a decisão ou a sentença.

Os prazos processuais, nunca é demais lembrar, seguem a contagem pelas normas do CPC, sendo contados apenas os dias úteis, exceção feita ao período que vai da data final para a propositura do pedido de registro de candidatura até a proclamação dos resultados, quando incide a norma do art. 16 da LC nº 64/90. Deve-se guardar na retentiva, outrossim, que a regra geral a respeito de prazo, no Direito Eleitoral, é a da interposição de recurso em 03 (três) dias, desde que não haja indicação de prazo diverso (art. 258 do CE).

A par dessas normas sobre prazos, existem as relativas à *comunicação dos atos eleitorais*, estabelecidas no art. 267 do CE, válidas para todo o direito processual eleitoral (§4º do art. 267 c/c §2º do art. 274, ambos do CE). Segundo esses dispositivos legais, a *intimação* será feita pela publicação no jornal que publicar expediente da Justiça Eleitoral, onde houver, e nos demais lugares, pessoalmente pelo escrivão, independentemente de iniciativa do recorrente. Onde houver jornal oficial, se a publicação não ocorrer no prazo de 03 dias, a intimação se fará pessoalmente. Nas zonas em que se fizer intimação pessoal, se não for encontrado o recorrido dentro de 48 horas, a intimação será por edital afixado no foro, no local de costume.

Mas há exceções a essas regras. A Lei Complementar nº 64/90 fixou critérios diferentes para a comunicação dos atos processuais, com importantes consequências práticas. Segundo o seu art. 16, os prazos para a prática de atos processuais na Ação de Impugnação de Registro de Candidato (AIRC) são peremptórios e contínuos, correndo em secretaria dos Tribunais ou cartórios eleitorais, não ficando suspenso o seu transcurso aos sábados, domingos e feriados. Por isso, os prazos de 05 (cinco) dias para interpor a AIRC (art. 3º), o de 03 (três) dias para recorrer e contrarrazoar (arts. 8º e 9º) e o prazo para julgamento (art. 10, parágrafo único), todos correm independentemente de intimação e de constarem em pauta, devendo ser acompanhados pelo advogado das partes envolvidas. Aqui há um evidente excesso do legislador, que pôs normas para os grandes centros urbanos, esquecendo-se das eleições em pequenos e longínquos municípios, nos quais inexistem advogados residentes, com imensas dificuldades de acompanharem a distância o transcurso dos prazos e a prática de atos processuais relevantes. O *transcurso do prazo em cartório*, em matéria tão grave, é perigosa técnica de celeridade processual, em detrimento de candidatos menos aquinhoados economicamente, que não podem manter um causídico à disposição na zona eleitoral. É de bom tom que os juízes eleitorais providenciem fórmulas de comunicação para a prática de atos processuais, com proveito das regras fixadas pelo Código Eleitoral, ou mesmo através de constantes reuniões públicas com os partidos políticos e candidatos, orientando e explicando as fases do prélio eleitoral, para que ninguém deixe de exercer sua pretensão à tutela jurídica por desconhecimento da legislação.

Já os prazos da ação de investigação judicial eleitoral (AIJE) seguem as regras do Código Eleitoral, pois o art. 16 da LC nº 64/90 é de explícita aplicação apenas para a AIRC. Dessarte, a prática de atos processuais comunica-se na forma indicada em linhas atrás. Por isso, entendo que o procedimento recursal em AIJE segue o disposto no Código Eleitoral, inclusive quanto à necessidade de intimação das partes para início da contagem do prazo de 03 (três) dias, não se lhe aplicando o art. 8º da LC nº 64/90, independentemente da sua causa de pedir, inclusive sendo essa a regra para abuso de poder econômico, captação de sufrágio, captação ilícita de recursos etc.

Haveria duas interpretações possíveis para o art. 16 da LC nº 64/90: (a) que a norma sobre prazos vale para a ação prevista no art. 3º e seguintes, não sendo de aplicar-se à do art. 22 e posteriores; e (b) que a norma sobre prazos vale para todos os procedimentos da LC nº 64/90, inclusive para a AIJE. Como o art. 8º é mais severo às partes, subtraindo-lhes a faculdade de serem comunicadas da prática de algum ato processual, julgo mais consentâneo que o prazo recursal em AIJE é aquele fixado pelo Código Eleitoral para os demais recursos, já que as normas restritivas de direito devem ser interpretadas restritivamente. Assim, deve prevalecer a proposição (a) sobre a proposição (b). Sobre a matéria, há pronunciamento do Superior Tribunal Eleitoral: "Prazo. Curso em sábados, domingos e feriados. Propaganda eleitoral. Impertinência. *Os preceitos insertos no art. 16 da Lei Complementar nº 64/90 e no art. 50 da Resolução-TSE nº 14.002, de 18 de novembro de 1993, aplicam-se, tão-somente, às controvérsias relativas a registro de candidato e impugnações*. Descabe empolgá-los para glosar a situação em que o recurso foi interposto contra acórdão proferido em processo versado sobre propaganda eleitoral. Tanto vulnera a lei daquele que afasta do campo de aplicação do caso contemplado, como o que inclui hipótese que lhe é estranha" (Recurso nº 12.364, ac. un., rel. Min. Marco Aurélio, *DJU-1*, p. 11219, 28 abr. 1995 apud NOBRE JÚNIOR. O novo regramento da propaganda eleitoral. *Revista Brasileira de Direito Eleitoral – RBDE*, p. 55-56).

Mais explícito sobre esse entendimento, há o pronunciamento do Ministro Diniz de Andrada, que obtempera: "A regra geral de ordem processual, aplicável também no campo eleitoral, é a da extensão do prazo para o dia útil imediato quando o final recai em sábado, domingo ou feriado. É certo que a Lei Complementar nº 64 consagrou exceção, ao dispor diferentemente em seu art. 16. Mas, aí cogitava-se da disciplina do registro dos candidatos, quando o processo está a exigir celeridade em favor da ordem pública e das próprias partes. O princípio geral pode ser excepcionado, mas há de sê-lo expressamente. De outra forma, impera a contagem a molde do art. 184 do Código de Processo Civil" (TSE, Rec. nº 12.475-cls. 4ª-Ag-TO, rel. Min. Diniz de Andrada, julg. 25.04.1995 *apud* NOBRE JÚNIOR. O novo regramento da propaganda eleitoral. *Revista Brasileira de Direito Eleitoral – RBDE*, p. 57).

Essas, portanto, as regras para a fixação de início e termo do prazo para a interposição tempestiva do recurso eleitoral. Dá-se a preclusão temporal para a interposição de recurso se, vencido o prazo legal para o seu manejo, não for ele proposto ou, sendo proposto, o for intempestivamente.

Há quem queira ver a ocorrência de preclusão da faculdade de recorrer pelo fato da ausência de anterior impugnação, mercê do art. 171 do CE.[24] Ora, o art. 171 do CE prescreve que não será admitido recurso contra a apuração, se não tiver havido anterior impugnação.[25] Tal estatuição é uma *petitio principii*, pois significa o mesmo que dizer: "não se pode recorrer sem que antes se tenha exercido ação". Portanto, nada mais fez o legislador que afirmar que só se pode recorrer de uma decisão da junta eleitoral, e para que haja tal provimento jurisdicional, necessário o anterior exercício de ação (impugnação), no ato da apuração, contra as nulidades arguidas. Dessarte, não estamos diante do problema da preclusão temporal (perda do exercício de uma faculdade por decurso de tempo), mas sim ante o enunciado de um princípio processual: para se recorrer, necessário ter antes havido o exercício de uma ação, bem como ainda subsistir a relação processual.

Outrossim, entendo de bom tom a distinção entre *preclusão temporal para a prática de um ato* e *preclusão temporal para a dedução de determinada matéria*. De fato, pode dar-se que a norma fixe determinado prazo para a prática de um ato processual (*v.g.*, para a interposição de recurso), desimportante o seu conteúdo. Da mesma forma, pode ocorrer que o ordenamento fixe oportunidade para se deduzir certa matéria em juízo, fora do qual não poderá ser ela debatida. O art. 259 do CE bem demonstra a utilidade dessa classificação.

Dispõe a norma que os prazos para interposição de recurso são preclusivos, salvo quando neste se discutir matéria constitucional. O seu parágrafo único logo explica a proposição: tal recurso em que se discute matéria constitucional não pode ser interposto fora do prazo, mas, perdido o prazo, em outra fase poderá ser interposto. Como se vê,

---

[24] Tito Costa (*op. cit.*, p. 51, 58 respectivamente) aduz: "A impugnação tem estreito liame com a preclusão, pois na ausência daquela poderá ocorrer esta. A impugnação, em geral, é pressuposto para evitar-se a preclusão. (...) No Direito Eleitoral, proclama o mesmo TSE, a *teoria das nulidades* deve ser apreciada, simultaneamente, com o instituto da *preclusão*. Se o inconformado não impugnou ou não interpôs o recurso cabível (não sendo matéria constitucional) sobre o ponto omitido, a ordem processual eleitoral considera operada a preclusão".

[25] A impugnação aí é contra a apuração, realizada pela junta eleitoral na qualidade de administradora do processo. De modo que cabe reclamação (chamada impropriamente de impugnação) contra a apuração e recurso contra a decisão da junta eleitoral a esse respeito.

há evidente impropriedade neste dispositivo, à falta da distinção acima proposta. O que o artigo quis dizer, e efetivamente disse, é que os recursos, mesmo deduzindo matéria constitucional, não podem ser interpostos fora do prazo (*preclusão temporal da prática do ato*). Se houver preclusão da faculdade de exercê-lo, não haverá preclusão da dedução da matéria constitucional em juízo (*preclusão temporal para a dedução de matéria*), pois essa poderá ser deduzida em momento oportuno, por meio de outro ato processual. Aliás, a matéria constitucional não preclui, desde que não precluam atos processuais que a parte possa utilizar para deduzi-la.

Resumindo: os recursos apenas poderão ser interpostos dentro do prazo legal, senão serão intempestivos. Se houver matéria constitucional, precluso o recurso, caberá à parte alegá-la noutra oportunidade futura, através de um outro ato processual. Por exemplo: não foi exercida a ação de impugnação de pedido de registro de candidato (AIRC), que poderia ser proposta sob o fundamento de inelegibilidade — decorrente de norma constitucional — do registrando. Não sendo ajuizada, os legitimados viram ficar preclusa sua pretensão de impugnar a inelegibilidade do candidato. Nada obstante, poderão eles ajuizarem ação de impugnação de mandato eletivo (AIME) ou recurso contra diplomação pelo mesmo fundamento constitucional, pois não houve preclusão da oportunidade de se deduzir essa matéria. Ao revés, se a inelegibilidade alegada fosse infraconstitucional e anterior ao registro, perdido o momento para fustigar aquela inelegibilidade, haveria preclusão também da oportunidade de se deduzir essa matéria, não se podendo utilizar o recurso contra diplomação ou a AIME.[26]

2.4 Da prevenção

O art. 260 do CE prescreve que a distribuição do primeiro recurso que chegar ao Tribunal Regional ou Tribunal Superior prevenirá a competência do relator para todos os demais casos do mesmo município ou Estado.

Dessarte, os recursos interpostos contra decisões jurisdicionais do juiz ou junta eleitoral serão distribuídos sempre para apenas um relator, que atuará em todos os processos daquela Zona ou Circunscrição Eleitoral. A prevenção é critério de fixação de competência entre juízes igualmente competentes, ocorrendo, no Direito Eleitoral, pela distribuição dos recursos para o seu relator. A quem primeiro for distribuído o recurso de determinado município ou Estado, competirá relatar os demais recursos

---

[26] Como leciona Joel José Cândido (*Direito eleitoral brasileiro*. 6. ed., p. 219): "Por outro lado, exceto as inelegibilidades supervenientes ao registro do candidato e as de ordem constitucional, *todas as demais devem ser alegadas em Ação de Impugnação de Pedido de Registro de Candidatura, na fase preparatória do processo eleitoral, na forma do art. 3º e seguintes da Lei Complementar nº 64/90, sob pena de preclusão,* conforme já está assente nos julgados eleitorais (BE-TSE 239/740; 243/175; 244/235 e 386/38)" (grifei). No mesmo sentido, Torquato Jardim (*op. cit.*, p. 129): "Matéria de ordem constitucional, para efeito de preclusão, é aquela prevista diretamente na Constituição; não o é aquela delegada à lei complementar sobre inelegibilidade (TSE, Ac. nº 7.438, rel. Min. Vilela, Bol. El. nº 386-01/38). *Por isso mesmo, se preexistente ao registro da candidatura a inelegibilidade infraconstitucional, preclusa será sua argüição em recurso contra a diplomação* (TSE, Ac. nº 7.620, rel. Min. Vilela, Bol. El. nº 388-01/52; RecDip. nº 491, rel. Min. Jardim, *DJU* 31. mar. 95; Ac. nº 536, rel. Min. M. Aurélio, *DJU* 18. ago. 95)" (grifei). Conf., outrossim, Alberto Rollo e Enir Braga (*Inelegibilidade à luz da jurisprudência*, p. 91), averbando: "A inelegibilidade decorrente da LC nº 64/90 não está submetida aos efeitos do art. 223 do Código Eleitoral. Por isso, se não alegada a inelegibilidade no momento da impugnação ao registro da candidatura, ocorrerá a preclusão irremediável dessa fundamentação, conforme determinado no Acórdão TSE nº 11.934, de 30.04.91, relatado pelo Min. Hugo Gueiros".

da mesma procedência. A norma, nesse sentido, não teve por relevante se seriam do mesmo pleito (*e.g.*, eleições municipais) ou de pleitos diferentes (*v.g.*, eleições federais e estaduais, concomitantes), bastando, para a prevenção, serem da mesma procedência (Estado ou Município).

§3 Dos recursos em espécie

3.1 Recursos contra decisão dos juízes eleitorais. Cabimento do agravo contra decisão interlocutória

As decisões dos juízes eleitorais poderão ser fustigadas pelo recurso inominado previsto nos arts. 266-267 do CE. Será interposto dirigido ao juiz eleitoral, em petição devidamente fundamentada, inclusive com a juntada de novos documentos e indicação dos meios de prova a serem determinados pelo tribunal, naqueles casos indicados (art. 266, parágrafo único do CE).

Intimado o recorrido, este ofertará suas contrarrazões, no mesmo prazo para a interposição do recurso, podendo juntar novos documentos. Havendo junção de documentos, o recorrente terá vista dos autos em 48 horas para sobre eles falar (art. 267, §5º).

Nesse momento, é de bom alvitre a abertura de vistas para o Ministério Público Eleitoral se pronunciar, no prazo de 48 horas, na qualidade de fiscal da lei.[27] Findos esses prazos, o juiz fará o seu juízo de retratabilidade, modificando ou não sua decisão. Se a mantiver, fará subir os autos ao TRE em 48 horas; se entender de reformá-la total ou parcialmente, poderá o recorrido, dentro de 03 dias, requerer a subida do recurso como se por ele interposto, devolvendo ao Tribunal o conhecimento da matéria reprochada (art. 267, §7º).

Cabe recurso inominado das decisões judiciais que: apreciarem o direito de resposta (art. 243, §3º, do CE); julgarem o pedido de cancelamento de inscrição e exclusão do eleitor (art. 80 do CE); julgarem pedido de inscrição eleitoral e transferência de domicílio eleitoral (art. 7º, §1º, da Lei nº 6.996/82); que julgarem a ação de investigação judicial eleitoral e a ação de impugnação de mandato eletivo, prolatadas em eleições municipais.

Cabe também o rito do recurso inominado para as *decisões administrativo-judiciais*[28] que julgarem reclamação a: designação de escrutinadores e auxiliares (CE, art. 39); designação de mesários (art. 121, §1º, do CE); designação das seções eleitorais (art. 135, §8º, do CE); e impedimento de mesário para o serviço eleitoral (art. 120, §4º, do CE).

Das decisões interlocutórias em AIJE e AIME não cabe o recurso de agravo, respeitando assim o princípio da celeridade processual.

3.2 Recursos contra decisão das juntas eleitorais

As juntas eleitorais são formadas por um juiz de direito, que será o presidente, e por dois ou quatro cidadãos de notória idoneidade (art. 36 do CE), tendo por

---

[27] Nesse sentido, Joel José Cândido (*op. cit.*, p. 215).
[28] *Vide* o capítulo 6.

competência, principalmente, apurar em 10 dias as eleições, expedir os boletins de apuração e expedir diploma aos eleitos para cargos municipais.

Dos seus atos cabem recursos inominados, recurso parcial e recurso contra a diplomação. Como o recurso contra a diplomação não é recurso, mas verdadeira ação, não trataremos dele nessa oportunidade, remetendo o leitor ao capítulo 7 desta obra.

3.2.1 Dos recursos parciais

A fase de apuração da votação em cédula — quando não seja possível a substituição das urnas eletrônicas com defeito por outras, se inicia no dia seguinte às eleições. É nessa fase que têm cabimento os recursos parciais, exercitáveis contra decisões da junta eleitoral apuradora, em provimento judicial prolatado em decorrência do manejo de alguma impugnação.

Assim, à medida que os votos forem sendo apurados, poderão os fiscais e delegados de partido, assim como os candidatos, apresentar impugnações, as quais serão decididas de plano pela junta eleitoral. Também as impugnações oferecidas quanto à identidade do eleitor (art. 132 do CE) serão julgadas nessa fase.

A junta eleitoral decidirá por maioria de votos as impugnações, cabendo, de suas decisões, recursos parciais. Tais recursos são interpostos imediatamente, por escrito ou na forma verbal, sendo fundamentados no prazo de 48 horas para que tenham seguimento (art. 169, §2º, do CE). São legitimados para propor tais recursos os partidos políticos e coligações, através de seus fiscais e delegados, bem como os candidatos e o Ministério Público.

Se o recurso for interposto oralmente deverá ser reduzido a termo. De toda sorte, interposto o recurso, é de todo útil que se certifique o horário da interposição, a fim de se controlar sua tempestividade ou não. Será, então, autuado, pelo modo adotado pela junta eleitoral, constando o termo de recurso e, posteriormente, suas razões, certidão da decisão recorrida (sem necessidade de constar o parecer do Ministério Público) e do trecho correspondente do boletim de urna (art. 169, §4º do CE), bem como invólucro lacrado, rubricado pelo juiz, recorrente e fiscais de partidos políticos que desejarem, contendo as cédulas dos votos e as sobrecartas para voto em separado (art. 172 do CE).[29] Não caberá, nesse recurso, o juízo de retratabilidade.

Com a introdução das urnas eletrônicas, essa espécie de recurso entrou em desuso, sendo de possível aplicação apenas na excepcional hipótese de contagem de voto manual, hoje praticamente abolido.

De toda a sorte, o recurso contra decisões da junta eleitoral, em caso de votação por cédula, quando houver, tem seu trâmite regido pelo art. 169 do CE, de acordo com o art. 265, parágrafo único do CE. As matérias atacáveis são fixadas residualmente: exceto sobre decisões que se refiram às urnas, cédulas ou seus conteúdos, as demais são fustigadas por recurso inominado.

---

[29] Como ensina Joel José Cândido (*op. cit.*, p. 195-196): "O recurso pode ser interposto verbalmente ou por escrito. Na primeira hipótese, toma-se por termo. Deve-se certificar, sempre, a hora exata da interposição. Formulada a inconformidade, por qualquer modo, autua-se ela com o voto, com uma cópia do boletim da urna e com sumária certidão que diga, em resumo, o motivo da impugnação, a conclusão do parecer do Ministério Público e a conclusão, somente, do voto vencedor. Enumera-se a autuação com os dados da zona, da seção, do dia e hora, bem como o nome das partes".

Tal recurso, nessa fase, bastas vezes terá por conteúdo irresignação com decisão de natureza administrativa da junta eleitoral; decisão esta provocada por meio de *reclamação*. São exemplos desses casos decisões sobre: reclamação pela não expedição dos boletins de apuração mencionados no art. 179 (CE, art. 40, inc. III); pedido de descredenciamento de fiscal ou delegado; cerceamento de atividade fiscalizadora dos partidos políticos e Ministério Público; decisão oriunda do exercício do poder de polícia judicial etc.[30] Se não houver o exercício da reclamação, não se pode exercer recurso, porque decisão a ser atacada inexiste. Incide, também aqui, o art. 171 do CE, como já se pronunciou o TSE (Acórdão nº 6.301, de 10.05.1977, *DJU*, p. 3367, 1º jun. 1977).

3.2.2 Recurso ordinário

O recurso ordinário é cabível contra a sentença proferida em todas as ações processuais de primeira instância, propostas perante o juízo *a quo*.

O juiz eleitoral não pode se negar a fazer subir o recurso, nem mesmo em face de sua intempestividade, que deverá ser apreciada pelos tribunais regionais. Deixando o juiz de receber o recurso ou processá-lo adequadamente, cabe mandado de segurança dirigido ao tribunal regional ao qual está vinculado o juízo recorrido, constando o magistrado como autoridade coatora.

O recurso ordinário interposto contra decisão que resulte em cassação de registro, afastamento do titular ou perda de mandato eletivo terá efeito suspensivo automático, conforme o art. 257, §2º, do CE, com a redação dada pela Lei nº 13.165, de 2015.

3.3 Dos recursos contra decisões dos tribunais regionais eleitorais

Das decisões dos tribunais regionais eleitorais cabem os seguintes recursos: agravo regimental, embargos de declaração eleitoral, recurso ordinário, recurso especial eleitoral e agravo de instrumento eleitoral.

3.3.1 Agravo regimental

Cabe agravo regimental contra decisão monocrática do presidente do TRE, de acordo com o art. 264 do CE, sendo proposto no prazo de 03 dias. Seu rito é definido pelos regimentos internos de cada Tribunal. O Regimento Interno do TSE prevê a interposição de agravo regimental contra decisão monocrática do relator, proposto em 03 dias e processado nos próprios autos (art. 36, §8º, do RITSE).

3.3.2 Embargos de declaração

São admissíveis quando há no acórdão obscuridade, dúvida ou contradição, ou quando for omitido ponto sobre o qual deveria se pronunciar o tribunal (art. 275, incs. I e II do CE). Dessarte, de logo se averbe serem eles incabíveis contra decisão do juiz eleitoral ou da junta eleitoral, bem assim contra decisão monocrática de membro do

---

[30] Exemplos citados por Joel José Cândido (*op. cit.*, p. 217-218).

tribunal, uma vez que inexiste previsão legal para o seu manejo.³¹ Caberá, apenas, contra acórdão do tribunal em que haja obscuridade ou contradição, ou quando nele houver lacuna sobre tema que deveria se pronunciar, por ter sido exsurgido pelo recorrente. A dúvida, de que fala o inciso I deste artigo, é subsumível ao conceito de obscuridade ou de contradição (elemento objetivo), que causa no leitor do *decisum* um estado psicológico de dúvida. Assim, ela não se encontra no acórdão, mas no sujeito leitor, provocada pela obscuridade ou contradição, que são atacadas pelo manejo dos embargos declaratórios.

Surpreendentemente, já foi admitido o manejo dos embargos declaratórios para o reexame de decisões judiciais, à falta de ação rescisória no processo civil eleitoral. O efeito infringente deste recurso, que deveria apenas existir em casos excepcionais, como consequência do próprio aclaramento proporcionado por sua acolhida, terminou por ser admitido em demasiados casos, os mais diversos, sem fundamento em qualquer pressuposto teórico justificável. O TSE, outrossim, já admitiu, excepcionalmente, os embargos declaratórios interpostos por *terceiro*, que, não tendo sido parte do processo, pudesse vir a ser atingido pela eficácia natural da sentença.³² Quanto à substituição da ação rescisória pelo recurso em foco, parece-nos de todo impertinente, pois: (a) a ação rescisória é cabível contra sentenças transitadas formalmente em julgado, ao contrário de qualquer recurso, que apenas pode ser interposto contra decisão não passada em julgado, portanto dentro da mesma relação processual; e (b) os embargos declaratórios não possuem, em primeiro plano, a função modificadora do julgado, embora possam, evidentemente, inobstante de modo mediato, terminar por provocá-la, mercê da profundidade da contradição ou obscuridade atacadas (efeitos infringentes). Já o manejo desse recurso por terceiro interessado, que sofrerá os efeitos reflexos da sentença, é de todo concebível, dês que atenda sua finalidade eminente declaratória, vale dizer, restituidora da certeza do julgado.³³

---

31   Em sentido contrário, Tito Costa (*Recursos em matéria eleitoral*. 5. ed., p. 109), para quem: "Pode parecer, à primeira vista, que no processo eleitoral esse recurso só seja possível em relação a decisões do Juízo Superior. Já dissemos anteriormente que o CPC admite os embargos contra sentenças de primeiro grau e acórdão da instância superior. Sendo a lei processual civil aplicável, subsidiariamente, no processo eleitoral, e por ser mais ampla sua abrangência no tocante a esse tipo de recurso, parece-nos curial que se amplie, também no procedimento eleitoral, a sua utilização, ao ponto de alcançar a sentenças de Juízes ou juntas eleitorais". Tal posição tem valor, parece-nos, apenas de *iure condendo*, pois os embargos de declaração não foram adotados pela legislação eleitoral, que regrou seus recursos de modo diverso do CPC, cuja aplicação em sede eleitoral é apenas subsidiária. Outrossim, a adoção desse recurso na esfera eleitoral traria o inconveniente de inflacionar as possibilidades recursais, quebrando a celeridade própria ao processo civil eleitoral. A utilidade desse recurso, ademais, é prequestionar questão federal ou constitucional para efeito de interposição dos recursos especial ou extraordinário. Assim, Torquato Jardim (*op. cit.*, p. 130-131): "De igual pertinência o quesito do prequestionamento da matéria suscitada perante o Tribunal Superior, conforme as Súmulas nº 282 e 356 do Supremo Tribunal Federal (TSE, Ac. nº 5.859, rel. Min. Gordilho, Bol. El. nº 302-01/714; Ac. nº 6.966, rel. Min. Vilela, Bol. El. nº 378-01/36". Segundo a Súmula nº 282, "é inadmissível o recurso extraordinário quando não ventilada, na decisão recorrida, a questão federal"; e a Súmula nº 356, "o ponto omisso da decisão, sobre o qual não foram opostos embargos declaratórios, não pode ser objeto de recurso extraordinário, por faltar o requisito do prequestionamento".

32   COSTA, *op. cit.*, 5. ed., p. 109-110. Tal recurso foi conhecido, mas improvido por não se ter suscitado ponto obscuro ou contraditório.

33   *Vide* o capítulo 7, quando procuramos demonstrar que, no recurso de diplomação, que é verdadeira ação, o partido político pode atuar como assistente do candidato acionado, pois sofrerá o partido os efeitos reflexos da sentença que decretar a inelegibilidade do eleito para cargo eletivo. Desse modo, poderá ele, como terceiro prejudicado, recorrer, inclusive embargando de declaração. Contra essa posição por mim adotada, Tito Costa (*op. cit.*, 5. ed., p. 128), que cita acórdão do TRE-SP, inadmitindo a figura do assistente litisconsorcial em sede de recurso contra diplomação; também Joel José Cândido (*op. cit.*, p. 219), por fundamento radicalmente diverso: "A jurisprudência tem entendido que no Recurso Contra a Diplomação há *litisconsórcio necessário* (CPC,

Serão eles opostos dentro de três dias da data da publicação ou intimação da decisão, em petição dirigida ao relator, no qual será indicado o ponto obscuro, contraditório ou lacunoso (art. 275, §1º). Será posto em mesa, pelo relator, na sessão seguinte, na qual proferirá seu voto. Vencido, outro relator será designado para lavrar o acórdão (art. 275, §§2º e 3º).

Finalmente, é de observar-se que a oposição de Embargos de Declaração interrompe o prazo para interposição de outros recursos, prazo esse que começará a correr integralmente da data do julgamento dos embargos.[34]

3.3.4 Recurso especial

As decisões dos tribunais regionais são terminativas, consoante dispõe o art. 276 do CE. Tal norma quis dizer que as decisões dos tribunais regionais são irrecorríveis, pondo fim ao processo. Em linguagem técnica, terminativa é a decisão que põe fim ao processo sem julgamento do mérito, ao contrário das decisões definitivas, que julgam o mérito. Daí por que devemos ler o art. 276 no sentido a que aludimos, de enunciação da irrecorribilidade das decisões do TRE.

Nada obstante, há exceção a essa regra geral: se a decisão for proferida contra expressa disposição de lei, ou quando ocorrer divergência na interpretação de lei entre dois ou mais tribunais eleitorais, caberá *recurso especial* (art. 276, inc. I, alíneas "a" e "b"). Afinal, cabe ao TSE a defesa da lei federal, uniformizando sua jurisprudência. Para esse fim, as partes dispõem do recurso especial, cuja finalidade não é decidir pela justiça ou injustiça das decisões dos TREs, mas sim controlar se tais decisões foram proferidas contra norma federal expressa, ou se há entre elas divergência de interpretação.[35] Dessarte, há necessidade, para o cabimento dessa via recursal, da existência de prequestionamento, ou seja, de prévia decisão pelos TREs da questão federal objeto do recurso, sem o que será o recurso reprovado no seu juízo de admissibilidade.

Prequestionamento é a referência feita pelo acórdão atacado à questão federal controvertida pelas partes. Portanto, necessário saber-se se, para a configuração da

---

art. 47), devendo o partido político ser chamado a integrar a lide, dado o seu indiscutível interesse nos votos que ali se discutem (BE-TSE 307/114)" (grifei). Discordamos das duas posições, e tratamos delas com mais vagar quando nos detemos mais, n'outra oportunidade, sobre a ação (recurso) contra diplomação. Por aqui basta dizer que o partido não pode ser litisconsorte necessário, pois as normas eleitorais assim não cogitaram e, doutra banda, ele não poderia atuar em nome próprio, defendendo acusação de inelegibilidade contra o candidato, que embora seu filiado, é acionado pessoalmente. O que há é interesse jurídico do partido na vitória do seu candidato, pois decisão desfavorável traria efeitos reflexos negativos sobre sua esfera jurídica, de modo que tem legitimidade para atuar como assistente litisconsorcial, haja vista que sua relação de direito material é com seu filiado e com os outros partidos concorrentes.

[34] Assim, Torquato Jardim (*op. cit.*, p. 127): "o prazo para o recurso, opostos embargos declaratórios, será contado por inteiro da data do julgamento dos aludidos embargos (TSE, Ac. nº 7.678, rel. Min. Torreão Braz, Bol. El. nº 391-01/37; Ac. nº 11.086, rel. Min. Acioli, *DJU* 30. abr. 90)". Pelo art. 1.026 do CPC-2015, os embargos de declaração não possuem efeito suspensivo, porém interrompem o prazo para a interposição de recurso. Como ensinava Sérgio Bermudes, sobre o art. 538 do CPC-1973, após uma das suas reformas (*A reforma do Código de Processo Civil*, p. 102): "A oposição dos embargos interrompe o prazo para a interposição de outros recursos, isto é, decidido os embargos declaratórios, o prazo para o recurso cabível recomeça a se contar, por inteiro".

[35] Apropriadamente averba Rodolfo de Camargo Mancuso (*Recurso extraordinário e recurso especial*, p. 85): "Compreende-se que os recursos excepcionais não sejam vocacionados à reparação da alegada injustiça do caso concreto: é que a injustiça derivaria de u'a má subsunção do fato à norma, erronia corrigível pelos recursos comuns; ao passo que o móvel dos recursos extraordinário e especial se restringe à readequação do julgado recorrido aos parâmetros constitucionais ou do direito federal, respectivamente".

parte dispositiva do *decisum*, concorreu o debate, ocorrido em sua fundamentação, sobre questão jurídica federal. Tal concorrência pode ser explícita ou implícita, bastando tão só que seja ventilada no acórdão fustigado. Portanto, não bastam as alegações do advogado, ou a referência da sentença reformada ou mantida pelo acórdão. Necessário que *o próprio acórdão* enfrente ou debata o ponto controvertido, ou a ele faça referência, ainda que seja para dizer que não caiba a aplicação da norma federal, para se considerar como havido o prequestionamento.[36]

As instruções proferidas pelo TSE, através de suas resoluções, têm força de lei, de modo que a sua violação pelos tribunais regionais dá ensejo ao manuseio do recurso especial.[37]

Inadmissível recurso, como já gizamos, para discutir a justiça ou injustiça da decisão, de modo a se revolver matéria de fato. O recurso especial, como espécie de recurso excepcional, de juízo de superposição, tem por finalidade a preservação da correta aplicação do direito federal, de modo que apenas mediatamente, pela constatação de erro quanto à sua aplicação, é que se poderá aferir da sua justiça ou injustiça. Portanto, há indubitavelmente uma limitação da esfera de devolução ao tribunal da *res in judicium deducta*.[38] Mas é preciso entender bem esse ponto. O fato jurídico é efeito da incidência da norma sobre o seu suporte fáctico concreto, ou seja, sobre o conjunto de fatos descritos na hipótese de incidência da norma. Assim, os efeitos jurídicos são emanações do fato jurídico, que surge da subsunção do fato à norma. Fato e norma são elementos inelimináveis do Direito, implicados axiologicamente, na fórmula tridimensional de Reale. Dessarte, quando se diz que a matéria fáctica não pode ser objeto de recurso especial, está-se a dizer que a controvérsia acerca da existência do fato, enquanto fato ainda não qualificado de jurídico, não pode ser trazida à cognição pelo recurso excepcional, mercê de este curar apenas da matéria jurídica abordada pelo acórdão vergastado, portanto, da *qualificação jurídica do fáctico*.[39] Assim, e apenas

---

[36] Como já afirmou o saudoso Ministro Alfredo Buzaid (*apud* BOMFIM. *Recurso especial*, p. 27): "Ventilar quer dizer debater, discutir, tornar a matéria *res controversa*. Não basta, pois, que seja apenas afastada, por não ter aplicabilidade no caso concreto. Quando isto ocorre, pode dizer-se que não houve prequestionamento. Está em controvérsia a norma constitucional, quando a seu respeito há uma *res* dúbia, quando se litiga sobre sua aplicabilidade; não, porém, quando é excluída de qualquer julgamento por não incidir a cláusula constitucional. A mera referência a artigo ou artigos da Constituição, *incidenter tantum*, não tem, portanto, o dom de prequestionar a matéria constitucional". Tal posição deve ser amenizada, pois o afastamento, por parte do acórdão ordinário, da norma invocada pelo recorrente ordinário já é a demonstração de controvérsia sobre questão constitucional, nesse caso citado. Nesse viés, é de se anotar que o STJ vem adotando a liceidade do prequestionamento implícito. Como já afirmou o Ministro Carlo Mário Velloso (*apud* BOMFIM, *op. cit.*, p. 33): "No que toca ao prequestionamento, objeto das Súmulas 282 e 356-STF, o que há de se entender é que não deve ele ser encarado com exageros. O prequestionamento pode dar-se de modo implícito, e isto é suficiente, ao que penso, não obstante a jurisprudência da Corte Suprema em sentido contrário (...). O que deve ser exigido é que a questão haja sido posta, vale dizer, decidida no acórdão. Se isso não tiver ocorrido, não há falar em prequestionamento implícito. Em tal caso, constitui inovação, o que não seria possível, a matéria ser trazida no recurso especial (...). *Em tema de prequestionamento, o que deve ser exigido é apenas que a questão haja sido posta na instância ordinária*. Se isto ocorreu, tem-se a figura do prequestionamento implícito, que é o quanto basta" (grifei).

[37] COSTA, *op. cit.*, 5. ed., p. 91.

[38] Rodolfo de Camargo Mancuso (*op. cit.*, p. 83) afirma: "Um dos motivos porque se tem os recursos extraordinário e especial como pertencentes à classe dos *excepcionais*, reside em que o espectro de sua cognição não é amplo, ilimitado, como nos recursos comuns (*v.g.*, a apelação), mas, ao invés, é restrito aos lindes da matéria de fato; presume-se ter esta sido dirimida pelas instâncias ordinárias, quando procederam à tarefa da subsunção do fato à norma de regência" (grifos do autor).

[39] Como diria José Afonso da Silva (*Recurso extraordinário*, p. 125-127 *apud* MANCUSO, *op. cit.*, p. 85-86): "Se a dúvida surge quanto à interpretação das várias condutas levadas ao processo, verifica-se uma questão de fato;

para gizar, a matéria jurídica a ser posta em revisão pela via do recurso especial deverá constar do acórdão recorrido, mercê do prequestionamento exigível.[40]

Cabe também recurso especial das decisões originárias do TRE que não versem sobre inelegibilidade e expedição de diploma nas eleições estaduais e presidenciais, pois nesses casos o recurso cabível é o recurso ordinário. Desse modo, cabe recurso especial contra decisão do TRE que julgar homonímia, propaganda eleitoral, direito de resposta, representação contra infração da lei eleitoral etc.

O prazo para a interposição de recurso especial apenas se conta a partir da publicação do acórdão pela imprensa oficial, e não da publicação em sessão.

O recurso pode ser interposto por diretório municipal ou regional de partido político, tratando-se de eleições municipais;[41] e por diretório regional, tratando-se de eleições gerais e federais.

Interposto o recurso especial contra decisão do tribunal regional, a petição será juntada aos autos em 48 horas, conclusos os autos, ao depois, ao presidente do tribunal. Este proferirá despacho fundamentado, admitindo ou não o recurso. Se for admitido o recurso, será aberta vista à parte recorrida, para que, no tríduo legal, apresente suas contrarrazões. Apresentadas ou não as contrarrazões do recorrido, os autos serão conclusos ao presidente, que os remeterá ao TSE (art. 278 do CE). Se denegado o recurso pelo presidente, caberá recurso de agravo de instrumento eleitoral para o TSE (art. 279 do CE).

3.3.4 Recurso ordinário

Outro recurso cabível contra as decisões dos tribunais regionais eleitorais é o recurso ordinário, interposto contra arestos que: (a) versarem sobre inelegibilidade ou expedição de diplomas nas eleições federais e estaduais; (b) anularem diplomas ou decretarem a perda de mandatos eletivos federais ou estaduais; e (c) denegarem *habeas corpus*, mandado de segurança, *habeas data* ou mandado de injunção.

Tais hipóteses são previstas no art. 276, inc. II do CE, acrescidas das previsões predispostas pelo art. 121, §4º, incs. III, IV e V da CF/88.

O recurso ordinário interposto contra a expedição de diploma é o recurso contra diplomação.

---

a dúvida, aqui, aparece quanto à compreensão da intencionalidade e significação das condutas e do mundo cultural; se a dúvida se levanta quanto à interpretação dos esquemas genéricos (lei, decreto, regulamento, etc.), aparece a chamada questão de direito". Mas tal significação, dizemos nós, não é analisada apenas em abstrato, podendo e devendo ser flagrada na confrontação com o caso concreto, para ver se a subsunção da norma federal deu-se ou não em fato incontroverso pelas partes, ou tomado pelo acórdão recorrido como efetivamente provado. Se assim é, o recurso não terá por objeto o debate sobre o fato, mas sim sobre, tomado o fato como tal, se houve ou não a incidência da norma.

[40] O Ministro Marco Aurélio, em rigoroso voto proferido (*JTSE* 3/95/171-172), aduziu: "sob pena de transformar o Tribunal Superior Eleitoral em terceira instância, revisora, há de se ter presente a necessidade de o tema jurígeno veiculado ter sido objeto de debate e decisão prévios, restando configurado, portanto, prequestionamento. A razão de ser deste último é viabilizar o exame do atendimento a um dos pressupostos específicos de recorribilidade, sempre a exigir o cotejo. A par destes enfoques, exsurge outro que qualifica a sede como extraordinária. A pesquisa sobre a ocorrência da vulneração da expressa disposição de lei, ou da divergência jurisprudencial faz-se considerada a moldura fáctica delineada soberanamente pelo Colegiado de origem. Defeso é desprezá-la".

[41] Ac. nº 12.501 – Rec. nº 9.936-RJ, rel. Min. Sepúlveda Pertence, *DJU*, 11 mar. 1993, p. 3.478. *In*: COSTA, *op. cit.*, 5. ed., p. 94.

Se há ação de impugnação de registro de candidato, ou não havendo, das decisões originárias proferidas pelo TRE sobre pedido de registro de candidatura cabe recurso ordinário, previsto no art. 8º da LC nº 64/90. Nas ações de investigação judicial eleitoral, em decisões originárias do TRE, cabe recurso ordinário previsto no Código Eleitoral. Tais ações têm por finalidade a decretação ou declaração de inelegibilidade do candidato, de modo que incide aí o art. 121, §4º, inc. III da CF/88.

O recurso ordinário interposto contra decisão proferida pelo Tribunal Regional Eleitoral que resulte em cassação de registro, afastamento do titular ou perda de mandato eletivo possui efeito suspensivo, conforme o art. 257, §2º, do CE, com a redação que lhe deu a Lei nº 13.165, de 2015.

É bem verdade que o Tribunal Superior Eleitoral, em relação à AIRC, tem assentado que o recurso ordinário apenas caberia das decisões originárias do TRE versando sobre inelegibilidade e expedição de diplomas, cabendo recurso especial nos demais casos (ausência de alguma condição de elegibilidade, indeferimento do pedido de registro por ausência de algum documento essencial, homonímia etc.) Como se vê, o TSE, influenciado pela doutrina clássica, trata a falta de alguma condição de elegibilidade não como espécie de inelegibilidade inata, mas como aquela estranha figura da "não elegibilidade", que não tem conteúdo algum, sendo um conceito tolo e sem significado. Ora, se a decisão nega o registro de candidatura, declara ou constitui uma espécie de inelegibilidade (inata ou cominada), pois impede nasça a elegibilidade, consoante no-lo demonstra o art. 262 do CE, com a redação da Lei nº 13.165/2015. De fato, sem registro não há candidatura, não há elegibilidade: há, sim, inelegibilidade originária ou cominada. Desse modo, é evidente que *qualquer decisão do TRE denegatória do registro de candidatura, seja por que motivo for, enseja a interposição de recurso ordinário para o TSE*. O mesmo se diga da decisão em AIJE proferida originariamente pelo TRE.

O inc. IV do §4º do art. 121 da CF/88 autoriza a interposição de recurso ordinário contra as decisões que anularem diplomas ou decretarem a perda de mandatos eletivos federais ou estaduais. Tal prescritor alcança as decisões proferidas em ação de impugnação de mandato eletivo (AIME), uma vez que a hipótese anteriormente analisada apanha as outras ações possíveis. Dessarte, fecha-se o desenho de possíveis recursos ordinários contra as decisões dos TREs. Quanto ao recurso ordinário cabível contra decisões que denegarem *habeas corpus*, mandado de segurança, *habeas data* ou mandado de injunção, não oferece qualquer dificuldade, de modo que afastamos sua análise.

É sempre de três dias o prazo para sua interposição, contados da publicação da decisão, ou da sua intimação. Tal prazo deve ser aplicado à ação de impugnação de mandato eletivo, pois os prazos dos recursos eleitorais são fixados pela legislação especial. Ainda que se admita, como atualmente o tem feito a jurisprudência, que o rito processual dessa ação seja o ordinário do CPC, não se pode admitir, já agora quanto aos recursos, a aplicação plena dos prazos do CPC, à falta de espeque legal para tanto.[42]

Interpõe-se o recurso ordinário dirigido ao presidente do TRE, que poderá mandar intimar o recorrido para que ofereça suas contrarrazões. Ultrapassado o tríduo legal, com o seu oferecimento ou sem ele, serão os autos remetidos para o TSE (art. 277 do

---

[42] Contra, no sentido de admitir prazo de 15 dias para sua interposição, Tito Costa (*op. cit.*, p. 98). No sentido aqui defendido, Joel José Cândido (*op. cit.*, p. 225).

CE). Se o presidente não admitir o recurso, rejeitando-o, poderá o recorrente interpor agravo de instrumento eleitoral, no prazo de 03 dias dessa decisão.

3.3.5 Agravo

O agravo de instrumento tipicamente eleitoral é cabível contra as decisões do presidente do TRE que denegar recurso especial ou recurso ordinário,[43] podendo ser interposto 03 dias após a intimação da decisão reprochada. Deverá constar a exposição do fato e do direito; as razões do pedido de reforma da decisão; e a indicação de peças do processo que devem ser trasladadas, entre as quais, obrigatoriamente, a decisão recorrida e a certidão da intimação do recorrente (§1º do art. 279 do CE).

É necessário consignar que o cabimento do agravo de instrumento eleitoral não fica circunscrito às hipóteses previstas no art. 279 do CE, como poderia parecer à vista desarmada. Como afirmamos, cabe a formação de instrumento em todas as ações eleitorais, em que haja decisão que provoque grave lesão ao direito da parte.

Deferida a formação do agravo, será intimado o agravado para apresentar suas contrarrazões e indicar peças a serem trasladadas. Concluído o instrumento, nas hipóteses arroladas pelo CE, o presidente do TRE determina sua remessa para o TSE, não podendo, em nenhuma hipótese, negar sua subida (§§3º e 4º do art. 279 do CE).

3.4 Recursos contra decisões do Tribunal Superior e Eleitoral

3.4.1 Agravo regimental, embargos de declaração e agravo de instrumento

O agravo regimental ou interno cabe contra as decisões *lato sensu* tomadas por seu presidente, ao teor do art. 264 do CE, na forma do regimento interno dos tribunais. Normalmente o prazo é o comum de três dias, sendo manejado contra as decisões monocráticas que tragam prejuízo às partes de processos submetidos à jurisdição do tribunal. Tem a finalidade de submeter ao plenário, na primeira oportunidade, a decisão fustigada.

Contra os arestos do Tribunal Superior Eleitoral podem ser interpostos embargos de declaração, em caso de contradição ou obscuridade, adotado o mesmo procedimento do art. 275 do CE.

Denegados os recursos extraordinário ou ordinário, o recorrente poderá interpor agravo de instrumento, observado o disposto no art. 282 do CE.

3.4.2 Recurso ordinário

O recurso ordinário é cabível contra decisão do TSE que denega mandado de segurança e *habeas corpus* (art. 281 do CE). Interponível em três dias, se não for conhecido pelo presidente do Tribunal, poderá o recorrente manejar agravo de instrumento.

---

[43] Nesse caso, com supedâneo no art. 282 do CE, interpretando extensivamente.

3.4.3 Recurso extraordinário

Cabe em relação ao recurso extraordinário tudo quanto nós dissemos sobre o recurso especial, notadamente excetuados os seus pressupostos, que têm contornos constitucionais diferenciados.

De acordo com a Constituição Federal, é cabível recurso extraordinário contra decisões do TSE que: (a) contrariarem dispositivo da Constituição; ou (b) declararem a inconstitucionalidade de lei federal.

O recurso extraordinário deve ser interposto no prazo de três dias, a partir da publicação da decisão que se deseja impugnar, sendo interposto na forma dos arts. 278 e 279 do CE.

Apresentado o recurso e conclusos os autos ao presidente do TSE, proferirá ele, em 48 horas, despacho fundamentado, admitindo ou não sua interposição. Acolhido o recurso, abrir-se-á vista ao recorrente para, em 48 horas, apresentar suas contrarrazões, voltando, ao depois, os autos conclusos ao presidente, que determinará sua remessa ao STF.

Se o recurso for indeferido pelo presidente do TSE, da sua decisão caberá agravo de instrumento, a ser oferecido em três dias, contados da data de sua publicação, de acordo com os arts. 278 e 279 do CE.

REFERÊNCIAS

ADEODATO, João Maurício. *A retórica constitucional*. 2. ed. São Paulo: Saraiva, 2010.

ADEODATO, João Maurício. *Ética e retórica*: para uma teoria da dogmática jurídica. São Paulo: Saraiva, 2002.

AGUIAR, Ubiratan Diniz de et al. *A Administração Pública sob a perspectiva do controle externo*. Belo Horizonte: Fórum, 2011.

ALCHOURRÓN, Carlos E.; BULYGIN, Eugenio. *Introducción a la metodología de las ciências jurídicas y sociales*. Buenos Aires: Astrea, 1993.

ALCHOURRÓN, Carlos E.; BULYGIN, Eugenio. *Introducción a la metodología de las ciencias jurídicas y soaciales*. Buenos Aires: Astrea, 1987.

ALEXY, Robert. *Teoria de la argumentación jurídica*: la teoría del discurso racional como teoría de la fundamentación jurídica. Madrid: Centro de Estudios Constitucionales, 1989.

ALVES, Fábio Wellington Ataíde. O teste de alfabetização do pré-candidato a cargo eletivo: a concretização do art. 14, §4º da Constituição Federal. *Revista de Informação Legislativa*, Brasília, ano 38, n. 152, out./dez. 2001.

ALVES, José Carlos Moreira. Pressupostos de elegibilidade e inelegibilidades. *In*: REZEK, José Francisco et al. (Coord.). *Estudos de direito público em homenagem a Aliomar Baleeiro*. Brasília: UnB, 1976.

ALVIM, Arruda. *Manual de direito processual civil*. 6. ed. São Paulo: Revista dos Tribunais, 1997. v. 2.

ALVIM, J. E. Carreira. *Ação monitória e temas polêmicos da reforma processual*. Belo Horizonte: Del Rey, 1995.

AMARAL, Roberto; CUNHA, Sérgio Sérvulo da. *Manual das eleições*: comentários à Lei nº 9.504/97 e à Lei Complementar nº 64/90. Rio de Janeiro: Forense, 1998.

ANDRADE, Manuel A. Domingues. *Teoria da relação jurídica*. Coimbra: Almedina, 1992. v. 2. Facto jurídico, em especial negócio jurídico.

ARENDT, Hannah. *A dignidade da política*. 2. ed. Rio de Janeiro: Relume Dumará, 1993.

ASSIS, Araken de. *Cumulação de ações*. São Paulo: Revista dos Tribunais, 1989.

ASSIS, Araken de. *Eficácia civil da sentença penal*. São Paulo: Revista dos Tribunais, 1993.

ASSIS, Araken de. *Manual do processo de execução*. 3. ed. São Paulo: Revista dos Tribunais, 1996.

ATALIBA, Geraldo. *Hipótese de incidência tributária*. 5. ed. São Paulo: Malheiros, 1994.

AUSTIN, John L. *Como hacer cosas com palabras*. Barcelona: Paidós, 2004.

ÁVILA, Humberto. O imposto sobre serviços e a Lei Complementar nº 116/03. *In*: ROCHA, Valdir de Oliveira (Coord.). *O ISS e a LC 116*. São Paulo: Dialética, 2003.

ÁVILA, Humberto. *Teoria dos princípios*: da definição à aplicação dos princípios jurídicos. 2. ed. São Paulo: Malheiros, 2003.

ÁVILA, Humberto. *Teoria dos princípios*: da definição à aplicação dos princípios jurídicos. 3. ed. aum. São Paulo: Malheiros, 2004.

ÁVILA, Humberto. *Teoria dos princípios*: da definição à aplicação dos princípios jurídicos. 4. ed. rev. São Paulo: Malheiros, 2005.

BANDEIRA DE MELLO, Celso Antônio. *Curso de direito administrativo*. 4. ed. São Paulo: Malheiros, 1993.

BANDEIRA DE MELLO, Celso Antônio. *Curso de direito administrativo*. 9. ed. rev. atual. e aum. São Paulo: Malheiros, 1997.

BARACHO, José Alfredo de Oliveira. *Teoria geral da cidadania*: a plenitude da cidadania e as garantias constitucionais e processuais. São Paulo: Saraiva, 1995.

BARBI, Celso Agrícola. *Comentários ao Código de Processo Civil*: Lei n. 5.869, de 11 de janeiro de 1973. 6. ed. Rio de Janeiro: Forense, 1991. v. 1.

BARRETTO, Lauro. *Investigação judicial eleitoral e ação de impugnação de mandato eletivo*. São Paulo: Edipro, 1994.

BARRETTO, Lauro. *Investigação judicial eleitoral e ação de impugnação de mandato eletivo*. 2. ed. rev. e ampl. Bauru, SP: Edipro, 1999.

BARROSO, Luís Roberto. *Curso de direito constitucional contemporâneo*: os conceitos fundamentais e a construção do novo modelo. São Paulo: Saraiva, 2009.

BARROSO, Luís Roberto. *Interpretação e aplicação da Constituição*. São Paulo: Saraiva, 1996.

BASTOS, Celso Ribeiro; MARTINS, Ives Gandra da Silva. *Comentários à Constituição do Brasil*. São Paulo: Saraiva, 1989. v. 2.

BECHARA, Evanildo. *Moderna gramática portuguesa*. 37. ed. Rio de Janeiro: Nova Fronteira, 2009.

BECKER, Alfredo Augusto. *Teoria geral do direito tributário*. 3. ed. São Paulo: Lejus, 1998.

BERMUDES, Sérgio. *A reforma do Código de Processo Civil*. São Paulo: Saraiva, 1996.

BERNARDES, Wilba Lúcia Maia. *Da nacionalidade*: brasileiros natos e naturalizados. Belo Horizonte: Del Rey, 1996.

BETTI, Emilio. *Teoría general del negocio jurídico*. 2. ed. Madrid: Editorial Revista de Derecho Privado, 1959.

BITENCOURT, Antônio Carlos S. *Eleições municipais (breves anotações à Lei nº 9.100/95)*. Belo Horizonte: Ciência Jurídica, 1996.

BITENCOURT, Cezar Roberto. *Tratado de direito penal*: parte geral. 17. ed. São Paulo: Saraiva, 2012.

BOBBIO, Norberto. *Da estrutura à função*: novos estudos de teoria do direito. Tradução de Daniela Beccaccia Versiani. Barueri. São Paulo: Manole, 2007.

BOBBIO, Norberto. Lacune del diritto. *In*: COMANDUCCI, Paolo; GUASTINI, Ricardo (Org.). *L'Analise del ragionamento giuridico*. Milano: G. Giappichelli Editore, 1989. v. 2.

BOBBIO, Norberto. Teoria dell'ordinamento giuridico. *In*: BOBBIO, Norberto. *Teoria generale del diritto*. Torino: G. Giappichelli Editore, 1993.

BOBBIO, Norberto. *Teoria do ordenamento jurídico*. Tradução de Tércio Sampaio Ferraz Júnior. Brasília: UnB-Polis, 1989.

BOMFIM, Edson Rocha. *Recurso especial*. Belo Horizonte: Del Rey, 1992.

BONAVIDES, Paulo. *Ciência política*. 10. ed. São Paulo: Malheiros, 1994.

BORGES, José Souto Maior. *Ciência feliz*: sobre o mundo jurídico e outros mundos. Recife: Fundação de Cultura Cidade do Recife, 1994.

BORGES, José Souto Maior. O direito como fenômeno lingüístico, o problema da demarcação da ciência jurídica, sua base empírica e o método hipotético-dedutivo. *In*: BORGES, José Souto Maior. *Ciência feliz*. Recife: Ed. Fundação de Cultura Cidade do Recife, 1994.

BORGES, José Souto Maior. *Teoria da isenção tributária*. 3. ed. São Paulo: Malheiros, 2001.

BRANDÃO, Helena H. Nagamine. *Introdução à análise do discurso*. 7. ed. Campinas: Unicamp, [s./d.].

BRUERA, Olga María; GÓMEZ, Astrid. *Analisis del lenguaje jurídico*. Buenos Aires: Belgrano, [s./d.].

BULYGIN, Eugenio; ALCHOURRON, Carlos E. *Introducción a la metodología de las ciências jurídicas y sociales*. Buenos Aires: Astrea, 1993.

BUZAID, Alfredo. *Considerações sobre o mandado de segurança coletivo*. São Paulo: Saraiva, 1992.

CAETANO, Marcelo. *Direito constitucional*. Rio de Janeiro: Forense, 1978. v. 2. Direito constitucional brasileiro.

CALAMANDREI, Piero. Apunti sulla sentenza come fatto giuridico. *In*: CALAMANDREI, Piero; CAPPELLETTI, Mauro. *Opere giuridiche*. Napoli: Morano, 1965. v. 1.

CALAMANDREI, Piero. Il procedimento monitorio nella legislazione italiana. *In*: CALAMANDREI, Piero; CAPPELLETTI, Mauro. *Opere giuridiche*. Napoli: Morano, 1983. v. 9.

CALAMANDREI, Piero. Il processo come giuoco. *In*: CALAMANDREI, Piero; CAPPELLETTI, Mauro. *Opera giuridiche*. Napoli: Morano, 1965. v. 1.

CALAMANDREI, Piero. *Introducción al estudio sistematico de las providencias cautelares*. Buenos Aires: Librería El Foro, 1996.

CALAMANDREI, Piero. Limiti fra giurisdizione e amministrazione nella sentenza civile. *In*: CALAMANDREI, Piero; CAPPELLETTI, Mauro. *Opere giuridiche*. Napoli: Morano, 1965. v. 1.

CALMON DE PASSOS, José Joaquim. *Comentários ao Código de Processo Civil*. 6. ed. Rio de Janeiro: Forense, 1991. v. 3.

CAMANDUCCI, P.; GUASTINI, R. (Org.). *Analisi e diritto 1992*. Turim: G. Giappichelli Editore, 1992.

CAMANDUCCI, P.; GUASTINI, R. (Org.). *Analisi e diritto 1999*. Turim: G. Giappichelli Editore, 1999.

CÂNDIDO, Joel José. *Direito eleitoral brasileiro*. 6. ed. Bauru, SP: Edipro, 1996.

CÂNDIDO, Joel José. *Direito eleitoral brasileiro*. 7. ed. Bauru, SP: Edipro, 1998.

CÂNDIDO, Joel José. *Inelegibilidades no direito brasileiro*. São Paulo: Edipro, 1999.

CANOTILHO, J. J. Gomes. *Constituição dirigente e vinculação do legislador*: contribuição para a compreensão das normas constitucionais programáticas. Reimpr. Coimbra: Coimbra Ed., 1994.

CANOTILHO, J. J. Gomes. *Direito constitucional e teoria da Constituição*. 5. ed. Coimbra: Almedina, 2001.

CANOTILHO, J. J. Gomes. *Direito constitucional*. 5. ed. Coimbra: Almedina, 1991.

CANOTILHO, J. J. Gomes; MOREIRA, Vital. *Constituição da República Portuguesa anotada*. 3. ed. Coimbra: Coimbra Ed., 1993.

CAPELLA, Juan-Ramon. *El derecho como lenguage*. Barcelona: Ariel, 1968.

CAPPELLETTI, Mauro. *Juízes legisladores?*. Tradução de Carlos Alberto Álvaro de Oliveira. Porto Alegre: S.A. Fabris, 1993.

CARNELLUTTI, Francesco. *La prueba civil*. 2. ed. Buenos Aires: Depalma, 1982.

CARRIÓ, Genaro. *Notas sobre derecho y lenguaje*. 4. ed. Buenos Aires: Abeledo-Perrot, 1990.

CARRIÓ, Genaro. *Notas sobre derecho y lenguaje*. Buenos Aires: Abeledo-Perrot, 1965.

CARVALHO, Paulo de Barros. *Curso de direito tributário*. 4. ed. São Paulo: Saraiva, 1991.

CARVALHO, Paulo de Barros. *Direito tributário*: fundamentos jurídicos da incidência. São Paulo: Saraiva, 1998.

CASTORIADIS, Cornelius. *A instituição imaginária da sociedade*. 3. ed. São Paulo: Paz e Terra, 1995.

CASTRO, Edson de Resende. *Teoria e prática do direito eleitoral*. 5. ed. Belo Horizonte: Del Rey, 2010.

CASTRO, Edson Resende et al. (Org.). *Ficha limpa*: Lei Complementar nº 135, de 4.06.2010, interpretada por juristas e responsáveis pela iniciativa popular. Bauru, SP: Edipro, 2010.

CASTRO, José Nilo de. *A defesa dos prefeitos e vereadores em face do Decreto-Lei nº 201/67*. Belo Horizonte: Del Rey, 1995.

CASTRO, José Nilo de. *A defesa dos prefeitos e vereadores em face do Decreto-Lei nº 201/67*. 2. ed. Belo Horizonte: Del Rey, 1996.

CASTRO, José Nilo de. *Direito municipal positivo*. 3. ed. Belo Horizonte: Del Rey, 1996.

CAVALCANTI, Themístocles Brandão. *A Constituição Federal comentada*. 3. ed. Rio de Janeiro: J. Konfino, 1956. v. 2, 3.

CERQUEIRA, Thales Tácito Pontes Luz de Pádua. *Direito eleitoral brasileiro*. 2. ed. Belo Horizonte: Del Rey, 2002.

CHIOVENDA, Giuseppe. *Instituições de direito processual civil*. Campinas: Bookseller, 1988. v. 1.

CHIOVENDA, Giuseppe. *La acción en el sistema de los derechos*. Bogotá: Editorial Temis, 1996.

CHIOVENDA, Giuseppe. *Principii di diritto processuale civile*. Napoli: Jovene Editore, 1965.

CHIOVENDA, Giuseppe. Sulla provvisoria esecuzione delle sentenze e sulle inibitorie. *In*: CHIOVENDA, Giuseppe. *Saggi di diritto processuale civile*. Milano: Giuffrè Editore, 1993. v. 2.

COELHO, Marcus Vinícius Furtado. A mudança de paradigma decorrente da Lei Complementar nº 135. *In*: REIS, Márlon Jacinto; OLIVEIRA, Marcelo Roseno de; CASTRO, Edson de Resende. *Ficha limpa*: Lei Complementar nº 135, de 4 de junho de 2010: interpretada por juristas e responsáveis pela iniciativa popular. Bauru, SP: Edipro, 2010.

COELHO, Sacha Calmon Navarro. *Teoria geral do tributo e da exoneração tributária*. 2. ed. Belo Horizonte: Del Rey, 1999.

COMPARATO, Fábio Konder. Execução de crédito pecuniário: o risco da privatização do processo judicial. *In*: COMPARATO, Fábio Konder. *Direito público*: estudos e pareceres. São Paulo: Saraiva, 1996.

COMPARATO, Fábio Konder. Impugnação de eleição de governador de Estado. *In*: COMPARATO, Fábio Konder. *Direito público*: estudos e pareceres. São Paulo: Saraiva, 1996.

COSERIU, Eugenio. Sistema, norma e fala. *In*: TEORIA da linguagem e linguística geral. Rio de Janeiro: Presença, 1979.

COSTA, Adriano Soares da. Apontamentos sobre a responsabilidade tributária. *Revista de Ciência Jurídica*, v. 74, mar./abr. 1997.

COSTA, Adriano Soares da. Constitucionalidade da delegação de poder perante a Carta de 88 e norma de estrutura ou organização. *In*: TEMAS de direito público. Maceió: Ed. do Autor, 1995.

COSTA, Adriano Soares da. *Direito processual eleitoral*. Belo Horizonte: Ciência Jurídica, 1996.

COSTA, Adriano Soares da. Elegibilidade e inelegibilidade. *Informativo TRE/AL*, Maceió, v. 4, n. 1, jan. 1998.

COSTA, Adriano Soares da. *Inabilitação para mandato eletivo*: aspectos eleitorais. Belo Horizonte: Ciência Jurídica, 1998.

COSTA, Adriano Soares da. Incidência e aplicação da norma jurídica tributária: uma crítica ao realismo lingüístico de Paulo de Barros Carvalho. *Revista Tributária e de Finanças Públicas*, São Paulo, v. 9, n. 38, p. 19-35, maio/jun. 2001.

COSTA, Adriano Soares da. O problema conceitual de impugnação e recurso eleitoral. *Revista de Ciência Jurídica*, v. 68, mar./abr. 1996.

COSTA, Adriano Soares da. *Teoria da incidência da norma jurídica*: crítica ao realismo-lingüístico de Paulo de Barros Carvalho. Belo Horizonte: Del Rey, 2003.

COSTA, Adriano Soares da. *Teoria da incidência da norma jurídica*: crítica ao realismo linguístico de Paulo de Barros Carvalho. 2. ed. São Paulo: Malheiros, 2009.

COSTA, Adriano Soares da. Condições de elegibilidade e critério temporal para a escolha dos filiados. *Revista Jus Navigandi*, Teresina, ano 21, n. 4641, 16 mar. 2016. Disponível em: <https://jus.com.br/artigos/47087>. Acesso em: 22 abr. 2016.

COSTA, Adriano Soares da. *Fatos jurídicos processuais*: anotações sobre o plano da existência I. Disponível em: <https://www.academia.edu/22534830/FATOS_JURÍDICOS_PROCESSUAIS_ANOTAÇÕES_SOBRE_O_PLANO_DA_EXISTÊNCIA_I_>. Acesso em: 29 mar. 2016.

COSTA, Adriano Soares da. Morte processual da ação cautelar?. *In*: GOUVEIA FILHO, Roberto Campos et al. (orgs.). *Tutela provisória*. Salvador: JusPudivm, 2016.

COSTA, Adriano Soares da. Distinção entre ato jurídico *stricto sensu* e negócio jurídico unilateral: breves anotações à margem de Pontes de Miranda. *Revista de direito privado*. Vol. 64, ano 16. São Paulo: RT, out.-dez., 2005, p.105-115.

COSTA, Elcias Ferreira da. *Direito eleitoral*. Rio de Janeiro: Forense, 1992.

COSTA, Tito. *Recursos em matéria eleitoral*. 4. ed. São Paulo: Revista dos Tribunais, 1992.

COSTA, Tito. *Recursos em matéria eleitoral*. 5. ed. São Paulo: Revista dos Tribunais, 1996.

COSTA, Tito. *Responsabilidade de prefeitos e vereadores*. 3. ed. São Paulo: Revista dos Tribunais, 1998.

COUTINHO, Aldacy Rachid. *Invalidade processual*: um estudo para o processo do trabalho. Rio de Janeiro: Renovar, 2000.

CRETELLA JÚNIOR, José. *Comentários à Constituição de 1988*. 2. ed. Rio de Janeiro: Forense Universitária, 1997.

CUNHA, Celso; CINTRA, Lindley. *Nova gramática do português contemporâneo*. 5. ed. Rio de Janeiro: Lexikon, 2008.

CUNHA, Sérgio Sérvulo da; AMARAL, Roberto. *Manual das eleições*: comentários à Lei nº 9.504/97 e à Lei Complementar nº 64/90. Rio de Janeiro: Forense, 1998.

D'ALMEIDA, Noely Manfredini *et al*. *Crimes eleitorais e outras infrigências*. Curitiba: Juruá, 1994.

DECOMAIN, Pedro Roberto. *Eleições*: comentários à Lei nº 9.504/97. Florianópolis: Obra Jurídica, 1998.

DI MAJO, Adolfo. *La tutela civile dei diritti*. 4. ed. Milano: Giuffrè, 2003.

DI PIETRO, Maria Sylvia Zanella. *Direito administrativo*. 4. ed. São Paulo: Atlas, 1994.

DINAMARCO, Cândido Rangel. *Litisconsórcio*. 3. ed. São Paulo: Malheiros, 1994.

DINIZ, Maria Helena. *Curso de direito civil*. 6. ed. São Paulo: Saraiva, 1988. v. 1.

DINIZ, Maria Helena. *Norma constitucional e seus efeitos*. 2. ed. São Paulo: Saraiva, 1992.

DÓRIA, A. de Sampaio. *Direito constitucional*: comentários à Constituição de 1946. São Paulo: Max Limonad, 1960. v. 3.

DWORKIN, Ronald. *Los derechos en serio*. Barcelona: Ariel, 1989.

ECO, Umberto. *O signo*. 5. ed. Lisboa: Presença, 1997.

ENGISCH, Karl. *La idea de concreción en el derecho y en la ciencia jurídica actuales*. Granada: Comares, 2004. Trad. esp. de: *Die Idee der Konkretisierung in Recht und Rechtswissenschaft unserer Zeit*.

ESMERALDO, Elmana Viana Lucena. *Processo eleitoral*: sistematização das ações eleitorais. 2. ed. rev. e atual. Leme: J.H. Mizuno, 2012.

ESPÍNDOLA, Ruy Samuel. Abuso do Poder Regulamentar e TSE: contas eleitorais rejeitadas e quitação eleitoral: as eleições de 2012 (reflexos do "moralismo eleitoral"). *Revista Brasileira de Direito Eleitoral – RBDE*, Belo Horizonte, ano 4, n. 6, p. 209-226, jan./jun. 2012.

FAUSTINO, Sílvia. *Wittgenstein*: o eu e sua gramática. São Paulo: Ática, 1995.

FARIA, Fernando de Castro; FERREIRA, Marcelo Ramos Peregrino. Garantismo eleitoral. *Empório do direito*, mai./2015. Disponível em: <http://emporiododireito.com.br/garantismo-eleitoral-por-marcelo-ramos-peregrino-ferreira-e-fernando-de-castro-faria/>. Acesso em: 25 abr. 2016.

FERRAZ JR., Tércio Sampaio. *Introdução ao estudo do direito*: técnica, decisão, domínio. São Paulo: Atlas, [s./d.].

FERREIRA, Marcelo Ramos Peregrino. *O controle de convencionalidade da lei da ficham limpa*: direitos políticos e inelegibilidade. 2. ed., Rio de Janeiro: Lumen Juris, 2016.

FICHTNER, José Antonio. Da legitimidade para ação de impugnação de mandato eletivo. *Paraná Eleitoral – Revista Brasileira de Direito Eleitoral e Ciência Política*, n. 22, abr./jun. 1996. Publicação do Tribunal Regional Eleitoral do Paraná.

FICHTNER, José Antonio. *Impugnação de mandato eletivo*. Rio de Janeiro: Renovar, 1998.

FIGUEIRA JÚNIOR, Joel Dias; TOURINHO NETO, Fernando da Costa. *Juizados especiais estaduais cíveis e criminais*: comentários à Lei nº 9.099/1995. São Paulo: Revista dos Tribunais, [s./d.].

FIGUEIREDO, Lúcia Valle. *Curso de direito administrativo*. São Paulo: Malheiros, 1996.

FIGUEIREDO, Marcelo. *Probidade administrativa*: comentários à Lei nº 8.429/92 e Legislação Complementar. São Paulo: Malheiros, 1995.

FRANCO, Alberto Silva et al. *Código Penal e sua interpretação jurisprudencial*. 5. ed. São Paulo: Revista dos Tribunais, 1996.

FREGE, Gottlob. Sobre o sentido e a referência. *In*: FREGE, Gottlob. *Lógica e filosofia da linguagem*. São Paulo: Cultrix/USP, [s./d.].

FREITAS, Juarez. *Interpretação sistemática do direito*. São Paulo: Malheiros, 1995.

GABBA, Carlo Francesco. *Teoria della retroattività delle leggi*. 3. ed. Milano: Torino Unione Tipografico-Editrice, 1891. v. 1.

GABBA, Carlo Francesco. *Teoria della retroattività delle leggi*. 3. ed. Milano: Torino Unione Tipografico-Editrice, 1897. v. 2.

GADAMER, Hans-Georg. *Verdad y método*. 7. ed. Trad. Ana Agud Aparício e Rafael de Agapito. Salamanca: Ediciones Sígueme, 1997. v. 1.

GADAMER, Hans-Georg. *Verdade e método*. Petrópolis: Vozes, 1997.

GISI, Mário José. As inelegibilidades. *Paraná Eleitoral – Revista Brasileira de Direito Eleitoral e Ciência Política*, Curitiba, n. 15, jan./mar. 1992.

GLOCK, Hans-Johann. *Dicionário Wittgenstein*. Rio de Janeiro: J. Zahar, 1998.

GOMES, José Jairo. *Direito eleitoral*. 7. ed. São Paulo: Atlas, 2011.

GOMES, José Jairo. *Direito eleitoral*. 8. ed. São Paulo: Atlas, 2012.

GOMES, Luis Flávio. Candidatos "fichas-sujas": Supremo afasta o risco da hipermoralização do direito. *Jus Navigandi*, Teresina, ano 13, n. 1953, 05 nov. 2008. Disponível em: <http://jus.com.br/revista/texto/11931/candidatos-fichas-sujas-supremo-afasta-o-risco-da-hipermoralizacao-do-direito>. Acesso em: 25 dez. 2009.

GOMES, Luiz Flávio. *A dimensão da magistratura no Estado Constitucional e Democrático de Direito*. São Paulo: Revista dos Tribunais, 1997.

GOMES, Luiz Flávio. *A dimensão da magistratura no Estado Constitucional e Democrático de Direito*. São Paulo: Revista dos Tribunais, [s./d.].

GÓMEZ, Astrid; BRUERA, Olga María. *Analisis del lenguaje jurídico*. Buenos Aires: Belgrano, 1982.

GOUVEIA, Joilson Fernandes de. Servidor castrense: alistamento e elegibilidade eleitorais. *Jus Navigandi*, Teresina, ano 6, n. 55, mar. 2002. Disponível em: <http://www1.jus.com.br/doutrina/texto.asp?id=2793>. Acesso em: 06 abr. 2004.

GOUVEIA FILHO, Roberto Campos et al. (orgs.). *Tutela provisória*. Salvador: JusPudivm, 2016.

GRAU, Eros Roberto. *Direito, conceitos e normas jurídicas*. São Paulo: Revista dos Tribunais, 1988.

GRAU, Eros Roberto. Prefácio. *In*: FREITAS, Juarez. *Interpretação sistemática do direito*. São Paulo: Malheiros, 1995.

GUIMARÃES, José Francisco da Silva. *Nacionalidade*: aquisição, perda e reaquisição. Rio de Janeiro: Forense, 1995.

HÄBERLE, Peter. *Hermenêutica constitucional*: a sociedade aberta dos intérpretes da Constituição: contribuição para a interpretação pluralista e 'procedimental' da Constituição. Tradução de Gilmar Ferreira Mendes. Porto Alegre: S. A. Fabris, 1997.

HASSEMER, Winfried. *Fundamentos del derecho penal*. Barcelona: Bosch, 1984.

HEIDEGGER, Martin. *Que é uma coisa?*: doutrina de Kant dos princípios transcendentais. Lisboa: Edições 70, 1992.

HERKENHOFF, João Baptista. Ficha suja: é inviável a análise da vida pregressa dos candidatos pelo eleitor. *Revista Consultor Jurídico*, 05 jul. 2008. Disponível em: <http://www.conjur.com.br/2008-jul-05/inviavel_analise_vida_pregressa_candidatos>. Acesso em: 03 maio 2012.

HESSE, Konrad. *Elementos de direito constitucional da República Federal da Alemanha*. Trad. Luís Afonso Heck. Porto Alegre: S. A. Fabris, 1998.

HOSPERS, John. *Introdución al análisis filosófico*. Trad. Julio César Romero San José. 2. ed. Madrid: Alianza, 1984.

JARDIM, Torquato. *Direito eleitoral positivo*. Brasília: Brasília Jurídica, 1996.

JESUS, Damásio E. *Código de Processo Penal anotado*. 9. ed. São Paulo: Saraiva, 1991.

JESUS, Damásio E. *Lei dos juizados especiais criminais anotada*. São Paulo: Saraiva, 1995.

JORGE, Flávio Cheim; RODRIGUES, Marcelo Abelha. *Manual de direito eleitoral*. São Paulo: RT, 2014.

JORGE, Flávio Cheim; RODRIGUES, Marcelo Abelha. A limitação à utilização do inquérito civil no direito eleitoral: a inconstitucionalidade do art.105-A da Lei 9.504/97. *Revista de Processo*. v. 235 (2014), p. 13-18, set. 2014.

JORI, Mario; PINTORE, Anna. *Manuale di teoria generale del diritto*. 2. ed. Torino: G. Giappichelli Editore, 1995.

KAUFMANN, Arthur. *Analogia e 'natura della cosa'*: un contributo alla douttrina del tipo. Napoli: Vivarium, 2003. Trad. it. de: *Analogie und Natur der Sache*.

KELSEN, Hans. *Teoria geral do direito e do Estado*. Tradução de Luís Carlos Borges. São Paulo: Martins Fontes, 1990.

KELSEN, Hans. *Teoria pura do direito*. São Paulo: Martins Fontes, 1995.

KLUG, Ulrich. *Lógica jurídica*. Bogotá: Temis, 1990.

LARENZ, Karl. *Metodologia da ciência do direito*. 2. ed. Lisboa: Fundação Calouste Gulbenkian, 1989.

LIEBMAN, Enrico Tullio. *Eficácia e autoridade da sentença*. 3. ed. Rio de Janeiro: Forense, 1984.

LIEBMAN, Enrico Tullio. Fundamento del principio dispositivo. *In*: LIEBMAN, Enrico Tullio. *Problemi del processo civile*. Napoli: Morano, 1962.

LIMA, Paulo Roberto de Oliveira. *Contribuição à teoria da coisa julgada*. São Paulo: Revista dos Tribunais, 1997.

LÔBO, Paulo. *Direito civil*: parte geral. 3. ed. São Paulo: Saraiva, 2012.

LUCON, Paulo Henrique dos Santos; VIGLIAR, José Marcelo Menezes. *Código eleitoral interpretado*. 2. ed. São Paulo: Atlas, 2011.

LUHMANN, Niklas. *Sistemi sociali*: fundamenti di uma teoria generale. Trad. it. Alberto Febbrajo. Bologna: Il Mulino, 1990.

LUHMANN, Niklas. *Sociologia do direito*. Rio de Janeiro: Tempo Brasileiro, 1983. t. I.

LUZZATI, Claudio. *L'interprete e il legislatore*: saggio sulla certezza del diritto. Milano: Giuffrè, 1999.

MACHADO, Fábio Cardoso. *Jurisdição, condenação e tutela jurisdicional*. Rio de Janeiro: Lumen Juris, 2004.

MANCUSO, Rodolfo de Camargo. *Ação popular*. São Paulo: Revista dos Tribunais, 1993.

MANCUSO, Rodolfo de Camargo. *Recurso extraordinário e recurso especial*. 2. ed. São Paulo: Revista dos Tribunais, 1991.

MANDRIOLI, Crisanto. *Corso di diritto processuale civile*. 9. ed. Torino: G. Giappichelli Editore, 1994. v. 1-3.

MARITAIN, Jacques. *Elementos de filosofia II*: a ordem dos conceitos, lógica menor. 12. ed. Rio de Janeiro: Agir, 1989.

MARQUES, José Frederico. *Elementos de direito processual penal*. Campinas: Bookseller, 1997. v. 3.

MARQUES, José Frederico. *Instituições de direito processual civil*. Campinas: Millennium, 1999. v. 2.

MARTÍNEZ, Patricia Raquel. El Poder Ejecutivo y jefe de gabinete y demás ministros. *In*: SARMIENTO GARCIA, Jorge H. *La reforma constitucional interpretada*. Buenos Aires: Instituto de Estudios de Derecho Administrativo – IEDA, Depalma, 1995.

MARTINS, Ives Gandra da Silva; BASTOS, Celso Ribeiro. *Comentários à Constituição do Brasil*. São Paulo: Saraiva, 1989. v. 2.

MEIRELLES, Hely Lopes. *Direito municipal brasileiro*. 6. ed. São Paulo: Malheiros, 1993.

MELLO, Marcos Bernardes de. *Teoria do fato jurídico*. São Paulo: Saraiva, 1993.

MELLO, Marcos Bernardes de. *Teoria do fato jurídico*: plano da existência. 7. ed. São Paulo: Saraiva, 1995.

MELLO, Marcos Bernardes de. *Teoria do fato jurídico*: plano da existência. 16. ed. São Paulo: Saraiva, 2010.

MELLO, Marcos Bernardes de. *Teoria do fato jurídico*: plano da validade. São Paulo: Saraiva, 1995.

MELLO, Marcos Bernardes de. *Teoria do fato jurídico*: plano de validade. 8. ed. São Paulo: Saraiva, 2008.

MENDES, Antônio Carlos. *Introdução à teoria das inelegibilidades*. São Paulo: Malheiros, 1994.

MENDES, Gilmar Ferreira. A ação declaratória de constitucionalidade: inovação da Emenda Constitucional 3/93. *Cadernos de Direito Constitucional e Ciência Política*, v. 1, n. 04, p. 98-136, jul./set. 1993.

MICHELI, Gian Antonio. Jurisdicción voluntaria. *In:* MICHELI, Gian Antonio. *Derecho procesal civil*. Buenos Aires: Ejea, 1970. v. 4.

MILESKI, Hélio Saul. *O controle da gestão pública*. 2. ed. Belo Horizonte: Fórum, 2011.

MILLÁN, Maria Encarnación Dávila. *Litisconsorcio necesario*: concepto e tratamiento procesal. 2. ed. Barcelona: Bosch, 1992.

MILLAR, Robert Wyness. *Los principios formativos del procedimiento civil*. Buenos Aires: Ediar, 1945.

MIRABETE, Julio Fabbrini. *Juizados especiais criminais*. São Paulo: Atlas, 1997.

MIRANDA, Jorge. *Manual de direito constitucional*. 2. ed. Coimbra: Coimbra Ed., 1988. t. III. Estrutura Constitucional do Estado.

MORA, José Ferrater. *Dicionário de filosofia*. São Paulo: Loyola, 2001. v. 2.

MOREIRA, José Carlos Barbosa. *Comentários ao Código de Processo Civil*. 5. ed. Rio de Janeiro: Forense, 1988. v. 5.

MOREIRA, José Carlos Barbosa. *Litisconsórcio unitário*. Rio de Janeiro: Forense, 1972.

MOREIRA, José Carlos Barbosa. Questões prejudiciais e questões preliminares. *In*: MOREIRA, José Carlos Barbosa. *Direito processual civil*: ensaios e pareceres. Rio de Janeiro: Borsoi, 1971.

MOREIRA, José Carlos Barbosa. Coisa julgada e declaração. In: BARBOSA, José Carlos Moreira. *Temas de direito processual*: primeira série. 2. ed. São Paulo: Saraiva, 1988.

MOREIRA, José Carlos Barbosa. Os limites objetivos da coisa julgada no sistema do novo código de processo civil. *In*: BARBOSA, José Carlos Moreira. *Temas de direito processual*: primeira série. São Paulo: Saraiva, 1988.

MOREIRA, Vital; CANOTILHO, J. J. Gomes. *Constituição da República portuguesa anotada*. 3. ed. Coimbra: Coimbra Ed., 1993.

MORIN, Edgar. *Ciência como consciência*. 7. ed. Tradução de Maria D. Alexandre e Maria Alice Sampaio Dória. Rio de Janeiro: Bertrand Brasil, 2003.

MORRIS, Charles. *Signos, lenguaje y conducta*. Buenos Aires: Losada, 2003.

MOTA PINTO, Carlos Alberto da. *Teoria geral do direito civil*. 3. ed. Coimbra: Coimbra Ed., 1992.

MÜLLER, Friedrich. *Discours de la méthode juridique (Juristische methodik)*. Trad. Olivier Jouanjan. Paris: PUF, 1996.

MÜLLER, Friedrich. *Método de trabalho do direito constitucional*. 2. ed. Trad. Peter Naumam. São Paulo: Max Limonad, 2000.

MULLER, Friedrich. *O que é o povo?*: a questão fundamental da democracia. 2. ed. São Paulo: Max Limonad, 2000.

NASCIMENTO, Tupinambá Miguel Castro do. *Lineamentos de direito eleitoral*. Porto Alegre: Síntese, 1996.

NÉRY JÚNIOR, Nelson. *Atualidades sobre o processo civil*. São Paulo: Revista dos Tribunais, 1995.

NÉRY JÚNIOR, Nelson. *Princípios fundamentais*: teoria geral dos recursos. 2. ed. São Paulo: Revista dos Tribunais, 1990.

NIESS, Pedro Henrique Távora. *Ação de impugnação de mandato eletivo*. Bauru, SP: Edipro, 1996.

NIESS, Pedro Henrique Távora. *Ação rescisória eleitoral*. Belo Horizonte: Del Rey, 1997.

NIESS, Pedro Henrique Távora. *Direitos políticos*: condições de elegibilidade e inelegibilidades. São Paulo: Saraiva, 1994.

NIESS, Pedro Henrique Távora. *Direitos políticos*: elegibilidade, inelegibilidades e ações eleitorais. 2. ed. Bauru, SP: Edipro, 2000.

NOBRE JÚNIOR, Edilson Pereira. O novo regramento da propaganda eleitoral. *Revista Brasileira de Direito Eleitoral*, Fortaleza, n. 11, 1999.

NOGUEIRA, Roberto Wagner Lima. *Direito financeiro e justiça tributária*. Rio de Janeiro: Lumen Juris, 2004.

OERTMANN, Paul. *Introducción al derecho civil*. Barcelona: Labor, 1933.

OLIVECRONA, Karl. *Lenguaje jurídica y realidad*. 3. ed. Cidade do México: Fontamara, 1995.

OLIVEIRA, Marcelo Roseno de et al. *Ficha limpa*: Lei Complementar nº 135, de 4.06.2010, interpretada por juristas e responsáveis pela iniciativa popular. Bauru, SP: Edipro, 2010.

ORLANDI, E. *A linguagem e seu funcionamento*. 4. ed. Campinas: Pontes, 2003.

ORLANDI, E. *A linguagem e seu funcionamento*. São Paulo: Brasiliense, 1984.

OST, François. *O tempo do direito*. Tradução de Maria Fernanda Oliveira. Lisboa: Instituto Piaget, 2001. Título original: *Le temps du droit*.

PASQUALINI, Alexandre. *Hermenêutica e sistema jurídico*: uma introdução à interpretação sistemática do direito. Porto Alegre: Livr. do Advogado, 1999.

PASSOS, José Joaquim Calmon de. *Comentários ao código de processo civil*, vol. III. 8. ed., Rio de Janeiro: Forense, 2001.

PAZZAGLINI FILHO, Marino et al. *Improbidade administrativa*: aspectos jurídicos da defesa do patrimônio público. São Paulo: Atlas, 1996.

PEREIRA, Caio Mário da Silva. *Instituições de direito civil*. Rio de Janeiro: Forense Universitária, 1989. v. 1.

PEREIRA, Luiz Fernando Casagrande. Eficácia imediata das decisões em direito eleitoral. *In*: GONÇALVES, Guilherme de Salles et al. (Coord.). *Direito eleitoral contemporâneo*. Belo Horizonte: Fórum, 2008.

PEREIRA, Luiz Fernando Casagrande. Impactos do NCPC e da reforma eleitoral nas ações eleitorais. *In*: TAVARES, André Ramos; AGRA, Walber de Moura; PEREIRA, Luiz Fernando (Coord.). *O direito eleitoral e o novo Código de Processo Civil*. Belo Horizonte: Fórum, 2016. p. 139-163.

PEREIRA, Luiz Fernando Casagrande. O reconhecimento de ofício da inelegibilidade. *Revista Brasileira de Direito Eleitoral – RBDE*, Belo Horizonte, ano 1, n. 1, jul./dez. 2009. Disponível em: <http://www.bidforum.com.br/bid/PDI0006.aspx?pdiCntd=62869>.

PEREIRA, Regis Fichtner. *A fraude à lei*. Rio de Janeiro: Renovar, 1994.

PEREIRA, Rodolfo Viana. *Tutela coletiva do direito eleitoral*: controle e fiscalização das eleições. Rio de Janeiro: Lumen Juris, 2008.

PERELMAN, Chaïm. *La lógica jurídica y la nueva retórica*. Madrid: Civitas, 1988.

PERELMAN, Chaïm; OLBRECHTS-TYTECA, Lucie. *Trattato dell'argomentazione*: la nuova retorica. Torino: Piccola Biblioteca Einaudi, 1989.

PINTO, Djalma. *Direito eleitoral*: anotações e temas polêmicos. 2. ed. Rio de Janeiro: Forense, 2000.

PINTO, Djalma. *Direito eleitoral*: improbidade administrativa e responsabilidade fiscal. São Paulo: Atlas, 2003.

PINTO, Djalma. *Elegibilidade no direito brasileiro*. São Paulo: Atlas, 2008.

PINTO, Luis Ferreira. *Código eleitoral comentado*. 3. ed. São Paulo: Saraiva, 1990.

PINTO, Luis Ferreira. *Princípios gerais do direito constitucional moderno*. 6. ed. São Paulo: Saraiva, 1983. v. 1.

PINTORE, Anna; JORI, Mario. *Manuale di teoria generale del diritto*. 2. ed. Torino: G. Giappichelli Editore, 1995.

PLANIOL, Marcel. *Traité élémentaire de droit civil conforme au programme officiel des facultes de droit*. 9ᵉ éd. Paris: L.G.D.J., 1923. t. II.

PONTES DE MIRANDA, Francisco Cavalcanti. *Comentários à Constituição de 1967 com a Emenda Constitucional n. 1, de 1969*. 3. ed. Rio de Janeiro: Forense, 1987. t. III, IV, V.

PONTES DE MIRANDA, Francisco Cavalcanti. *Comentários à Constituição de 1946*. Rio de Janeiro: Borsoi. t. III.

PONTES DE MIRANDA, Francisco Cavalcanti. *Comentários ao Código de Processo Civil*. Rio de Janeiro: Forense, 1979. t. I, IV, V, VI, VII.

PONTES DE MIRANDA, Francisco Cavalcanti. *Questões forenses*. Rio de Janeiro: Borsoi, 1957. t. II.

PONTES DE MIRANDA, Francisco Cavalcanti. *Sistema da ciência positiva do direito*. 2. ed. Rio de Janeiro: Borsoi, 1972. t. I, II, IV.

PONTES DE MIRANDA, Francisco Cavalcanti. *Tratado das ações*. São Paulo: Revista dos Tribunais, 1970. t. I, II, III, IV, V, VII.

PONTES DE MIRANDA, Francisco Cavalcanti. *Tratado de direito privado*. 4. ed. São Paulo: Revista dos Tribunais, 1974. t. I, II, IV, V.

PONTES DE MIRANDA, Francisco Cavalcanti. *Tratado de direito privado*. 2. ed. Campinas: Bookseller, 2000. t. I.

PONTES DE MIRANDA, Francisco Cavalcanti. *Tratado de direito privado*. Campinas: Bookseller, 1999. t. I.

PORTANOVA, Rui. *Princípios do processo civil*. Porto Alegre: Livr. do Advogado, 1995.

PRATES, Romero. *Atos simulados e atos em fraude da lei*. Rio de Janeiro: Freitas Bastos, 1958.

PUGLIESE, Giovanni. Introdución. *In*: WINDSCHEID, Bernard; MUTHER, Theodor. *Polemica sobre la "actio"*. Buenos Aires: EJEA, 1974.

PUGLIESE, Giovanni. *Scritti giuridici scelti*: diritto romano. Nápolis: Jovene, 1985. v. 1.

QUEIROZ. Luiz Viana. Verticalização de coligações: TSE viola a Constituição e a lei. *Jus Navigandi*, n. 55. Disponível em: <http://jus.com.br/revista/texto/2804/verticalizacao-de-coligacoes>. Acesso em: 21 mar. 2002.

RAMAYANA, Marcos. *Direito eleitoral*. Rio de Janeiro: Impetus, 2004.

RAPISARDA, Cristina. *Profili della tutela civile inibitoria*. Padova: Cedam, 1987.

REALE, Miguel. *Fontes e modelos do direito*: para um novo paradigma hermenêutico. São Paulo: Saraiva, 1994.

REALE, Miguel. *O direito como experiência*: introdução à epistemologia jurídica. 2. ed. fac-similar. São Paulo: Saraiva, 1992.

REALE, Miguel. Teoria do conhecimento e teoria da cultura. *In*: REALE, Miguel. *Cinco temas do culturalismo*. São Paulo: Saraiva, 2000.

REALE, Miguel. *Teoria do direito e do Estado*. 5. ed. São Paulo: Saraiva, 2000.

REIS, Márlon Jacinto et al. (Coord.). *Ficha limpa*: Lei Complementar nº 135, de 4.06.2010, interpretada por juristas e responsáveis pela iniciativa popular. Bauru, SP: Edipro, 2010.

REIS, Márlon Jacinto. A constitucionalidade do art. 41-A da Lei das Eleições. *Paraná Eleitoral*, n. 56, abr. 2005. Disponível em: <http://www.paranaeleitoral.gov.br/artigo_impresso.php?cod_texto=207>. Acesso em: 12 maio 2012.

REIS, Márlon Jacinto. *Direito eleitoral brasileiro*. Brasília: Alumnus, 2012.

REIS, Márlon Jacinto. Inelegibilidade e vida pregressa: questões constitucionais. *Jus Navigandi*, Teresina, ano 13, n. 2086, 18 mar. 2009. Disponível em: <http://jus.com.br/revista/texto/12481/inelegibilidade-e-vida-pregressa>. Acesso em: 30 jul. 2010.

REIS, Márlon Jacinto; CASTRO, Edson Resende; OLIVEIRA, Marcelo Roseno de (Coord.). *Ficha limpa*: Lei Complementar nº 135, de 4.06.2010, interpretada por juristas e responsáveis pela iniciativa popular. Bauru, SP: Edipro, 2010.

RIBEIRO, Fávila. *Abuso de poder no direito eleitoral*. Rio de Janeiro: Forense, 1993.

RIBEIRO, Fávila. *Direito eleitoral*. 3. ed. Rio de Janeiro: Forense, 1988.

RIBEIRO, Fávila. *Direito eleitoral*. 4. ed. Rio de Janeiro: Forense, 1996.

ROCCO, Alfredo. *La sentencia civil*. Tijuana, México: Cárdenas, 1985.

ROCHA, Cármen Lúcia Antunes. *República e Federação no Brasil*: traços constitucionais da organização política brasileira. Belo Horizonte: Del Rey, 1997.

RODRIGUES, Marcelo Abelha; JORGE, Flávio Cheim. *Manual de direito eleitoral*. São Paulo: RT, 2014.

RODRIGUES, Marcelo Abelha. Notas sobre a semelhança e identidade de causas no direito processual eleitoral (art. 96-B da Lei nº 9.504/97). *In*: TAVARES, André Ramos; AGRA, Walber de Moura; PEREIRA, Luiz Fernando (Coord.). *O direito eleitoral e o novo Código de Processo Civil*. Belo Horizonte: Fórum, 2016. p. 175-191.

RODRIGUES, Marcelo Abelha; JORGE, Flávio Cheim. A limitação à utilização do inquérito civil no direito eleitoral: a inconstitucionalidade do art.105-A da Lei 9.504/97. *Revista de Processo*. v. 235 (2014), p. 13-18, set. 2014.

ROLLO, Alberto; BRAGA, Enir. *Inelegibilidade à luz da jurisprudência*. São Paulo: Fiúza, 1995.

ROSENBERG, Leo. *Tratado de derecho procesal civil*. Lima: Ara, 2007. t. I.

ROSS, Alf. *Sobre el derecho y la justicia*. 5. ed. Buenos Aires: Eudeba, 1994.

ROUBIER, Paul. *Le droit transitoire*: conflits des lois dans le temps. 2ᵉ éd. Paris: Dalloz, 2008.

SALLES JR., Romeu de Almeida. *Código Penal interpretado*. São Paulo: Saraiva, 1996.

SANCHIS, Luis Pietro. *Apuntes de teoría del derecho*. Madrid: Trotta, 2011.

SANTI, Eurico M. Diniz de. *Decadência e prescrição no direito tributário*. São Paulo: Max Limonad, 2000.

SANTI, Eurico M. Diniz de. *Lançamento tributário*. São Paulo: Max Limonad, 1996.

SANTOS, Moacyr Amaral. *Primeiras linhas de direito processual civil*. 13. ed. São Paulo: Saraiva, 1989. v. 2.

SANTOS, Moacyr Amaral. *Primeiras linhas de processo civil*. 14. ed. São Paulo: Saraiva. v. 1.

SATTA, Salvatore. *Direito processual civil*. 7. ed. Rio de Janeiro: Borsoi, 1973. v. 1 e 2.

SAUSSURE, Ferdinand de. *Curso de linguística geral*. 16. ed. São Paulo: Cultrix, 1991.

SCHMITT, Carl. *Teoría de la constitución*. 2. reimp. Madrid: Alianza Editorial, 1996.

SICHES, Luis Recasens. *Nueva filosofia de la interpretación del derecho*. 3. ed. México: Porrúa, 1980.

SILVA, Henrique Neves. A vida pregressa dos candidatos e a moralidade para o exercício do mandato. *Estudos Eleitorais*, Tribunal Superior Eleitoral, v. 2, n. 3, maio/ago. 2006.

SILVA, José Afonso da. *Ação popular constitucional*. São Paulo: Revista dos Tribunais, 1968.

SILVA, José Afonso da. *Aplicabilidade das normas constitucionais*. São Paulo: Revista dos Tribunais, 1968.

SILVA, José Afonso da. *Curso de direito constitucional positivo*. 9. ed. São Paulo: Malheiros, 1994.

SILVA, José Nepomuceno da. Inelegibilidades. *Informativo do TRE-AL*, Maceió, v. 2, n. 2, jan. 1996.

SILVA, Ovídio Baptista da. A ação condenatória como categoria processual. *In*: SILVA, Ovídio Baptista da. *Da sentença liminar à nulidade da sentença*. Rio de Janeiro: Forense, 2001.

SILVA, Ovídio Baptista da. *A ação de imissão de posse*. 2. ed. São Paulo: Revista dos Tribunais, 1997.

SILVA, Ovídio Baptista da. Ação de imissão de posse no vigente Código de Processo Civil. *In*: SILVA, Ovídio Baptista da. *Sentença e coisa julgada*. 2. ed. Porto Alegre: S.A. Fabris, 1988.

SILVA, Ovídio Baptista da. Conteúdo da sentença e coisa julgada. *In*: SILVA, Ovídio Baptista da. *Sentença e coisa julgada*. 2. ed. Porto Alegre: S.A. Fabris, 1988.

SILVA, Ovídio Baptista da. *Curso de processo civil*. 5. ed. São Paulo: Revista dos Tribuanis, 2000. v. 1.

SILVA, Ovídio Baptista da. *Curso de processo civil*. Porto Alegre: S.A. Fabris, 1987. v. 1.

SILVA, Ovídio Baptista da. *Curso de processo civil*. Porto Alegre: S.A. Fabris, 1990. v. 2.

SILVA, Ovídio Baptista da. Do processo cautelar. 2. ed. Porto Alegre: Lejur, 1986. v. 11. (Comentários ao Código de Processo Civil).

SILVA, Ovídio Baptista da. *Do processo cautelar*. Rio de Janeiro: Forense, 1996.

SILVA, Ovídio Baptista da. Eficácia da sentença e coisa julgada. In: SILVA, Ovídio Baptista da. *Sentença e coisa julgada*. 2. ed. Porto Alegre: S.A. Fabris, 1988.

SILVA, Ovídio Baptista da. *Jurisdição e execução na tradição romano-canônica*. São Paulo: Revista dos Tribunais, 1996.

SILVA, Ovídio Baptista da. *Jurisdição e execução na tradição romano-canônica*. 2. ed. São Paulo: Revista dos Tribunais, 1997.

SILVA, Ovídio Baptista da. *Processo e ideologia*: o paradigma do racionalismo. Rio de Janeiro: Forense, 2004.

SILVA, Ovídio Baptista da. Sentença mandamental. In: SILVA, Ovídio Baptista da. *Sentença e coisa julgada (ensaios e pareceres)*. 4. ed. Rio de Janeiro: Forense, 2003.

SOUZA, Luiz Sérgio Fernandes de. *O papel da ideologia no preenchimento das lacunas no direito*. São Paulo: Revista dos Tribunais, 1993.

STOCO, Rui; STOCO, Leandro de Oliveira. *Legislação eleitoral interpretada*. 4. ed. São Paulo: Revista dos Tribunais, 2012.

STRECK, Lênio. A hermenêutica filosófica e as possibilidades de superação do positivismo pelo (neo) constitucionalismo. In: ROCHA, Leonel Severo; STRECK, Lênio Luiz (Org.). *Constituição, sistemas sociais e hermenêutica*. Porto Alegre: Livr. dos Advogados, 2005.

STUART MILL, John. *Sistema de lógica dedutiva e indutiva*. Tradução de João Marcos Coelho. São Paulo: Nova Cultural, 1989. (Os Pensadores).

TARELLO, Giovanni. *L'interpretazione della legge*. Milano: Giuffrè, 1980.

TAVARES, André Ramos; AGRA, Walber de Moura; PEREIRA, Luiz Fernando (Coord.). *O direito eleitoral e o novo Código de Processo Civil*. Belo Horizonte: Fórum, 2016. 485 p.

THEODORO JR., Humberto. *A execução de sentença e a garantia do devido processo legal*. Rio de Janeiro: Aide, 1987.

TOFFOLI, José Antônio Dias. Breves considerações sobre a fraude ao direito eleitoral. *Revista Brasileira de Direito Eleitoral – RBDE*, Belo Horizonte, ano 1, n. 1, p. 4561, jul./dez. 2009. Versão digital.

TOMMASEO, Ferruccio. *Appunti di diritto processuale civile*: nozioni introduttive. 3. ed. Torino: G. Giappichelli Editore, 1995.

TÔRRES, Heleno Taveira. *Direito tributário e direito privado*: autonomia privada, simulação, elusão tributária. São Paulo: Revista dos Tribunais, 2003.

TÔRRES, Ricardo Lobo. *Normas de interpretação e integração do direito tributário*. 2. ed. Rio de Janeiro: Forense, 1994.

TOURINHO FILHO, Fernando da Costa. *Processo penal*. 9. ed. São Paulo: Saraiva, 1986. v. 4.

TOURINHO NETO, Fernando da Costa; FIGUEIRA JÚNIOR, Joel Dias. *Juizados especiais estaduais cíveis e criminais*: comentários à Lei nº 9.099/1995. São Paulo: Revista dos Tribunais.

TRIBUNAL REGIONAL ELEITORAL DA BAHIA. *Semestre Eleitoral*.

TRIBUNAL REGIONAL ELEITORAL DE ALAGOAS. *Informativo do TRE/AL*.

TRIBUNAL REGIONAL ELEITORAL DO PARÁ. *Ementário de Jurisprudência*.

TRIBUNAL REGIONAL ELEITORAL DO PARANÁ. *Revista Paraná Eleitoral*.

TRIBUNAL SUPERIOR ELEITORAL. *Ementário das Decisões do TSE*. Eleições 1996, 1997 e 1998.

TRIBUNAL SUPERIOR ELEITORAL. *Informativo TSE*.

TRIBUNAL SUPERIOR ELEITORAL. *Jurisprudência do Tribunal Superior Eleitoral*.

TUCCI, José Rogério Cruz. *"Causa petendi" no processo civil*. São Paulo, RT, 1993.

UNZUETA, María Ángela Barrère. *La Escuela de Bobbio*: reglas y normas en la filosofía jurídica italiana de inspiración analítica. Madrid: Tecnos, 1990.

VAIHINGER, Hans. *A filosofia do como se*: sistema das ficções teóricas, práticas e religiosas da humanidade, na base do positivismo idealista. Tradução de Johannes Kretschmer. Chapecó: Argos, 2011.

VASCONCELOS, Clever Rodolfo Carvalho; VISCONDE, Giovanna Gabriela. *Direito eleitoral*. 2. ed. São Paulo: Atlas, 2011.

VERNENGO, Roberto José. *Curso de teoría general del derecho*. Buenos Aires: Depalma, 1988.

VIGLIAR, José Marcelo Menezes; LUCON, Paulo Henrique dos Santos. *Código Eleitoral interpretado*. 2. ed. São Paulo: Atlas, 2011.

VILANOVA, Lourival. *As estruturas lógicas e o sistema do direito positivo*. São Paulo: Revista dos Tribunais, 1976.

VILANOVA, Lourival. *Causalidade e relação no direito*. 2. ed. São Paulo: Saraiva, 1989.

VON TUHR, Andreas. *Derecho civil*: teoría general del derecho aleman. Buenos Aires: Depalma, 1947. v. 3. Los hechos juridicos.

WACH, Adolf. *Conferencias sobre la ordenanza procesal civil alemana*. Buenos Aires: EJEA, 1958.

WAMBIER, Teresa Arruda Alvim. *O novo regime do agravo*. 2. ed. São Paulo: Revista dos Tribunais, 1996.

WARAT, Luis Alberto. *El derecho y su lenguaje*: elementos para una teoría de la comunicación jurídica. Buenos Aires: Cooperadora de Derecho y Ciencias Sociales, 1976.

WARAT, Luis Alberto. *Introdução geral ao direito*: interpretação da lei: temas para uma reformulação. Porto Alegre: S.A. Fabris, 1994. v. 1.

WATANABE, Kazuo. *Da cognição no processo civil*. São Paulo: Revista dos Tribunais, 1987.

WESTERMANN, Harm Peter. *BGB Schuldrecht*: Allgemeiner Teil. Tradução de Armindo Edgar Laux. Porto Alegre: S.A. Fabris, 1983.

WISNEWSKI, Jeremy J. Rules and Realism: Remarks on the Poverty of Brute Facts. *Sorites, Issue* (16) - December 2005, p. 74-81.

WRÓBLEWSKI, Jerzy. *Constitución y teoría general de la interpretación jurídica*. Madrid: Civitas, 1985.

WRÓBLEWSKI, Jerzy. *Sentido e hecho en el derecho*. Cidade do México: Fontamara, 2008.

YARSHELL, Flavio. Distribuição dinâmica do ônus da prova no processo eleitoral? *In*: TAVARES, André Ramos; AGRA, Walber de Moura; PEREIRA, Luiz Fernando (Coord.). *O direito eleitoral e o novo Código de Processo Civil*. Belo Horizonte: Fórum, 2016. p. 269-277.

ZAVASCKI, Teori Albino. Direitos políticos: perda, suspensão e controle jurisdicional. *Revista de Ciência Jurídica*, v. 58, jul./ago. 1994.

ZIPPELIUS, Reinhold. *Teoria geral do Estado*. 3. ed. Lisboa: Fundação Calouste Gulbenkian, 1997.

ZYMLER, Benjamin. *Direito administrativo e controle*. 2. ed. Belo Horizonte: Fórum, 2010.

Esta obra foi composta em fonte Palatino Linotype, corpo 10
e impressa em papel Offset 75g (miolo) e Supremo 250g (capa)
pela Gráfica e Editora O Lutador, em Belo Horizonte/MG.